경희대학교 H&T애널리틱스센터 외식기업 분석 보고서

외식기업 경영분석 2019

최규완 | 장수청 | 방도형 | 박효성 | 정인혜 | 지경진

BUSINESS ANALYSIS OF KOREAN FOOD SERVICE COMPANY

경희대학교 출판문화원

이 책을 펴내며

우리나라 외식산업은 지속적으로 성장해왔습니다. 하지만 경기 침체와 공급과잉에 따른 어려움도 함께 겪었습니다. 외식업 기업 규모가 110조 원에 이를 만큼 국내 산업에서 중요한 부분을 차지하고 있지만 사업체의 무분별한 난립과 그에 따른 과당경쟁이 날로 심해져 폐업률이 창업률만큼 높아지고 있습니다. 가정간편식 시장의 성장으로 2020년 외식에 대한 소비자의 수요가 감소할 것으로 예상되고 있음에도 창업을 하는 식당은 꾸준히 증가하고 있어 공급과잉 문제가 해결될 기미를 보이지 않고 있습니다. 게다가 최저임금 인상 및 근로시간 감축으로 인한 식당의 수익성 악화로 자영업자인 식당업주들의 어려움이 더욱더 가중되고 있습니다.

위기의 상황을 어떻게 극복해야 할까요? 해결 방법을 찾기 전에 문제를 정확히 파악하는 것이 중요합니다. 그러려면 먼저 필요한 정보를 모아야 합니다.

이 책은 공시된 정보를 파악할 수 있는 외식기업들의 경영 상태를 분석한 책입니다. 외부 감사대상 법인과 상장법인(총 114개)에 대한 기본적인 재무제표를 제시하고 해당 기업들의 수익성, 안전성, 활동성 등을 파악할 수 있는 다양한 재무분석을 제시함으로써 외식기업의 경영 상태를 한눈에 파악할 수 있도록 했습니다.

대학의 공공성을 기반으로 하여 정기적으로 본 책자를 발간함으로써 외식산업에서 정보의 부족과 불균형에 따른 사회적 비효율을 완화시키는데 기여하고자 합니다. 부디 본 책자가 경영상 부진이나 정체로 어려움을 겪고 있는 여러 외식사업체에 유용한 돌파구를 찾아주고, 새로운 이정표를 제안하는 역할을 할 수 있기를 기대합니다. 끝으로 본 책자가 발행되는 데 많은 격려와 지원을 해주신 ㈜오뚜기 함영준 회장님께 감사의 뜻을 전합니다.

외식기업 경영분석 2019 저자 일동

일러두기

- 이 책은 2018년 데이터를 분석한 것으로, 최근 10년간의 변화추이를 한눈에 볼 수 있다.
- 외부 감사대상 법인과 상장법인(총 114개)에 대한 기본적인 재무제표를 제시한다.
- 수익성, 성장성, 안정성, 활동성 등을 파악할 수 있는 다양한 재무분석을 실시한다.
- 지표 해설을 부록에 첨부하여 내용 이해를 돕는다. 277쪽~283쪽 참조

이 책은 외식산업의 발전을 기원하는 오뚜기 재단의 지원으로 발간되었습니다.

차례

표 목록

그림 목록

Ⅰ. 분석 개요

1. 분석 목적

- 국내 외식산업은 양적 규모에 비해 질적 수준을 대변하는 정보인프라가 매우 부족하다. 그리하여 타 산업에 비해 정보의 부족에서 오는 산업 비효율성이 매우 큰 편이다.
  - ○ 최근 공공기관 DB와 상용서비스를 하는 기관 DB 등에서 원시데이터의 형태로 제공하고 있음에도 외식 이해관계자들은 이에 대한 활용도가 매우 낮은 수준이다. 이는 자료를 해석할 수 있는 수준으로 가공하지 않았기 때문이다.
  - ○ 현재 외식기업들은 표준산업분류체계 내 다양한 업종군에 산재하여 있으며, 이로 인해 실질적인 감사 대상 외식기업을 확인할 수 없는 실정이다.
- 외식산업 내에는 다양한 업종이 존재하지만, 각 업종에 속한 기업의 경영성과를 정확히 측정해 비교할 수 있는 정보시스템이 체계화되어 있지 않다. 그리하여 외식업 경영자의 직관적 경험이나 제한된 자료원에 의존해 기업의 주요 의사결정을 실시할 수밖에 없는 상황이다.
- 외식기업의 경영분석을 체계적이고 주기적으로 실시할 수 있는 경영분석의 틀을 마련하고, 이를 통해 외식산업 직간접 이해관계자의 합리적 경영을 위한 의사결정에 도움을 주고자 이 책을 발간한다.
  - ○ 외식산업은 식품산업과 같은 타 산업 분야에 비해 기업 경영분석 정보가 매우 부족하고 제한적이다. 그리하여 이해관계자 간에 정보의 비대칭이 발생하며, 이는 비효율적 투자나 산업의 사회적 실패비용을 증가시키고 있다.
- 외식기업에 대한 경영분석 자료를 주기적으로 제공함으로써 타 산업과의 비교, 산업 내 기업 간의 비교 등을 통해 외식기업의 현 경영성과와 재무상태 등을 파악할 수 있도록 한다.

2. 외식산업의 개념 및 범위

- 광의의 개념에서 외식산업은 '식사를 조리해서 제공하는 식품 제조업, 도매상에게 사들여 소비자에게 직접 판매하는 소매업, 서비스 산업적 성격이 강한 복합산업'으로 정의한다.
- 협의의 개념에서 외식산업은 '식품 또는 그 자재를 중앙공급식으로 공급받아 신속하고 저렴한 가격으로 음식을 제공하고 셀프서비스 방식을 도입하여 운영을 간소화하고, 메뉴의 통일과 대규모 체인 전개 등을 실시하는 서비스산업'으로 정의한다. 본 서에서는 외식산업의 의미를 협의의 개념에 한정한다.
- 통계청의 한국표준산업분류표에 따르면, 외식업음식점 및 주점업은 음식점업과 주점 및 비알코올 음료점업으로 분류된다. 음식점업은 다시 한식 음식점업, 외국식 음식점업, 기관 구내식당업, 출장 및 이동 음식점업, 기타 간이 음식점업으로 분류되며, 주점업 및 비알코올 음료점업은 다시 주점업, 비알코올 음료점업으로 분류된다.

[표 1-1] 음식점 및 주점업의 분류 (표준산업분류 10차 개정, 2017)

<table>
<tr><th>대분류</th><th>중분류</th><th>소분류</th><th>세분류</th><th>세세분류</th></tr>
<tr><td rowspan="22">숙박 및 음식업</td><td rowspan="22">음식점
및 주점업
(56)</td><td rowspan="16">음식점업
(561)</td><td rowspan="4">한식 음식점업</td><td>한식 일반 음식점업</td></tr>
<tr><td>한식 면 요리 전문점</td></tr>
<tr><td>한식 육류 요리 전문점</td></tr>
<tr><td>한식 해산물 요리 전문점</td></tr>
<tr><td rowspan="4">외국식 음식점업</td><td>중식 음식점업</td></tr>
<tr><td>일식 음식점업</td></tr>
<tr><td>서양식 음식점업</td></tr>
<tr><td>기타 외국식 음식점업</td></tr>
<tr><td>기관 구내식당업</td><td>기관 구내식당업</td></tr>
<tr><td rowspan="2">출장 및 이동 음식점업</td><td>출장 음식 서비스업</td></tr>
<tr><td>이동 음식점업</td></tr>
<tr><td rowspan="5">기타 간이 음식점업</td><td>제과점업</td></tr>
<tr><td>피자, 햄버거, 샌드위치 및 유사 음식점업</td></tr>
<tr><td>치킨전문점</td></tr>
<tr><td>김밥 및 기타 간이 음식점업</td></tr>
<tr><td>간이 음식 포장판매 전문점</td></tr>
<tr><td rowspan="6">주점 및 비알코올
음료점업
(562)</td><td rowspan="4">주점업</td><td>일반 유흥 주점업</td></tr>
<tr><td>무도 유흥 주점업</td></tr>
<tr><td>생맥주 전문점</td></tr>
<tr><td>기타 주점업</td></tr>
<tr><td rowspan="2">비알코올 음료점업</td><td>커피 전문점</td></tr>
<tr><td>기타 비알코올 음료점업</td></tr>
</table>

3. 외식기업 특성

- 국내 외식기업은 2018년 외부 감사 대상 법인 111개, 상장기업 3개로 과거 10년간 크게 성장했지만 최근 성장의 한계를 경험하고 있다. 게다가 대부분의 외식기업들이 여전히 영세함을 극복하지 못하며 산업의 성숙도가 낮은 상황이다.
  - ○ 2016년까지 외부 감사 대상 법인 110개에서 2017년 110개, 2018년 111개로 최근 2년간 1개 증가했고 많은 기업에서 자본투입의 비효율성, 수익성 악화 등이 관측되고 있어 성장한계를 경험하고 있는 것으로 판단된다.
  - ○ 외식기업들은 외부 모니터링이 제대로 작동하지 않고 소유주의 불합리한 의사결정이 빈번히 발생할 수밖에 없는 취약한 기업 지배 구조를 가진다.
- 국내 외식기업은 프랜차이즈, 비프랜차이즈 형태로 양분되어 있다. 과거 프랜차이즈 산업의 확장으로 프랜차이즈 기업의 성장성이 비프랜차이즈 기업에 비해 높았으나, 최근 기업들의 무분별한 확장으로 외식 분야에서의 프랜차이즈 사업은 다소 주춤한 상황이다.
- 대부분의 국내 외식기업은 해외에서 브랜드를 가져온 경우를 제외하고 거의 다브랜드 사업 전개 방식을 채택하고 있다.
  - ○ 이는 단일 브랜드 중심인 미국이 추구하는 사업 전개 방식과는 차이가 있다. 국내 시장이 매우 제한적이고, 국내에서 성공한 브랜드가 해외로 확장하기 어렵기 때문이다.

4. 조사 및 분석 방법

- 본 서는 ㈔한국상장회사협의회의 KOCOinfo에서 제공하는 상장법인KOSPI, KOSDAQ, KONEX 및 외부 감사대상 법인에 대한 기업정보를 바탕으로 작성됐다.
  - ○ 분석에 활용된 Data는 KOCOinfo에서 제공하는 TS2000 DB를 활용해 수집됐다.
- 기존 외식기업 분류가 실제 사업영역과 맞지 않는 부분이 있어 본 서에서는 한국 표준산업분류체계10차에 의거 재분류하여 분석을 실시했다.
- 재무비율 지표는 일부 기업의 이상치Outlier로 인해 지표에 편의Bias가 발생한다. 이를 고려해 이상치가 존재하는 지표에 대해서는 Winsorizing[1]을 실시했다.

1 Winsorizing : 자료의 분포에서 양극단에 발생하는 이상치(Outlier)를 설정된 범위에서 끌어오는 방법으로, 본 서에서는 95% 범위를 벗어나는 양측 이상치에 대해 95% 범위의 임계치로 끌어온 후 평균값을 구한다.

5. 분석 대상

가. 2018년 분석 대상 외식기업

[표 1-2] 분석 대상 외식기업(2018년 기준)

구분	기업명	상장 여부	업종 구분	프랜차이즈 여부	단일·다브랜드	국내·외브랜드
1	(주)TS푸드앤시스템	AUD	56192	FR	SB	FB
2	(주)거촌	AUD	56121	NFR	SB	FB
3	(주)공차코리아	AUD	56229	FR	SB	DB
4	(주)김家네	AUD	56194	FR	MB	DB
5	(주)놀부	AUD	56111	FR	MB	DB
6	(주)더본코리아	AUD	56300	FR	MB	DB
7	(주)동바오	AUD	56121	NFR	SB	DB
8	(주)리치빔	AUD	56193	FR	SB	DB
9	(주)멕시카나	AUD	56193	FR	SB	DB
10	(주)보나비	AUD	56191	NFR	SB	DB
11	(주)브레댄코	AUD	56191	FR	SB	DB
12	(주)삼양에프앤비	AUD	56123	NFR	MB	DB
13	(주)새벽집	AUD	56111	NFR	SB	DB
14	(주)송추가마골	AUD	56111	NFR	MB	DB
15	(주)신라명과	AUD	56191	FR	MB	DB
16	(주)신화아이푸드	AUD	56300	NFR	MB	DB
17	(주)에스앤에스컴퍼니	AUD	56300	FR	MB	DB
18	(주)에스엠엔터프라이즈	AUD	56123	NFR	MB	DB
19	(주)엔타스	AUD	56300	NFR	MB	DB
20	(주)엔타스에스디	AUD	56111	NFR	MB	DB
21	(주)엘브이아이파트너스	AUD	56300	NFR	MB	DB
22	(주)엘에프푸드	AUD	56122	FR	MB	DB
23	(주)엠피그룹	KDQ	56192	FR	MB	DB
24	(주)오투스페이스	AUD	56194	FR	SB	DB
25	(주)웰푸드시스템	AUD	56194	NFR	MB	DB
26	(주)이디야	AUD	56221	FR	SB	DB
27	(주)이바돔	AUD	56111	FR	MB	DB
28	(주)장충동왕족발	AUD	56111	FR	SB	DB
29	(주)재원푸드	AUD	56191	FR	SB	DB
30	(주)전한	AUD	56113	NFR	SB	FB
31	(주)제너시스비비큐	AUD	56193	FR	MB	DB
32	(주)젠푸드	AUD	56122	FR	SB	DB
33	(주)준코	AUD	56212	FR	SB	DB
34	(주)차우	AUD	56111	NFR	MB	DB
35	(주)채선당	AUD	56111	FR	MB	DB
36	(주)캘리스코	AUD	56122	FR	SB	FB
37	(주)커피빈코리아	AUD	56221	NFR	SB	FB

구분	기업명	상장 여부	업종 구분	프랜차이즈 여부	단일·다브랜드	국내·외브랜드
38	(주)탐앤탐스	AUD	56221	FR	SB	DB
39	(주)태범	AUD	56191	FR	SB	FB
40	(주)파리크라상	AUD	56191	FR	MB	DB
41	(주)페리카나	AUD	56193	FR	SB	DB
42	(주)평가옥푸드시스템	AUD	56111	FR	SB	FB
43	(주)푸드죤	AUD	56192	FR	SB	DB
44	(주)풀무원푸드앤컬쳐	AUD	56300	FR	MB	FB
45	(주)피에스타	AUD	56114	NFR	SB	DB
46	(주)하남에프앤비	AUD	56113	FR	SB	FB
47	(주)한국일오삼	AUD	56193	FR	MB	DB
48	(주)한솥	AUD	56111	FR	SB	DB
49	(주)할리스에프앤비	AUD	56221	FR	MB	DB
50	(주)핫시즈너	AUD	56194	FR	SB	DB
51	(주)혜인식품	AUD	56300	FR	MB	DB
52	CJ푸드빌(주)	AUD	56300	FR	MB	DB
53	갓파크리에이트코리아(주)	AUD	56113	NFR	SB	FB
54	교촌에프앤비(주)	AUD	56193	FR	MB	DB
55	더부쓰	AUD	56213	FR	SB	FB
56	로쏘(주)	AUD	56191	NFR	MB	DB
57	롯데지알에스(주)	AUD	56300	FR	MB	DB
58	리치푸드(주)	AUD	56219	FR	MB	DB
59	버자야에이치알카페코리아(주)	AUD	56123	NFR	SB	FB
60	본아이에프(주)	AUD	56111	FR	MB	DB
61	본촌인터내셔날(주)	AUD	56193	NFR	SB	DB
62	비알코리아(주)	AUD	56229	FR	MB	FB
63	사과나무(주)	AUD	56221	FR	SB	DB
64	석파랑	AUD	56111	NFR	SB	DB
65	세한(주)	AUD	56123	NFR	SB	DB
66	스무디킹코리아(주)	AUD	56229	FR	SB	FB
67	씨디엔에이	AUD	56111	FR	SB	FB
68	아모제푸드(주)	AUD	56300	NFR	MB	DB
69	에렉스에프앤비(주)	AUD	56300	NFR	MB	FB
70	에스플러스인터내셔널	AUD	56123	NFR	MB	DB
71	엠즈씨드(주)	AUD	56221	NFR	SB	FB
72	원앤원(주)	AUD	56111	FR	MB	DB
73	(주)갓텐코리아	AUD	56122	FR	SB	DB
74	(주)고품질	AUD	56111	NFR	SB	DB
75	(주)다도글로벌	AUD	56221	FR	SB	DB
76	(주)덕용푸드시스템	AUD	56111	NFR	MB	DB
77	(주)부자되세요	AUD	56113	NFR	SB	DB
78	(주)비에이치씨	AUD	56193	FR	SB	DB

다음 페이지에 계속

구분	기업명	상장 여부	업종 구분	프랜차이즈 여부	단일·다브랜드	국내·외브랜드
79	(주)비케이알	AUD	56192	FR	SB	FB
80	(주)삼원가든	AUD	56113	NFR	SB	DB
81	(주)설빙	AUD	56229	FR	SB	DB
82	(주)스타벅스코리아	AUD	56221	NFR	SB	FB
83	(주)식의	AUD	56123	NFR	MB	DB
84	(주)썬앳푸드	AUD	56300	NFR	MB	DB
85	(주)아모제에프앤엘	AUD	56123	NFR	MB	DB
86	(주)안스	AUD	56191	NFR	SB	DB
87	(주)에땅	AUD	56192	FR	MB	DB
88	(주)에이치앤디이	AUD	56199	FR	MB	DB
89	(주)엔타스시스템	AUD	56111	NFR	MB	DB
90	(주)엠에프지코리아	AUD	56123	NFR	SB	DB
91	(주)엠파이어에프앤비	AUD	56123	NFR	SB	DB
92	(주)온누리푸드시스템	AUD	56111	FR	MB	DB
93	(주)이원	AUD	56219	FR	SB	DB
94	(주)제이알더블유	AUD	56123	NFR	SB	FB
95	(주)죠스푸드	AUD	56194	FR	MB	DB
96	(주)즐거운세상	AUD	56300	FR	MB	DB
97	(주)지앤푸드	AUD	56193	FR	MB	DB
98	(주)카페베네	AUD	56221	FR	SB	DB
99	(주)케이에프씨코리아	AUD	56192	FR	SB	FB
100	(주)키친보리에	AUD	56300	FR	MB	FB
101	(주)터존	AUD	56123	NFR	SB	DB
102	(주)토다이코리아	AUD	56122	NFR	SB	FB
103	(주)푸른에프앤디	AUD	56122	FR	MB	DB
104	(주)프랜푸드	AUD	56193	FR	SB	DB
105	(주)하누소	AUD	56113	FR	SB	DB
106	(주)현성에프엔티	AUD	56123	NFR	MB	DB
107	청오디피케이(주)	AUD	56192	FR	SB	FB
108	커피스미스에프씨(주)	AUD	56221	FR	MB	FB
109	투썸플레이스(주)	AUD	56221	FR	SB	FB
110	한국파파존스(주)	AUD	56192	FR	SB	FB
111	한서외식산업(주)	AUD	56111	NFR	MB	DB
112	한우리외식산업(주)	AUD	56111	NFR	MB	DB
113	(주)디딤	KDQ	56300	FR	MB	DB
114	해마로푸드서비스	KDQ	56192	FR	SB	DB

주1: 표에 사용된 기호의 의미는 다음과 같다.
기업 규모 – KSE(유가증권상장법인), KDQ(코스닥상장법인), AUD(외부 감사 대상 법인)
프랜차이즈 – FR(프랜차이즈기업), NFR(비프랜차이즈기업)
단일·다브랜드 – SB(단일브랜드 보유 기업), MB(다브랜드 보유 기업)
국내·외브랜드 – DB(국내 브랜드 보유 기업), FB(해외 브랜드 보유 기업)
업종구분 – 56111(한식 일반 음식점업), 56112(한식 면 요리 전문점), 56113(한식 육류 요리 전문점), 56114(한식 해산물 요리 전문점), 56121(중식 음식점업), 56122(일식 음식점업), 56123(서양식 음식점업), 56129(기타 외국식 음식점업), 56191(제과점업), 56192(피자, 햄버거, 샌드위치 및 유사 음식점업), 56193(치킨전문점), 56194(김밥 및 기타 간이 음식점업), 56199(간이 음식 포장판매 전문점), 56211(일반 유흥주점업), 56212(무도 유흥 주점업), 56213(생맥주 전문점), 56219(기타 주점업), 56221(커피 전문점), 56229(기타 비알코올 음료점업), 56300(다업종업)

[표 1-3] 외식기업 보유 브랜드

구분	기업명	현재 보유 브랜드	브랜드 수(개)	매장 수(개)
1	(주)TS푸드앤시스템	파파이스(52)	1	52
2	(주)거촌	난향(1)	1	1
3	(주)공차코리아	공차(966)	1	966
4	(주)김家네	김家네(472)	2	472
5	(주)놀부	놀부보쌈족발(180), 놀부부대찌개(352), 공수간(160), 삼겹본능(122), 놀부옛날통닭(45), 놀부항아리갈비(9), 놀부유황오리(3), 놀부화덕족발(8), 진한설렁탕담다(1), 흥부찜닭(42), 놀부숯불애장닭(1)	11	923
6	(주)더본코리아	백종원의원조쌈밥집(29), 한신포차(137), 새마을식당(145), 본가(43), 빽다방(606), 홍콩반점(214), 미정국수0410(22), 백'sы어(33), 역전우동(106), 돌배기집(58), 백철판(11), 성성식당(1), 마카오반점(1), 대한국밥(2), 원키친(2), 리춘시장(2), RollingPasta(8), 인생설렁탕(2), 라면제작소(1), SEOUL KITCHEN(1), 본가Express(3), 백철판(2)	22	1,428
7	(주)동바오	남산동보성(1)	1	1
8	(주)리치빔	피자나라치킨공주(331)	1	331
9	(주)멕시카나	멕시카나(822)	1	822
10	(주)보나비	아티제(69)	1	69
11	(주)브레댄코	브래댄코(67)	1	67
12	(주)삼양에프앤비	세븐스프링스(4), 세븐스프링스블랙(2), 카페파크7(1)	3	7
13	(주)새벽집	새벽집(2)	1	2
14	(주)송추가마골	송추가마골(9), 송추가마골인어반(7), 카페1981(7), 송추가마골반상(6), 가마골백숙(1), 오핀로스터리(1), 오핀카페(1), 오핀베이커리(1)	8	33
15	(주)신라명과	신라명과(47), 링바볼(1)	2	48
16	(주)신화아이푸드	우설화(7), 천지연(23), 송도갈비(18), 서현궁(2), 동백궁(1), 산삼청각(1), 청담본갈비(1), 서현궁불고기(1), 소나무향기(1), 하누선수(1), 돈블랑(6), 긴자(10), 하인선생(1), 취홍(1), 블루가든(9)	15	83
17	(주)에스앤에스컴퍼니	서가앤쿡(99), 소싯적(4), 토끼정(34), 숨쉬는순두부(9)	4	146
18	(주)에스엠엔터프라이즈	바이킹스(4), 바이킹스워프(4), 랍스터마켓(1), 봉마르켓(1), 쌩메종(1), 빅가이즈랍스터(2), 빅가이즈크랩(2), 어촌계(3)	8	18
19	(주)엔타스,(주)엔타스에스디, (주)덕용푸드시스템, (주)엔타스시스템	경복궁(34), 삿뽀로(34), 고구려(9), 한양(1), 팬차이나(2), 선한정식(1), 녹돈당(2), CodeBrown(1), 경복궁black(1), 삿뽀로black(1), 경복궁불고기(5)	11	91
20	(주)엘브이아이파트너스	주유별장(4), 코바치(4), 켄켄(2), 배터리파크(2), 보버라운지(1), 라디오베이(1), 스트키팟(1), 플로이(1), Eta(1)	9	17
21	(주)엘에프푸드	하코야(26), 마키노차야(3)	2	29
22	(주)엠피그룹	미스터피자(266), 마노핀(37)	2	303
23	(주)오투스페이스	감탄떡볶이(361)	1	361
24	(주)웰푸드시스템	프레쉬월(7), 얌차(7), 쇼군(1), 해야(1)	4	16
25	(주)이디야	이디야커피(2908)	1	2,908
26	(주)이바돔	이바돔 감자탕(127), 제주도야지판(6), 조선화로집(49), 강촌식당(19)	4	201
27	(주)장충동왕족발	장충동왕족발(122)	1	122

다음 페이지에 계속

구분	기업명	현재 보유 브랜드	브랜드 수(개)	매장 수(개)
28	(주)재원푸드	앤티앤스프레즐(222)	1	222
29	(주)전한	강강술래(10), 늘봄마켓(1), 주향천리(1),	3	12
30	(주)제너시스비비큐	bbq치킨(1638), 닭익는마을(22), bbq참숯바베큐치킨(24), 우쿠야(11), 올떡(109), 소신275℃(1), 와타미(2)	7	1,807
31	(주)젠푸드	히노아지(53)	1	53
32	(주)준코	준코(112)	1	112
33	(주)차우	로즈힐(6), 전골이야기(1)	2	7
34	(주)채선당	채선당SHABU(105), 채선당PLUS(41), 채선당M(23), 채선당샤브샤브&불고기쌈밥(9), 채선당샤브샤브&철판쭈꾸미(4), 채선당샤브샤브&한우구이(8), 채선당샤브샤브&편백나무찜(1), 샤브보트(31), 채선당행복가마솥밥(19), 자연한그릇(3), 생생4계절(3), 월남쌈&샤브샤브(3)	12	250
35	(주)캘리스코	사보텐(57), 히바린(12), 타코벨(15)	3	84
36	(주)커피빈코리아	커피빈(153)	1	153
37	(주)탐앤탐스	탐앤탐스클래식(396), 탐앤탐스탐스커버리(15), 탐앤탐스블랙(12)	3	423
38	(주)태범	카페쉐누(3)	1	3
39	(주)파리크라상	파리바게트(3789), 파스쿠찌(585), 잠바주스(31), 파리크라상(30), 쉑쉑버거(9), 라그릴리아(17), 퀸즈파크(2), 패션5(2), 스트리트(8), 베라(2), 라브리(1), 디퀸즈(1), 피자업(3), 피그인더가든(3), 리나스(11), 커피엣웍스(10), 라뜰리에(2)	17	4,506
40	(주)페리카나	페리카나치킨(1131)	1	1,131
41	(주)평가옥푸드시스템	평가옥(12)	1	12
42	(주)푸드죤	피자마루(613)	1	613
43	(주)풀무원푸드앤컬처	자연은 맛있다(4), 찬장(5), 명가의뜰(2), 오사카키친(2), 풍경마루(3), ttt(4), BUTCHER & FARMER(1)	7	21
44	(주)피에스타	피에스타(1)	1	1
45	(주)하남에프앤비	하남돼지집(197)	1	197
46	(주)한국일오삼	처갓집양념치킨(1081), 처갓집플러스케이준치킨(43)	2	1,124
47	(주)한솥	한솥(735)	1	735
48	(주)할리스에프앤비	할리스커피(560), 디초콜릿커피앤드(47), 디초콜릿커피(4)	3	611
49	(주)핫시즈너	동대문엽기떡볶이(491)	1	491
50	(주)혜인식품	네네치킨(1131), 네네피자(70)	2	1,201
51	CJ푸드빌(주)	뚜레주르(1335), 빕스(53), 더플레이스(8), 계절밥상(16), 제일제면소(21), 빕스버거(2), CJ푸드월드(3), 엔그릴(1)	8	1,439
52	갓파크리에이트코리아(주)	갓파스시(8)	1	8
53	교촌에프앤비(주)	교촌치킨(1141), 숙성72(1), 담김쌈(1)	3	1,143
54	더부쓰	더부스(6)	1	6
55	로쏘(주)	성심당(4), 케익부띠끄(3), 옛맛솜씨(1), 플라잉팬(1), 테라스키친(1), 삐아또(1), 우동야(1), 오븐스토리(1)	8	13
56	롯데지알에스(주)	롯데리아(1337), 엔제리너스커피(606), 크리스피크림도넛(130), 티지아이프라이데이스(28), 빌라드샬롯(4), 더푸드하우스(8)	6	2,113
57	리치푸드(주)	피쉬앤그릴(611), 피쉬앤그릴&치르치르(15), 피쉬앤그릴too(1), 치르치르(45), 집동가리쌩주(24), 히토기라쿠(21), 치르비어369(6), 뉴욕야시장(182)	8	905

구분	기업명	현재 보유 브랜드	브랜드 수(개)	매장 수(개)
58	버자야에이치알카페코리아(주)	하드록카페(2)	1	2
59	본아이에프(주)	본죽(1178), 본죽&비빔밥cafe(341), 본도시락(354), 본설(26)	4	1,899
60	본촌인터내셔날(주)	본촌치킨(2)	1	2
61	비알코리아(주)	베스킨라빈스(1463), 던킨도너츠(706)	2	2,169
62	사과나무(주)	커피베이(567)	1	567
63	석파랑	석파랑(1)	1	1
64	세한(주)	스테이지28(1)	1	1
65	스무디킹코리아(주)	스무디킹(117)	1	117
66	씨디엔에이	삼거리포차(6)	1	6
67	아모제푸드(주) (주)아모제에프앤엘	푸드캐피탈(4), 자문밖(1), 카페아모제(13), 첫번째미우(1), 두번째미우(1), 엘레나키친(1), 오므토토마토(2), Som.c(1), 삼국열전(2)	8	26
68	에렉스에프앤비(주)	P.F.CHANG's(8), PEIWAI(6), 마쯔가제(1), 이화원(1), 홍보석(4), 만남스택(1), 후와후와(3)	7	24
69	에스플러스인터내셔널	꼴라메르까토(2), 베이크하우스(7)	2	9
70	엠즈씨드(주)	폴바셋(95)	1	95
71	원앤원(주)	원할머니보쌈족발(237), 박가부대찌게(134), 모리샤브(3), 족발중심(2), 툭툭치킨(1)	5	380
72	(주)갓텐코리아	갓덴스시(10)	1	10
73	(주)고품질	정식당(1)	1	1
74	(주)다도글로벌	카페드롭탑(253)	1	253
75	(주)부자되세요	창고43(14)	1	14
76	(주)비에이치씨	bhc치킨(1443)	1	1,443
77	(주)비케이알	버거킹(427)	1	427
78	(주)삼원가든	삼원가든(1)	1	1
79	(주)설빙	설빙(441)	1	441
80	(주)스타벅스커피코리아	스타벅스(1312)	1	1,312
81	(주)식의	플로렌스 파티하우스(12)	1	12
82	(주)썬앳푸드	시추안 하우스(4), 모던눌랑(2), 비스트로 서울(2), 텍사스 데 브라질(1), 식사돈(1)	5	10
83	(주)안스	안스베이커리(9)	1	9
84	(주)에땅	피자에땅(260), 오븐에빠진닭(106), 본능족으로(2), 투핑거즈(3), 퍼주마(3)	5	374
85	(주)에이치앤디이	나우(3), 카페더블드림스(2), 잠실야구장 통빱(2)	3	7
86	(주)엠에프지코리아	매드포갈릭(38)	1	38
87	(주)엠파이어에프앤비	폴라렉스뷔페(1)	1	1
88	(주)온누리푸드시스템	온누리누룽지백숙(2), 온누리진흙구이(2), 온누리장작구이(11)	3	15
89	(주)이원	투다리(1599), 토대력(36)	2	1,635
90	(주)제이알더블유	온더보더(10)	1	10
91	(주)죠스푸드	죠스떡볶이(251), 바르다김선생(149)	2	400

다음 페이지에 계속

구분	기업명	현재 보유 브랜드	브랜드 수(개)	매장 수(개)
92	(주)즐거운세상	바르미샤브샤브n칼국수(39), 바르미스미뷔페(3)	2	42
93	(주) 지앤푸드	굽네치킨(1193)	1	1,193
94	(주) 카페베네	카페베네(436)	1	436
95	(주)케이에프씨코리아	KFC치킨(190)	1	190
96	(주)터존	터존부페(1)	1	1
97	(주)토다이코리아	토다이(5)	1	5
98	(주)푸른에프앤디	아오키카츠쿠라(2), 아오키교자(2)	2	4
99	(주)프랜푸드	땅땅치킨(286)	1	286
100	(주)하누소	하누소(5), 하누소갈비살(2)	2	7
101	(주)현성에프엔티	돈페(4), 돈페플러스(7), 타노시미(2), 그리씨니비네날레(1), 타니비엔날레(1)	5	15
102	청오디피케이(주)	도미노피자(459)	1	459
103	커피스미스에프씨(주)	커피스미스(87), 커피스미스드래프트(5)	2	92
104	투썸플레이스(주)	투썸플레이스(1124)	1	1,124
105	한국파파존스(주)	파파존스피자(156)	1	156
106	한서외식산업(주),한우리외식산업(주)	한우리(12), 한우리한정식(1), 보다(1)	3	14
107	(주)디딤	연안식당(237), 마포갈매기(141), 맛있는술집여기미술관(65), 고래식당(24), 고래감자탕(12), 차돌6키로(4), REDMOON(4), 애플삼겹살(4), 호랭이돌곱창(4), 연남숯불닭갈비(1), 공화춘(1)	11	497
108	해마로푸드서비스	맘스터치(1238)	1	1,238

※ 표에 표시된 외식기업명, 브랜드명, 브랜드 수는 조사 시점에 따라 상이할 수 있음.

나. 상장 여부별 분류

- 2017년 대비 11개 기업이 외부 감사 대상 법인에서 제외되어 분석 대상에 포함되지 않았다. 2018년 신규 추가된 기업은 12개이며, 전체 분석 대상 수는 1개 증가했다.
- 2018년 코스닥 상장기업의 수는 증가하지 않고, 2017년과 동일한 3개를 유지했다.

[표 1-4] 외식기업 현황 : 상장 여부별

(단위 : 개)

구분	2008	2009	2010	2011	2012	2013	2014	2015	2016	2017	2018
코스닥상장	2	2	2	2	2	2	2	2	2	3	3
외부감사대상	41	44	60	69	81	92	99	115	110	110	111

다. 업종별 분류

- 한국표준산업분류체계[10차]를 기준으로 살펴보면, 한식 일반 음식점업이 전년보다 1개 더 많은 19개로 가장 많다.
- '생맥주 전문점'은 더부쓰가 새롭게 등장하면서 작년 조사대상 0개에서 1개로 바뀌었다.

[표 1-5] 외식기업 현황 : 세부 업종별 (단위 : 개)

구분	2008	2009	2010	2011	2012	2013	2014	2015	2016	2017	2018
한식 일반 음식점업	7	8	13	14	14	14	17	19	18	18	19
한식 육류 요리 전문점	3	3	5	7	7	7	7	8	9	8	7
한식 해산물 요리 전문점	–	–	–	–	–	–	–	1	1	1	1
중식 음식점업	–	–	–	–	2	2	2	2	2	2	2
일식 음식점업	3	5	6	5	5	5	5	6	5	5	7
서양식 음식점업	2	1	1	3	7	8	11	15	14	13	12
제과점업	2	2	3	3	3	4	4	5	4	7	7
피자, 햄버거, 샌드위치 및 유사 음식점업	7	6	6	7	8	8	8	8	8	8	8
치킨전문점	3	3	5	6	8	10	11	12	12	13	11
김밥 및 기타 간이 음식점업	2	2	3	3	3	4	4	4	4	5	4
간이 음식 포장판매 전문점	1	1	1	1	1	2	2	2	2	1	1
무도 유흥 주점업	–	1	1	1	1	1	1	1	1	1	1
생맥주 전문점	–	–	1	1	2	2	2	2	2	–	1
기타 주점업	2	2	2	2	2	2	2	3	3	2	2
커피 전문점	4	5	7	8	9	11	11	12	10	10	12
기타 비알코올 음료점업	2	2	2	2	2	4	4	5	5	4	4
다업종업	5	5	7	8	9	10	10	12	12	13	15

- 외식기업의 수에 비해 분류의 수가 많아 분석의 용이성을 위해 업종을 재분류했다. 그 결과는 [표 1-6]과 같다.
- 2017년 대비 일식 음식점업, 커피 전문점, 다업종 기업이 2개 증가하였으며, 그 외에도 한식 일반 음식점업, 생맥주 전문점 기업이 증가했다.
- 2017년 대비 분석 대상의 수가 감소한 업종은 한식 육류 요리 전문점, 서양식 음식점업, 치킨 전문점, 김밥 및 기타 간이 음식점업으로 나타났다.
- 특히 치킨전문점은 가장 큰 폭으로 줄어들었으며, 원인은 다양한 브랜드 간의 경쟁으로 예상된다.

[표 1-6] 외식기업 현황 : 세부 업종 재분류별

(단위 : 개)

구분	2008	2009	2010	2011	2012	2013	2014	2015	2016	2017	2018
한식 음식점업	10	11	18	21	21	21	24	28	28	27	27
중식 음식점업	–	–	–	–	2	2	2	2	2	2	2
일식 음식점업	3	5	6	5	5	5	5	6	5	5	7
서양식 음식점업	2	1	1	3	7	8	11	15	14	13	12
제과점업	2	2	3	3	3	4	4	5	4	7	7
피자, 햄버거, 샌드위치 및 유사 음식점업	7	6	6	7	8	8	8	8	8	8	8
치킨전문점	3	3	5	6	8	10	11	12	12	13	11
김밥, 분식, 기타 간이 및 포장 음식점업	3	3	4	4	4	6	6	6	6	7	5
주점업	2	3	4	4	5	5	5	6	6	3	4
비알코올 음료점업	6	7	9	10	11	15	15	17	15	14	16
다업종업	5	5	7	8	9	10	10	12	12	13	15

라. 프랜차이즈 운영 여부별 분류

- 2018년 분석 대상 외식기업 114개 중 70개 기업이 프랜차이즈를 운영하고 있으며, 44개 기업이 직영 형태로 운영 중이다.
- 전년 대비 프랜차이즈 운영기업 수가 급증한 반면, 비프랜차이즈 기업의 수는 감소해 비프랜차이즈 기업의 비중이 점차 줄어들고 있다.

[표 1-7] 외식기업 현황 : 프랜차이즈운영 여부별

(단위 : 개)

구분	2008	2009	2010	2011	2012	2013	2014	2015	2016	2017	2018
프랜차이즈	34	37	47	51	57	64	67	73	70	65	70
비프랜차이즈	9	9	16	20	26	30	34	44	42	48	44

마. 보유 브랜드의 수별 분류

- 2018년 분석 대상 외식기업 중 단일브랜드를 운영하는 기업이 60개, 다브랜드를 운영하는 기업이 54개로 나타났다.
- 전년 대비 단일브랜드 기업의 수가 1개 증가하여, 2017년부터 시작된 단일브랜드 수의 역전이 유지되고 있음을 알 수 있다.

[표 1-8] 외식기업 현황 : 보유 브랜드의 수별

(단위 : 개)

구분	2008	2009	2010	2011	2012	2013	2014	2015	2016	2017	2018
단일브랜드	17	19	25	30	36	43	45	58	54	59	60
다브랜드	26	27	38	41	47	51	55	58	58	54	54

바. 보유 브랜드의 국적별 분류

- 2018년 분석 대상 외식기업 중 국내 브랜드를 운영하는 기업이 87개, 해외 브랜드를 국내에 들여와 운영하는 기업이 27개로 나타났다.
- 전년 대비 해외 브랜드를 운영하는 기업이 큰 폭으로 증가했고, 국내 브랜드만 운영하는 기업의 수는 큰 폭으로 감소했다.

[표 1-9] 외식기업 현황 : 보유 브랜드의 국적별

(단위 : 개)

구분	2008	2009	2010	2011	2012	2013	2014	2015	2016	2017	2018
국내 브랜드	33	34	48	54	66	76	82	96	94	95	87
해외 브랜드	10	12	15	17	17	18	19	21	18	18	27

II. 외식기업 경영분석 주요 결과

1. 2018년 주요 재무지표 요약

■ 2018년 한국 외식기업 경영분석 대상에 포함된 외식기업 중 매출액이 가장 높은 기업은 ㈜파리크라상으로 나타났으며, 이어 ㈜스타벅스코리아, CJ푸드빌㈜, 롯데지알에스㈜, ㈜풀무원푸드앤컬쳐 등이 뒤를 이었다.

○ ㈜파리크라상은 2017년에 이어 2018년 역시 매출성과 1위로 국내 최대 규모의 외식기업이다. 전년 대비 매출액이 소폭 성장했고 매출 규모도 크지만, 전년 대비 법인세 비용이 커져 낮은 당기순이익을 나타냈다.

○ 매출액 상위 기업 중 ㈜스타벅스코리아가 두드러진다. 당사는 높은 매출액과 우수한 수익성을 나타내고 있으며, 매출과 당기순이익도 꾸준히 증가하고 있다.

○ 상위 기업 중 상대적으로 경영성과가 저조한 기업은 CJ푸드빌㈜, 롯데지알에스㈜이다. CJ푸드빌㈜와 롯데지알에스㈜는 수익성이 크게 낮아져 큰 규모의 당기순손실을 기록했다. CJ푸드빌㈜는 2018년 초 투썸플레이스 사업 부문 물적 분할로 유동성을 확보하고자 하였으나, 당사의 핵심사업 부문이자 이익기여도가 높은 주요 브랜드를 매각함으로써 매출 및 영업실적 부진을 면치 못했다.

■ 2018년 분석 대상 외식기업 중 수익성이 가장 우수한 기업은 ㈜온누리푸드시스템이며 이어 ㈜전한, 스무디킹코리아㈜, ㈜케이에프씨코리아, 청오디피케이㈜가 뒤를 잇는다.

○ ㈜온누리푸드시스템의 수익성이 매우 높게 나타났는데, 당사의 매출실적은 분석 대상 기업 중 91위로 낮은 편이었다. 이는 당사가 경영성과의 부진을 겪고 있는 상황에서 유형자산 처분에 따른 이익이 커 단기적으로 수익성이 증가한 것으로 차년도에 순이익률이 급격히 감소할 것으로 예상된다.

■ 성장성이 가장 우수한 기업은 ㈜다도글로벌이며, 이어 ㈜공차코리아, ㈜엠에프지코리아, 청오디피케이㈜, ㈜부자되세요 등이 뒤를 이었다.

○ ㈜공차코리아는 2015년까지 꾸준히 매출액 역성장을 하다가 2016년부터 다시 회복하는 추세이다. 2015년까지 급격한 매출감소를 겪으면서 2016년, 2017년 기저효과로 높은 매출성장률을 기록했고 향후에는 성장률이 점차 둔화될 것으로 보인다.

■ 활동성이 가장 우수한 기업은 3년 연속 교촌에프앤비㈜가 차지했으며, 이어 ㈜풀무원푸드앤컬처, ㈜갓텐코리아, 투썸플레이스㈜, ㈜제너시스비비큐가 뒤를 잇는다.

○ 활동성이 높은 기업을 살펴보면, 상위 5개 기업 중 치킨전문점 업종이 2개로 교촌에프앤비㈜, ㈜제너시스비비큐가 있고, 나머지 2개 기업도 프랜차이즈 비중이 높은 브랜드에 속한다.

○ 프랜차이즈 운영기업의 경우, 자산 규모가 상대적으로 적지만 브랜드력이 있는 경우에 높은 매출을 창출할 수 있어 활동성이 높게 나타난 것으로 판단된다.

■ 2018년 부채비율이 가장 높은 기업은 ㈜동바오이며, 이어 ㈜엠파이어에프앤비, ㈜아모제에프앤엘, ㈜태범, ㈜케이에프씨코리아가 뒤를 잇는다.

○ ㈜케이에프씨코리아를 제외하고 전반적으로 매출액 순위가 낮은 기업들의 부채비율이 높은데, 낮은 매출 성과로 부채비율이 증가한 것으로 보인다. 해당 기업들은 생존을 위해 무엇보다 재무 안정성 확보가 중요할 것이다.

○ 한편 부채비율이 기록되지 않은 기업도 많은데, 해당 기업들은 부진한 영업실적이 지속되면서 완전한 자본 잠식에 빠져 자본이 마이너스가 된 기업들이다. ㈜카페베네를 포함해 11개 기업이 여기에 해당하는데 ㈜카페베네와 ㈜갓텐코리아를 제외한 전 기업이 당기순손실을 기록하고 있어 경영성과의 부진을 겪고 있음을 짐작할 수 있다.

[표 2-1] 2018년 주요 재무지표 현황

순위	기업명	매출액 (백만 원)	당기 순이익 (백만 원)	총자산 (백만 원)	수익성				성장성		활동성		레버리지 비율	
					매출액 순이익률 (%)	순위	총자산 순이익률 (%)	순위	매출액 성장률 (%)	순위	총자산 회전율 (회)	순위	부채 비율 (%)	순위
1	(주)파리크라상	1,777,642	4,976	1,481,457	0.28	77	0.36	78	0.19	70	1.27	55	101.43	54
2	(주)스타벅스커피코리아	1,522,371	111,992	773,042	7.36	27	16.29	13	20.49	13	2.21	18	83.98	62
3	CJ푸드빌(주)	983,077	-8,992	570,518	-0.91	83	-1.50	87	-21.91	108	1.64	39	1120.61	9
4	롯데지알에스(주)	831,073	-32,479	730,051	-3.91	93	-3.50	96	-8.38	94	0.90	77	194.91	29
5	(주)풀무원푸드앤컬처	610,973	6,209	147,415	1.02	70	4.21	51	5.88	47	4.15	2	97.44	56
6	비알코리아(주)	560,181	36,508	537,088	6.52	30	7.05	39	7.09	44	1.08	66	21.44	93
7	(주)비케이알	402,677	4,269	317,326	1.06	68	1.35	67	16.43	18	1.28	54	110.65	49
8	교촌에프앤비(주)	330,496	11,475	95,116	3.47	55	14.47	17	3.65	57	4.17	1	69.84	69
9	투썸플레이스(주)	268,710	21,122	176,418	7.86	23	23.95	3	0.00	71	3.05	4	111.78	47
10	해마로푸드서비스(주)	258,139	14,432	116,884	5.59	36	13.19	19	15.46	23	2.36	15	69.23	70

다음 페이지에 계속

순위	기업명	매출액 (백만 원)	당기 순이익 (백만 원)	총자산 (백만 원)	수익성				성장성		활동성		레버리지 비율	
					매출액 순이익률 (%)	순위	총자산 순이익률 (%)	순위	매출액 성장률 (%)	순위	총자산 회전율 (회)	순위	부채 비율 (%)	순위
11	(주)비에이치씨	237,580	46,098	194,499	19.40	6	23.70	4	0.00	72	1.22	59	202.36	28
12	(주)제너시스비비큐	230,037	12,721	84,599	5.53	37	15.28	15	-2.24	76	2.76	5	91.21	59
13	청오디피케이(주)	212,990	14,791	217,772	6.94	29	7.46	38	-3.09	80	1.07	69	64.04	73
14	본아이에프(주)	206,999	2,323	100,730	1.12	66	3.01	58	19.80	15	2.69	8	194.44	30
15	(주)이디야	200,464	10,835	108,756	5.40	41	10.12	28	8.87	39	1.87	32	90.30	60
16	(주)케이에프씨코리아	184,340	-5,715	71,897	-3.10	90	-7.93	101	14.23	26	2.56	11	1758.25	5
17	(주)더본코리아	177,630	6,587	89,730	3.71	50	7.54	37	2.04	61	2.03	27	59.48	74
18	(주)커피빈코리아	166,635	14,749	144,918	8.85	21	9.57	29	5.69	48	1.08	67	91.69	58
19	(주)할리스에프앤비	154,892	12,001	109,035	7.75	26	11.42	25	9.96	36	1.47	46	38.50	86
20	(주)지앤푸드	148,588	8,131	56,584	5.47	39	14.93	16	-6.59	90	2.73	6	76.02	66
21	(주)에이치앤디이	125,715	1,346	76,099	1.07	67	1.82	63	9.01	38	1.70	37	66.68	72
22	(주)한솥	94,829	6,896	40,914	7.27	28	16.30	12	3.94	53	2.24	17	34.19	87
23	엠즈씨드(주)	93,828	-1,425	53,610	-1.52	86	-2.90	93	23.99	11	1.91	31	116.10	45
24	(주)디딤	93,392	3,362	63,314	3.60	52	5.74	42	41.77	3	1.59	41	85.23	61
25	(주)캘리스코	89,718	-61	34,679	-0.07	81	-0.18	81	14.08	27	2.56	12	133.14	41
26	아모제푸드(주)	86,779	2,293	38,496	2.64	58	5.66	43	5.52	49	2.14	20	136.38	40
27	(주)놀부	86,712	-22,031	77,914	-25.41	107	-23.90	109	-14.61	100	0.94	75	129.15	42
28	(주)토다이코리아	81,328	-2,818	74,121	-3.47	92	-3.99	97	1.69	64	1.15	63	254.53	23
29	(주)공차코리아	78,155	14,693	70,830	18.80	7	23.19	5	44.50	2	1.23	58	101.95	53
30	(주)보나비	77,709	671	41,732	0.86	73	1.60	65	15.70	22	1.86	33	177.66	33
31	(주)엠에프지코리아	77,414	718	36,295	0.93	72	1.98	62	-2.81	78	2.14	21	75.87	67
32	(주)즐거운세상	75,577	2,685	171,864	3.55	53	1.62	64	10.50	34	0.46	96	370.58	20
33	(주)탐앤탐스	74,025	3,670	120,990	4.96	43	3.84	52	-10.15	95	0.78	82	190.84	31
34	(주)이바돔	71,843	-5,829	58,261	-8.11	99	-10.25	104	16.91	16	1.26	57	486.63	17
35	(주)덕용푸드시스템	70,353	5,497	65,739	7.81	24	8.83	33	1.49	65	1.13	64	39.98	84
36	(주)엔타스	69,934	-8,806	91,062	-12.59	102	-9.72	103	13.38	29	0.77	83	631.63	15
37	(주)전한	69,934	3,258	37,363	4.66	46	9.15	32	8.78	40	1.96	28	146.00	37
38	(주)한국일오삼	69,629	4,359	54,208	6.26	31	8.36	35	27.50	9	1.33	52	78.80	63
39	원앤원(주)	69,322	2,790	54,812	4.03	49	5.13	45	-7.25	93	1.27	56	56.03	77
40	(주)준코	69,270	-4,321	43,692	-6.24	98	-8.97	102	-0.38	74	1.44	49	1726.60	6
41	(주)신화아이푸드	69,252	8,159	72,655	11.78	18	11.66	24	12.04	30	0.99	73	113.30	46
42	(주)엠피그룹	65,652	8,813	46,160	13.42	14	15.98	14	-19.47	106	1.19	62	124.92	43
43	(주)멕시카나	64,163	4,973	41,623	7.75	25	12.60	22	14.54	25	1.63	40	52.16	78
44	(주)송추가마골	63,119	3,471	28,537	5.50	38	13.28	18	11.95	31	2.42	14	144.12	38
45	(주)핫시즈너	61,537	5,357	35,726	8.71	22	18.41	9	23.29	12	2.11	23	68.62	71
46	(주)엔타스시스템	59,087	2,133	48,753	3.61	51	4.36	50	3.66	56	1.21	61	105.26	51
47	(주)혜인식품	57,265	13,443	109,557	23.48	4	12.96	20	3.12	58	0.55	91	7.64	101
48	(주)리치빔	55,104	9,020	25,555	16.37	8	36.15	2	0.42	69	2.21	19	40.12	82
49	로쏘(주)	53,198	8,093	48,282	15.21	11	18.35	11	25.63	10	1.21	60	27.68	91
50	(주)채선당	52,349	943	19,181	1.80	62	4.85	48	1.32	67	2.69	10	57.06	76

순위	기업명	매출액 (백만 원)	당기 순이익 (백만 원)	총자산 (백만 원)	수익성				성장성		활동성		레버리지 비율	
					매출액 순이익률 (%)	순위	총자산 순이익률 (%)	순위	매출액 성장률 (%)	순위	총자산 회전율 (회)	순위	부채 비율 (%)	순위
51	(주)페리카나	46,610	2,240	19,719	4.81	44	11.16	26	4.51	51	2.32	16	49.12	79
52	(주)재원푸드	41,085	1,929	21,862	4.70	45	9.17	31	1.72	63	1.95	30	43.20	80
53	에렉스에프앤비(주)	39,798	-543	17,814	-1.36	85	-2.87	92	-6.08	88	2.10	24	521.48	16
54	(주)신라명과	36,830	-1,261	26,877	-3.42	91	-5.01	98	-4.78	86	1.46	47	172.64	34
55	(주)엘에프푸드	36,804	8,390	131,853	22.80	5	6.68	40	37.95	4	0.29	105	10.42	99
56	(주)키친보리에	36,704	46	36,887	0.13	80	0.13	80	-4.03	84	1.01	72	102.84	52
57	(주)에스앤에스컴퍼니	36,399	4,607	38,602	12.66	17	12.32	23	5.89	46	0.97	74	19.74	94
58	(주)부자되세요	36,234	4,705	26,249	12.99	16	18.68	8	29.63	7	1.44	48	38.56	85
59	한국파파존스(주)	35,999	82	15,955	0.23	78	0.61	74	3.11	59	2.70	7	1649.40	7
60	(주)프랜푸드	34,640	540	19,116	1.56	63	2.87	60	-3.68	82	1.84	35	185.79	32
61	(주)에땅	32,510	841	52,944	2.59	60	1.57	66	-18.43	104	0.61	89	101.17	55
62	(주)젠푸드	31,983	1,748	20,659	5.46	40	8.40	34	10.42	35	1.54	43	76.72	65
63	(주)김家네	31,805	5,101	19,009	16.04	9	22.97	6	-3.66	81	1.43	50	140.25	39
64	(주)카페베네	28,044	883	29,040	3.15	57	2.88	59	-39.13	113	0.92	76	0.00	.
65	(주)제이알더블유	25,906	-316	10,182	-1.22	84	-2.96	94	-1.02	75	2.43	13	253.75	24
66	(주)죠스푸드	25,368	394	36,728	1.55	64	1.13	68	-15.19	101	0.73	84	462.93	19
67	(주)갓텐코리아	25,067	44	8,609	0.18	79	0.55	75	33.63	6	3.14	3	0.00	.
68	사과나무(주)	23,193	513	11,176	2.21	61	4.71	49	20.26	14	2.13	22	235.89	26
69	(주)장충동왕족발	22,785	236	33,528	1.04	69	0.73	72	-2.91	79	0.71	85	221.42	27
70	(주)브레댄코	22,743	-68	8,371	-0.30	82	-0.81	83	3.69	55	2.69	9	0.00	.
71	(주)하남에프앤비	21,969	2,878	13,339	13.10	15	19.72	7	-4.11	85	1.51	44	111.28	48
72	(주)오투스페이스	20,798	-841	11,862	-4.05	95	-6.83	99	-10.54	96	1.69	38	27.83	90
73	한우리외식산업(주)	20,383	842	24,818	4.13	48	3.44	56	4.83	50	0.83	80	18.90	95
74	(주)에스엠엔터프라이즈	19,655	690	11,093	3.51	54	6.44	41	13.47	28	1.84	34	249.08	25
75	리치푸드(주)	19,570	123	17,512	0.63	76	0.70	73	-6.43	89	1.11	65	18.79	96
76	(주)삼양에프앤비	18,618	-3,149	8,208	-16.91	105	-35.00	111	-13.33	99	2.07	25	0.00	.
77	(주)TS푸드앤시스템	18,224	-2,850	8,861	-15.64	103	-27.15	110	-18.56	105	1.74	36	0.00	.
78	(주)다도글로벌	18,164	-2,903	15,173	-15.98	104	-16.90	108	-20.93	107	1.06	71	0.00	.
79	(주)식의	17,890	936	8,587	5.23	42	10.72	27	-10.65	97	2.05	26	77.60	64
80	(주)썬앳푸드	17,445	-689	34,362	-3.95	94	-2.00	90	16.81	17	0.51	94	9.26	100
81	스무디킹코리아(주)	16,939	-293	12,162	-1.73	88	-2.36	91	-16.25	102	1.37	51	58.39	75
82	(주)엔타스에스디	16,247	1,541	12,346	9.49	20	12.62	21	1.91	62	1.33	53	116.62	44
83	갓파크리에이트 코리아(주)	16,115	421	8,636	2.61	59	5.14	44	4.45	52	1.96	29	705.43	13
84	(주)설빙	13,692	2,144	23,998	15.66	10	9.53	30	16.33	19	0.61	87	30.45	89
85	(주)엘브이아이파트너스	13,201	-5,431	8,138	-41.14	110	-60.85	114	-11.55	98	1.48	45	0.00	.
86	본촌인터내셔날(주)	13,120	6,525	53,270	49.74	2	18.40	10	15.36	24	0.37	99	23.07	92
87	커피스미스에프씨(주)	12,961	441	12,549	3.40	56	3.59	54	3.02	60	1.06	70	352.84	21
88	씨디엔에이	12,765	-1,212	7,856	-9.50	100	-14.72	106	9.96	37	1.55	42	0.00	.
89	(주)안스	10,265	586	14,065	5.71	35	4.94	47	10.51	33	0.87	78	657.27	14

다음 페이지에 계속

순위	기업명	매출액 (백만 원)	당기 순이익 (백만 원)	총자산 (백만 원)	수익성				성장성		활동성		레버리지 비율	
					매출액 순이익률 (%)	순위	총자산 순이익률 (%)	순위	매출액 성장률 (%)	순위	총자산 회전율 (회)	순위	부채 비율 (%)	순위
90	(주)푸른에프앤디	10,208	1,169	31,545	11.45	19	3.81	53	1.22	68	0.33	102	4.06	102
91	(주)온누리푸드시스템	10,148	590	16,943	5.81	33	3.53	55	1.44	66	0.61	88	3.96	103
92	(주)새벽집	9,980	140	30,026	1.40	65	0.47	76	3.78	54	0.34	101	152.99	36
93	(주)푸드죤	9,913	1,338	17,276	13.50	13	7.67	36	-6.77	91	0.57	90	31.49	88
94	(주)피에스타	9,494	8,659	13,235	91.21	1	58.25	1	7.37	43	0.64	86	92.12	57
95	(주)웰푸드시스템	9,106	75	8,438	0.82	74	0.89	70	-17.72	103	1.08	68	1199.34	8
96	한서외식산업(주)	8,847	-412	23,663	-4.66	97	-1.74	89	16.26	20	0.37	98	14.49	98
97	(주)하누소	7,667	352	14,117	4.59	47	2.53	61	-3.79	83	0.55	92	301.76	22
98	(주)삼원가든	7,121	-180	26,409	-2.53	89	-1.37	86	0.00	73	0.54	93	478.69	18
99	버자야에이치알카페 코리아(주)	6,746	-3,616	7,159	-53.60	111	-42.62	112	-23.48	109	0.80	81	0.00	.
100	(주)고품질	6,454	963	18,811	14.91	12	5.12	46	933.93	1	0.34	100	16.28	97
101	더부쓰	6,366	-3,905	6,574	-61.35	113	-52.00	113	11.11	32	0.85	79	0.00	.
102	에스플러스인터내셔널	5,701	-1,938	24,358	-34.00	109	-7.71	100	-2.37	77	0.23	107	40.07	83
103	(주)평가옥푸드시스템	5,644	340	12,539	6.03	32	3.04	57	15.89	21	0.50	95	983.14	10
104	(주)이원	5,027	47	10,875	0.94	71	0.43	77	29.38	8	0.45	97	750.59	12
105	세한(주)	4,207	-2,530	19,900	-60.15	112	-14.97	107	6.83	45	0.25	106	164.16	35
106	(주)엠파이어에프앤비	3,891	28	11,529	0.71	75	0.24	79	-29.16	112	0.33	103	7422.66	2
107	(주)동바오	3,546	-57	18,814	-1.60	87	-0.30	82	-6.77	92	0.19	108	15104.11	1
108	석파랑	2,584	-113	8,554	-4.37	96	-1.30	85	8.15	41	0.30	104	969.11	11
109	(주)거촌	2,350	136	16,805	5.77	34	0.81	71	7.40	42	0.14	109	107.56	50
110	(주)태범	2,329	-276	31,439	-11.83	101	-0.95	84	34.99	5	0.08	111	2365.28	4
111	(주)아모제에프앤엘	2,250	-521	15,748	-23.15	106	-3.26	95	-26.04	110	0.14	110	3540.27	3
112	(주)차우	1,756	-557	33,595	-31.74	108	-1.69	88	-28.66	111	0.05	113	72.66	68
113	(주)현성에프엔티	679	-1,248	8,657	-183.84	114	-13.56	105	-46.29	114	0.07	112	0.00	.
114	(주)터존	500	191	17,413	38.17	3	1.07	69	-5.30	87	0.03	114	40.55	81

주 : 전체 순위는 매출액 규모 기준

2. 수익성·성장성 분석

- 수익성과 성장성을 기준으로 2018년 외식기업의 경영성과를 살펴보기 위해 매출액순이익률과 매출액을 바탕으로 Matrix를 구성하였다.
  - ○ 수익성과 성장성의 편차가 크기 때문에 평균값Mean이 아닌 중앙값Median을 기준으로 4개의 사분면으로 구분해 외식기업 전체를 살펴본다.
  - ○ 각 사분면에 위치한 외식기업들을 구체적으로 살펴보기 위해 각 중앙값Median을 기준으로

각 사분면에 위치한 기업들의 수익성과 성장성을 다시 각각 4개의 영역으로 구분하여 분석하였다.

○ 2차원 공간에 Mapping한 기업은 각 기업의 구분번호로 사분면에 나타냈으며, 구분번호는 [표 2-2]와 같다.

■ 수익성과 성장성을 기준으로 전체 외식기업의 분포를 나타낸 그래프는 [그림 2-1]과 같다.

○ ㈜터존의 경우 2018년 수익성매출액순이익률이 1800%를 넘어서는 것으로 나타났는데, 이는 당사의 매출성과가 부진한 데 반해 2017년 유형자산 처분에 따른 이익이 많아 발생한 수치이므로 이상치Outlier로 판단하고 제외했다.

[표 2-2] 2018년 분석 대상 기업 목록

구분	기업명	구분	기업명
1	(주)TS푸드앤시스템	26	(주)이디야
2	(주)거촌	27	(주)이바돔
3	(주)공차코리아	28	(주)장충동왕족발
4	(주)김家네	29	(주)재원푸드
5	(주)놀부	30	(주)전한
6	(주)더본코리아	31	(주)제너시스비비큐
7	(주)동바오	32	(주)젠푸드
8	(주)리치빔	33	(주)준코
9	(주)멕시카나	34	(주)차우
10	(주)보나비	35	(주)채선당
11	(주)브레댄코	36	(주)캘리스코
12	(주)삼양에프앤비	37	(주)커피빈코리아
13	(주)새벽집	38	(주)탐앤탐스
14	(주)송추가마골	39	(주)태범
15	(주)신라명과	40	(주)파리크라상
16	(주)신화아이푸드	41	(주)페리카나
17	(주)에스앤에스컴퍼니	42	(주)평가옥푸드시스템
18	(주)에스엠엔터프라이즈	43	(주)푸드죤
19	(주)엔타스	44	(주)풀무원푸드앤컬처
20	(주)엔타스에스디	45	(주)피에스타
21	(주)엘브이아이파트너스	46	(주)하남에프앤비
22	(주)엘에프푸드	47	(주)한국일오삼
23	(주)엠피그룹	48	(주)한솥
24	(주)오투스페이스	49	(주)할리스에프앤비
25	(주)웰푸드시스템	50	(주)핫시즈너

다음 페이지에 계속

구분	기업명	구분	기업명
51	(주)혜인식품	83	(주)식의
52	CJ푸드빌(주)	84	(주)썬앳푸드
53	갓파크리에이트코리아(주)	85	(주)아모제에프앤엘
54	교촌에프앤비(주)	86	(주)안스
55	더부쓰	87	(주)에땅
56	로쏘(주)	88	(주)에이치앤디이
57	롯데지알에스(주)	89	(주)엔타스시스템
58	리치푸드(주)	90	(주)엠에프지코리아
59	버자야에이치알카페코리아(주)	91	(주)엠파이어에프앤비
60	본아이에프(주)	92	(주)온누리푸드시스템
61	본촌인터내셔날(주)	93	(주)이원
62	비알코리아(주)	94	(주)제이알더블유
63	사과나무(주)	95	(주)죠스푸드
64	석파랑	96	(주)즐거운세상
65	세한(주)	97	(주)지앤푸드
66	스무디킹코리아(주)	98	(주)카페베네
67	씨디엔에이	99	(주)케이에프씨코리아
68	아모제푸드(주)	100	(주)키친보리에
69	에렉스에프앤비(주)	101	(주)터존
70	에스플러스인터내셔널	102	(주)토다이코리아
71	엠즈씨드(주)	103	(주)푸른에프앤디
72	원앤원(주)	104	(주)프랜푸드
73	(주)갓텐코리아	105	(주)하누소
74	(주)고품질	106	(주)현성에프엔티
75	(주)다도글로벌	107	청오디피케이(주)
76	(주)덕용푸드시스템	108	커피스미스에프씨(주)
77	(주)부자되세요	109	투썸플레이스(주)
78	(주)비에이치씨	110	한국파파존스(주)
79	(주)비케이알	111	한서외식산업(주)
80	(주)삼원가든	112	한우리외식산업(주)
81	(주)설빙	113	(주)디딤
82	(주)스타벅스커피코리아	114	해마로푸드서비스(주)

- 4개의 사분면 중 수익성과 성장성이 모두 상대적으로 높은 1사분면에 속한 기업들을 살펴보면 [그림 2-2]와 같다.
  - ○ 1사분면에 위치한 기업 중에서도 성과가 우수한 기업은 ㈜키친보리에, ㈜공차코리아, ㈜엘에프푸드, ㈜부자되세요, 로쏘㈜, ㈜핫시즈너, ㈜설빙, 본촌인터내셔날㈜ 등이 있다.

- 성장성은 상대적으로 높은 반면, 수익성이 상대적으로 낮은 2사분면에 속한 기업들을 살펴보면 [그림 2-3]과 같다.
  - ○ 성장성은 높지만 수익성이 유독 저조한 기업은 왼쪽 상단에 위치해 있으며, ㈜태범, 엠즈씨드㈜, ㈜이바돔, ㈜썬앳푸드, 한서외식산업㈜ 등이 있다.
  - ○ 2사분면에 속한 기업 중 매출액 성장률도 높고, 상대적으로 수익성이 우수한 기업은 ㈜이원, 사과나무㈜, 본아이에프㈜, ㈜비케이알 등이 있다.
- 성장성과 수익성 모두 상대적으로 낮은 3사분면에 속한 기업들은 [그림 2-4]와 같다.
  - ○ 3사분면 내에서도 상대적으로 성과가 부진한 기업들은 왼쪽 하단에 위치하며 ㈜현성에프앤티, 버자야에이치알카페코리아㈜, ㈜차우, ㈜아모제에프엔엘, ㈜놀부, ㈜다도글로벌, ㈜TS푸드앤시스템, ㈜삼양에프앤비 등이 있다.
- 수익성은 상대적으로 높은 반면, 성장성은 상대적으로 낮은 4사분면에 속한 기업들을 살펴보면 [그림 2-5]와 같다.
  - ○ 4사분면 내에는 수익률 수준은 상대적으로 높은데, 매출 규모는 역성장하는 기업들이 다수 분포하고 있다.
  - ○ 특히, ㈜터존, ㈜엠피그룹, ㈜푸드죤, ㈜김家네, ㈜하남에프앤비 등이 높은 수익률에도 매출액이 역성장하는 대표적인 기업이다.

[그림 2-1] 2018년 수익성·성장성 Matrix

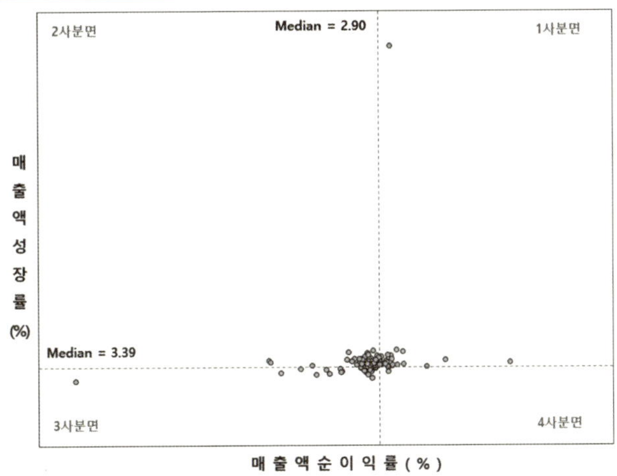

[그림 2-2] 수익성·성장성 분석 - 1사분면

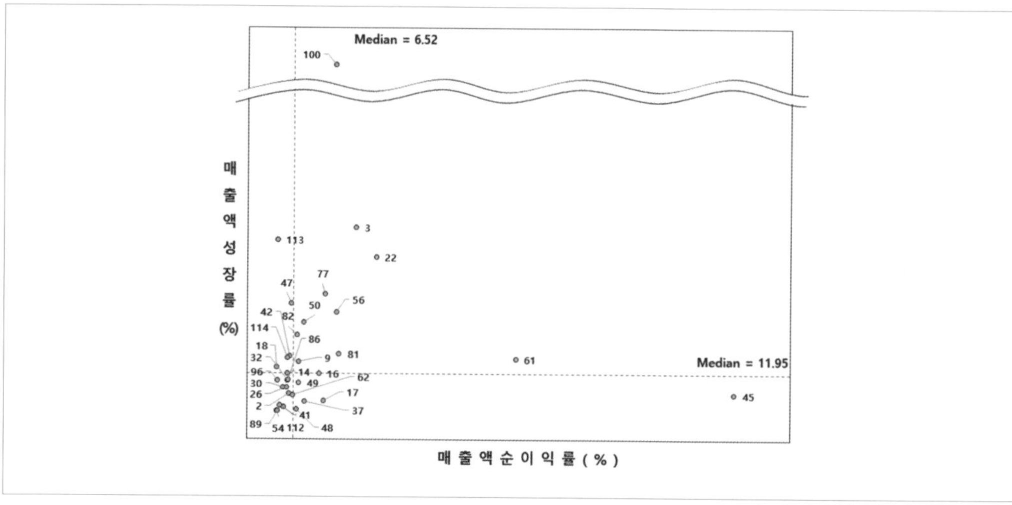

[그림 2-3] 수익성·성장성 분석 - 2사분면

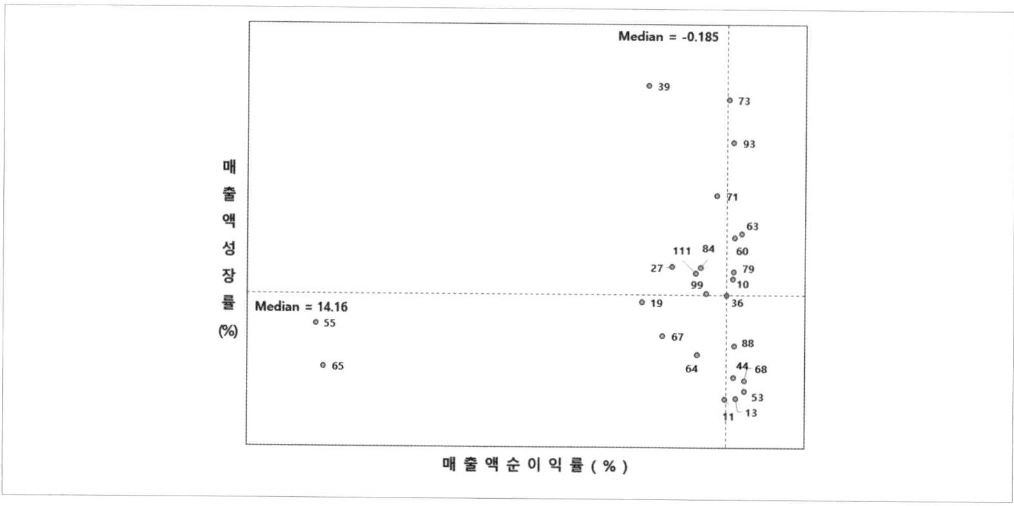

[그림 2-4] 수익성·성장성 분석 – 3사분면

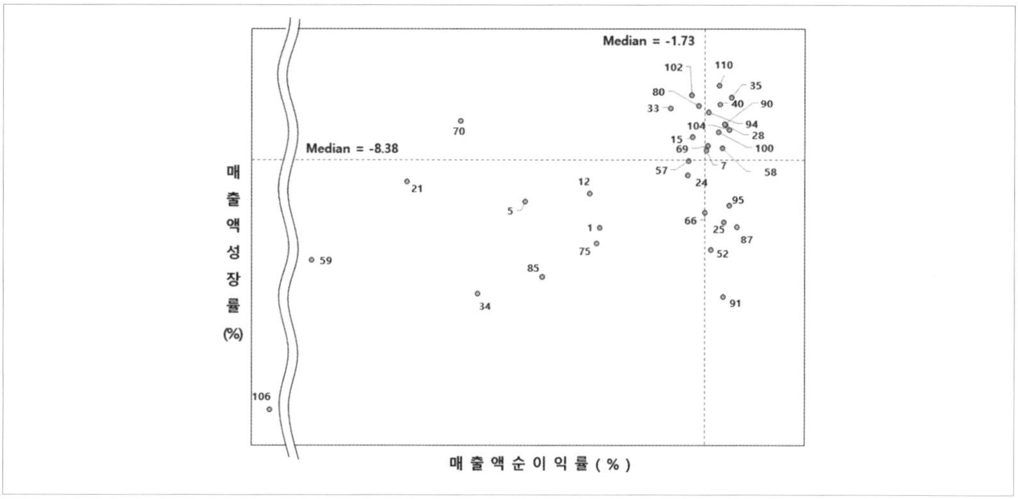

[그림 2-5] 수익성·성장성 분석 – 4사분면

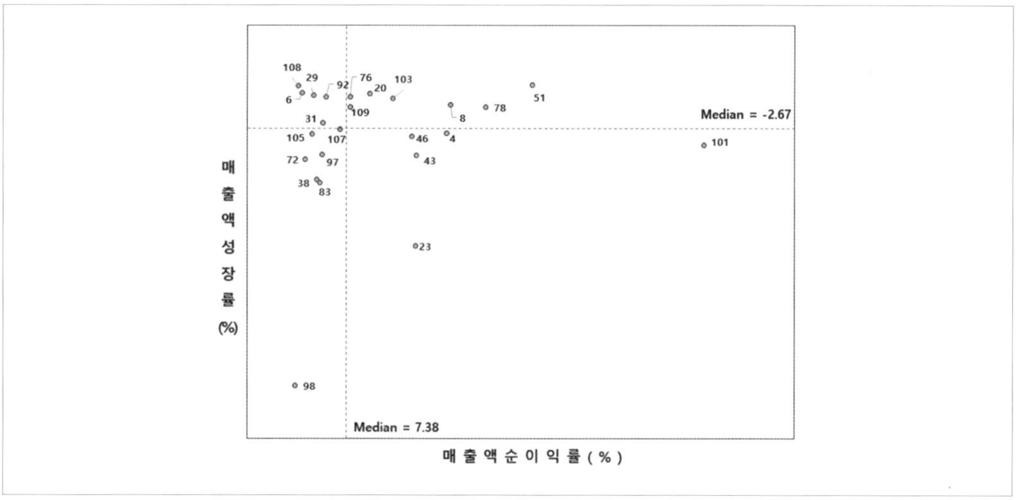

3. 수익성·활동성 분석

- 활동성은 기업에 투하된 자산 및 자본의 활발한 운용 정도를 판단하는 지표로써 자산 활용의 효율성을 판단할 수 있는 지표이다. 따라서 수익성과 함께 살펴봄으로써 효율적으로 자산을 운용하여 수익성이 좋은 기업과 그렇지 못한 기업을 상대적으로 비교할 수 있다.
- 2018년 외식기업의 수익성과 활동성을 기준으로 성과를 살펴보기 위해 매출액순이익률과 총자산회전율을 2차원 공간에 Mapping한 결과는 [그림 2-6]과 같다.
  - ○ 총자산회전율에 큰 이상치는 없으며, 골고루 분포하고 있는 것으로 나타났다.
- 수익성과 활동성이 모두 상대적으로 높은 1사분면에 위치한 기업들은 [그림 2-7]과 같다.
  - ○ 1사분면에서도 특히 수익성과 활동성이 모두 높은 기업은 ㈜리치빔, ㈜핫시즈너, 투썸플레이스㈜, ㈜스타벅스커피코리아, ㈜한솥 등이 있다.
- 활동성은 상대적으로 높으나 수익성은 상대적으로 낮은 2사분면에 위치한 기업들을 살펴보면 [그림 2-8]과 같다.
  - ○ 2사분면에서 상대적으로 활동성이 높은데도 수익성이 낮은 기업은 ㈜삼양에프앤비, ㈜케이에프씨코리아, ㈜제이알더블유, ㈜브레댄코, 에렉스에프앤비㈜, ㈜캘리스코 등이 있다.
- 수익성과 활동성이 모두 상대적으로 낮은 3사분면에 위치한 기업들은 [그림 2-9]와 같다.
  - ○ 3사분면에서도 특히 수익성과 활동성 성과가 부진한 기업은 ㈜현성에프엔티, 세한㈜, ㈜차우, 에스플러스인터내셔널, ㈜아모제에프앤엘, ㈜태범, 한서외식산업㈜ 등이 있다.
- 수익성은 상대적으로 높은 반면 활동성이 낮은 4사분면에 위치한 기업들은 [그림 2-10]과 같다.
  - ○ 4분면에서도 특히 수익성은 높지만 활동성이 낮은 기업들은 ㈜피에스타, 본촌인터내셔날㈜, ㈜터존, ㈜엘에프푸드, ㈜혜인식품 등이 있다.

[그림 2-6] 2018년 수익성·활동성 Matrix

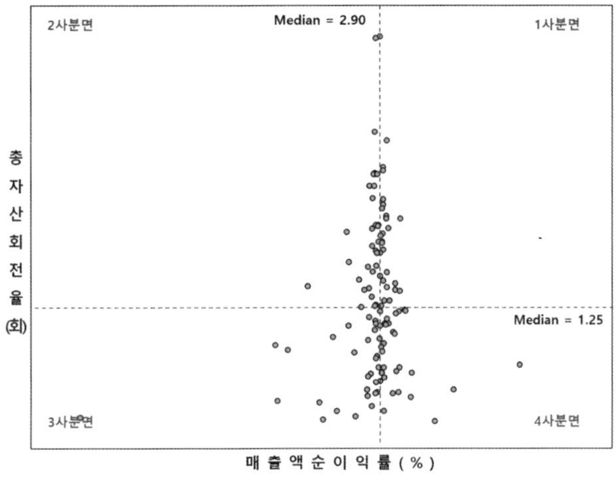

[그림 2-7] 수익성·활동성 분석 – 1사분면

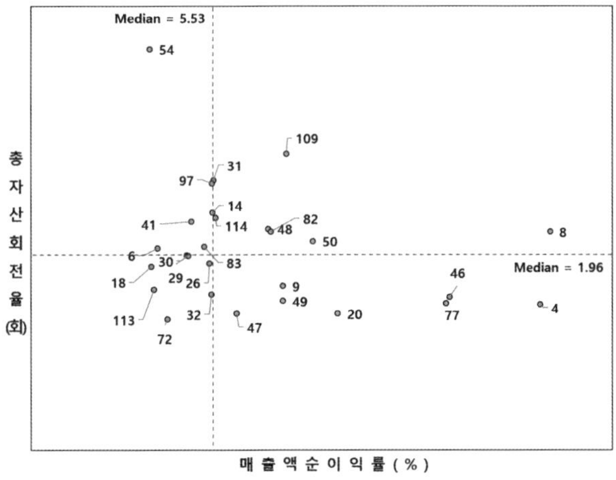

[그림 2-8] 수익성·활동성 분석 – 2사분면

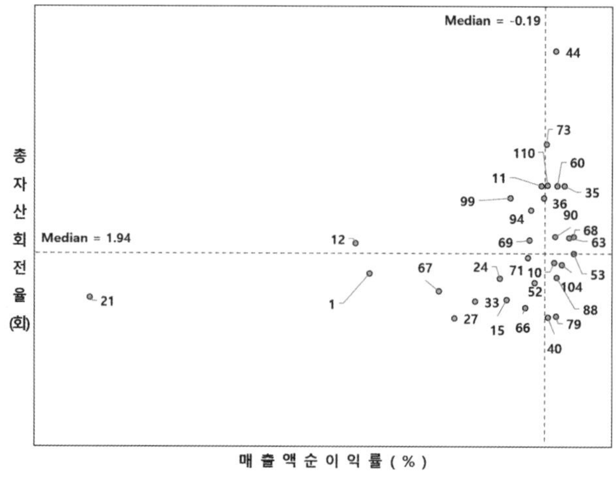

[그림 2-9] 수익성·활동성 분석 – 3사분면

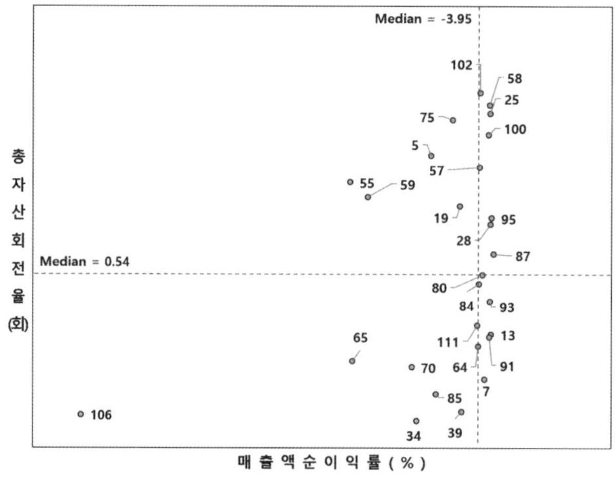

[그림 2-10] 수익성·활동성 분석 – 4사분면

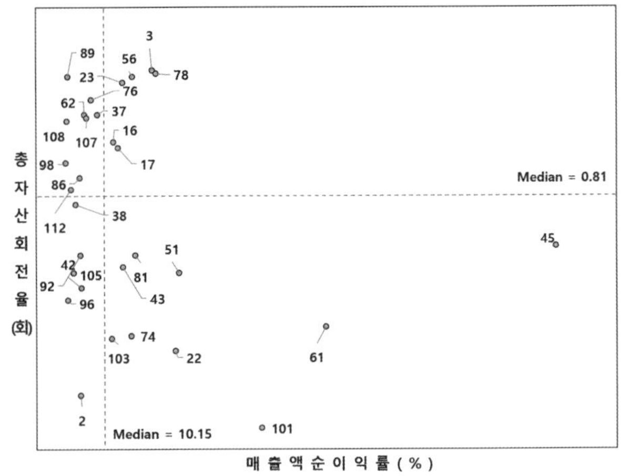

III. 외식기업 재무비율 분석

1. 재무비율 분석

- 재무제표 자료를 이용하여 산정되는 재무비율은 다양하다. 분석 의도에 따라 다양하게 변형해서 사용할 수 있다. 같은 이름을 가진 재무비율도 그 정의는 약간씩 다를 수 있다.
- 본 서에서는 한국은행에서 매년 발간하는『기업경영분석』의 재무비율 정의를 따랐다.
  - ○ 재무비율의 정의는 부록 내용 참조.
- 다양한 재무비율이 제공하는 정보의 의미를 기준으로 성장성 비율, 수익성 비율, 레버리지 비율, 유동성 비율, 활동성 비율, 생산성 비율, 부가가치의 구성으로 구분하여 분석했다.

2. 성장성 비율

- 성장성 비율은 일정 기간 중 외식기업의 경영규모 및 경영성과가 얼마나 향상되었는지를 나타내는 비율로 잠재 성장 가능성, 미래 수익 발생능력 및 이익 실현 가능성, 시장의 경쟁적 지위 등의 정보를 제공한다.

가. 외식기업 전체

- 외식기업 총자산증가율의 최근 10년간 전체적인 추이는 점차 둔화하고 있다.
  - ○ 외식기업의 자산증가율은 증감을 반복하다가 2014년 정점을 찍은 후 대폭 감소하고 있다.
- 외식기업의 매출액증가율은 2016년 대비 2017년 대폭 감소하면서 2018년에도 낮은 수준을 유지하고 있다.

[표 3-1] 외식기업의 성장성 비율

(단위 : %)

비율	2008	2009	2010	2011	2012	2013	2014	2015	2016	2017	2018
외식업 평균											
총자산증가율	13.62	11.64	10.57	14.01	11.10	9.50	14.75	6.91	7.94	4.05	4.84
매출액증가율	27.24	14.74	24.87	23.72	8.65	12.34	6.44	8.81	27.18	2.29	3.40

[그림 3-1] 총자산증가율 : 외식기업 전체

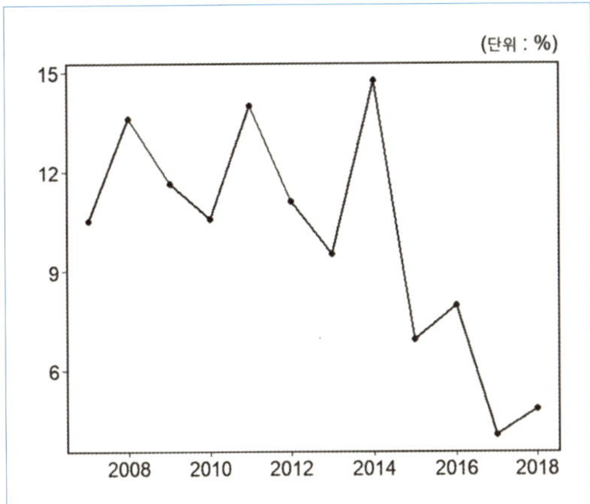

[그림 3-2] 매출액증가율 : 외식기업 전체

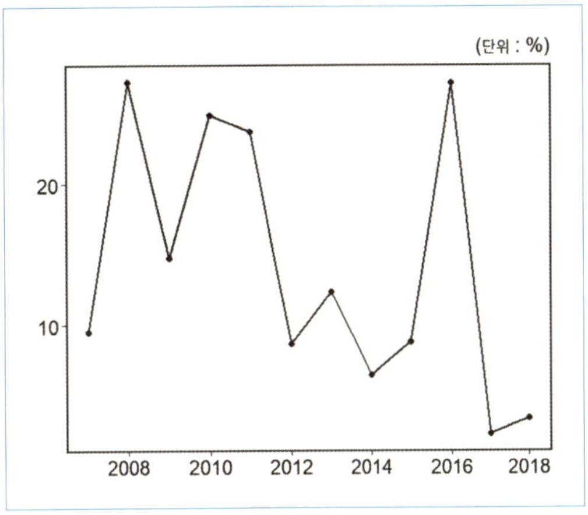

나. 세부 업종별

- 한식 음식점업종의 총자산증가율은 2008년 이후 지속적으로 감소하고 있으며, 매출액증가율은 큰 폭의 상승과 하락을 반복하다가 2018년에는 작년 대비 큰 폭으로 증가했다.
- 중식 음식점업종은 2012년부터 외감법인으로 등장했는데, 총자산증가율은 최근 3년간 역성장하고 있고, 매출액 역시 정체하고 있는 것으로 나타났다.
- 일식 음식점업종의 총자산증가율은 2009년 성장세로 돌아선 후 2018년까지 증가율의 폭에는 변화가 있으나 꾸준히 성장하고 있다. 매출액 역시 꾸준히 늘고, 2013년 한때 역성장했으나 다시 꾸준히 증가하는 추세이다.
- 서양식 업종의 총자산증가율은 정체기에 있으며, 2013년 이후 소폭이지만 꾸준히 늘다가 2017년부터 다시 역성장하고 있다. 매출액증가율 또한 2016년 큰 폭으로 늘었으나, 최근 2년간 역성장에 들어섰다.
- 제과점 업종의 총자산증가율은 한때 역성장했으나 꾸준히 소폭씩 늘고 있다. 매출액증가율은 증가 폭에 변화가 있고, 2016년 대비 2017년 큰 폭으로 감소했으나 여전히 매출액 규모는

성장하고 있다.

- 피자, 햄버거, 샌드위치 및 유사 음식점업의 총자산증가율은 증감을 반복하며 2013년 역성장한 바 있고, 2017년 다시 역성장하였다. 매출액증가율 역시 큰 폭의 증감을 반복하고 있는데, 2015년부터 지속적으로 역성장하고 있다.
- 치킨전문점 업종은 총자산증가율과 매출액증가율 모두 큰 폭으로 증감을 반복하고 있으나 꾸준히 규모는 성장하고 있는 것을 알 수 있다.
- 보통 김밥, 분식, 기타 간이 및 포장 음식점업의 총자산증가율과 매출액증가율 모두 큰 폭으로 증감을 반복하면서 역성장했고, 이로써 해당 업종의 경기 변화가 상대적으로 심하다는 것을 알 수 있다.
- 주점업종은 총자산증가율과 매출액증가율 모두 저성장 추세를 유지하다가 2015년 큰 폭의 역성장을 기록했고, 2016년 다시 큰 폭의 성장세를 보였다. 이는 2015년 저점을 찍은 것에 대한 기저효과로 보이며, 이에 대한 근거로 최근 2년간 다시 성장률이 큰 폭으로 감소한 것을 들 수 있다.
- 비알코올 음료점업의 총자산증가율과 매출액증가율 모두 최근 10년간 꾸준히 하락세를 나타내고 있다. 총자산증가율은 2017년 역성장했고, 매출액증가율은 2016년 큰 폭으로 상승했으나 다시 큰 폭으로 감소하고 있다.
- 다업종 기업의 총자산증가율은 일정 수준을 유지하다가 2014년 정점을 찍고 다시 감소하는 추세를 보인다. 총자산증가율은 2018년에 역성장하였고, 매출액증가율 역시 2014년 이후 감소하는 추세를 나타내고 있다.

[표 3-2] 외식기업의 성장성 비율 : 세부 업종별 (단위 : %)

비율	2008	2009	2010	2011	2012	2013	2014	2015	2016	2017	2018
한식 음식점업											
총자산증가율	23.29	5.03	11.16	13.55	11.75	6.45	10.48	5.93	9.81	3.58	3.82
매출액증가율	30.71	1.00	9.28	25.47	10.90	6.92	9.12	47.47	8.86	-0.58	20.25
중식 음식점업											
총자산증가율	-	-	-	-	0.00	-2.59	0.22	3.35	-7.60	-1.41	-1.07
매출액증가율	-	-	-	-	0.00	-1.02	-2.87	61.21	-10.06	-4.11	0.32
일식 음식점업											
총자산증가율	-9.53	8.34	32.45	12.62	7.71	5.53	23.03	19.74	7.42	51.12	4.77
매출액증가율	430.63	21.37	186.75	78.91	10.10	-4.72	9.24	19.77	4.89	11.03	12.80
서양식 음식점업											
총자산증가율	19.90	-	-	0.00	-2.07	3.62	4.38	5.67	4.81	-5.10	-3.31

비율	2008	2009	2010	2011	2012	2013	2014	2015	2016	2017	2018
매출액증가율	38.53	–	–	0.00	-2.16	55.88	-2.04	14.13	110.43	-7.03	-11.44
제과점업											
총자산증가율	8.99	5.84	-2.38	2.55	-0.88	9.89	5.59	9.49	9.76	9.13	13.81
매출액증가율	13.24	6.46	49.76	15.98	1.60	11.90	3.23	1.99	44.62	8.36	7.42
피자, 햄버거, 샌드위치 및 유사 음식점업											
총자산증가율	1.36	38.20	13.91	6.55	10.65	-0.43	20.08	11.77	23.15	-3.86	5.71
매출액증가율	7.29	242.03	10.45	5.79	-1.25	120.15	1.92	-3.17	-3.61	-0.86	-1.91
치킨전문점											
총자산증가율	10.80	10.10	6.46	21.80	4.77	4.79	20.39	9.22	8.14	12.02	28.69
매출액증가율	6.99	17.75	5.17	7.17	4.38	14.33	5.12	10.40	8.27	1.43	5.74
김밥, 분식, 기타 간이 및 포장 음식점업											
총자산증가율	16.50	14.32	-3.19	19.56	8.87	26.29	2.26	3.23	4.78	9.45	10.04
매출액증가율	21.92	18.14	7.73	18.66	9.29	-2.39	12.91	2.10	-5.61	0.00	-1.09
주점업											
총자산증가율	6.73	-0.04	0.35	19.37	20.70	12.21	2.63	-15.93	81.76	2.31	-11.03
매출액증가율	6.62	-2.39	-10.93	64.14	53.26	9.36	-11.70	-21.50	104.91	22.24	8.19
비알코올 음료점업											
총자산증가율	32.46	27.03	14.97	18.83	25.69	19.25	16.10	10.18	4.40	-0.86	10.11
매출액증가율	38.95	28.28	28.12	16.27	12.01	11.24	17.52	4.94	67.78	7.55	7.45
다업종업											
총자산증가율	10.93	5.04	14.93	12.86	18.00	16.91	37.46	7.88	7.20	3.05	-2.29
매출액증가율	9.07	13.15	12.80	16.67	16.46	9.69	6.80	7.07	10.55	3.44	1.95

[그림 3-3] 성장성 : 한식

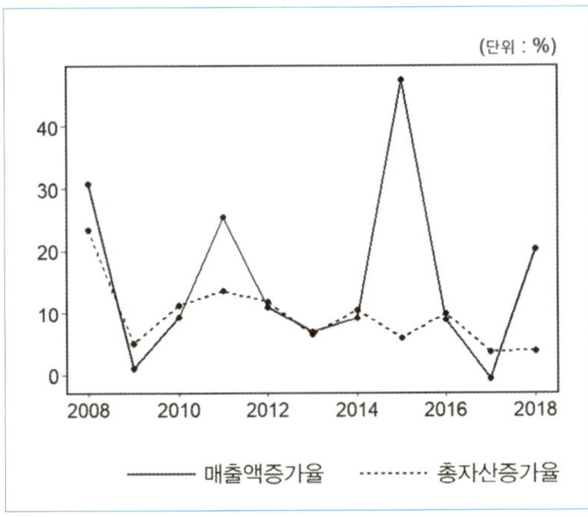

[그림 3-4] 성장성 : 중식

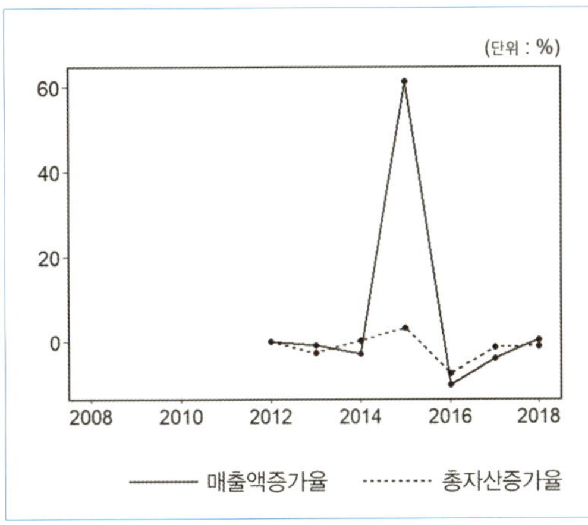

[그림 3-5] 성장성 : 일식

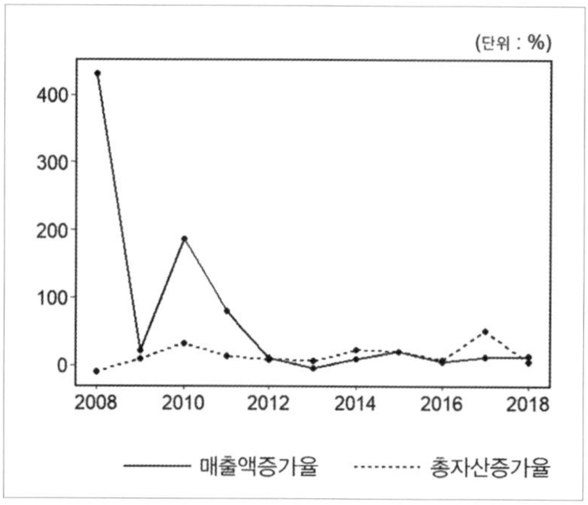

[그림 3-6] 성장성 : 서양식

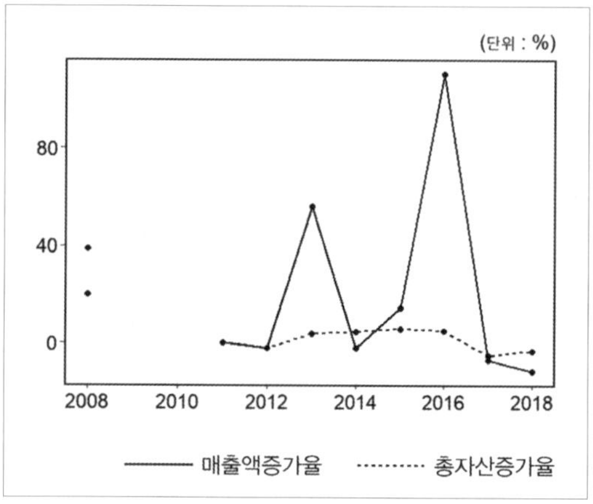

[그림 3-7] 성장성 : 제과점업

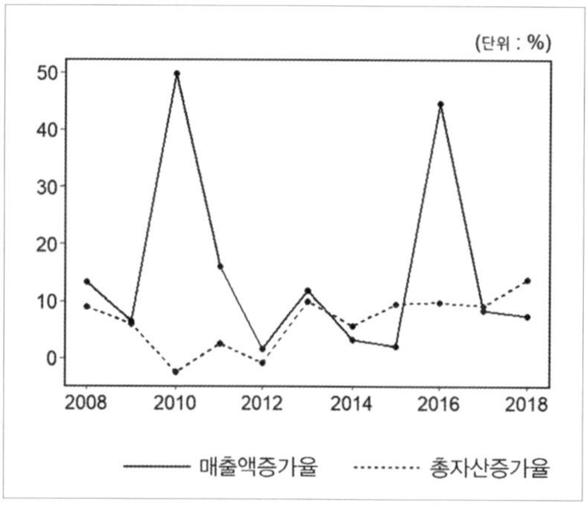

[그림 3-8] 성장성 : 피자, 햄버거, 샌드위치 및 유사 음식점업

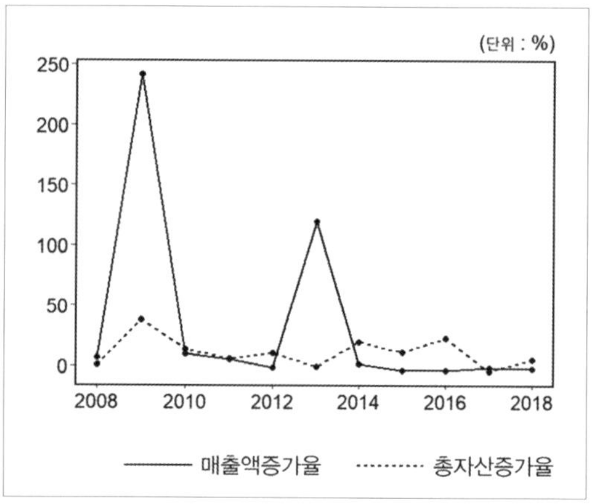

[그림 3-9] 성장성 : 치킨전문점

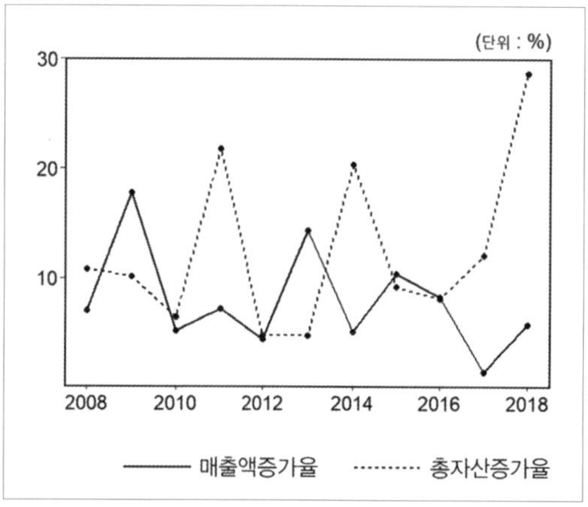

[그림 3-10] 성장성 : 김밥, 분식, 기타 간이 및 포장 음식점업

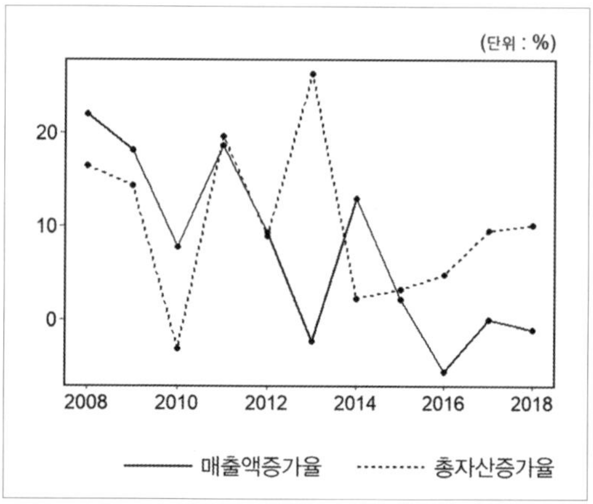

[그림 3-11] 성장성 : 주점업

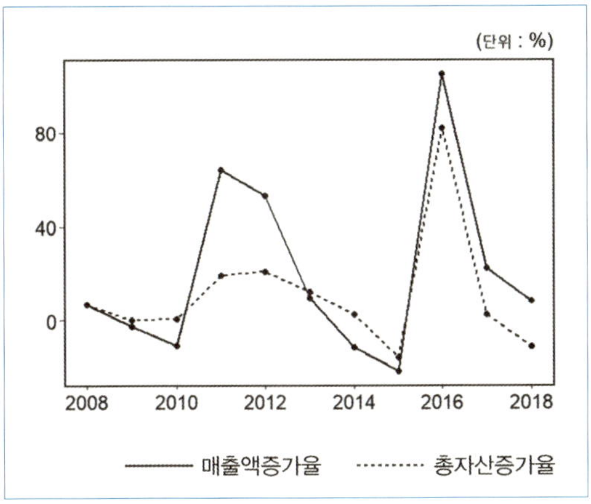

[그림 3-12] 성장성 : 비알코올 음료점업

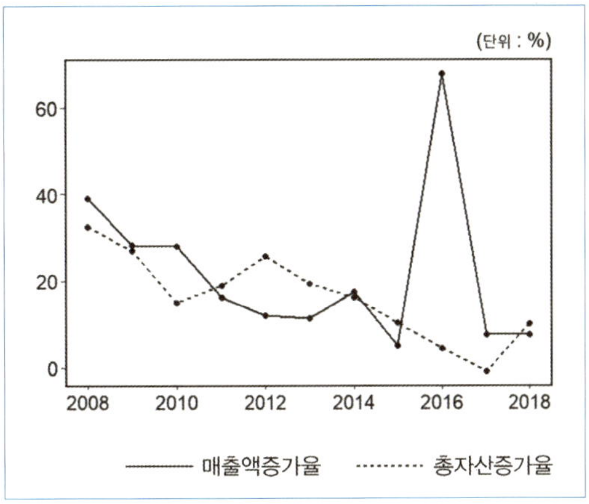

[그림 3-13] 성장성 : 다업종업

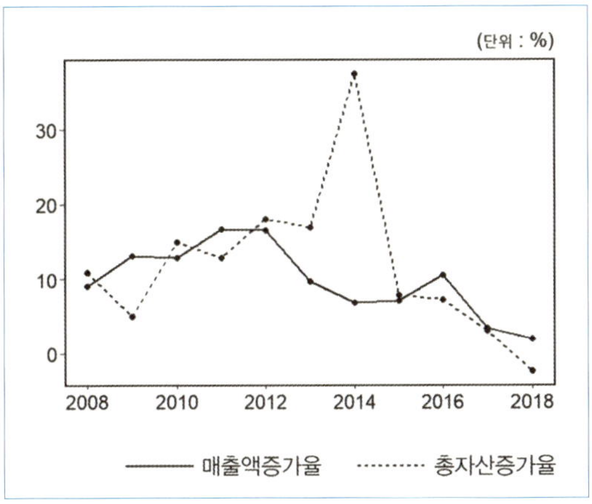

다. 프랜차이즈 운영 여부별

- 프랜차이즈 운영기업의 총자산증가율은 일정 수준을 유지하다가 점차 감소하는 추세를 보이는 반면, 비프랜차이즈 운영기업의 총자산증가율은 큰 폭의 증가와 감소를 반복하다가 2014년부터는 지속적으로 하락해 그 추세를 유지하고 있다.
- 프랜차이즈 기업은 2008년 이후 지속적으로 매출액증가율이 감소하고 있는 반면, 비프랜차이즈 기업은 큰 폭의 증가와 하락을 나타내다가 2016년 정점을 찍고 다시 2017년 큰 폭으로 하락하였다.

[표 3-3] 외식기업의 성장성 비율 : 프랜차이즈 운영 여부별

(단위 : %)

비율	2008	2009	2010	2011	2012	2013	2014	2015	2016	2017	2018
프랜차이즈											
총자산증가율	13.14	15.86	10.05	14.08	13.19	11.57	12.33	7.65	10.38	7.35	5.51
매출액증가율	41.03	24.79	21.82	14.32	5.08	10.87	5.17	2.8	5.83	1.82	3.94
비프랜차이즈											
총자산증가율	15.37	-1.74	15.29	13.43	8.53	7.32	20.64	5.61	7.29	-1.12	3.63
매출액증가율	10.44	3.64	25.73	41.89	14.65	15.15	9.87	18.5	46.5	1.89	2.60

[그림 3-14] 총자산증가율 : 프랜차이즈 운영 여부

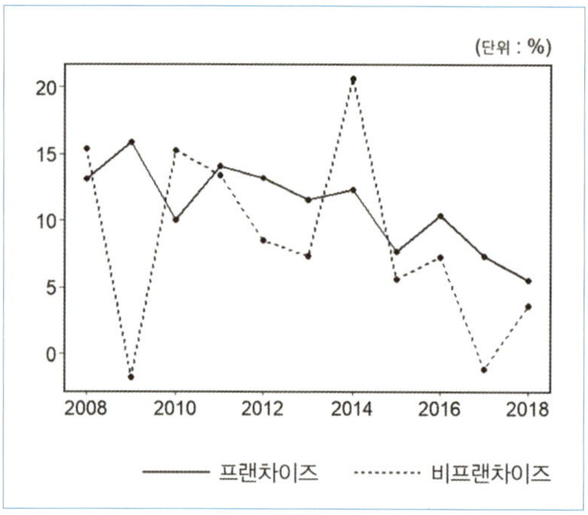

[그림 3-15] 매출액증가율 : 프랜차이즈 운영 여부

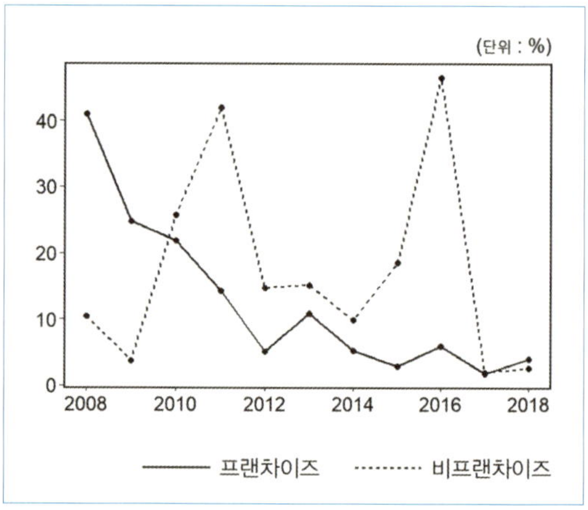

라. 보유 브랜드 수별

- 단일브랜드를 운영하는 기업과 다브랜드를 운영하는 기업 모두 총자산증가율의 변동성이 매우 심하게 나타났다. 다브랜드의 경우 2014년 이후 꾸준히 성장률이 감소하고 있는 것으로 나타났고, 단일브랜드 기업은 증가와 감소를 반복하고 있다.
- 다브랜드의 매출액증가율은 2008년부터 꾸준히 감소하는 추세를 보이다가 2017년 역성장한 반면, 단일브랜드 운영기업의 매출액증가율은 2010년 이후 감소하다가 2016년 다시 큰 폭으로 증가, 2017년부터 다시 큰 폭으로 감소한 것으로 나타났다.

[표 3-4] 외식기업의 성장성 비율 : 보유 브랜드 수

(단위 : %)

비율	2008	2009	2010	2011	2012	2013	2014	2015	2016	2017	2018
단일브랜드 운영											
총자산증가율	19.28	11.17	15.30	10.77	11.61	7.86	12.84	4.62	11.28	4.31	6.72
매출액증가율	12.17	15.17	56.94	26.90	11.15	16.48	5.57	10.37	58.88	6.30	6.40
다브랜드 운영											
총자산증가율	10.38	11.40	8.67	16.51	10.34	11.83	17.53	9.21	7.38	3.97	2.49
매출액증가율	50.83	30.98	10.74	17.98	7.26	9.84	6.77	6.72	0.61	-2.55	0.28

[그림 3-16] 총자산증가율 : 보유 브랜드 수

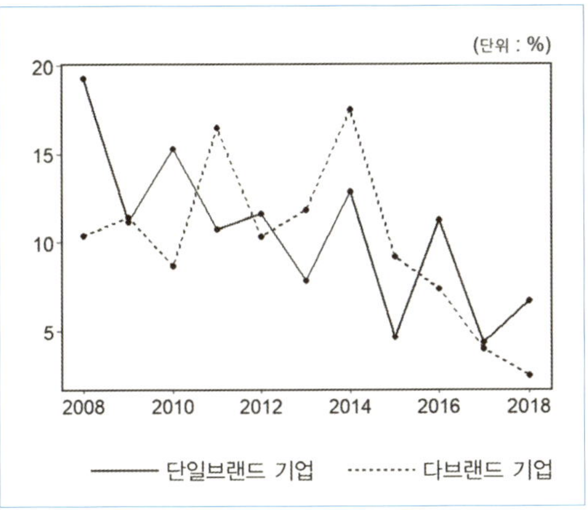

[그림 3-17] 매출액증가율 : 보유 브랜드 수

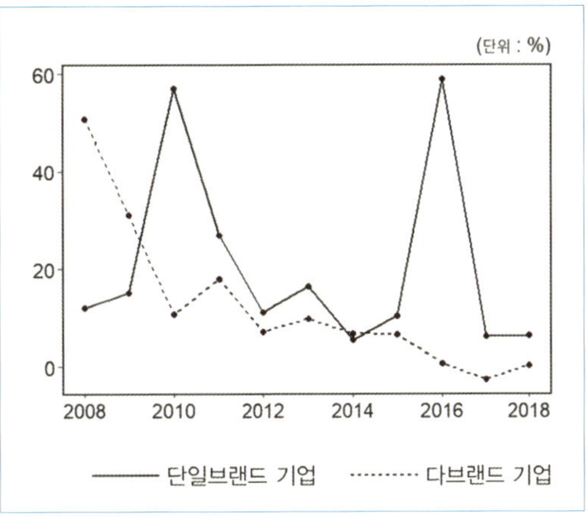

마. 국내외 브랜드 여부별

- 전반적으로 국내 브랜드만 운영하는 기업의 총자산증가율은 소폭의 상승과 하락을 반복하면서 장기적으로는 감소하는 추세를 나타내고 있다. 반면 해외 브랜드를 운영하는 기업은 큰 폭으로 상승과 하락을 반복해왔으며, 최근 2년간 총자산증가율은 2016년 이후 지속적으로 하락하였다.
- 국내 브랜드만 운영하는 기업의 매출액증가율은 상대적으로 안정적으로 증가하는 반면, 해외 브랜드를 운영하는 기업의 매출액증가율은 큰 폭의 변동을 나타내다가 2016년 이후 대폭 감소했다. 그런데도 국내 브랜드 운영기업에 비해서는 높은 수준의 성장률을 보인다.

[표 3-5] 외식기업의 성장성 비율 : 국내외 브랜드 여부별

(단위 : %)

비율	2008	2009	2010	2011	2012	2013	2014	2015	2016	2017	2018
국내 브랜드											
총자산증가율	13.94	13.80	9.61	14.90	11.44	10.72	14.14	6.64	7.02	4.19	5.83
매출액증가율	35.02	21.18	12.40	21.04	7.18	11.55	4.55	9.00	16.97	0.93	2.93
해외 브랜드											
총자산증가율	12.65	4.80	18.09	10.05	11.42	3.92	18.80	8.00	15.23	3.36	2.41
매출액증가율	21.03	13.08	92.74	26.82	13.34	52.22	13.94	9.70	93.19	9.10	4.92

[그림 3-18] 총자산증가율 : 국내외 브랜드 여부

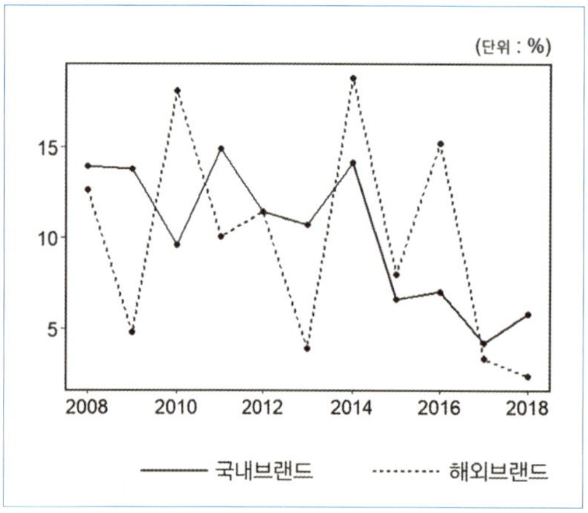

[그림 3-19] 매출액증가율 : 국내외 브랜드 여부

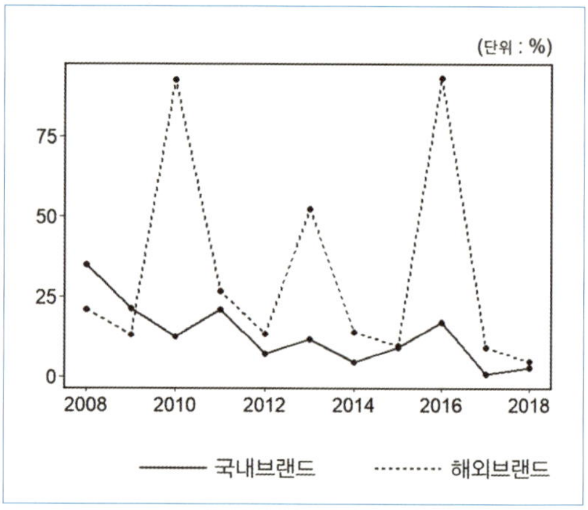

3. 수익성 비율

가. 외식기업 전체

- 수익성 비율은 투자 자본에 대한 경영성과의 정도 및 비용을 보전하고 이익을 낼 수 있는 능력에 관한 정보를 제공해주는 재무비율로서 투자자, 경영자, 채권자 등 이해관계자들이 의사결정을 할 때 가장 중요한 정보로 활용된다.
- 수익성 비율의 한계는 투자이익을 측정할 때 손익계산서상의 회계이익을 이용하기 때문에 기업의 실질적인 현금흐름과 차이가 있을 수 있다. 그러나 수익성 비율이 한 기업 내에서 정기적으로 측정되고 타 기업과의 수익성 비율 산출 방식이 동일할 경우에는 유용한 정보이다.
- [표 3-6]과 [그림 3-20]~[그림 3-23]은 외식업의 총자산순이익률, 자기자본순이익률, 매출액

영업이익률, 매출액순이익률을 계산한 것이다.

- 외식업의 수익성 지표는 전반적으로 2014년을 기점으로 모두 큰 폭으로 감소하고 있다.
- 구체적으로 살펴보면 외식업의 총자산순이익률은 상대적으로 큰 폭의 증가와 하락을 하다가 2014년부터는 꾸준히 하락세를 나타내고 있다.
- 외식업의 자기자본순이익률은 2007년을 기점으로 큰 폭으로 성장하다가 다시 감소하는 추세를 보이고 있었으나, 2017년부터 다시 소폭 증가하였다.
- 외식업의 매출액영업이익률은 2010년 이후 꾸준히 하락하고 있으며, 2015년 매우 낮은 수준까지 하락했으나 다시 증가했다.
- 매출액순이익률은 외식업이 꾸준한 성장률을 나타내고 있었으나 2015년부터 2017년까지 순손실을 기록하며, 외식산업의 전반적인 부진을 나타내고 있다.

[표 3-6] 외식기업의 수익성 비율

(단위 : %)

비율	2008	2009	2010	2011	2012	2013	2014	2015	2016	2017	2018
외식업 평균											
총자산순이익률	3.26	7.00	10.79	8.22	7.82	6.35	8.12	3.27	3.27	1.02	2.56
자기자본순이익률	3.91	23.97	27.31	23.27	20.48	12.85	23.12	2.81	4.85	7.26	7.12
매출액영업이익률	4.32	4.02	6.24	5.76	5.68	5.28	4.98	1.58	2.67	2.50	33.44
매출액순이익률	1.54	4.13	3.60	4.20	4.16	2.90	3.46	-0.22	-0.13	-0.09	0.34

[그림 3-20] 총자산순이익률 : 외식기업 전체

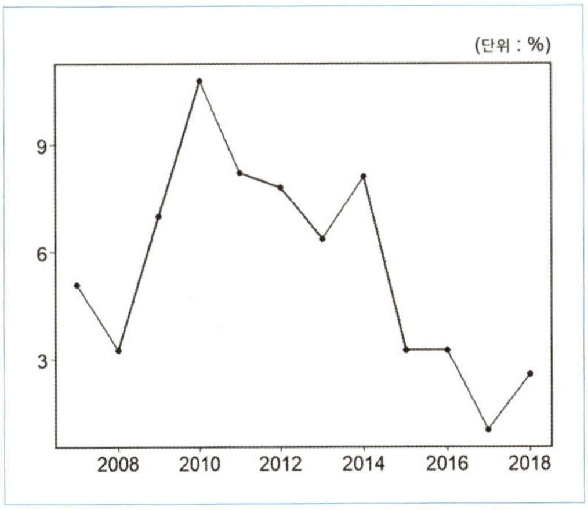

[그림 3-21] 자기자본순이익률 : 외식기업 전체

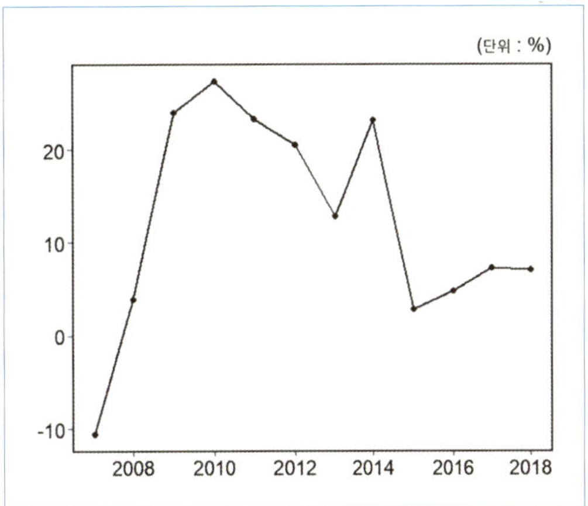

[그림 3-22] 매출액영업이익률 : 외식기업 전체

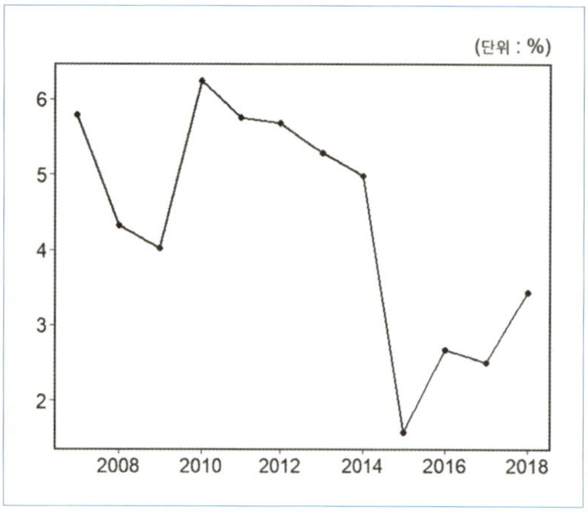

[그림 3-23] 매출액순이익률 : 외식기업 전체

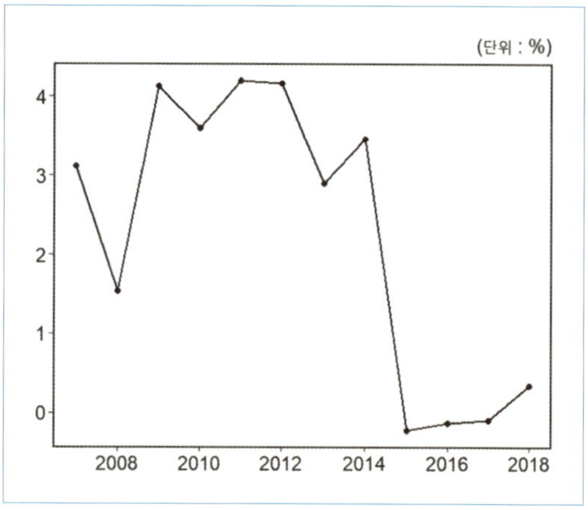

나. 세부 업종별

- 한식 음식점업종은 자기자본순이익률의 변동폭이 상대적으로 크고, 그 외 수익성 지표들은 일정한 수준으로 유지되고 있는 것으로 나타났다.
- 중식 음식점업종 역시 자기자본순이익률의 변동폭이 큰 반면, 나머지 수익성 지표들은 일정 수준 유지되고 있다. 두드러지는 점은 중식업종의 자기자본순이익율이 2018년 큰 폭으로 하락하여 역성장하고 있다는 점이다.
- 일식 음식점업종의 수익성 지표 모두 2008년 큰 성과 부진을 나타냈다가 상승세를 보였으나, 2013년 다시 한 번 성과 부진을 나타냈다. 이후 다시 회복세를 보이고는 있으나, 전반적으로 수익성 성과가 저조한 상태이다.
- 서양식 음식점업종은 자기자본순이익률의 변동폭이 매우 크고, 전반적으로 수익성 지표에서 성과 부진을 나타내고 있다. 2017년 서양식 음식점업의 매출액순이익률이 증가한 것으로 나타났으나 이는 일부 기업이 유형자산을 대규모 매각하면서 취한 이익의 효과로 일시적인 지표 상승효과가 나타난 것이다. 그 증거로 2018년 다시 전반적인 성과 부진을 볼 수 있다.
- 제과점업은 2009년 전반적인 수익성 지표의 최저점을 기록한 후 지속적으로 수익성이 개선되었고, 2014년 이후 꾸준히 일정 수준의 수익성을 나타내고 있다.
- 피자, 햄버거, 샌드위치 및 유사 음식점업은 2008년 순손실을 기록할 정도로 수익성과가 저조했으나 이후 지속적으로 일정 수준의 수익성을 나타냈다. 하지만, 2016년부터 수익성이 악화되면서 2017년과 2018년 총자산순이익률과 자기자본순이익률에서 마이너스를 나타냈다.

■ 치킨전문점은 최근 수년간 모든 수익성 지표가 꾸준히 증가하고 있는 것으로 나타나 타 업종 대비 상대적으로 수익성 성과가 높다.

■ 김밥, 분식, 기타 간이 및 포장 음식점업의 경우, 2014년까지 꾸준히 수익성이 증가하는 추세를 나타내다가 2014년을 기점으로 점차 수익성이 악화되고 있었으나 2018년 자기자본순이익률이 큰 폭으로 증가하였다.

■ 주점업종은 전체 업종 중 수익성이 가장 저조한 것으로 나타났다. 2007년 이후 지속적으로 하락하던 수익성은 2011년부터 다시 개선되는 듯했으나 2014년부터 모든 지표가 마이너스를 나타내고 있으며, 악화 정도가 심화되고 있다.

■ 비알코올 음료점업종 역시 지속적으로 수익성이 악화되고 있으며, 2015년부터는 지속적으로 순손실을 기록하고 있다.

■ 다업종업의 경우 전반적으로 수익성의 증감을 반복하고 있고, 전체적인 추세는 2010년대 초반 대비 저조한 상황이다.

[표 3-7] 외식기업의 수익성 비율 : 세부 업종별 (단위 : %)

비율	2008	2009	2010	2011	2012	2013	2014	2015	2016	2017	2018
한식 음식점업											
총자산순이익률	6.39	14.01	15.84	6.90	6.63	4.55	1.20	9.03	5.87	2.79	4.63
자기자본순이익률	7.81	31.90	32.18	20.37	17.93	-1.45	13.66	18.90	14.51	24.34	14.27
매출액영업이익률	6.59	6.59	7.22	3.88	5.97	5.53	4.62	6.05	4.47	4.39	5.04
매출액순이익률	3.16	16.46	3.70	3.29	5.18	3.28	1.38	9.33	2.53	0.26	2.67
중식 음식점업											
총자산순이익률	-	-	-	-	0.94	0.81	5.23	8.27	4.92	4.56	0.26
자기자본순이익률	-	-	-	-	55.87	52.63	52.59	64.38	30.32	20.45	-5.24
매출액영업이익률	-	-	-	-	14.53	19.55	13.63	14.22	12.27	11.96	10.39
매출액순이익률	-	-	-	-	2.31	3.96	3.54	6.64	5.44	4.91	2.08
일식 음식점업											
총자산순이익률	-5.81	-0.51	6.82	10.65	7.40	-0.60	1.88	-0.72	2.60	0.95	1.23
자기자본순이익률	-17.60	2.07	19.49	20.32	17.47	-0.16	2.66	3.13	5.66	-0.11	0.51
매출액영업이익률	-5.23	-0.73	5.52	10.07	3.53	-3.87	1.94	0.70	1.76	1.62	1.02
매출액순이익률	-4.70	2.21	7.57	9.07	2.71	-4.66	1.89	-2.15	2.15	1.28	4.38
서양식 음식점업											
총자산순이익률	13.46	-	-	16.85	3.38	2.91	0.60	-10.46	-12.85	-9.50	-8.23
자기자본순이익률	31.50	-	-	159.44	-669.22	-37.72	14.18	-657.59	-4.26	19.06	-5.17
매출액영업이익률	7.72	-	-	24.38	0.53	-0.39	-4.05	-65.03	-17.60	-31.13	-19.91
매출액순이익률	5.15	-	-	16.00	-2.55	-0.53	-1.12	-72.92	-24.35	65.35	-24.95

다음 페이지에 계속

비율	2008	2009	2010	2011	2012	2013	2014	2015	2016	2017	2018
제과점업											
총자산순이익률	4.00	-11.83	-6.21	-4.04	-1.54	-0.29	22.01	4.99	8.74	3.87	3.98
자기자본순이익률	9.79	6.44	10.30	3.56	3.79	1.41	28.79	17.65	15.73	6.84	9.51
매출액영업이익률	2.47	-16.46	-5.60	-3.05	-1.23	-0.25	6.35	6.42	6.23	4.29	4.73
매출액순이익률	2.17	-15.66	-6.28	-2.79	-1.05	-0.31	5.82	4.64	4.36	2.72	3.15
피자, 햄버거, 샌드위치 및 유사 음식점업											
총자산순이익률	-3.18	8.18	9.84	7.65	11.14	6.78	5.34	1.94	1.86	-3.41	-1.94
자기자본순이익률	-44.71	27.89	26.18	18.77	18.85	14.26	11.57	5.32	-2.07	-30.52	-3.95
매출액영업이익률	1.28	5.14	6.26	3.77	4.18	4.40	3.19	1.45	4.34	1.76	3.80
매출액순이익률	-2.30	3.36	3.97	3.07	8.37	3.32	2.64	0.93	2.11	-0.20	0.93
치킨전문점											
총자산순이익률	-9.04	4.66	11.25	11.39	6.00	11.29	9.79	12.07	16.81	15.90	15.64
자기자본순이익률	8.70	25.75	43.28	35.47	17.79	20.45	38.37	33.68	30.14	25.71	29.01
매출액영업이익률	0.40	3.13	4.75	5.50	6.41	5.80	7.51	7.19	11.25	10.28	15.16
매출액순이익률	-5.09	1.79	2.06	4.12	2.47	3.62	4.58	4.90	8.04	10.02	11.40
김밥, 분식, 기타 간이 및 포장 음식점업											
총자산순이익률	2.21	4.20	18.56	8.68	10.50	9.41	19.94	5.46	3.77	1.99	8.96
자기자본순이익률	4.33	12.75	29.49	11.54	17.00	31.32	35.29	9.64	-5.43	-1.65	27.30
매출액영업이익률	2.65	2.52	8.00	6.39	8.10	8.71	7.13	6.18	2.00	1.45	1.50
매출액순이익률	0.92	2.18	6.01	4.54	6.51	3.89	5.75	1.49	1.78	0.79	5.50
주점업											
총자산순이익률	9.15	9.65	3.56	5.55	10.08	13.14	-0.08	3.01	-2.26	-5.82	-14.16
자기자본순이익률	30.02	38.42	4.90	12.81	28.55	30.16	-1.86	6.32	-11.37	-41.81	-20.81
매출액영업이익률	6.62	3.59	4.20	1.10	0.46	12.64	-0.98	-1.14	-2.65	-3.16	-0.01
매출액순이익률	3.64	7.14	-0.26	1.97	6.33	10.10	-1.87	3.40	-6.17	-8.36	-15.48
비알코올 음료점업											
총자산순이익률	9.19	7.73	6.89	12.92	12.64	9.47	16.87	1.60	0.69	-2.10	6.75
자기자본순이익률	29.92	22.07	21.49	36.45	29.70	32.62	62.59	-8.16	-29.65	10.06	14.38
매출액영업이익률	9.67	8.42	10.45	9.01	7.26	6.70	11.50	2.24	2.69	4.75	7.71
매출액순이익률	5.40	4.58	4.40	5.97	4.94	4.80	8.09	-0.93	-0.52	-3.42	3.83
다업종업											
총자산순이익률	14.19	13.46	13.35	9.16	11.80	5.07	13.77	1.94	2.95	3.13	-0.15
자기자본순이익률	19.56	28.64	28.75	19.01	26.92	6.81	19.87	4.84	-1.16	9.73	1.03
매출액영업이익률	6.02	7.49	9.45	9.44	8.91	6.40	6.26	4.55	5.89	4.93	2.68
매출액순이익률	6.08	8.29	6.04	5.84	6.29	3.88	18.57	1.27	2.21	3.50	0.33

[그림 3-24] 수익성 : 한식

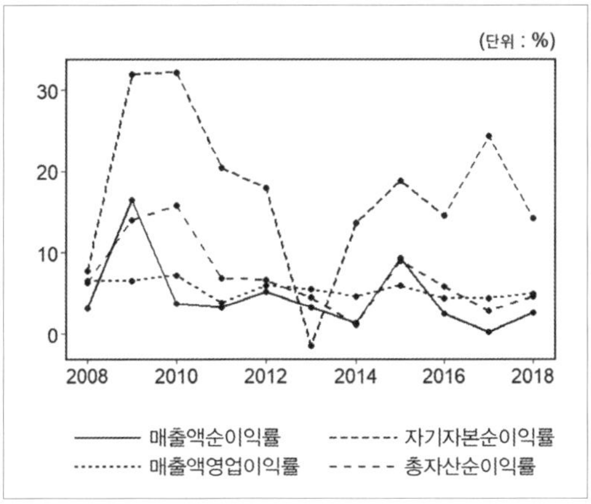

[그림 3-25] 수익성 : 중식

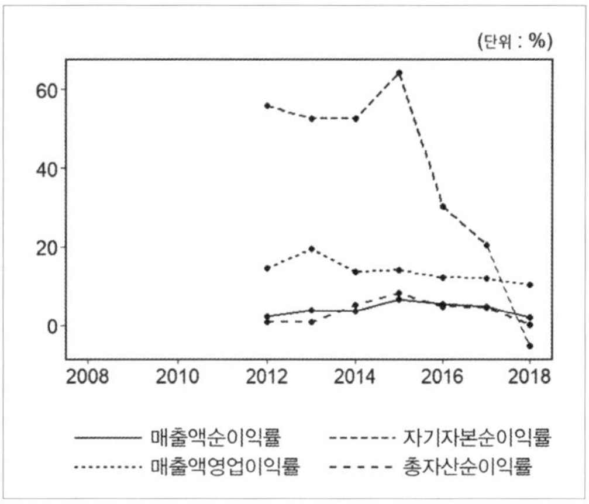

[그림 3-26] 수익성 : 일식

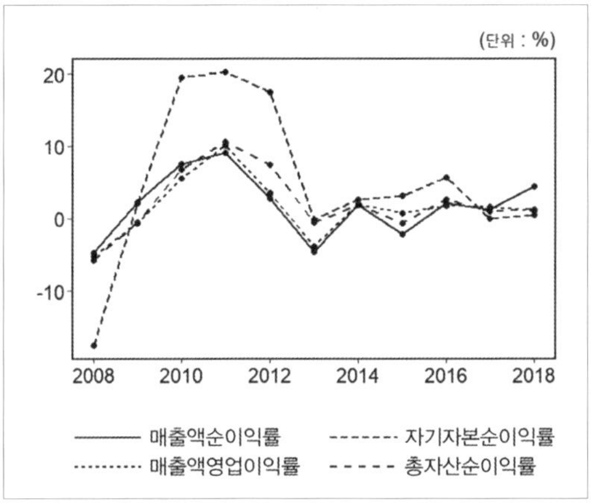

[그림 3-27] 수익성 : 서양식

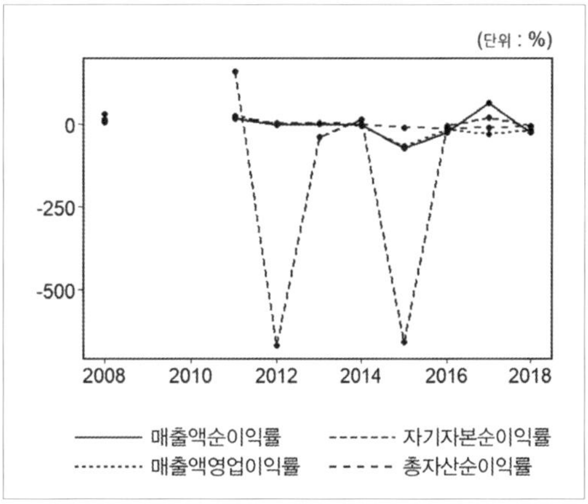

[그림 3-28] 수익성 : 제과점업

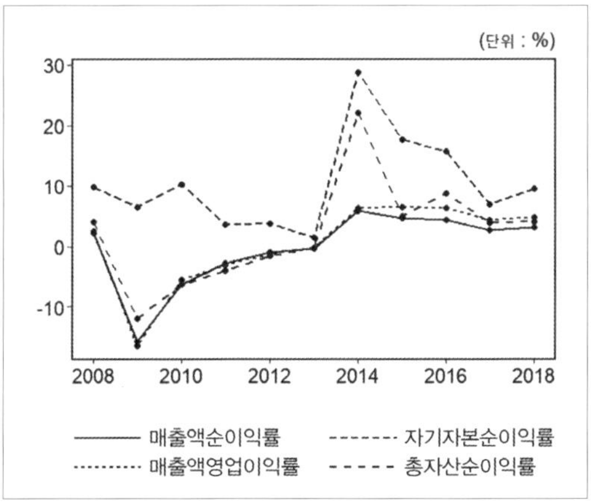

[그림 3-29] 수익성 : 피자, 햄버거, 샌드위치 및 유사 음식점업

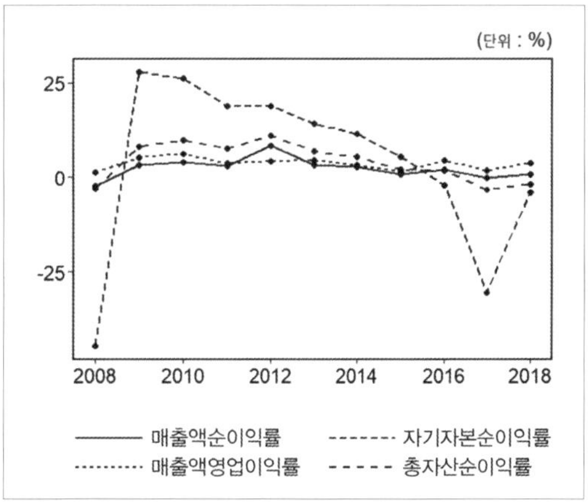

[그림 3-30] 수익성 : 치킨전문점

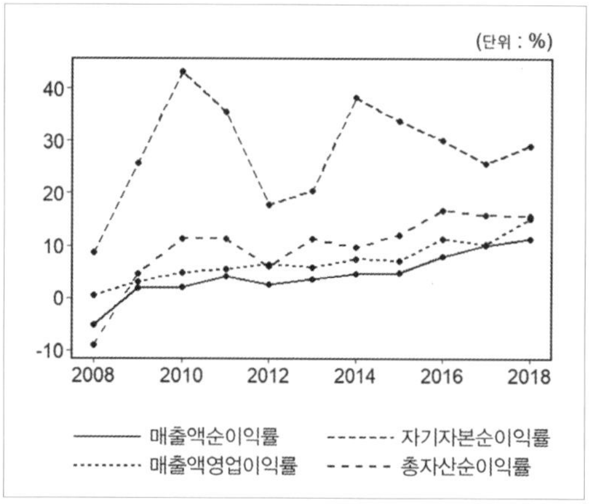

[그림 3-31] 수익성 : 김밥, 분식, 기타 간이 및 포장 음식점업

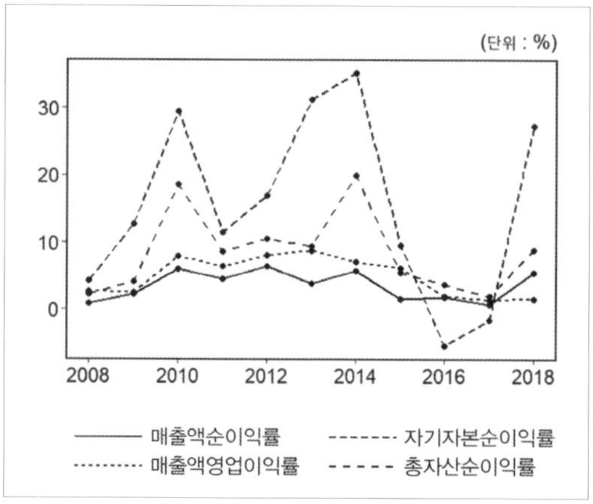

[그림 3-32] 수익성 : 주점업

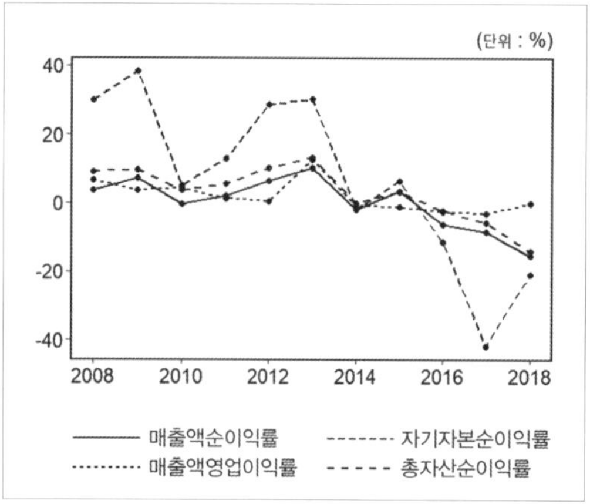

[그림 3-33] 수익성 : 비알코올 음료점업

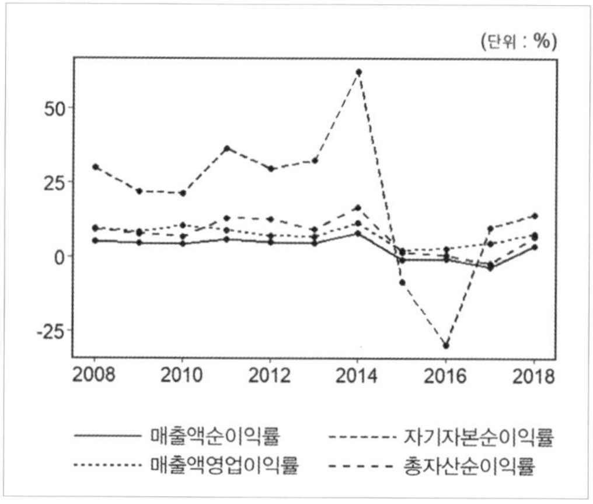

[그림 3-34] 수익성 : 다업종업

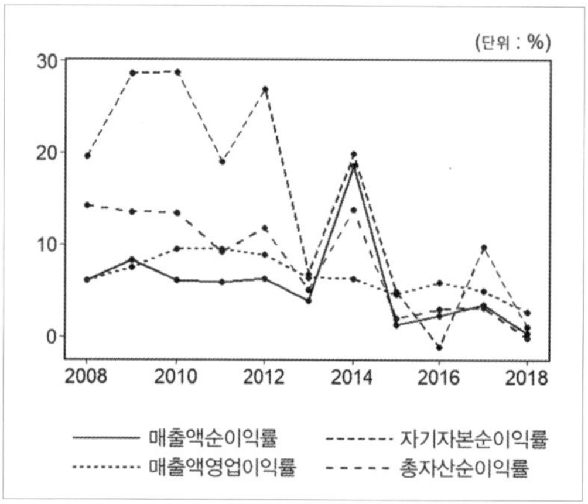

다. 프랜차이즈 운영 여부별

- 2009년도까지는 비프랜차이즈 운영기업의 총자산순이익률이 높게 나타났으나 2010년부터 2018년까지 전반적으로 프랜차이즈 운영기업의 수익성이 상대적으로 높게 나타났다. 특히 2012년부터는 격차가 점차 벌어졌고, 2015년부터 2017년까지 비프랜차이즈 운영기업의 총자산순이익률은 마이너스를 기록하고 있다.
- 프랜차이즈 운영기업과 비프랜차이즈 운영기업 모두 자기자본순이익률이 큰 변동폭을 나타내고 있다.
- 2012년까지 비프랜차이즈 운영기업의 매출액영업이익률이 소폭 더 높았으나 2013년 역전되어 프랜차이즈 운영기업의 매출액 영업이익률이 더 높은 것으로 나타났다. 반면 비프랜차이즈 운영기업은 2013년 이후 꾸준히 매출액영업이익률이 감소하고 있으며, 2015년 큰 폭으로 감소했다. 2016년 다시 큰 폭으로 회복했으나 2017년 들어 소폭 하락하며 여전히 감소세를 보이는 것으로 판단된다.
- 2012년까지 비프랜차이즈 운영기업의 매출액순이익율이 높았으나 2013년부터 비프랜차이즈 운영기업의 성과가 매우 부진한 것으로 나타났다. 프랜차이즈 운영기업은 매년 일정한 수준으로 매출액순이익률이 나타나는 반면, 비프랜차이즈 운영기업은 2015년부터 순손실을 기록하고 있다.

[표 3-8] 외식기업의 수익성 비율 : 프랜차이즈 운영 여부별

(단위 : %)

비율	2008	2009	2010	2011	2012	2013	2014	2015	2016	2017	2018
프랜차이즈											
총자산순이익률	2.86	5.61	11.33	8.01	8.65	8.33	9.92	5.97	5.61	2.97	3.94
자기자본순이익률	1.54	23.29	30.28	19.05	21.03	16.94	25.36	7.29	5.85	2.98	8.41
매출액영업이익률	3.59	3.80	6.28	4.97	5.27	6.14	6.18	4.13	4.51	3.87	5.38
매출액순이익률	0.83	2.92	3.70	3.36	3.54	3.60	3.83	2.61	2.50	2.08	3.06
비프랜차이즈											
총자산순이익률	5.48	13.13	10.08	8.78	7.12	3.19	4.94	-0.68	-0.64	-0.64	0.43
자기자본순이익률	11.65	23.12	18.85	33.53	-45.71	-4.75	21.74	-1.63	4.75	14.46	5.52
매출액영업이익률	6.49	4.32	7.44	7.04	6.59	4.29	2.99	-15.57	-0.35	-2.31	0.41
매출액순이익률	3.76	17.32	4.78	5.99	5.05	2.21	3.70	-18.97	-3.75	-5.95	-1.93

[그림 3-35] 총자산순이익률 : 프랜차이즈 운영 여부

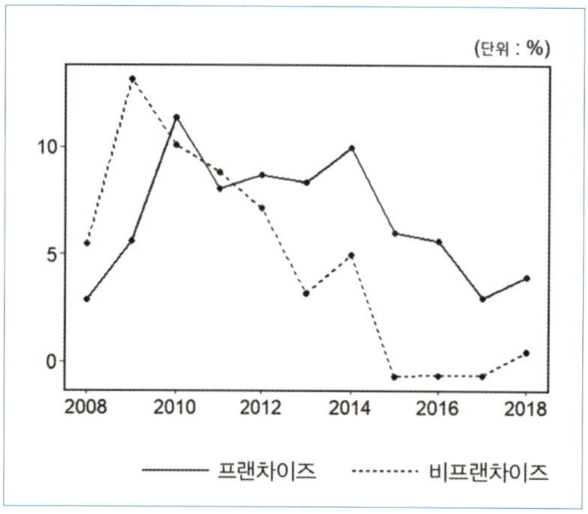

[그림 3-36] 자기자본순이익률 : 프랜차이즈 운영 여부

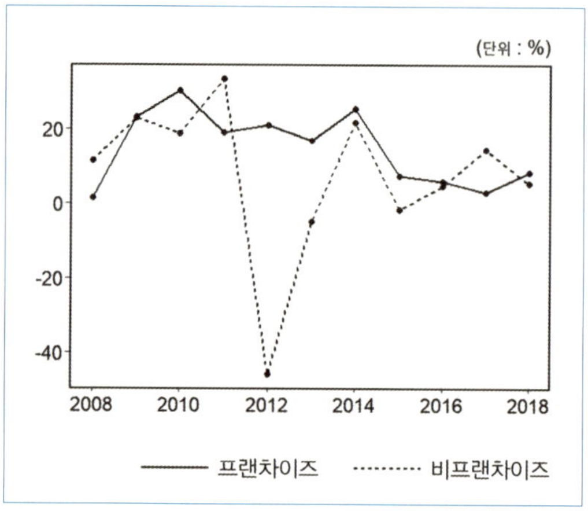

[그림 3-37] 매출액영업이익률 : 프랜차이즈 운영 여부

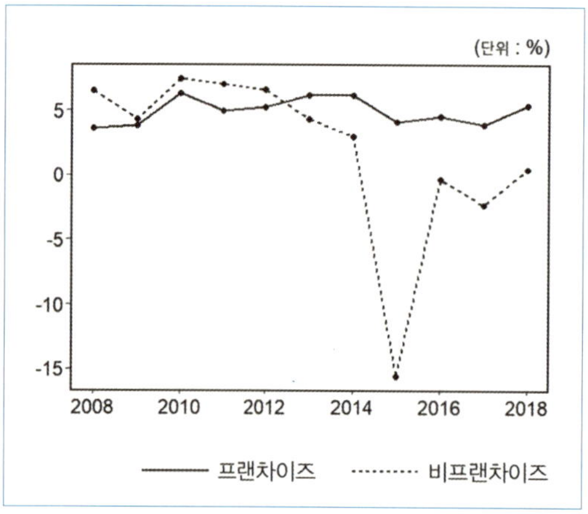

[그림 3-38] 매출액순이익률 : 프랜차이즈 운영 여부

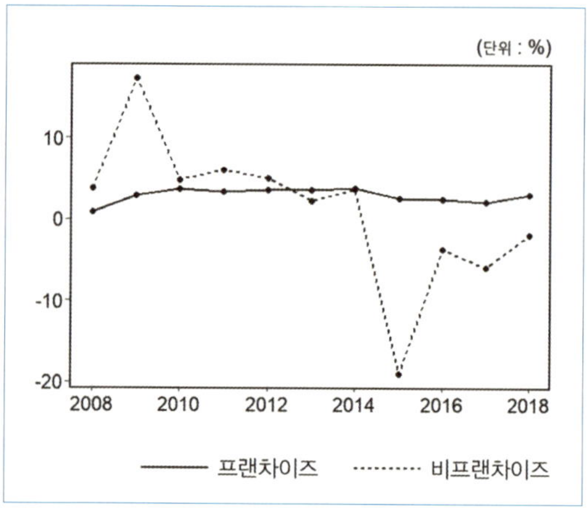

라. 보유 브랜드 수별

- 다브랜드 운영기업의 총자산순이익률은 2010년까지 지속적으로 성장하다가 이후 꾸준히 감소하는 추세를 나타냈다. 반면 단일브랜드 운영기업은 2012년까지 꾸준히 증가하여 2012년 이후에는 다브랜드 기업 대비 상대적으로 높은 총자산순이익률을 보였으나, 모두 2014년을 기점으로 꾸준히 하락하고 있다.

- 자기자본순이익률은 단일브랜드 운영기업과 다브랜드 운영기업 모두 전반적으로 큰 폭으로 변동을 나타내고 있다. 지난 10년간 전체적인 추세는 다브랜드 운영기업의 경우 감소하는 반면, 단일브랜드 운영기업은 개선되는 양상을 보인다.

■ 다브랜드 운영기업은 매출액영업이익률과 매출액순이익률 모두 지속적으로 감소하는 추세를 보이는 반면, 단일브랜드 운영기업은 상승과 하락을 반복하다가 2015년 급격히 수익성이 악화되었으나, 다시 큰 폭으로 회복하였다. 하지만 단일브랜드 운영기업은 2015년부터 꾸준히 순손실을 기록하다 2018년 순이익으로 전환된 반면, 다브랜드 운영기업은 순손실을 기록하여 상대적으로 수익성이 저조해진 것을 볼 수 있다.

[표 3-9] 외식기업의 수익성 비율 : 보유 브랜드 수별

(단위 : %)

비율	2008	2009	2010	2011	2012	2013	2014	2015	2016	2017	2018
단일브랜드											
총자산순이익률	−0.59	3.78	5.79	6.90	8.64	7.25	8.86	3.11	4.03	1.09	3.40
자기자본순이익률	−8.81	19.18	22.78	26.35	−3.36	20.40	29.42	−33.56	7.56	6.13	10.15
매출액영업이익률	4.41	2.50	2.71	3.12	5.64	6.19	6.01	−8.13	3.33	4.15	6.17
매출액순이익률	−0.11	1.92	−0.11	1.19	3.97	3.49	3.35	−12.14	−0.54	−0.98	2.18
다브랜드											
총자산순이익률	5.87	10.19	13.18	9.15	7.74	5.90	7.38	3.48	2.92	1.96	1.96
자기자본순이익률	12.34	26.93	29.50	19.20	19.78	5.78	19.94	6.80	3.57	8.67	4.05
매출액영업이익률	4.25	4.98	7.85	7.59	5.76	3.94	4.08	1.92	2.16	1.62	1.28
매출액순이익률	2.62	7.24	5.19	6.57	4.10	2.60	3.63	1.48	0.62	0.74	−0.67

[그림 3-39] 총자산순이익률 : 보유 브랜드 수

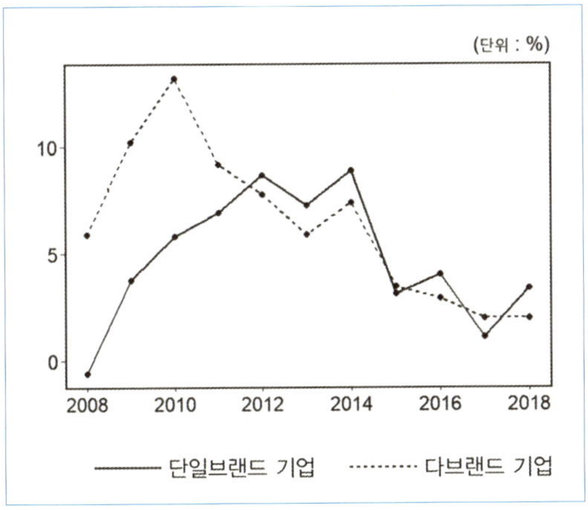

[그림 3-40] 자기자본순이익률 : 보유 브랜드 수

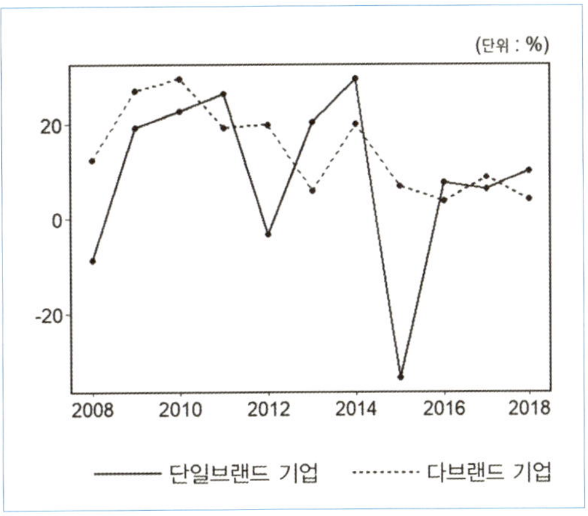

[그림 3-41] 매출액영업이익률 : 보유 브랜드 수

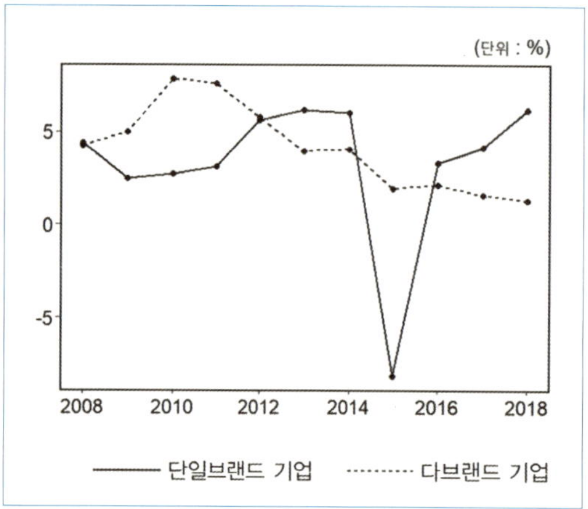

[그림 3-42] 매출액순이익률 : 보유 브랜드 수

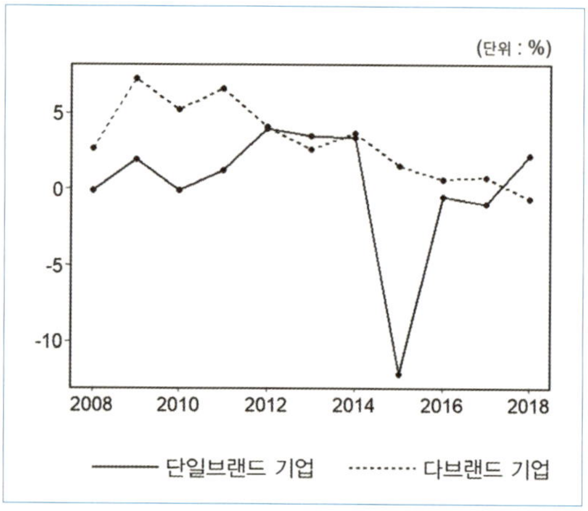

마. 국내외 브랜드 여부별

- 보유 브랜드의 국적에 따라 큰 차이는 없으며, 국내 브랜드만 운영하는 기업과 해외 브랜드를 운영하는 기업 모두 장기적으로 큰 변동폭을 나타내고 있으나 지속적으로 감소하는 추세를 보이고 있다.
- 해외 브랜드를 운영하는 기업은 2015년부터 꾸준히 순손실을 기록하고 있고, 국내 브랜드만 운영하는 기업 역시 2014년 이후 지속적으로 수익성이 악화되면서 2017년 순손실을 기록하였으나 2018년 다시 큰 폭으로 반등하였다.

[표 3-10] 외식기업의 수익성 비율 : 국내외 브랜드 여부별

(단위 : %)

비율	2008	2009	2010	2011	2012	2013	2014	2015	2016	2017	2018
국내 브랜드											
총자산순이익률	3.82	7.03	12.21	8.50	8.16	6.74	9.62	3.57	3.93	1.35	4.02
자기자본순이익률	11.49	24.91	29.20	24.01	20.77	13.10	26.17	1.35	5.21	8.58	7.88
매출액영업이익률	4.32	3.57	7.21	6.40	6.09	5.61	5.41	2.37	3.14	3.01	3.86
매출액순이익률	1.48	4.49	3.99	4.79	4.08	3.39	4.50	0.33	0.20	−0.53	2.15
해외 브랜드											
총자산순이익률	2.32	7.52	6.54	7.31	6.84	4.32	2.00	1.90	0.75	−0.48	-1.67
자기자본순이익률	−26.49	19.18	15.96	19.34	15.23	7.30	9.78	6.80	2.84	33.27	7.56
매출액영업이익률	4.37	5.40	3.46	3.22	3.56	4.10	2.71	−0.52	1.68	1.00	2.72
매출액순이익률	1.84	4.78	2.41	2.13	4.47	2.03	0.99	−1.35	−0.18	−0.75	-3.21

[그림 3-43] 총자산순이익률 : 국내외 브랜드 여부

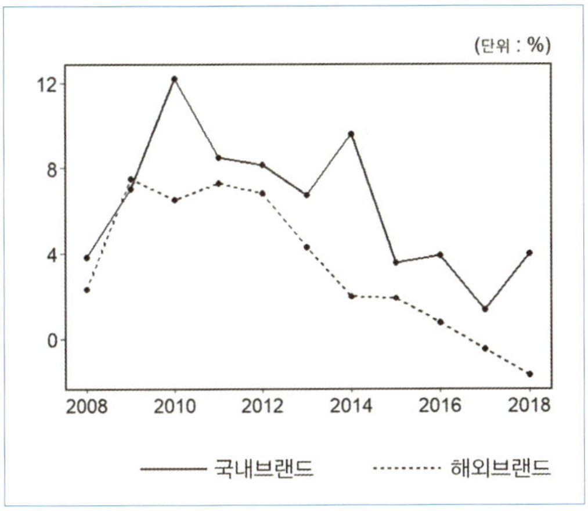

[그림 3-44] 자기자본순이익률 : 국내외 브랜드 여부

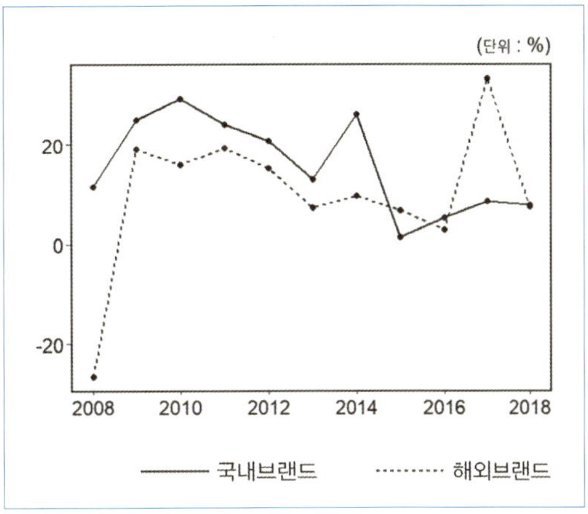

[그림 3-45] 매출액영업이익률 : 국내외 브랜드 여부

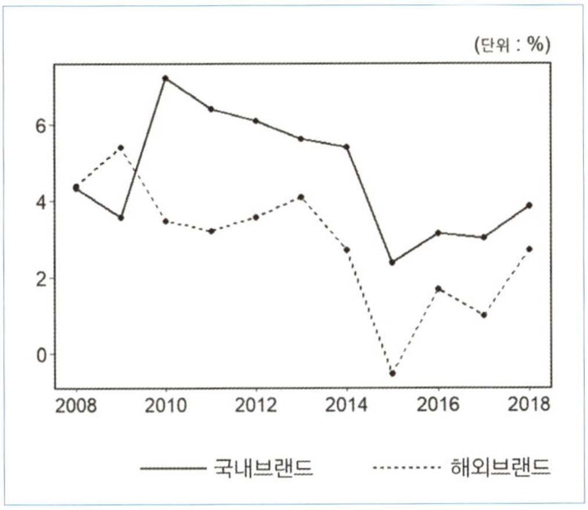

[그림 3-46] 매출액순이익률 : 국내외 브랜드 여부

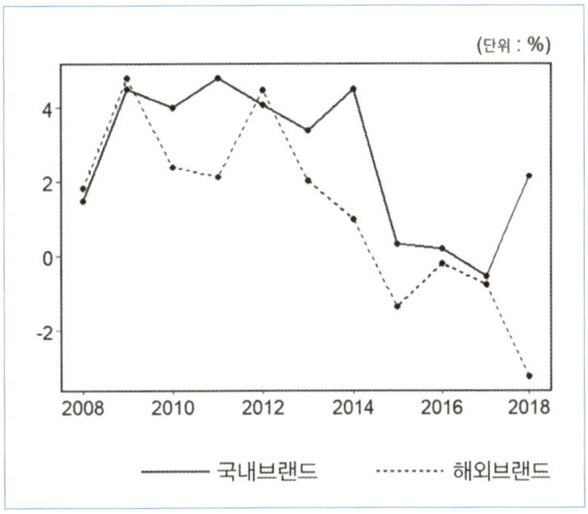

4. 레버리지 비율

가. 외식기업 전체

- 레버리지 비율은 기업의 재무위험을 측정하는 척도 중 하나로 타인자본 의존에 따른 장기적 지급능력을 평가하는 지표이다.
  - ○ 타인자본 사용에 따른 재무위험을 평가하는 레버리지 비율에는 부채비율, 이자보상비율, 비유동비율, 고정장기적합률 등이 있다.

- [표 3-11]과 [그림 3-47]~[그림 3-50]은 외식업 평균에 대한 연도별 부채비율, 이자보상비율, 비유동비율, 비유동장기적합률을 계산한 것이다.
- 외식업은 타 산업에 비해 레버리지 비율이 높아 타인자본에 많이 의존하고 있어 재무위험에 많이 노출되어 있다.
- 2009년부터 2011년까지를 제외하면 전반적으로 외식업종의 부채비율이 높은 것으로 나타났다. 외식기업의 부채비율은 큰 폭으로 변동하고, 2015년에는 부채비율이 약 1150%에 달해 타인자본 의존도가 비정상적으로 높은 것을 알 수 있다. 이외에 비유동비율 또한 2015년 큰 폭으로 상승하였고, 비유동장기적합률 역시 높은 수준을 보이고 있다.

[표 3-11] 외식기업의 레버리지 비율 (단위 : %)

비율	2008	2009	2010	2011	2012	2013	2014	2015	2016	2017	2018
외식업 평균											
부채비율	386.50	234.12	196.86	220.71	440.51	601.86	352.35	1149.99	486.12	248.18	294.19
이자보상비율	23.29	8.68	371.01	15.30	13.44	28.06	14.63	10.24	154.39	29.94	37.27
비유동비율	310.46	248.75	214.64	230.05	346.09	585.44	321.33	1108.83	458.77	263.03	303.26
비유동장기적합률	135.59	142.70	135.23	134.37	127.27	131.84	147.78	133.84	130.83	133.96	135.28

[그림 3-47] 부채비율 : 외식기업 전체

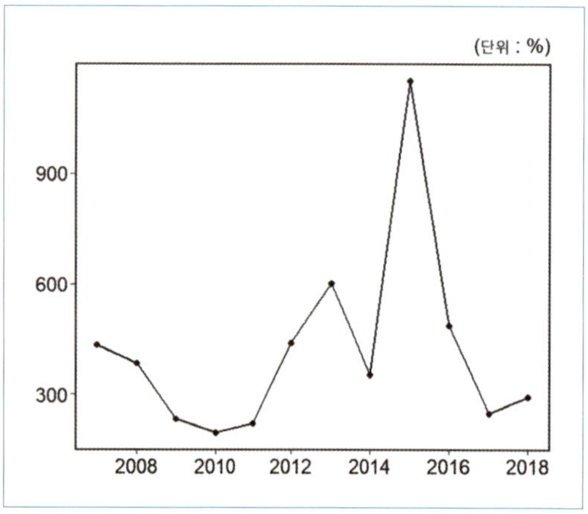

[그림 3-48] 이자보상비율 : 외식기업 전체

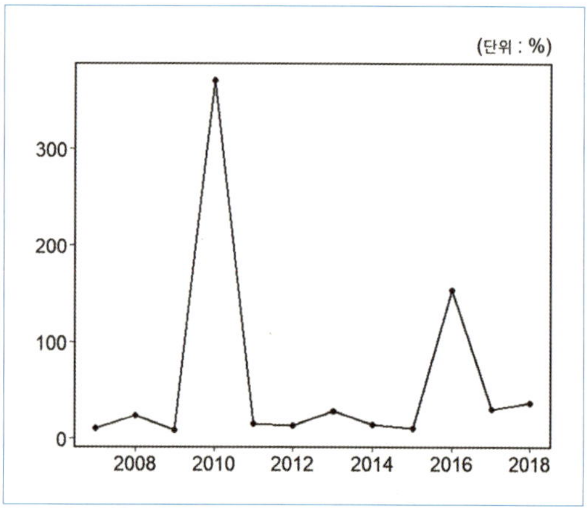

[그림 3-49] 비유동비율 : 외식기업 전체

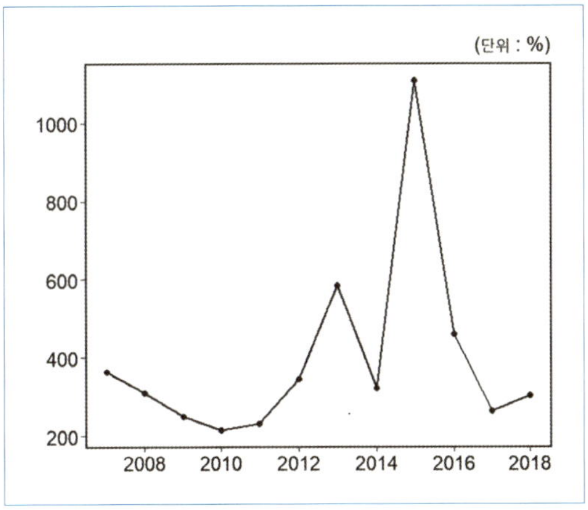

[그림 3-50] 비유동장기적합률 : 외식기업 전체

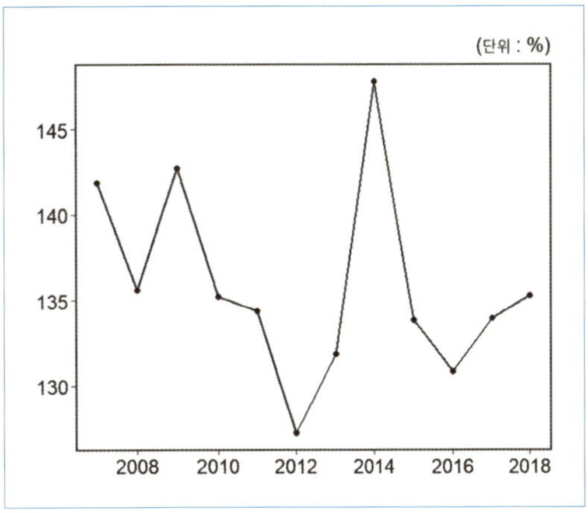

나. 세부 업종별

- 최근 10년간 외식기업의 레버리지 비율은 증감을 반복하였으며, 레버리지 비율은 세부 업종에 따라 차이가 있다.
- 한식업의 경우 이자보상비율의 변동폭이 매우 큰 것으로 나타났는데, 이는 일부 한식업종 기업의 영향이 과도하게 미친 것이므로 해석에 주의할 필요가 있다. 한식업종은 지난 10년간 부채비율과 비유동비율, 비유동장기적합률 모두 점차 하락하며, 재무 건전성이 확보되는 것처럼 보였으나 2018년 소폭 증가하는 추세를 보였다.
- 부채비율이 매우 높았던 중식 음식점업종, 서양식 업종은 지속적으로 부채 규모를 감축시키고 있으나 여전히 부채비율이 높으며 피자, 햄버거, 샌드위치 및 유사 음식점업은 2016년 대비 약 2배가량 부채비율이 증가한 것을 알 수 있다.
- 상대적으로 2018년 가장 재무 안정성이 저조한 업종은 중식 음식점업과 서양식 음식점업인 것으로 나타났다. 해당 업종들은 부채비율, 비유동비율, 비유동장기적합률 모두 타 업종에 비해 높은 수준인 데 반해, 이자보상비율은 낮은 것을 알 수 있다.

[표 3-12] 외식기업의 레버리지 비율 : 세부 업종별

(단위 : %)

비율	2008	2009	2010	2011	2012	2013	2014	2015	2016	2017	2018
한식 음식점업											
부채비율	477.35	252.42	290.54	223.26	237.54	325.09	174.71	170.17	134.29	173.53	214.57
이자보상비율	9.21	12.71	248029.14	8.92	11.32	45.74	-655.11	7.49	3675.65	2976.98	11.66
비유동비율	383.69	282.65	312.61	249.04	259.48	352.16	207.82	209.14	171.18	198.41	243.06
비유동장기적합률	191.08	181.85	178.82	144.73	145.41	151.67	132.58	114.44	108.80	131.91	155.46
중식 음식점업											
부채비율	-	-	-	-	5846.90	7158.54	3613.64	2180.85	1514.60	1192.34	7605.84
이자보상비율	-	-	-	-	1.23	1.31	3.45	18.91	15.89	15.75	1.43
비유동비율	-	-	-	-	5715.02	7111.05	3619.66	2204.22	1577.74	1260.26	7543.83
비유동장기적합률	-	-	-	-	104.61	106.01	116.05	127.67	115.96	111.40	225.93
일식 음식점업											
부채비율	223.42	123.65	130.41	116.79	99.18	108.48	141.14	96.72	92.73	101.06	69.87
이자보상비율	1.77	-1.66	4.66	39.46	15.70	20.10	3.32	-89.78	19.31	44.49	-144.14
비유동비율	258.08	169.60	195.56	175.06	155.99	161.14	192.51	136.09	143.13	157.75	108.97
비유동장기적합률	118.72	126.12	158.85	136.40	127.74	130.34	136.37	104.55	111.79	114.98	81.46
서양식 음식점업											
부채비율	120.39	-	-	846.00	24550.31	2534.94	920.73	8626.09	3771.35	176.86	899.7
이자보상비율	7.70	-	-	3.88	3.01	4.79	3.65	-5.36	-4.00	-2.79	-77.16
비유동비율	182.18	-	-	813.50	24080.24	2278.90	931.67	7093.38	3398.60	204.57	942.44
비유동장기적합률	134.27	-	-	167.53	210.78	349.97	368.20	382.30	282.11	164.87	303.16
제과점업											
부채비율	123.28	80.79	57.88	56.83	51.79	73.26	53.65	233.95	176.03	149.85	158.87
이자보상비율	4.91	-0.54	9.62	-5.04	-12.00	-6.70	-10.72	20304.65	4510.80	84.07	54.07
비유동비율	156.84	103.72	84.79	93.75	90.60	123.99	102.77	283.70	213.00	173.54	183.01
비유동장기적합률	120.49	79.45	68.28	77.15	72.08	106.98	88.47	99.74	94.48	82.98	84.09
피자, 햄버거, 샌드위치 및 유사 음식점업											
부채비율	2934.07	209.52	163.35	359.43	301.71	289.35	294.30	309.50	297.02	648.98	529.06
이자보상비율	29.40	22.14	133.87	798.23	1395.07	644.77	30.20	4.82	21.78	14.00	10.47
비유동비율	1360.36	189.58	148.45	204.98	179.94	180.19	213.36	235.36	242.61	518.59	418.58
비유동장기적합률	119.25	137.24	106.00	105.00	90.93	102.00	106.53	117.11	123.16	164.55	112.22
치킨전문점											
부채비율	59.73	685.21	352.42	307.85	664.20	762.28	487.17	343.76	138.70	91.95	86.86
이자보상비율	883.84	8.50	23.28	10.83	11.65	17.31	23.18	409.98	571.81	36.24	1620647.82
비유동비율	43.59	434.30	278.40	238.19	419.55	708.12	390.70	313.16	152.92	114.33	120.21
비유동장기적합률	37.96	133.61	125.19	111.52	110.96	145.72	137.01	132.71	108.46	93.77	107.49
김밥, 분식, 기타 간이 및 포장 음식점업											
부채비율	160.63	191.33	125.74	158.33	137.69	182.99	152.46	170.20	294.10	425.55	372.87
이자보상비율	9.00	2.62	5.21	6.45	3.25	5.41	36.78	26.46	38.30	-659.03	4.92
비유동비율	233.11	235.78	157.51	180.30	159.34	200.14	165.71	182.03	287.32	337.44	346.31
비유동장기적합률	188.20	198.41	139.67	162.25	146.78	130.61	110.61	117.03	130.95	132.60	238.31

비율	2008	2009	2010	2011	2012	2013	2014	2015	2016	2017	2018
주점업											
부채비율	201.52	300.59	315.33	269.99	228.22	172.74	203.23	131.81	316.90	493.12	606.05
이자보상비율	5.26	5.01	9.51	15.62	41.53	52.68	23.83	38.15	9.81	18.02	5.1
비유동비율	224.35	347.07	368.63	291.34	224.94	184.52	193.30	162.51	368.46	536.90	620.93
비유동장기적합률	107.25	113.77	220.99	163.20	146.36	118.13	167.76	156.22	341.19	288.31	218.98
비알코올 음료점업											
부채비율	284.73	308.47	171.49	162.22	190.98	293.15	476.98	233.67	840.39	340.31	195.92
이자보상비율	19.03	16.00	266.66	15.58	8.08	7.36	31.94	8.97	10.56	400.47	450.80
비유동비율	292.08	300.71	191.40	185.27	195.39	194.65	299.42	225.09	637.34	295.53	200.85
비유동장기적합률	140.67	153.10	124.76	124.88	113.40	92.69	154.27	118.20	153.96	151.85	97.67
다업종업											
부채비율	178.43	146.02	190.92	198.01	200.38	187.59	259.89	364.66	539.05	220.16	221.47
이자보상비율	13.79	5.96	1001.85	9.64	11.05	8.02	1.31	-1.03	-271.25	11.15	-4170.91
비유동비율	221.03	194.17	243.55	243.79	230.98	222.62	270.34	345.53	486.38	234.83	231.48
비유동장기적합률	141.37	150.45	140.86	165.76	127.99	126.75	149.56	141.43	168.95	143.39	136.28

[그림 3-51] 레버리지 : 한식

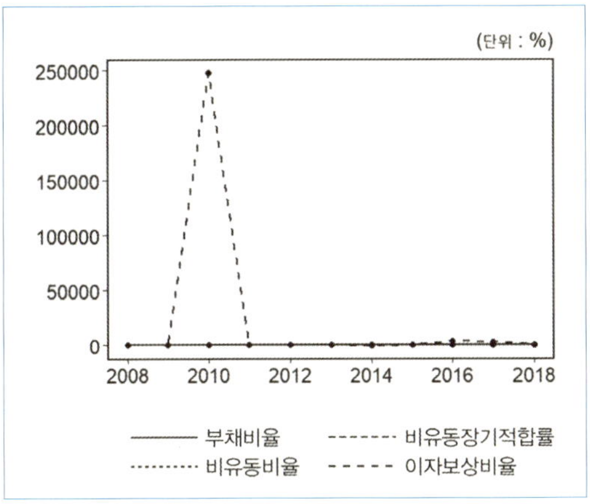

[그림 3-52] 레버리지 : 중식

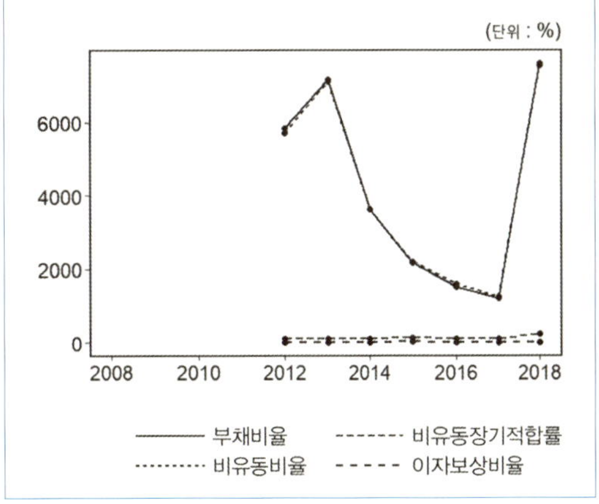

[그림 3-53] 레버리지 : 일식

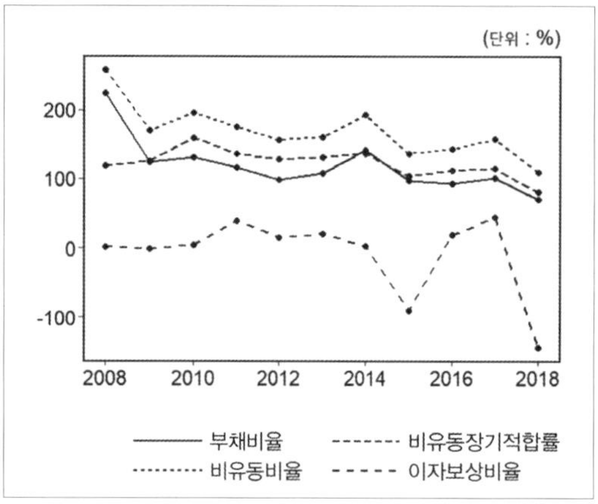

[그림 3-54] 레버리지 : 서양식

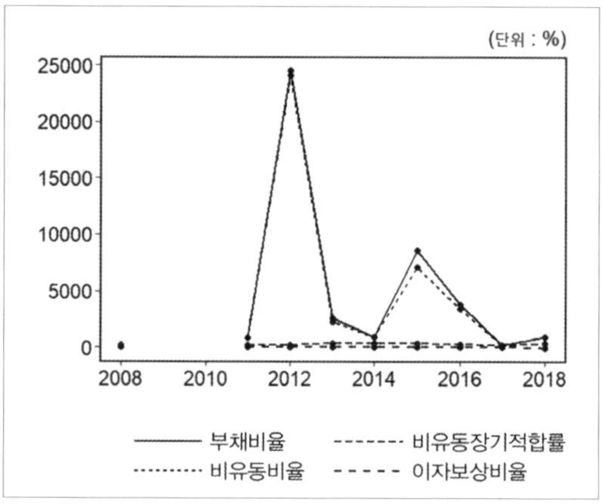

[그림 3-55] 레버리지 : 제과점업

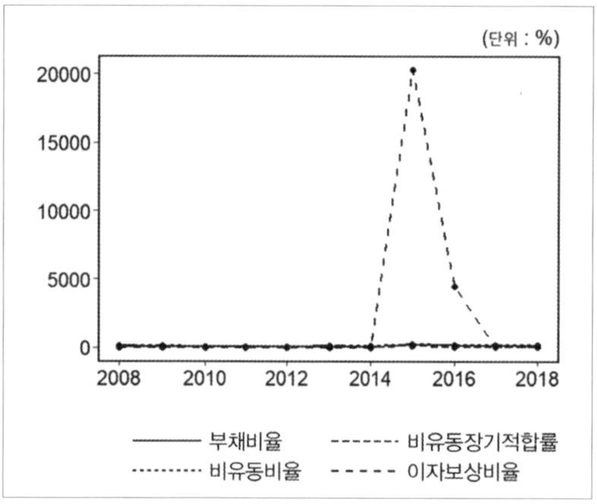

[그림 3-56] 레버리지 : 피자, 햄버거, 샌드위치 유사 음식점업

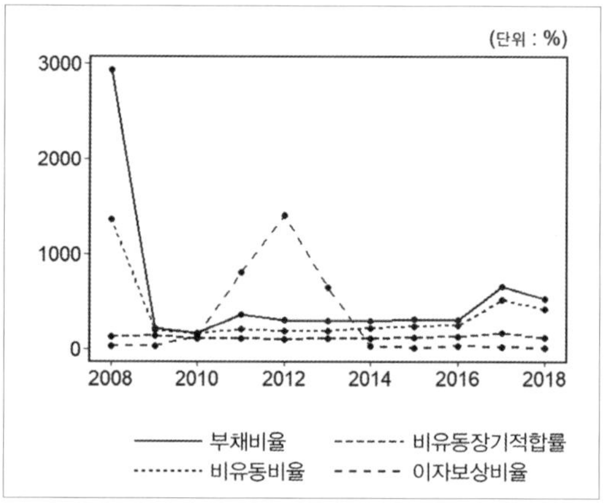

[그림 3-57] 레버리지 : 치킨전문점

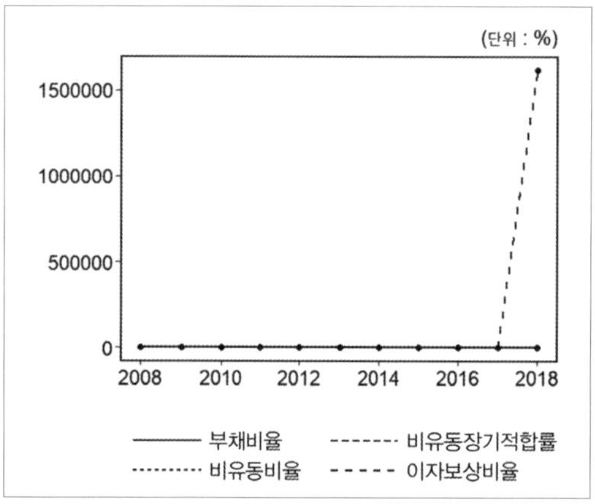

[그림 3-58] 레버리지 : 김밥, 분식, 기타 간이 및 포장 음식점업

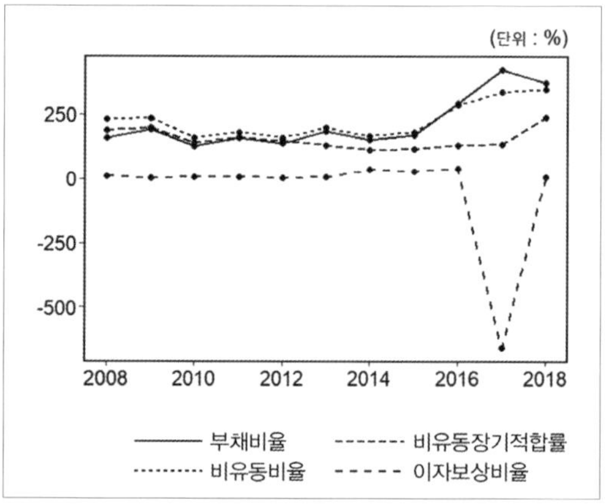

[그림 3-59] 레버리지 : 주점업

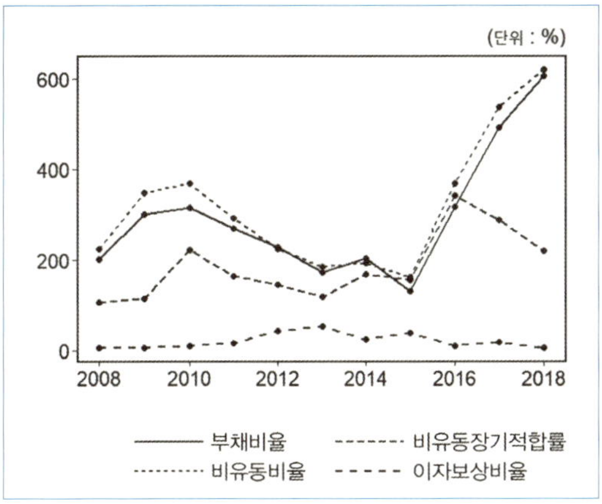

[그림 3-60] 레버리지 : 비알코올 음료점업

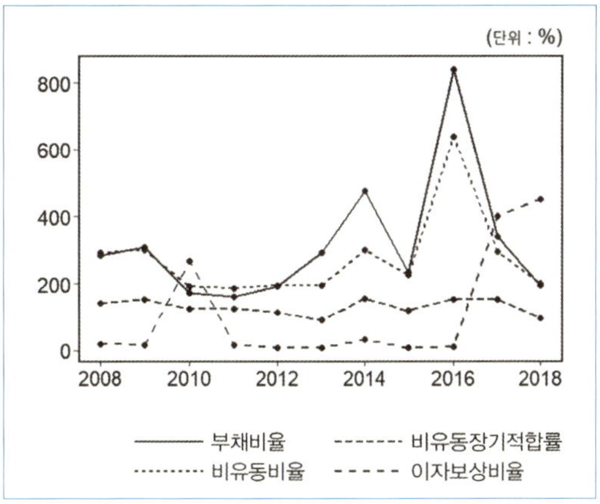

[그림 3-61] 레버리지 : 다업종업

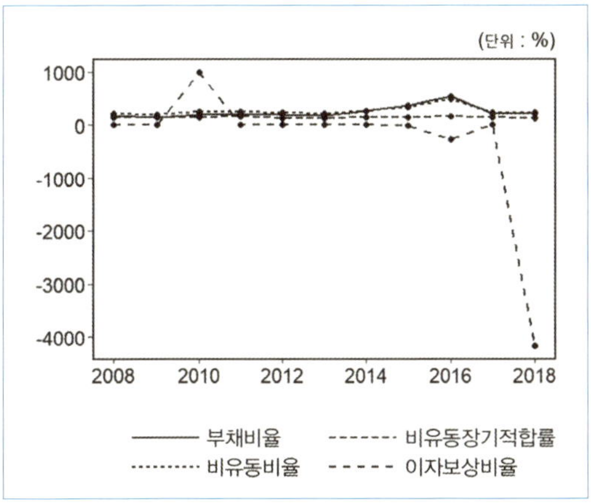

다. 프랜차이즈 운영 여부별

- 프랜차이즈 운영기업에 비해 비프랜차이즈 운영기업의 부채비율 변동폭이 훨씬 크고, 전반적으로 더 높은 수준을 유지하고 있는 것으로 나타났다.
- 이자보상비율은 전반적으로 프랜차이즈 운영기업이 높은 반면 부채비율, 비유동비율, 비유동장기적합률 모두 전반적으로 비프랜차이즈 운영기업이 높아 재무 안정성 측면에서 비프랜차이즈 운영기업이 상대적으로 저조한 것으로 평가할 수 있다.

[표 3-13] 외식기업의 레버리지 비율 : 프랜차이즈 운영 여부별

(단위 : %)

비율	2008	2009	2010	2011	2012	2013	2014	2015	2016	2017	2018
프랜차이즈											
부채비율	557.63	265.50	205.88	229.27	237.19	224.04	245.79	270.92	249.29	236.32	236.81
이자보상비율	59.32	9.48	22586.22	36.80	24.16	32.86	24.18	16.60	190.34	165.57	104.74
비유동비율	376.41	261.49	210.35	215.00	214.98	200.82	218.34	256.59	244.60	229.56	234.14
비유동장기적합률	120.30	138.06	128.67	123.90	113.07	119.54	119.14	119.14	127.17	122.87	102.40
비프랜차이즈											
부채비율	191.77	148.24	252.64	196.15	2964.64	1245.37	720.05	2332.44	1145.25	265.73	590.15
이자보상비율	8.08	7.21	64.14	10.59	8.18	18.58	-111.01	-0.03	4.61	16.77	-36.60
비유동비율	242.76	211.77	312.2	252.83	2942.93	1196.13	698.55	1966.22	1136.1	287.22	617.02
비유동장기적합률	189.13	178.96	180.63	155.05	152.85	167.54	220.17	154.59	138.16	153.18	186.30

[그림 3-62] 부채비율 : 프랜차이즈 운영 여부

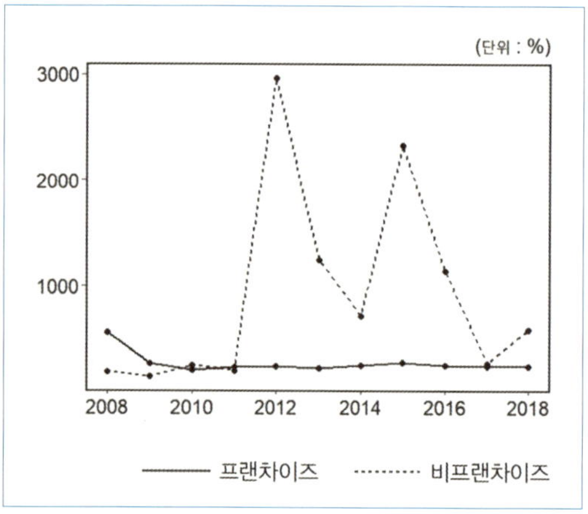

[그림 3-63] 이자보상비율 : 프랜차이즈 운영 여부

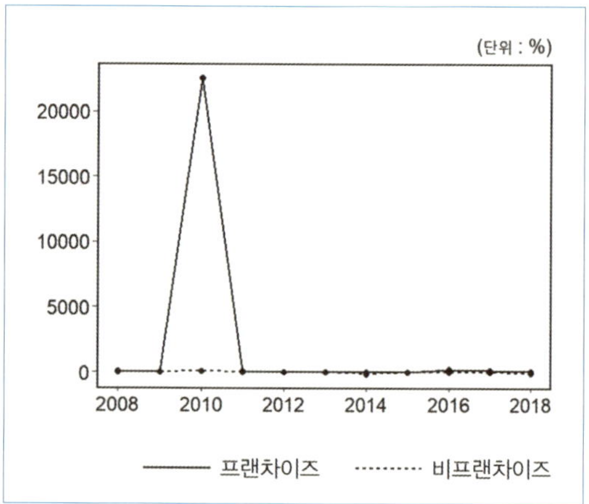

[그림 3-64] 비유동비율 : 프랜차이즈 운영 여부

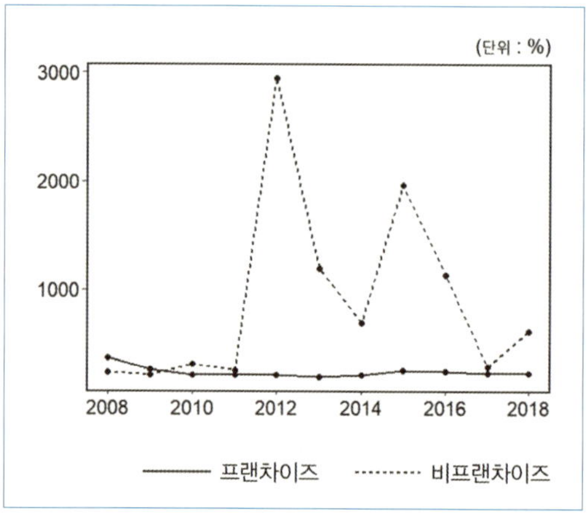

[그림 3-65] 비유동장기적합률 : 프랜차이즈 운영 여부

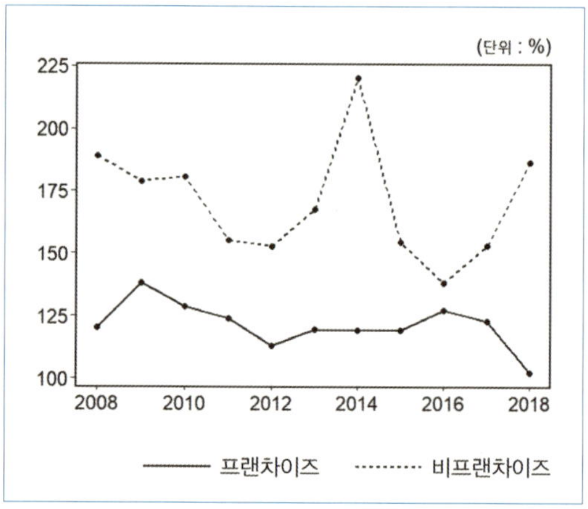

라. 보유 브랜드 수별

- 단일 브랜드 운영기업이 전반적으로 다브랜드 운영기업에 비해 레버리지 비율의 변동성이 크고, 전반적으로 높은 수준을 유지하는 것으로 나타났다.
- 최근 10년간 단일브랜드 운영기업의 부채비율은 큰 폭의 증감을 반복한 반면, 다브랜드 운영기업은 상대적으로 일정 수준의 부채비율을 나타내고 있다. 또한, 단일브랜드 운영기업의 부채비율은 증감을 반복하면서도 다브랜드 운영기업에 비해 매우 높은 수준을 나타낸다.

[표 3-14] 외식기업의 레버리지 비율 : 보유 브랜드 수별

(단위 : %)

비율	2008	2009	2010	2011	2012	2013	2014	2015	2016	2017	2018
단일브랜드											
부채비율	1163.56	286.91	197.81	248.30	1523.78	855.68	672.62	1658.48	533.65	337.70	452.85
이자보상비율	172.38	8.90	96.95	103.72	126.42	54.43	16.69	11.95	22.19	14.08	8.71
비유동비율	666.85	301.07	217.85	240.47	1468.71	796.98	618.04	1565.50	457.11	337.65	455.50
비유동장기적합률	156.30	150.58	132.53	132.78	132.17	125.10	161.04	131.62	123.19	143.78	133.78
다브랜드											
부채비율	188.29	199.67	211.21	206.18	194.80	273.59	225.42	344.67	425.06	183.70	180.95
이자보상비율	16.33	9.08	42040.52	16.06	14.45	27.74	0.69	8.69	1070.94	263.53	166.13
비유동비율	203.81	211.26	223.99	216.75	221.17	292.07	225.10	343.45	409.74	194.93	195.46
비유동장기적합률	127.45	142.45	137.62	136.21	122.85	135.77	135.32	136.19	138.02	120.54	136.36

[그림 3-66] 부채비율 : 보유 브랜드 수

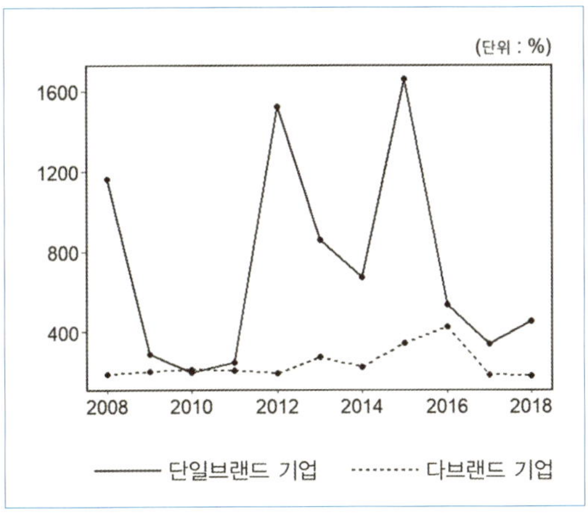

[그림 3-67] 이자보상비율 : 보유 브랜드 수

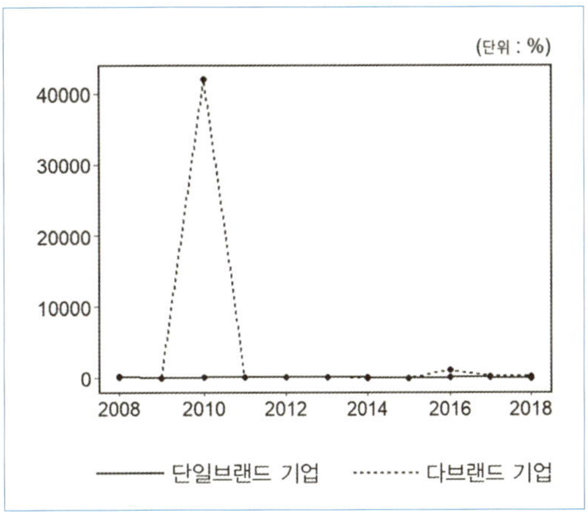

[그림 3-68] 비유동비율 : 보유 브랜드 수

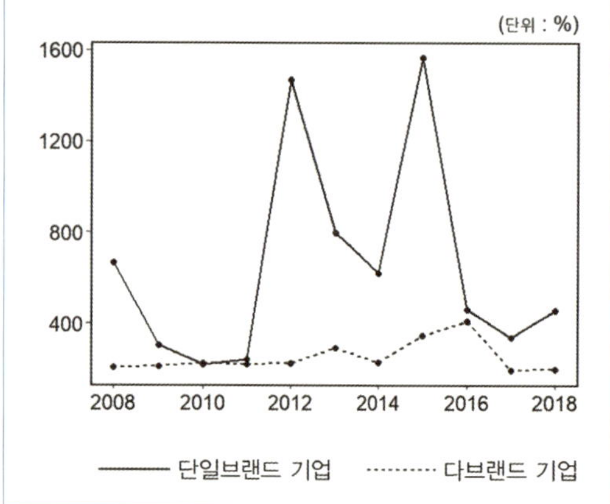

[그림 3-69] 비유동장기적합률 : 보유 브랜드 수

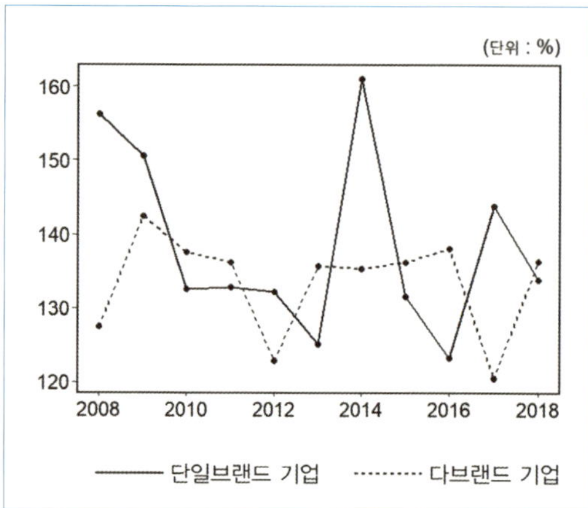

마. 국내외 브랜드 여부별

- 최근 10년간의 국내 브랜드 운영기업의 부채비율은 계속 증가하다가 2015년부터 다시 감소하는 반면, 해외 브랜드 운영기업은 2008년 큰 폭으로 부채비율이 증가했다가 다시 감소해 전반적으로 국내 브랜드 운영기업에 비해 낮은 수준을 유지해 왔다. 하지만 2017년 다시 역전되어 유의하게 브랜드 국적에 따라 성과가 차이 난다고 보기는 어렵다.
- 비유동비율 역시 부채비율과 유사한 추이를 나타내고 있다.

[표 3-15] 외식기업의 레버리지 비율 : 국내외 브랜드 여부별 (단위 : %)

비율	2008	2009	2010	2011	2012	2013	2014	2015	2016	2017	2018
국내 브랜드											
부채비율	231.23	264.20	216.39	226.34	469.66	664.04	399.68	1430.31	581.77	213.11	293.93
이자보상비율	45.96	7.46	3703.99	12.85	11.96	22.65	14.57	28.31	304.64	20.86	-25.33
비유동비율	237.06	268.70	224.90	236.07	401.27	654.32	369.50	1340.78	513.27	235.35	318.32
비유동장기적합률	132.05	144.07	137.57	134.04	130.49	129.79	151.89	139.41	134.75	129.78	138.18
해외 브랜드											
부채비율	2158.84	145.44	118.07	230.42	318.58	327.63	233.58	197.09	202.04	428.32	363.18
이자보상비율	9.18	14.51	188.99	374.75	693.35	322.52	15.17	2.17	11.27	241.51	219.76
비유동비율	1067.82	184.19	168.67	204.28	235.38	254.46	228.49	201.14	203.56	375.09	331.36
비유동장기적합률	153.55	144.11	131.82	135.12	121.03	131.04	152.75	120.68	122.54	175.47	134.20

[그림 3-70] 부채비율 : 국내외 브랜드 여부

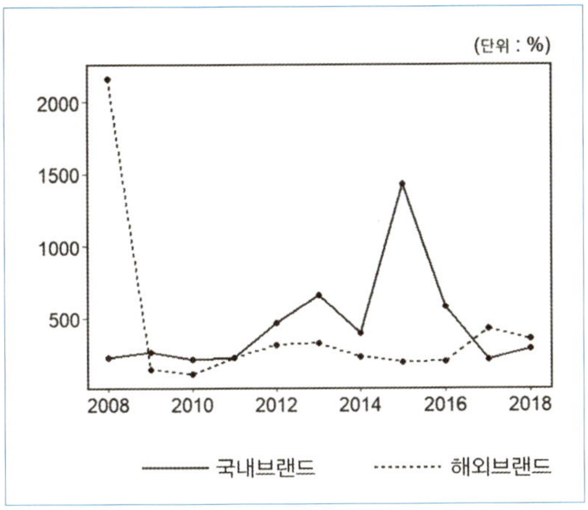

[그림 3-71] 이자보상비율 : 국내외 브랜드 여부

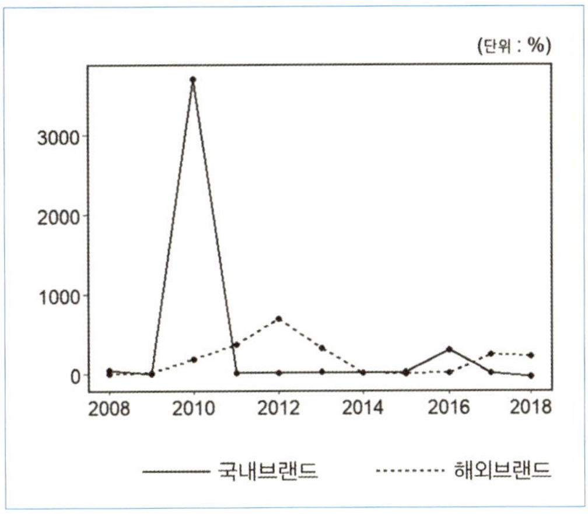

[그림 3-72] 비유동비율 : 국내외 브랜드 여부

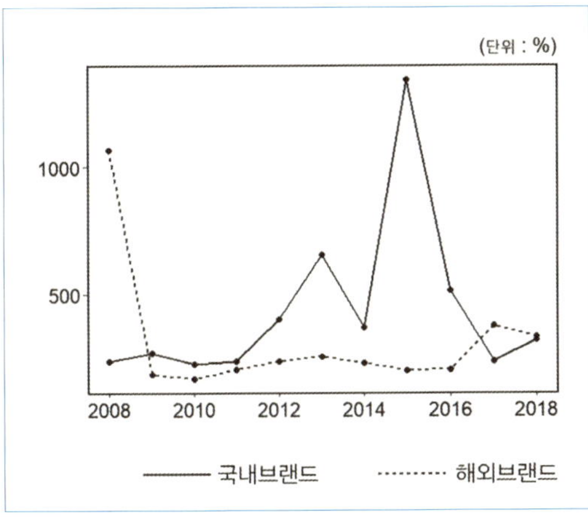

[그림 3-73] 비유동장기적합률 : 국내외 브랜드 여부

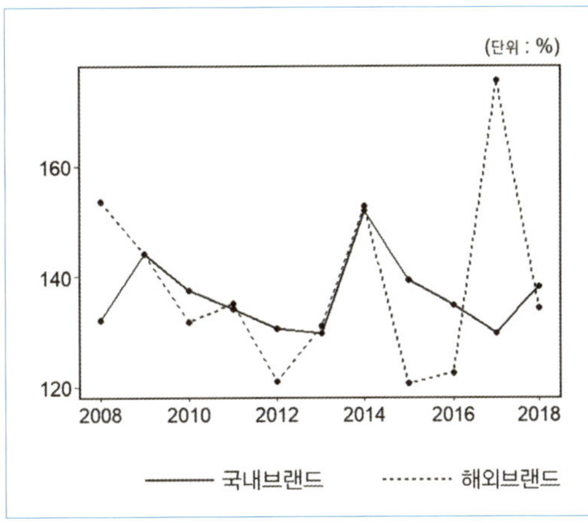

5. 유동성 비율

가. 외식기업 전체

- 유동성 비율은 기업의 재무위험을 측정하는 척도 중 하나로 기업의 채무이행능력지급능력 을 평가하는데 사용되는 지표이다.
  - ○ 기업의 단기지급능력을 평가하는 유동성 비율에는 유동비율, 당좌비율, 현금비율이 있다.
- 외식업의 유동비율은 전반적으로 낮은 상태에서 증가하고 있으나 2018년 다소 감소하였다.

○ 단기채무 능력이 낮다는 것은 영업이 악화된 상황이 닥치면 쉽게 부도를 맞게 될 수 있다는 것을 말한다. 유동비율이 증가하고 있다는 것은 외식업의 단기부채 대응능력이 개선된 것으로 판단할 수 있다.

- 당좌비율 역시 다소 낮은 수준이었으나, 2014년 이후 외식업의 당좌비율이 계속 증가하며 2017년에 크게 오른 수준이었지만 2018년에는 다소 감소한 것으로 나타났다.
- 현금비율의 경우 업종 특성상 현금의 유입이 많고 회전이 빠른 외식업의 현금비율은 10년간 큰 변동 없이 유사한 수준으로 나타났다.

[표 3-16] 외식기업의 유동성 비율 (단위 : %)

비율	2008	2009	2010	2011	2012	2013	2014	2015	2016	2017	2018
외식업 평균											
유동비율	69.90	65.02	96.94	89.79	101.15	96.36	103.96	144.31	144.89	158.26	135.71
당좌비율	57.50	53.59	83.58	72.38	85.00	85.74	93.28	130.53	129.98	144.04	120.61
현금비율	21.86	25.28	32.19	24.06	24.99	22.87	22.18	25.56	26.29	25.94	27.55

[그림 3-74] 유동비율 : 외식기업 전체

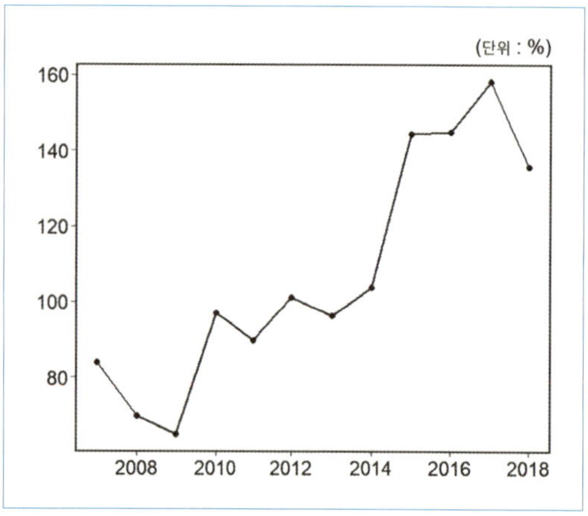

[그림 3-75] 당좌비율 : 외식기업 전체

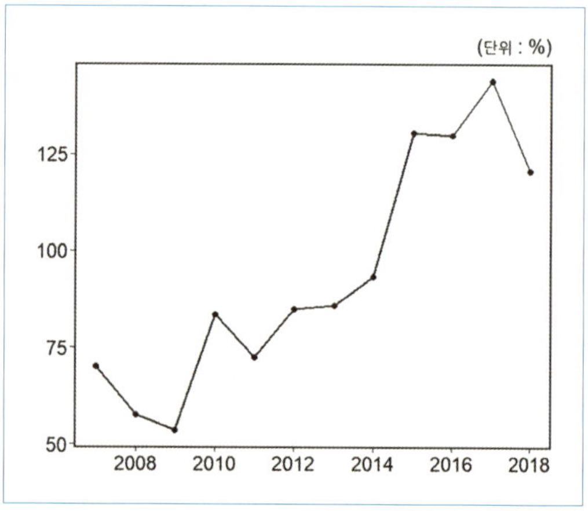

[그림 3-76] 현금비율 : 외식기업 전체

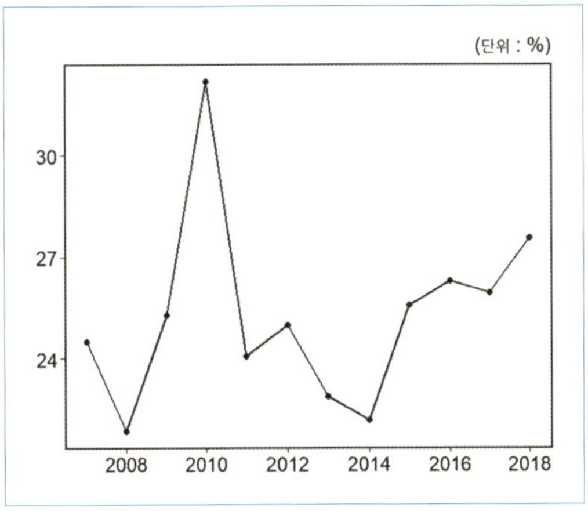

나. 세부 업종별

- 2018년 기준으로 한식업, 중식업, 치킨전문점업, 피자, 햄버거, 샌드위치 및 유사 음식점업, 김밥, 분식, 기타 간이 및 포장 음식점업의 현금비율이 평균보다 높아 유동부채 대비 현금을 많이 보유하여 유동성이 우수한 것으로 나타났다.
  - ○ 특히 한식업의 경우, 지난 10년간의 현금비율이 외식업 평균 현금비율보다 꾸준히 높았다.
  - ○ 피자, 햄버거, 샌드위치 및 유사 음식점업의 현금비율은 2011년 이후 꾸준히 평균을 상회하였다.
  - ○ 비알코올 음료점업의 경우 2017년에 비하여 2018년 현금비율이 10% 이상 증가하였다. 이는 현금성 단기 채무 지급능력이 강화되었다고 판단된다.
- 유동비율을 기준으로 보았을 때 한식 음식점업, 일식 음식점업, 제과점업, 다업종업의 유동비율이 평균을 상회하는 것으로 나타났다.
  - ○ 특히 중식 음식점업의 경우 2018년 유동비율이 16.64%, 당좌비율 15.15%, 현금비율 22.33%로 타업종에 비해 단기채무 능력이 부진한 것을 알 수 있다.

[표 3-17] 외식기업의 유동성 비율 : 세부 업종별

(단위 : %)

비율	2008	2009	2010	2011	2012	2013	2014	2015	2016	2017	2018
한식 음식점업											
유동비율	52.11	59.89	138.21	95.77	117.82	109.43	149.14	201.86	235.97	238.32	163.66
당좌비율	42.82	53.39	123.09	77.49	98.37	97.86	132.18	180.49	208.78	226.69	154.67
현금비율	28.09	37.52	40.88	33.64	34.47	23.39	24.62	37.27	34.48	37.19	39.1
중식 음식점업											
유동비율	-	-	-	-	47.91	26.77	26.25	33.41	28.59	37.30	16.64
당좌비율	-	-	-	-	40.10	21.32	22.15	27.29	23.59	32.51	15.15
현금비율	-	-	-	-	19.04	50.24	34.78	56.44	33.56	48.92	22.33
일식 음식점업											
유동비율	99.13	52.73	57.58	131.92	111.29	68.06	74.11	109.55	127.13	150.46	230.18
당좌비율	54.30	19.35	21.94	58.29	40.95	31.39	28.01	73.69	60.23	72.11	123.44
현금비율	22.86	16.58	19.39	12.71	16.76	13.20	11.36	23.27	19.39	17.95	24.75
서양식 음식점업											
유동비율	45.11	-	-	28.78	29.08	35.38	33.20	153.50	85.92	160.06	93.22
당좌비율	42.61	-	-	28.76	24.60	30.12	24.73	141.02	79.45	155.68	89.35
현금비율	10.06	-	-	34.34	29.64	20.20	20.33	17.68	23.03	17.78	22.79
제과점업											
유동비율	99.43	65.65	148.41	91.42	92.77	83.97	138.30	138.67	195.92	190.85	199.01
당좌비율	85.26	56.07	138.34	78.41	79.75	69.95	124.41	128.83	183.51	177.07	184.58
현금비율	10.85	19.26	42.89	18.38	27.00	13.90	11.76	15.20	15.64	16.28	18.79
피자, 햄버거, 샌드위치 및 유사 음식점업											
유동비율	277.94	79.64	95.41	103.39	134.65	108.54	95.55	83.90	76.21	89.15	103.41
당좌비율	225.43	69.25	85.34	90.30	119.27	95.84	82.49	71.11	64.26	79.58	95.89
현금비율	21.56	23.68	26.94	24.79	34.74	35.60	33.11	26.68	31.80	30.02	24.86
치킨전문점											
유동비율	87.83	79.14	77.90	107.32	96.54	86.31	74.43	98.34	205.58	188.30	133.63
당좌비율	75.88	72.50	71.86	96.72	83.47	79.31	63.09	85.72	190.42	170.18	123.9
현금비율	18.24	17.47	25.22	23.25	17.95	21.14	28.28	23.43	40.51	34.49	42.06
김밥, 분식, 기타 간이 및 포장 음식점업											
유동비율	21.99	36.16	105.89	97.79	139.44	114.13	150.59	121.94	125.41	129.25	79.13
당좌비율	15.62	30.22	82.23	73.44	127.43	105.76	145.46	116.73	118.10	122.17	73.25
현금비율	36.72	60.19	55.12	43.74	35.08	40.33	21.87	23.15	17.59	26.44	21.23
주점업											
유동비율	75.53	65.89	53.24	75.64	95.43	112.36	137.54	191.67	97.95	99.75	59.73
당좌비율	69.23	61.63	49.06	69.00	90.15	107.82	130.11	186.58	92.57	93.56	55.16
현금비율	33.66	25.96	32.23	25.29	5.00	3.49	3.53	6.37	4.67	4.07	6.02
비알코올 음료점업											
유동비율	64.55	72.00	83.13	78.73	91.48	122.58	113.38	122.12	115.42	113.47	121.98

비율	2008	2009	2010	2011	2012	2013	2014	2015	2016	2017	2018
당좌비율	45.59	55.10	65.57	60.18	73.40	110.34	102.43	107.28	100.57	99.68	106.13
현금비율	13.82	11.50	19.85	13.61	14.91	21.85	22.74	17.51	14.56	14.15	26.1
다업종업											
유동비율	57.06	64.47	53.94	58.53	90.64	107.35	128.17	185.53	154.15	173.29	152.21
당좌비율	51.23	58.98	48.65	53.46	85.98	101.87	124.76	181.37	149.49	168.29	147.4
현금비율	15.84	19.85	24.22	11.94	17.97	18.93	17.20	24.53	23.44	21.82	18.17

[그림 3-77] 유동성 : 한식

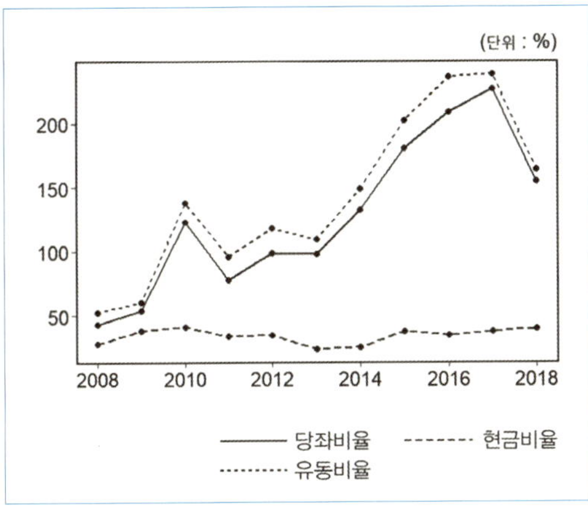

[그림 3-78] 유동성 : 중식

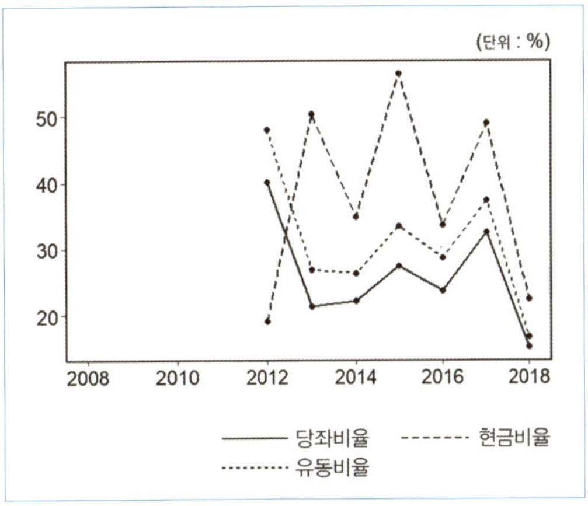

[그림 3-79] 유동성 : 일식

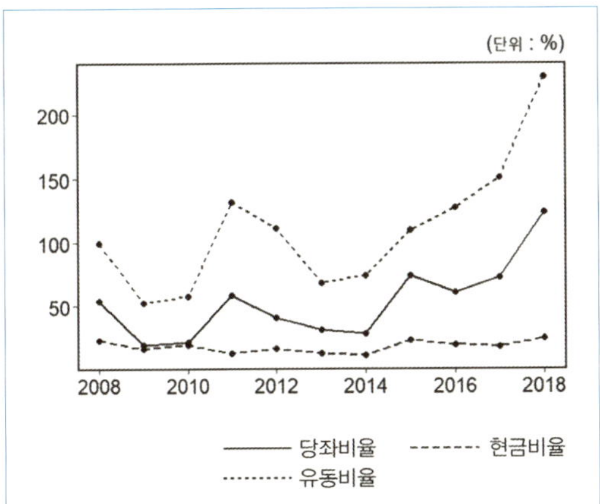

[그림 3-80] 유동성 : 서양식

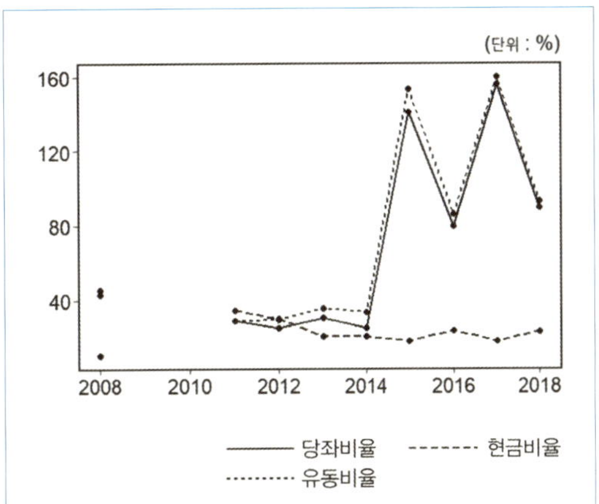

[그림 3-81] 유동성 : 제과점

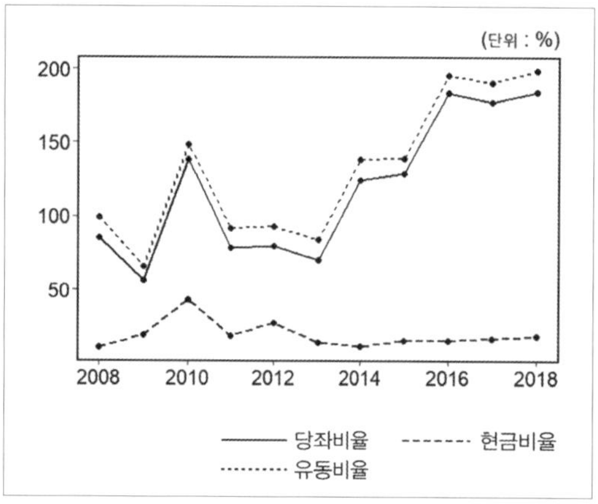

[그림 3-82] 유동성 : 피자, 햄버거, 샌드위치 및 유사 음식점업

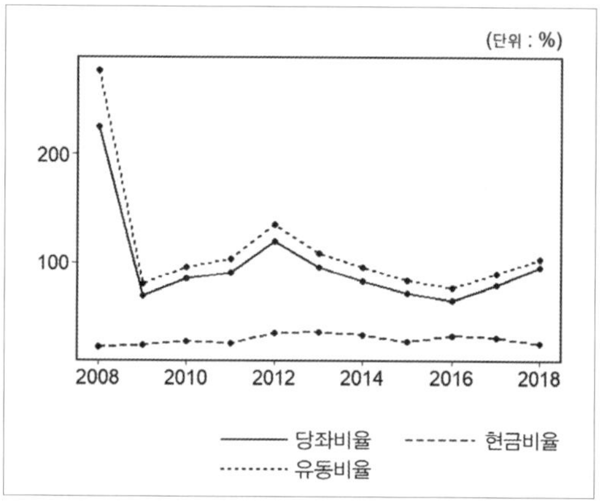

[그림 3-83] 유동성 : 치킨전문점

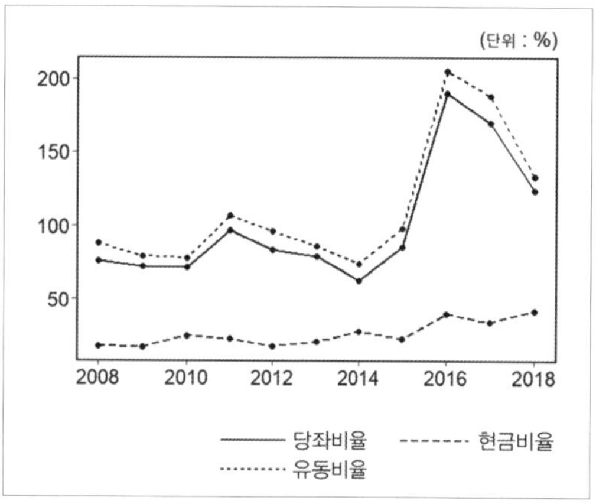

[그림 3-84] 유동성 : 김밥, 분식, 기타 간이 및 포장 음식점업

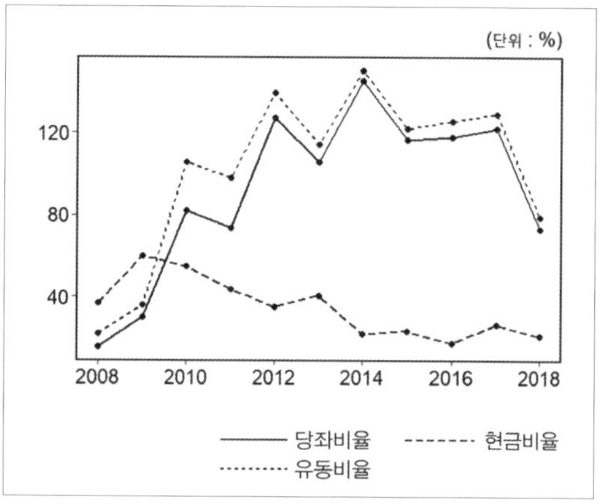

[그림 3-85] 유동성 : 주점업

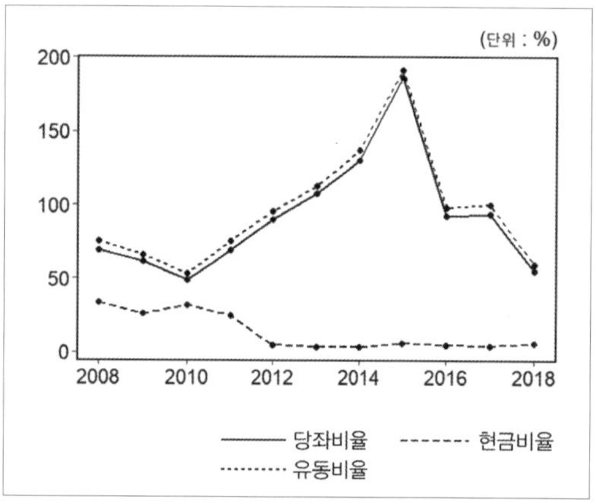

[그림 3-86] 유동성 : 비알코올 음료점업

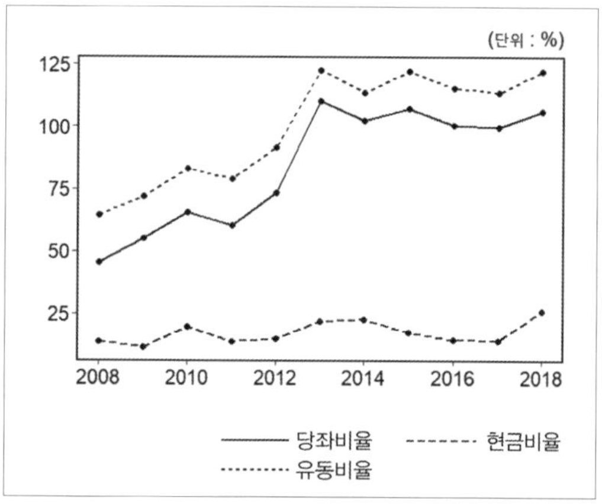

[그림 3-87] 유동성 : 다업종업

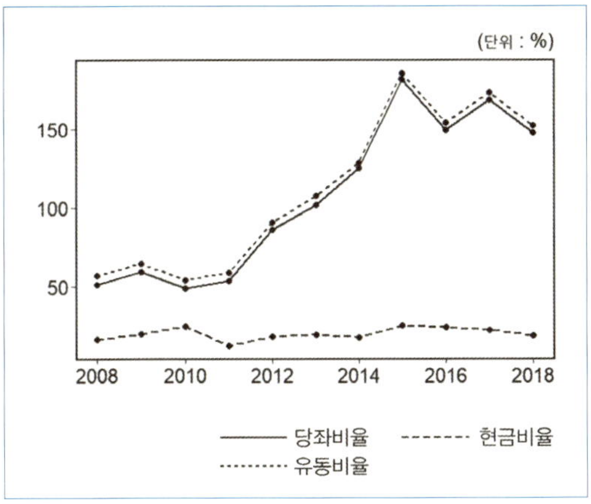

다. 프랜차이즈 운영 여부별

- 최근 10년간 외식업체의 유동성비율은 프랜차이즈 운영 여부에 따라 큰 차이가 없다고 판단된다.

[표 3-18] 외식기업의 유동성 비율 : 프랜차이즈 운영 여부별 (단위 : %)

비율	2008	2009	2010	2011	2012	2013	2014	2015	2016	2017	2018
프랜차이즈											
유동비율	90.01	71.22	89.89	100.01	117.98	112.98	122.88	132.30	135.79	150.66	156.08
당좌비율	73.30	57.65	73.18	79.57	98.00	98.87	108.92	116.58	118.72	131.48	129.97
현금비율	22.19	24.03	27.84	21.57	22.79	22.81	23.48	25.07	27.49	27.70	27.73
비프랜차이즈											
유동비율	38.15	44.06	102.94	62.95	64.23	68.54	72.25	175.97	156.05	169.98	115.34
당좌비율	31.74	38.68	97.08	58.40	58.75	63.45	66.29	167.94	149.56	164.13	110.31
현금비율	20.80	29.41	42.79	29.54	29.06	22.82	20.64	26.15	24.61	23.51	27.21

[그림 3-88] 유동비율 : 프랜차이즈 운영 여부

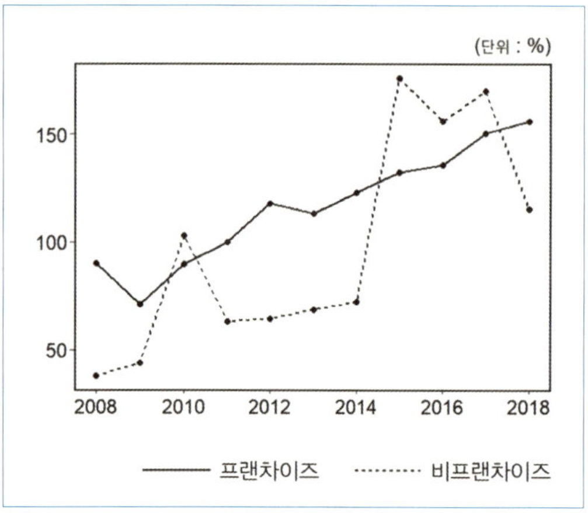

[그림 3-89] 당좌비율 : 프랜차이즈 운영 여부

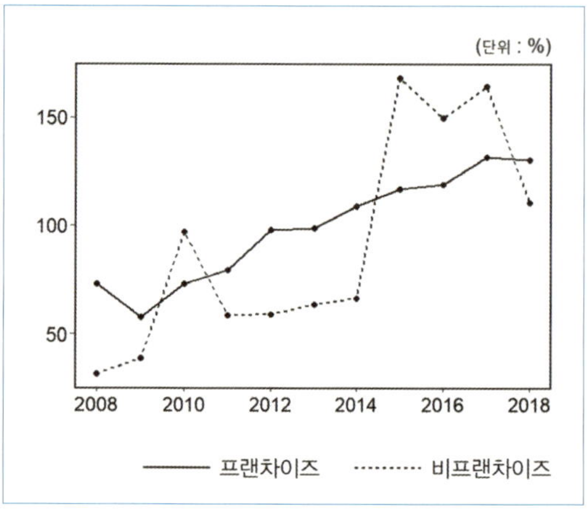

[그림 3-90] 현금비율 : 프랜차이즈 운영 여부

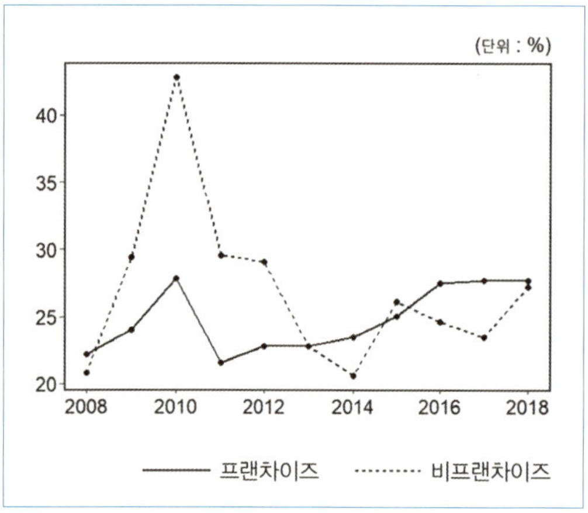

라. 보유 브랜드 수별

- 최근 5년간 다브랜드의 유동비율이 단일브랜드의 유동비율보다 높게 나타났다.
  - ○ 2018년 기준 단일브랜드와 다브랜드의 유동비율 격차는 약 60% 정도이다.
- 당좌비율의 경우 역시 다브랜드의 당좌비율이 단일브랜드의 당좌비율보다 높게 나타났다.
- 현금비율의 경우, 단일브랜드의 현금비율과 다브랜드의 현금비율이 최근 5년에 비해 다소 차이가 나타나는 것을 볼 수 있다.

[표 3-19] 외식기업의 유동성 비율 : 보유 브랜드 수별

(단위 : %)

비율	2008	2009	2010	2011	2012	2013	2014	2015	2016	2017	2018
단일브랜드 운영											
유동비율	51.08	40.37	93.15	72.86	85.41	79.85	79.53	110.38	122.11	123.30	113.10
당좌비율	41.75	33.81	84.05	62.86	75.96	71.36	71.76	99.67	111.09	112.18	103.70
현금비율	18.98	22.00	37.83	26.95	30.90	25.22	24.67	26.69	26.87	26.62	30.71
다브랜드 운영											
유동비율	98.22	81.17	96.30	106.78	115.70	112.26	132.79	170.54	166.98	184.81	173.85
당좌비율	79.70	66.69	81.07	82.29	91.92	99.41	115.66	153.21	145.44	167.83	152.11
현금비율	23.42	27.29	28.90	21.78	20.01	20.75	20.34	24.40	25.81	25.24	23.95

[그림 3-91] 유동비율 : 보유 브랜드 수

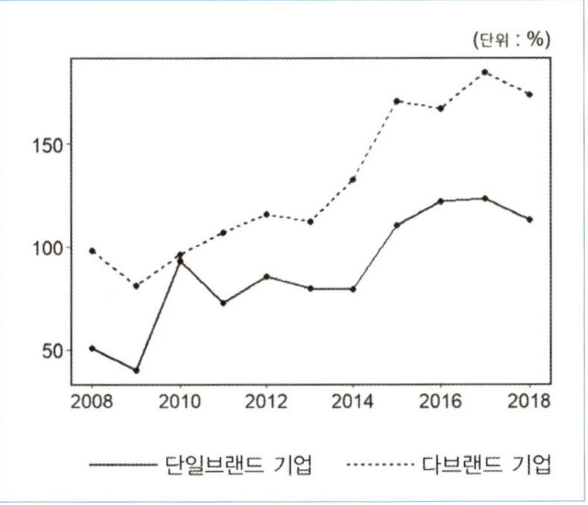

[그림 3-92] 당좌비율 : 보유 브랜드 수

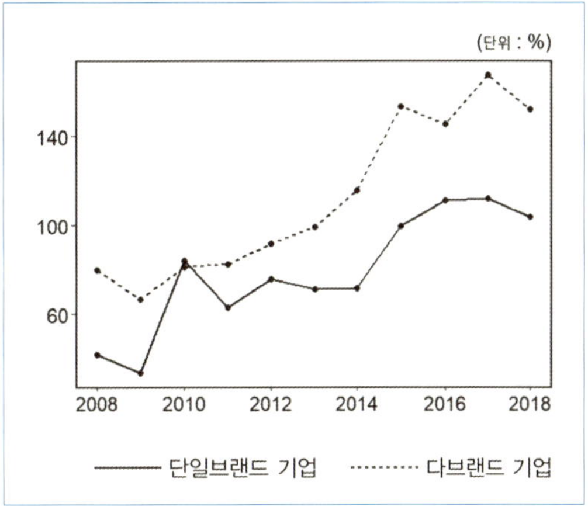

[그림 3-93] 현금비율 : 보유 브랜드 수

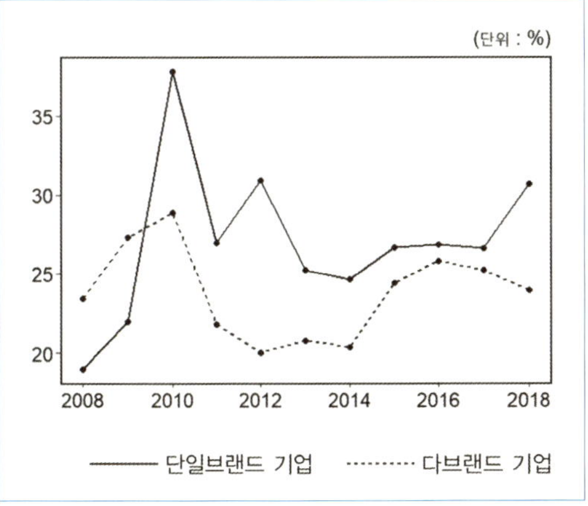

마. 국내외 브랜드 여부별

- 유동비율은 국내 브랜드에서 전반적 지표가 약 2배가량 높게 나타나 국내 브랜드 기업의 단기 채불지불능력이 높다는 것을 알 수 있다.
  - ○ 국내 브랜드의 경우 2013년 이후 현금비율이 상승하는 추세이다. 이를 통해 단기 채불지불능력이 상승하고 있는 것을 알 수 있다.

[표 3-20] 외식기업의 유동성 비율 : 국내외 브랜드 여부별 (단위 : %)

비율	2008	2009	2010	2011	2012	2013	2014	2015	2016	2017	2018
국내 브랜드											
유동비율	79.06	68.08	94.45	95.55	102.20	97.93	113.20	151.64	163.00	175.81	156.35
당좌비율	65.84	56.96	81.90	76.51	85.42	87.90	102.12	138.36	144.31	161.94	138.36
현금비율	22.20	26.59	31.77	24.09	24.23	20.70	21.37	25.09	26.14	26.54	28.24
해외 브랜드											
유동비율	62.70	53.17	97.30	70.65	99.04	91.46	65.83	103.58	74.45	78.63	75.73
당좌비율	46.94	41.82	83.27	58.21	82.16	78.87	54.39	87.29	58.59	65.03	64.88
현금비율	20.67	19.73	33.16	23.06	28.70	33.02	26.30	28.01	27.03	22.80	25.74

[그림 3-94] 유동비율 : 국내외 브랜드 여부

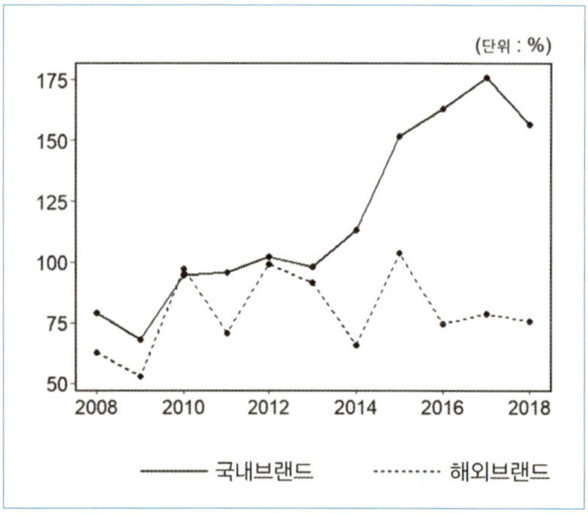

[그림 3-95] 당좌비율 : 국내외 브랜드 여부

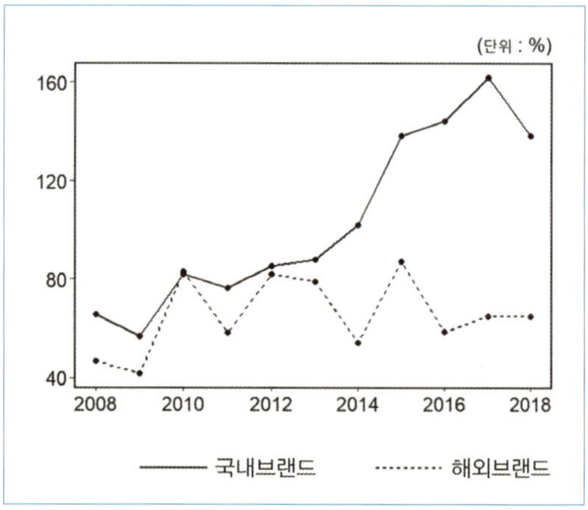

[그림 3-96] 현금비율 : 국내외 브랜드 여부

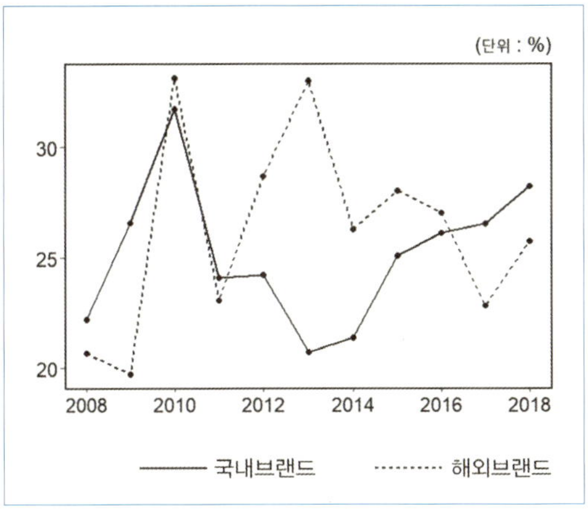

6. 활동성 비율

가. 외식기업 전체

- 기업은 영업활동을 수행하기 위하여 매출채권, 재고자산, 유형자산 등에 투자하고, 이렇게 투자된 자산들은 생산·판매·관리 활동을 거치면서 매출과 이익을 창출하게 된다.
- 기업에 따라서는 동일한 매출액을 달성하면서도 이에 필요한 매출채권, 재고자산, 고정자산 등에 과대하게 투자하는 곳도 있다. 그러나 이처럼 각종 자산에 과다하게 투자하고 있는 기업은 자금순환도 원활하지 못하다.
- 활동성 비율은 매출액과 이를 뒷받침하기 위해 투자된 각종 자산과의 관계를 측정하여 이들 자산이 얼마나 효율적으로 이용되고 있는가를 평가하는 재무비율이다.
- [표 3-21]과 [그림3-97]~[그림3-100]은 외식업 평균에 대한 연도별 총자산회전율, 자기자본회전율, 비유동자산회전율, 재고자산회전율을 계산한 것이다.
  - ○ 총자산회전율은 자산이용의 효율성을 나타낸다. 외식업은 비교적 적은 자산으로 많은 매출을 달성하고 있어 총자산회전율이 높은 편이다. 그러나 이 지표로 수익성이 높다고 판단할 수는 없다.
  - ○ 외식업의 경우, 재고자산회전율이 상당히 높은 것으로 나타났다. 이는 산업의 특성상 외식업이 상품과 같은 유형적 재고를 적게 가지고 있기 때문이다.

[표 3-21] 외식기업의 활동성 비율

(단위 : %)

비율	2008	2009	2010	2011	2012	2013	2014	2015	2016	2017	2018
외식업 평균											
총자산회전율	1.81	1.70	2.23	2.00	1.91	1.93	1.78	1.56	1.49	1.35	1.33
자기자본회전율	6.31	5.55	6.64	6.42	6.71	8.38	7.56	6.33	5.34	3.97	3.71
비유동자산회전율	3.11	2.74	3.99	3.28	3.08	3.28	3.40	2.73	2.72	2.38	2.21
재고자산회전율	73.64	85.10	137.59	131.40	116.18	147.78	152.44	140.80	94.55	99.74	105.5

[그림 3-97] 총자산회전율 : 외식기업 전체

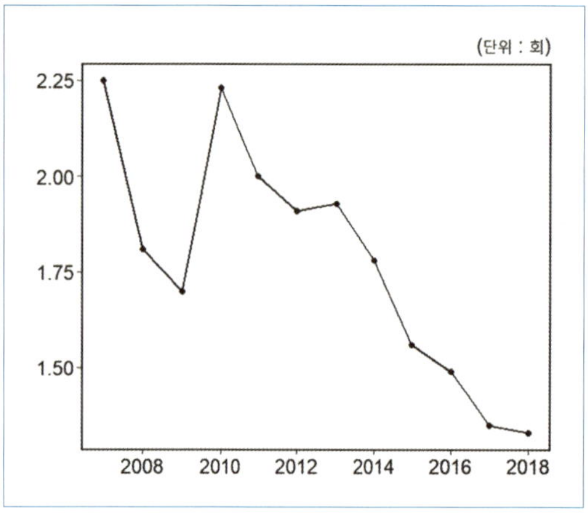

[그림 3-98] 자기자본회전율 : 외식기업 전체

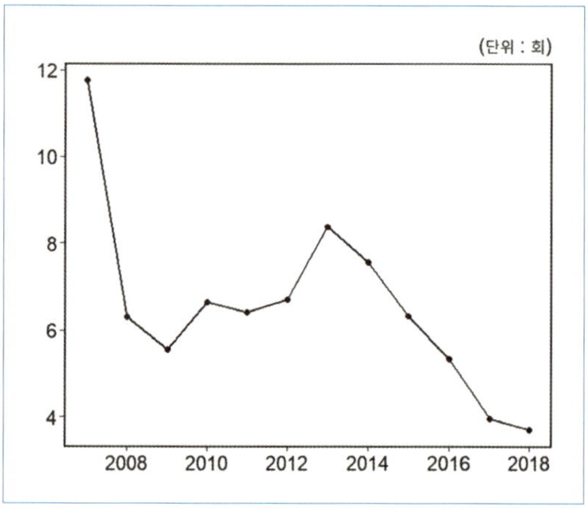

[그림 3-99] 비유동자산회전율 : 외식기업 전체

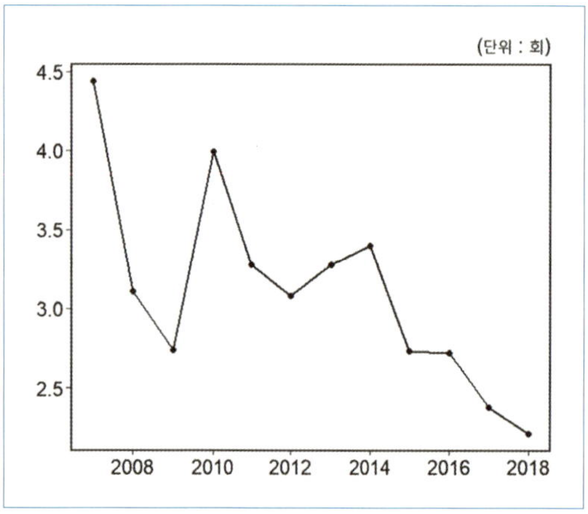

[그림 3-100] 재고자산회전율 : 외식기업 전체

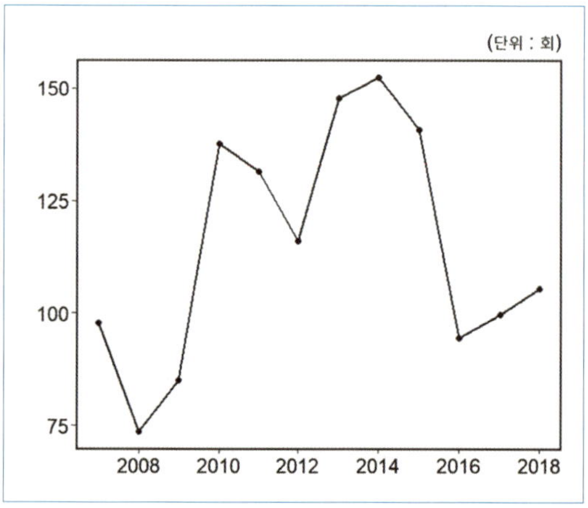

나. 세부 업종별

- 2018년 기준 제과점업, 치킨전문점, 피자, 햄버거, 샌드위치 및 유사 음식점업, 김밥, 분식, 기타 간이 및 포장 음식점업의 총자산회전율은 평균을 상회했다. 해당 업종이 보유하고 있는 자산을 매출 창출에 있어, 보다 효율적으로 이용했다고 볼 수 있다.
  - ○ 특히 치킨전문점의 총자산회전율은 10년간 가장 높은 수준을 유지하는데, 이는 치킨전문점의 대부분이 프랜차이즈화되고 자동화된 것과 연관이 있는 것으로 해석된다. 프랜차이즈의 총자산회전율은 비프랜차이즈의 총자산회전율보다 높다.
  - ○ 피자, 햄버거, 샌드위치 및 유사 음식점업 역시 지난 10년간 평균을 상회했다.
- 중식 음식점업, 제과점업, 피자, 햄버거, 샌드위치 및 유사 음식점업, 다업종업의 재고자산회전율은 2018년 기준 평균을 상회하였으며, 재고자산회전율의 경우 업종별로 상품의 차이가 있어 상대적으로 차이가 크게 발생하는 것으로 나타났다.
- 2018년 기준 한식 음식점업, 중식 음식점업, 피자, 햄버거, 샌드위치 및 유사 음식점업, 치킨전문점, 김밥, 분식, 기타 간이 및 포장 음식점업, 주점업, 비알코올 음료점업, 다업종업의 자기자본회전율은 평균을 상회하고 있다.
- 치킨전문점의 경우 모든 지표에서 활동성이 뛰어나고 자금순환이 원활한 것으로 나타났으며, 일식업과 주점업의 경우 상대적으로 활동성 지표가 낮게 나타났다.

[표 3-22] 외식기업의 활동성 비율 : 세부 업종별 (단위 : %)

비율	2008	2009	2010	2011	2012	2013	2014	2015	2016	2017	2018
한식 음식점업											
총자산회전율	1.62	1.33	2.38	1.79	1.54	1.49	1.58	1.51	1.43	1.18	1.17
자기자본회전율	4.50	5.10	6.83	5.78	4.94	5.18	4.57	4.10	3.16	4.69	3.12
비유동자산회전율	2.60	2.00	4.60	3.06	2.55	2.41	2.68	2.44	2.38	1.94	1.92
재고자산회전율	99.20	105.20	178.17	155.31	135.73	109.08	91.61	112.66	95.55	93.08	118.50
중식 음식점업											
총자산회전율	-	-	-	-	0.41	0.20	0.92	0.98	0.82	0.84	0.16
자기자본회전율	-	-	-	-	24.15	13.29	14.17	9.77	5.72	4.29	3.94
비유동자산회전율	-	-	-	-	0.42	0.21	0.99	1.09	0.92	0.91	0.17
재고자산회전율	-	-	-	-	63.88	38.69	108.64	74.19	64.31	123.36	37.28
일식 음식점업											
총자산회전율	0.75	0.92	1.32	1.55	1.61	1.45	1.32	1.21	1.19	1.11	1.52
자기자본회전율	2.09	2.28	3.57	3.82	3.57	3.08	3.10	2.74	2.60	2.55	2.23
비유동자산회전율	1.01	1.11	1.57	1.86	2.03	1.87	1.67	1.64	1.67	1.50	3.58
재고자산회전율	37.22	52.61	71.06	60.33	57.12	38.98	33.34	42.87	36.81	31.24	30.33

다음 페이지에 계속

비율	2008	2009	2010	2011	2012	2013	2014	2015	2016	2017	2018
서양식 음식점업											
총자산회전율	2.62	–	–	1.05	1.10	2.11	1.49	1.12	1.06	0.97	1.03
자기자본회전율	6.12	–	–	9.97	95.59	81.58	11.22	47.19	18.57	2.32	2.25
비유동자산회전율	3.02	–	–	1.23	1.31	2.71	1.79	1.34	1.27	1.20	1.29
재고자산회전율	245.27	–	–	12352.48	1278.27	892.70	677.82	322.75	70.74	75.19	88.40
제과점업											
총자산회전율	1.84	1.52	1.75	1.71	1.70	1.77	2.19	1.44	1.77	1.66	1.61
자기자본회전율	4.22	2.80	2.71	2.53	2.28	3.04	3.31	3.15	4.30	3.22	3.17
비유동자산회전율	2.80	2.20	2.88	2.56	2.38	2.71	4.42	2.47	4.11	3.26	3.21
재고자산회전율	39.05	69.79	114.30	137.53	161.64	50.94	78.22	122.44	76.71	293.78	297.38
피자, 햄버거, 샌드위치 및 유사 음식점업											
총자산회전율	2.06	2.74	2.43	2.42	1.98	2.39	2.28	2.02	1.59	1.46	1.50
자기자본회전율	16.35	8.72	6.85	11.61	9.22	10.53	10.20	10.05	7.96	9.21	10.04
비유동자산회전율	4.46	5.33	4.64	4.94	4.17	4.94	4.06	3.38	2.64	2.34	2.26
재고자산회전율	58.80	69.34	68.28	61.16	50.29	65.61	61.66	53.93	486.61	151.99	147.17
치킨전문점											
총자산회전율	2.35	2.51	4.05	3.06	2.95	2.93	2.71	2.78	2.47	2.19	2.05
자기자본회전율	3.20	93.19	16.52	12.26	10.09	15.94	11.16	9.28	6.55	4.45	3.99
비유동자산회전율	7.73	6.29	7.38	5.63	4.84	6.61	4.83	5.36	5.30	4.48	3.44
재고자산회전율	56.08	61.56	161.47	114.07	91.94	135.67	117.13	111.70	97.45	98.97	145.74
김밥, 분식, 기타 간이 및 포장 음식점업											
총자산회전율	2.14	2.21	2.66	2.35	2.32	2.22	2.47	1.93	1.93	1.58	1.41
자기자본회전율	5.15	5.88	5.79	5.71	5.89	6.97	5.80	4.72	8.08	6.24	5.97
비유동자산회전율	2.40	2.62	6.55	4.19	4.15	3.96	6.88	5.16	4.54	4.33	2.27
재고자산회전율	88.27	86.33	62.84	48.18	50.13	1538.35	1265.02	217.84	84.83	69.35	84.41
주점업											
총자산회전율	1.47	1.17	0.92	1.16	1.37	1.19	0.98	0.79	0.93	0.98	0.96
자기자본회전율	4.79	4.33	2.62	3.38	3.74	2.64	2.04	1.61	2.43	4.10	4.90
비유동자산회전율	2.44	1.83	1.52	1.77	2.30	2.21	2.24	2.43	1.40	1.37	1.29
재고자산회전율	52.62	424.76	205.15	54.82	86.72	30.95	44.59	34.55	22.24	19.72	59.83
비알코올 음료점업											
총자산회전율	1.67	1.66	1.77	2.07	2.15	2.06	1.60	1.45	1.37	1.36	1.36
자기자본회전율	7.69	6.56	5.63	5.89	5.75	7.38	14.58	5.53	5.07	5.21	2.89
비유동자산회전율	2.29	2.34	2.64	3.10	4.75	4.89	4.11	2.70	2.40	2.45	2.47
재고자산회전율	40.66	50.76	55.13	46.79	43.65	110.84	175.26	113.32	68.68	66.03	121.60
다업종업											
총자산회전율	2.04	1.83	2.11	1.89	2.14	1.73	1.54	1.34	1.22	1.21	1.35
자기자본회전율	5.09	4.95	5.77	5.39	6.56	4.93	4.51	5.48	4.94	4.08	4.38
비유동자산회전율	3.01	2.62	2.75	2.34	3.28	2.53	2.72	2.28	1.96	1.88	2.08
재고자산회전율	105.65	86.02	234.99	171.65	146.78	190.05	240.68	307.23	264.03	208.84	120.20

[그림 3-101] 활동성 : 한식

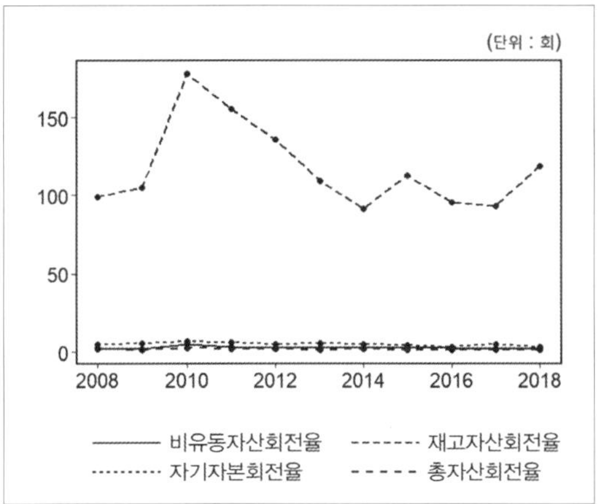

[그림 3-102] 활동성 : 중식

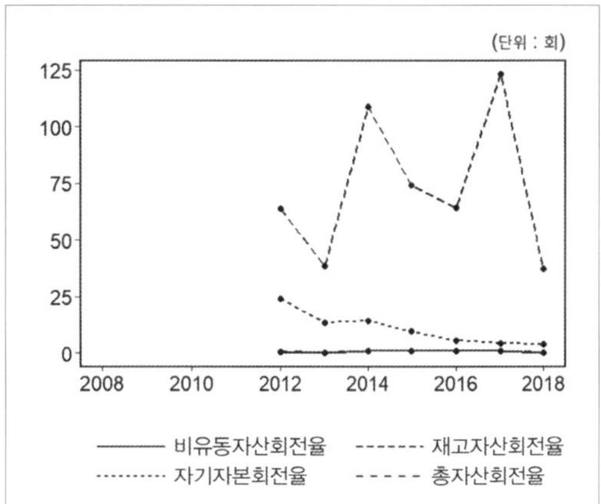

[그림 3-103] 활동성 : 일식

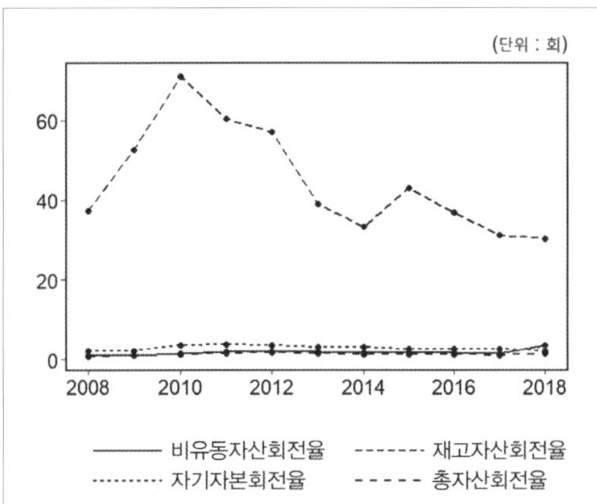

[그림 3-104] 활동성 : 서양식

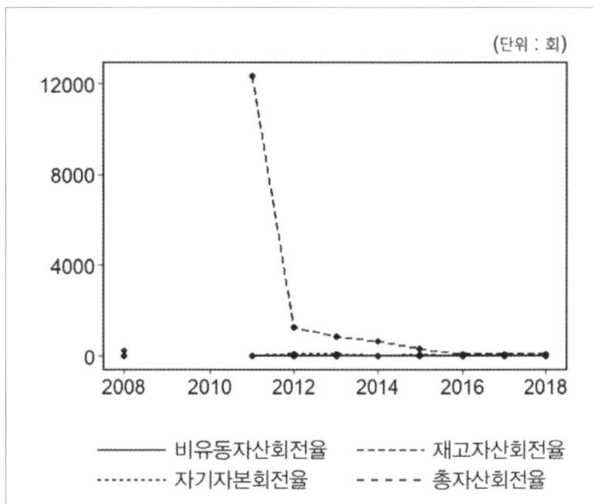

[그림 3-105] 활동성 : 제과점업

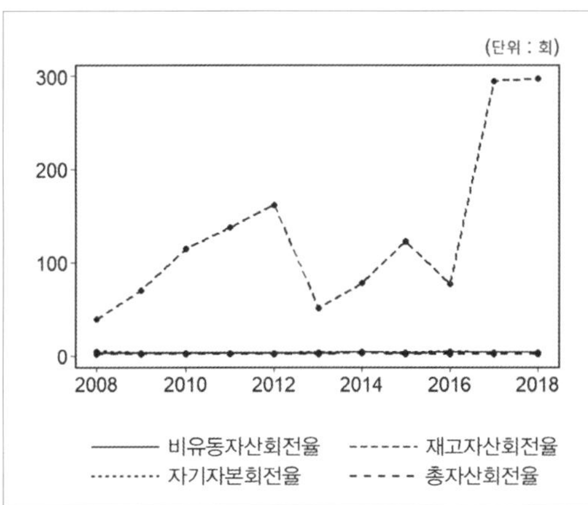

[그림 3-106] 활동성 : 피자, 햄버거, 샌드위치 및 유사 음식점업

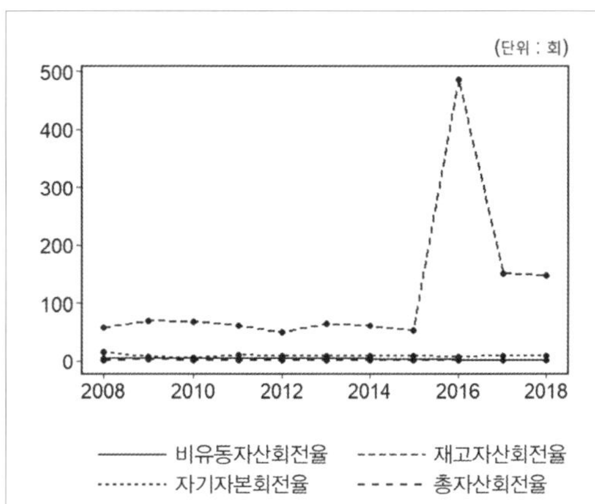

[그림 3-107] 활동성 : 치킨전문점

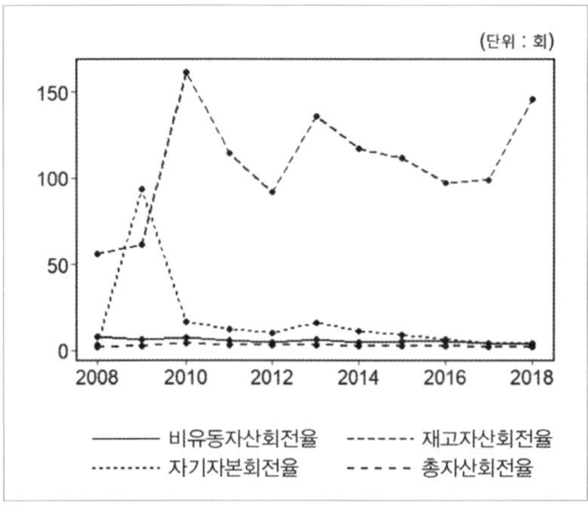

[그림 3-108] 활동성 : 김밥, 분식, 기타 간이 및 포장 음식점업

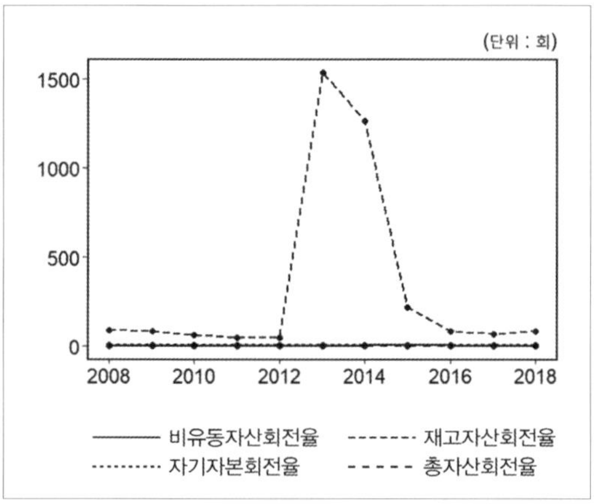

[그림 3-109] 활동성 : 주점업

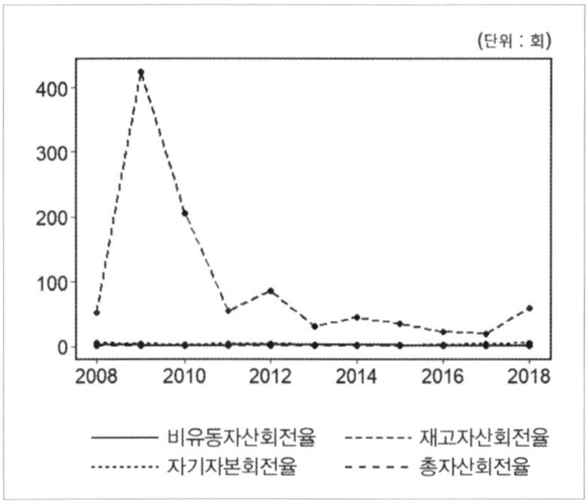

[그림 3-110] 활동성 : 비알코올 음료점업

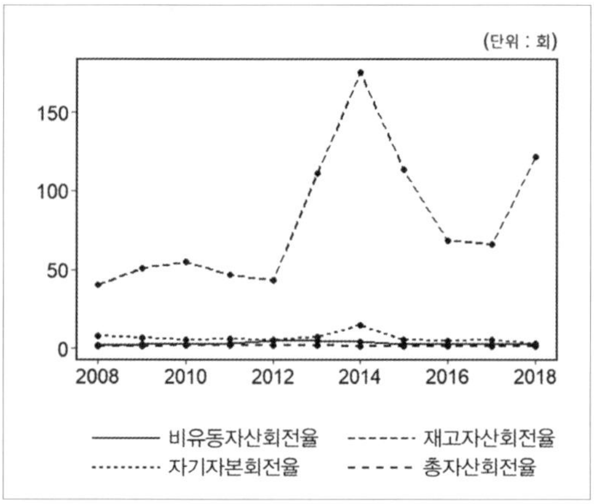

[그림 3-111] 활동성 : 다업종업

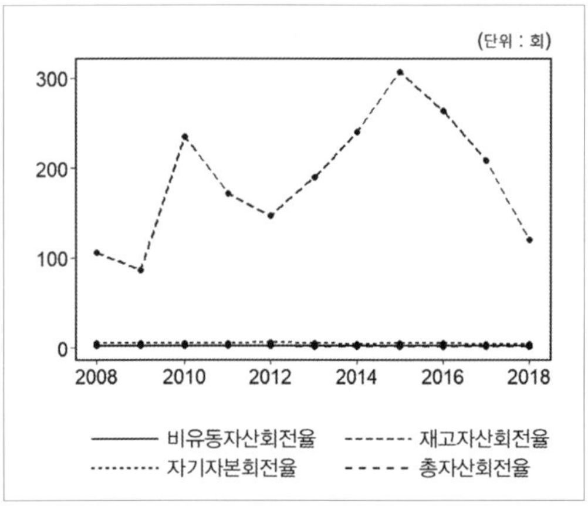

다. 프랜차이즈 운영 여부별

- 최근 10년간 프랜차이즈의 총자산회전율이 비프랜차이즈의 총자산회전율보다 높은 것으로 나타났다.
  - ○ 이는 프랜차이즈가 비프랜차이즈보다 적은 자산으로 많은 매출을 달성하고 있다는 것을 의미한다.
- 프랜차이즈 여부에 따른 자기자본회전율의 경우 큰 차이가 없는 것으로 분석되었다.
- 최근 10년간 재고자산회전율의 경우 비프랜차이즈의 재고자산회전율이 프랜차이즈의 재고자산회전율보다 높게 나타나는데, 이는 비프랜차이즈가 프랜차이즈보다 유형적 재고를 적게 보유하고 있음을 의미한다.

[표 3-23] 외식기업의 활동성 비율 : 프랜차이즈 운영 여부별 (단위 : %)

비율	2008	2009	2010	2011	2012	2013	2014	2015	2016	2017	2018
프랜차이즈											
총자산회전율	1.92	1.87	2.51	2.22	2.21	2.20	2.07	1.91	1.74	1.56	1.51
자기자본회전율	7.11	8.56	7.85	7.31	6.95	8.09	7.25	6.85	4.87	4.56	3.84
비유동자산회전율	3.63	3.21	4.86	3.92	3.92	4.30	4.37	3.70	3.39	3.06	2.75
재고자산회전율	62.2	73.16	106.91	82.33	74.06	91.44	141.42	117.76	89.66	95.67	126.02
비프랜차이즈											
총자산회전율	1.48	1.15	1.61	1.46	1.32	1.46	1.33	1.09	1.14	1.06	1.09
자기자본회전율	4.06	2.97	3.80	4.27	14.26	14.08	7.72	5.41	8.02	3.24	3.51
비유동자산회전율	1.75	1.37	2.14	1.86	1.68	2.05	1.95	1.57	1.72	1.62	1.50
재고자산회전율	123.12	115.00	233.39	581.74	298.84	253.83	171.59	182.89	100.01	105.74	99.98

[그림 3-112] 총자산회전율 : 프랜차이즈 운영 여부

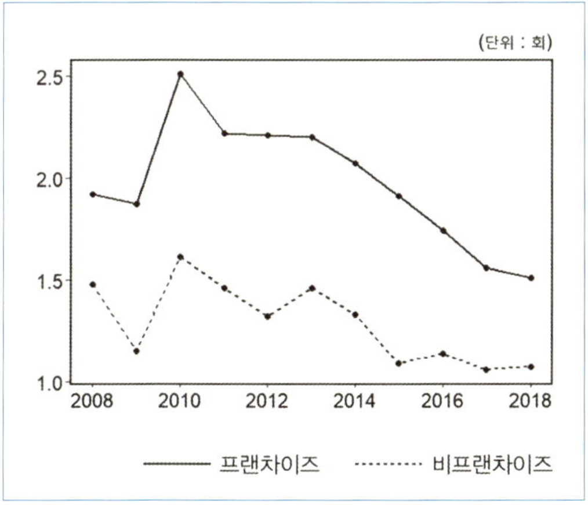

[그림 3-113] 자기자본회전율 : 프랜차이즈 운영 여부

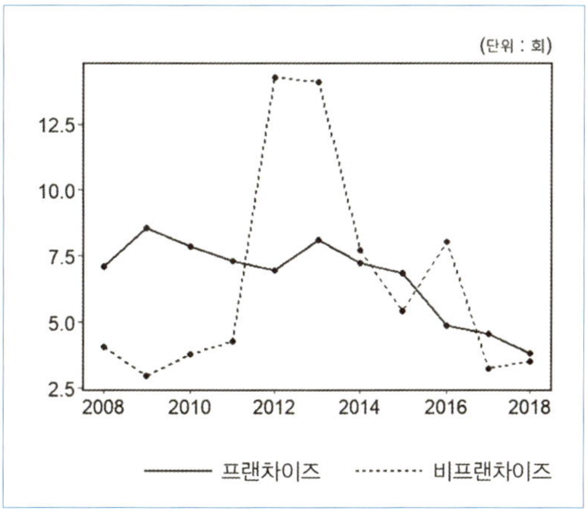

[그림 3-114] 비유동자산회전율 : 프랜차이즈 운영 여부

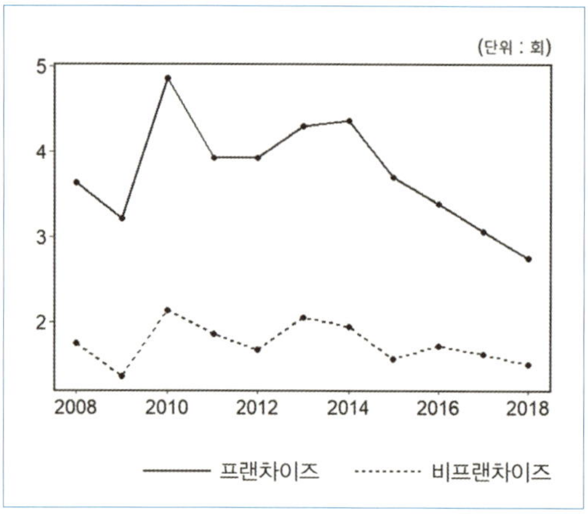

[그림 3-115] 재고자산회전율 : 프랜차이즈 운영 여부

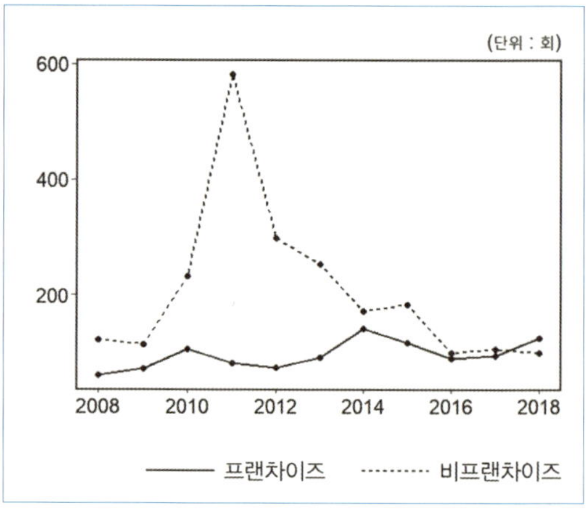

라. 보유 브랜드 수별

- 최근 10년간 보유 브랜드 수에 따른 활동성 비율은 큰 차이가 없는 것으로 분석되었다.

[표 3-24] 외식기업의 활동성 비율 : 보유 브랜드 수별

(단위 : %)

비율	2008	2009	2010	2011	2012	2013	2014	2015	2016	2017	2018
단일브랜드											
총자산회전율	1.61	1.37	1.71	1.93	1.77	1.83	1.74	1.54	1.47	1.37	1.34
자기자본회전율	9.76	4.95	5.34	7.16	11.43	8.62	8.18	7.68	5.00	5.51	3.94
비유동자산회전율	3.17	2.22	3.61	3.33	3.08	4.23	4.00	3.16	3.15	2.81	2.24
재고자산회전율	69.18	141.13	150.66	280.44	157.41	149.16	167.56	156.71	90.80	105.79	147.67
다브랜드											
총자산회전율	1.94	1.91	2.54	2.06	2.00	2.02	1.81	1.57	1.50	1.32	1.34
자기자본회전율	4.52	11.14	7.47	6.08	5.96	9.52	6.85	5.40	5.60	3.57	3.47
비유동자산회전율	3.28	3.05	4.15	3.26	3.07	3.01	2.92	2.46	2.33	2.09	2.15
재고자산회전율	78.01	66.18	132.93	119.93	111.92	136.46	133.26	122.76	101.58	96.33	89.14

[그림 3-116] 총자산회전율 : 보유 브랜드 수

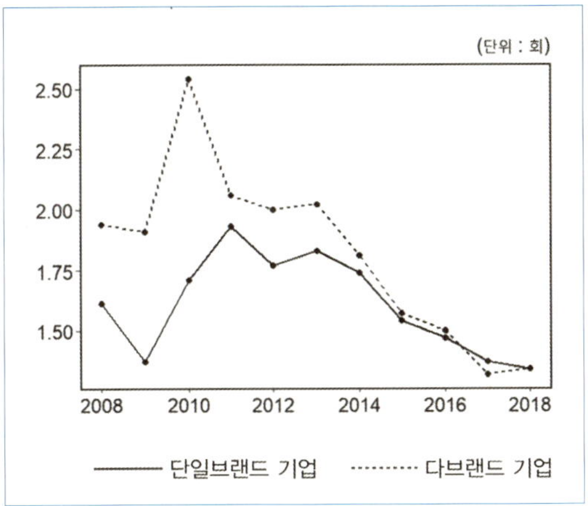

[그림 3-117] 자기자본회전율 : 보유 브랜드 수

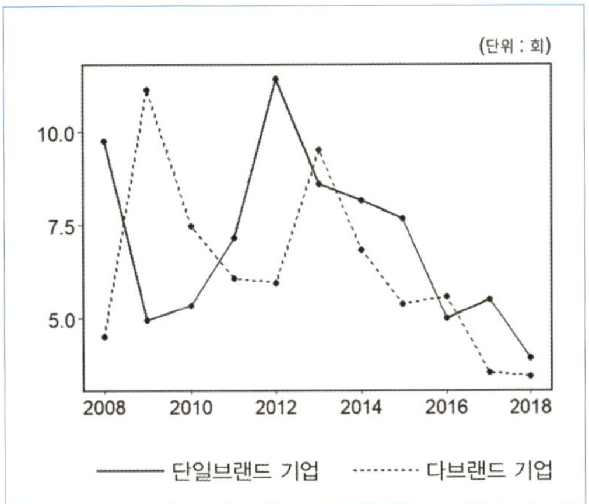

[그림 3-118] 비유동자산회전율 : 보유 브랜드 수

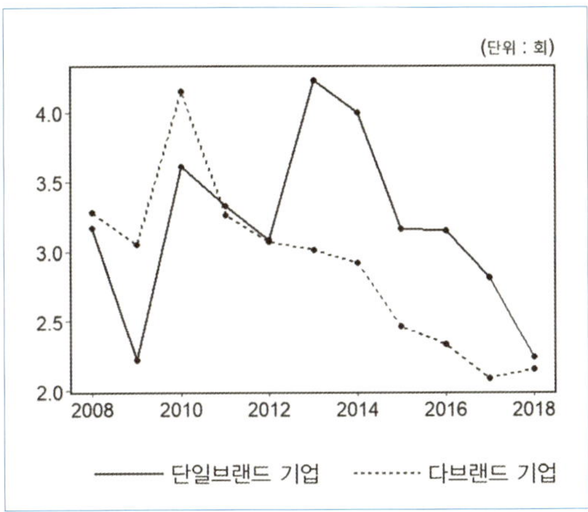

[그림 3-119] 재고자산회전율 : 보유 브랜드 수

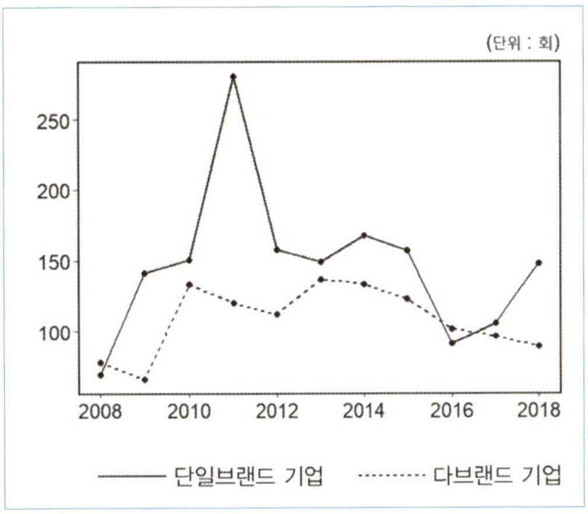

마. 국내외 브랜드 여부별

- 최근 10년간 국내 브랜드 기업과 해외 브랜드 기업의 활동성 비율은 큰 차이가 없는 것으로 분석되었다.
  - ○ 단, 재고자산회전율의 경우 국내 브랜드 기업이 해외 브랜드 기업보다 약 2배 정도 높은 것으로 나타났다. 2018년 해외 브랜드 자기자본회전율은 전년 대비 큰 폭으로 하락했지만 여전히 국내 브랜드 기업보다 약 2배 정도 높은 것으로 나타났다.

[표 3-25] 외식기업의 활동성 비율 : 국내외 브랜드 여부별

(단위 : %)

비율	2008	2009	2010	2011	2012	2013	2014	2015	2016	2017	2018
국내 브랜드											
총자산회전율	1.80	1.73	2.36	1.97	1.93	1.93	1.73	1.54	1.43	1.27	1.24
자기자본회전율	4.64	7.60	7.22	6.20	6.56	8.74	7.55	6.13	5.09	3.22	3.10
비유동자산회전율	3.21	2.92	4.43	3.29	3.15	3.37	3.47	2.77	2.76	2.39	2.16
재고자산회전율	79.10	95.07	151.05	149.96	130.47	226.56	207.81	157.84	110.78	116.14	118.21
해외 브랜드											
총자산회전율	1.88	1.64	1.74	2.09	1.83	1.95	2.03	1.70	1.77	1.73	1.60
자기자본회전율	13.05	4.96	4.14	8.23	7.20	7.77	7.64	5.98	5.71	13.55	6.03
비유동자산회전율	2.94	2.23	2.33	3.26	2.96	3.34	3.05	2.46	2.50	2.46	2.40
재고자산회전율	54.07	65.17	77.77	69.14	57.92	56.52	63.10	55.48	54.30	54.28	84.12

[그림 3-120] 총자산회전율 : 국내외 브랜드 여부

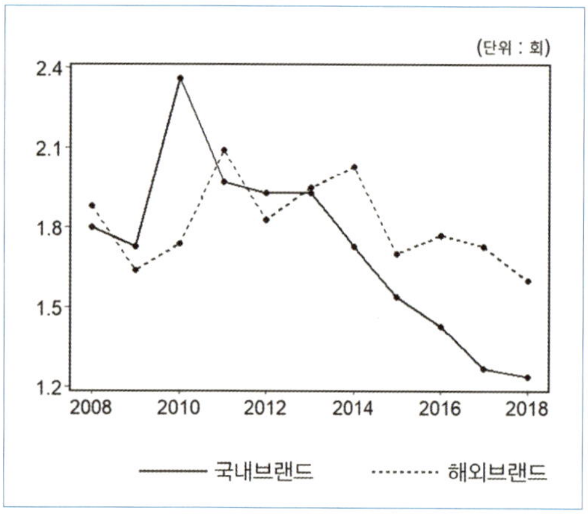

[그림 3-121] 자기자본회전율 : 국내외 브랜드 여부

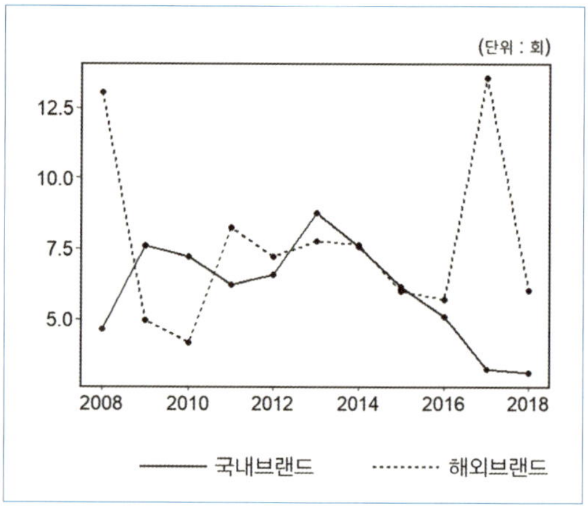

[그림 3-122] 비유동자산회전율 : 국내외 브랜드 여부

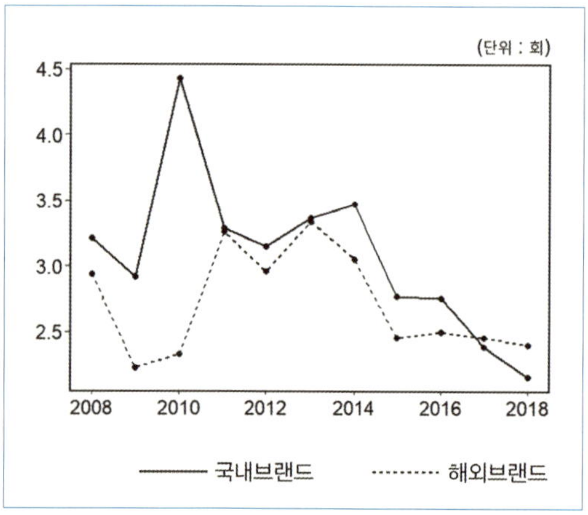

[그림 3-123] 재고자산회전율 : 국내외 브랜드 여부

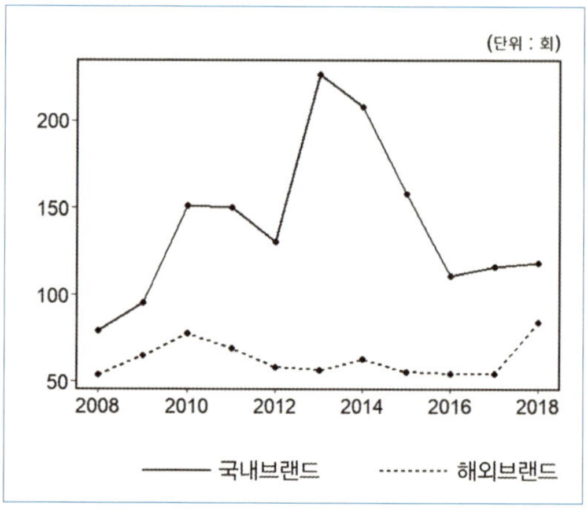

7. 생산성 비율

가. 외식기업 전체

- 생산성 비율은 기업 경영활동에 투입되는 노동, 자본 등 여러 생산요소가 달성하는 경영능률과 성과배분의 합리성을 평가하는 비율이다.
- 생산성Productivity은 기본적으로 생산요소 투입 대비 생산산출의 비율을 의미한다. 보통 가능한 적은 생산요소 투입을 통해서 많은 산출을 올리면 생산성이 높은 것으로 평가된다.
- [표3-26]과 [그림 3-124], [그림3-125]은 외식업 평균에 대한 연도별 자본집약도, 총자본투자효율, 설비투자효율을 계산한 것이다.
- 총자본투자효율은 기업에 투하된 자본 한 단위가 1년 동안 얼마만큼 부가가치액을 창출했는가를 나타내는 비율로서, 이 비율이 높을수록 총자본이 효율적으로 운영되었음을 알 수 있다.
  - ○ 지난 10년간 외식업의 총자본투자효율은 높은 효율성을 달성한 것으로 조사되었지만, 이는 산업의 특성상 외식업이 상대적으로 자본투자가 적기 때문으로 풀이된다.
- 설비투자효율은 설비자산의 한 단위가 어느 정도의 부가가치를 창출하였는가를 나타내는 비율이다.
  - ○ 외식업은 높은 설비효율을 달성한 것으로 조사되었지만 이는 산업의 특성상 외식업이 설비투자 비중이 상대적으로 적기 때문이라 볼 수 있다.

[표 3-26] 외식기업의 생산성 비율 (단위 : %)

비율	2008	2009	2010	2011	2012	2013	2014	2015	2016	2017	2018
외식업 평균											
총자본투자효율	38.30	36.04	41.44	41.05	41.29	43.15	41.44	37.42	38.05	37.42	36.12
설비투자효율	137.14	119.65	134.32	140.36	141.72	161.27	176.54	142.14	174.37	188.13	289.85

[그림 3-124] 총자본투자효율 : 외식기업 전체

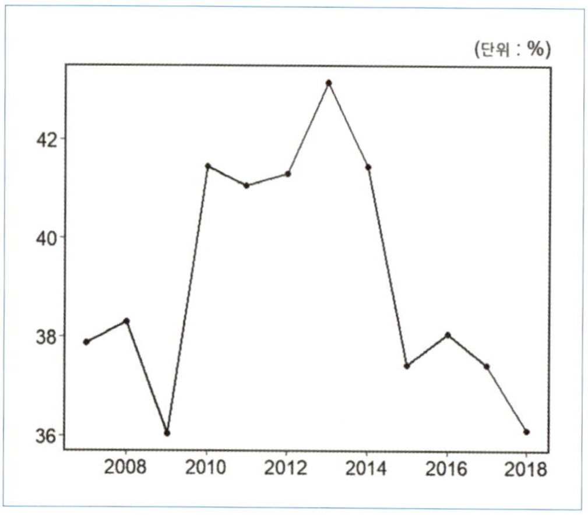

[그림 3-125] 설비투자효율 : 외식기업 전체

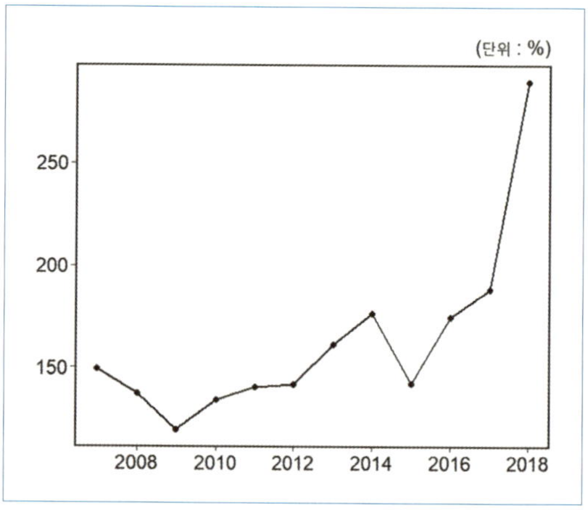

나. 세부 업종별

- 지난 10년간 업종별로 생산성을 살펴본 결과 비알코올 음료점업은 모든 기간에서 평균을 상회하는 설비투자효율과 총자본투자효율을 나타냈는데, 이는 업종의 특성이 반영된 결과로 비알코올 음료점업의 대부분을 차지하는 카페 등이 많은 설비를 요구하지 않기 때문인 것으로 분석된다.
- 중식 음식점업, 일식 음식점업, 제과점업, 피자, 햄버거, 샌드위치 및 유사 음식점업 등의 경우 설비투자효율이 낮았으며 특히 중식 음식점업, 일식 음식점업의 경우 모든 기간에서 평균 이하의 효율성을 보였다.
- 업종별로 생산성 지표가 명확한 추세를 보이지는 않으며, 해마다 증감을 반복하는 것으로 조사됐다.

[표 3-27] 외식기업의 생산성 비율 : 세부 업종별

(단위 : %)

비율	2008	2009	2010	2011	2012	2013	2014	2015	2016	2017	2018
한식 음식점업											
총자본투자효율	38.85	42.29	44.02	41.10	45.91	42.90	40.46	49.11	44.50	39.67	41.50
설비투자효율	92.93	79.50	149.91	128.55	140.02	151.29	185.44	378.29	253.48	154.66	977.23
중식 음식점업											
총자본투자효율	-	-	-	-	10.29	11.34	16.89	26.26	28.48	28.54	10.28
설비투자효율	-	-	-	-	10.84	11.74	27.58	47.70	46.95	48.40	10.90
일식 음식점업											
총자본투자효율	10.44	11.33	26.06	30.94	46.68	22.13	20.84	16.04	19.61	17.20	22.14

비율	2008	2009	2010	2011	2012	2013	2014	2015	2016	2017	2018
설비투자효율	27.91	38.45	80.05	73.15	143.70	57.53	53.58	32.33	68.02	60.43	171.26
서양식 음식점업											
총자본투자효율	124.69	–	–	25.99	36.30	48.78	41.33	30.67	30.79	30.68	30.11
설비투자효율	306.83	–	–	30.26	69.24	86.93	76.13	14.26	129.28	312.94	989.28
제과점업											
총자본투자효율	31.26	19.45	24.89	33.32	41.55	45.19	49.89	40.49	41.70	40.40	42.34
설비투자효율	78.21	47.63	96.26	90.11	117.94	132.11	161.16	143.95	215.11	219.13	248.79
피자, 햄버거, 샌드위치 및 유사 음식점업											
총자본투자효율	43.83	51.38	53.58	58.16	40.91	67.34	59.32	57.38	43.84	43.79	39.75
설비투자효율	208.85	224.82	194.60	247.36	214.56	282.65	203.95	179.00	159.34	185.75	156.59
치킨전문점											
총자본투자효율	19.38	30.86	31.98	30.34	26.08	34.82	34.53	37.77	38.95	45.53	31.90
설비투자효율	718.78	1420.91	106.93	125.29	77.78	159.15	113.59	127.03	167.72	229.68	135.41
김밥, 분식, 기타 간이 및 포장 음식점업											
총자본투자효율	26.45	31.63	43.40	37.46	38.85	30.11	38.78	30.86	26.52	21.34	31.50
설비투자효율	47.92	69.36	179.37	151.97	222.89	185.10	244.39	114.77	182.50	148.19	65.88
주점업											
총자본투자효율	32.96	28.45	25.05	23.80	27.98	34.31	20.41	24.47	24.60	33.60	28.37
설비투자효율	63.65	48.34	43.63	46.79	61.43	85.09	181.93	125.59	117.42	270.78	191
비알코올 음료점업											
총자본투자효율	50.20	44.55	49.68	49.33	47.88	48.25	51.53	38.72	42.36	43.18	43.03
설비투자효율	186.22	175.73	197.75	202.66	209.82	278.82	357.08	183.33	249.24	316.06	397.64
다업종업											
총자본투자효율	42.74	46.42	50.08	49.04	49.56	45.20	41.46	31.15	38.43	35.45	34.20
설비투자효율	151.53	154.20	145.03	137.43	154.34	158.53	184.74	138.08	133.27	120.53	146.26

[그림 3-126] 생산성 : 한식

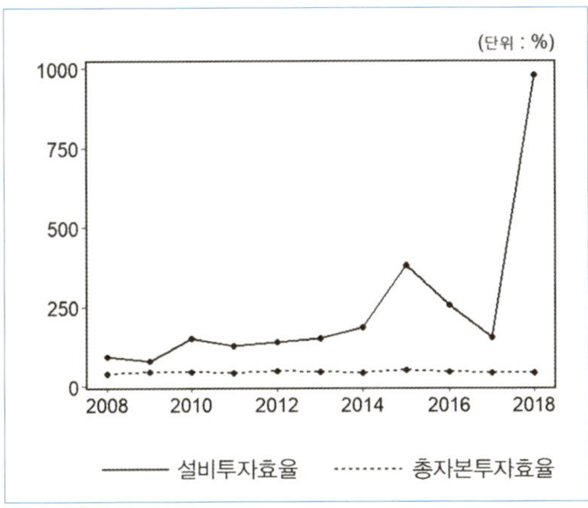

[그림 3-127] 생산성 : 중식

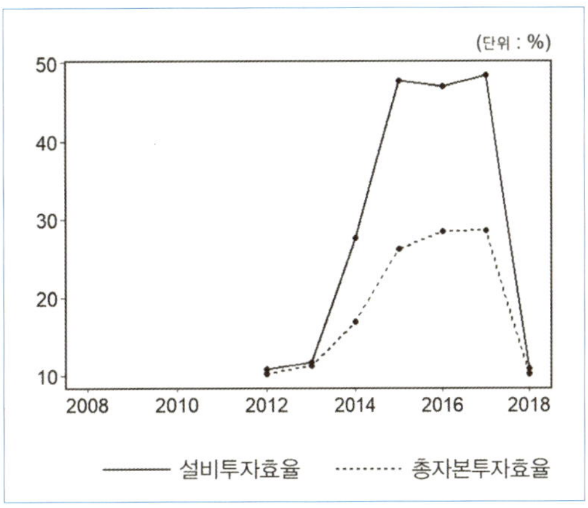

[그림 3-128] 생산성 : 일식

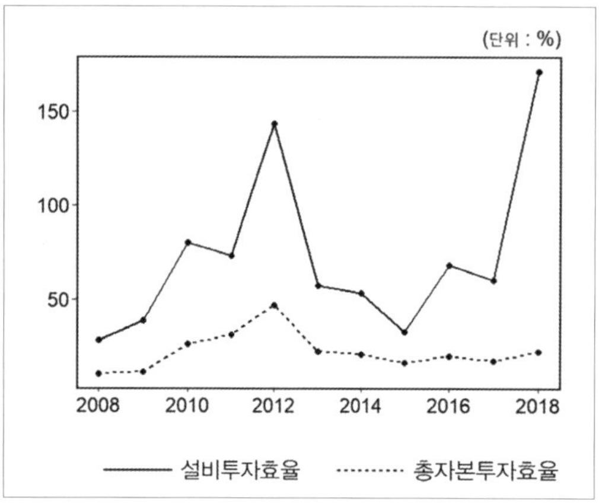

[그림 3-129] 생산성 : 서양식

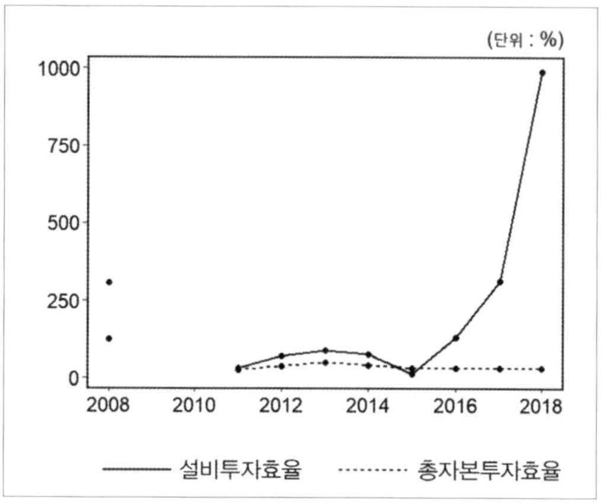

[그림 3-130] 생산성 : 제과점업

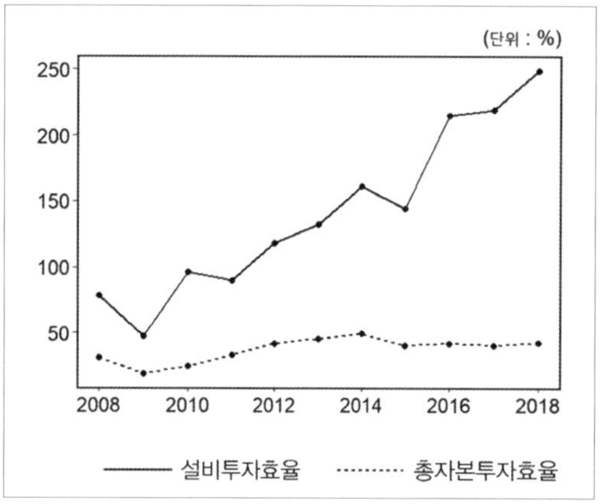

[그림 3-131] 생산성 : 피자, 햄버거, 샌드위치 및 유사 음식점업

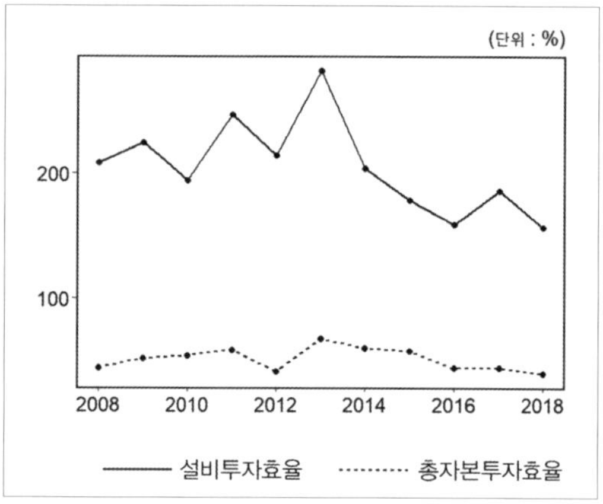

[그림 3-132] 생산성 : 치킨전문점

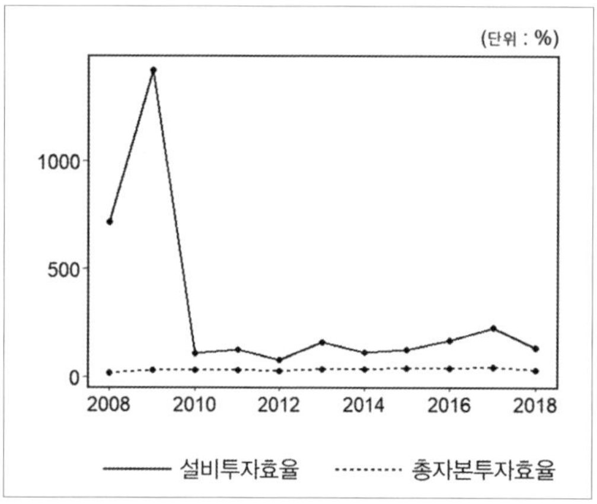

[그림 3-133] 생산성 : 김밥, 분식, 기타 간이 및 포장 음식점업

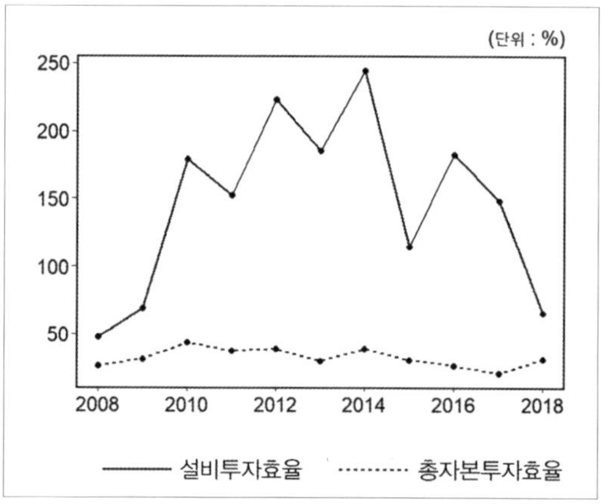

[그림 3-134] 생산성 : 주점업

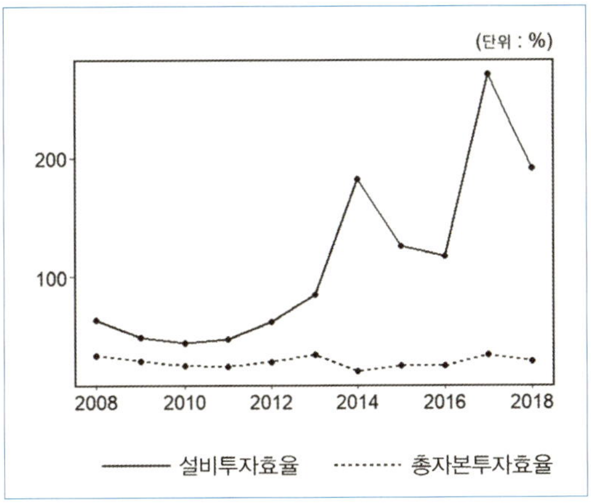

[그림 3-135] 생산성 : 비알코올 음료점업

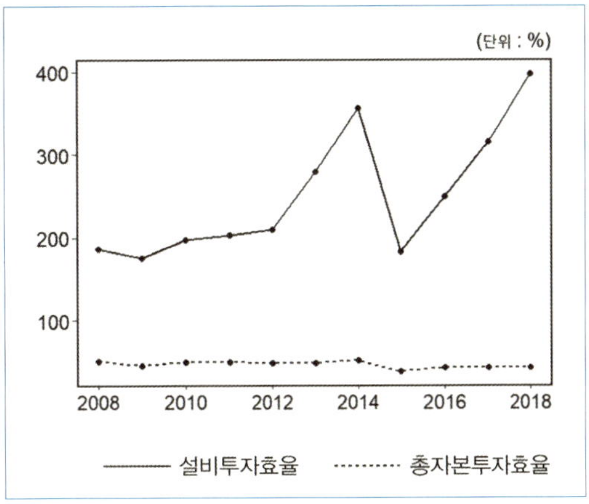

[그림 3-136] 생산성 : 다업종업

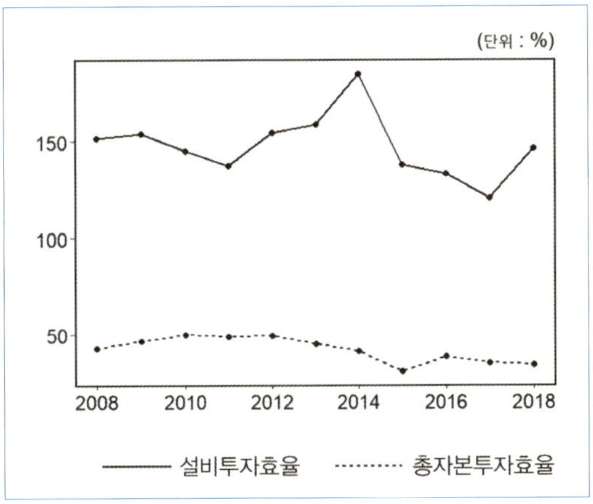

다. 프랜차이즈 운영 여부별

- 지난 10년간 비프랜차이즈의 총자본투자효율이 프랜차이즈의 자본투자효율보다 높은 것으로 나타났다. 이를 통해 비프랜차이즈의 총자본이 프랜차이즈의 총자본보다 효율적으로 운영되었음을 알 수 있다.
  ○ 단, 2015년은 예외적으로 프랜차이즈의 총자본투자효율이 높은 것으로 조사됐다.
- 지난 10년간 설비투자효율은 프랜차이즈가 비프랜차이즈보다 높게 나타났으나, 2018년에 비프랜차이즈의 설비투자효율이 큰 폭으로 상승하면서 전세가 역전되었다.

[표 3-28] 외식기업의 생산성 비율 : 프랜차이즈 운영 여부별

(단위 : %)

비율	2008	2009	2010	2011	2012	2013	2014	2015	2016	2017	2018
프랜차이즈											
총자본투자효율	34.32	34.76	39.27	37.96	37.21	42.09	39.63	37.39	36.16	34.34	32.19
설비투자효율	157.00	158.71	146.62	155.75	154.82	194.64	221.42	159.25	183.28	215.36	219.33
비프랜차이즈											
총자본투자효율	48.22	39.72	44.62	46.66	49.01	45.19	43.32	37.33	41.00	41.31	41.66
설비투자효율	134.18	99.73	110.27	106.75	113.51	115.41	124.43	114.99	158.30	144.30	771

[그림 3-137] 총자본투자효율 : 프랜차이즈 운영 여부

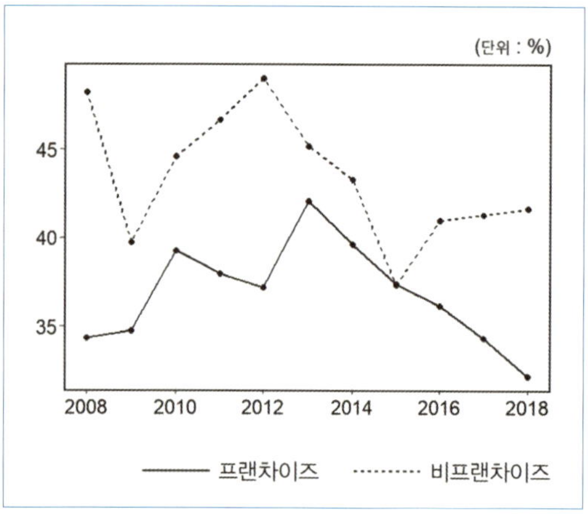

[그림 3-138] 설비투자효율 : 프랜차이즈 운영 여부

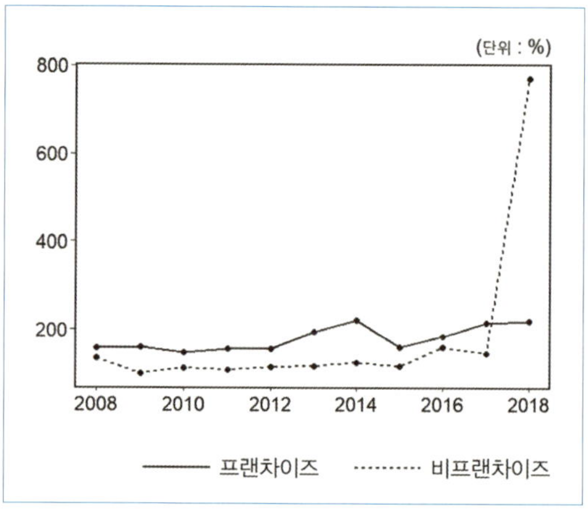

라. 보유 브랜드 수별

- 최근 3년간 단일브랜드의 총자본투자율이 단일브랜드의 총자본투자율보다 높게 나타났다.
  - ○ 최근 5개년 중 최근 3개년을 제외한 2014~2015년은 다브랜드의 총자본투자율이 더 높은 것으로 조사됐다.
- 설비투자효율의 경우 2007년 이후로 단일브랜드의 설비투자효율이 다브랜드의 해당 지표보다 높은 것으로 분석됐다.

[표 3-29] 외식기업의 생산성 비율 : 보유 브랜드 수별

(단위 : %)

비율	2008	2009	2010	2011	2012	2013	2014	2015	2016	2017	2018
단일브랜드 운영											
총자본투자효율	36.92	31.12	36.68	39.12	41.23	43.01	39.85	35.81	38.68	38.35	37.67
설비투자효율	277.53	315.01	158.59	146.94	170.46	207.50	242.56	140.05	196.70	200.73	419.31
다브랜드 운영											
총자본투자효율	38.50	39.73	43.69	42.11	41.30	43.27	42.01	39.88	37.48	37.05	33.90
설비투자효율	114.25	114.69	127.47	133.05	118.73	131.86	135.07	144.02	146.57	176.65	161.96

[그림 3-139] 총자본투자효율 : 보유 브랜드 수

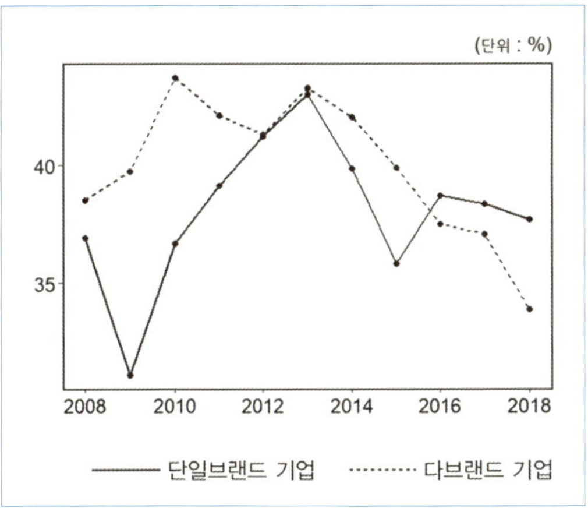

[그림 3-140] 설비투자효율 : 보유 브랜드 수

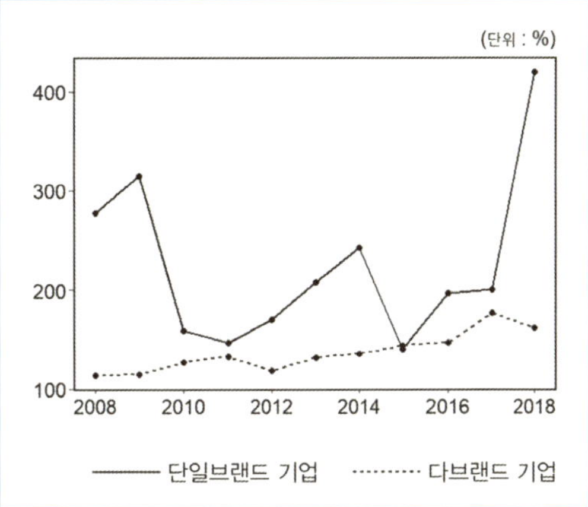

마. 국내외 브랜드 여부별

- 지난 10년간 브랜드의 국적에 따른 생산성 비율은 다소 차이가 발생하였으며, 해외 브랜드의 총자본투자효율과 설비투자효율이 국내 브랜드의 해당 지표보다 전반적으로 높게 나타났다.

[표 3-30] 외식기업의 생산성 비율 : 국내외 브랜드 여부

(단위 : %)

비율	2008	2009	2010	2011	2012	2013	2014	2015	2016	2017	2018
국내 브랜드											
총자본투자효율	34.93	35.51	39.86	38.29	38.75	40.30	38.80	34.82	35.05	34.55	33.62
설비투자효율	127.56	131.03	127.27	129.41	123.82	149.21	177.55	144.91	177.00	184.72	494.10
해외 브랜드											
총자본투자효율	49.65	40.21	46.78	51.49	52.34	56.37	50.80	48.96	52.33	52.63	43.02
설비투자효율	197.42	150.95	157.02	181.70	221.71	224.09	191.97	149.73	179.22	211.46	178.46

[그림 3-141] 총자본투자효율 : 국내외 브랜드 여부

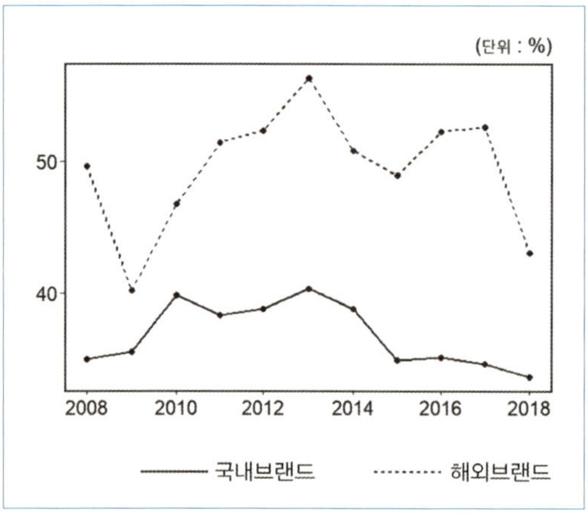

[그림 3-142] 설비투자효율 : 국내외 브랜드 여부

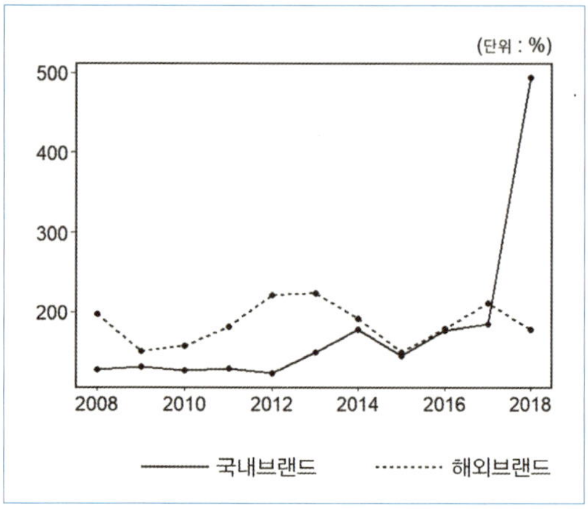

8. 부가가치의 구성

가. 외식기업 전체

- 하나의 제품이 만들어져서 최종소비자에게 전달되는 데는 보통 여러 생산단계를 거치게 되는데, 부가가치value added란 특정 생산단계에서 새로이 창출된 가치를 말한다.
  - ○ 회계 항목을 이용하여 부가가치를 구하면 다음과 같다.

> · 부가가치 = 순이익+인건비+임차료+이자비용+세금과공과+감가상각비

  - ○ 순이익은 영업잉여로, 이자비용은 금융비용으로 표현한다.
- 외식업의 부가가치 구성은 모두 상이하고, 영업잉여, 인건비와 감가상각비 모두 큰 것으로 나타났다.
  - ○ 지난 10년간 외식업은 상대적으로 영업잉여 수준이 높은 편이었고, 이는 순이익이 높다는 것을 뜻한다.
  - ○ 비용 측면인 인건비와 감가상각비는 꾸준한 상승세를 보이며, 이는 외식업의 수익성이 낮아지고 있다고 해석할 수 있다.

[표 3-31] 외식기업의 부가가치 구성

(단위 : 백만 원)

비율	2008	2009	2010	2011	2012	2013	2014	2015	2016	2017	2018
외식업 평균											
영업잉여	3,324	4,648	5,120	5,206	4,924	5,084	4,710	3,314	3,614	3,365	4,618
인건비	11,194	10,419	12,129	13,236	12,994	13,835	13,231	12,372	13,233	14,452	15,551
금융비용	647	554	332	245	419	325	289	268	279	322	221
감가상각비	3,706	3,692	3,437	3,356	3,418	3,616	3,779	3,408	3,401	3,411	3,444

[그림 3-143] 영업잉여 : 외식기업 전체

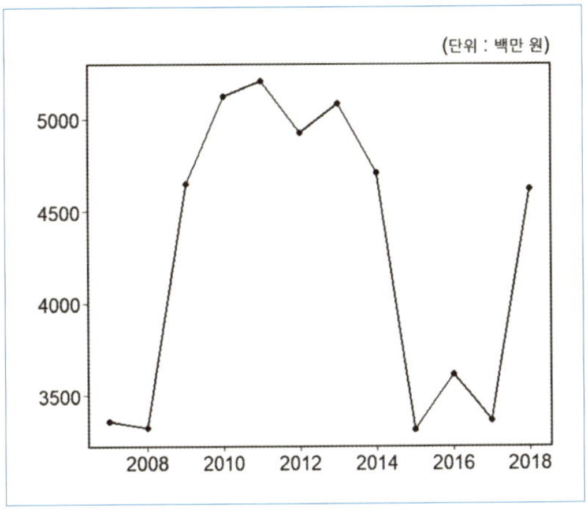

[그림 3-144] 인건비 : 외식기업 전체

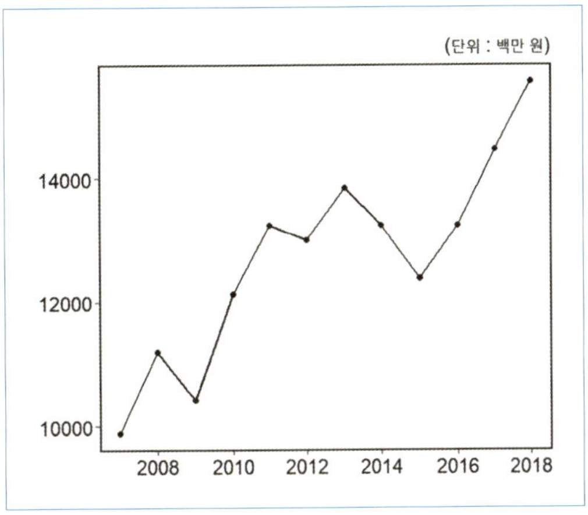

[그림 3-145] 금융비용 : 외식기업 전체

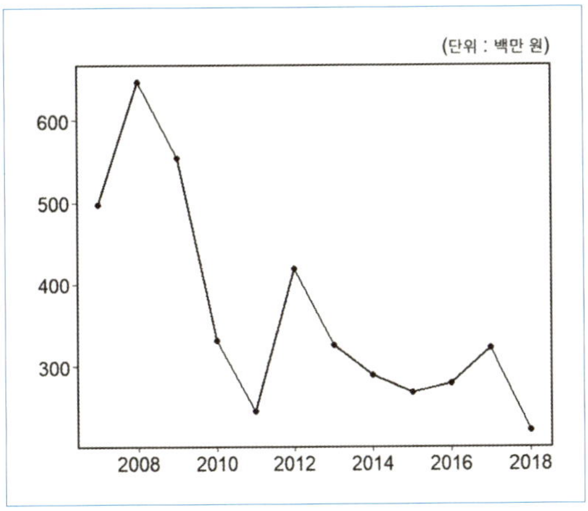

[그림 3-146] 감가상각비 : 외식기업 전체

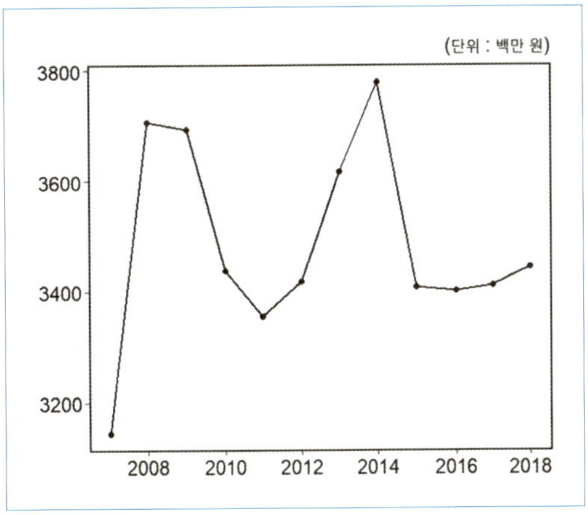

나. 세부 업종별

- 제과점업, 치킨전문점, 비알코올 음료점업, 다업종업의 경우 영업잉여가 평균을 상회하나 비용 측면인 감가상각비, 인건비도 평균보다 높았다.
  - ○ 한식업의 경우 영업잉여가 하락하는 추세인 것으로 나타나는데, 인건비는 지속적으로 상승하고 있어 수익성 악화로 판단된다.
  - ○ 피자, 햄버거, 샌드위치 및 유사 음식점업의 경우 2013년 이후 꾸준히 영업잉여 감소를 지속하다, 2018년에는 큰 폭으로 상승하였다. 그러나 비용 측면인 인건비도 동일 기간 꾸준히 증가하여 수익성 악화가 지속되고 있다는 것을 확인할 수 있다.
  - ○ 치킨전문점업의 영업잉여는 상승하는 추세로 나타났으며 2018년 금융비용은 크게 하락, 감가상각비는 하락하는 추세에 있고, 인건비는 2018년 다소 증가한 것을 확인할 수 있다.

[표 3-32] 외식기업의 부가가치 구성 : 세부 업종별 (단위 : 백만 원)

비율	2008	2009	2010	2011	2012	2013	2014	2015	2016	2017	2018
한식 음식점업											
영업잉여	1,973	2,059	2,636	1,916	1,568	1,803	1,535	1,870	2,384	1,674	1,570
인건비	4,466	4,655	4,427	5,586	6,363	6,653	7,120	6,774	7,527	7,276	6,615
금융비용	495	383	283	263	457	349	308	310	259	219	185
감가상각비	990	998	842	946	1,362	1,552	1,633	1,360	1,523	1,492	1,364
중식 음식점업											
영업잉여	–	–	–	–	123	191	554	1,452	875	787	9
인건비	–	–	–	–	1,215	1,175	1,147	1,507	1,942	2,062	1,238
금융비용	–	–	–	–	465	592	381	264	231	225	285
감가상각비	–	–	–	–	60	140	348	521	504	436	109
일식 음식점업											
영업잉여	–588	–222	600	2,066	1,756	–6	838	658	660	41	240
인건비	596	572	1,028	1,671	5,339	2,441	2,617	2,965	3,128	3,732	3,336
금융비용	–2	55	212	121	160	146	–33	95	226	128	109
감가상각비	1,043	758	1,024	1,290	1,666	1,887	2,094	2,306	2,300	2,585	2,203
서양식 음식점업											
영업잉여	1,502	–	–	1,381	373	–27	–607	–1,220	–1,610	–1,090	–672
인건비	5,961	–	–	1,430	3,268	4,167	3,802	3,847	3,656	2,845	2,963
금융비용	213	–	–	479	79	176	127	159	226	118	167
감가상각비	1,523	–	–	341	637	1,177	1,184	1,288	1,484	1,171	927
제과점업											
영업잉여	14,877	10,461	10,989	12,568	12,693	19,537	16,997	13,182	11,335	6,553	8,253
인건비	33,598	23,960	23,369	28,873	32,355	48,821	37,933	32,773	28,749	25,945	28,747

비율	2008	2009	2010	2011	2012	2013	2014	2015	2016	2017	2018
금융비용	2,050	718	-47	21	578	851	752	470	386	404	619
감가상각비	20,793	15,351	12,292	13,763	15,531	20,010	13,981	12,275	10,769	7,016	7,998
피자, 햄버거, 샌드위치 및 유사 음식점업											
영업잉여	1,752	6,423	8,388	6,144	5,525	6,484	5,474	4,126	2,055	-607	3,541
인건비	12,073	16,694	18,314	16,942	12,134	19,722	21,252	24,049	22,104	24,136	26,735
금융비용	598	414	252	-76	-106	-326	-175	12	204	824	492
감가상각비	2,275	2,333	2,567	2,806	2,603	2,948	3,452	3,981	3,982	4,278	4,235
치킨전문점											
영업잉여	-1,494	1,726	3,216	3,551	4,214	3,723	3,247	4,600	7,645	7,833	17,059
인건비	7,853	6,873	5,570	4,469	4,074	4,414	5,419	5,796	5,629	6,031	7,550
금융비용	516	654	374	437	363	309	313	262	131	69	-2,699
감가상각비	1,843	1,460	850	625	529	626	810	972	943	920	973
김밥, 분식, 기타 간이 및 포장 음식점업											
영업잉여	954	598	1,795	1,785	1,806	2,922	2,560	2,867	784	888	943
인건비	4,529	7,522	5,461	4,837	5,453	4,936	4,563	4,914	4,105	3,638	4,738
금융비용	200	318	168	121	188	326	282	206	200	199	305
감가상각비	562	792	546	617	762	596	579	580	559	642	792
주점업											
영업잉여	1,600	877	829	740	1,772	3,281	10	649	-112	-1,442	-607
인건비	1,892	1,620	1,704	1,631	1,801	2,389	2,742	2,192	4,588	8,096	6,600
금융비용	178	53	141	143	124	145	58	-67	379	815	491
감가상각비	391	257	248	391	434	532	510	592	2,195	3,909	2,672
비알코올 음료점업											
영업잉여	13,210	13,510	16,299	15,443	13,092	11,192	13,509	9,743	10,633	13,113	15,495
인건비	15,857	19,815	22,011	22,263	23,706	20,581	20,939	20,397	20,414	23,584	26,053
금융비용	288	676	377	749	875	488	327	327	-26	-148	-239
감가상각비	7,533	9,772	10,232	10,256	10,488	7,874	8,095	7,562	7,733	8,471	8,072
다업종업											
영업잉여	2,476	6,708	6,172	4,739	7,961	6,124	7,889	5,545	6,093	4,875	1,572
인건비	28,706	23,142	31,069	34,014	37,061	43,630	42,978	39,008	41,879	40,417	34,781
금융비용	1,363	1,536	783	33	293	12	401	221	614	915	723
감가상각비	6,533	6,938	8,167	6,845	7,258	8,807	8,588	7,817	8,183	8,521	7,853

[그림 3-147] 부가가치 : 한식

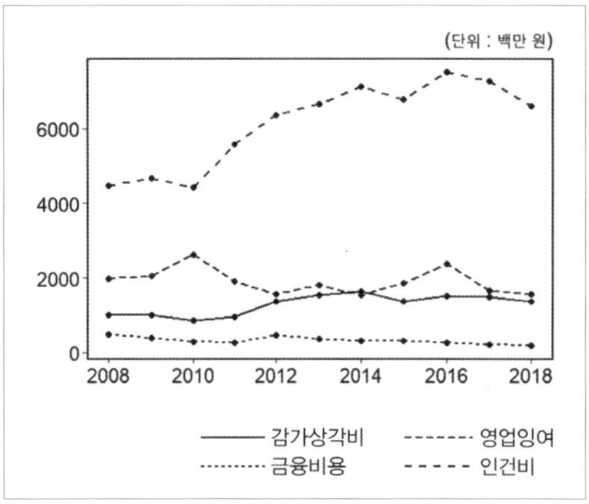

[그림 3-148] 부가가치 : 중식

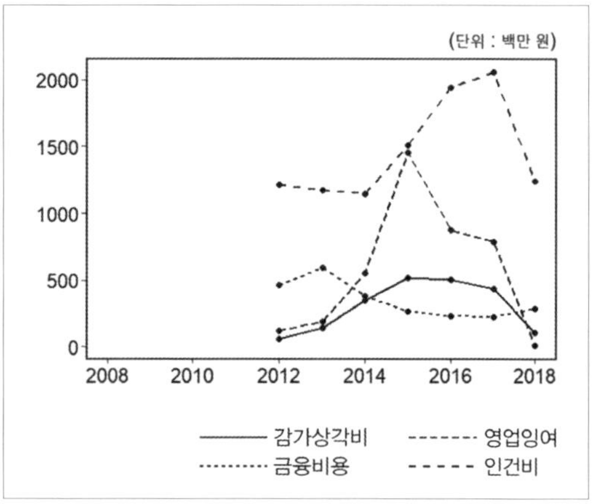

[그림 3-149] 부가가치 : 일식

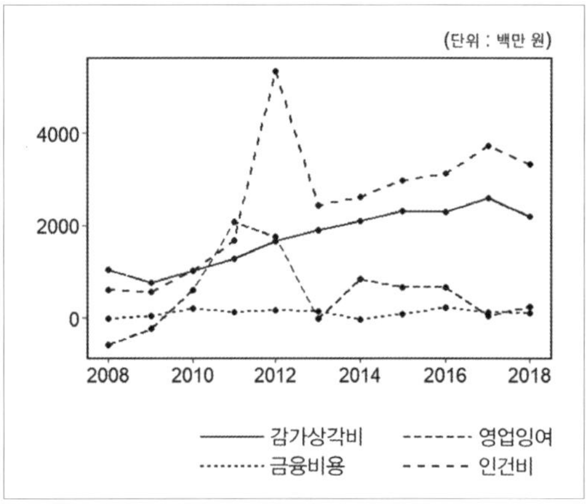

[그림 3-150] 부가가치 : 서양식

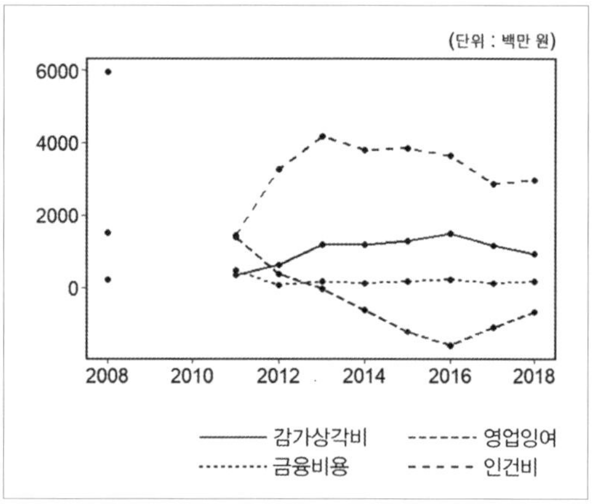

[그림 3-151] 부가가치 : 제과점업

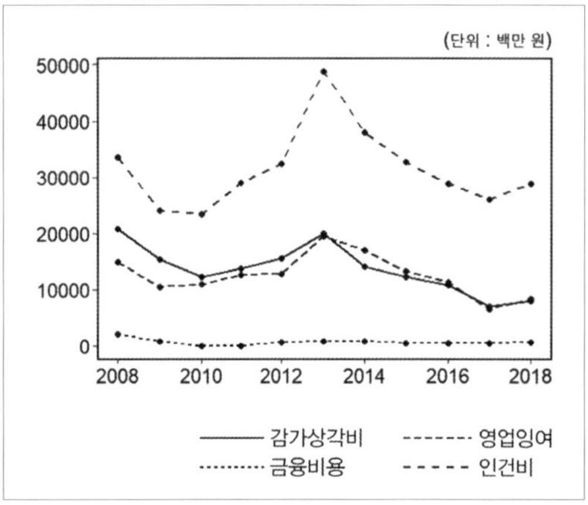

[그림 3-152] 부가가치 : 피자, 햄버거, 샌드위치 및 유사 음식점업

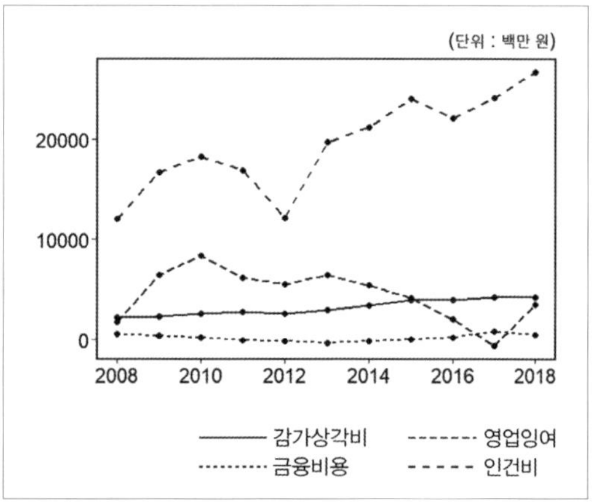

[그림 3-153] 부가가치 : 치킨전문점

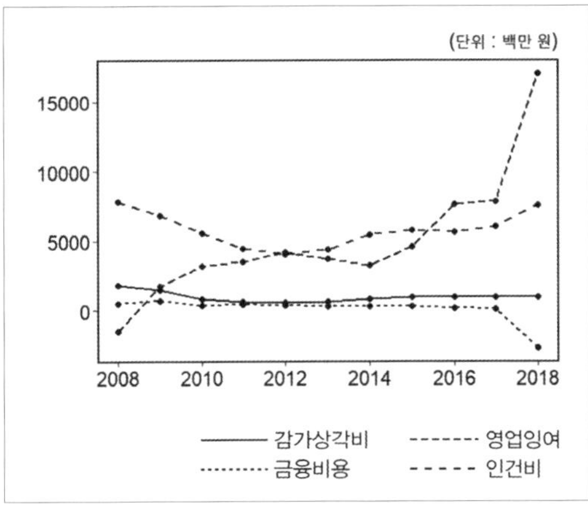

[그림 3-154] 부가가치 : 김밥, 분식, 기타 간이 및 포장 음식점업

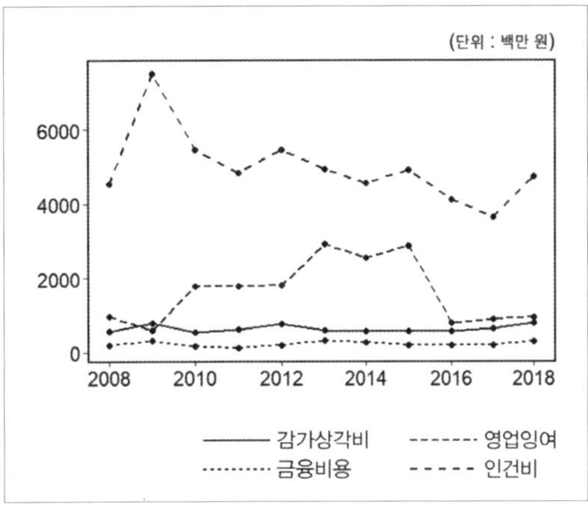

[그림 3-155] 부가가치 : 주점업

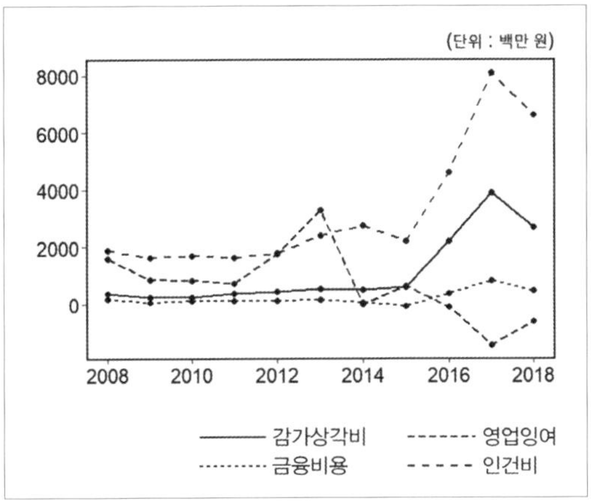

[그림 3-156] 부가가치 : 비알코올 음료점업

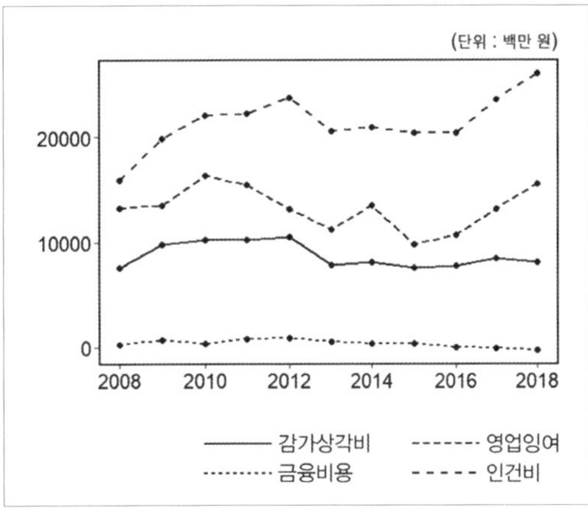

[그림 3-157] 부가가치 : 다업종업

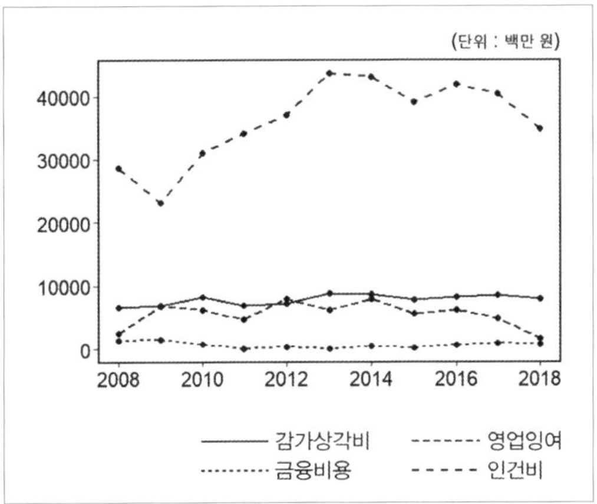

다. 프랜차이즈 운영 여부별

- 2009년 이후 프랜차이즈의 영업잉여가 비프랜차이즈보다 꾸준히 크게 나타나고 있다.
  - ○ 2018년 프랜차이즈와 비프랜차이즈의 영업잉여 차이는 4,890 백만 원이다.
- 비용 측면인 인건비와 감가상각비 역시 프랜차이즈가 높게 나타났으며, 이는 프랜차이즈가 영업잉여액도, 비용도 크다는 것을 의미한다. 따라서 프랜차이즈의 수익성이 비프랜차이즈의 수익성보다 크다고 판단할 수는 없다.
- 금융비용의 경우 프랜차이즈 운영 여부에 따른 차이가 크게 발생하지 않는 것으로 나타났다.

[표 3-33] 외식기업의 부가가치 구성 : 프랜차이즈 운영 여부별 (단위 : 백만 원)

비율	2008	2009	2010	2011	2012	2013	2014	2015	2016	2017	2018
프랜차이즈											
영업잉여	3,463	5,300	6,126	6,482	6,327	7,051	6,708	5,062	5,214	4,679	6,206
인건비	12,845	11,835	14,527	16,059	16,180	18,369	18,288	17,455	17,024	18,255	18,443
금융비용	660	543	306	133	369	302	276	264	271	384	293
감가상각비	3,993	3,909	3,804	3,695	3,890	4,153	4,230	4,011	4,019	4,113	4,031
비프랜차이즈											
영업잉여	2,718	2,459	3,073	2,690	2,174	1,339	1,472	722	997	1,075	1,316
인건비	6,886	5,942	6,368	7,511	7,782	7,301	6,781	6,259	6,927	6,501	7,560
금융비용	619	513	345	523	376	235	270	310	322	276	198
감가상각비	3,039	3,374	2,593	2,770	2,564	2,459	2,251	1,947	2,042	2,007	2,061

[그림 3-158] 영업잉여 : 프랜차이즈 운영 여부

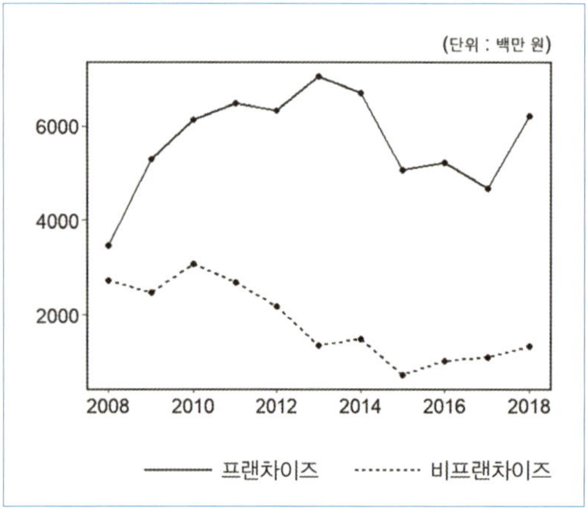

[그림 3-159] 인건비 : 프랜차이즈 운영 여부

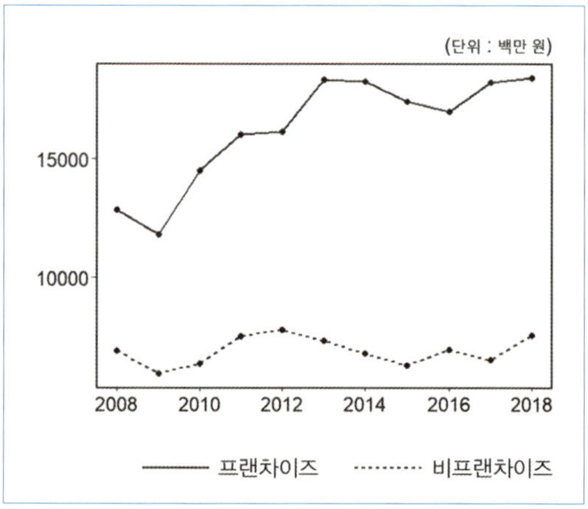

[그림 3-160] 금융비용 : 프랜차이즈 운영 여부

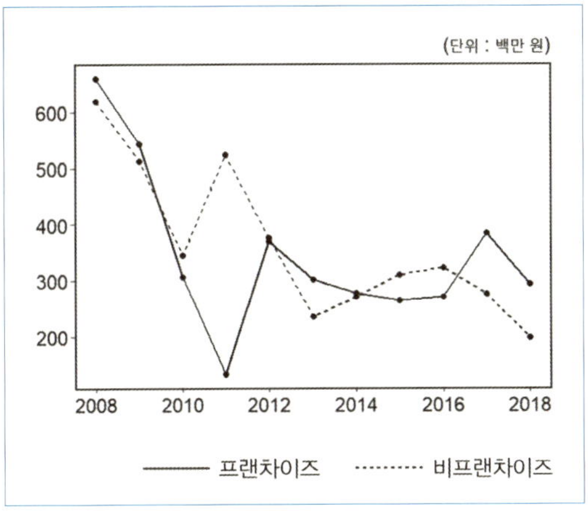

[그림 3-161] 감가상각비 : 프랜차이즈 운영 여부

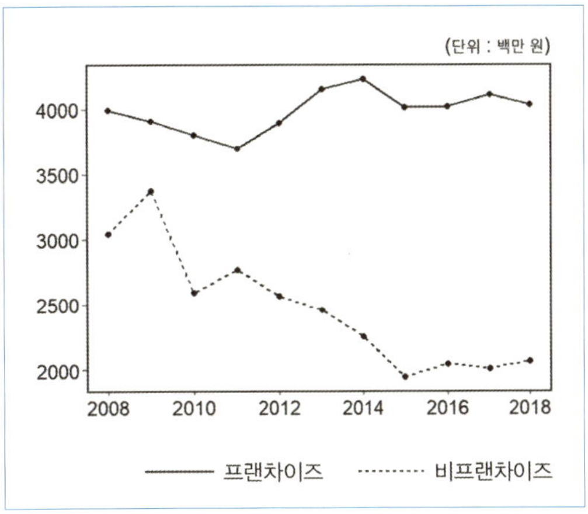

라. 보유 브랜드 수별

- 지난 10년간 다브랜드의 영업잉여, 인건비, 감가상각비가 더 높은 것으로 나타났다.
  - ○ 이는 전반적으로 다브랜드의 기업 규모가 큰 것을 의미하나, 수익성이 더 높다고는 해석할 수 없다.
  - ○ 단, 2018년에는 예외적으로 단일브랜드의 영업잉여가 더 높다.

[표 3-34] 외식기업의 부가가치 구성 : 보유 브랜드 수별 (단위 : 백만 원)

비율	2008	2009	2010	2011	2012	2013	2014	2015	2016	2017	2018
단일브랜드											
영업잉여	2,288	3,015	3,765	3,680	2,973	3,271	3,257	2,394	2,586	2,367	4,867
인건비	7,909	7,232	7,493	7,635	7,406	8,461	8,468	7,875	8,268	8,771	9,541
금융비용	726	532	326	332	403	283	246	248	277	323	193
감가상각비	2,458	2,364	2,299	2,224	2,129	2,012	2,006	1,899	2,108	2,275	2,336
다브랜드											
영업잉여	3,870	5,925	6,267	6,703	6,661	6,453	5,708	4,381	4,704	4,297	4,646
인건비	13,299	12,679	14,856	17,835	18,514	19,913	18,903	18,245	18,200	18,587	19,834
금융비용	592	521	276	164	357	283	237	214	299	352	313
감가상각비	4,553	4,829	4,237	4,418	4,517	4,839	4,610	4,444	4,479	4,310	4,580

[그림 3-162] 영업잉여 : 보유 브랜드 수

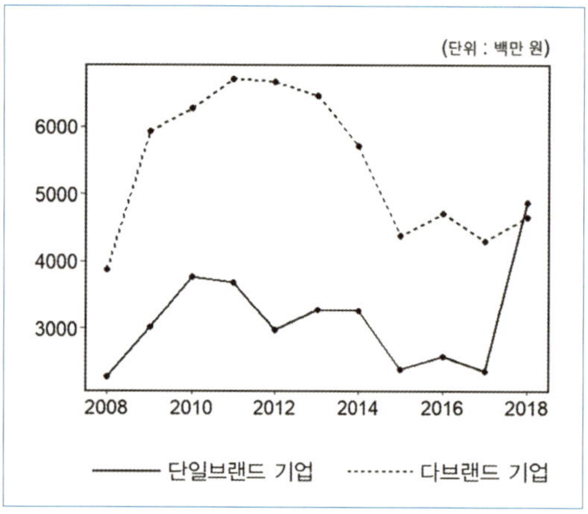

[그림 3-163] 인건비 : 보유 브랜드 수

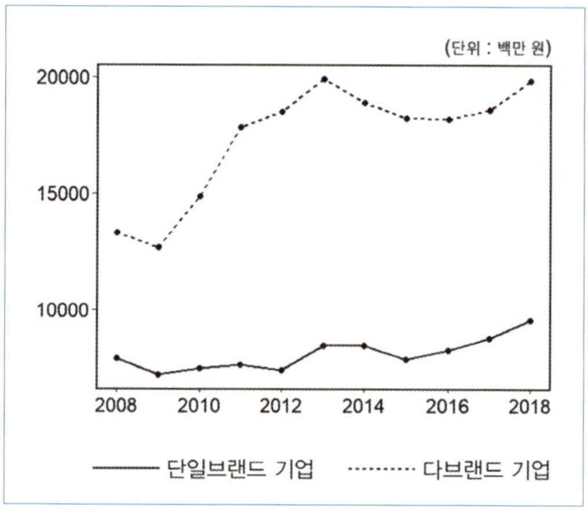

[그림 3-164] 금융비용 : 보유 브랜드 수

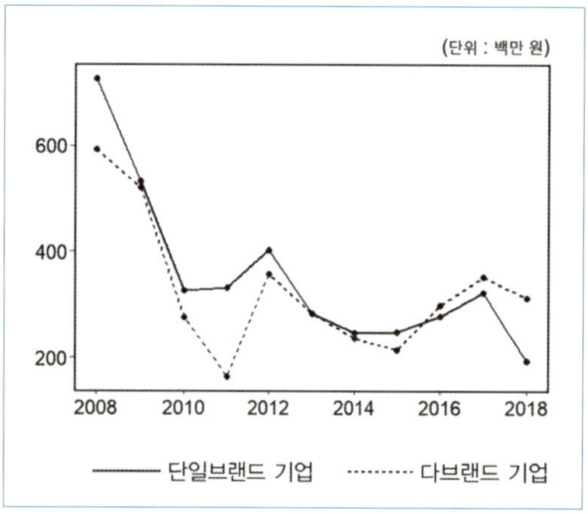

[그림 3-165] 감가상각비 : 보유 브랜드 수

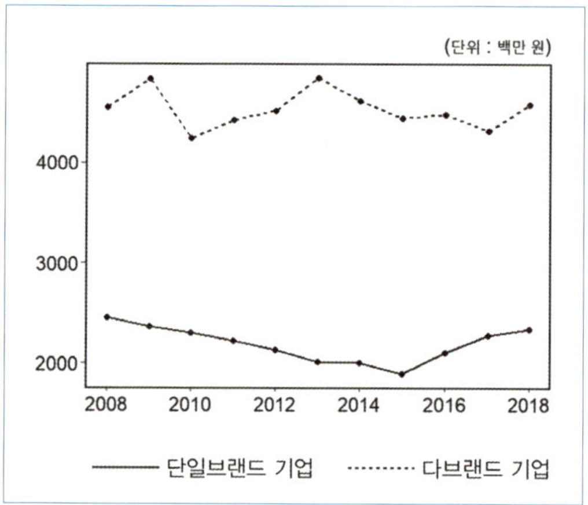

마. 국내외 브랜드 여부별

- 국내 브랜드와 해외 브랜드 여부에 따른 부가가치의 차이 역시 영업잉여가 큰 해외 브랜드에서 크게 발생하고 있는 것으로 나타났다.

[표 3-35] 외식기업의 부가가치 구성 : 국내외 브랜드 여부별

(단위 : 백만 원)

비율	2008	2009	2010	2011	2012	2013	2014	2015	2016	2017	2018
국내 브랜드											
영업잉여	1,865	3,313	3,749	4,423	3,879	3,340	3,221	2,493	3,007	2,874	3,342
인건비	9,574	8,708	10,746	12,233	12,222	12,708	11,866	10,483	10,191	10,067	12,387
금융비용	602	521	313	294	486	416	379	303	329	338	289
감가상각비	3,099	3,042	2,792	2,617	2,687	2,934	2,915	2,510	2,397	2,396	2,539
해외 브랜드											
영업잉여	8,752	9,569	10,172	7,871	7,419	9,146	9,232	8,379	8,406	8,404	7,589
인건비	18,616	18,169	18,525	18,072	18,054	21,162	22,475	22,544	23,150	27,044	22,334
금융비용	758	633	297	163	22	-191	-207	17	-76	-11	-59
감가상각비	6,304	6,316	6,185	6,778	6,692	6,329	6,656	6,532	6,979	7,853	5,913

[그림 3-166] 영업잉여 : 국내외 브랜드 여부

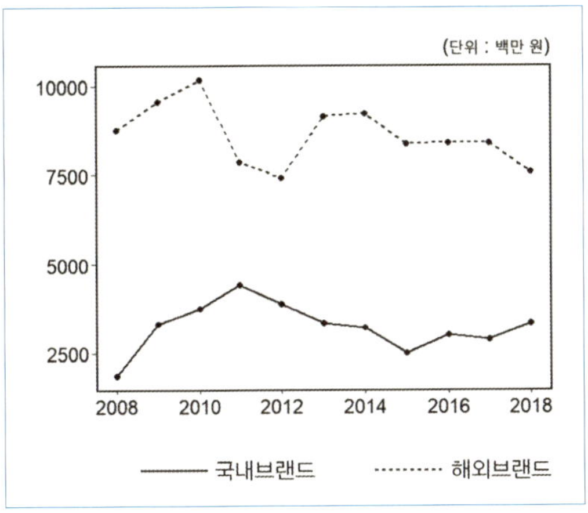

[그림 3-167] 인건비 : 국내외 브랜드 여부

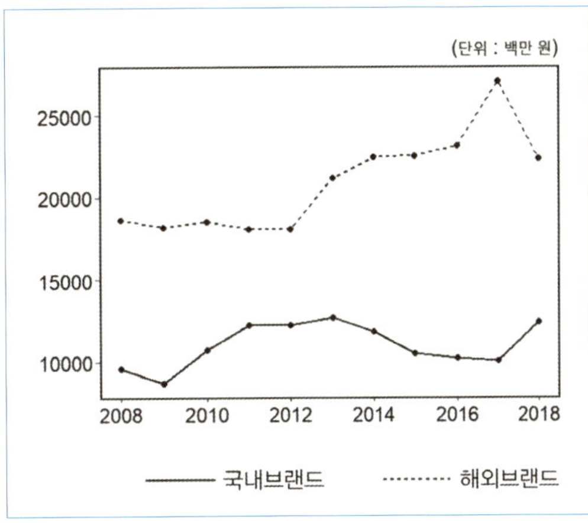

[그림 3-168] 금융비용 : 국내외 브랜드 여부

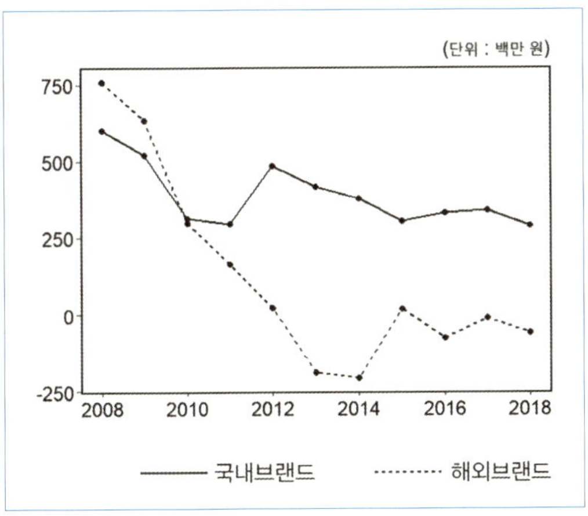

[그림 3-169] 감가상각비 : 국내외 브랜드 여부

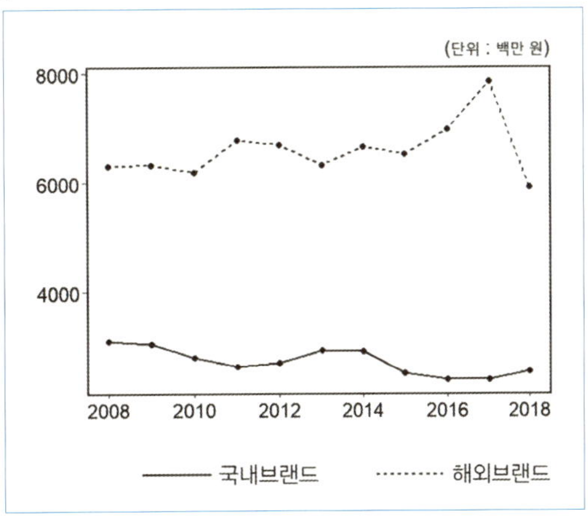

IV. 외식기업 ROI 변동원인 분석

1. 총자산순이익률 변동원인

- 수익성관계비율 ROI는 기업의 총괄적인 경영성과를 분석하는 지표인데, 이 ROI의 변동원인을 분석하여 사업부의 업적을 평가하고 내부통제에 활용할 수 있다.
- 본 장에서는 듀퐁시스템Du Pont System을 적용하여 ROI 변동원인을 분석했다.

A. 총자산순이익률 변동원인 분석

- 듀퐁시스템의 기본 분석체계는 총자산순이익률을 다음과 같이 곱의 형태로 분해하여 제품의 순마진을 나타내는 매출액순이익률과 총자산의 효율적 이용도를 나타내는 총자산회전율의 곱의 관계로 분석한다.

> • 총자산순이익률 = 순이익/총자산
> = 순이익/매출액 × 매출액/총자산
> = (매출액순이익률) × (총자산회전율)

가. 외식기업 전체

[표 4-1] 총자산순이익률 변동원인

(단위 : %, 회)

비율	2008	2009	2010	2011	2012	2013	2014	2015	2016	2017	2018
외식업 평균											
총자산순이익률	3.26	7.00	10.79	8.22	7.82	6.35	8.12	3.27	3.27	1.02	2.56
매출액순이익률	4.32	4.02	6.24	5.76	5.68	5.28	4.98	1.58	2.67	2.5	3.44
총자산회전율	1.81	1.70	2.23	2.00	1.91	1.93	1.78	1.56	1.49	1.35	1.33

[그림 4-1] 총자산순이익률 변동원인 : 외식기업 전체

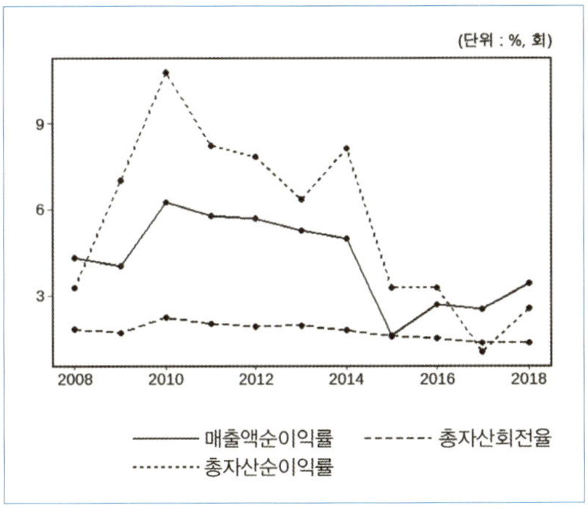

나. 세부 업종별

[표 4-2] 총자산순이익률 변동원인 : 세부 업종별

(단위 : %, 회)

비율	2008	2009	2010	2011	2012	2013	2014	2015	2016	2017	2018
한식 음식점업											
총자산순이익률	6.39	14.01	15.84	6.90	6.63	4.55	1.20	9.03	5.87	2.79	4.63
매출액순이익률	6.59	6.59	7.22	3.88	5.97	5.53	4.62	6.05	4.47	4.39	5.04
총자산회전율	1.62	1.33	2.38	1.79	1.54	1.49	1.58	1.51	1.43	1.18	1.17
중식 음식점업											
총자산순이익률	-	-	-	-	0.94	0.81	5.23	8.27	4.92	4.56	0.26
매출액순이익률	-	-	-	-	14.53	19.55	13.63	14.22	12.27	11.96	10.39
총자산회전율	-	-	-	-	0.41	0.20	0.92	0.98	0.82	0.84	0.16
일식 음식점업											
총자산순이익률	-5.81	-0.51	6.82	10.65	7.40	-0.60	1.88	-0.72	2.60	0.95	1.23
매출액순이익률	-5.23	-0.73	5.52	10.07	3.53	-3.87	1.94	0.7	1.76	1.62	1.02
총자산회전율	0.75	0.92	1.32	1.55	1.61	1.45	1.32	1.21	1.19	1.11	1.52
서양식 음식점업											
총자산순이익률	13.46	-	-	16.85	3.38	2.91	0.60	-10.46	-12.85	-9.50	-8.23
매출액순이익률	7.72	-	-	24.38	0.53	-0.39	-4.05	-65.03	-17.6	-31.13	-19.91
총자산회전율	2.62	-	-	1.05	1.10	2.11	1.49	1.12	1.06	0.97	1.03
제과점업											
총자산순이익률	4.00	-11.83	-6.21	-4.04	-1.54	-0.29	22.01	4.99	8.74	3.87	3.98
매출액순이익률	2.47	-16.46	-5.6	-3.0	-1.23	-0.25	6.35	6.42	3.23	4.29	4.73
총자산회전율	1.84	1.52	1.75	1.71	1.70	1.77	2.19	1.44	1.77	1.66	1.61

다음 페이지에 계속

비율	2008	2009	2010	2011	2012	2013	2014	2015	2016	2017	2018
피자, 햄버거, 샌드위치 및 유사 음식점업											
총자산순이익률	−3.18	8.18	9.84	7.65	11.14	6.78	5.34	1.94	1.86	−3.41	−1.64
매출액순이익률	1.28	5.14	6.26	3.77	4.18	4.4	3.19	1.45	4.34	1.76	3.80
총자산회전율	2.06	2.74	2.43	2.42	1.98	2.39	2.28	2.02	1.59	1.46	1.5
치킨전문점											
총자산순이익률	−9.04	4.66	11.25	11.39	6.00	11.29	9.79	12.07	16.81	15.90	15.64
매출액순이익률	0.40	3.13	4.75	5.50	6.41	5.80	7.51	7.19	11.25	10.28	15.16
총자산회전율	2.35	2.51	4.05	3.06	2.95	2.93	2.71	2.78	2.47	2.19	2.05
김밥, 분식, 기타 간이 및 포장 음식점업											
총자산순이익률	2.21	4.20	18.56	8.68	10.50	9.41	19.94	5.46	3.77	1.99	8.96
매출액순이익률	2.65	2.52	8.00	6.39	8.10	8.71	7.13	6.18	2.00	1.45	1.5
총자산회전율	2.14	2.21	2.66	2.35	2.32	2.22	2.47	1.93	1.93	1.58	1.41
주점업											
총자산순이익률	9.15	9.65	3.56	5.55	10.08	13.14	−0.08	3.01	−2.26	−5.82	−14.16
매출액순이익률	6.62	3.59	4.20	1.10	0.46	12.64	−0.98	−1.14	−2.65	−3.16	−0.01
총자산회전율	1.47	1.17	0.92	1.16	1.37	1.19	0.98	0.79	0.93	0.98	0.96
비알코올 음료점업											
총자산순이익률	9.19	7.73	6.89	12.92	12.64	9.47	16.87	1.60	0.69	−2.10	6.75
매출액순이익률	9.67	8.42	10.45	9.01	7.26	6.70	11.5	2.24	2.69	4.75	7.71
총자산회전율	1.67	1.66	1.77	2.07	2.15	2.06	1.60	1.45	1.37	1.36	1.36
다업종업											
총자산순이익률	14.19	13.46	13.35	9.16	11.80	5.07	13.77	1.94	2.95	3.13	−0.15
매출액순이익률	6.02	7.49	9.45	9.44	8.91	6.40	6.26	4.55	5.89	4.93	2.68
총자산회전율	2.04	1.83	2.11	1.89	2.14	1.73	1.54	1.34	1.22	1.21	1.35

[그림 4-2] 총자산순이익률 변동원인 : 한식

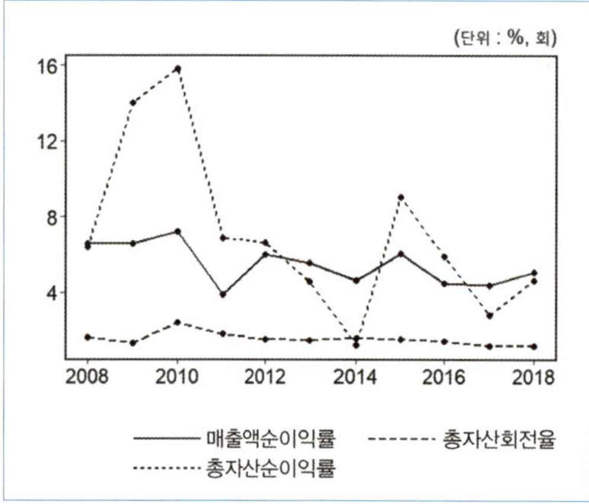

[그림 4-3] 총자산순이익률 변동원인 : 중식

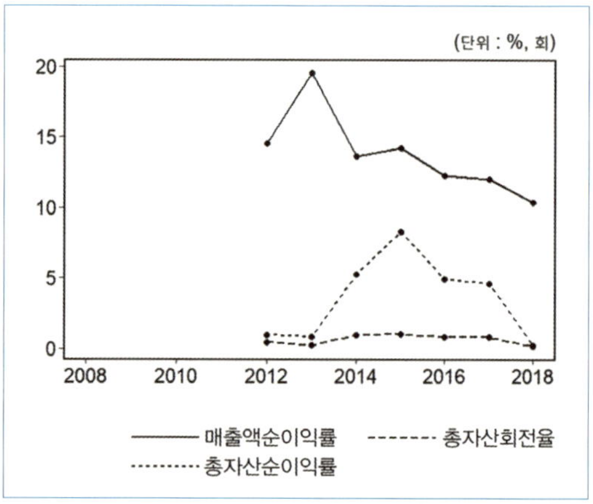

[그림 4-4] 총자산순이익률 변동원인 : 일식

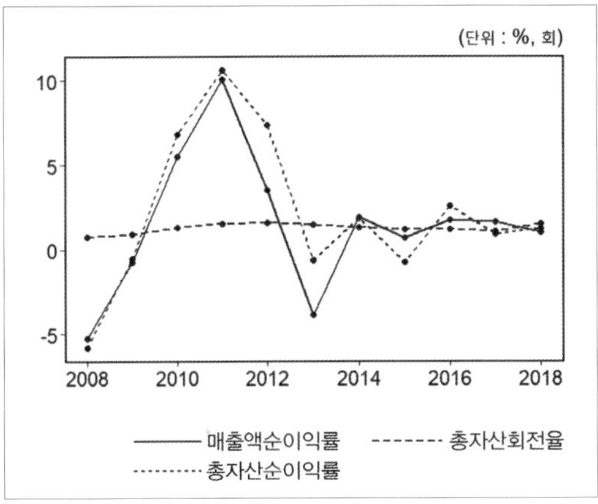

[그림 4-5] 총자산순이익률 변동원인 : 서양식

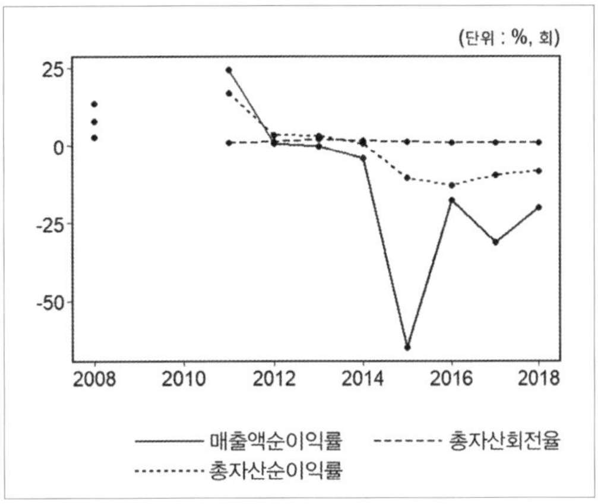

[그림 4-6] 총자산순이익률 변동원인 : 제과점업

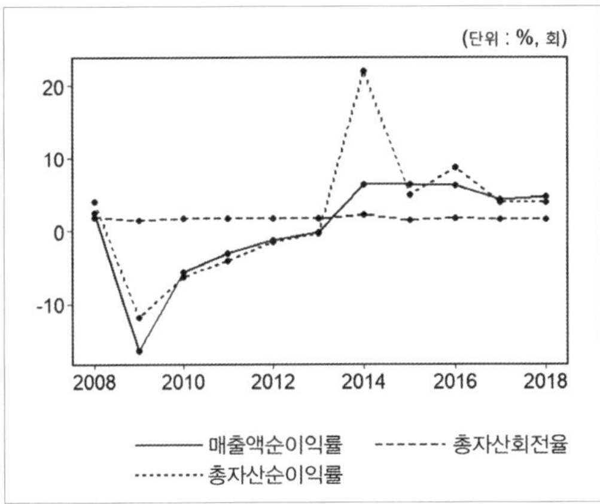

[그림 4-7] 총자산순이익률 변동원인 : 피자, 햄버거, 샌드위치 및 유사 음식점업

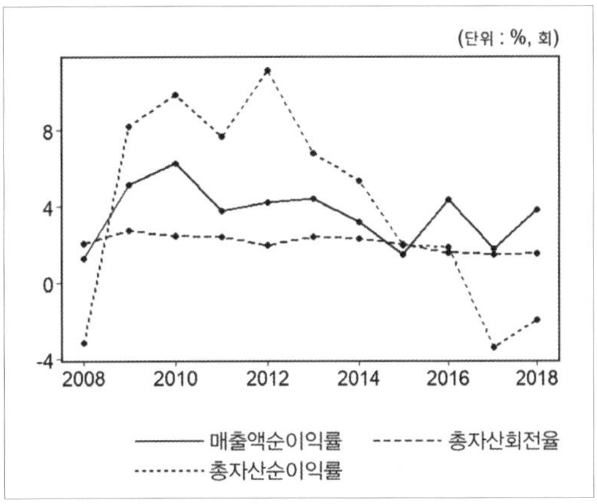

[그림 4-8] 총자산순이익률 변동원인 : 치킨전문점

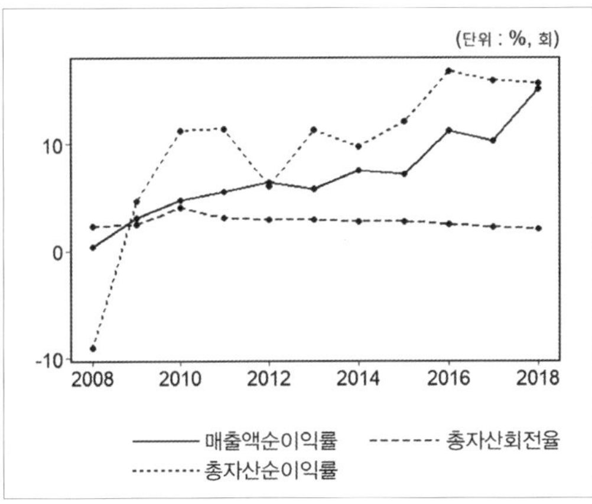

[그림 4-9] 총자산순이익률 변동원인 : 김밥, 분식, 기타 간이 및포장 음식점업

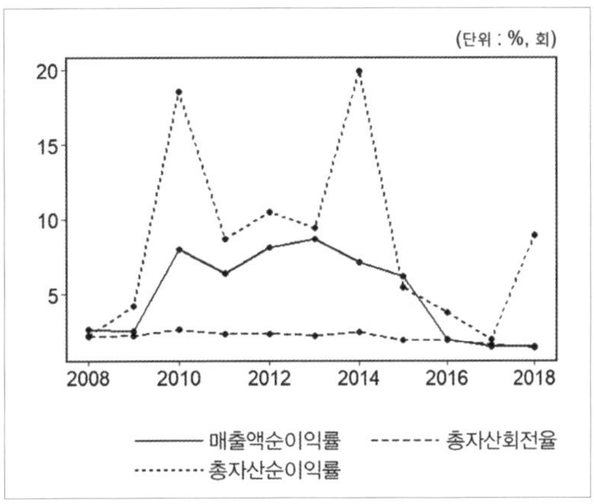

[그림 4-10] 총자산순이익률 변동원인 : 주점업

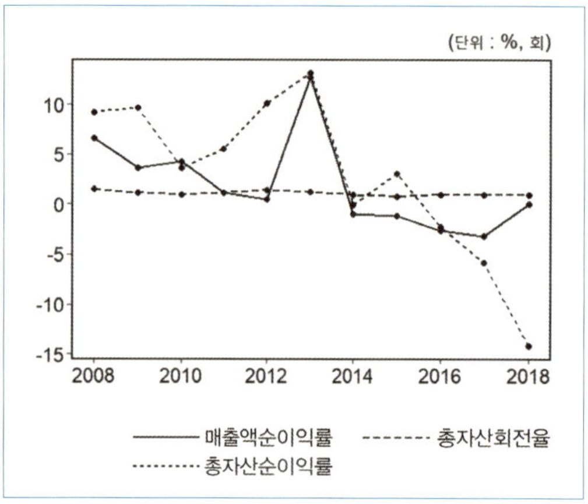

[그림 4-11] 총자산순이익률 변동원인 : 비알코올 음료점업

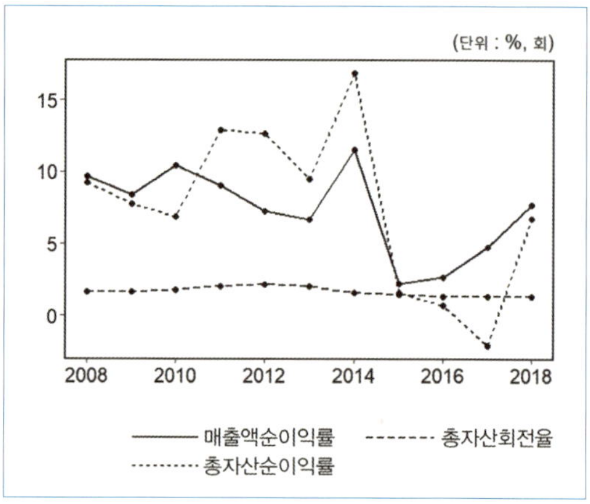

[그림 4-12] 총자산순이익률 변동원인 : 다업종업

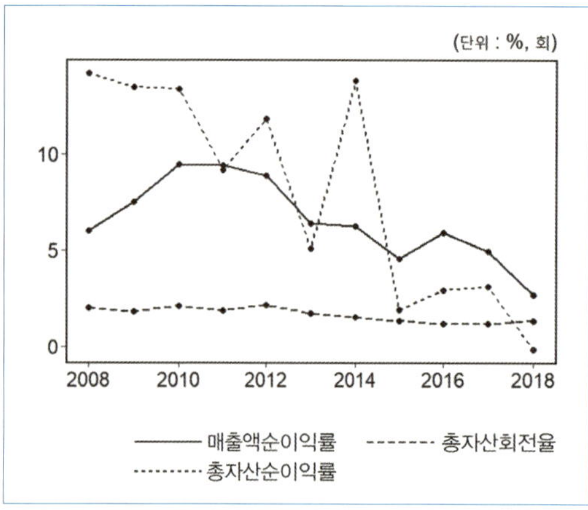

다. 프랜차이즈 운영 여부별

[표 4-3] 총자산순이익률 변동원인 : 프랜차이즈 운영 여부별

(단위 : %, 회)

비율	2008	2009	2010	2011	2012	2013	2014	2015	2016	2017	2018
프랜차이즈											
총자산순이익률	2.86	5.61	11.33	8.01	8.65	8.33	9.92	5.97	5.61	2.97	3.94
매출액순이익률	3.59	3.80	6.28	4.97	5.27	6.14	6.18	4.13	4.51	3.87	5.38
총자산회전율	1.92	1.87	2.51	2.22	2.21	2.20	2.07	1.91	1.74	1.56	1.51
비프랜차이즈											
총자산순이익률	5.48	13.13	10.08	8.78	7.12	3.19	4.94	-0.68	-0.64	-0.64	0.43
매출액순이익률	6.49	4.32	7.44	7.04	6.59	4.29	2.99	-15.57	-0.35	-2.31	0.41
총자산회전율	1.48	1.15	1.61	1.46	1.32	1.46	1.33	1.09	1.14	1.06	1.07

[그림 4-13] 총자산순이익률 변동원인 : 프랜차이즈

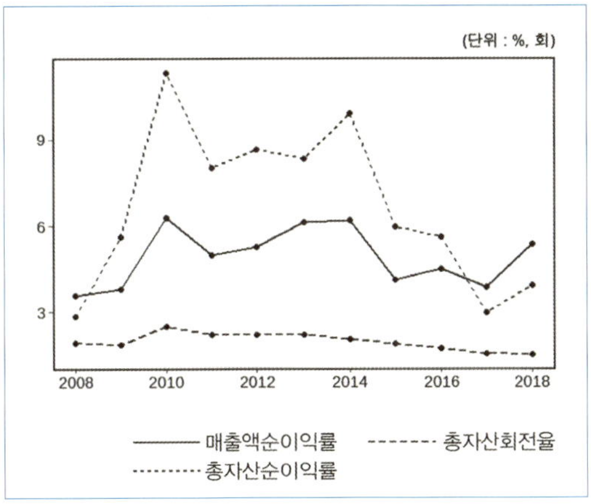

[그림 4-14] 총자산순이익률 변동원인 : 비프랜차이즈

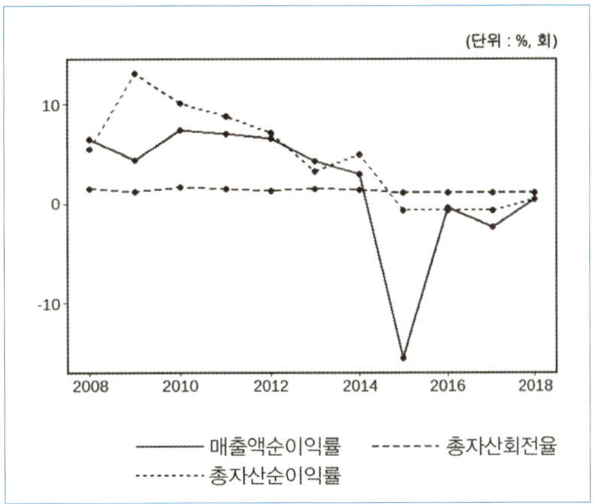

라. 보유 브랜드 수별

[표 4-4] 총자산순이익률 변동원인 : 보유 브랜드 수별

(단위 : %, 회)

비율	2008	2009	2010	2011	2012	2013	2014	2015	2016	2017	2018
단일브랜드 운영											
총자산순이익률	-0.59	3.78	5.79	6.90	8.64	7.25	8.86	3.11	4.03	1.09	3.4
매출액순이익률	4.41	2.50	2.71	3.12	5.64	6.19	6.01	-8.13	3.33	4.15	6.17
총자산회전율	1.61	1.37	1.71	1.93	1.77	1.83	1.74	1.54	1.47	1.37	1.34
다브랜드 운영											
총자산순이익률	5.87	10.19	13.18	9.15	7.74	5.90	7.38	3.48	2.92	1.96	1.96
매출액순이익률	4.25	4.98	7.85	7.59	5.76	3.94	4.08	1.92	2.16	1.62	1.28
총자산회전율	1.94	1.91	2.54	2.06	2.00	2.02	1.81	1.57	1.50	1.32	1.34

[그림 4-15] 총자산순이익률 변동원인 : 단일브랜드 운영

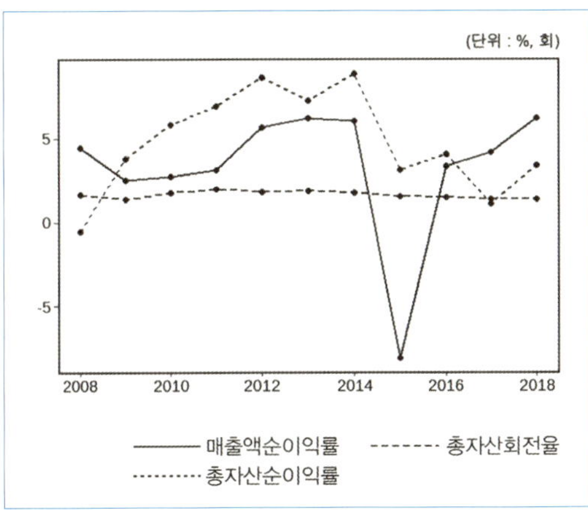

[그림 4-16] 총자산순이익률 변동원인 : 다브랜드 운영

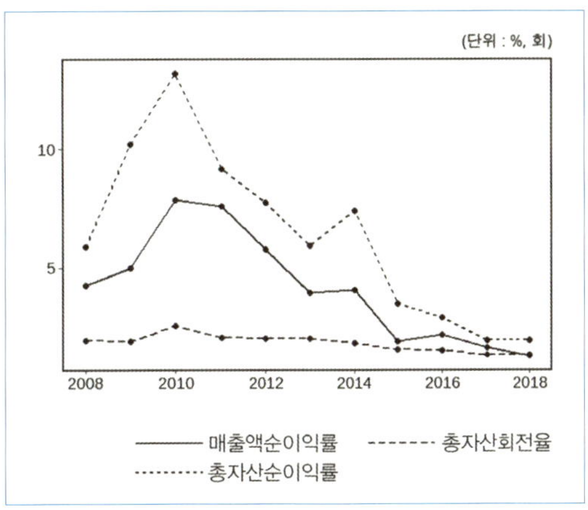

마. 국내외 브랜드 여부별

[표 4-5] 총자산순이익률 변동원인 : 국내외 브랜드 여부별 (단위 : %, 회)

비율	2008	2009	2010	2011	2012	2013	2014	2015	2016	2017	2018
국내 브랜드											
총자산순이익률	3.82	7.03	12.21	8.50	8.16	6.74	9.62	3.57	3.93	1.35	4.02
매출액순이익률	4.32	3.57	7.21	6.40	6.09	5.61	5.41	2.37	3.14	3.01	3.86
총자산회전율	1.80	1.73	2.36	1.97	1.93	1.93	1.73	1.54	1.43	1.27	1.24
해외 브랜드											
총자산순이익률	2.32	7.52	6.54	7.31	6.84	4.32	2.00	1.90	0.75	-0.48	-1.67
매출액순이익률	4.37	5.40	3.46	3.22	3.56	4.10	2.71	-0.52	1.68	1.00	2.72
총자산회전율	1.88	1.64	1.74	2.09	1.83	1.95	2.03	1.70	1.77	1.73	1.60

[그림 4-17] 총자산순이익률 변동원인 : 국내 브랜드

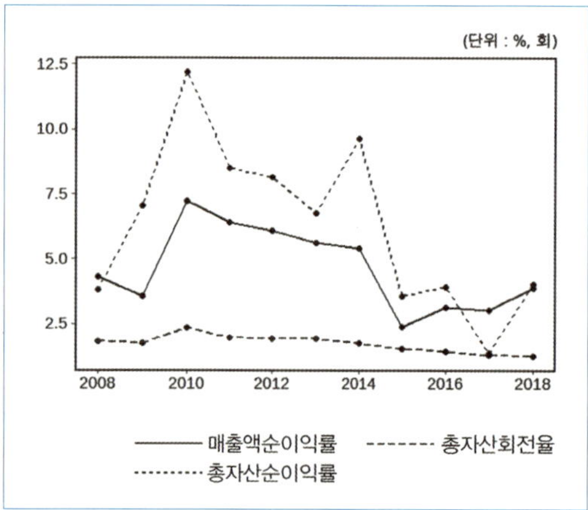

[그림 4-18] 총자산순이익률 변동원인 : 해외 브랜드

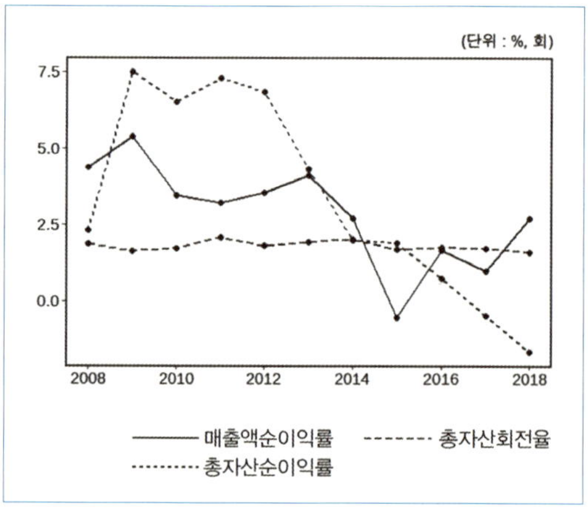

2. 자기자본순이익률 변동원인

- 듀퐁시스템은 자기자본순이익률의 변동원인 분석에 확장 적용할 수 있다. 자기자본순이익률을 곱의 형태로 분해하면 제품의 순마진을 나타내는 매출액순이익률, 총자산의 효율적 이용도를 나타내는 총자산회전율, 부채의존도를 나타내는 부채레버리지비율의 관계로 나타낼 수 있다.

- 자기자본순이익률 = 순이익/자기자본
  = 순이익/매출액 × 매출액/자기자본 × (1+부채/자기자본)
  = (매매출액순이익률) × (총자산회전율) × (부채레버리지비율)

가. 외식기업 전체

[표 4-6] 자기자본순이익률 변동원인

(단위 : %)

비율	2008	2009	2010	2011	2012	2013	2014	2015	2016	2017	2018
외식업 평균											
자기자본순이익률	3.91	23.97	27.31	23.27	20.48	12.85	23.12	2.81	4.85	7.26	7.12
매출액순이익률	4.32	4.02	6.24	5.76	5.68	5.28	4.98	1.58	2.67	2.5	3.44
총자산회전율	1.81	1.70	2.23	2.00	1.91	1.93	1.78	1.56	1.49	1.35	1.33
자본승수	4.86	3.34	2.97	3.21	5.41	7.02	4.52	12.50	5.86	3.48	3.52

[그림 4-19] 자기자본순이익률 변동원인 : 외식기업 전체

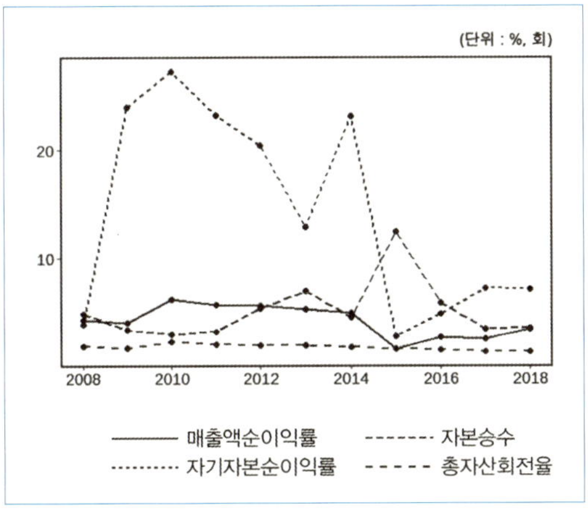

나. 세부 업종별

[표 4-7] 자기자본순이익률 변동원인 : 세부 업종별

(단위 : %)

비율	2008	2009	2010	2011	2012	2013	2014	2015	2016	2017	2018
한식 음식점업											
자기자본순이익률	7.81	31.90	32.18	20.37	17.93	-1.45	13.66	18.90	14.51	24.34	14.27
매출액순이익률	3.16	16.46	3.70	3.29	5.18	3.28	1.38	9.33	2.53	0.26	5.04
총자산회전율	1.62	1.33	2.38	1.79	1.54	1.49	1.58	1.51	1.43	1.18	1.17
자본승수	5.77	3.52	3.91	3.23	3.38	4.25	2.75	2.70	2.34	2.74	2.72
중식 음식점업											
자기자본순이익률	-	-	-	-	55.87	52.63	52.59	64.38	30.32	20.45	-5.24
매출액순이익률	-	-	-	-	2.31	3.96	3.54	6.64	5.44	4.91	10.39
총자산회전율	-	-	-	-	0.41	0.20	0.92	0.98	0.82	0.84	0.16
자본승수	-	-	-	-	59.47	72.59	37.14	22.80	16.14	12.92	77.06
일식 음식점업											
자기자본순이익률	-17.60	2.07	19.49	20.32	17.47	-0.16	2.66	3.13	5.66	-0.11	0.51
매출액순이익률	-4.70	2.21	7.57	9.07	2.71	-4.66	1.89	-2.15	2.15	1.28	1.02
총자산회전율	0.75	0.92	1.32	1.55	1.61	1.45	1.32	1.21	1.19	1.11	1.52
자본승수	3.23	2.24	2.31	2.17	1.99	2.09	2.41	1.97	1.93	2.01	0.77
서양식 음식점업											
자기자본순이익률	31.50	-	-	159.44	-669.22	-37.72	14.18	-657.59	-4.26	19.06	-5.17
매출액순이익률	5.15	-	-	16.00	-2.55	-0.53	-1.12	-72.92	-24.35	65.35	-19.91
총자산회전율	2.62	-	-	1.05	1.10	2.11	1.49	1.12	1.06	0.97	1.03
자본승수	2.20	-	-	9.46	246.50	26.35	10.21	87.26	38.71	2.77	7.61
제과점업											
자기자본순이익률	9.79	6.44	10.30	3.56	3.79	1.41	28.79	17.65	15.73	6.84	9.51
매출액순이익률	2.17	-15.66	-6.28	-2.79	-1.05	-0.31	5.82	4.64	4.36	2.72	4.73
총자산회전율	1.84	1.52	1.75	1.71	1.70	1.77	2.19	1.44	1.77	1.66	1.61
자본승수	2.24	1.81	1.58	1.57	1.52	1.73	1.54	3.34	2.76	2.50	2.11
피자, 햄버거, 샌드위치 및 유사 음식점업											
자기자본순이익률	-44.71	27.89	26.18	18.77	18.85	14.26	11.57	5.32	-2.07	-30.52	-3.95
매출액순이익률	-2.30	3.36	3.97	3.07	8.37	3.32	2.64	0.93	2.11	-0.20	3.8
총자산회전율	2.06	2.74	2.43	2.42	1.98	2.39	2.28	2.02	1.59	1.46	1.5
자본승수	30.34	3.09	2.63	4.59	4.02	3.89	3.94	4.09	3.97	7.49	5.74
치킨전문점											
자기자본순이익률	8.70	25.75	43.28	35.47	17.79	20.45	38.37	33.68	30.14	25.71	29.01
매출액순이익률	-5.09	1.79	2.06	4.12	2.47	3.62	4.58	4.90	8.04	10.02	15.16
총자산회전율	2.35	2.51	4.05	3.06	2.95	2.93	2.71	2.78	2.47	2.19	2.05
자본승수	1.60	7.85	4.52	4.08	7.64	8.62	5.87	4.44	2.39	1.92	1.87

비율	2008	2009	2010	2011	2012	2013	2014	2015	2016	2017	2018
김밥, 분식, 기타 간이 및 포장 음식점업											
자기자본순이익률	4.33	12.75	29.49	11.54	17.00	31.32	35.29	9.64	−5.43	−1.65	27.3
매출액순이익률	0.92	2.18	6.01	4.54	6.51	3.89	5.75	1.49	1.78	0.79	1.5
총자산회전율	2.14	2.21	2.66	2.35	2.32	2.22	2.47	1.93	1.93	1.58	1.41
자본승수	2.60	2.92	2.26	2.59	2.38	2.83	2.53	2.70	3.94	5.26	4.73
주점업											
자기자본순이익률	30.02	38.42	4.90	12.81	28.55	30.16	−1.86	6.32	−11.37	−41.81	-20.81
매출액순이익률	3.64	7.14	−0.26	1.97	6.33	10.10	−1.87	3.40	−6.17	−8.36	-0.01
총자산회전율	1.47	1.17	0.92	1.16	1.37	1.19	0.98	0.79	0.93	0.98	0.96
자본승수	3.02	4.00	4.15	3.70	3.28	2.73	3.03	2.32	4.17	5.93	6.23
비알코올 음료점업											
자기자본순이익률	29.92	22.07	21.49	36.45	29.70	32.62	62.59	−8.16	−29.65	10.06	14.38
매출액순이익률	5.40	4.58	4.40	5.97	4.94	4.80	8.09	−0.93	−0.52	−3.42	7.71
총자산회전율	1.67	1.66	1.77	2.07	2.15	2.06	1.60	1.45	1.37	1.36	1.36
자본승수	3.85	4.09	2.71	2.62	2.91	3.93	5.77	3.34	9.40	4.40	2.49
다업종업											
자기자본순이익률	19.56	28.64	28.75	19.01	26.92	6.81	19.87	4.84	−1.16	9.73	1.03
매출액순이익률	6.08	8.29	6.04	5.84	6.29	3.88	18.57	1.27	2.21	3.50	2.68
총자산회전율	2.04	1.83	2.11	1.89	2.14	1.73	1.54	1.34	1.22	1.21	1.35
자본승수	2.79	2.46	2.91	2.98	3.00	2.88	3.60	4.65	6.39	3.20	3.11

[그림 4-20] 자기자본순이익률 변동원인 : 한식

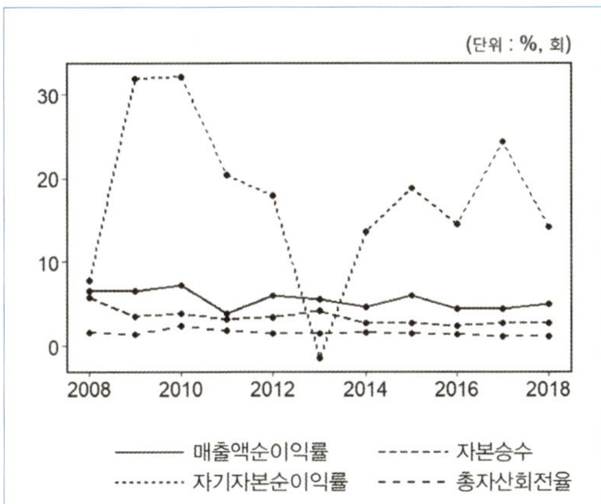

[그림 4-21] 자기자본순이익률 변동원인 : 중식

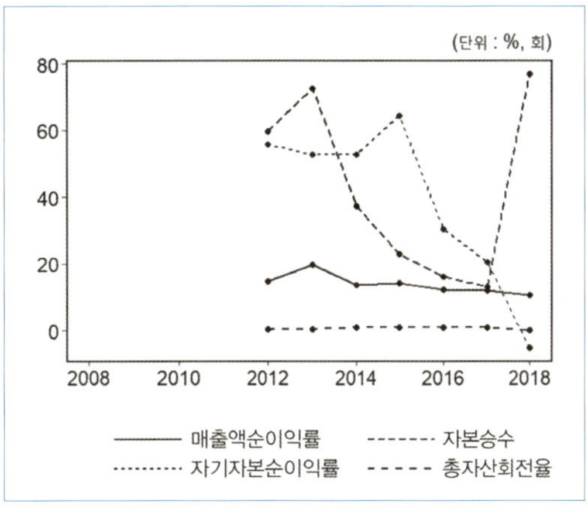

[그림 4-22] 자기자본순이익률 변동원인 : 일식

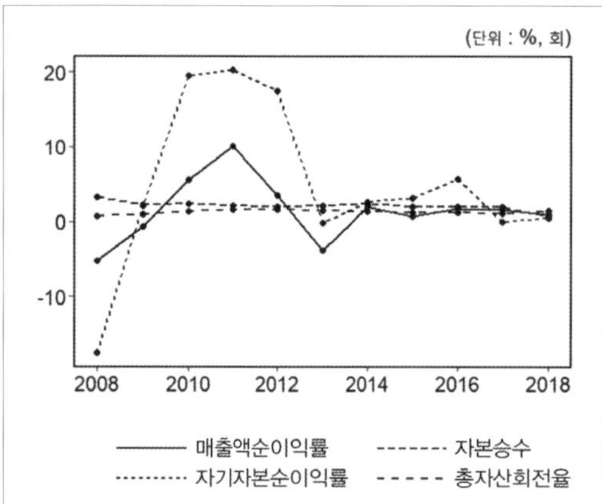

[그림 4-23] 자기자본순이익률 변동원인 : 서양식

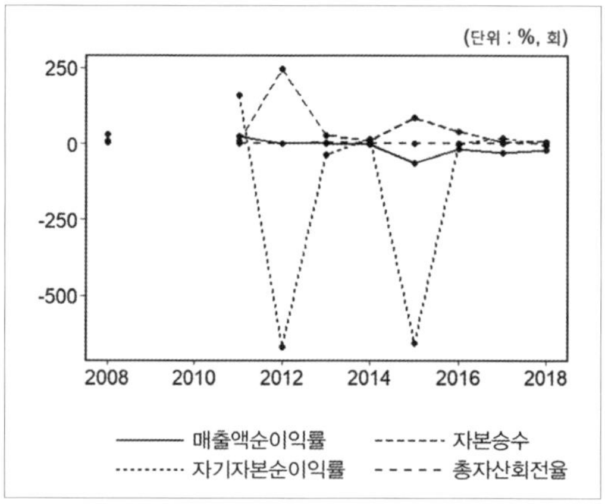

[그림 4-24] 자기자본순이익률 변동원인 : 제과점업

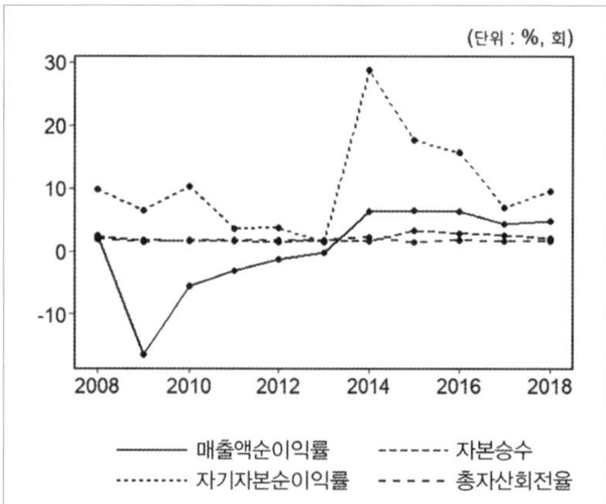

[그림 4-25] 자기자본순이익률 변동원인 : 피자, 햄버거, 샌드위치 및 유사 음식점업

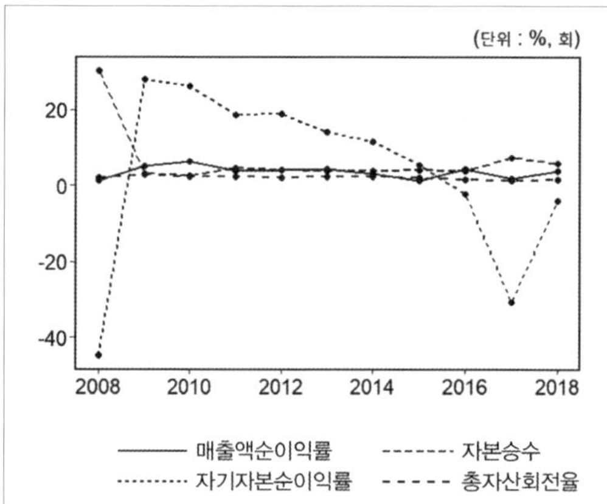

[그림 4-26] 자기자본순이익률 변동원인 : 치킨전문점

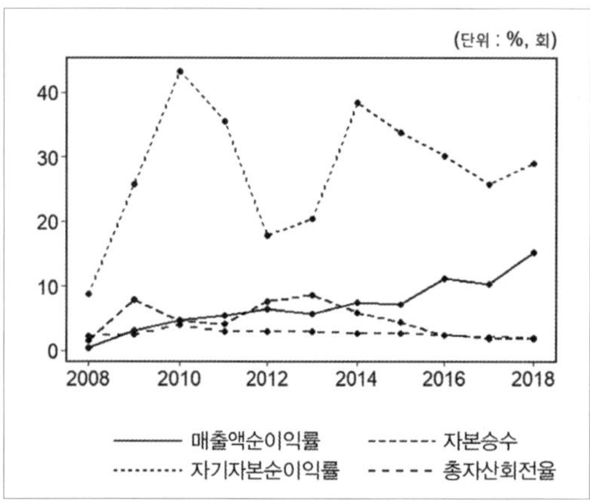

[그림 4-27] 자기자본순이익률 변동원인 : 김밥, 분식, 기타 간이 및포장 음식점업

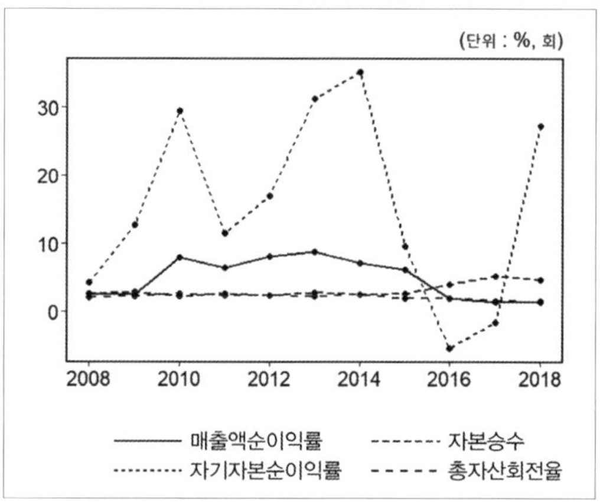

[그림 4-28] 자기자본순이익률 변동원인 : 주점업

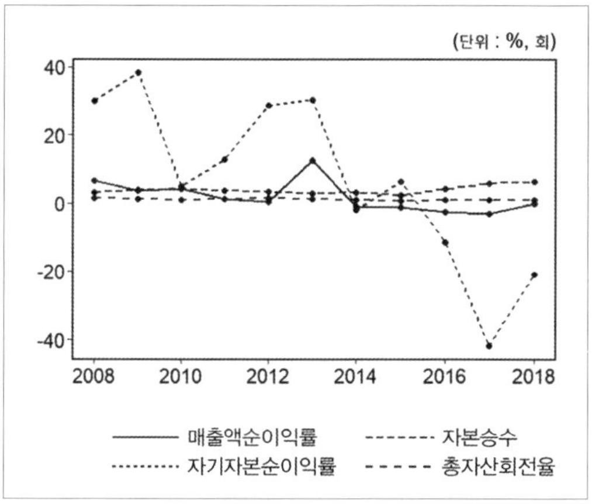

[그림 4-29] 자기자본순이익률 변동원인 : 비알코올 음료점업

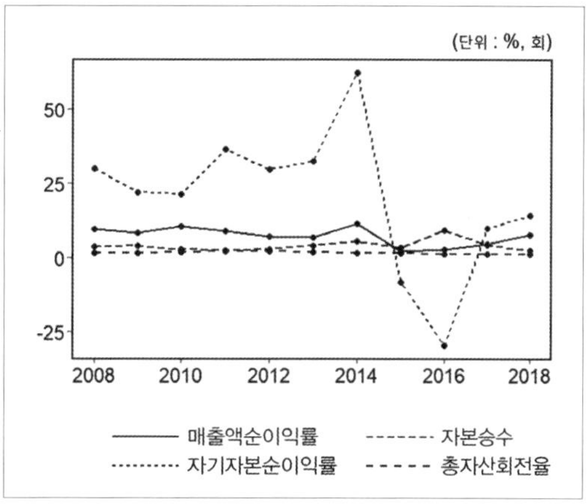

[그림 4-30] 자기자본순이익률 변동원인 : 다업종업

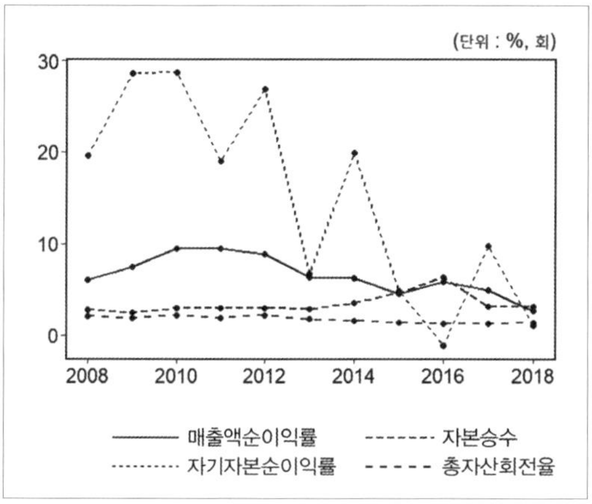

다. 프랜차이즈 운영 여부별

[표 4-8] 자기자본순이익률 변동원인 : 프랜차이즈 운영 여부별 (단위 : %)

비율	2008	2009	2010	2011	2012	2013	2014	2015	2016	2017	2018
프랜차이즈											
자기자본순이익률	1.54	23.29	30.28	19.05	21.03	16.94	25.36	7.29	5.85	2.98	8.41
매출액순이익률	3.59	3.80	6.28	4.97	5.72	6.14	6.18	4.13	4.51	3.87	5.38
총자산회전율	1.92	1.87	2.51	2.22	2.21	2.2	2.07	1.91	1.74	1.56	1.51
자본승수	6.58	3.65	3.06	3.29	3.37	3.24	3.46	3.71	3.49	3.36	2.86
비프랜차이즈											
자기자본순이익률	11.65	23.12	18.85	33.53	-45.71	-4.75	21.74	-1.63	4.75	14.46	5.52
매출액순이익률	6.49	4.32	7.44	7.04	6.59	4.29	2.99	-15.57	-0.35	-2.31	0.41
총자산회전율	1.48	1.15	1.61	1.46	1.32	1.46	1.33	1.09	1.14	1.06	1.07
자본승수	2.92	2.48	3.53	2.96	30.65	13.45	8.20	24.32	12.45	3.66	6.66

[그림 4-31] 자기자본순이익률 변동원인 : 프랜차이즈

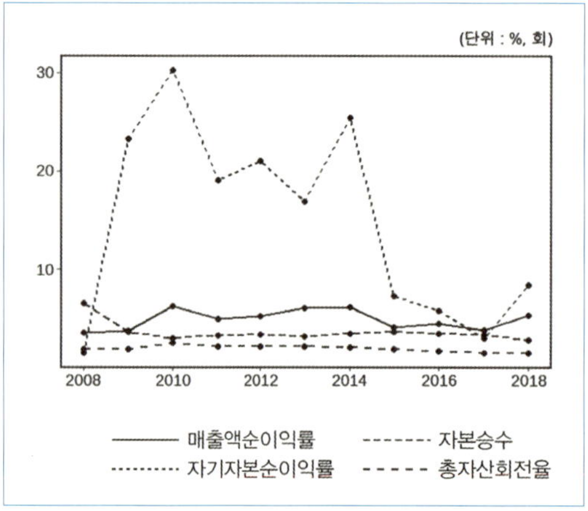

[그림 4-32] 자기자본순이익률 변동원인 : 비프랜차이즈

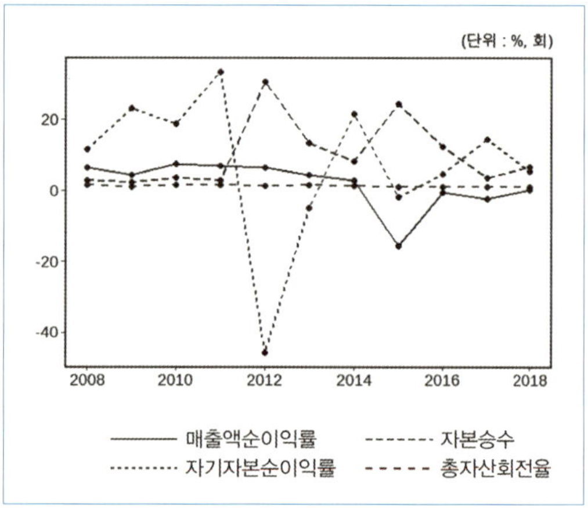

라. 보유 브랜드 수별

[표 4-9] 자기자본순이익률 변동원인 : 보유 브랜드 수별

(단위 : %)

비율	2008	2009	2010	2011	2012	2013	2014	2015	2016	2017	2018
단일브랜드 운영											
자기자본순이익률	-8.81	1918	22.78	26.35	-3.36	20.40	29.42	-33.56	7.56	6.13	10.15
매출액순이익률	4.41	2.50	2.71	3.12	5.64	6.19	6.01	-8.13	3.33	4.15	6.17
총자산회전율	1.61	1.37	1.71	1.93	1.77	1.83	174	1.54	1.47	1.37	1.34
자본승수	12.64	3.87	2.98	3.48	16.24	9.56	7.73	17.58	6.34	4.38	4.39
다브랜드 운영											
자기자본순이익률	12.34	23.93	29.50	19.20	19.78	5.78	19.94	6.80	3.57	8.67	4.05
매출액순이익률	4.25	4.98	7.85	7.59	5.76	3.94	4.08	1.92	2.16	1.62	1.28
총자산회전율	1.94	1.91	2.54	2.06	2.00	2.02	1.81	1.57	1.50	1.32	1.34
자본승수	2.88	3.00	3.11	3.06	2.95	3.74	3.25	4.45	5.25	2.84	2.7

[그림 4-33] 자기자본순이익률 변동원인 : 단일브랜드 운영

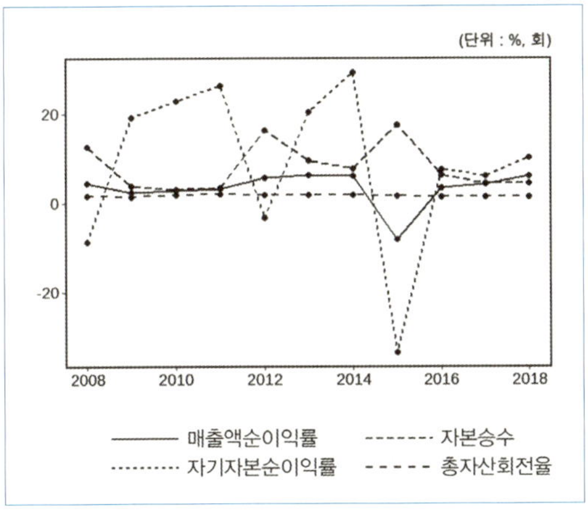

[그림 4-34] 자기자본순이익률 변동원인 : 다브랜드 운영

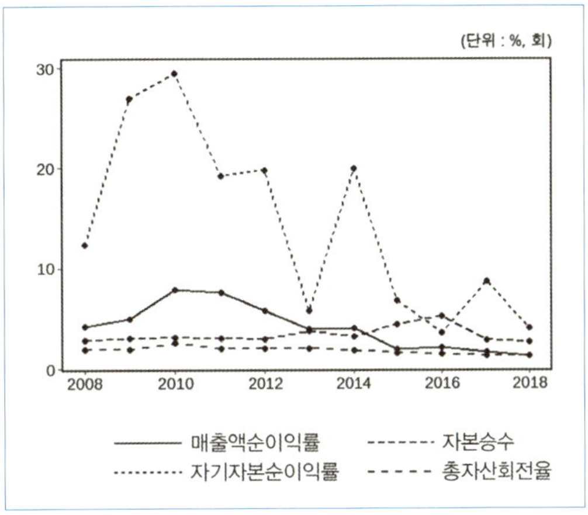

마. 국내외 브랜드 여부별

[표 4-10] 자기자본순이익률 변동원인 : 국내외 브랜드 여부별

(단위 : %)

비율	2008	2009	2010	2011	2012	2013	2014	2015	2016	2017	2018
국내 브랜드											
자기자본순이익률	11.49	24.91	29.20	24.01	20.77	13.10	26.17	1.35	5.21	8.58	7.88
매출액순이익률	1.48	4.49	3.99	4.79	4.08	3.39	4.50	0.33	0.20	-0.53	3.86
총자산회전율	1.80	1.73	2.36	1.97	1.93	1.93	1.73	1.54	1.43	1.27	1.24
자본승수	3.31	3.64	3.16	3.26	5.70	7.64	5.00	15.30	6.82	3.13	3.68
해외 브랜드											
자기자본순이익률	-26.49	19.18	15.96	19.34	15.23	7.30	9.78	6.80	2.84	33.27	7.56
매출액순이익률	1.84	4.78	2.41	2.13	4.47	2.03	0.99	-1.35	-0.18	-0.75	2.72
총자산회전율	1.88	1.64	1.74	2.09	1.83	1.95	2.03	1.70	1.77	1.73	1.60
자본승수	22.59	2.45	2.18	3.30	4.19	4.28	3.34	2.97	3.02	5.28	2.14

[그림 4-35] 자기자본순이익률 변동원인 : 국내 브랜드

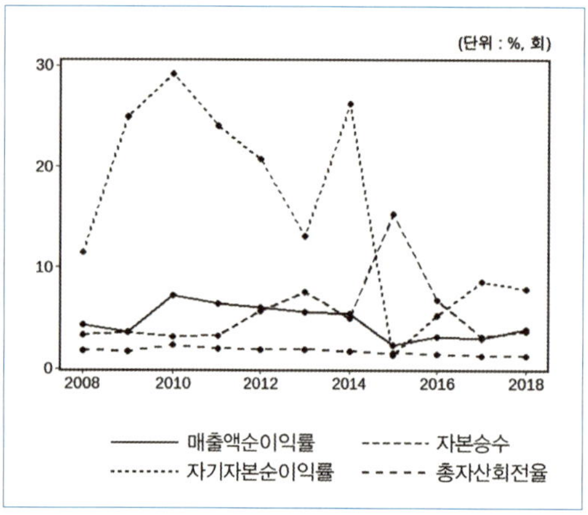

[그림 4-36] 자기자본순이익률 변동원인 : 해외 브랜드

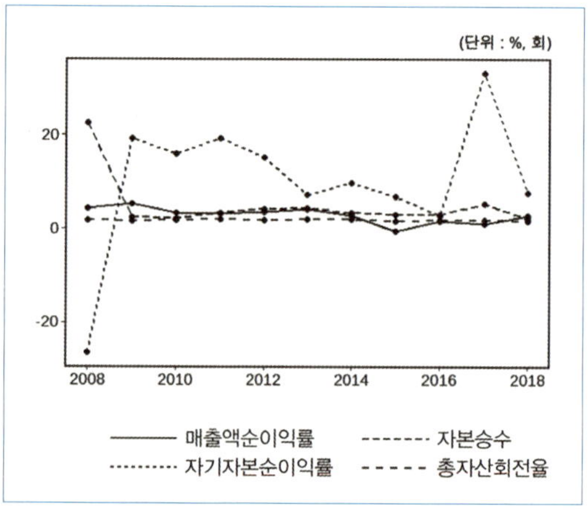

V. 외식기업 현금흐름 분석

가. 외식기업 전체

- 현금흐름 분석cash flow analysis은 현금의 조달과 사용에 관하여 포괄적인 현금흐름의 내용과 변동 원인, 현금창출능력에 대한 분석을 중심으로 기업의 재무건전도를 평가하는 분석체계다.
- 채권자 입장에서 볼 때 대출기업의 채무불이행의 가능성은 그 기업의 현금창출능력에 달려 있고, 많은 기업들이 겪게 되는 부도 위기도 현금흐름의 악화에 상당 부분 기인하기 때문에 철저한 현금흐름 분석은 매우 중요하다.
- 현금흐름 분석에서는 현금의 유입과 유출의 현금순환과정cash flow cycle을 영업활동 현금흐름, 투자활동 현금흐름, 재무활동 현금흐름으로 구분하고 있다.
  - ○ 영업활동으로 인한 현금흐름은 기업의 정상적인 영업활동생산, 판매, 관리활동 과정에서 발생하는 현금의 유출입을 의미한다.
  - ○ 투자활동으로 인한 현금흐름은 고정자산을 취득, 매각할 때 발생하는 현금 유출입을 의미한다.
  - ○ 재무활동으로 인한 현금흐름은 외부로부터 자금차입이나 주식발행, 차입금 상환 등과 관련된 현금유출입을 의미한다.
- 기업의 정상적인 영업활동과 관련한 현금유입에서 현금유출을 뺀 영업활동 순현금흐름을 살펴보면, 영업활동을 통한 현금 창출능력은 외식업에서 대체로 크게 나타났으며, 이는 외식업이 대부분 B2C중심의 산업이기 때문인 것으로 풀이된다.
  - ○ 2018년도 투자활동 순현금흐름은 순유출 상태이나, 영업활동 순현금흐름과 비슷한 수준으로 투자활동이 진행되었음을 알 수 있다.

[표 5-1] 외식기업 현금흐름

(단위 : 백만 원)

비율	2008	2009	2010	2011	2012	2013	2014	2015	2016	2017	2018
외식업 평균											
영업활동 순현금흐름	6,496	8,167	10,094	6,882	6,875	7,727	7,108	6,257	6,665	4,624	6,839
투자활동 순현금흐름	−9,141	−5,986	−8,042	−7,516	−8,822	−9,483	−9,802	−8,977	−8,168	−6,515	−6,554
재무활동 순현금흐름	1,432	−2,648	−975	1,300	3,199	1,321	3,089	2,195	875	178	1,474

[그림 5-1] 영업활동 순현금흐름 : 외식기업 전체

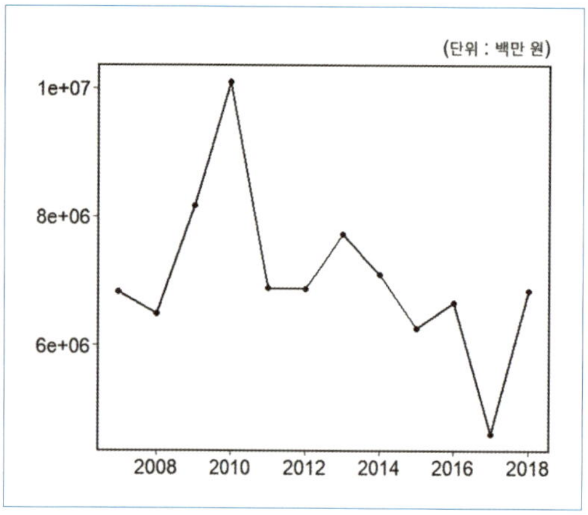

[그림 5-2] 투자활동 순현금흐름 : 외식기업 전체

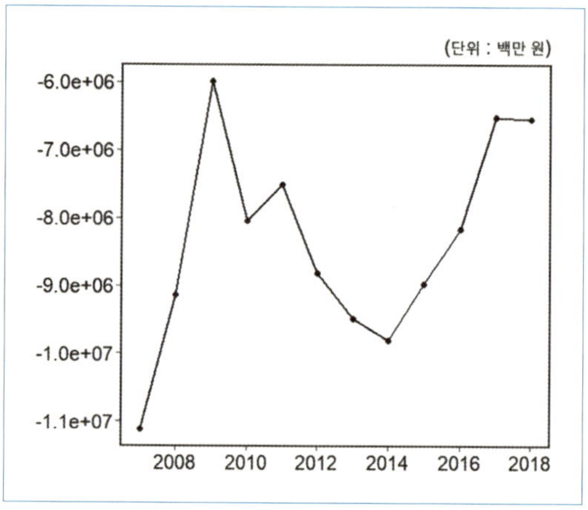

[그림 5-3] 재무활동 순현금흐름 : 외식기업 전체

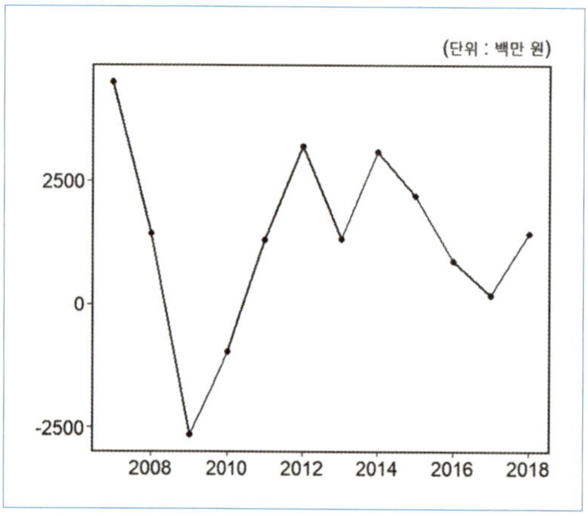

나. 세부 업종별

- 2018년도 영업활동 순현금흐름이 평균에 비해 높은 업종은 제과점업, 피자, 햄버거, 샌드위치 및 유사 음식점업, 치킨전문점, 비알코올 음료점업이다.
  - ○ 특히 비알코올 음료점업은 모든 기간에서 평균대비 높은 영업활동 순현금흐름을 나타냈으며, 영업활동을 통한 현금 창출 능력이 우수한 것으로 판단된다.
- 중식 음식점업은 투자활동 순현금흐름에서 순유입을 나타냈다.
  - ○ 2017년에 비해 2018년에는 중식 음식점업만이 순유입을 나타내고 있으며, 이는 위의 업종이 고정자산 투자에 소극적이며, 기존의 고정자산 중 일부를 매각했다고 예측해볼 수 있다.
- 치킨전문점의 경우 2018년도 영업활동 순현금흐름은 13,391백만 원으로 높은 수준이었으며, 투자활동 순현금흐름에서도 순유출을 보였다. 또한 재무활동 순현금흐름에서는 − 8,715백만 원의 순유출이 나타났으며 이는 치킨전문점이 영업활동과 투자활동에서 얻은 현금을 자금 상환에 많이 활용했기 때문이라고 파악된다.
- 영업활동 순현금흐름 대비 공격적인 투자활동을 한 업종으로는 서양식 음식점업, 제과점업, 다업종업 등이 있다.
  - ○ 특히 서양식 음식점업, 제과점업, 다업종업은 재무활동을 통한 순유입이 평균을 크게 상회하였다.

[표 5-2] 외식기업 현금흐름 : 세부 업종별 (단위 : 백만 원)

비율	2008	2009	2010	2011	2012	2013	2014	2015	2016	2017	2018
한식 음식점업											
영업활동 순현금흐름	2,422	3,003	3,086	2,476	3,445	2,990	2,571	2,535	3,711	2,445	2,635
투자활동 순현금흐름	-3,322	-1,869	-3,569	-2,862	-1,174	-3,866	-4,018	-1,878	-3,256	-1,737	-3,457
재무활동 순현금흐름	1,080	-798	1,327	256	-1,224	-210	1,773	652	117	-641	891
중식 음식점업											
영업활동 순현금흐름	-	-	-	-	72	245	1,632	1,587	374	1,200	164
투자활동 순현금흐름	-	-	-	-	-17,912	308	-843	-349	-99	-123	125
재무활동 순현금흐름	-	-	-	-	17,782	-503	-679	-634	-913	-774	-260
일식 음식점업											
영업활동 순현금흐름	50	1,211	1,924	3,402	2,588	1,449	3,322	2,898	3,322	2,537	1,557

다음 페이지에 계속

비율	2008	2009	2010	2011	2012	2013	2014	2015	2016	2017	2018
투자활동 순현금흐름	-1,332	-2,164	-3,038	-2,951	-2,387	-2,651	-6,271	-4,072	-3,727	-21,032	-827
재무활동 순현금흐름	96	1,007	953	-286	577	1,230	2,697	3,553	188	16,455	173
서양식 음식점업											
영업활동 순현금흐름	3,569	-	-	1,816	847	2,190	541	372	227	266	53
투자활동 순현금흐름	-3,103	-	-	-9,610	-2,637	-3,078	-1,682	-2,787	-1,481	256	-1,878
재무활동 순현금흐름	-361	-	-	7,858	1,731	918	1,101	2,587	1,110	-583	1,820
제과점업											
영업활동 순현금흐름	44,607	49,887	37,343	17,605	18,015	32,411	22,437	25,399	17,503	3,798	9,699
투자활동 순현금흐름	-38,903	-34,659	-23,344	-35,139	-29,820	-29,934	-35,872	-25,339	-24,909	-18,442	-26,442
재무활동 순현금흐름	-5,292	-9,732	-11,242	8,565	14,118	-5,024	13,449	18	7,825	13,944	17,460
피자, 햄버거, 샌드위치 및 유사 음식점업											
영업활동 순현금흐름	5,960	6,369	11,025	9,126	10,415	5,074	7,270	6,886	4,643	2,682	7,633
투자활동 순현금흐름	-2,125	-7,827	-8,707	-5,329	9,438	-5,118	-13,553	-9,934	-27,649	-1,761	-9,741
재무활동 순현금흐름	-1,820	-2,707	-1,497	-3,198	-5,042	-10,613	6,443	2,769	24,252	67	1,116
치킨전문점											
영업활동 순현금흐름	-41	-1,361	5,022	2,815	3,730	4,408	3,577	3,636	7,996	5,411	13,391
투자활동 순현금흐름	-6,964	51	-2,061	-4,062	-5,350	-1,847	-3,382	-3,689	-1,322	-5,877	-6,894
재무활동 순현금흐름	2,148	863	-1,164	1,161	1,837	-1,327	621	88	-2,803	-1,174	-8,715
김밥, 분식, 기타 간이 및 포장 음식점업											
영업활동 순현금흐름	2,357	4,162	-446	3,741	-671	2,986	2,134	1,767	1,393	1,863	1,173
투자활동 순현금흐름	-5,311	-1,296	665	-2,773	-556	-8,831	-1,088	-665	-2,567	1,267	-4,732
재무활동 순현금흐름	3,190	435	-1,250	-1,208	1,210	6,544	-1,604	-761	865	-1,286	2,329
주점업											
영업활동 순현금흐름	1,440	1,466	1,042	1,474	-421	1,712	2,804	-1,192	4,839	13,749	724
투자활동 순현금흐름	-517	-951	-639	-1,121	-2,411	-1,624	-2,606	2,886	-13,865	-6,446	-921
재무활동 순현금흐름	-207	-177	-590	-411	1,601	-91	-232	-1,733	8,963	-7,299	15
비알코올 음료점업											
영업활동 순현금흐름	16,464	20,473	25,290	19,680	16,459	20,599	16,579	16,321	16,001	18,657	25,064

비율	2008	2009	2010	2011	2012	2013	2014	2015	2016	2017	2018
투자활동 순현금흐름	−19,998	−21,478	−18,026	−28,558	−29,792	−24,312	−18,881	−18,197	−12,396	−12,931	−13,670
재무활동 순현금흐름	4,231	258	−4,679	6,763	15,833	4,311	1,902	697	−4,196	−4,875	−3,264
다업종업											
영업활동 순현금흐름	9,865	16,702	23,485	9,499	13,344	13,992	14,971	14,457	15,065	7,024	5,010
투자활동 순현금흐름	−17,344	−2,473	−20,121	−9,194	−21,976	−20,288	−27,981	−26,077	−16,982	−16,118	−8,137
재무활동 순현금흐름	8,036	−13,610	−2,300	2,083	5,448	7,300	10,878	15,633	4,147	5,523	5,445

[그림 5-4] 외식기업 현금흐름 : 한식

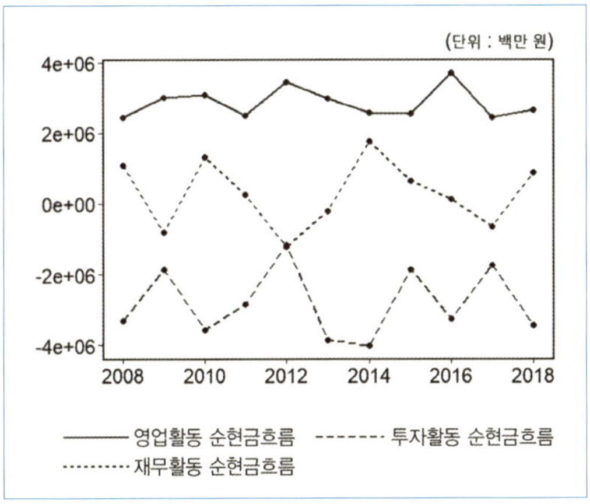

[그림 5-5] 외식기업 현금흐름 : 중식

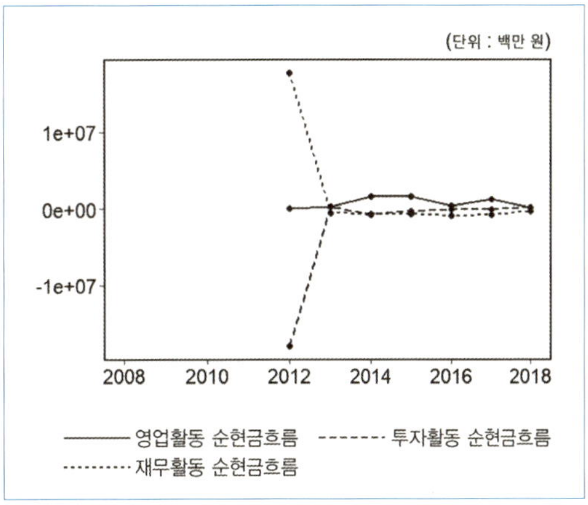

[그림 5-6] 외식기업 현금흐름 : 일식

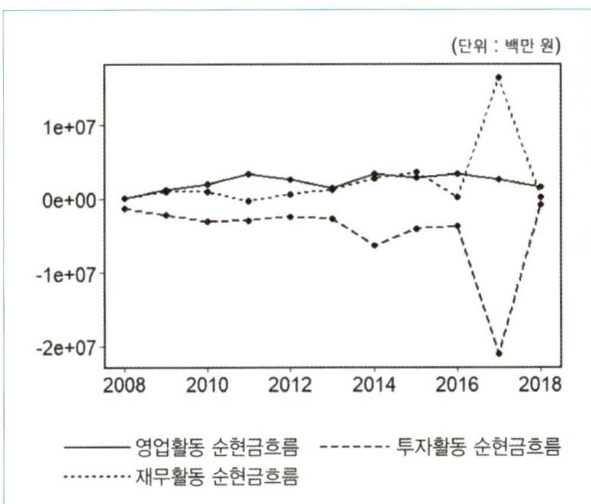

[그림 5-7] 외식기업 현금흐름 : 서양식

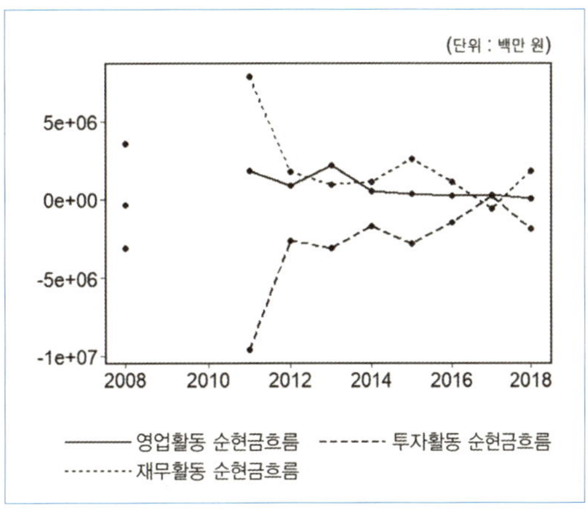

[그림 5-8] 외식기업 현금흐름 : 제과점업

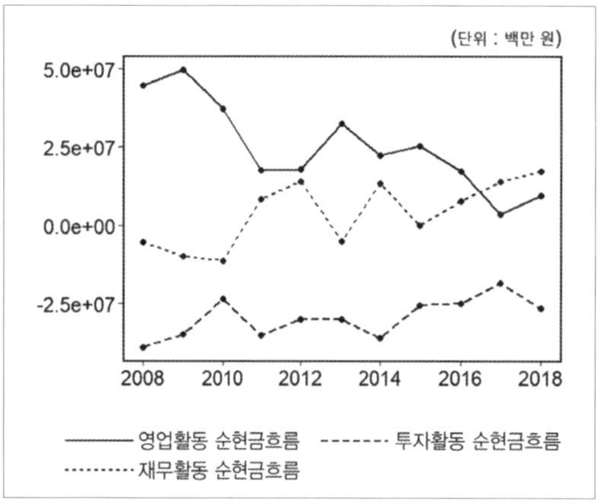

[그림 5-9] 외식기업 현금흐름 : 피자, 햄버거, 샌드위치 및 유사 음식점업

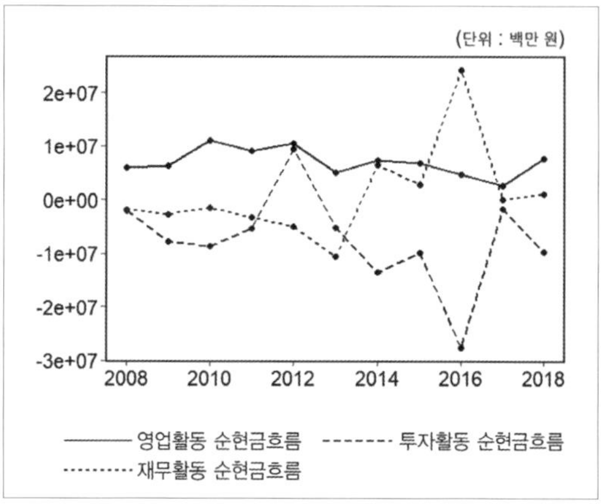

[그림 5-10] 외식기업 현금흐름 : 치킨전문점

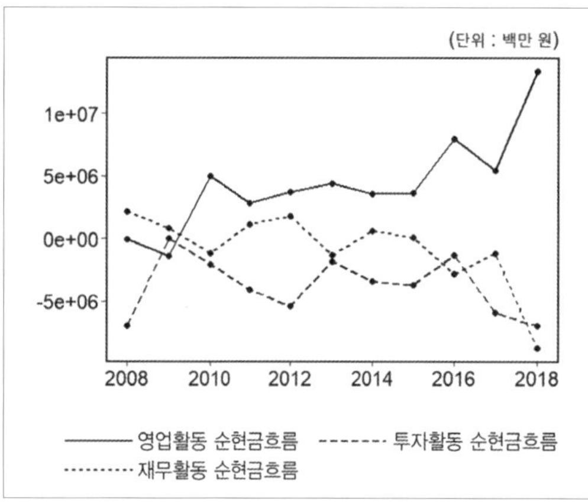

[그림 5-11] 외식기업 현금흐름 : 김밥, 분식, 기타 간이 및 포장 음식점업

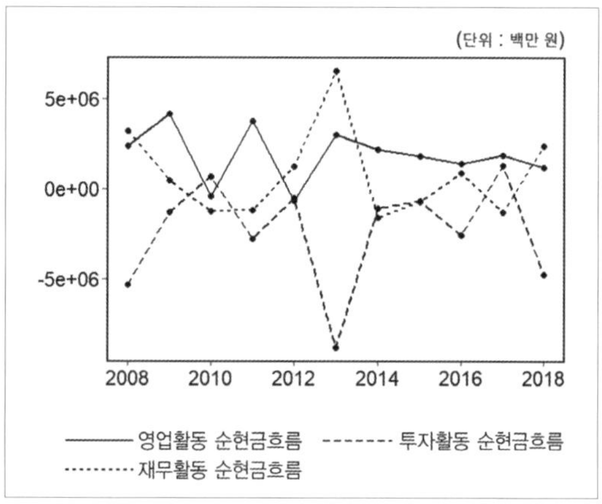

[그림 5-12] 외식기업 현금흐름 : 주점업

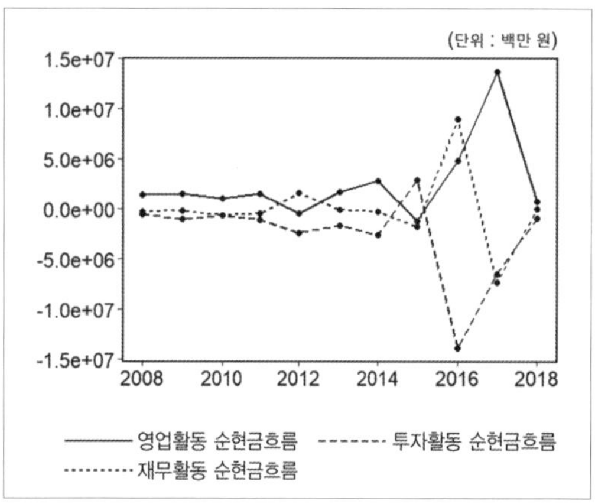

[그림 5-13] 외식기업 현금흐름 : 비알코올 음료점업

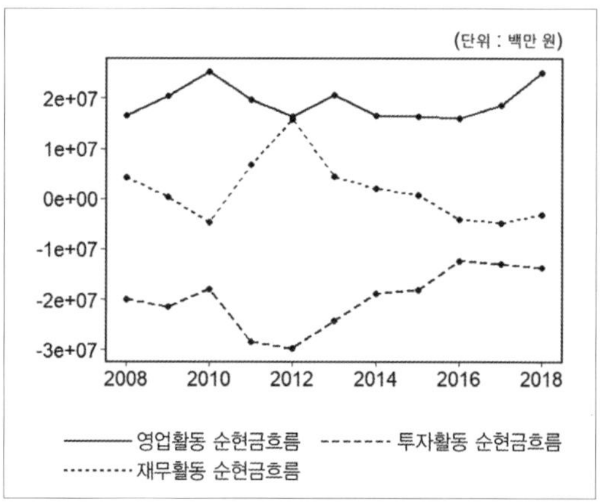

[그림 5-14] 외식기업 현금흐름 : 다업종업

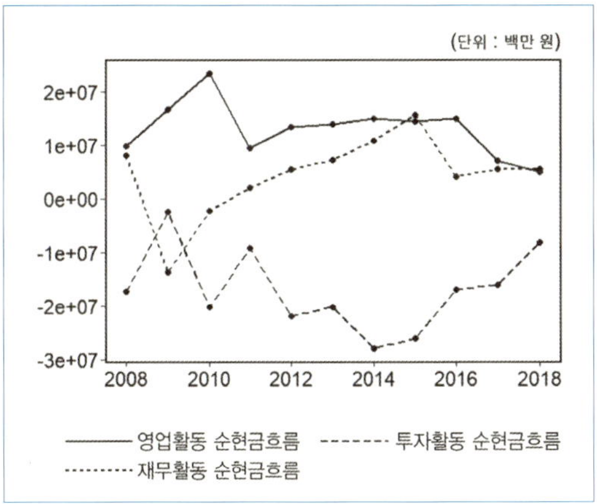

다. 프랜차이즈 운영 여부별

- 외식업의 프랜차이즈 운영 여부에 따른 현금흐름 분석 결과, 프랜차이즈의 영업활동 순현금흐름이 비프랜차이즈 영업활동 순현금흐름보다 평균적으로 약 2배 큰 것으로 나타났으며 점차 격차가 벌어지는 추세이다.
  - ○ 2018년 기준 프랜차이즈와 비프랜차이즈의 영업활동 순현금흐름 차이는 약 5,298백만 원으로, 프랜차이즈의 영업활동을 통한 현금유입이 더 크다고 볼 수 있다.
- 2018년도 투자활동 순현금흐름은 프랜차이즈와 비프랜차이즈 모두 순유출 상태이나, 프랜차이즈에 비해 비프랜차이즈가 영업활동 현금흐름을 다소 초과하는 금액을 유무형자산 또는 금융상품 등에 공격적으로 투자했음을 알 수 있다.
- 프랜차이즈의 재무활동 순현금흐름이 비프랜차이즈보다 크다. 이는 프랜차이즈가 금융기관에서의 자금조달을 통한 순유입을 더 많이 했음을 의미한다. 그러나 2017년에 비해 순유입의 차이는 크게 감소하였다.

[표 5-3] 외식기업 현금흐름 : 프랜차이즈 운영 여부별

(단위 : 백만 원)

비율	2008	2009	2010	2011	2012	2013	2014	2015	2016	2017	2018
프랜차이즈											
영업활동 순현금흐름	7,093	9,439	11,749	7,658	8,373	9,277	8,173	8,555	8,605	5,695	8,488
투자활동 순현금흐름	-9,452	-6,612	-8,442	-6,804	-9,757	-10,839	-9,434	-11,427	-12,728	-9,445	-7,855
재무활동 순현금흐름	895	-3,411	-2,531	674	2,904	779	1,430	2,612	3,205	3,670	2,430
비프랜차이즈											
영업활동 순현금흐름	5,391	5,390	5,914	5,141	3,496	3,925	4,049	1,915	2,825	2,648	3,190
투자활동 순현금흐름	-8,311	-5,157	-7,568	-7,893	-6,181	-5,737	-10,406	-3,796	-2,973	-1,380	-3,765
재무활동 순현금흐름	2,463	-462	2,390	2,457	2,996	1,920	5,282	2,315	192	-2,108	2,283

[그림 5-15] 영업활동 순현금흐름 : 프랜차이즈 운영 여부

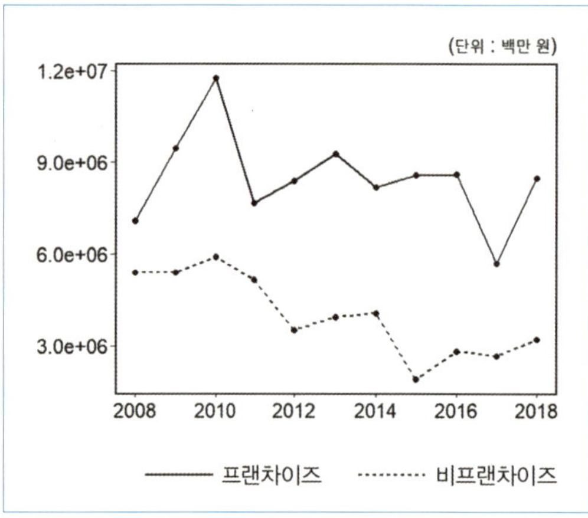

[그림 5-16] 투자활동 순현금흐름 : 프랜차이즈 운영 여부

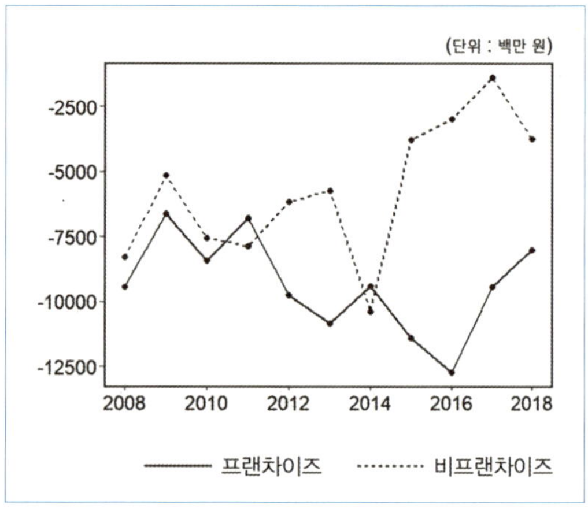

[그림 5-17] 재무활동 순현금흐름 : 프랜차이즈 운영 여부

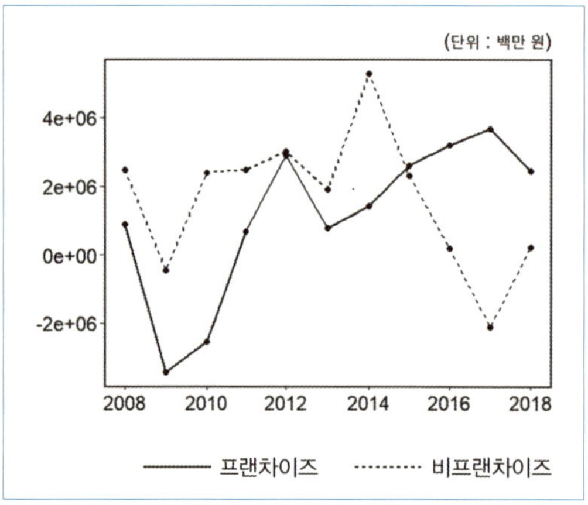

라. 보유 브랜드 수별

- 지난 10년간 단일브랜드의 영업활동 순현금흐름은 다브랜드의 약 2분의 1 정도였으나, 2017년 기준 유사 수준에 도달했다. 2018년에는 단일브랜드가 다브랜드의 영업활동 순현금흐름 수준을 넘어섰다.
- 2018년도 기준 다브랜드 운영기업의 영업활동 순현금흐름 대비 투자활동 순현금흐름이 단일브랜드 운영기업보다 공격적으로 이루어졌음을 알 수 있다.

[표 5-4] 외식기업 현금흐름 : 보유 브랜드 수별

(단위 : 백만 원)

비율	2008	2009	2010	2011	2012	2013	2014	2015	2016	2017	2018
단일브랜드 운영											
영업활동 순현금흐름	4,973	5,038	6,082	4,404	4,147	4,352	4,612	3,327	4,451	4,141	7,914
투자활동 순현금흐름	-6,406	-4,943	-4,166	-6,328	-5,638	-5,812	-6,718	-4,480	-6,866	-3,586	-4,478
재무활동 순현금흐름	1,926	-27	-473	1,887	3,614	99	2,031	1,392	1,266	-1,070	-587
다브랜드 운영											
영업활동 순현금흐름	7,920	11,343	12,744	8,955	9,064	9,557	8,174	8,219	8,452	4,881	5,989
투자활동 순현금흐름	-10,806	-7,505	-10,572	-8,284	-11,780	-11,794	-12,096	-12,133	-8,110	-8,658	-8,528
재무활동 순현금흐름	1,195	-4,410	-1,304	741	2,363	1,897	4,699	3,725	570	3,425	3,715

[그림 5-18] 영업활동 순현금흐름 : 보유 브랜드 수

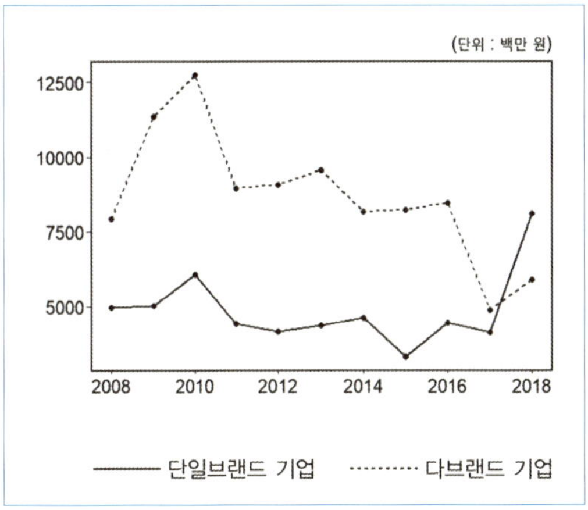

[그림 5-19] 투자활동 순현금흐름 : 보유 브랜드 수

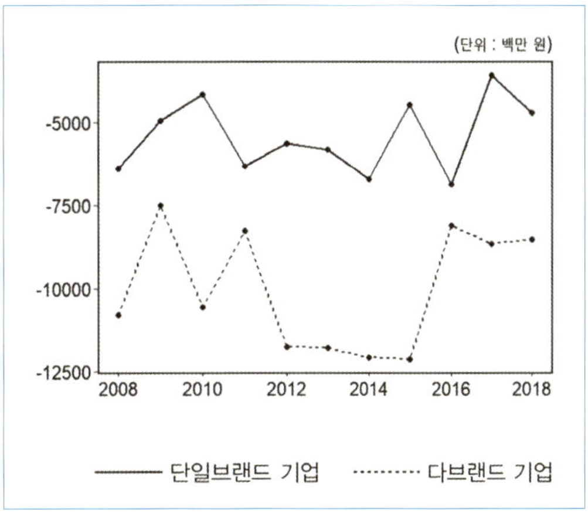

[그림 5-20] 재무활동 순현금흐름 : 보유 브랜드 수

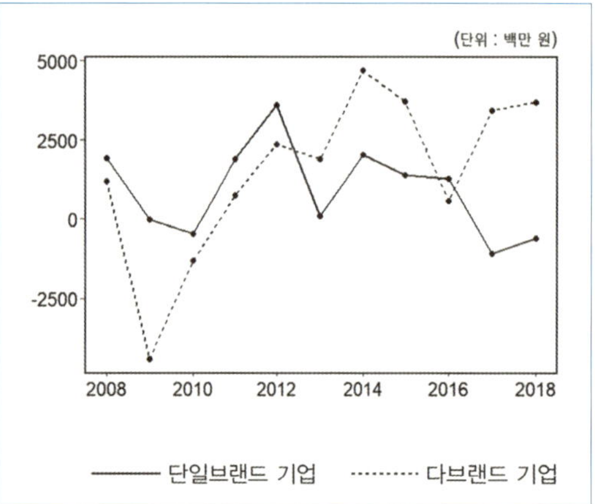

마. 국내외 브랜드 여부별

- 지난 10년간 해외 브랜드의 영업활동 순현금흐름은 국내 브랜드의 영업활동 순현금흐름의 2배 이상 컸으며, 격차가 점차 커지고 있는 것으로 나타났다.
  - ○ 2018년 기준 해외 브랜드와 국내 브랜드의 영업활동 순현금흐름 차이는 10,252백만 원이다.
- 2018년 해외 브랜드의 재무활동 순현금흐름은 순유출을 기록했다. 이는 해외 브랜드 운영기업이 2018년도 매출액순이익률 등 대부분의 수익성 지표에서 상대적으로 높은 이익 수준을 달성하여, 재무활동 측면에서 차입금 상환을 통해 순유출을 보인 것으로 풀이된다.

[표 5-5] 외식기업 현금흐름 : 국내외 브랜드 여부별 (단위 : 백만 원)

비율	2008	2009	2010	2011	2012	2013	2014	2015	2016	2017	2018
국내 브랜드											
영업활동 순현금흐름	4,483	6,679	8,796	5,324	5,500	5,781	4,890	4,571	5,324	3,432	4,347
투자활동 순현금흐름	−8,246	−4,012	−7,357	−6,070	−8,609	−8,402	−8,213	−7,515	−4,623	−4,809	−5,615
재무활동 순현금흐름	1,610	−2,601	−508	1,440	3,366	1,772	3,186	2,798	811	965	2,165
해외 브랜드											
영업활동 순현금흐름	13,829	14,458	15,914	12,391	11,883	14,344	13,820	14,443	13,535	13,762	14,599
투자활동 순현금흐름	−12,963	−11,826	−11,792	−12,331	−7,089	−13,191	−18,928	−13,744	−20,453	−12,513	−10,135
재무활동 순현금흐름	689	−2,959	−2,841	−230	1,690	−3,789	3,279	846	4,135	−515	−312

[그림 5-21] 영업활동 순현금흐름 : 국내외 브랜드 여부

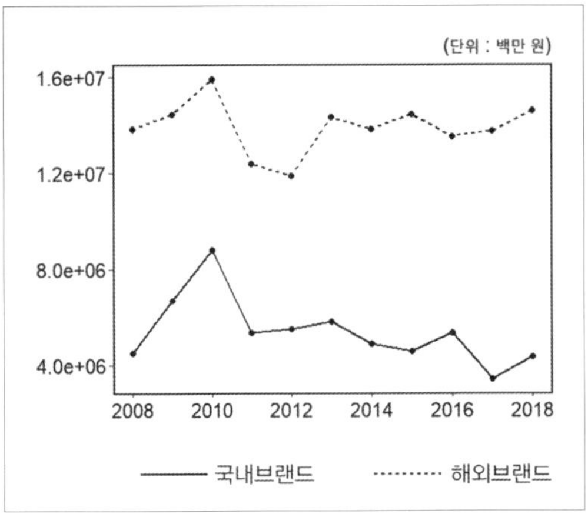

[그림 5-22] 투자활동 순현금흐름 : 국내외 브랜드 여부

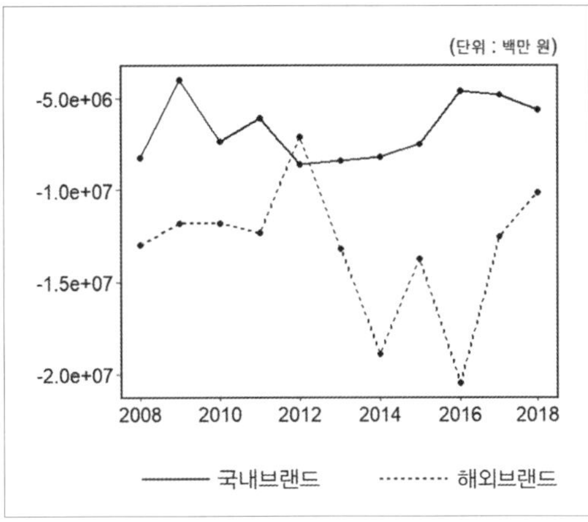

[그림 5-23] 재무활동 순현금흐름 : 국내외 브랜드 여부

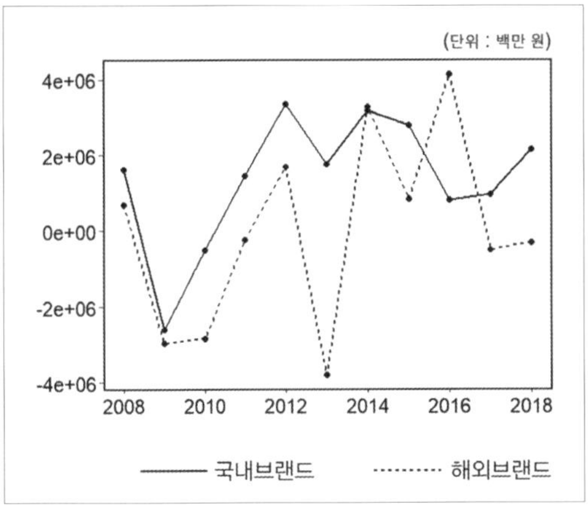

VI. 외식기업 레버리지 분석

■ 레버리지 분석 leverage analysis 은 기업의 총비용 중에서 고정비가 차지하는 비중이 클수록 기업의 이익과 손실이 확대되는 원리를 분석한 것이다. 고정비의 존재로 발생하는 손익확대효과는 고정비의 지렛대 역할로 나타나기 때문에 레버리지 효과 leverage effect 라고 한다.

○ 손익확대효과를 갖는 레버리지는 영업고정비의 존재로 손익이 확대되는 영업레버리지 operating leverage 와 재무고정비의 존재로 인해 손익이 확대되는 재무레버리지 financial leverage 가 있다. 또한 이 두 가지 고정비 영업고정비와 재무고정비 모두 때문에 손익이 확대되는 결합레버리지 combined leverage 가 있다.

○ 매출액 변화에 대한 영업이익의 변화의 크기, 즉 손익확대효과의 정도는 영업레버리지도 DOL : degree of operating leverage 를 이용하여 측정하며, 재무고정비로 인하여 발생하는 손익확대효과의 크기는 재무레버리지도 DFL : degree of financial leverage 로 측정한다. 두 효과를 합쳐서 평가하는 것을 결합레버리지도 DCL : degree of combined leverage 라고 하며, 결합레버리지도 DCL 는 영업레버리지도 DOL 와 재무레버리지도 DFL 의 곱으로 측정한다.

가. 외식기업 전체

■ 외식기업은 영업위험과 관련된 영업레버리지도 DOL 가 평균적으로 높으며, 다른 산업에 비해 큰 폭으로 상승 및 하락을 반복하는 것으로 나타났다.

○ 이는 외식기업의 영업비용 중 고정비가 차지하는 비율이 커 매출증가 시 영업이익이 크게 증가하는 동시에 매출감소 시에 더 큰 영업위험을 부담해야 된다는 의미이다. 또한 외식단위 사업체 개별 식당 수준에서는 고정자산 투자가 많아 영업 위험이 큰 구조라는 것을 알 수 있다.

■ 2016년 이후 외식업 평균 재무레버리지도 DFL 가 상승하였다.

■ 외식기업은 고정영업비로 인해 매출액 대비 영업이익의 증감폭이 커지는 레버리지 효과가 상대적으로 클 것으로 판단된다. 따라서 결합레버리지도 DCL 도 다른 산업에 비해 큰 편이다.

[표 6-1] 외식기업 레버리지

(단위 : %)

비율	2008	2009	2010	2011	2012	2013	2014	2015	2016	2017	2018
외식업 평균											
영업레버리지도	2.73	7.08	5.30	5.41	7.76	14.32	9.21	4.94	6.41	9.80	7.16
재무레버리지도	2.70	2.44	1.51	1.66	1.33	1.99	1.67	1.45	3.63	1.37	4.64
결합레버리지도	20.17	19.62	12.08	9.51	32.28	22.05	20.70	14.65	28.98	6.94	1.18

[그림 6-1] 영업레버리지도 : 외식기업 전체

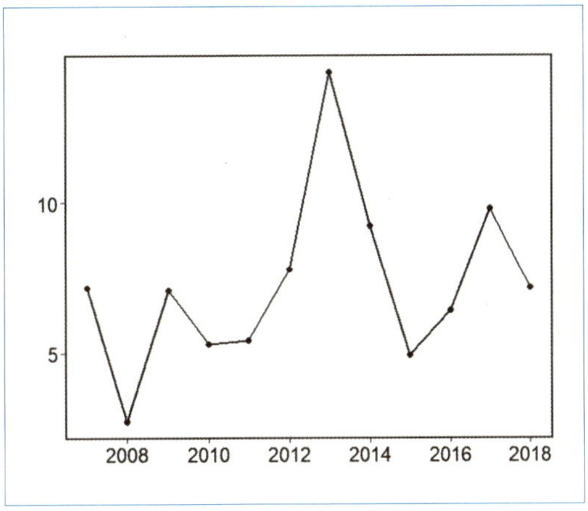

[그림 6-2] 재무레버리지도 : 외식기업 전체

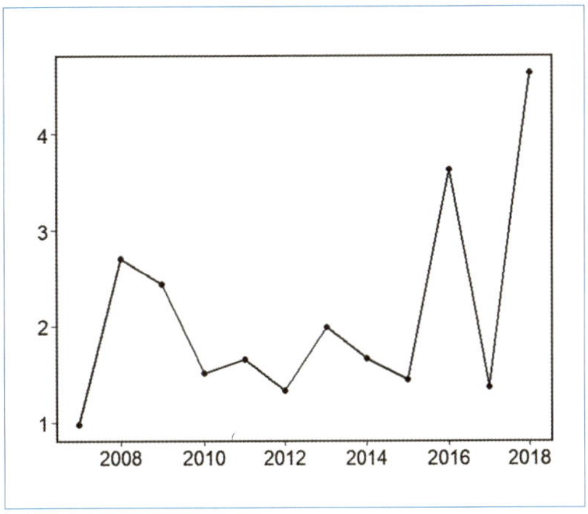

[그림 6-3] 결합레버리지도 : 외식기업 전체

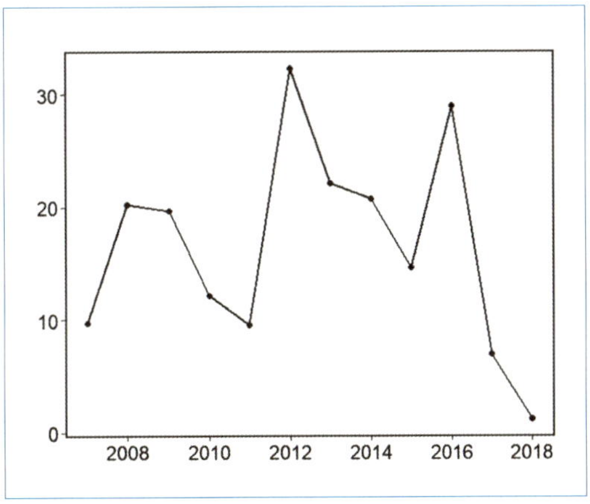

나. 세부 업종별

- 업종별로 레버리지도는 매우 큰 차이를 나타내고 있다.
- 2018년 영업레버리지도가 낮은 업종은 한식 음식점업, 치킨전문점, 비알코올 음료점업 등이 있으며, 서양식 음식점업, 주점업, 피자, 햄버거, 샌드위치 및 유사 음식점업 등의 재무레버리지도가 상대적으로 낮은 것으로 나타났다.
- 2018년 제과점업, 피자, 햄버거, 샌드위치 및 유사 음식점업, 김밥, 분식, 기타 간이 및 포장 음식점업, 주점업, 다업종업의 결합레버지도가 상대적으로 높은 것으로 나타났는데, 특히 제과점업의 결합레버리지도가 매우 두드러졌다. 반면, 중국 음식점업의 결합레버리지도는 마이너스 값으로 나타나 레버리지 효과가 낮은 것으로 판단된다.

[표 6-2] 외식기업 레버리지 : 세부 업종별 (단위 : %)

비율	2008	2009	2010	2011	2012	2013	2014	2015	2016	2017	2018
한식 음식점업											
영업레버리지도	6.26	5.67	6.01	4.84	6.90	9.79	3.16	6.18	5.00	5.67	6.61
재무레버리지도	3.57	2.96	1.08	2.03	2.15	1.83	2.80	1.33	3.89	1.84	20.39
결합레버리지도	28.25	13.55	5.67	10.94	20.11	8.29	20.80	18.19	31.19	6.55	1.02
중식 음식점업											
영업레버리지도	-	-	-	-	4.61	3.56	4.03	3.47	4.46	4.68	-13.29
재무레버리지도	-	-	-	-	6.28	4.94	10.09	2.57	2.39	2.60	7.4
결합레버리지도	-	-	-	-	28.92	17.56	43.97	9.77	10.46	11.66	-1.57
일식 음식점업											
영업레버리지도	-1.78	-0.17	2.14	4.07	3.30	86.88	0.38	3.95	5.07	14.05	-11.69
재무레버리지도	0.93	0.86	1.17	1.25	1.33	0.64	0.84	11.25	-0.18	0.63	4.89
결합레버리지도	-1.16	4.85	2.32	5.20	4.42	26.81	4.90	104.93	-17.75	1.22	0.72
서양식 음식점업											
영업레버리지도	8.38	-	-	2.43	20.82	-4.91	21.36	-28.16	-7.54	5.04	10.69
재무레버리지도	1.50	-	-	1.52	0.84	0.90	-42.43	2.92	12.34	1.36	3.54
결합레버리지도	12.56	-	-	3.71	8.19	1.79	83.62	7.05	89.89	9.30	0.27
제과점업											
영업레버리지도	30.08	-5.34	-5.32	5.04	61.83	7.85	-2.61	-0.29	-1.69	-8.92	12.14
재무레버리지도	0.99	0.32	0.20	1.11	2.15	1.00	0.55	1.41	1.28	1.28	-5.4
결합레버리지도	18.46	14.75	29.05	5.04	81.27	8.14	3.48	0.74	0.51	-1.65	2.53
피자, 햄버거, 샌드위치 및 유사 음식점업											
영업레버리지도	-1.83	7.44	7.07	2.75	-121.19	18.96	14.88	24.23	28.97	27.89	33.35
재무레버리지도	0.57	4.54	1.57	-1.27	-5.66	1.98	2.13	1.54	7.41	0.90	0.19
결합레버리지도	-1.14	35.85	10.87	96.98	94.81	66.13	49.30	46.35	1725.01	14.09	1.7

비율	2008	2009	2010	2011	2012	2013	2014	2015	2016	2017	2018
치킨전문점											
영업레버리지도	-8.07	12.61	5.64	7.85	5.08	4.51	6.62	3.49	7.07	2.32	4.82
재무레버리지도	1.43	2.69	1.92	2.33	1.32	2.31	2.32	1.45	1.44	1.49	2.83
결합레버리지도	4.23	42.70	12.25	12.27	3.78	9.53	23.10	5.40	8.97	5.64	1.61
김밥, 분식, 기타 간이 및 포장 음식점업											
영업레버리지도	10.38	20.86	6.61	65.17	14.69	10.78	20.74	45.50	6.43	6.49	11.1
재무레버리지도	8.78	1.14	2.18	0.85	1.09	18.82	0.86	0.91	1.63	3.18	6.91
결합레버리지도	60.91	23.09	14.82	1.09	13.96	321.06	0.78	0.86	22.36	10.73	1.27
주점업											
영업레버리지도	10.01	0.81	1.84	1.43	1.45	8.67	7.76	-7.09	14.21	-4.43	22.45
재무레버리지도	23.20	0.32	6.09	1.75	-1.11	1.07	2.46	-1.05	1.71	1.06	-11.55
결합레버리지도	383.12	8.33	31.05	1.39	5.92	7.16	33.70	24.37	-20.67	1.45	1.94
비알코올 음료점업											
영업레버리지도	5.43	5.98	4.97	5.31	6.51	10.08	11.78	-17.61	12.45	16.02	1.18
재무레버리지도	2.12	2.19	0.86	1.54	0.87	1.09	1.29	1.70	1.00	0.24	2.32
결합레버리지도	11.84	13.33	5.91	8.04	0.14	7.42	18.47	-7.45	1.31	33.45	1.08
다업종업											
영업레버리지도	-29.02	16.09	8.83	3.72	10.07	24.11	7.85	5.47	9.06	17.12	20.36
재무레버리지도	0.64	3.01	2.26	1.67	2.17	2.34	1.40	1.10	1.32	1.34	11.37
결합레버리지도	2.95	21.46	17.54	5.93	45.91	27.14	13.25	4.20	17.90	4.69	2.33

[그림 6-4] 외식기업 레버리지 : 한식

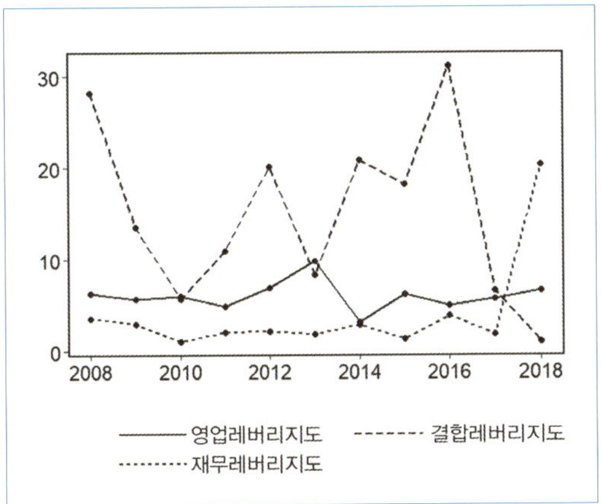

[그림 6-5] 외식기업 레버리지 : 중식

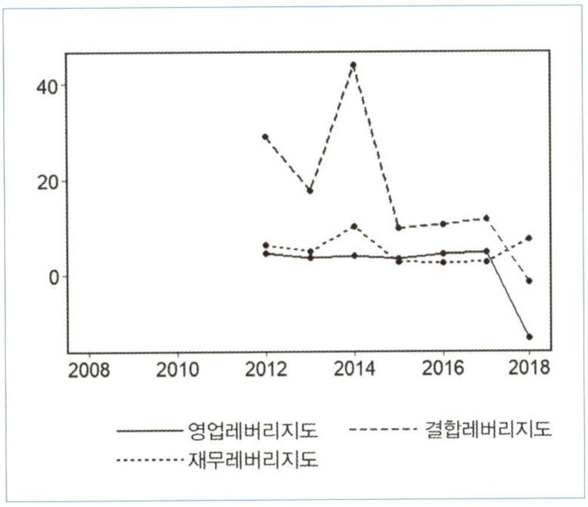

[그림 6-6] 외식기업 레버리지 : 일식

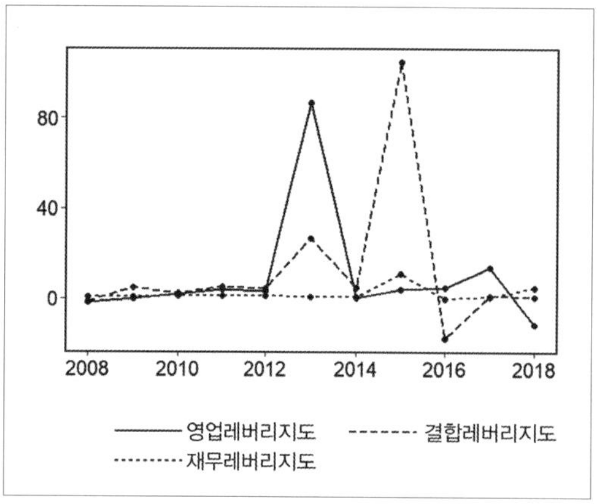

[그림 6-7] 외식기업 레버리지 : 서양식

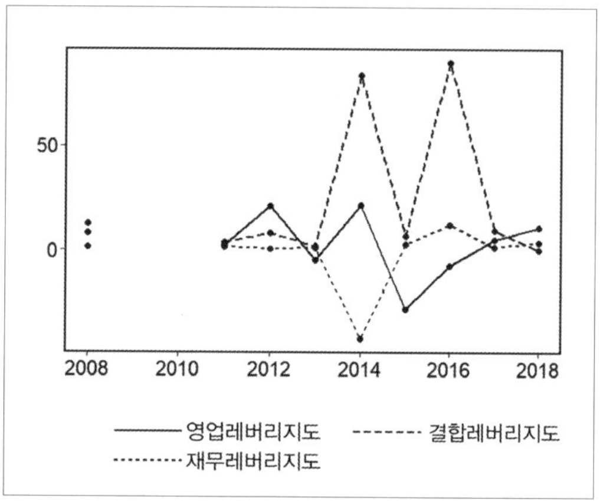

[그림 6-8] 외식기업 레버리지 : 제과점업

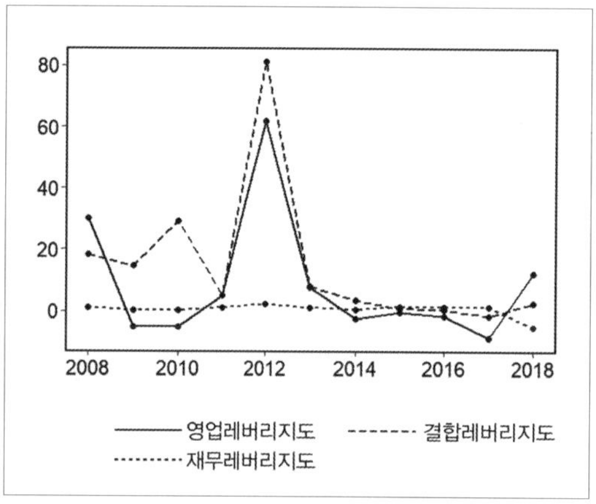

[그림 6-9] 외식기업 레버리지 : 피자, 햄버거, 샌드위치 및 유사 음식점업

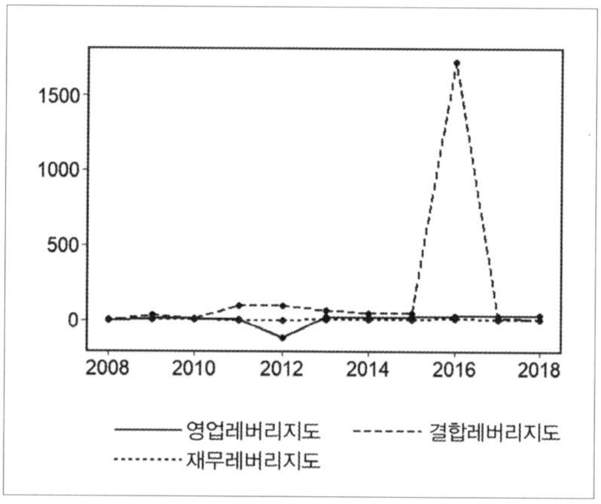

[그림 6-10] 외식기업 레버리지 : 치킨전문점

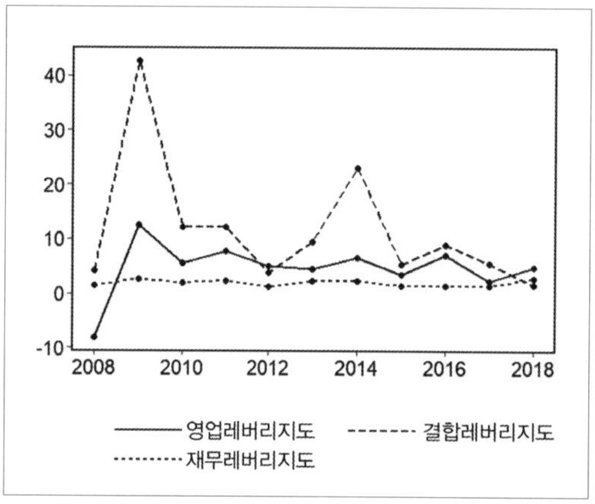

[그림 6-11] 외식기업 레버리지 : 김밥, 분식, 기타 간이 및 포장 음식점업

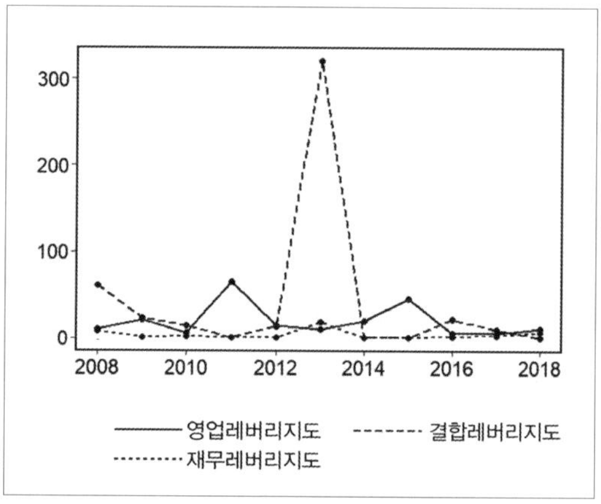

[그림 6-12] 외식기업 레버리지 : 주점업

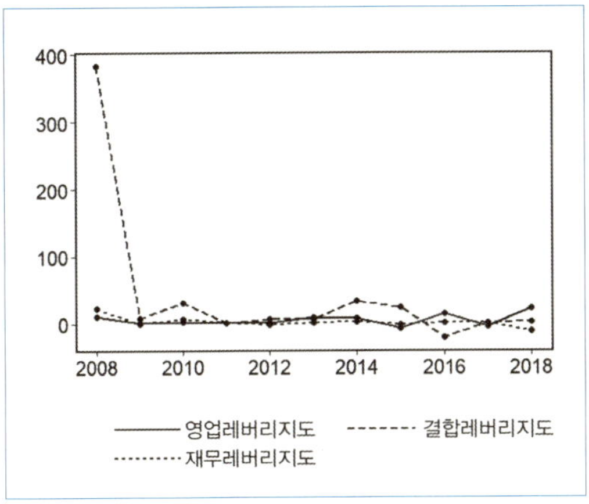

[그림 6-13] 외식기업 레버리지 : 비알코올 음료점업

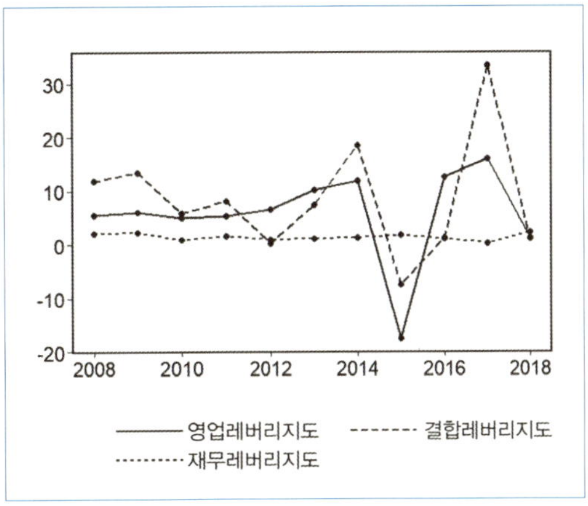

[그림 6-14] 외식기업 레버리지 : 다업종업

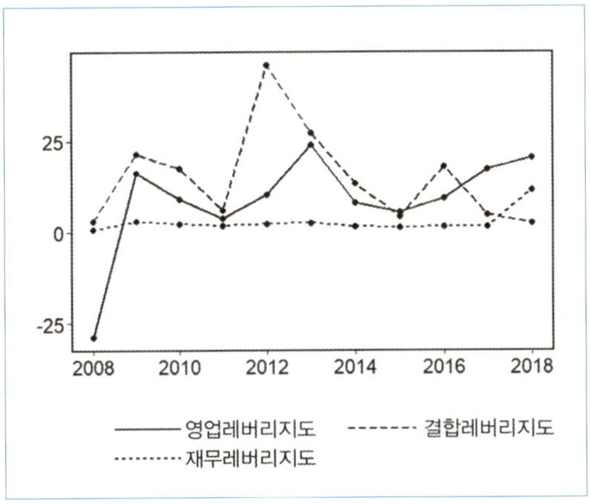

다. 프랜차이즈 운영 여부별

- 프랜차이즈 여부별로 살펴보면, 비프랜차이즈 기업의 영업레버리지도가 평균적으로 높은 것을 알 수 있다. 최근 3년간 평균 재무레버리지는 비슷한 수준인 것으로 나타났다.
- 결합레버리지도 또한 프랜차이즈 기업이 비프랜차이즈에 비해 높아 레버리지 효과가 클 것으로 판단할 수 있다.

[표 6-3] 외식기업 레버리지 : 프랜차이즈 운영 여부별

(단위 : %)

비율	2008	2009	2010	2011	2012	2013	2014	2015	2016	2017	2018
프랜차이즈											
영업레버리지도	-1.78	7.59	4.73	5.57	4.84	10.79	7.99	8.22	8.41	12.41	11.91
재무레버리지도	2.38	1.79	1.66	1.59	1.21	1.82	1.81	1.33	2.44	1.36	3.89
결합레버리지도	16.36	20.18	14.72	12.79	36.41	23.02	20.06	8.80	31.29	6.42	1.76
비프랜차이즈											
영업레버리지도	12.16	2.34	6.43	5.27	15.68	20.80	10.96	-0.07	2.43	4.47	4.67
재무레버리지도	3.45	3.72	1.24	1.60	1.51	2.22	-0.71	3.21	4.08	1.41	6.05
결합레버리지도	31.92	17.73	6.39	8.17	16.79	18.37	24.30	27.39	24.66	9.47	0.59

[그림 6-15] 영업레버리지도 : 프랜차이즈 운영 여부

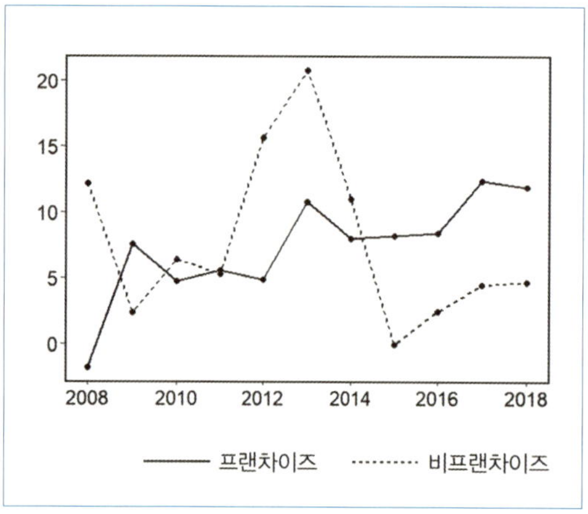

[그림 6-16] 재무레버리지도 : 프랜차이즈 운영 여부

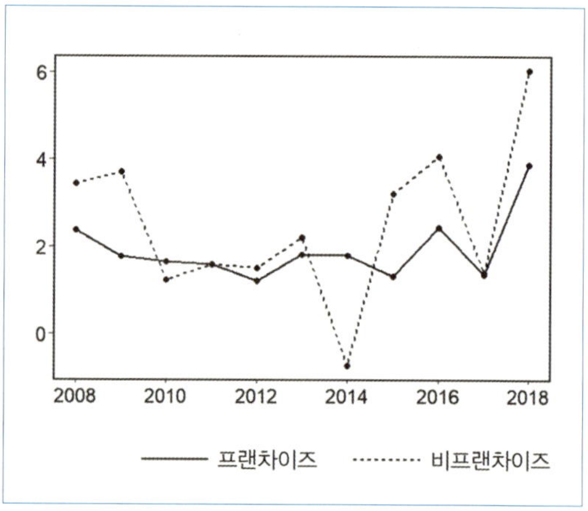

[그림 6-17] 결합레버리지도 : 프랜차이즈 운영 여부

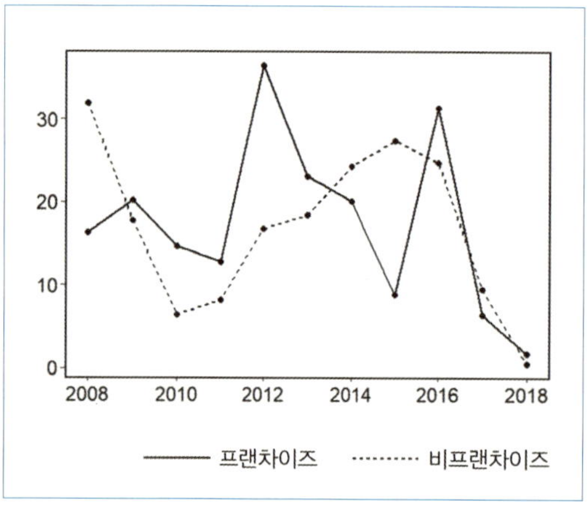

라. 보유 브랜드 수별

- 단일브랜드를 보유한 기업과 다브랜드를 보유한 기업의 영업레버리지도의 변동이 상대적으로 커서 둘 간의 비교는 어렵다.
- 재무레버리지도는 평균적으로 다브랜드기업이 다소 높은 반면, 결합레버리지도는 단일브랜드 기업이 높은 것으로 나타났으나 그 차이는 미미한 것으로 판단된다.

[표 6-4] 외식기업 레버리지 : 보유 브랜드 수별 (단위 : %)

비율	2008	2009	2010	2011	2012	2013	2014	2015	2016	2017	2018
단일브랜드 운영											
영업레버리지도	-2.16	4.89	5.09	3.60	0.63	21.17	9.87	-6.15	10.42	6.49	3.78
재무레버리지도	5.48	2.26	2.28	1.29	0.56	1.64	2.19	1.58	3.18	1.11	0.15
결합레버리지도	63.01	15.98	12.02	15.30	37.72	17.46	33.68	13.77	17.19	8.11	0.98
다브랜드 운영											
영업레버리지도	5.63	8.71	5.25	7.91	9.19	3.98	8.38	8.82	4.30	11.70	10.87
재무레버리지도	1.36	2.36	1.15	1.71	1.66	2.13	1.24	1.31	3.29	1.66	10.62
결합레버리지도	6.52	21.78	11.33	7.56	29.28	21.92	13.96	14.79	31.28	8.36	1.49

[그림 6-18] 영업레버리지도 : 보유 브랜드 수

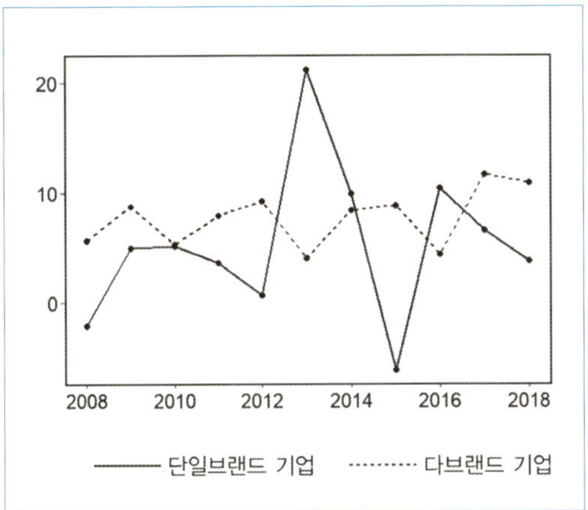

[그림 6-19] 재무레버리지도 : 보유 브랜드 수

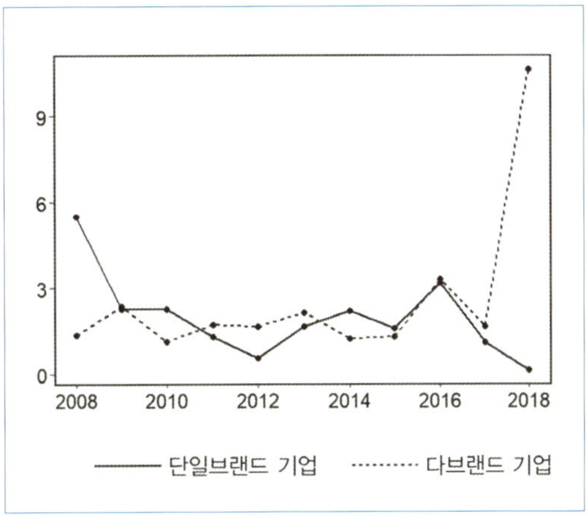

[그림 6-20] 결합레버리지도 : 보유 브랜드 수

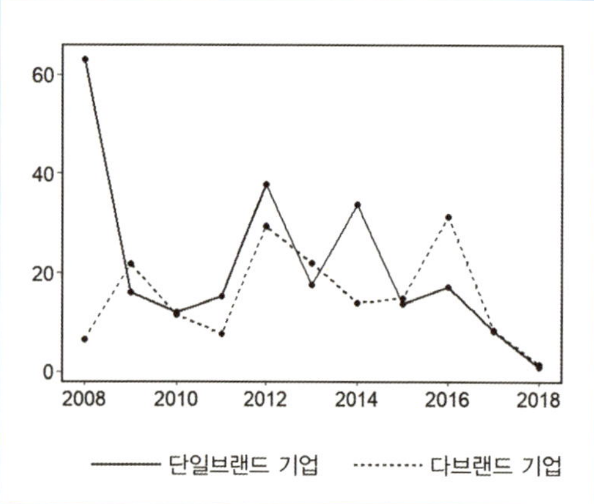

마. 국내외 브랜드 여부별

- 2018년 국내 브랜드에 비해 해외 브랜드의 영업레버리지도가 높아 매출액 변화에 따른 손익확대효과가 클 것으로 판단된다.
- 재무레버리지도는 2017년 해외 브랜드와 국내 브랜드 간 차이가 미미하였으나 2018년 국내 브랜드의 재무레버리지도가 급격히 증가하여 차이가 크게 벌어진 것으로 나타났다.
- 2018년 결합레버리지도는 해외 브랜드와 국내 브랜드 모두 유사한 수준을 보인다.

[표 6-5] 외식기업 레버리지 : 국내외 브랜드 여부별 (단위 : %)

비율	2008	2009	2010	2011	2012	2013	2014	2015	2016	2017	2018
국내 브랜드											
영업레버리지도	5.45	7.77	5.38	5.72	8.94	5.40	7.11	4.40	4.24	8.15	7.55
재무레버리지도	3.19	2.41	1.48	1.83	1.59	2.21	1.72	1.26	3.24	1.42	7.35
결합레버리지도	26.48	21.19	13.21	6.76	30.51	13.77	20.46	7.90	25.27	4.74	1.22
해외 브랜드											
영업레버리지도	-6.52	4.64	5.19	3.58	-50.58	52.18	17.80	-3.55	28.00	14.11	15.38
재무레버리지도	1.24	2.46	1.67	0.20	-2.30	1.39	1.48	3.76	2.77	1.19	0.15
결합레버리지도	6.79	13.95	8.38	44.20	42.72	40.89	23.68	40.30	529.34	39.79	1.19

[그림 6-21] 영업레버리지도 : 국내외 브랜드 여부

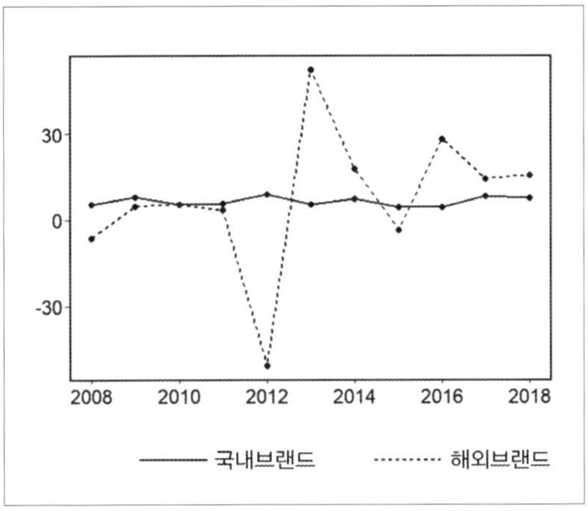

[그림 6-22] 재무레버리지도 : 국내외 브랜드 여부

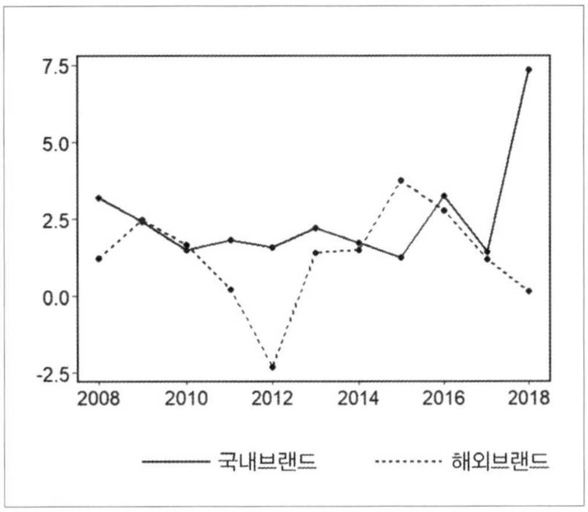

[그림 6-23] 결합레버리지도 : 국내외 브랜드 여부

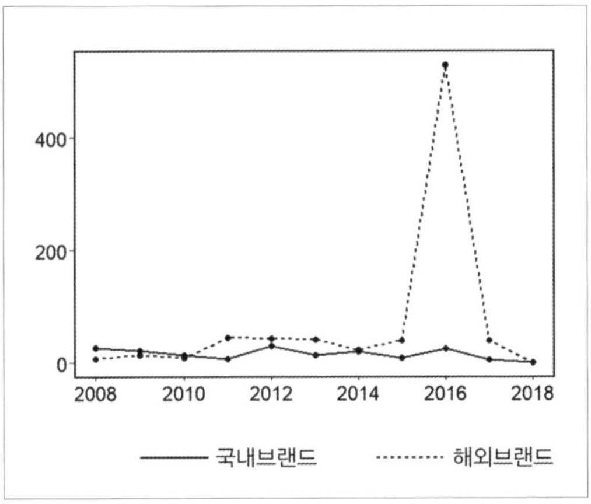

VII. 외식기업 상대적 운영효율성 분석

1. 외식기업 운영효율성 분석 방법

가. 기술효율성(TE) 및 규모효율성(SE)

- 효율성Efficeicny은 투입요소Input 대비 산출량Output으로 정의될 수 있는데, 효율적인 투입요소로 산출Output을 극대화하는 것이 중요하다. 외식기업 투입 대비 산출의 운영효율성은 비모수 기법인 자료포락분석DEA : Data Envelopment Analysis을 이용하였다. 재무비율 지표에 생산성 지표가 있으나 이는 절대적 지표이고, 하나의 투입 대비 하나의 산출만을 고려한다는 점에서 전사적인 운영효율성을 설명하지는 못한다.
- 자료포락분석DEA은 비교하고자 하는 여러 개의 유사 의사결정단위DMU : Decision Making Unit들이 지니는 다수의 투입요소 대비 다수의 산출요소 간 상대적인 효율성을 측정한다. 자료포락분석DEA은 비교 대상 간 투입요소 대비 산출의 효율성 및 비효율성을 상대적인 차원에서 결정하므로 어떤 비교 대상군이 있더라도 해당군에서 가장 효율적인 단위와 그렇지 않은 단위 간 상대적 비교가 가능하다.
- 자료포락분석DEA은 투입 대비 산출의 규모 수익Returns to Scale에 대한 가정에 따라 모형이 나뉜다. 먼저 투입 대비 산출의 발생이 규모에 상관없이 일정 비율로 발생한다는 불변규모수익CRS : Constant Returns to Scale을 가정한 모형이 CCR[2] 모형이다. 반면 투입 대비 산출의 발생이 규모에 따라 가변적으로 발생할 수 있다는 가변규모수익VRS : Variable Returns to Scale 모형이 BCC[3] 모형이다. 또한 두 모형 모두 투입을 최소화하여 효율성을 달성할 것인가, 산출을 극대화해서 효율성을 달성할 것인가에 따라 '투입지향Input-oriented' 모형과 '산출지향Output-oriented' 모형으로 구분할 수 있다.

2 Charnes, A., Cooper, W. W., & Rhodes, E. (1978). Measuring the efficiency of decision making units, *European Journal of Operational Research*, 2(6), 429-444.

3 Banker, R. D., Charnes, A., & Cooper, W. W. (1984). Some models for estimating technical and scale inefficiencies in Data Envelopment Analysis, *Management Science*, 30(9), 1078-1092.

- 일반적으로 투입지향 CCR모형을 수리적으로 표현하면 다음과 같다.
- CCR 모형에서의 효율성을 θ^*_{CRS}라 하고, BCC 모형에서의 효율성을 θ^*_{VRS}라 했을 때, $\theta^*_{CRS}/\theta^*_{VRS}$를 해당 의사결정단위DMU의 규모 효율성SE : Scale Efficiency이라 정의할 수 있다. $\theta^*_{CRS}/\theta^*_{VRS}$가 1이면 해당 의사결정단위는 불변규모수익 상태로 규모로 인한 비효율이 존재하지 않는다. 반면 $\theta^*_{CRS}/\theta^*_{VRS}$가 1보다 작으면 규모의 경제성IRS : Increasing Returns to Scale 혹은 규모의 비경제성DRS : Decreasing Returns to Scale이 존재한다고 볼 수 있다. 따라서 규모효율성SE으로 의사결정 단위가 지닌 규모의 최적성 여부를 판단할 수 있다.
- 한편, 불변규모수익을 가정한 CCR 모형의 효율성 θ^*_{CRS}를 일반적으로 기술효율성TE : Technical Efficiency이라 하고, BCC 모형의 효율성 θ^*_{VRS}를 기술효율성TE과 달리 규모로 인한 비효율성을 배제했다는 의미에서 순수기술효율성PTE : Pure Technical Efficiency이라 한다.

나. 투입-산출 비효율성 측정

- 불변규모수익CRS을 가정한 CCR 모형 및 가변규모수익VRS을 가정한 BCC 모형 모두 비효율적인 점들이 원점 방향으로 투사했을 때, 그 거리의 정도를 가지고 효율성을 측정하는 방사형 모형Radial model이다. 방사형 모형의 경우, 투입요소 혹은 산출요소의 여유분slack을 고려하지 않아 여유분이 존재함에도, 평가대상을 효율적이라고 산출한다.
- 반면 여유분 기반 모형SBM : Slack Based Model은 단위 무관하게 투입 여유분input slack과 산출 여유분output slack을 고려해 효율성을 산출한다. 이러한 특성으로 인해 여유분 기반 모형SBM은 특정 평가대상이 효율적이기 위해 반드시 원점 방향으로 이동할 필요가 없으며, 이러한 점에서 비방사형 모형Non-radial model으로 구분된다.
- 여유분 기반 모형SBM에서 도출한 효율성 값 CCR 및 BCC 모형과 마찬가지로 역시 상대적 관점에서 1에 가까울수록 효율적이고, 0에 가까울수록 비효율적이라 판단할 수 있다. 단, 여유분 기반 모형SBM에서 도출된 효율성 척도는 현실적으로 의미하는 바가 명확하지 않기 때문에 일반적으로 효율성은 상대적 순위비교를 목적으로 활용된다. 여유분 기반 모형SBM을 통한 효율성은 현실적인 해석에 어려움이 있으나 여유분의 비효율성을 기반으로 효율성을 측정했다는 점에서 투입 및 산출의 여유분이 어느 정도인지, 효율적인 DMU가 되기 위해 얼마나 여유분을 줄여야 되는지 개선 방향을 제공할 수 있다.

다. 외식기업 효율성 측정 투입요소 및 산출요소 정의

- 일반적으로 생산함수는 일정기간 동안 기업이 노동과 자본을 투입해 발생한 최대 산출량의 기술적 관계를 표현한다. 생산함수에서 정의한 바와 같이 외식기업이 투입한 노동, 자본 대비 발생한 산출을 양Quanity의 개념으로 정의하여 분석하는 데 제한이 있다. 본 서에서는 이를 재무적으로 표현한 자본 및 비용의 투입과 매출액의 기술적 관계를 고려하여 투입요소와 산출요소를 정의하고자 한다. [표 7-1]과 같이 산출요소는 매출액Sales으로 정의하였으며, 투입요소로는 매출원가, 유형자산, 인건비 및 조정된 판매관리비를 선정하였다.

[표 7-1] 외식기업 투입요소 및 산출요소

구분	변수명	정의
투입변수(Input)	매출원가(Cost of goods sold)	2018년 외식기업별 손익계산서상 매출원가
	유형자산(Tangible asset)	2018년 외식기업별 재무상태표상 유형자산
	인건비(Labor cost)	2018년 외식기업별 손익계산서상 급여 및 퇴직급여액
	조정된 판매관리비 (Adjusted selling and administrative expenses)	2018년 외식기업별 손익계산서상 판매관리비 – 인건비
산출변수(Output)	매출액(Sales)	2018년 외식기업별 손익계산서상 매출액

2. 기술효율성 및 규모효율성 분석

- 본 서에서는 지속적으로 성장해온 외식산업에서 산출을 극대화하는 것보다 투입을 조절해 효율성을 갖는 것이 타당하다고 판단했다. 외식기업의 산출을 고정했을 때, 투입을 얼마나 조절해야 되느냐로 효율성을 측정하고자 투입지향input-oriented 모형으로 효율성을 측정하였다.
  - 분석 대상 114개 기업 중 매출원가가 명확하지 않은 12개 기업을 제외한 102개 기업으로 상대적 운영효율성 분석을 실시하였다.
- 불변규모수익CRS을 가정한 기술효율성TE 기준으로 가장 효율적인 외식기업은 전체 102개 기업 중 19개 기업으로 나타났고, 가변규모수익VRS을 가정한 순수기술효율성PTE은 33개 기업으로 나타났다.
- 규모효율성 측면에서 불변규모수익CRS 즉, 규모와 무관하게 투입 대비 산출을 창출하는 기업수는 전체 19개 기업으로 나타났다. 규모의 비경제성DRS이 존재하는 기업은 52개, 규모의 경제성IRS이 존재하는 기업이 31개로 나타났다.

[표 7-2] 기술효율성(TE), 순수기술효율성(PTE), 규모효율성(SE) 분석 결과

DMU	기업명	기술 효율성 (TE)	순수기술 효율성 (PTE)	규모 효율성 (SE)	DMU	기업명	기술 효율성 (TE)	순수기술 효율성 (PTE)	규모 효율성 (SE)
D1	(주)TS푸드앤시스템	0.78	0.78	IRS	D56	로쏘(주)	1.00	1.00	CRS
D2	(주)거촌	1.00	1.00	CRS	D57	롯데지알에스(주)	0.81	1.00	DRS
D3	(주)공차코리아	0.99	1.00	DRS	D58	리치푸드(주)	0.75	0.75	IRS
D4	(주)김家네	0.74	0.74	IRS	D59	버자야에이치알카페코리아(주)	0.30	1.00	IRS
D5	(주)놀부	0.74	0.77	DRS	D60	본아이에프(주)	0.78	0.82	DRS
D6	(주)더본코리아	0.79	0.82	DRS	D61	본촌인터내셔날(주)	1.00	1.00	CRS
D7	(주)동바오	0.62	0.76	IRS	D62	비알코리아(주)	0.90	1.00	DRS
D8	(주)리치빔	0.98	0.98	IRS	D63	사과나무(주)	0.87	0.88	IRS
D9	(주)멕시카나	0.82	0.83	DRS	D64	석파랑	0.69	0.89	IRS
D10	(주)보나비	0.80	0.87	DRS	D65	세한(주)	0.60	0.69	IRS
D11	(주)브레댄코	1.00	1.00	CRS	D66	스무디킹코리아(주)	0.85	0.86	IRS
D12	(주)삼양에프앤비	1.00	1.00	CRS	D67	씨디엔에이	0.73	0.74	IRS
D14	(주)새벽집	0.77	0.79	IRS	D68	아모제푸드(주)	0.94	1.00	DRS
D15	(주)송추가마골	0.93	1.00	DRS	D69	에렉스에프앤비(주)	0.97	0.97	IRS
D16	(주)신라명과	0.72	0.72	IRS	D70	에스플러스인터내셔널	0.48	0.54	IRS
D17	(주)신화아이푸드	1.00	1.00	CRS	D72	원앤원(주)	0.71	0.79	DRS
D18	(주)에스앤에스컴퍼니	0.85	0.85	DRS	D73	(주)갓텐코리아	0.93	0.94	IRS
D19	(주)에스엠엔터프라이즈	0.78	0.78	DRS	D75	(주)다도글로벌	0.77	0.77	DRS
D23	(주)엘에프푸드	0.77	0.77	IRS	D77	(주)부자되세요	0.93	1.00	DRS
D24	(주)오투스페이스	0.98	0.98	DRS	D78	(주)비에이치씨	1.00	1.00	CRS
D25	(주)웰푸드시스템	0.92	0.94	DRS	D79	(주)비케이알	0.81	1.00	DRS
D26	(주)이디야	0.80	0.86	DRS	D80	(주)설빙	1.00	1.00	CRS
D27	(주)이바돔	0.76	0.80	DRS	D81	(주)스타벅스커피코리아	0.90	1.00	DRS
D28	(주)장충동왕족발	0.75	0.75	IRS	D83	(주)썬앳푸드	0.60	0.61	DRS
D29	(주)재원푸드	1.00	1.00	CRS	D84	(주)아모제에프앤엘	1.00	1.00	CRS
D30	(주)전한	0.90	1.00	DRS	D85	(주)안스	0.67	0.70	IRS
D31	(주)제너시스비비큐	0.89	0.90	DRS	D86	(주)에땅	0.74	0.76	DRS
D32	(주)젠푸드	0.89	0.90	IRS	D87	(주)에이치앤디이	0.76	0.79	DRS
D33	(주)준코	0.92	1.00	DRS	D89	(주)엠에프지코리아	0.82	0.87	DRS
D34	(주)차우	1.00	1.00	CRS	D90	(주)엠파이어에프앤비	0.55	0.70	IRS
D35	(주)채선당	0.79	0.79	IRS	D91	(주)온누리푸드시스템	0.82	0.82	IRS
D36	(주)캘리스코	0.87	0.90	DRS	D92	(주)이원	0.73	0.86	IRS
D37	(주)커피빈코리아	0.87	0.96	DRS	D93	(주)제이알더블유	0.84	0.84	DRS
D38	(주)탐앤탐스	0.87	0.93	DRS	D94	(주)죠스푸드	0.80	0.80	IRS
D39	(주)태범	1.00	1.00	CRS	D95	(주)즐거운세상	0.66	1.00	DRS
D40	(주)파리크라상	0.89	1.00	DRS	D96	(주)지앤푸드	0.83	0.89	DRS

DMU	기업명	기술 효율성 (TE)	순수기술 효율성 (PTE)	규모 효율성 (SE)	DMU	기업명	기술 효율성 (TE)	순수기술 효율성 (PTE)	규모 효율성 (SE)
D41	(주)페리카나	0.92	0.95	DRS	D97	(주)카페베네	0.71	0.72	DRS
D42	(주)평가옥푸드시스템	0.67	0.80	IRS	D98	(주)케이에프씨코리아	0.94	1.00	DRS
D43	(주)푸드죤	1.00	1.00	CRS	D99	(주)키친보리에	0.77	0.85	DRS
D44	(주)풀무원푸드앤컬처	1.00	1.00	CRS	D101	(주)토다이코리아	0.78	0.83	DRS
D45	(주)피에스타	1.00	1.00	CRS	D102	(주)푸른에프앤디	1.00	1.00	CRS
D46	(주)하남에프앤비	0.85	0.86	IRS	D103	(주)프랜푸드	0.81	0.81	IRS
D47	(주)한국일오삼	0.93	0.93	DRS	D104	(주)하누소	0.63	0.68	IRS
D48	(주)한솥	1.00	1.00	CRS	D106	청오디피케이(주)	0.77	0.93	DRS
D49	(주)할리스에프앤비	0.86	0.88	DRS	D107	커피스미스에프씨(주)	0.89	0.89	IRS
D50	(주)핫시즈너	0.83	0.83	DRS	D109	한국파파존스(주)	0.77	0.79	DRS
D51	(주)혜인식품	1.00	1.00	CRS	D110	한서외식산업(주)	0.78	0.82	IRS
D52	CJ푸드빌(주)	0.75	0.89	DRS	D111	한우리외식산업(주)	0.90	0.97	DRS
D53	갓파크리에이트 코리아(주)	0.88	0.89	DRS	D112	(주)디딤	0.83	0.93	DRS
D54	교촌에프앤비(주)	0.85	0.91	DRS	D113	해마로푸드서비스 (주)	0.88	0.98	DRS
D55	더부쓰	1.00	1.00	CRS	D114	(주)엠피그룹	0.77	0.82	DRS

주) 손익계산서상 매출원가가 명확하지 않은 12개 기업(아래)은 분석에서 제외함

- 각 기업의 기술효율성[TE]을 기준으로 도출한 벤치마크는 [표 7-3]과 같다. 효율적인 평가대상들의 벤치마크는 해당 기업으로 산출되며, 비효율적인 평가대상들은 효율적인 평가대상 중 방사적으로 투사 시 가장 근거리에 있는 평가대상이 선정되었다.

[표 7-3] 기술효율성(TE) 기준 벤치마크

DMU	기업명	벤치마크	DMU	기업명	벤치마크
D1	(주)TS푸드앤시스템	D48, D51, D78	D56	로쏘(주)	D56
D2	(주)거촌	D2	D57	롯데지알에스(주)	D56, D61, D78, D80
D3	(주)공차코리아	D34, D48, D78, D80	D58	리치푸드(주)	D56, D61, D78, D80
D4	(주)김家네	D44, D56, D61, D78	D59	버자야에이치알카페코리아(주)	D34, D48, D80
D5	(주)놀부	D56, D61, D78, D80	D60	본아이에프(주)	D17, D51, D61, D78
D6	(주)더본코리아	D44, D56, D61, D78	D61	본촌인터내셔날(주)	D61
D7	(주)동바오	D2, D39, D61	D62	비알코리아(주)	D11, D51, D61, D80
D8	(주)리치빔	D44, D56, D61, D78	D63	사과나무(주)	D56, D78, D80
D9	(주)멕시카나	D51, D61, D78, D80	D64	석파랑	D17, D51, D61
D10	(주)보나비	D11, D51, D61, D80	D65	세한(주)	D39, D51, D61
D11	(주)브레댄코	D11	D66	스무디킹코리아(주)	D11, D29, D51, D80
D12	(주)삼양에프앤비	D12	D67	씨디엔에이	D56, D61, D78, D80

DMU	기업명	벤치마크	DMU	기업명	벤치마크
D14	(주)새벽집	D17, D51, D61	D68	아모제푸드(주)	D17, D61, D78, D84
D15	(주)송추가마골	D56, D61, D80	D69	에렉스에프앤비(주)	D44, D61, D102
D16	(주)신라명과	D17, D51, D61, D78	D70	에스플러스인터내셔널	D39, D51, D61
D17	(주)신화아이푸드	D17	D72	원앤원(주)	D51, D61, D78, D80
D18	(주)에스앤에스컴퍼니	D17, D61, D78, D84	D73	(주)갓텐코리아	D44, D56, D78, D84
D19	(주)에스엠엔터프라이즈	D51, D61, D78, D80	D75	(주)다도글로벌	D11, D51, D61, D80
D23	(주)엘에프푸드	D56, D61, D78, D80	D77	(주)부자되세요	D11, D51, D61, D80
D24	(주)오투스페이스	D48, D56, D84	D78	(주)비에이치씨	D78
D25	(주)웰푸드시스템	D61, D84, D102	D79	(주)비케이알	D56, D61, D78, D80
D26	(주)이디야	D51, D61, D78, D80	D80	(주)설빙	D80
D27	(주)이바돔	D11, D51, D61, D80	D81	(주)스타벅스커피코리아	D11, D51, D61, D80
D28	(주)장충동왕족발	D39, D51, D61	D83	(주)썬앳푸드	D56, D61, D78, D80
D29	(주)재원푸드	D29	D84	(주)아모제에프앤엘	D84
D30	(주)전한	D56, D61, D80	D85	(주)안스	D51, D61, D78, D80
D31	(주)제너시스비비큐	D29, D51, D78	D86	(주)에땅	D39, D51, D61
D32	(주)젠푸드	D11, D51, D61	D87	(주)에이치앤디이	D51, D61, D78, D80
D33	(주)준코	D43, D55, D80	D89	(주)엠에프지코리아	D56, D61, D78, D80
D34	(주)차우	D34	D90	(주)엠파이어에프앤비	D39, D51, D61
D35	(주)채선당	D56, D61, D78, D80	D91	(주)온누리푸드시스템	D44, D56, D61, D78
D36	(주)캘리스코	D17, D61, D78, D84	D92	(주)이원	D11, D51, D61
D37	(주)커피빈코리아	D11, D51, D61, D80	D93	(주)제이알더블유	D17, D61, D78, D84
D38	(주)탐앤탐스	D39, D51, D61	D94	(주)죠스푸드	D17, D51, D61
D39	(주)태범	D39	D95	(주)즐거운세상	D11, D43, D61
D40	(주)파리크라상	D11, D51, D61, D80	D96	(주)지앤푸드	D48, D51, D78
D41	(주)페리카나	D17, D51, D78, D84	D97	(주)카페베네	D51, D61, D78, D80
D42	(주)평가옥푸드시스템	D2, D39, D43, D61	D98	(주)케이에프씨코리아	D43, D55, D80
D43	(주)푸드죤	D43	D99	(주)키친보리에	D51, D61, D78, D80
D44	(주)풀무원푸드앤컬처	D44	D101	(주)토다이코리아	D11, D51, D61, D80
D45	(주)피에스타	D45	D102	(주)푸른에프앤디	D102
D46	(주)하남에프앤비	D56, D78, D80	D103	(주)프랜푸드	D17, D51, D61, D78
D47	(주)한국일오삼	D44, D61, D78, D84	D104	(주)하누소	D51, D61, D78, D80
D48	(주)한솥	D48	D106	청오디피케이(주)	D56, D61, D78, D80
D49	(주)할리스에프앤비	D44, D61, D78, D84	D107	커피스미스에프씨(주)	D56, D61, D80
D50	(주)핫시즈너	D51, D61, D78, D80	D109	한국파파존스(주)	D51, D61, D78, D80
D51	(주)혜인식품	D51	D110	한서외식산업(주)	D2, D43, D61
D52	CJ푸드빌(주)	D51, D61, D78, D80	D111	한우리외식산업(주)	D43, D61, D80
D53	갓파크리에이트코리아(주)	D56, D61, D80	D112	(주)디딤	D56, D61, D78, D80
D54	교촌에프앤비(주)	D44, D61, D78, D84	D113	해마로푸드서비스(주)	D48, D51, D78
D55	더부쓰	D55	D114	(주)엠피그룹	D29, D51, D78, D80

주) 손익계산서상 매출원가가 명확하지 않은 12개 기업(아래)은 분석에서 제외함

3. 투입 및 산출의 비효율성 분석

- 가변규모수익VRS을 가정한 여유분 기반 모형SBM을 통해 도출한 효율성 및 비효율성을 살펴보면, 효율적인 외식기업은 102개 기업 중 총 33개 기업으로 나타났다. 여유분 기반 모형SBM은 CCR 및 BCC 모형과 달리 효율성 개선의 방향성을 가지고 있지 않아서 투입과 산출의 비효율성을 동시에 판단할 수 있다.
- 효율적이지 않은 기업 중 산출요소인 매출액과 투입요소 중 매출원가에 비효율성이 존재하는 기업은 일부이다. 반면에 대부분 유형자산, 인건비, 조정된 판매관리비에서 비효율성이 다수 발생하는 것으로 나타났다.
  - ○ 다시 말해, 외식기업 중 효율적인 기업과 비효율적인 기업 모두 전반적으로 원가에 대한 통제는 잘 이뤄지고 있으나 유형자산 투자 및 영업비용에 있어서 비효율이 다수 존재한다고 해석할 수 있다.

[표 7-4] SBM 효율성 및 비효율성 분석 결과

DMU	기업명	SBM 효율성	산출 비효율성		투입 비효율성								벤치마크
			매출액		매출원가		유형자산		인건비		조정된 판매관리비		
			비중	여유분 (백만 원)	비중	여유분 (백만 원)	비중	여유분 (백만 원)	비중	여유분 (백만 원)	비중	여유분 (백만 원)	
D1	(주)TS푸드앤시스템	0.50	0	0	0	0	0.94	3,770	0.36	320	0.71	2,513	D48, D78, D84
D2	(주)거촌	1.00	0	0	0	0	0	0	0	0	0	0	D2
D3	(주)공차코리아	1.00	0	0	0	0	0	0	0	0	0	0	D3
D4	(주)김家네	0.44	0	0	0	0	0.96	7,753	0.85	5,779	0.43	1,383	D48, D78, D84
D5	(주)놀부	0.51	0	0	0	0	0.71	14,370	0.66	9,173	0.61	12,062	D48, D78, D84
D6	(주)더본코리아	0.57	0	0	0	0	0.77	35,650	0.57	10,995	0.38	7,565	D44, D48, D78
D7	(주)동바오	0.61	0.59	2,084	0	0	0.06	1,196	0	0	0.06	43	D2, D39, D61
D8	(주)리치빔	0.88	0	0	0	0	0.24	1,226	0.23	897	0.02	113	D48, D78, D84
D9	(주)멕시카나	0.59	0	0	0	0	0.84	19,841	0.3	1,430	0.5	5,401	D48, D78, D84
D10	(주)보나비	0.72	0	0	0	0	0.53	7,174	0.3	4,609	0.31	7,894	D78, D80, D98
D11	(주)브레댄코	1.00	0	0	0	0	0	0	0	0	0	0	D11
D12	(주)삼양에프앤비	1.00	0	0	0	0	0	0	0	0	0	0	D12
D14	(주)새벽집	0.51	0	0	0	0	0.86	22,583	0.67	415	0.43	658	D17, D51, D84
D15	(주)송추가마골	1.00	0	0	0	0	0	0	0	0	0	0	D15
D16	(주)신라명과	0.48	0	0	0	0	0.97	15,672	0.46	1,022	0.64	3,894	D48, D78, D84
D17	(주)신화아이푸드	1.00	0	0	0	0	0	0	0	0	0	0	D17, D48
D18	(주)에스앤에스컴퍼니	0.66	0	0	0	0	0.93	21,963	0.42	1,192	0.02	68	D48, D78, D84
D19	(주)에스엠엔터프라이즈	0.60	0	0	0	0	0.83	5,302	0.39	1,373	0.39	2,207	D78, D80, D84

DMU	기업명	SBM 효율성	산출 비효율성		투입 비효율성								벤치마크
			매출액		매출원가		유형자산		인건비		조정된 판매관리비		
			비중	여유분 (백만 원)	비중	여유분 (백만 원)	비중	여유분 (백만 원)	비중	여유분 (백만 원)	비중	여유분 (백만 원)	
D23	(주)엘에프푸드	0.58	0	0	0	0	0.55	1,932	0.6	2,465	0.55	3,363	D48, D78, D84
D24	(주)오투스페이스	0.59	0	0	0.01	112	0.87	411	0.75	1,745	0	0	D44, D48, D84
D25	(주)웰푸드시스템	0.70	0	0	0	0	0.86	4,068	0.12	36	0.23	51	D44, D78, D84
D26	(주)이디야	0.55	0	0	0	0	0.79	53,932	0.48	10,489	0.51	19,024	D48, D78, D84
D27	(주)이바돔	0.51	0	0	0	0	0.76	17,151	0.55	5,390	0.67	14,581	D78, D80, D84
D28	(주)장충동왕족발	0.51	0	0	0	0	0.82	21,291	0.64	1,167	0.49	2,506	D48, D51, D84
D29	(주)재원푸드	1.00	0	0	0	0	0	0	0	0	0	0	D29
D30	(주)전한	1.00	0	0	0	0	0	0	0	0	0	0	D30
D31	(주)제너시스비비큐	0.73	0	0	0	0	0.27	6,441	0.23	3,732	0.59	27,647	D44, D48, D78
D32	(주)젠푸드	0.68	0	0	0	0	0.65	7,376	0	0	0.62	5,211	D48, D51, D78, D84
D33	(주)준코	1.00	0	0	0	0	0	0	0	0	0	0	D33
D34	(주)차우	1.00	0	0	0	0	0	0	0	0	0	0	D34
D35	(주)채선당	0.56	0	0	0	0	0.61	4,431	0.65	4,902	0.5	4,223	D48, D78, D84
D36	(주)캘리스코	0.66	0	0	0.08	6,205	0.99	11,009	0.21	697	0.08	454	D48, D84
D37	(주)커피빈코리아	0.78	0	0	0	0	0.63	27,644	0.06	1,698	0.2	12,348	D78, D80, D98
D38	(주)탐앤탐스	0.57	0	0	0	0	0.77	49,392	0.34	1,499	0.6	13,552	D48, D51, D78
D39	(주)태범	1.00	0	0	0	0	0	0	0	0	0	0	D39
D40	(주)파리크라상	1.00	0	0	0	0	0	0	0	0	0	0	D40
D41	(주)페리카나	0.77	0	0	0.01	406	0.66	6,016	0	0	0.25	841	D17, D48, D84
D42	(주)평가옥푸드시스템	0.68	0	0	0	0	0.51	5,734	0.3	499	0.46	694	D34, D43, D61
D43	(주)푸드죤	1.00	0	0	0	0	0	0	0	0	0	0	D43
D44	(주)풀무원푸드앤컬처	1.00	0	0	0	0	0	0	0	0	0	0	D44
D45	(주)피에스타	1.00	0	0	0	0	0	0	0	0	0	0	D45
D46	(주)하남에프앤비	0.64	0	0	0	0	0.44	983	0.67	2,168	0.31	796	D48, D78, D84
D47	(주)한국일오삼	0.73	0	0	0	0	0.69	4,172	0.29	1,099	0.09	469	D48, D78, D84
D48	(주)한솥	1.00	0	0	0	0	0	0	0	0	0	0	D48
D49	(주)할리스에프앤비	0.65	0	0	0	0	0.82	33,736	0.37	4,024	0.23	3,037	D44, D48, D78
D50	(주)핫시즈너	0.61	0	0	0	0	0.79	13,461	0.38	1,950	0.4	3,504	D48, D78, D84
D51	(주)혜인식품	1.00	0	0	0	0	0	0	0	0	0	0	D51
D52	CJ푸드빌(주)	0.79	0	0	0	0	0.28	53,207	0.34	68,039	0.22	74,952	D44, D78, D81
D53	갓파크리에이트코리아(주)	0.65	0	0	0	0	0.86	3,264	0.45	2,275	0.07	348	D78, D80, D84
D54	교촌에프앤비(주)	0.73	0	0	0	0	0.44	21,626	0.21	4,040	0.45	12,844	D44, D48, D78
D55	더부쓰	1.00	0	0	0	0	0	0	0	0	0	0	D55
D56	로쏘(주)	1.00	0	0	0	0	0	0	0	0	0	0	D56
D57	롯데지알에스(주)	1.00	0	0	0	0	0	0	0	0	0	0	D57
D58	리치푸드(주)	0.51	0	0	0	0	0.87	6,781	0.72	2,379	0.38	945	D48, D78, D84

DMU	기업명	SBM 효율성	산출 비효율성		투입 비효율성								벤치마크
			매출액		매출원가		유형자산		인건비		조정된 판매관리비		
			비중	여유분 (백만 원)	비중	여유분 (백만 원)	비중	여유분 (백만 원)	비중	여유분 (백만 원)	비중	여유분 (백만 원)	
D59	버자야에이치알카페코리아(주)	1.00	0	0	0	0	0	0	0	0	0	0	D59
D60	본아이에프(주)	0.59	0	0	0	0	0.75	41,363	0.33	4,453	0.55	13,991	D44, D48, D78
D61	본촌인터내셔날(주)	1.00	0	0	0	0	0	0	0	0	0	0	D61
D62	비알코리아(주)	1.00	0	0	0	0	0	0	0	0	0	0	D62
D63	사과나무(주)	0.72	0	0	0	0	0.21	433	0.56	1,582	0.37	1,171	D48, D78, D84
D64	석파랑	0.71	0	0	0	0	0.64	4,946	0	0	0.53	197	D34, D39, D61, D84
D65	세한(주)	0.45	0.36	1,531	0	0	0.63	11,332	0	0	0.92	3,371	D34, D61, D84
D66	스무디킹코리아(주)	0.66	0	0	0	0	0.82	907	0.11	275	0.42	2,542	D48, D80, D84
D67	씨디엔에이	0.48	0	0	0	0	0.75	2,330	0.79	2,266	0.53	1,135	D48, D78, D84
D68	아모제푸드(주)	1.00	0	0	0	0	0	0	0	0	0	0	D48, D68
D69	에렉스에프앤비(주)	0.81	0	0	0	0	0.52	3,802	0.24	447	0.01	9	D44, D78, D84
D70	에스플러스인터내셔널	0.34	0.01	72	0	0	0.98	17,196	0.83	1,044	0.81	1,597	D78, D84
D72	원앤원(주)	0.50	0	0	0	0	0.86	30,180	0.61	8,005	0.52	9,005	D78, D80, D84
D73	(주)갓텐코리아	0.71	0	0	0.02	390	0.7	1,745	0.45	628	0	0	D44, D48, D84
D75	(주)다도글로벌	0.55	0	0	0	0	0.87	6,351	0.37	1,228	0.55	3,920	D78, D80, D84
D77	(주)부자되세요	1.00	0	0	0	0	0	0	0	0	0	0	D77
D78	(주)비에이치씨	1.00	0	0	0	0	0	0	0	0	0	0	D48, D78
D79	(주)비케이알	1.00	0	0	0	0	0	0	0	0	0	0	D79
D80	(주)설빙	1.00	0	0	0	0	0	0	0	0	0	0	D80
D81	(주)스타벅스커피코리아	1.00	0	0	0	0	0	0	0	0	0	0	D81
D83	(주)썬앳푸드	0.48	0	0	0	0	0.94	17,025	0.63	3,220	0.5	2,578	D34, D78, D80
D84	(주)아모제에프앤엘	1.00	0	0	0	0	0	0	0	0	0	0	D84
D85	(주)안스	0.55	0	0	0	0	0.68	8,818	0.57	982	0.55	902	D61, D78, D84
D86	(주)에땅	0.49	0	0	0	0	0.94	39,126	0.45	1,444	0.63	4,992	D48, D78, D84
D87	(주)에이치앤디이	0.51	0	0	0	0	0.87	35,680	0.47	5,018	0.61	15,098	D48, D78, D84
D89	(주)엠에프지코리아	0.64	0	0	0	0	0.49	5,207	0.59	9,768	0.36	6,111	D33, D78, D80
D90	(주)엠파이어에프앤비	0.47	0	0	0	0	0.72	8,251	0.55	492	0.84	846	D34, D61, D84
D91	(주)온누리푸드시스템	0.58	0	0	0	0	0.89	4,189	0.7	1,029	0.11	91	D48, D78, D84
D92	(주)이원	0.64	0	0	0	0	0.24	1,518	0.36	282	0.85	1,244	D61, D78, D84
D93	(주)제이알더블유	0.55	0	0	0.01	157	0.99	4,265	0.45	596	0.35	758	D48, D84
D94	(주)죠스푸드	0.57	0	0	0	0	0.93	29,347	0.31	332	0.46	1,716	D48, D51, D84
D95	(주)즐거운세상	1.00	0	0	0	0	0	0	0	0	0	0	D95
D96	(주)지앤푸드	0.65	0	0	0	0	0.75	20,144	0.2	1,647	0.47	9,415	D44, D48, D78
D97	(주)카페베네	0.50	0	0	0	0	0.89	15,013	0.58	2,815	0.52	3,471	D78, D80, D84
D98	(주)케이에프씨코리아	1.00	0	0	0	0	0	0	0	0	0	0	D98
D99	(주)키친보리에	0.67	0	0	0	0	0.8	10,080	0.32	2,746	0.19	2,298	D78, D80, D98

DMU	기업명	SBM 효율성	산출 비효율성		투입 비효율성								벤치마크
			매출액		매출원가		유형자산		인건비		조정된 판매관리비		
			비중	여유분 (백만 원)	비중	여유분 (백만 원)	비중	여유분 (백만 원)	비중	여유분 (백만 원)	비중	여유분 (백만 원)	
D101	(주)토다이코리아	0.52	0	0	0	0	0.79	22,340	0.49	5,372	0.64	15,698	D78, D80, D84
D102	(주)푸른에프앤디	1.00	0	0	0	0	0	0	0	0	0	0	D102
D103	(주)프랜푸드	0.58	0	0	0	0	0.93	10,365	0.29	527	0.48	2,107	D48, D78, D84
D104	(주)하누소	0.57	0	0	0	0	0.45	5,473	0.57	1,020	0.71	1,082	D61, D78, D84
D106	청오디피케이(주)	0.54	0	0	0	0	0.86	103,946	0.62	21,624	0.36	11,589	D77, D78, D80
D107	커피스미스에프씨(주)	0.73	0.08	1,050	0	0	0.65	502	0.16	530	0.03	157	D48, D80
D109	한국파파존스(주)	0.55	0	0	0	0	0.74	7,229	0.51	2,726	0.56	5,350	D78, D80, D84
D110	한서외식산업(주)	0.70	0.28	2,447	0	0	0.02	227	0.42	1,764	0	0	D34, D43, D61
D111	한우리외식산업(주)	0.84	0	0	0	0	0.13	1,893	0.52	4,434	0	0	D61, D77, D80, D98
D112	(주)디딤	0.70	0	0	0	0	0.67	16,830	0.47	11,316	0.06	1,435	D78, D80, D98
D113	해마로푸드서비스 (주)	0.74	0	0	0	0	0.46	17,267	0.02	325	0.55	21,300	D44, D48, D78
D114	(주)엠피그룹	0.62	0	0	0	0	0.45	3,806	0.47	5,639	0.58	13,277	D33, D78, D80

부록 I

외식기업별 경영분석

Business Analysis of Korean Food Service Company

■ 외식기업 목록

구분	기업명	구분	기업명
1	(주)TS푸드앤시스템	30	(주)전한
2	(주)거촌	31	(주)제너시스비비큐
3	(주)공차코리아	32	(주)젠푸드
4	(주)김家네	33	(주)준코
5	(주)놀부	34	(주)차우
6	(주)더본코리아	35	(주)채선당
7	(주)동바오	36	(주)캘리스코
8	(주)리치빔	37	(주)커피빈코리아
9	(주)멕시카나	38	(주)탐앤탐스
10	(주)보나비	39	(주)태범
11	(주)브레댄코	40	(주)파리크라상
12	(주)삼양에프앤비	41	(주)페리카나
13	(주)새벽집	42	(주)평가옥푸드시스템
14	(주)송추가마골	43	(주)푸드죤
15	(주)신라명과	44	(주)풀무원푸드앤컬처
16	(주)신화아이푸드	45	(주)피에스타
17	(주)에스앤에스컴퍼니	46	(주)하남에프앤비
18	(주)에스엠엔터프라이즈	47	(주)한국일오삼
19	(주)엔타스	48	(주)한솥
20	(주)엔타스에스디	49	(주)할리스에프앤비
21	(주)엘브이아이파트너스	50	(주)핫시즈너
22	(주)엘에프푸드	51	(주)혜인식품
23	(주)엠피그룹	52	CJ푸드빌(주)
24	(주)오투스페이스	53	갓파크리에이트코리아(주)
25	(주)웰푸드시스템	54	교촌에프앤비(주)
26	(주)이디야	55	더부쓰
27	(주)이바돔	56	로쏘(주)
28	(주)장충동왕족발	57	롯데지알에스(주)
29	(주)재원푸드	58	리치푸드(주)

구분	기업명	구분	기업명
59	버자야에이치알카페코리아(주)	87	(주)에땅
60	본아이에프(주)	88	(주)에이치앤디이
61	본촌인터내셔날(주)	89	(주)엔타스시스템
62	비알코리아(주)	90	(주)엠에프지코리아
63	사과나무(주)	91	(주)엠파이어에프앤비
64	석파랑	92	(주)온누리푸드시스템
65	세한(주)	93	(주)이원
66	스무디킹코리아(주)	94	(주)제이알더블유
67	씨디엔에이	95	(주)죠스푸드
68	아모제푸드(주)	96	(주)즐거운세상
69	에렉스에프앤비(주)	97	(주)지앤푸드
70	에스플러스인터내셔널	98	(주)카페베네
71	엠즈씨드(주)	99	(주)케이에프씨코리아
72	원앤원(주)	100	(주)키친보리에
73	(주)갓텐코리아	101	(주)터존
74	(주)고품질	102	(주)토다이코리아
75	(주)다도글로벌	103	(주)푸른에프앤디
76	(주)덕용푸드시스템	104	(주)프랜푸드
77	(주)부자되세요	105	(주)하누소
78	(주)비에이치씨	106	(주)현성에프엔티
79	(주)비케이알	107	청오디피케이(주)
80	(주)삼원가든	108	커피스미스에프씨(주)
81	(주)설빙	109	투썸플레이스(주)
82	(주)스타벅스커피코리아	110	한국파파존스(주)
83	(주)식의	111	한서외식산업(주)
84	(주)썬앳푸드	112	한우리외식산업(주)
85	(주)아모제에프앤엘	113	(주)디딤
86	(주)안스	114	해마로푸드서비스(주)

1 ㈜TS푸드앤시스템(020608) TSFOOD&SYSTEM 외

POPEYES LOUISIANA KITCHEN

설립일	1993.08.04	대표이사	이원철
업종	피자, 햄버거, 샌드위치 및 유사 음식점업	업종코드	56192
소재지	경기도 성남시 분당구 황새울로	주요브랜드	파파이스

	2014	2015	2016	2017	2018
재무상태표					(단위:백만 원)
유동자산	3,297	3,253	4,914	2,565	2,210
당좌자산	2,234	2,068	3,592	1,470	1,182
재고자산	1,063	1,184	1,323	1,095	1,027
비유동자산	8,307	8,226	9,648	9,566	6,651
투자자산	5	5	5	5	5
유형자산	6,370	6,165	6,849	6,408	4,024
무형자산	58	95	108	77	36
자산총계	11,604	11,478	14,562	12,132	8,861
유동부채	5,919	6,478	7,234	9,080	9,880
비유동부채	2,297	2,170	4,953	2,674	1,497
자본	3,388	2,831	2,375	378	-2,516
부채 및 자본합계	11,604	11,478	14,562	12,132	8,861
손익계산서					(단위:백만 원)
매출액	35,437	25,451	25,901	22,377	18,224
매출원가	28,381	19,104	19,777	17,847	14,764
매출총손익	7,056	6,347	6,124	4,530	3,459
판매비 및 관리비	7,681	6,998	6,614	6,199	4,457
영업손익	-625	-650	-490	-1,669	-997
법인세비용차감전순손익	-297	-632	-648	-2,169	-2,850
법인세비용	0	0	0	0	0
계속사업이익	-297	-632	-648	-2,169	-2,850
중단사업손익	0	0	0	0	0
당기순손익	-297	-632	-648	-2,169	-2,850
현금흐름표					(단위:백만 원)
영업활동순현금흐름	-1,880	-301	699	-1,471	-925
투자활동순현금흐름	-1,788	-813	-2,315	-628	551
재무활동순현금흐름	848	1,152	3,000	600	260
성장성비율					(단위:%)
총자산증가율	-22.90	-1.08	26.87	-16.69	-26.96
매출액증가율	-8.37	-28.18	1.77	-13.61	-18.56
수익성비율					(단위:%)
총자산순이익률	-2.22	-5.48	-4.98	-16.25	-27.15
자기자본순이익률	-7.97	-20.33	-24.89	-157.59	0
매출액영업이익률	-1.76	-2.55	-1.89	-7.46	-5.47
매출액순이익률	-0.84	-2.48	-2.50	-9.69	-15.64
레버리지비율					(단위:%)
부채비율	242.52	305.48	513.08	3,111.31	0
이자보상비율	-6.29	-4.19	-2.52	-6.68	-3.21
비유동비율	245.22	290.57	406.18	2,532.30	0
비유동장기적합률	146.12	164.49	131.65	313.47	0
유동성비율					(단위:%)
유동비율	55.70	50.22	67.94	28.25	22.37
당좌비율	37.74	31.93	49.65	16.19	11.97
현금비율	9.46	10.74	35.28	9.18	5.53
활동성비율					(단위:회)
총자산회전율	2.66	2.21	1.99	1.68	1.74
자기자본회전율	9.53	8.19	9.95	16.26	0
비유동자산회전율	4.61	3.08	2.90	2.33	2.25
재고자산회전율	31.68	22.65	20.66	18.51	17.17
생산성비율					(단위:%)
총자본투자효율	22.70	23.77	19.32	9.31	-6.84
설비투자효율	41.35	44.26	41.08	17.63	-15.07
부가가치의 구성					(단위:백만 원)
영업잉여	-705	-927	-666	-1,944	-1,307
인건비	2,028.58	2,259.47	2,177.78	1,907.08	892.59
금융비용	43.01	137.04	176.14	238	310.29
감가상각비	613.69	717.62	829.12	885.08	781.15

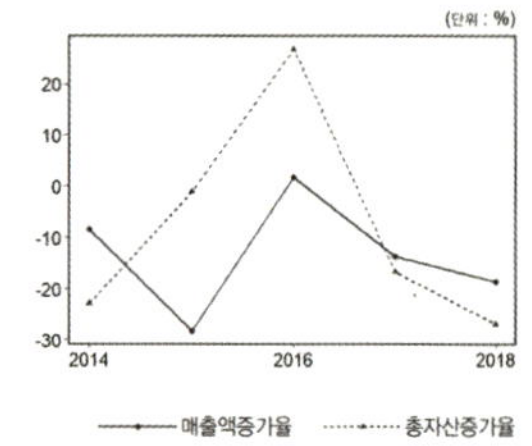

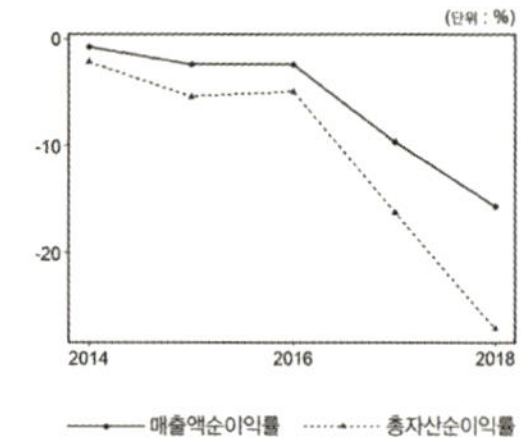

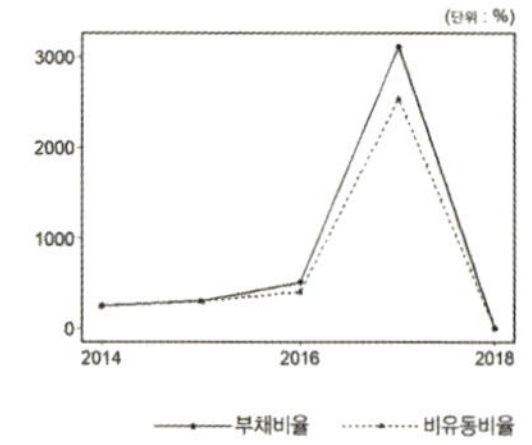

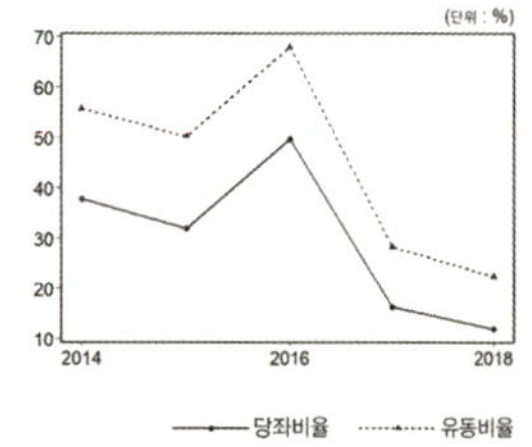

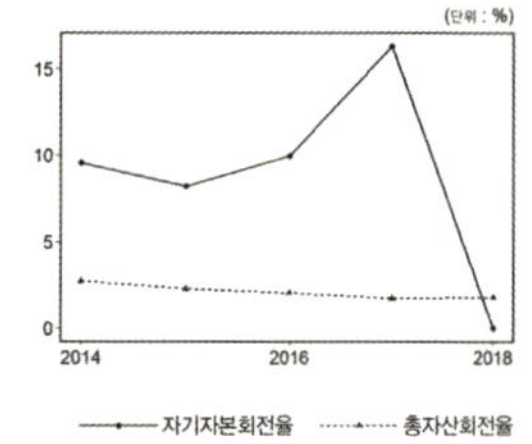

난 향

2 ㈜거촌(079451) GERCHON 외

설립일	1981.08.01	대표이사	김미숙
업종	중식 음식점업	업종코드	56121
소재지	서울특별시 서대문구 신촌로	주요브랜드	난향

	2014	2015	2016	2017	2018
재무상태표					(단위 : 백만 원)
유동자산	–	806	929	1,238	1,381
당좌자산	–	683	813	1,122	1,265
재고자산	–	123	116	116	116
비유동자산	–	15,768	15,589	15,504	15,424
투자자산	–	21	35	100	153
유형자산	–	15,718	15,535	15,392	15,253
무형자산	–	3	3	3	3
자산총계	–	16,574	16,518	16,742	16,805
유동부채	–	3,565	3,239	7,903	4,544
비유동부채	–	5,271	5,449	878	4,165
자본	–	7,738	7,829	7,961	8,097
부채 및 자본합계	–	16,574	16,518	16,742	16,805
손익계산서					(단위 : 백만 원)
매출액	–	2,044	2,202	2,188	2,350
매출원가	–	335	307	316	336
매출총손익	–	1,709	1,895	1,872	2,015
판매비 및 관리비	–	1,470	1,716	1,641	1,725
영업손익	–	239	180	231	289
법인세비용차감전순손익	–	121	91	150	159
법인세비용	–	0	0	18	23
계속사업이익	–	121	91	132	136
중단사업손익	–	0	0	0	0
당기순손익	–	121	91	132	136
현금흐름표					(단위 : 백만 원)
영업활동순현금흐름	–	350	333	-649	338
투자활동순현금흐름	–	141	-92	-320	-221
재무활동순현금흐름	–	-367	-300	1,000	-100
성장성비율					(단위 : %)
총자산증가율	–	0	-0.34	1.35	0.38
매출액증가율	–	0	7.71	-0.62	7.40
수익성비율					(단위 : %)
총자산순이익률	–	1.46	0.55	0.79	0.81
자기자본순이익률	–	3.13	1.17	1.67	1.69
매출액영업이익률	–	11.69	8.16	10.56	12.32
매출액순이익률	–	5.93	4.15	6.01	5.77
레버리지비율					(단위 : %)
부채비율	–	114.19	110.98	110.30	107.56
이자보상비율	–	1.80	1.71	1.98	2.17
비유동비율	–	203.77	199.11	194.75	190.50
비유동장기적합률	–	121.20	117.40	175.41	125.80
유동성비율					(단위 : %)
유동비율	–	22.62	28.68	15.66	30.39
당좌비율	–	19.17	25.08	14.19	27.84
현금비율	–	25.70	15.92	14.42	14.17
활동성비율					(단위 : %)
총자산회전율	–	0.25	0.13	0.13	0.14
자기자본회전율	–	0.53	0.28	0.28	0.29
비유동자산회전율	–	0.26	0.14	0.14	0.15
재고자산회전율	–	33.20	18.38	18.81	20.27
생산성비율					(단위 : %)
총자본투자효율	–	7.77	9.51	9.58	10.24
설비투자효율	–	8.19	10.11	10.42	11.28
부가가치의 구성					(단위 : 백만 원)
영업잉여	–	121	94	138	158
인건비	–	745.23	1,039.10	1,037.94	1,123.56
금융비용	–	118.18	85.75	93.24	131.46
감가상각비	–	149.64	185.55	158.36	144.78

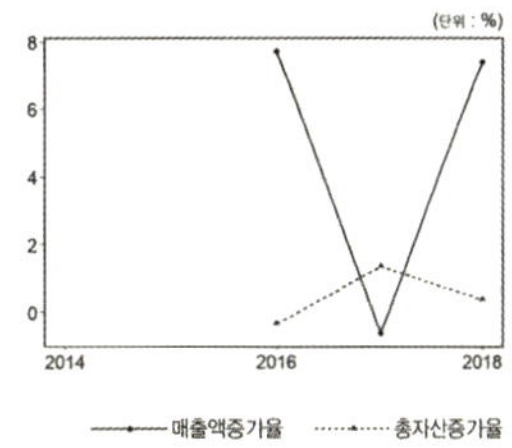

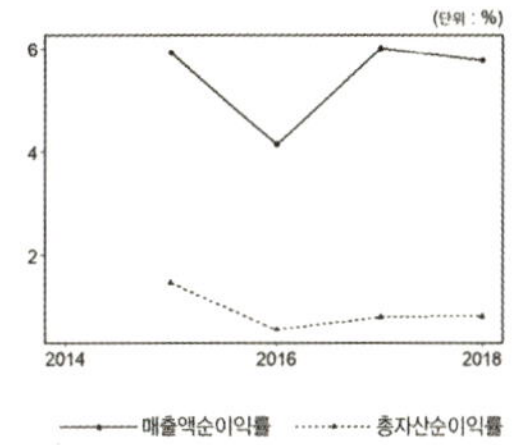

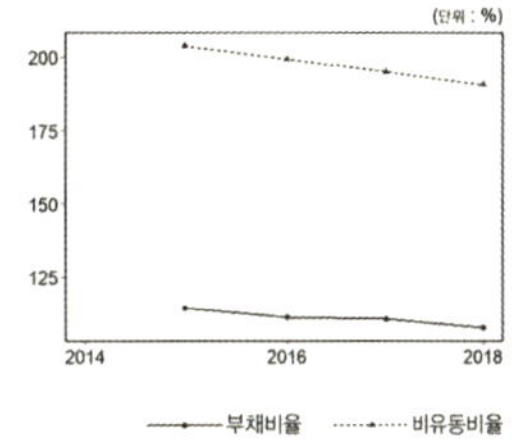

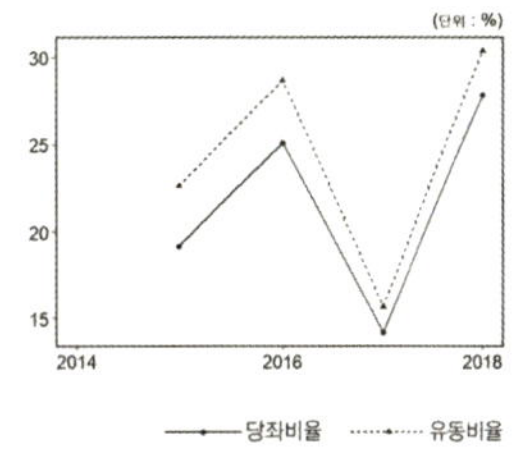

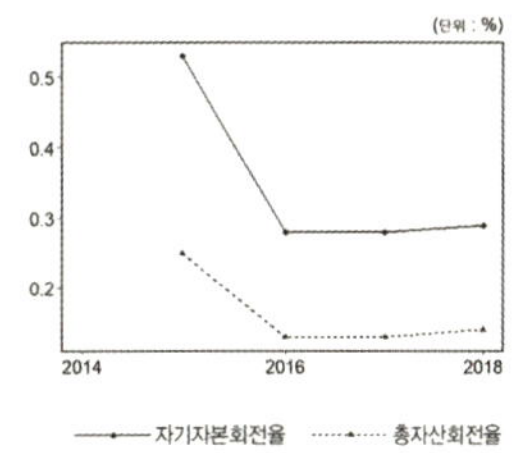

3 ㈜공차코리아(069177) GongCha Korea Co.,Ltd 외

Gong cha

설립일	2011.09.27	대표이사	김의열
업종	기타 비알코올 음료점업	업종코드	56229
소재지	서울특별시 서초구 잠원로	주요브랜드	공차

	2014	2015	2016	2017	2018
재무상태표					(단위 : 백만 원)
유동자산	12,823	12,093	12,665	12,814	20,807
당좌자산	9,459	9,581	9,620	10,278	17,347
재고자산	3,364	2,513	3,045	2,536	3,460
비유동자산	10,407	13,768	28,033	43,050	50,024
투자자산	1	934	16,078	32,303	39,674
유형자산	2,733	3,905	3,316	2,522	2,513
무형자산	1,405	1,436	1,149	730	444
자산총계	23,230	25,861	40,698	55,864	70,830
유동부채	5,255	6,015	5,681	4,989	11,275
비유동부채	2,197	1,855	1,825	27,490	24,482
자본	15,778	17,991	33,192	23,385	35,074
부채 및 자본합계	23,230	25,861	40,698	55,864	70,830
손익계산서					(단위 : 백만 원)
매출액	53,929	59,743	53,358	54,088	78,155
매출원가	34,235	41,562	38,980	39,287	53,376
매출총손익	19,694	18,181	14,378	14,801	24,779
판매비 및 관리비	7,693	10,088	12,750	12,369	14,053
영업손익	12,001	8,092	1,629	2,432	10,726
법인세비용차감전순손익	12,215	7,476	269	3,409	16,892
법인세비용	2,763	1,763	231	-439	2,199
계속사업이익	9,451	5,713	37	3,848	14,693
중단사업손익	0	0	0	0	0
당기순손익	9,451	5,713	37	3,848	14,693
현금흐름표					(단위 : 백만 원)
영업활동순현금흐름	10,263	8,813	-640	3,505	12,705
투자활동순현금흐름	-7,731	-6,461	-17,575	-22,649	-1,024
재무활동순현금흐름	820	-3,493	14,819	21,912	-6,256
성장성비율					(단위 : %)
총자산증가율	82.42	11.33	57.37	37.26	26.79
매출액증가율	93.54	10.78	-10.69	1.37	44.50
수익성비율					(단위 : %)
총자산순이익률	52.56	23.27	0.11	7.97	23.19
자기자본순이익률	85.51	33.83	0.15	13.60	50.27
매출액영업이익률	22.25	13.55	3.05	4.50	13.72
매출액순이익률	17.53	9.56	0.07	7.11	18.80
레버리지비율					(단위 : %)
부채비율	47.23	43.75	22.62	138.89	101.95
이자보상비율	486.36	445.68	121.09	2.12	9.47
비유동비율	65.96	76.53	84.46	184.09	142.62
비유동장기적합률	57.89	69.37	80.06	84.62	83.99
유동성비율					(단위 : %)
유동비율	244.04	201.04	222.93	256.82	184.54
당좌비율	180.02	159.27	169.33	206	153.86
현금비율	52.02	45.73	16.85	38.26	49.63
활동성비율					(단위 : %)
총자산회전율	3	2.43	1.60	1.12	1.23
자기자본회전율	4.88	3.54	2.09	1.91	2.67
비유동자산회전율	7.63	4.94	2.55	1.52	1.68
재고자산회전율	18.55	20.33	19.20	19.38	26.07
생산성비율					(단위 : %)
총자본투자효율	73.32	56.11	21.31	21.70	36.66
설비투자효율	623.20	371.59	261.57	515.85	1,033.42
부가가치의 구성					(단위 : 백만 원)
영업잉여	12,054	8,155	1,761	1,418	10,332
인건비	2,996.31	4,171.84	5,036.86	4,686.48	6,008.61
금융비용	-65.92	-62.76	-64.09	1,057.89	370.49
감가상각비	1,366.77	2,256.21	2,518.03	2,009.25	1,681.73

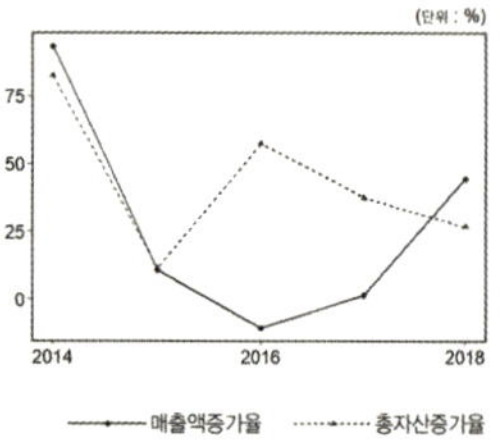

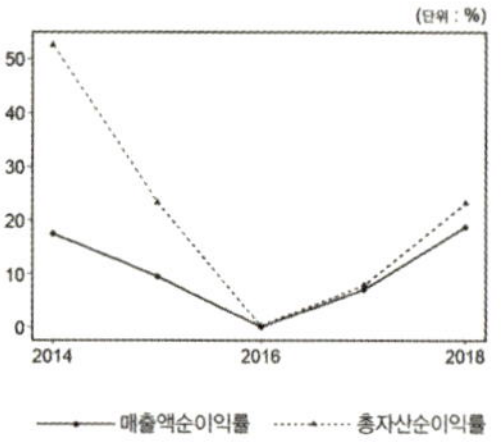

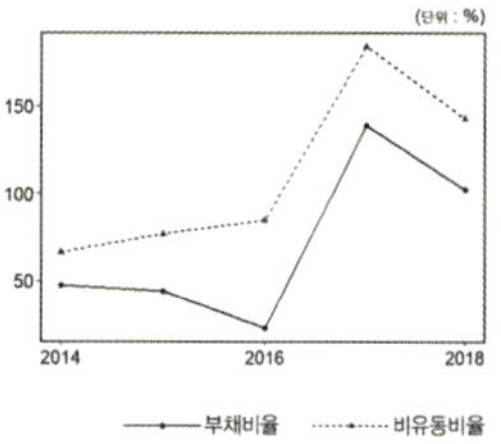

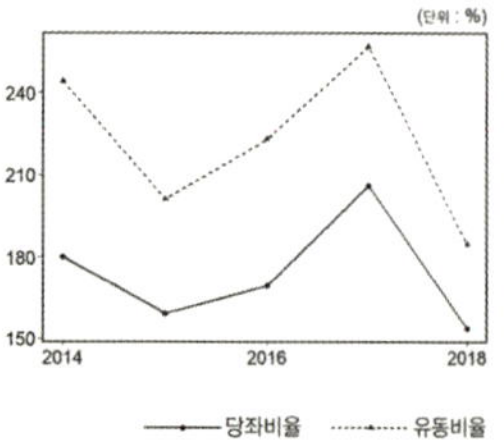

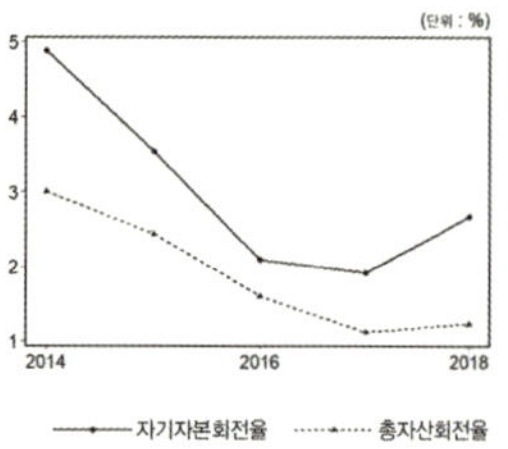

4 ㈜김家네(49820) gimgane 외

설립일	2006.01.01	대표이사	김용만
업종	김밥 및 기타 간이 음식점업	업종코드	56194
소재지	서울시 광진구 구의동	주요브랜드	김家네

	2014	2015	2016	2017	2018
재무상태표					(단위 : 백만 원)
유동자산	5,252	5,778	5,855	15,589	9,918
당좌자산	4,614	5,134	5,221	14,882	9,412
재고자산	639	644	634	706	506
비유동자산	9,536	9,735	9,764	9,825	9,091
투자자산	72	198	342	119	387
유형자산	8,881	8,943	8,941	8,885	8,089
무형자산	220	225	152	98	14
자산총계	14,788	15,513	15,619	25,414	19,009
유동부채	11,123	12,048	12,198	22,258	4,900
비유동부채	366	355	258	45	6,196
자본	3,299	3,110	3,163	3,111	7,912
부채 및 자본합계	14,788	15,513	15,619	25,414	19,009
손익계산서					(단위 : 백만 원)
매출액	28,523	29,286	30,288	33,013	31,805
매출원가	22,511	23,167	23,710	25,799	25,751
매출총손익	6,011	6,119	6,578	7,214	6,054
판매비 및 관리비	5,931	6,092	6,264	6,626	10,036
영업손익	80	27	314	589	-3,982
법인세비용차감전순손익	-182	-189	53	348	6,576
법인세비용	0	0	0	0	1,475
계속사업이익	-182	-189	53	348	5,101
중단사업손익	0	0	0	0	0
당기순손익	-182	-189	53	348	5,101
현금흐름표					(단위 : 백만 원)
영업활동순현금흐름	186	588	556	1,314	-3,550
투자활동순현금흐름	-492	-1,479	-580	8,094	163
재무활동순현금흐름	1,087	880	-110	-511	-3,603
성장성비율					(단위 : %)
총자산증가율	8	4.90	0.69	62.71	-25.20
매출액증가율	1.54	2.68	3.42	9	-3.66
수익성비율					(단위 : %)
총자산순이익률	-1.27	-1.25	0.34	1.70	22.97
자기자본순이익률	-5.35	-5.91	1.70	11.09	92.55
매출액영업이익률	0.28	0.09	1.04	1.78	-12.52
매출액순이익률	-0.64	-0.65	0.18	1.05	16.04
레버리지비율					(단위 : %)
부채비율	348.25	398.85	393.81	716.91	140.25
이자보상비율	0.27	0.10	1.11	2.18	-20.57
비유동비율	289.04	313.04	308.69	315.82	114.90
비유동장기적합률	260.21	281.01	285.42	311.32	64.44
유동성비율					(단위 : %)
유동비율	47.22	47.96	48	70.04	202.39
당좌비율	41.48	42.61	42.80	66.86	192.06
현금비율	42.54	38.48	35.68	70.48	40.30
활동성비율					(단위 : %)
총자산회전율	2	1.93	1.95	1.61	1.43
자기자본회전율	8.41	9.14	9.66	10.52	5.77
비유동자산회전율	2.96	3.04	3.11	3.37	3.36
재고자산회전율	51.63	45.67	47.40	49.26	52.46
생산성비율					(단위 : %)
총자본투자효율	28.03	28.73	28.99	20.33	75.98
설비투자효율	46.67	49.84	50.65	58.15	178.54
부가가치의 구성					(단위 : 백만 원)
영업잉여	-182	-204	92	386	-4,061
인건비	3,494.44	3,671.13	3,493.22	3,899.07	6,794.05
금융비용	262.11	231.40	222.51	202.79	78.55
감가상각비	283.20	322.28	343.40	372.51	575.65

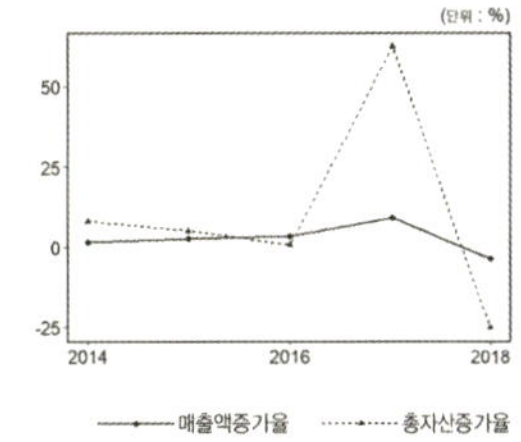

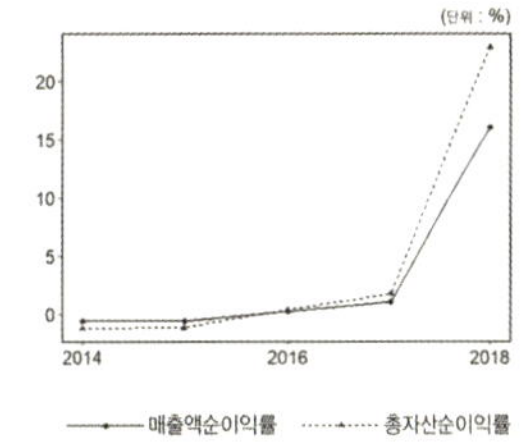

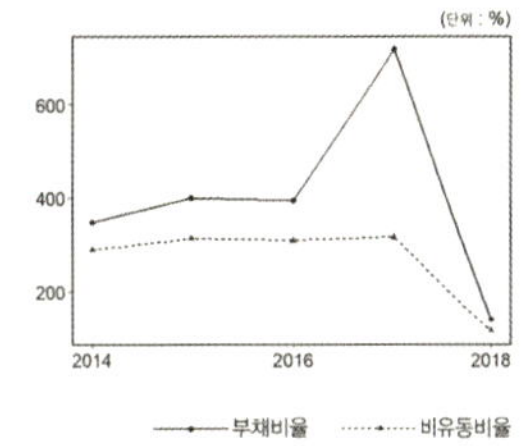

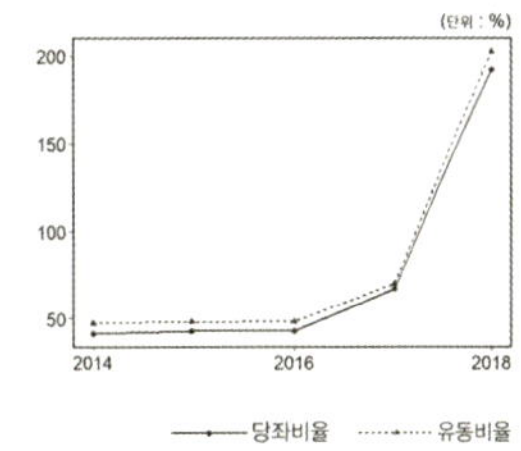

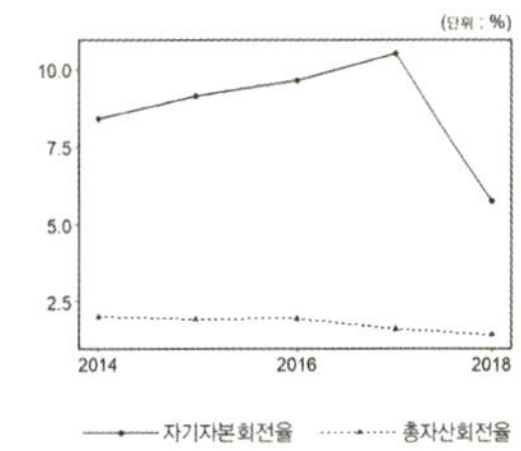

5 ㈜놀부(029543) NOLBOO CO.LTD 외

설립일	1990.01.03	대표이사	안세진
업종	한식 일반 음식점업	업종코드	56111
소재지	경기도 성남시 중원구 도촌로	주요브랜드	놀부보쌈족발, 놀부부대찌개, 공수간

	2014	2015	2016	2017	2018
재무상태표					(단위 : 백만 원)
유동자산	9,080	12,874	10,904	8,968	5,900
당좌자산	5,866	6,178	6,297	5,864	3,913
재고자산	3,214	6,696	4,607	3,103	1,987
비유동자산	108,822	110,792	104,817	97,444	72,014
투자자산	6,898	7,586	8,351	7,407	5,752
유형자산	19,244	23,121	22,070	21,306	20,193
무형자산	76,895	73,762	68,397	63,088	41,940
자산총계	117,902	123,667	115,721	106,412	77,914
유동부채	16,063	24,293	20,774	26,065	43,060
비유동부채	37,119	36,005	31,612	24,022	853
자본	64,719	63,369	63,335	56,324	34,001
부채 및 자본합계	117,902	123,667	115,721	106,412	77,914
손익계산서					(단위 : 백만 원)
매출액	121,178	119,645	120,372	101,544	86,712
매출원가	77,008	75,242	76,605	65,199	54,417
매출총손익	44,170	44,403	43,766	36,345	32,296
판매비 및 관리비	39,813	41,798	39,295	39,575	33,707
영업손익	4,356	2,605	4,471	-3,231	-1,411
법인세비용차감전순손익	1,812	-170	1,561	-6,705	-22,093
법인세비용	1,403	1,016	1,526	169	-61
계속사업이익	409	-1,186	35	-6,874	-22,031
중단사업손익	0	0	0	0	0
당기순손익	409	-1,186	35	-6,874	-22,031
현금흐름표					(단위 : 백만 원)
영업활동순현금흐름	5,707	2,380	9,561	3,255	6,202
투자활동순현금흐름	-2,603	-10,630	-1,982	-2,543	-1,478
재무활동순현금흐름	-3,876	6,994	-7,638	-766	-4,871
성장성비율					(단위 : %)
총자산증가율	-4.23	4.89	-6.42	-8.05	-26.78
매출액증가율	21.91	-1.26	0.61	-15.64	-14.61
수익성비율					(단위 : %)
총자산순이익률	0.34	-0.98	0.03	-6.19	-23.9
자기자본순이익률	0.63	-1.85	0.05	-11.49	-48.78
매출액영업이익률	3.60	2.18	3.71	-3.18	-1.63
매출액순이익률	0.34	-0.99	0.03	-6.77	-25.41
레버리지비율					(단위 : %)
부채비율	82.17	95.15	82.71	88.93	129.15
이자보상비율	1.71	1.27	2.40	-2.18	-0.98
비유동비율	168.14	174.84	165.50	173.01	211.8
비유동장기적합률	106.86	111.49	110.40	121.28	206.62
유동성비율					(단위 : %)
유동비율	56.53	53	52.49	34.40	13.7
당좌비율	36.52	25.43	30.31	22.50	9.09
현금비율	18.12	3.03	3.03	3.08	2.19
활동성비율					(단위 : 회)
총자산회전율	1.01	0.99	1.01	0.91	0.94
자기자본회전율	1.86	1.87	1.90	1.70	1.92
비유동자산회전율	1.11	1.09	1.12	1	1.02
재고자산회전율	39.63	24.15	21.30	26.34	34.07
생산성비율					(단위 : %)
총자본투자효율	27.38	25.63	27.13	19.98	4.43
설비투자효율	167.78	137.08	142.26	99.80	17.1
부가가치의 구성					(단위 : 백만 원)
영업잉여	1,957	600	2,694	-4,200	-2,628
인건비	15,940.05	16,847.04	16,227.87	15,161.56	13,944.57
금융비용	2,502.23	2,005.32	1,785.89	1,477.68	1,420.50
감가상각비	7,350.80	7,823.82	7,565.82	7,416.50	6,621.90

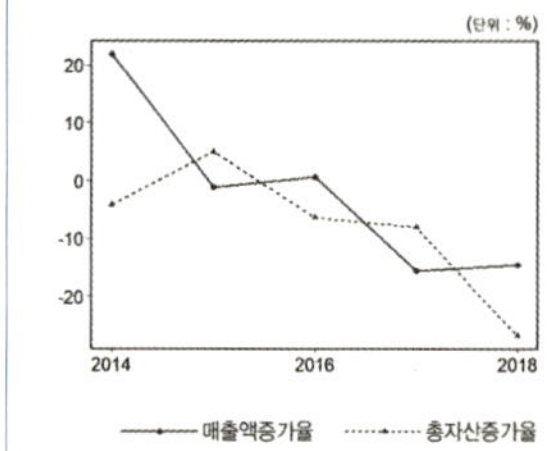

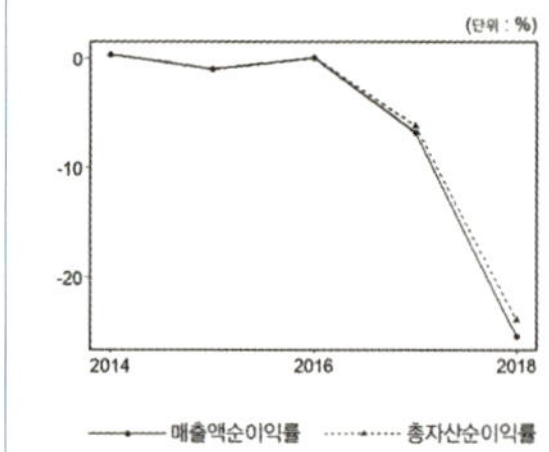

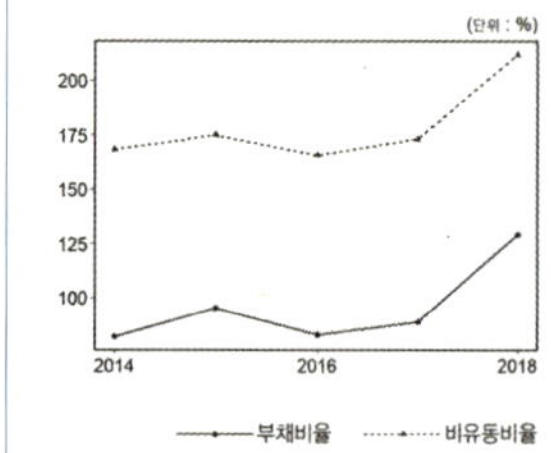

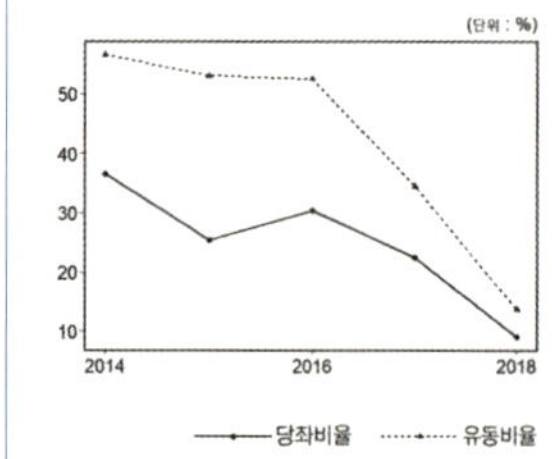

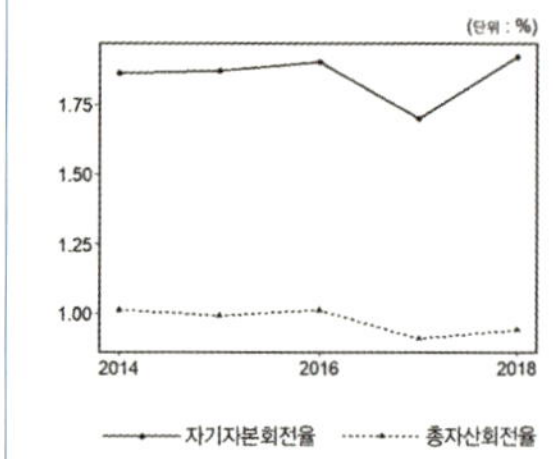

6 ㈜더본코리아(067306) The Born Korea 외

THEBORN

설립일	1994.01.21	대표이사	백종원
업종	다업종기업	업종코드	56300
소재지	서울시 강남구 봉은사로	주요브랜드	빽다방, 홍콩반점, 새마을식당

	2014	2015	2016	2017	2018
재무상태표					(단위 : 백만 원)
유동자산	15,486	30,769	29,515	36,361	27,472
당좌자산	14,514	29,300	27,897	34,734	25,307
재고자산	973	1,469	1,618	1,627	2,164
비유동자산	33,876	40,103	41,734	48,638	62,258
투자자산	3,680	6,239	11,233	12,520	7,895
유형자산	25,465	29,874	26,208	29,488	46,049
무형자산	1,778	199	296	301	415
자산총계	49,362	70,872	71,249	84,998	89,730
유동부채	16,149	30,719	20,872	21,808	18,006
비유동부채	13,508	15,117	6,500	13,531	15,460
자본	19,705	25,036	43,877	49,659	56,264
부채 및 자본합계	49,362	70,872	71,249	84,998	89,730
손익계산서					(단위 : 백만 원)
매출액	92,742	123,862	174,871	174,085	177,630
매출원가	65,633	84,794	124,472	126,160	128,225
매출총손익	27,109	39,068	50,400	47,925	49,405
판매비 및 관리비	20,791	28,093	30,637	35,117	39,207
영업손익	6,318	10,974	19,762	12,808	10,198
법인세비용차감전순손익	5,758	9,304	25,174	8,594	7,916
법인세비용	1,315	2,343	5,927	2,611	1,329
계속사업이익	4,444	6,960	19,247	5,982	6,587
중단사업손익	0	0	0	0	0
당기순손익	4,444	6,960	19,247	5,982	6,587
현금흐름표					(단위 : 백만 원)
영업활동순현금흐름	9,124	20,620	14,957	8,903	9,694
투자활동순현금흐름	-15,258	-15,926	9,928	-12,235	-16,364
재무활동순현금흐름	7,047	3,617	-22,462	12,559	-707
성장성비율					(단위 : %)
총자산증가율	45.15	43.57	0.53	19.30	5.57
매출액증가율	19.66	33.55	41.18	-0.45	2.04
수익성비율					(단위 : %)
총자산순이익률	10.66	11.58	27.09	7.66	7.54
자기자본순이익률	25.44	31.11	55.86	12.79	12.44
매출액영업이익률	6.81	8.86	11.30	7.36	5.74
매출액순이익률	4.79	5.62	11.01	3.44	3.71
레버리지비율					(단위 : %)
부채비율	150.50	183.08	62.38	71.16	59.48
이자보상비율	8.80	16.04	40.62	48.68	29.4
비유동비율	171.91	160.18	95.12	97.94	110.65
비유동장기적합률	102	99.87	82.84	76.97	86.8
유동성비율					(단위 : %)
유동비율	95.90	100.16	141.41	166.73	152.57
당좌비율	89.87	95.38	133.66	159.27	140.55
현금비율	43.98	49.14	59.44	73.63	70.6
활동성비율					(단위 : 회)
총자산회전율	2.22	2.06	2.46	2.23	2.03
자기자본회전율	5.31	5.54	5.08	3.72	3.35
비유동자산회전율	3.71	3.35	4.27	3.85	3.2
재고자산회전율	110.30	101.44	113.29	107.31	93.71
생산성비율					(단위 : %)
총자본투자효율	44.12	41.28	63.48	36.84	38.62
설비투자효율	85.75	111.75	172.57	106.24	88.31
부가가치의 구성					(단위 : 백만 원)
영업잉여	6,028	11,027	19,335	13,518	10,424
인건비	11,899.91	14,444.34	15,924.17	16,650.40	19,369.60
금융비용	481.81	485.36	144.44	-145.22	-153.69
감가상각비	1,122.15	1,803.27	1,059.67	2,584.61	3,146.33

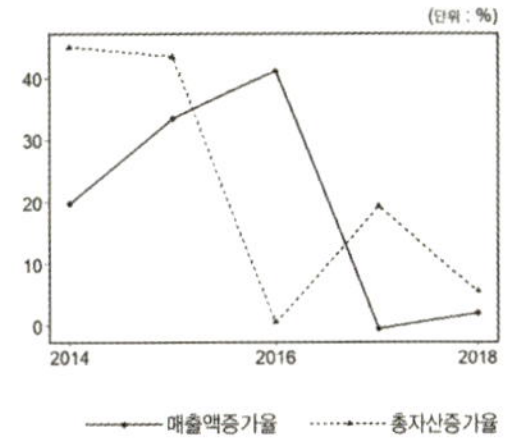

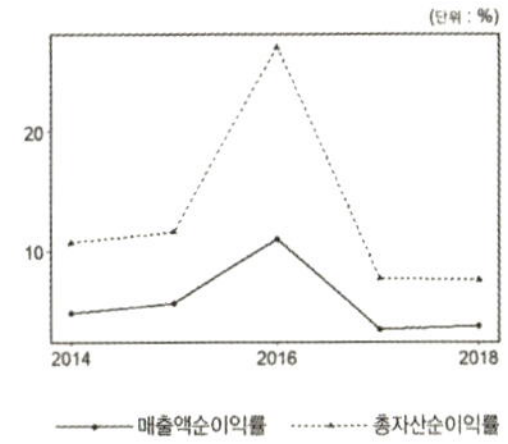

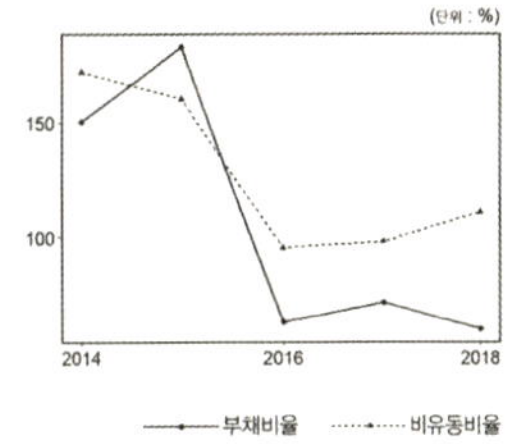

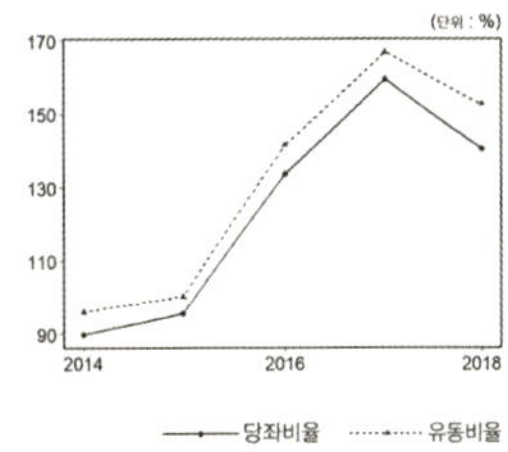

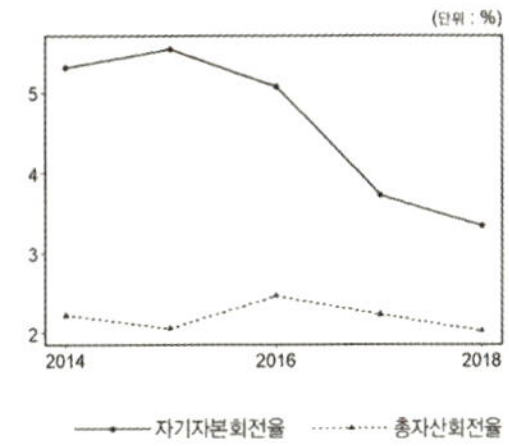

7 ㈜동바오(066030) Dong Bo,.co,ltd 외

설립일	2005.07.06	대표이사	이충헌
업종	중식 음식점업	업종코드	56121
소재지	서울시 중구 퇴계로	주요브랜드	남산동보성

	2014	2015	2016	2017	2018
재무상태표					(단위 : 백만 원)
유동자산	364	440	364	342	380
당좌자산	300	353	284	266	326
재고자산	65	87	79	76	54
비유동자산	19,138	19,028	18,961	18,960	18,435
투자자산	42	41	52	52	0
유형자산	19,096	18,987	18,909	18,907	18,435
무형자산	0	0	0	0	0
자산총계	19,502	19,468	19,324	19,302	18,814
유동부채	1,456	1,364	1,158	1,094	13,161
비유동부채	17,747	17,637	17,517	17,397	5,530
자본	299	467	650	811	124
부채 및 자본합계	19,502	19,468	19,324	19,302	18,814
손익계산서					(단위 : 백만 원)
매출액	3,776	3,820	3,849	3,804	3,546
매출원가	1,196	1,157	1,198	1,220	1,190
매출총손익	2,580	2,663	2,651	2,584	2,356
판매비 및 관리비	1,998	2,019	2,028	1,979	2,056
영업손익	582	644	623	605	300
법인세비용차감전순손익	36	188	207	181	-46
법인세비용	4	21	24	20	11
계속사업이익	32	168	182	161	-57
중단사업손익	0	0	0	0	0
당기순손익	32	168	182	161	-57
현금흐름표					(단위 : 백만 원)
영업활동순현금흐름	178	448	336	280	-9
투자활동순현금흐름	-316	-17	2	-70	470
재무활동순현금흐름	49	-358	-410	-243	-422
성장성비율					(단위 : %)
총자산증가율	0.43	-0.18	-0.74	-0.12	-2.53
매출액증가율	-5.74	1.18	0.75	-1.18	-6.77
수익성비율					(단위 : %)
총자산순이익률	0.16	0.86	0.94	0.84	-0.3
자기자본순이익률	11.23	43.76	32.68	22.11	-12.17
매출액영업이익률	15.42	16.86	16.19	15.91	8.46
매출액순이익률	0.84	4.39	4.74	4.25	-1.6
레버리지비율					(단위 : %)
부채비율	6,415.02	4,068.28	2,875.22	2,280.02	15,104.11
이자보상비율	1.07	1.42	1.50	1.45	0.68
비유동비율	6,393.25	4,074.05	2,919.22	2,337.82	14,897.16
비유동장기적합률	106.05	105.10	104.37	104.13	326.06
유동성비율					(단위 : %)
유동비율	25.04	32.27	31.42	31.28	2.89
당좌비율	20.60	25.88	24.56	24.31	2.47
현금비율	30.03	41.33	30.13	22.48	30.49
활동성비율					(단위 : 회)
총자산회전율	0.19	0.20	0.20	0.20	0.19
자기자본회전율	13.32	9.97	6.89	5.21	7.59
비유동자산회전율	0.20	0.20	0.20	0.20	0.19
재고자산회전율	52.12	50.35	46.20	48.84	54.3
생산성비율					(단위 : %)
총자본투자효율	10.45	10.94	10.99	10.51	10.32
설비투자효율	10.68	11.22	11.23	10.73	10.53
부가가치의 구성					(단위 : 백만 원)
영업잉여	41	192	209	188	-139
인건비	1,216.50	1,241.39	1,274.08	1,243.36	1,352.06
금융비용	540.96	452.40	414.04	416.65	439.21
감가상각비	127.84	121.28	77.68	67.01	73.45

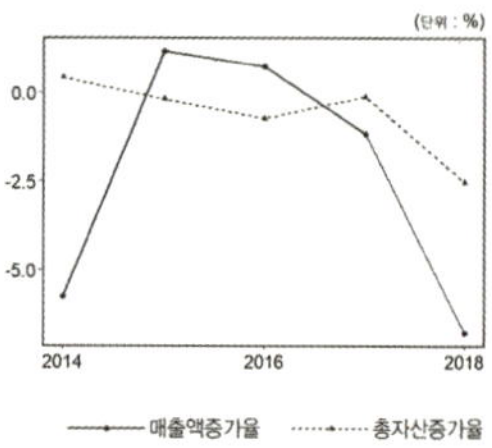

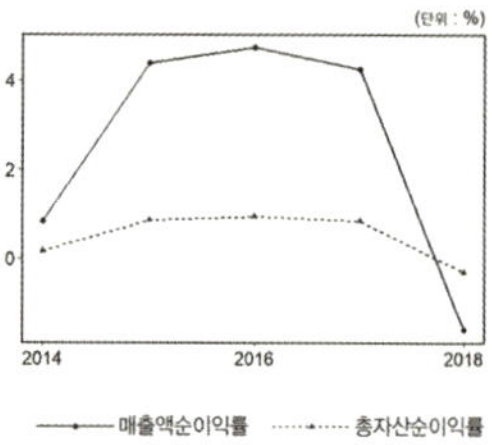

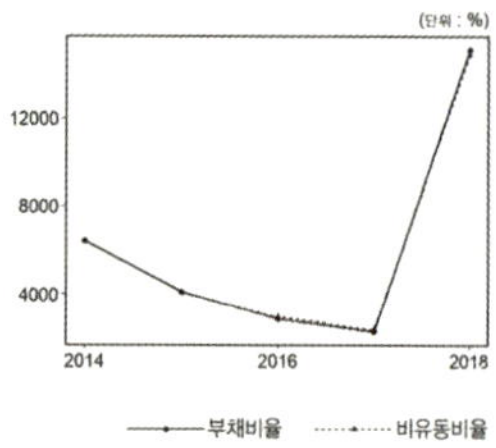

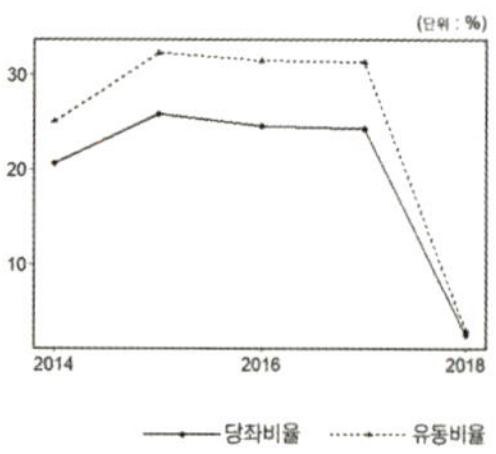

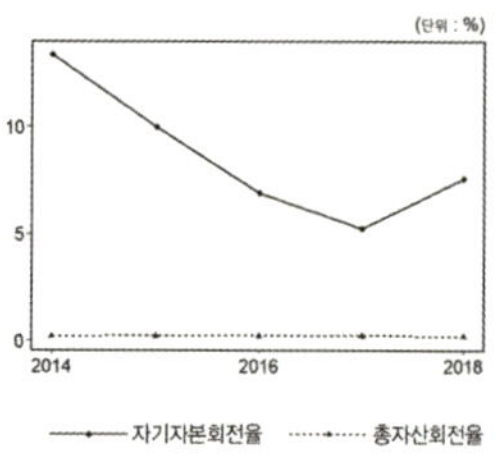

8 ㈜리치빔(078448) RICHBEAM 외

설립일	2000.09.15	대표이사	남양우
업종	치킨 전문점	업종코드	56193
소재지	서울시 송파구 동남로	주요브랜드	피자나라치킨공주

	2014	2015	2016	2017	2018
재무상태표					(단위 : 백만 원)
유동자산	–	11,791	16,306	20,606	13,744
당좌자산	–	11,111	15,716	19,803	13,124
재고자산	–	680	590	804	620
비유동자산	–	5,401	3,912	3,749	11,811
투자자산	–	1,021	21	21	6,443
유형자산	–	2,860	3,070	3,138	5,112
무형자산	–	1,369	641	349	76
자산총계	–	17,192	20,219	24,355	25,555
유동부채	–	2,891	3,108	3,295	4,195
비유동부채	–	2,460	2,502	2,843	3,122
자본	–	11,842	14,608	18,217	18,237
부채 및 자본합계	–	17,192	20,219	24,355	25,555
손익계산서					(단위 : 백만 원)
매출액	–	45,587	51,019	54,874	55,104
매출원가	–	32,016	34,634	36,594	34,185
매출총손익	–	13,570	16,385	18,279	20,919
판매비 및 관리비	–	9,639	7,498	8,214	9,033
영업손익	–	3,931	8,886	10,066	11,886
법인세비용차감전순손익	–	4,509	9,025	10,709	11,763
법인세비용	–	1,296	2,258	2,300	2,742
계속사업이익	–	3,213	6,767	8,409	9,020
중단사업손익	–	0	0	0	0
당기순손익	–	3,213	6,767	8,409	9,020
현금흐름표					(단위 : 백만 원)
영업활동순현금흐름	–	5,487	9,555	8,827	11,432
투자활동순현금흐름	–	-229	-359	-5,099	-3,181
재무활동순현금흐름	–	-6,039	-7,106	-4,800	-9,000
성장성비율					(단위 : %)
총자산증가율	–	0	17.60	20.46	4.93
매출액증가율	–	0	11.92	7.56	0.42
수익성비율					(단위 : %)
총자산순이익률	–	37.38	36.18	37.73	36.15
자기자본순이익률	–	54.27	51.17	51.23	49.49
매출액영업이익률	–	8.62	17.42	18.34	21.57
매출액순이익률	–	7.05	13.26	15.32	16.37
레버리지비율					(단위 : %)
부채비율	–	45.18	38.40	33.69	40.12
이자보상비율	–	•	•	•	•
비유동비율	–	45.61	26.78	20.58	64.76
비유동장기적합률	–	37.77	22.87	17.80	55.3
유동성비율					(단위 : %)
유동비율	–	407.86	524.62	625.42	327.61
당좌비율	–	384.33	505.65	601.03	312.82
현금비율	–	22.83	29.33	18	21.54
활동성비율					(단위 : 회)
총자산회전율	–	5.30	2.73	2.46	2.21
자기자본회전율	–	7.70	3.86	3.34	3.02
비유동자산회전율	–	16.88	10.96	14.33	7.08
재고자산회전율	–	134.02	80.34	78.76	77.4
생산성비율					(단위 : %)
총자본투자효율	–	54.55	65.45	62.88	65.25
설비투자효율	–	327.89	431.01	488.09	326.2
부가가치의 구성					(단위 : 백만 원)
영업잉여	–	4,057	9,403	10,347	12,152
인건비	–	4,543.75	3,319.75	4,089.57	3,972.35
금융비용	–	-123.52	-243.56	-281.45	-266.09
감가상각비	–	297.53	968.40	625.35	778.04

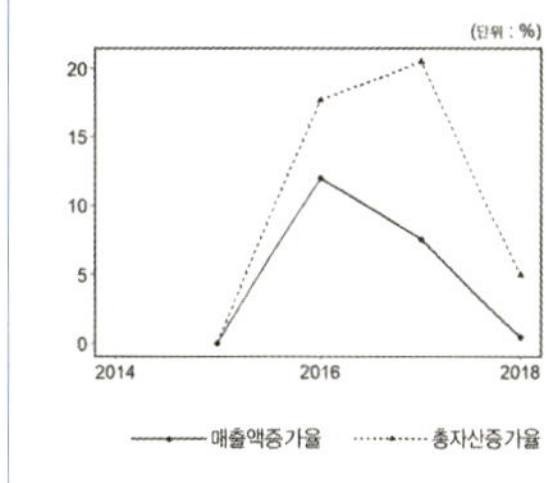

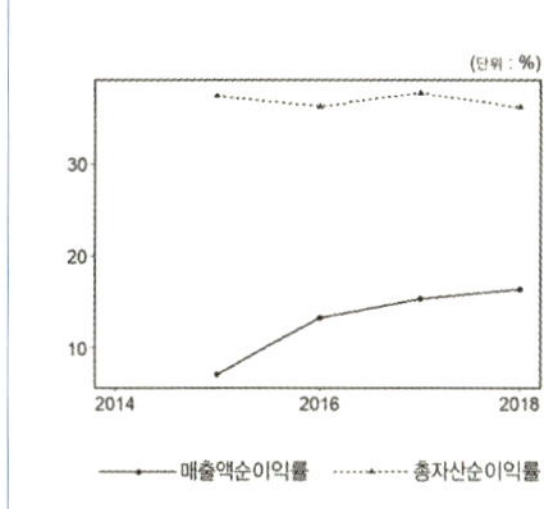

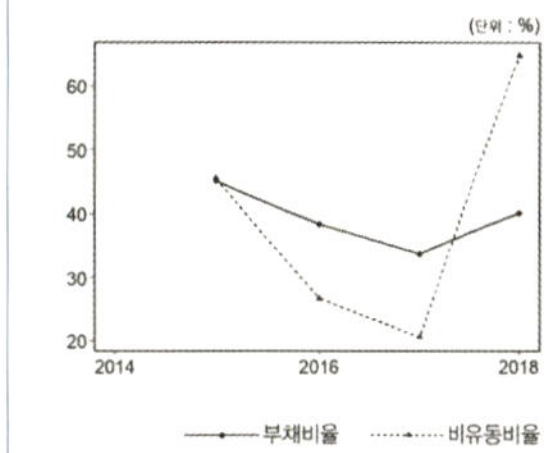

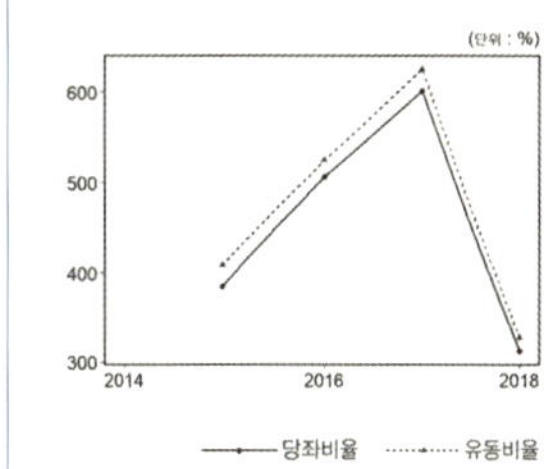

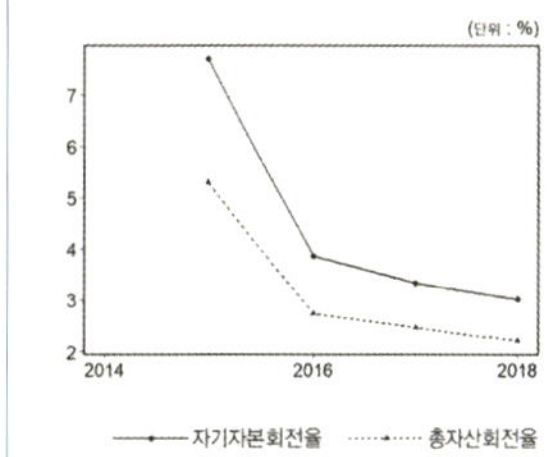

9 ㈜멕시카나(052940) Mexicana 외

설립일	2000.07.02	대표이사	최광은
업종	치킨 전문점	업종코드	56193
소재지	서울시 송파구 송파동	주요브랜드	멕시카나 치킨

	2014	2015	2016	2017	2018
재무상태표					(단위 : 백만 원)
유동자산	3,403	7,625	9,502	9,804	14,936
당좌자산	2,633	6,806	8,809	8,941	14,072
재고자산	770	819	693	863	863
비유동자산	15,218	16,233	16,212	27,489	26,688
투자자산	1,194	1,433	1,635	1,908	1,458
유형자산	12,534	12,966	12,804	23,522	23,641
무형자산	427	703	592	425	261
자산총계	18,621	23,858	25,714	37,292	41,623
유동부채	7,322	8,332	6,855	7,998	8,480
비유동부채	1,469	1,318	176	6,408	5,788
자본	9,830	14,208	18,683	22,887	27,356
부채 및 자본합계	18,621	23,858	25,714	37,292	41,623
손익계산서					(단위 : 백만 원)
매출액	44,320	50,780	52,155	56,020	64,163
매출원가	30,624	35,015	34,839	37,445	41,941
매출총손익	13,697	15,765	17,315	18,575	22,222
판매비 및 관리비	9,747	10,147	11,538	12,948	15,565
영업손익	3,950	5,618	5,777	5,627	6,657
법인세비용차감전순손익	3,931	5,771	5,788	5,981	6,369
법인세비용	904	1,293	906	1,273	1,397
계속사업이익	3,028	4,478	4,883	4,708	4,973
중단사업손익	0	0	0	0	0
당기순손익	3,028	4,478	4,883	4,708	4,973
현금흐름표					(단위 : 백만 원)
영업활동순현금흐름	3,341	6,154	3,989	7,427	5,382
투자활동순현금흐름	-3,771	-2,379	-223	-11,954	-514
재무활동순현금흐름	-150	-218	-526	4,290	-504
성장성비율					(단위 : %)
총자산증가율	15.32	28.13	7.78	45.03	11.61
매출액증가율	7	14.57	2.71	7.41	14.54
수익성비율					(단위 : %)
총자산순이익률	17.42	21.08	19.70	14.94	12.6
자기자본순이익률	36.40	37.26	29.69	22.65	19.79
매출액영업이익률	8.91	11.06	11.08	10.04	10.38
매출액순이익률	6.83	8.82	9.36	8.40	7.75
레버리지비율					(단위 : %)
부채비율	89.43	67.92	37.63	62.94	52.16
이자보상비율	62.19	130.02	161.68	137.25	35.08
비유동비율	154.81	114.25	86.77	120.11	97.56
비유동장기적합률	134.69	104.55	85.96	93.84	80.52
유동성비율					(단위 : %)
유동비율	46.47	91.51	138.63	122.58	176.13
당좌비율	35.96	81.68	128.51	111.79	165.95
현금비율	10.92	51.53	75.45	70.72	75.64
활동성비율					(단위 : 회)
총자산회전율	2.55	2.39	2.10	1.78	1.63
자기자본회전율	5.33	4.22	3.17	2.70	2.55
비유동자산회전율	3.23	3.23	3.22	2.56	2.37
재고자산회전율	59.39	63.92	68.94	71.99	74.34
생산성비율					(단위 : %)
총자본투자효율	48.47	45.06	41.33	29.95	30.83
설비투자효율	75.71	82.91	83.01	87.28	99.36
부가가치의 구성					(단위 : 백만 원)
영업잉여	3,910	5,660	5,842	5,929	6,590
인건비	4,069.10	3,750.51	3,659.65	4,048.42	4,746.70
금융비용	39.83	-21.76	-65.12	-301.89	67.07
감가상각비	376.12	611.94	676.50	697.53	743.18

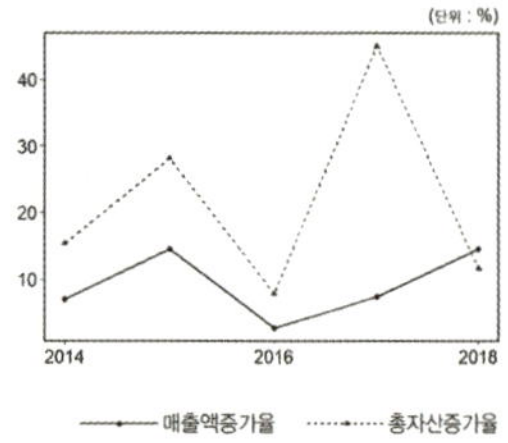

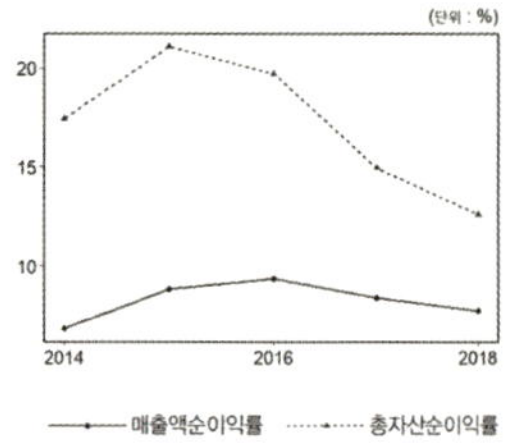

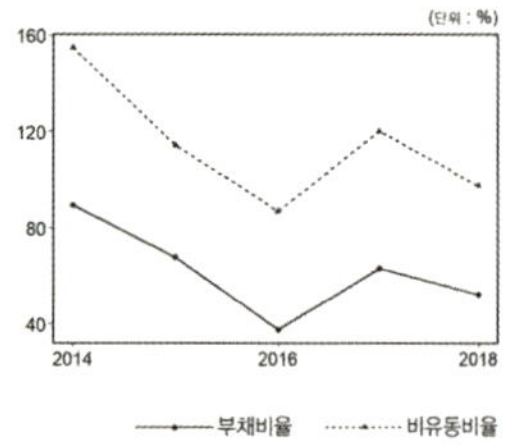

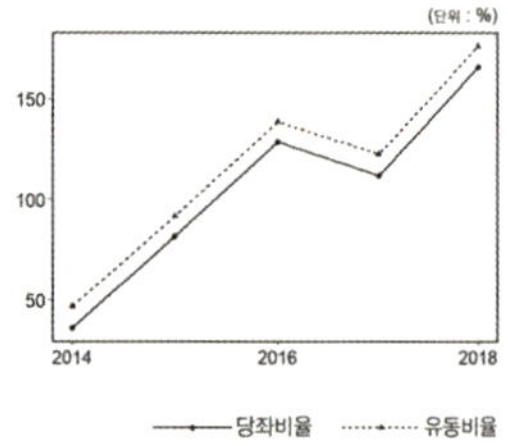

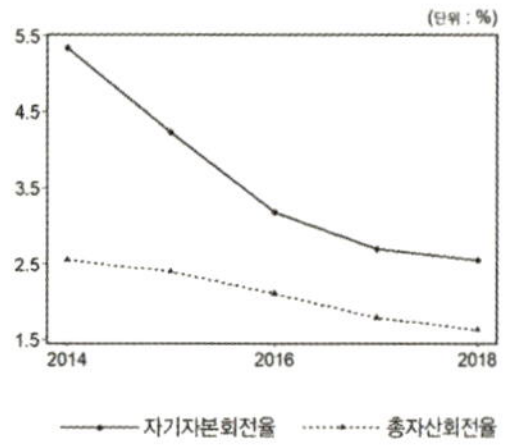

10 ㈜보나비(057930) BONAVIE			외
설립일	2010.01.04	대표이사	이재영
업종	제과점업	업종코드	56191
소재지	서울시 강남구 테헤란로	주요브랜드	아티제

	2014	2015	2016	2017	2018
재무상태표					(단위 : 백만 원)
유동자산	2,519	2,393	2,712	4,668	5,925
당좌자산	1,893	1,717	1,871	3,798	4,670
재고자산	625	676	842	870	1,255
비유동자산	26,957	28,870	35,434	37,254	35,807
투자자산	298	118	240	195	21
유형자산	9,858	9,309	14,731	15,551	13,623
무형자산	467	354	230	128	228
자산총계	29,475	31,263	38,146	41,921	41,732
유동부채	6,070	10,182	18,704	22,594	24,101
비유동부채	663	1,021	2,189	4,654	2,602
자본	22,742	20,060	17,252	14,673	15,030
부채 및 자본합계	29,475	31,263	38,146	41,921	41,732
손익계산서					(단위 : 백만 원)
매출액	48,556	53,028	60,088	67,163	77,709
매출원가	15,387	16,839	18,895	33,318	35,749
매출총손익	33,169	36,189	41,193	33,845	41,959
판매비 및 관리비	35,729	38,462	43,435	35,262	40,963
영업손익	−2,560	−2,274	−2,242	−1,417	996
법인세비용차감전순손익	−2,626	−2,490	−2,808	−1,698	932
법인세비용	−52	192	0	216	261
계속사업이익	−2,574	−2,682	−2,808	−1,914	671
중단사업손익	0	0	0	0	0
당기순손익	−2,574	−2,682	−2,808	−1,914	671
현금흐름표					(단위 : 백만 원)
영업활동순현금흐름	2,367	2,708	2,544	2,539	5,625
투자활동순현금흐름	−6,803	−6,165	−9,781	−5,312	−4,325
재무활동순현금흐름	4,346	3,486	7,288	2,955	−1,473
성장성비율					(단위 : %)
총자산증가율	13.57	6.06	22.02	9.90	−0.45
매출액증가율	16.24	9.21	13.31	11.77	15.7
수익성비율					(단위 : %)
총자산순이익률	−9.29	−8.83	−8.09	−4.78	1.6
자기자본순이익률	−12.81	−12.53	−15.05	−11.99	4.52
매출액영업이익률	−5.27	−4.29	−3.73	−2.11	1.28
매출액순이익률	−5.30	−5.06	−4.67	−2.85	0.86
레버리지비율					(단위 : %)
부채비율	29.61	55.85	121.11	185.71	177.66
이자보상비율	−21.65	−14	−8.94	−3.40	1.94
비유동비율	118.53	143.92	205.39	253.90	238.24
비유동장기적합률	115.17	136.95	182.26	192.75	203.09
유동성비율					(단위 : %)
유동비율	41.49	23.50	14.50	20.66	24.58
당좌비율	31.19	16.87	10	16.81	19.38
현금비율	2.57	3.96	5.37	7.02	2.63
활동성비율					(단위 : 회)
총자산회전율	1.75	1.75	1.73	1.68	1.86
자기자본회전율	2.42	2.48	3.22	4.21	5.23
비유동자산회전율	1.92	1.90	1.87	1.85	2.13
재고자산회전율	83.80	81.51	79.21	78.48	73.15
생산성비율					(단위 : %)
총자본투자효율	82.36	88.11	80.59	65.48	83.98
설비투자효율	246.27	296.07	209.21	178.50	263.21
부가가치의 구성					(단위 : 백만 원)
영업잉여	−2,640	−2,400	−2,456	−1,379	885
인건비	14,322.77	15,228.55	17,081.04	12,324.45	15,148.85
금융비용	79.74	126.38	214.74	−38.69	111.3
감가상각비	3,418.99	3,806.92	4,140.71	4,193.29	4,278.98

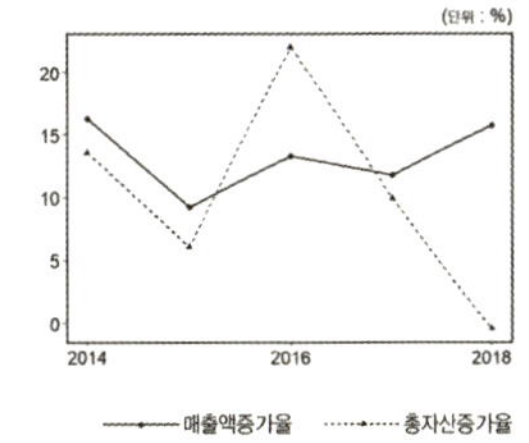

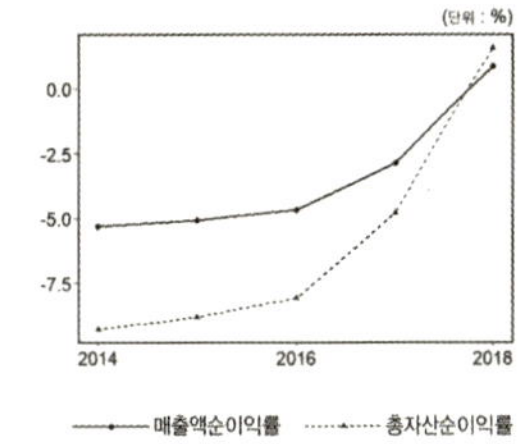

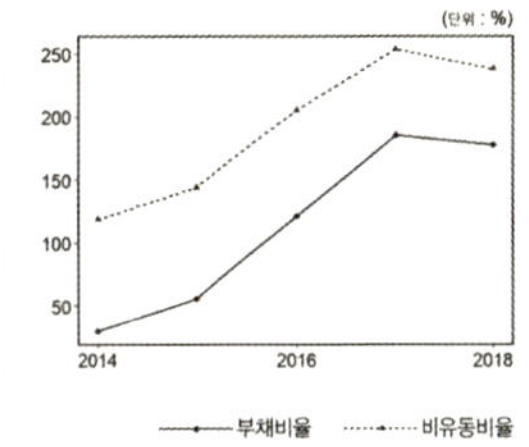

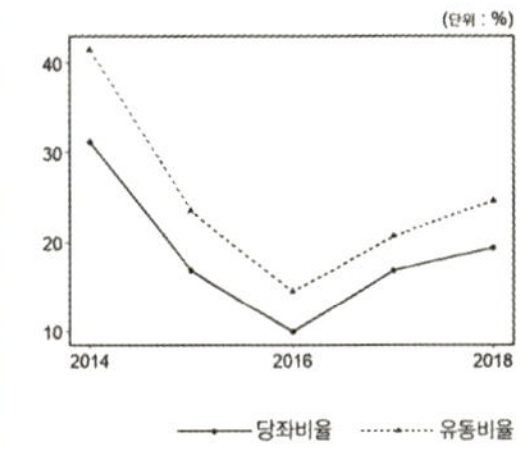

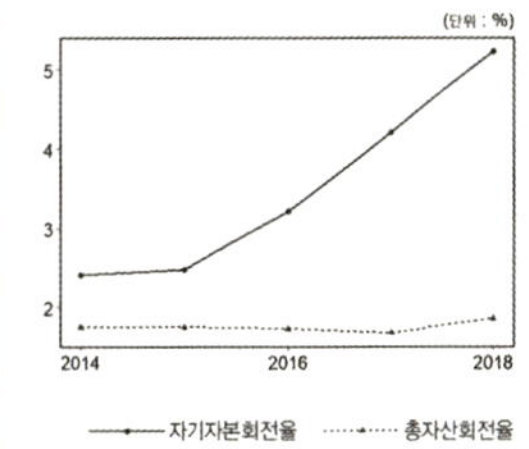

bread&co.
DAILY-NEW

11 ㈜브레댄코(059462) bread&co 외

설립일	1981.06.01	대표이사	홍수현
업종	제과점업	업종코드	56191
소재지	서울시 서초구 방배로	주요브랜드	브레댄코

	2014	2015	2016	2017	2018
재무상태표					(단위 : 백만 원)
유동자산	-	-	-	1,403	1,478
당좌자산	-	-	-	1,392	1,467
재고자산	-	-	-	11	11
비유동자산	-	-	-	7,131	6,893
투자자산	-	-	-	84	100
유형자산	-	-	-	3,058	2,658
무형자산	-	-	-	2	1
자산총계	-	-	-	8,535	8,371
유동부채	-	-	-	10,572	10,347
비유동부채	-	-	-	706	836
자본	-	-	-	-2,743	-2,812
부채 및 자본합계	-	-	-	8,535	8,371
손익계산서					(단위 : 백만 원)
매출액	-	-	-	21,934	22,743
매출원가	-	-	-	11,674	10,899
매출총손익	-	-	-	10,260	11,844
판매비 및 관리비	-	-	-	10,431	11,946
영업손익	-	-	-	-171	-101
법인세비용차감전순손익	-	-	-	-285	-68
법인세비용	-	-	-	0	0
계속사업이익	-	-	-	-285	-68
중단사업손익	-	-	-	0	0
당기순손익	-	-	-	-285	-68
현금흐름표					(단위 : 백만 원)
영업활동순현금흐름	-	-	-	1,222	806
투자활동순현금흐름	-	-	-	-1,277	-43
재무활동순현금흐름	-	-	-	0	-344
성장성비율					(단위 : %)
총자산증가율	-	-	-	0	-1.92
매출액증가율	-	-	-	0	3.69
수익성비율					(단위 : %)
총자산순이익률	-	-	-	-3.34	-0.81
자기자본순이익률	-	-	-	0	0
매출액영업이익률	-	-	-	-0.78	-0.45
매출액순이익률	-	-	-	-1.30	-0.3
레버리지비율					(단위 : %)
부채비율	-	-	-	0	0
이자보상비율	-	-	-	-11.95	-5.38
비유동비율	-	-	-	0	0
비유동장기적합률	-	-	-	0	0
유동성비율					(단위 : %)
유동비율	-	-	-	13.27	14.28
당좌비율	-	-	-	13.17	14.18
현금비율	-	-	-	16.46	43.95
활동성비율					(단위 : 회)
총자산회전율	-	-	-	2.57	2.69
자기자본회전율	-	-	-	0	0
비유동자산회전율	-	-	-	3.08	3.24
재고자산회전율	-	-	-	2,004.55	2,047.21
생산성비율					(단위 : %)
총자본투자효율	-	-	-	60.97	70.26
설비투자효율	-	-	-	170.13	221.27
부가가치의 구성					(단위 : 백만 원)
영업잉여	-	-	-	-179	-104
인건비	-	-	-	1,784.20	2,066.04
금융비용	-	-	-	7.77	1.24
감가상각비	-	-	-	365.83	310.97

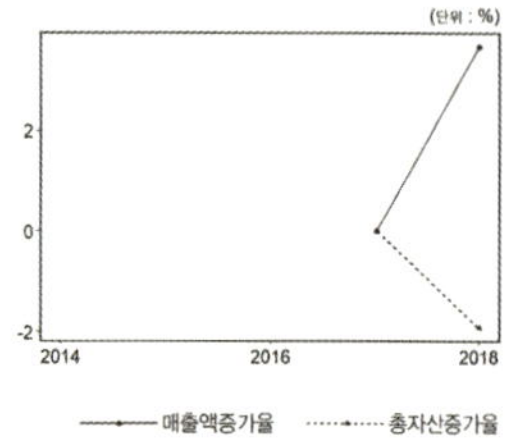

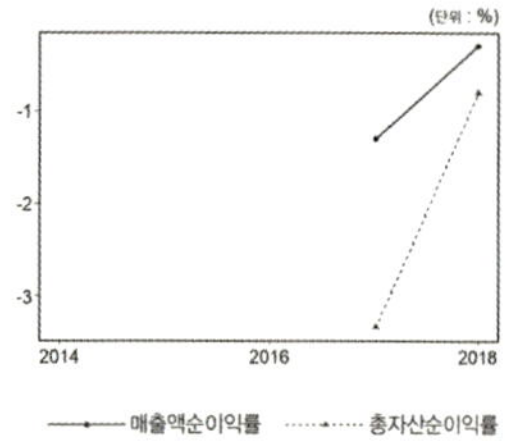

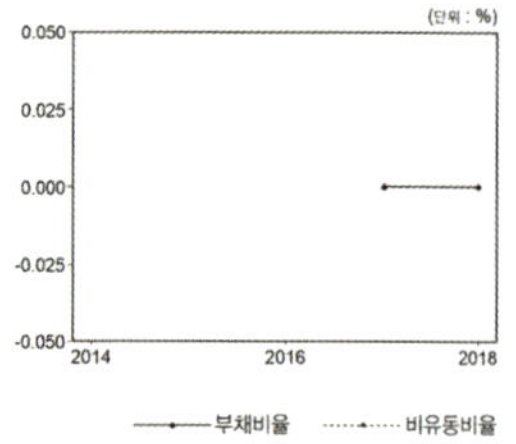

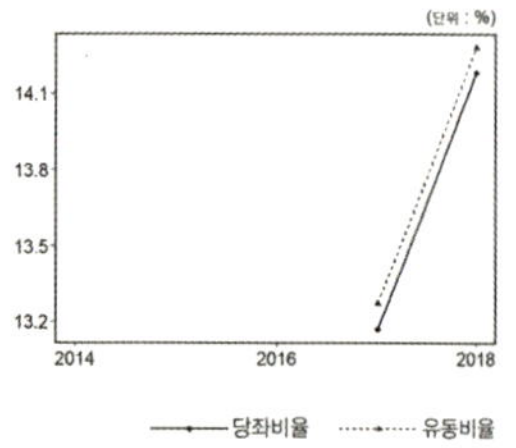

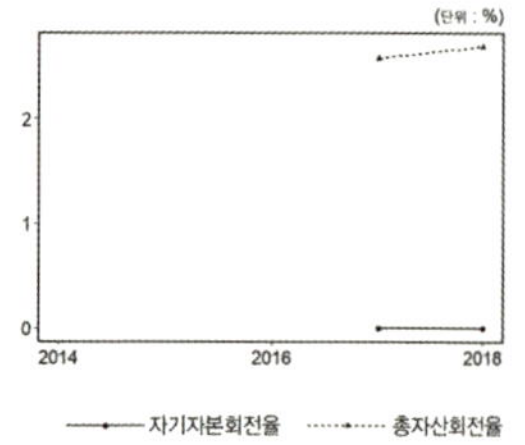

12 ㈜삼양에프앤비(051957) seven springs co., ltd 외

설립일	2001.11.16	대표이사	서정배
업종	서양식 음식점업	업종코드	56123
소재지	서울특별시 종로구 북촌로	주요브랜드	세븐스프링스, 카페세븐스프링스

	2014	2015	2016	2017	2018
재무상태표					(단위 : 백만 원)
유동자산	1,785	824	2,633	1,316	997
당좌자산	1,434	615	2,482	1,175	871
재고자산	351	209	151	141	126
비유동자산	26,691	19,599	13,982	8,471	7,212
투자자산	0	0	1,623	1,316	1,055
유형자산	13,969	8,973	4,231	111	45
무형자산	154	147	112	0	20
자산총계	28,476	20,424	16,614	9,787	8,208
유동부채	10,101	11,497	16,539	17,678	19,246
비유동부채	2,868	3,445	3,394	3,439	3,441
자본	15,507	5,481	-3,319	-11,331	-14,480
부채 및 자본합계	28,476	20,424	16,614	9,787	8,208
손익계산서					(단위 : 백만 원)
매출액	56,134	40,472	24,574	21,482	18,618
매출원가	22,108	16,255	9,878	8,756	8,143
매출총손익	34,026	24,217	14,696	12,726	10,475
판매비 및 관리비	37,194	33,151	20,798	17,794	13,580
영업손익	-3,168	-8,934	-6,102	-5,067	-3,105
법인세비용차감전순손익	-2,874	-10,026	-7,857	-8,012	-3,149
법인세비용	255	0	943	0	0
계속사업이익	-3,129	-10,026	-8,800	-8,012	-3,149
중단사업손익	0	0	0	0	0
당기순손익	-3,129	-10,026	-8,800	-8,012	-3,149
현금흐름표					(단위 : 백만 원)
영업활동순현금흐름	1,250	-3,677	-288	-3,364	-2,842
투자활동순현금흐름	-1,561	1,675	79	514	903
재무활동순현금흐름	-63	1,856	1,949	1,700	1,542
성장성비율					(단위 : %)
총자산증가율	7.80	-28.28	-18.65	-41.09	-16.13
매출액증가율	11.87	-27.90	-39.28	-12.58	-13.33
수익성비율					(단위 : %)
총자산순이익률	-11.40	-41.01	-47.52	-60.69	-35
자기자본순이익률	-21.75	-95.54	0	0	0
매출액영업이익률	-5.64	-22.07	-24.83	-23.59	-16.68
매출액순이익률	-5.57	-24.77	-35.81	-37.30	-16.91
레버리지비율					(단위 : %)
부채비율	83.63	272.61	0	0	0
이자보상비율	-16.97	-31.66	-23	-15.61	-12.1
비유동비율	172.12	357.57	0	0	0
비유동장기적합률	145.26	219.57	0	0	0
유동성비율					(단위 : %)
유동비율	17.67	7.17	15.92	7.45	5.18
당좌비율	14.19	5.35	15.01	6.65	4.52
현금비율	12.11	8.52	68.77	50.17	26.44
활동성비율					(단위 : 회)
총자산회전율	2.05	1.66	1.33	1.63	2.07
자기자본회전율	3.90	3.86	0	0	0
비유동자산회전율	2.22	1.75	1.46	1.91	2.37
재고자산회전율	155.12	144.44	136.56	147.44	139.55
생산성비율					(단위 : %)
총자본투자효율	85.69	72.84	46.27	45.69	84.12
설비투자효율	175.18	166.41	222.40	4,012.64	15,355.57
부가가치의 구성					(단위 : 백만 원)
영업잉여	-2,949	-8,774	-6,028	-5,101	-3,186
인건비	17,525.85	14,855.17	8,406	6,860.18	7,027.22
금융비용	-218.80	-160.23	-74.12	33.41	80.87
감가상각비	3,794.04	4,001.82	2,939.70	1,977.60	377.24

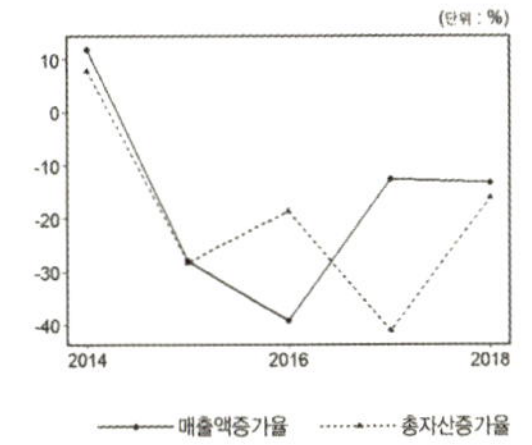

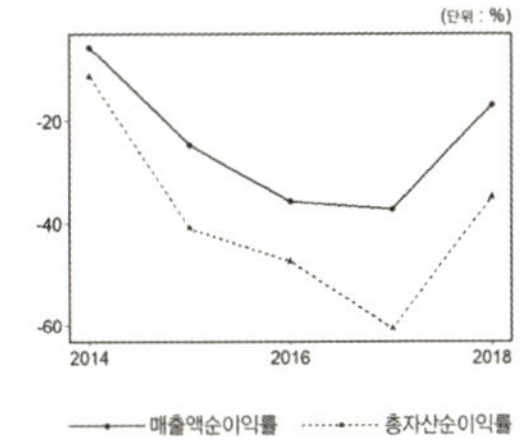

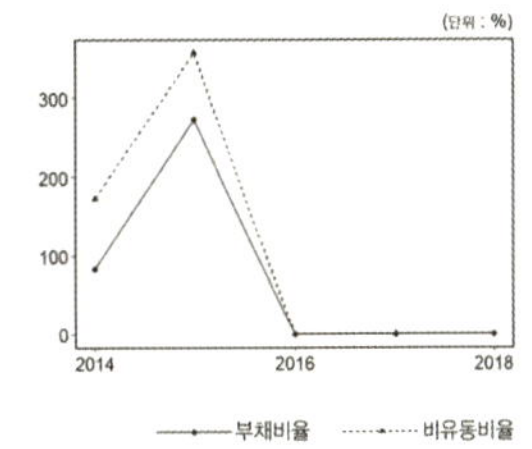

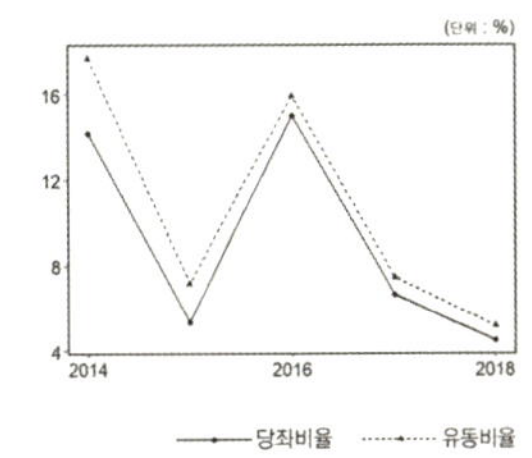

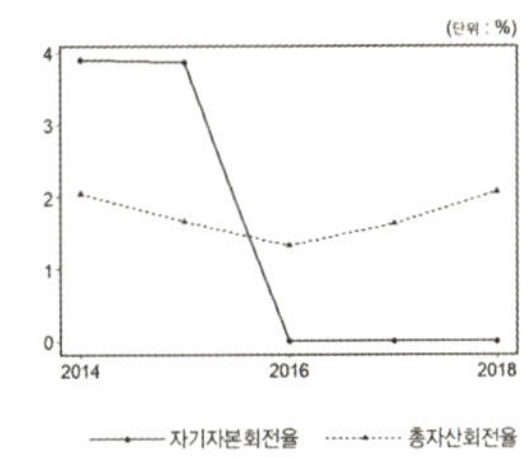

13 ㈜새벽집(053441) seabuk 외

설립일	2002.03.09	대표이사	박곤옥
업종	한식 일반 음식점업	업종코드	56111
소재지	서울시 강남구 청담동	주요브랜드	새벽집

	2014	2015	2016	2017	2018
재무상태표					(단위 : 백만 원)
유동자산	1,100	2,091	2,477	1,458	2,539
당좌자산	1,076	2,055	2,451	1,435	2,511
재고자산	25	36	26	22	28
비유동자산	27,294	28,003	26,879	27,617	27,487
투자자산	100	1,065	20	938	978
유형자산	26,957	26,700	26,622	26,441	26,271
무형자산	0	0	0	0	0
자산총계	28,395	30,094	29,356	29,074	30,026
유동부채	16,588	17,454	16,930	16,743	17,670
비유동부채	382	1,072	800	602	487
자본	11,425	11,568	11,626	11,729	11,869
부채 및 자본합계	28,395	30,094	29,356	29,074	30,026
손익계산서					(단위 : 백만 원)
매출액	9,896	10,551	10,040	9,617	9,980
매출원가	7,283	7,784	7,642	7,210	7,262
매출총손익	2,613	2,767	2,398	2,407	2,719
판매비 및 관리비	1,975	2,091	1,881	1,865	2,134
영업손익	638	676	517	541	585
법인세비용차감전순손익	55	198	102	126	170
법인세비용	30	55	43	24	30
계속사업이익	24	143	59	103	140
중단사업손익	0	0	0	0	0
당기순손익	24	143	59	103	140
현금흐름표					(단위 : 백만 원)
영업활동순현금흐름	705	553	449	259	817
투자활동순현금흐름	-405	-1,417	-95	191	-697
재무활동순현금흐름	-474	1,429	-906	-428	420
성장성비율					(단위 : %)
총자산증가율	-1	5.98	-2.45	-0.96	3.27
매출액증가율	-2.59	6.62	-4.85	-4.21	3.78
수익성비율					(단위 : %)
총자산순이익률	0.09	0.49	0.20	0.35	0.47
자기자본순이익률	0.21	1.24	0.51	0.88	1.19
매출액영업이익률	6.45	6.40	5.15	5.63	5.86
매출액순이익률	0.25	1.35	0.58	1.07	1.4
레버리지비율					(단위 : %)
부채비율	148.53	160.15	152.50	147.89	152.99
이자보상비율	0.93	1.21	0.96	1.04	1.03
비유동비율	238.90	242.08	231.19	235.46	231.59
비유동장기적합률	231.18	221.54	216.30	223.96	222.46
유동성비율					(단위 : %)
유동비율	6.63	11.98	14.63	8.71	14.37
당좌비율	6.48	11.77	14.48	8.57	14.21
현금비율	5.09	29.67	2.74	6.18	24.82
활동성비율					(단위 : 회)
총자산회전율	0.35	0.36	0.34	0.33	0.34
자기자본회전율	0.87	0.92	0.87	0.82	0.85
비유동자산회전율	0.36	0.38	0.37	0.35	0.36
재고자산회전율	421.79	347.79	321.50	395.89	395.54
생산성비율					(단위 : %)
총자본투자효율	8.61	8.16	6.88	7.10	7.69
설비투자효율	9.07	9.20	7.58	7.80	8.79
부가가치의 구성					(단위 : 백만 원)
영업잉여	-46	130	34	60	70
인건비	780.26	856.40	633.09	810.89	616.57
금융비용	683.75	545.67	482.65	481.53	515.05
감가상각비	488.36	408.10	338.32	243.26	170.87

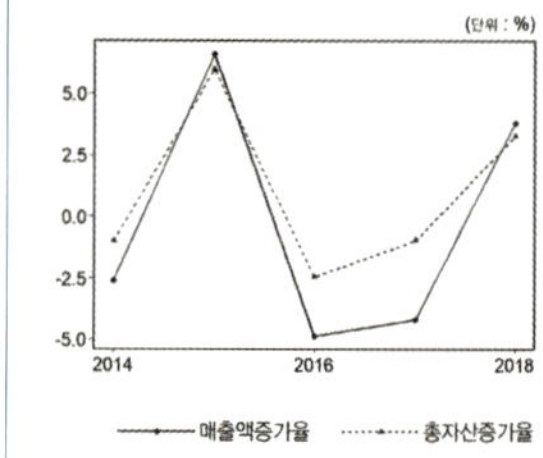

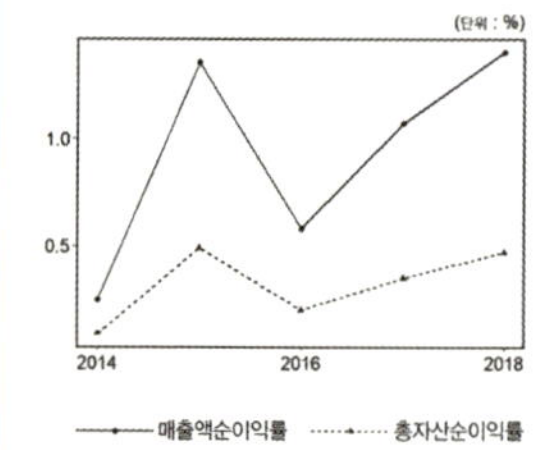

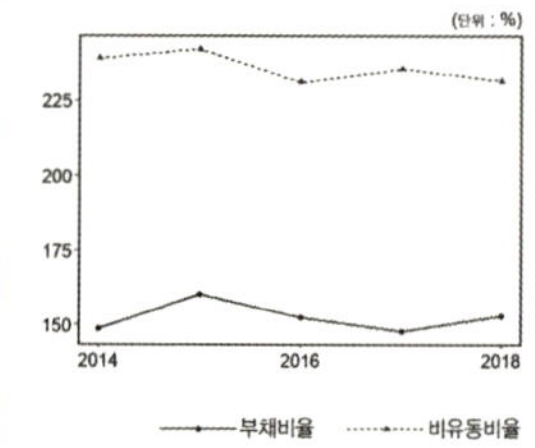

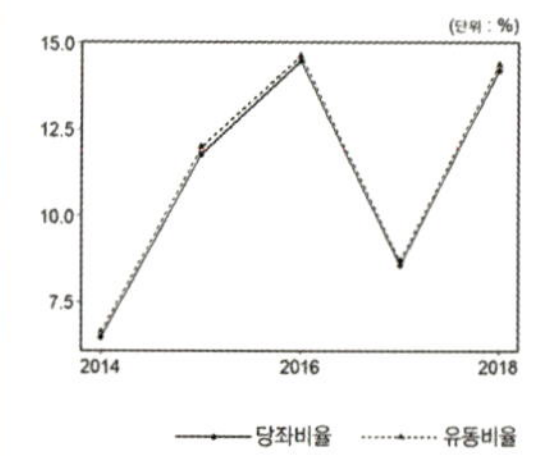

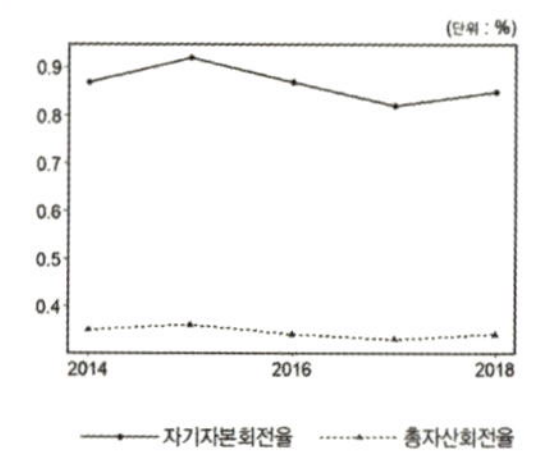

14 ㈜송추가마골(073260) SONGCHOO GAMAGOLL CO.,LTD. 외

설립일	2013.07.09	대표이사	김재민
업종	한식 일반 음식점업	업종코드	56111
소재지	경기도 양주시 장흥면 호국로	주요브랜드	송추가마골, 송추가마골인어반, 카페1981

	2014	2015	2016	2017	2018
재무상태표					(단위 : 백만 원)
유동자산	2,426	3,697	5,068	9,113	8,404
당좌자산	2,022	3,131	4,332	8,330	7,548
재고자산	404	566	736	783	856
비유동자산	5,590	5,665	9,379	14,617	20,133
투자자산	9	12	5	1,100	4,012
유형자산	3,691	3,527	6,390	10,128	12,326
무형자산	411	296	182	67	0
자산총계	8,016	9,361	14,447	23,729	28,537
유동부채	4,624	5,349	9,138	13,011	14,347
비유동부채	2,538	1,170	497	2,500	2,500
자본	854	2,843	4,812	8,219	11,690
부채 및 자본합계	8,016	9,361	14,447	23,729	28,537
손익계산서					(단위 : 백만 원)
매출액	23,059	31,478	43,573	56,382	63,119
매출원가	9,632	12,714	17,443	22,527	25,641
매출총손익	13,427	18,763	26,130	33,855	37,478
판매비 및 관리비	12,777	16,349	23,483	29,427	33,132
영업손익	650	2,414	2,647	4,428	4,346
법인세비용차감전순손익	508	2,363	2,661	4,330	4,117
법인세비용	90	375	514	924	646
계속사업이익	418	1,988	2,147	3,407	3,471
중단사업손익	0	0	0	0	0
당기순손익	418	1,988	2,147	3,407	3,471
현금흐름표					(단위 : 백만 원)
영업활동순현금흐름	2,179	4,050	5,498	5,882	6,991
투자활동순현금흐름	-3,203	-1,489	-5,928	-8,104	-8,619
재무활동순현금흐름	1,052	-1,675	1,206	4,790	879
성장성비율					(단위 : 백만 원)
총자산증가율	0	16.79	54.32	64.25	20.26
매출액증가율	0	36.51	38.43	29.40	11.95
수익성비율					(단위 : %)
총자산순이익률	10.43	22.89	18.04	17.85	13.28
자기자본순이익률	97.85	107.57	56.09	52.29	34.87
매출액영업이익률	2.82	7.67	6.08	7.85	6.89
매출액순이익률	1.81	6.32	4.93	6.04	5.50
레버리지비율					(단위 : %)
부채비율	838.25	229.30	200.22	188.72	144.12
이자보상비율	4.33	20.20	24.98	25.08	14.31
비유동비율	654.28	199.27	194.91	177.85	172.23
비유동장기적합률	164.80	141.17	176.67	136.37	141.89
유동성비율					(단위 : %)
유동비율	52.47	69.11	55.46	70.04	58.57
당좌비율	43.72	58.53	47.40	64.02	52.61
현금비율	55.71	60.52	59.46	61.24	57.49
활동성비율					(단위 : 회)
총자산회전율	5.75	3.62	3.66	2.95	2.42
자기자본회전율	53.98	17.03	11.38	8.65	6.34
비유동자산회전율	8.25	5.59	5.79	4.70	3.63
재고자산회전율	114.05	64.88	66.93	74.25	77.05
생산성비율					(단위 : %)
총자본투자효율	130.57	161.35	145.49	117.27	106.63
설비투자효율	283.56	428.27	328.91	274.74	260.44
부가가치의 구성					(단위 : 백만 원)
영업잉여	510	2,305	2,545	4,262	4,059
인건비	7,740.47	9,636.89	13,314.32	16,750.51	18,906.85
금융비용	140.04	108.94	102.28	166.09	287.52
감가상각비	1,137.64	1,453.61	2,215.24	2,666.44	2,507.42

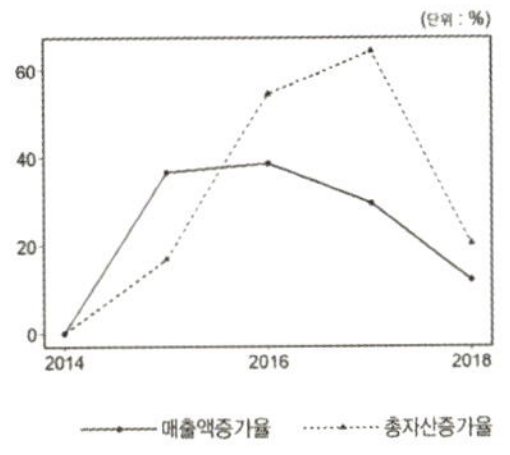

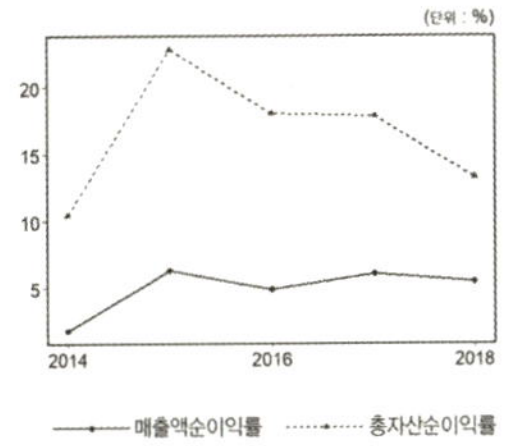

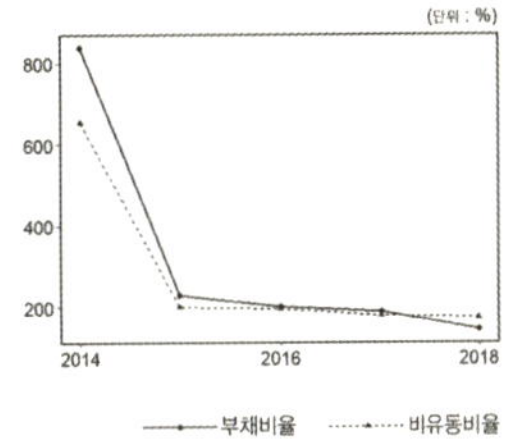

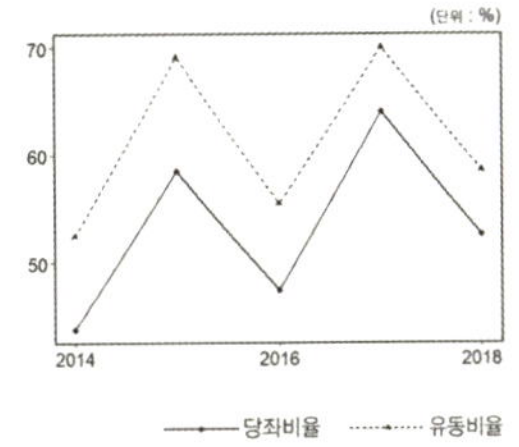

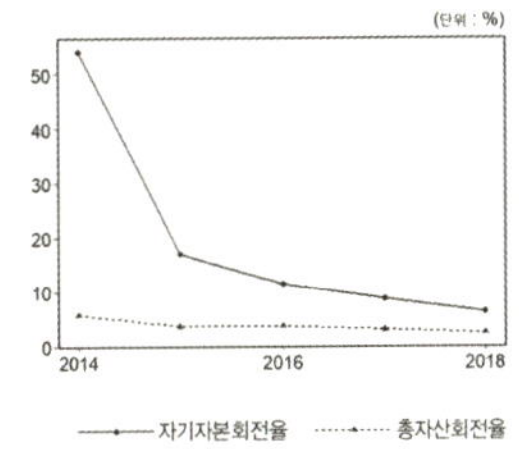

15 ㈜신라명과(015869) SHILLA MYUNGGUA 외

설립일	1983.09.20	대표이사	조영장, 안희철
업종	제과점업	업종코드	56191
소재지	경기도 안양시 만안구	주요브랜드	신라명과, 링바볼

	2014	2015	2016	2017	2018
재무상태표					(단위 : 백만 원)
유동자산	11,619	10,938	10,687	11,129	10,509
당좌자산	10,209	9,576	9,395	9,747	9,498
재고자산	1,410	1,362	1,292	1,382	1,011
비유동자산	11,513	13,294	12,422	12,322	16,368
투자자산	133	32	32	32	32
유형자산	10,416	12,493	11,763	12,017	16,087
무형자산	6	7	5	4	8
자산총계	23,132	24,232	23,109	23,451	26,877
유동부채	6,906	6,772	8,623	8,421	9,993
비유동부채	3,024	5,571	2,943	3,911	7,026
자본	13,203	11,889	11,544	11,119	9,858
부채 및 자본합계	23,132	24,232	23,109	23,451	26,877
손익계산서					(단위 : 백만 원)
매출액	39,126	35,207	35,881	38,680	36,830
매출원가	31,468	30,701	29,168	31,446	29,666
매출총손익	7,658	4,507	6,713	7,234	7,163
판매비 및 관리비	8,583	7,350	7,110	7,685	8,297
영업손익	-925	-2,843	-396	-450	-1,134
법인세비용차감전순손익	723	-1,381	-305	-440	-1,274
법인세비용	83	-67	40	-16	-13
계속사업이익	640	-1,313	-346	-425	-1,261
중단사업손익	0	0	0	0	0
당기순손익	640	-1,313	-346	-425	-1,261
현금흐름표					(단위 : 백만 원)
영업활동순현금흐름	220	1,259	889	1,151	-176
투자활동순현금흐름	-672	-2,948	-214	-1,032	-5,285
재무활동순현금흐름	189	1,558	-496	38	4,762
성장성비율					(단위 : %)
총자산증가율	1.51	4.76	-4.63	1.48	14.61
매출액증가율	-2.41	-10.01	1.91	7.80	-4.78
수익성비율					(단위 : %)
총자산순이익률	2.79	-5.55	-1.46	-1.82	-5.01
자기자본순이익률	4.96	-10.47	-2.95	-3.75	-12.02
매출액영업이익률	-2.36	-8.08	-1.10	-1.16	-3.08
매출액순이익률	1.63	-3.73	-0.96	-1.10	-3.42
레버리지비율					(단위 : %)
부채비율	75.21	103.82	100.19	110.91	172.64
이자보상비율	-21.39	-29.19	-4.44	-5.48	-6.29
비유동비율	87.20	111.82	107.61	110.82	166.03
비유동장기적합률	70.95	76.14	85.75	81.98	96.94
유동성비율					(단위 : %)
유동비율	168.25	161.51	123.94	132.15	105.17
당좌비율	147.83	141.40	108.96	115.74	95.05
현금비율	34.26	35.21	37.71	37.62	33.19
활동성비율					(단위 : 회)
총자산회전율	1.70	1.49	1.52	1.66	1.46
자기자본회전율	3.04	2.81	3.06	3.41	3.51
비유동자산회전율	3.79	2.84	2.79	3.13	2.57
재고자산회전율	25.49	25.40	27.04	28.93	30.78
생산성비율					(단위 : %)
총자본투자효율	16.27	10.35	12.62	12.74	8.86
설비투자효율	52.07	20.12	24.96	25.94	15.82
부가가치의 구성					(단위 : 백만 원)
영업잉여	-854	-2,789	-454	-499	-1,226
인건비	1,931.35	2,032.76	2,020.20	2,192.92	2,220.09
금융비용	-83.67	22.14	53.61	55.91	152.29
감가상각비	920.35	1,602.38	1,074.67	1,118.67	1,234.94

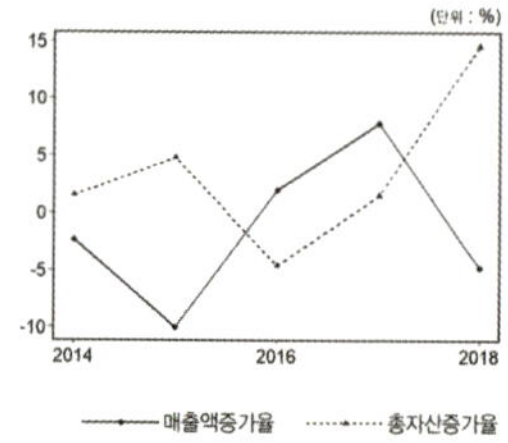

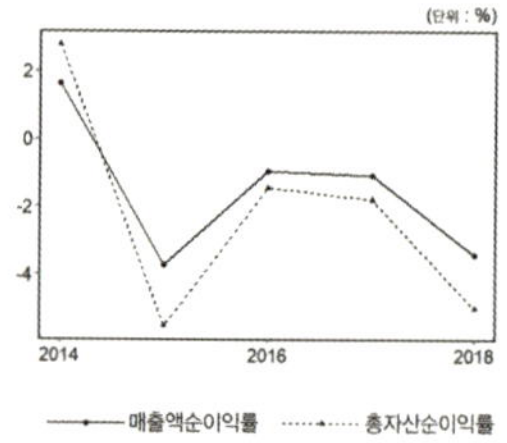

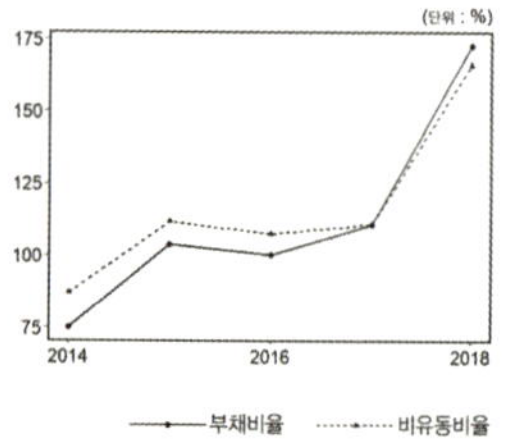

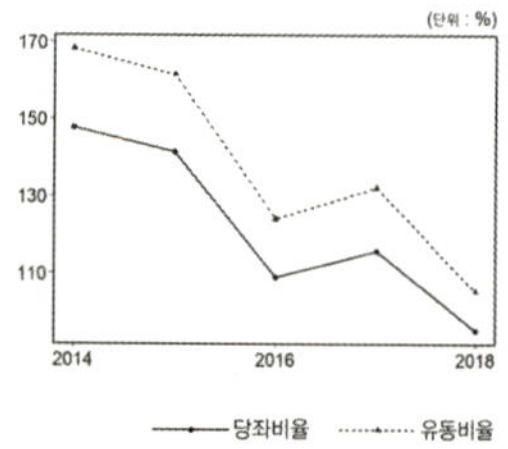

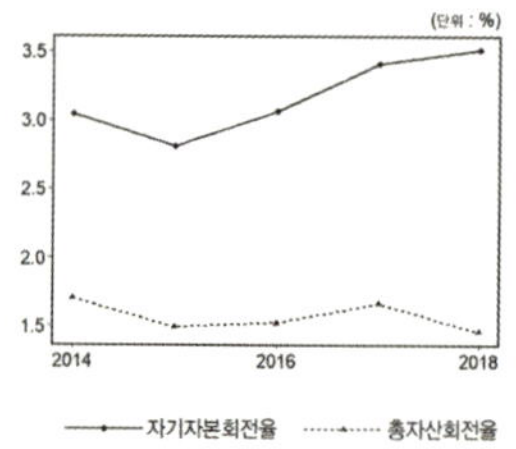

신화푸드그룹

16 ㈜신화아이푸드(062359) SIN WHA I FOOD 외

설립일	2005.10.01	대표이사	김지연
업종	다업종기업	업종코드	56300
소재지	경기도 성남시 분당구	주요브랜드	천지연, 긴자, 송도갈비

	2014	2015	2016	2017	2018
재무상태표					(단위 : 백만 원)
유동자산	2,743	4,207	6,433	9,079	12,808
당좌자산	2,690	4,203	6,369	9,030	12,410
재고자산	53	4	65	50	398
비유동자산	46,887	50,017	57,412	58,256	59,847
투자자산	20	184	4	7	8
유형자산	41,354	44,133	50,194	50,887	52,250
무형자산	67	1	0	0	17
자산총계	49,630	54,224	63,845	67,336	72,655
유동부채	24,122	24,936	27,633	25,959	30,733
비유동부채	14,771	15,973	17,880	15,474	7,859
자본	10,738	13,315	18,332	25,903	34,062
부채 및 자본합계	49,630	54,224	63,845	67,336	72,655
손익계산서					(단위 : 백만 원)
매출액	33,105	37,742	48,112	61,809	69,252
매출원가	26,833	30,313	14,601	47,869	54,749
매출총손익	6,271	7,429	33,510	13,939	14,503
판매비 및 관리비	2,067	2,674	26,023	3,799	4,127
영업손익	4,205	4,755	7,487	10,140	10,375
법인세비용차감전순손익	2,650	3,420	6,346	9,107	10,325
법인세비용	635	843	1,329	1,536	2,166
계속사업이익	2,015	2,578	5,017	7,571	8,159
중단사업손익	0	0	0	0	0
당기순손익	2,015	2,578	5,017	7,571	8,159
현금흐름표					(단위 : 백만 원)
영업활동순현금흐름	4,984	5,246	7,146	10,386	11,870
투자활동순현금흐름	-14,391	-5,903	-10,740	-5,182	-6,719
재무활동순현금흐름	9,503	1,039	3,819	-5,402	-5,049
성장성비율					(단위 : %)
총자산증가율	31.37	9.25	17.74	5.47	7.90
매출액증가율	29.43	14.01	27.47	28.47	12.04
수익성비율					(단위 : %)
총자산순이익률	4.61	4.96	8.50	11.54	11.66
자기자본순이익률	20.71	21.43	31.71	34.23	27.21
매출액영업이익률	12.70	12.60	15.56	16.41	14.98
매출액순이익률	6.09	6.83	10.43	12.25	11.78
레버리지비율					(단위 : %)
부채비율	362.21	307.23	248.27	159.95	113.30
이자보상비율	2.68	3.13	5.53	8.26	10.37
비유동비율	436.66	375.63	313.18	224.90	175.70
비유동장기적합률	183.81	170.77	158.54	140.79	142.76
유동성비율					(단위 : %)
유동비율	11.37	16.87	23.28	34.98	41.67
당좌비율	11.15	16.86	23.05	34.78	40.38
현금비율	5.57	12.70	11.79	6.17	5.17
활동성비율					(단위 : 회)
총자산회전율	0.76	0.73	0.81	0.94	0.99
자기자본회전율	3.40	3.14	3.04	2.79	2.31
비유동자산회전율	0.82	0.78	0.90	1.07	1.17
재고자산회전율	834.07	1,318.21	1,402.88	1,081.66	309.46
생산성비율					(단위 : %)
총자본투자효율	15.13	15.69	43.07	20.44	20.06
설비투자효율	19.28	19.33	54.99	27.33	27.95
부가가치의 구성					(단위 : 백만 원)
영업잉여	2,639	3,350	6,311	9,104	9,555
인건비	1,240.73	1,567.82	13,886.42	1,015.91	1,050.25
금융비용	1,565.24	1,404.74	1,180.42	1,041.35	819.71
감가상각비	1,730.70	1,864.09	1,826.12	2,026.74	1,726.36

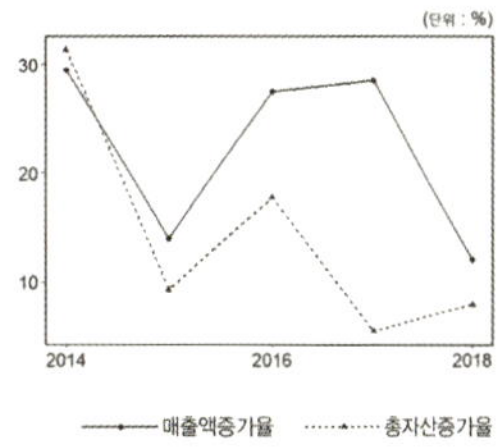

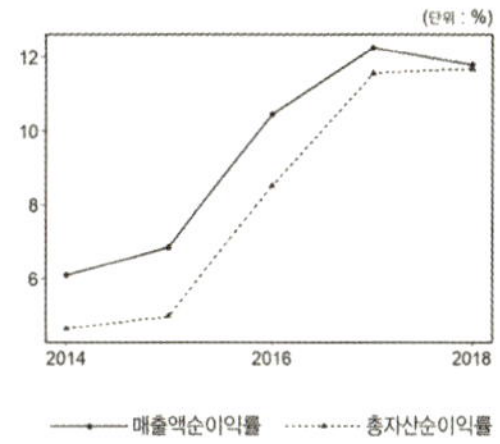

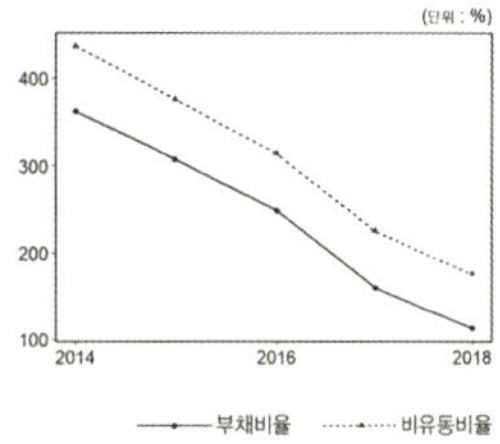

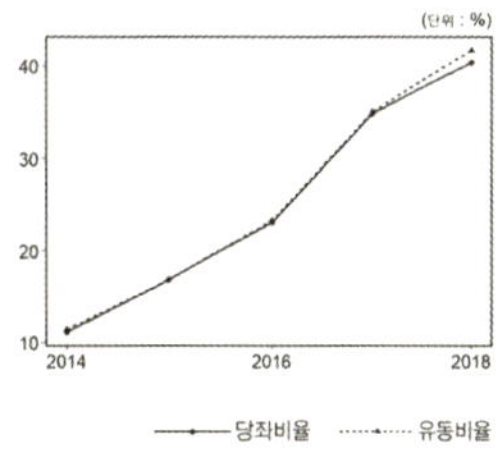

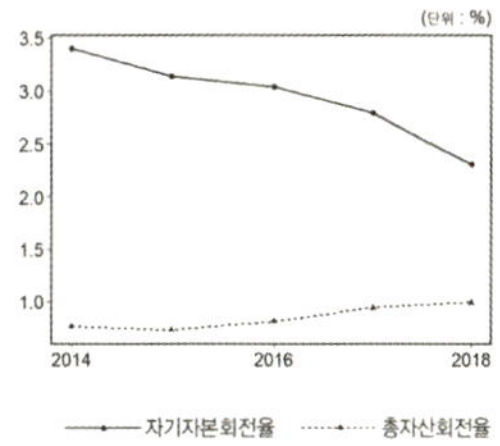

17 ㈜에스앤에스컴퍼니(073341) SIN WHA I FOOD 외

설립일	2011.04.01	대표이사	이성민
업종	다업종기업	업종코드	56300
소재지	대구광역시 수성로 지범로	주요브랜드	서가앤쿡, 토끼정, 숨쉬는순두부

	2014	2015	2016	2017	2018
재무상태표					(단위 : 백만 원)
유동자산	10,532	13,741	9,016	7,103	7,946
당좌자산	10,483	13,737	8,960	7,008	7,788
재고자산	49	4	56	96	158
비유동자산	4,534	5,792	22,150	29,051	30,656
투자자산	740	2,242	1,754	2,647	4,083
유형자산	2,369	1,936	18,176	23,804	23,636
무형자산	26	33	22	11	121
자산총계	15,066	19,533	31,165	36,155	38,602
유동부채	3,644	2,739	4,180	3,288	5,598
비유동부채	260	287	4,906	5,237	767
자본	11,162	16,507	22,080	27,631	32,238
부채 및 자본합계	15,066	19,533	31,165	36,155	38,602
손익계산서					(단위 : 백만 원)
매출액	22,551	26,880	28,231	34,373	36,399
매출원가	11,586	15,815	17,092	22,555	25,469
매출총손익	10,965	11,065	11,139	11,818	10,930
판매비 및 관리비	3,593	4,708	4,421	5,143	5,710
영업손익	7,372	6,358	6,717	6,675	5,220
법인세비용차감전순손익	7,580	6,490	6,965	6,686	5,322
법인세비용	3,419	1,144	1,392	1,135	715
계속사업이익	4,161	5,346	5,573	5,551	4,607
중단사업손익	0	0	0	0	0
당기순손익	4,161	5,346	5,573	5,551	4,607
현금흐름표					(단위 : 백만 원)
영업활동순현금흐름	5,931	5,615	6,268	5,524	5,137
투자활동순현금흐름	-3,513	-3,656	-12,431	-6,476	-3,639
재무활동순현금흐름	0	0	4,975	-464	-2,000
성장성비율					(단위 : %)
총자산증가율	0	29.66	59.55	16.01	6.77
매출액증가율	0	19.20	5.02	21.76	5.89
수익성비율					(단위 : %)
총자산순이익률	55.24	30.90	21.98	16.49	12.32
자기자본순이익률	74.55	38.64	28.88	22.33	15.39
매출액영업이익률	32.69	23.65	23.79	19.42	14.34
매출액순이익률	18.45	19.89	19.74	16.15	12.66
레버리지비율					(단위 : %)
부채비율	34.98	18.33	41.15	30.85	19.74
이자보상비율	•	•	146.58	55.51	51.10
비유동비율	40.62	35.09	100.32	105.14	95.09
비유동장기적합률	39.69	34.49	82.08	88.39	92.88
유동성비율					(단위 : %)
유동비율	289.04	501.73	215.70	216.07	141.96
당좌비율	287.69	501.57	214.36	213.16	139.14
현금비율	53.01	54.88	70.47	69.50	31.62
활동성비율					(단위 : 회)
총자산회전율	2.99	1.55	1.11	1.02	0.97
자기자본회전율	4.04	1.94	1.46	1.38	1.22
비유동자산회전율	9.95	5.21	2.02	1.34	1.22
재고자산회전율	918.96	1,008.92	939.41	453.03	287.12
생산성비율					(단위 : %)
총자본투자효율	68.11	54.10	34.81	30.02	25.34
설비투자효율	433.17	545.68	59.69	45.78	41.40
부가가치의 구성					(단위 : 백만 원)
영업잉여	7,544	6,654	6,868	6,769	5,259
인건비	2,056.28	3,230.85	3,058.40	2,763.67	2,856.08
금융비용	-171.69	-256.27	-155.57	42	-28.99
감가상각비	669.64	940.07	808.39	1,195.08	1,483.67

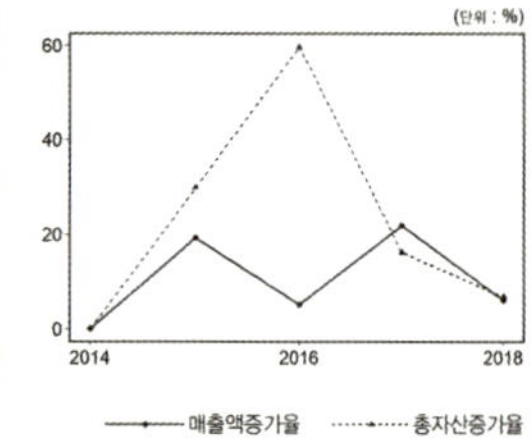

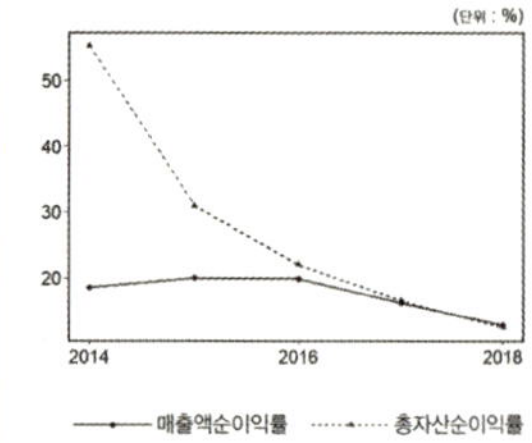

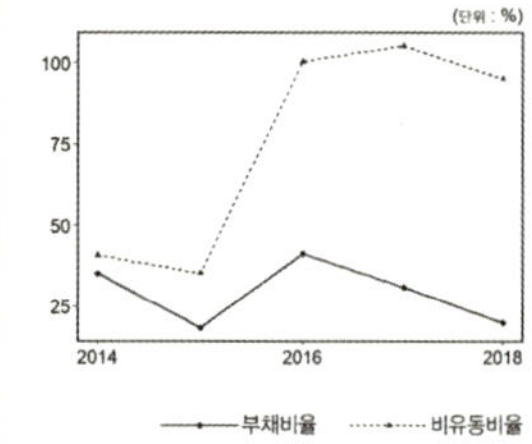

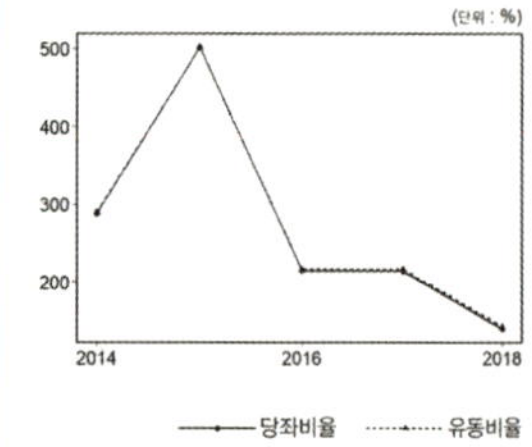

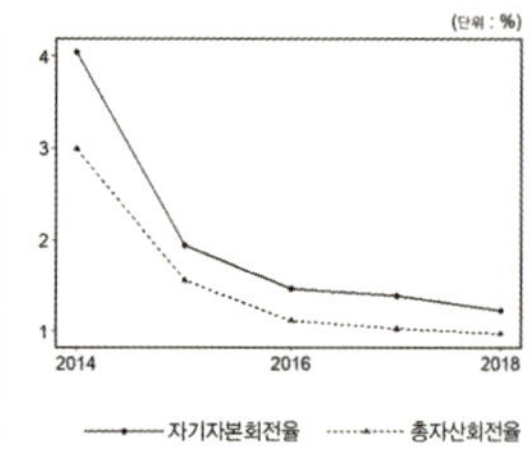

18 ㈜에스엠엔터프라이즈(066275) SM ENTERPRISE CO.,LTD. 외

설립일	2006.02.10	대표이사	박제준
업종	서양식 음식점업	업종코드	56123
소재지	경기도 용인시 기흥구	주요브랜드	바이킹스, 바이킹스워프, 어촌계

	2014	2015	2016	2017	2018
재무상태표					(단위 : 백만 원)
유동자산	3,379	3,616	3,200	3,453	3,554
당좌자산	3,261	3,357	2,981	3,359	3,437
재고자산	118	259	219	95	117
비유동자산	8,339	8,395	7,267	6,875	7,539
투자자산	1	2	4	2	3
유형자산	7,294	7,067	6,492	5,983	6,353
무형자산	342	293	127	337	382
자산총계	11,718	12,011	10,467	10,328	11,093
유동부채	4,095	4,258	3,756	3,563	7,490
비유동부채	4,402	4,490	4,430	4,277	425
자본	3,222	3,263	2,280	2,488	3,178
부채 및 자본합계	11,718	12,011	10,467	10,328	11,093
손익계산서					(단위 : 백만 원)
매출액	16,655	17,641	17,093	17,322	19,655
매출원가	7,323	7,315	8,242	8,869	9,779
매출총손익	9,332	10,326	8,851	8,453	9,876
판매비 및 관리비	8,726	10,263	9,790	8,223	9,227
영업손익	606	63	-939	231	649
법인세비용차감전순손익	630	55	-983	208	690
법인세비용	140	14	0	0	0
계속사업이익	490	41	-983	208	690
중단사업손익	0	0	0	0	0
당기순손익	490	41	-983	208	690
현금흐름표					(단위 : 백만 원)
영업활동순현금흐름	1,485	1,191	-509	686	1,667
투자활동순현금흐름	-2,552	-1,153	597	-611	-1,663
재무활동순현금흐름	983	0	-100	-200	0
성장성비율					(단위 : %)
총자산증가율	14.60	2.50	-12.86	-1.33	7.41
매출액증가율	0.27	5.92	-3.11	1.34	13.47
수익성비율					(단위 : %)
총자산순이익률	4.46	0.35	-8.74	2	6.44
자기자본순이익률	16.44	1.26	-35.46	8.71	24.35
매출액영업이익률	3.64	0.36	-5.49	1.33	3.30
매출액순이익률	2.94	0.23	-5.75	1.20	3.51
레버리지비율					(단위 : %)
부채비율	263.68	268.09	359.01	315.11	249.08
이자보상비율	3.18	0.28	-4.50	1.02	2.40
비유동비율	258.81	257.27	318.69	276.32	237.25
비유동장기적합률	109.39	108.27	108.29	101.62	209.25
유동성비율					(단위 : %)
유동비율	82.52	84.93	85.19	96.92	47.45
당좌비율	79.64	78.85	79.37	94.27	45.89
현금비율	5.52	6.21	6.64	2.52	2.56
활동성비율					(단위 : 회)
총자산회전율	1.52	1.49	1.52	1.67	1.84
자기자본회전율	5.59	5.44	6.17	7.27	6.94
비유동자산회전율	2.09	2.11	2.18	2.45	2.73
재고자산회전율	155.15	93.54	71.56	110.63	186.10
생산성비율					(단위 : %)
총자본투자효율	67.03	66.10	63.85	59.68	63.97
설비투자효율	107.69	112.35	102.94	103.01	111.71
부가가치의 구성					(단위 : 백만 원)
영업잉여	434	-142	-1,125	21	393
인건비	4,916.13	5,076.41	4,736.68	3,290.13	3,559.75
금융비용	172.07	204.54	185.40	210.16	255.83
감가상각비	925.30	1,166.66	1,231.83	1,024.67	977.43

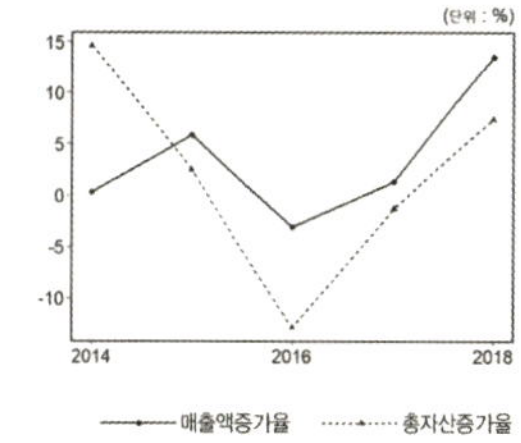

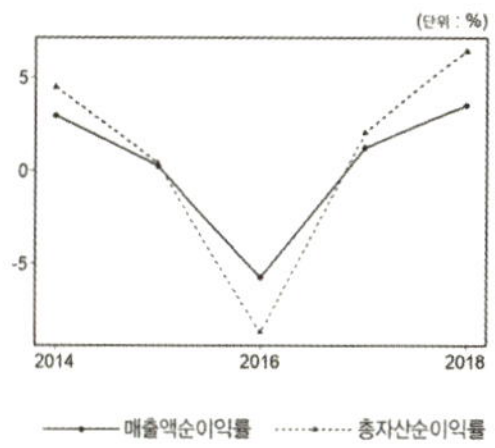

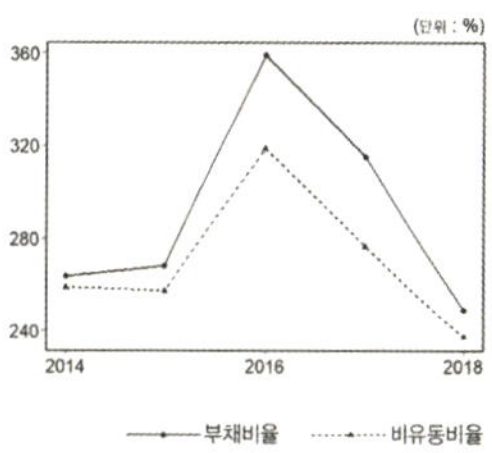

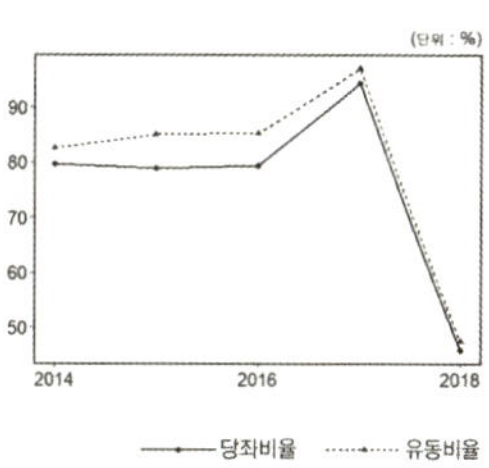

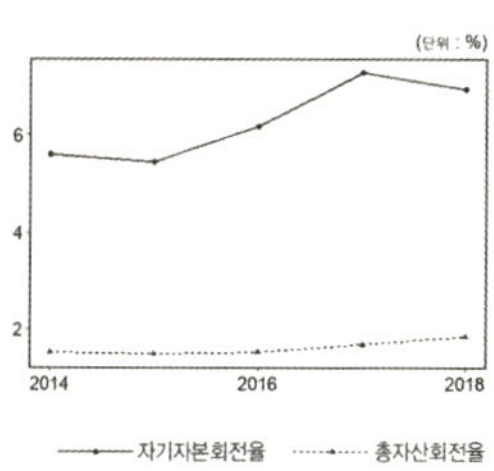

19 ㈜엔타스(064550) ENTAS.Inc

외

설립일	2003.01.16	대표이사	김미애
업종	다업종기업	업종코드	56300
소재지	서울시 송파구 방이동	주요브랜드	삿뽀로, 경복궁, 고구려

	2014	2015	2016	2017	2018
재무상태표					(단위:백만 원)
유동자산	18,411	32,219	23,768	25,541	21,709
당좌자산	17,902	31,489	23,274	24,701	21,290
재고자산	509	730	494	840	418
비유동자산	93,477	95,182	99,397	64,589	69,354
투자자산	7,639	7,145	12,113	13,738	18,666
유형자산	75,072	76,826	75,522	39,877	40,329
무형자산	153	123	106	99	76
자산총계	111,888	127,401	123,166	90,130	91,062
유동부채	92,832	110,781	108,281	72,090	75,954
비유동부채	10,017	7,870	5,601	1,949	2,662
자본	9,039	8,750	9,283	16,090	12,447
부채 및 자본합계	111,888	127,401	123,166	90,130	91,062
손익계산서					(단위:백만 원)
매출액	54,038	64,192	64,215	61,678	69,934
매출원가	0	0	0	0	0
매출총손익	54,038	64,192	64,215	61,678	69,934
판매비 및 관리비	50,408	60,923	60,719	60,059	68,321
영업손익	3,630	3,269	3,496	1,619	1,613
법인세비용차감전순손익	-1,191	786	1,427	9,028	-8,256
법인세비용	188	250	556	2,082	550
계속사업이익	-1,378	536	870	6,946	-8,806
중단사업손익	0	0	0	0	0
당기순손익	-1,378	536	870	6,946	-8,806
현금흐름표					(단위:백만 원)
영업활동순현금흐름	6,119	5,089	3,901	2,687	6,468
투자활동순현금흐름	-63,900	-15,307	3,034	39,481	-6,756
재무활동순현금흐름	57,770	11,451	-6,495	-42,827	3,901
성장성비율					(단위:%)
총자산증가율	108.18	13.86	-3.32	-26.82	1.03
매출액증가율	13.11	18.79	0.04	-3.95	13.38
수익성비율					(단위:%)
총자산순이익률	-1.66	0.45	0.69	6.51	-9.72
자기자본순이익률	-13.76	6.02	9.65	54.75	-61.72
매출액영업이익률	6.72	5.09	5.44	2.62	2.31
매출액순이익률	-2.55	0.83	1.36	11.26	-12.59
레버리지비율					(단위:%)
부채비율	1,137.82	1,356.04	1,226.74	460.15	631.63
이자보상비율	1.39	0.96	1.14	0.64	0.80
비유동비율	1,034.14	1,087.81	1,070.71	401.42	557.21
비유동장기적합률	490.53	572.70	667.80	358.05	459.03
유동성비율					(단위:%)
유동비율	19.83	29.08	21.95	35.43	28.58
당좌비율	19.28	28.42	21.49	34.26	28.03
현금비율	2.18	5.08	8.73	5.54	23.17
활동성비율					(단위:회)
총자산회전율	0.65	0.54	0.51	0.58	0.77
자기자본회전율	5.39	7.22	7.12	4.86	4.90
비유동자산회전율	0.77	0.68	0.66	0.75	1.04
재고자산회전율	122.58	103.62	104.92	92.49	111.19
생산성비율					(단위:%)
총자본투자효율	22.79	25.96	28.09	45.05	30.18
설비투자효율	44.06	43.13	45.99	105.63	68.15
부가가치의 구성					(단위:백만 원)
영업잉여	1,463	990	987	-626	1,445
인건비	16,051.79	19,818.85	20,789	19,142.01	24,495.05
금융비용	2,166.73	2,278.53	2,508.76	2,245.05	874.27
감가상각비	3,387.09	4,538.84	4,495.85	4,478.42	4,627.89

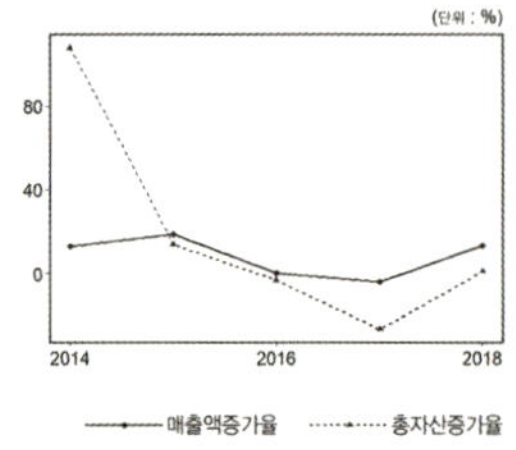

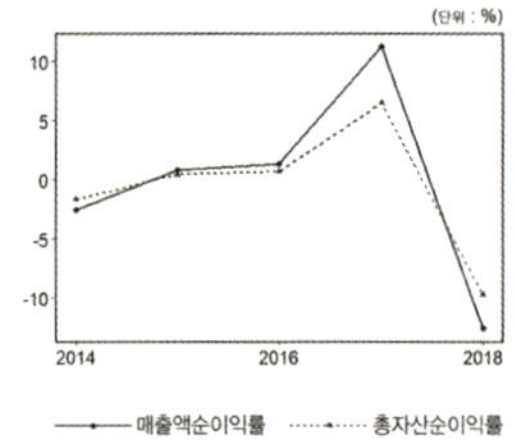

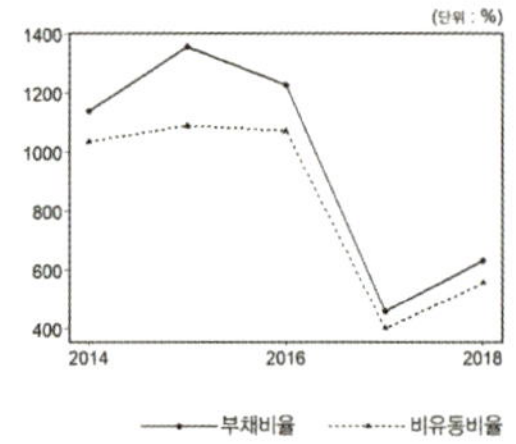

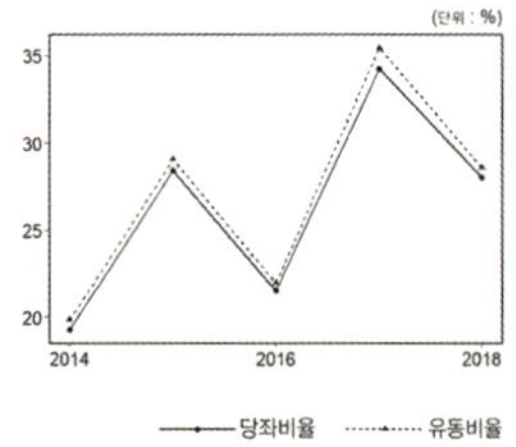

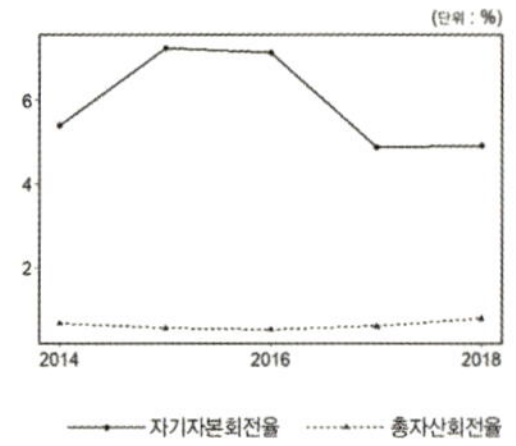

20 ㈜엔타스에스디(074447) ENTASSD.CO.LTD 외

설립일	2013.09.30	대표이사	김미애
업종	한식 일반 음식점업	업종코드	56111
소재지	인천광역시 연수구 테크노파크로	주요브랜드	삿뽀로, 경복궁, 고구려

	2014	2015	2016	2017	2018
재무상태표					(단위:백만 원)
유동자산	1,766	1,068	1,727	1,867	3,071
당좌자산	1,674	917	1,635	1,763	2,977
재고자산	92	150	92	104	94
비유동자산	10,468	12,434	11,362	10,219	9,275
투자자산	0	0	0	0	0
유형자산	10,397	12,317	11,231	10,054	8,864
무형자산	0	0	0	0	0
자산총계	12,234	13,502	13,089	12,086	12,346
유동부채	10,084	10,380	9,005	6,608	5,941
비유동부채	204	379	525	520	705
자본	1,946	2,742	3,559	4,958	5,699
부채 및 자본합계	12,234	13,502	13,089	12,086	12,346
손익계산서					(단위:백만 원)
매출액	716	16,131	16,696	15,943	16,247
매출원가	451	9,269	0	0	0
매출총손익	265	6,862	16,696	15,943	16,247
판매비 및 관리비	254	5,270	14,561	13,913	14,346
영업손익	11	1,592	2,135	2,030	1,901
법인세비용차감전순손익	-21	978	1,022	1,765	1,765
법인세비용	-1	181	205	367	223
계속사업이익	-20	796	817	1,398	1,541
중단사업손익	0	0	0	0	0
당기순손익	-20	796	817	1,398	1,541
현금흐름표					(단위:백만 원)
영업활동순현금흐름	122	4,453	1,923	1,895	3,110
투자활동순현금흐름	-10,194	-3,184	-223	-219	-207
재무활동순현금흐름	8,760	-950	-1,550	-1,660	-1,600
성장성비율					(단위:%)
총자산증가율	0	10.37	-3.06	-7.67	2.15
매출액증가율	0	2,153.98	3.51	-4.51	1.91
수익성비율					(단위:%)
총자산순이익률	-0.33	6.19	6.15	11.11	12.62
자기자본순이익률	-2.05	33.97	25.93	32.84	28.93
매출액영업이익률	1.54	9.87	12.79	12.73	11.70
매출액순이익률	-2.78	4.94	4.89	8.77	9.49
레버리지비율					(단위:%)
부채비율	528.68	392.35	267.74	143.77	116.62
이자보상비율	0.34	2.65	5.66	7.67	13.85
비유동비율	537.93	453.42	319.21	206.11	162.74
비유동장기적합률	486.92	398.31	278.19	186.56	144.82
유동성비율					(단위:%)
유동비율	17.51	10.29	19.18	28.25	51.68
당좌비율	16.60	8.84	18.16	26.68	50.10
현금비율	20.05	62.97	47.57	44.89	69.73
활동성비율					(단위:회)
총자산회전율	0.12	1.25	1.26	1.27	1.33
자기자본회전율	0.74	6.88	5.30	3.74	3.05
비유동자산회전율	0.14	1.41	1.40	1.48	1.67
재고자산회전율	15.56	133.16	137.81	162.81	164.37
생산성비율					(단위:%)
총자본투자효율	1.20	25.57	56.43	66.06	68.47
설비투자효율	0	28.03	65.77	79.42	95.36
부가가치의 구성					(단위:백만 원)
영업잉여	-21	991	1,759	1,766	1,764
인건비	11.45	383.22	4,041.70	3,973.03	4,322.94
금융비용	31.70	601.32	376.63	264.12	136.63
감가상각비	0	1,252.70	1,330.04	1,361.57	1,406.94

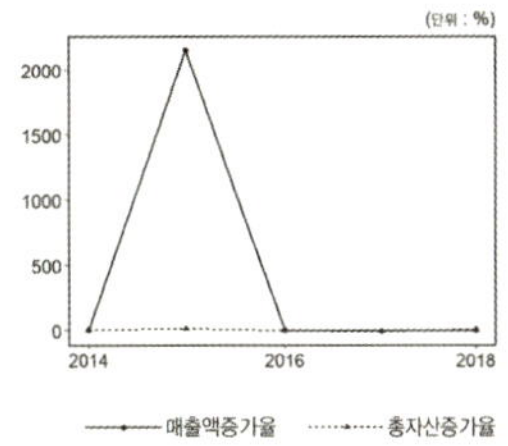

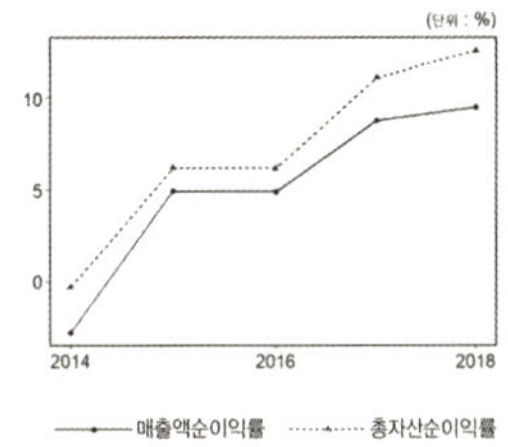

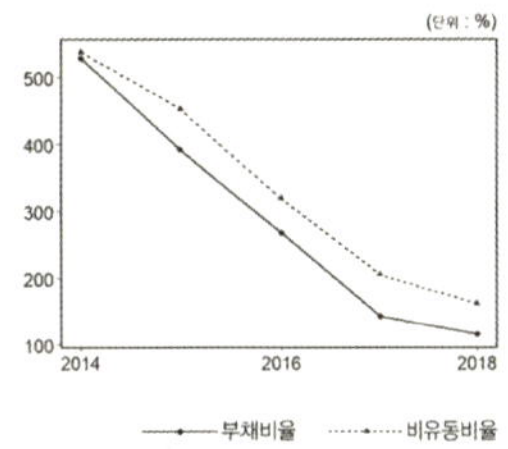

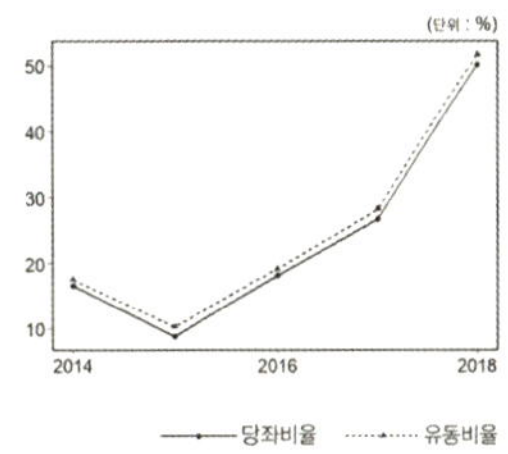

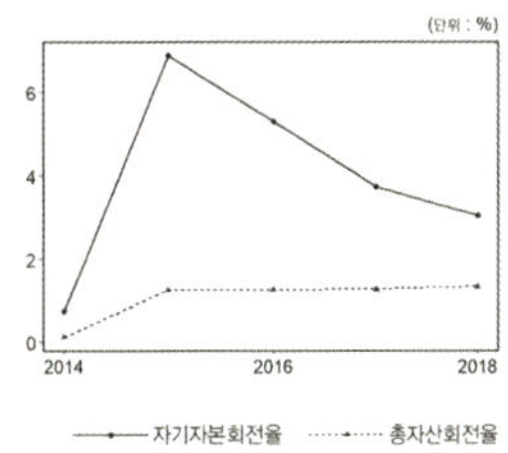

21 ㈜엘브이아이파트너스(077486) LVI Partners 외

설립일	2012.04.09	대표이사	김지남
업종	다업종기업	업종코드	56300
소재지	서울시 강남구 언주로	주요브랜드	주유별장, 코바치, 베터리파크

	2014	2015	2016	2017	2018
재무상태표					(단위:백만 원)
유동자산	–	4,112	2,947	3,975	2,526
당좌자산	–	4,082	2,869	3,884	2,423
재고자산	–	30	78	91	103
비유동자산	–	6,283	6,492	5,738	5,612
투자자산	–	100	100	100	100
유형자산	–	4,405	4,423	3,589	3,285
무형자산	–	84	67	50	33
자산총계	–	10,396	9,440	9,713	8,138
유동부채	–	4,739	6,445	9,535	13,328
비유동부채	–	2,819	2,755	629	692
자본	–	2,838	240	-451	-5,882
부채 및 자본합계	–	10,396	9,440	9,713	8,138
손익계산서					(단위:백만 원)
매출액	–	12,106	15,591	14,924	13,201
매출원가	–	0	0	0	0
매출총손익	–	12,106	15,591	14,924	13,201
판매비 및 관리비	–	14,201	17,812	16,363	17,799
영업손익	–	-2,094	-2,220	-1,439	-4,598
법인세비용차감전순손익	–	-2,399	-2,598	-1,691	-5,431
법인세비용	–	0	0	0	0
계속사업이익	–	-2,399	-2,598	-1,691	-5,431
중단사업손익	–	0	0	0	0
당기순손익	–	-2,399	-2,598	-1,691	-5,431
현금흐름표					(단위:백만 원)
영업활동순현금흐름	–	-2,613	-2,414	-848	-2,451
투자활동순현금흐름	–	-2,890	-1,217	-1,381	203
재무활동순현금흐름	–	7,759	1,429	2,093	2,245
성장성비율					(단위:%)
총자산증가율	–	0	-9.20	2.89	-16.22
매출액증가율	–	0	28.79	-4.28	-11.55
수익성비율					(단위:%)
총자산순이익률	–	-46.16	-26.19	-17.66	-60.85
자기자본순이익률	–	-169.08	-168.79	0	0
매출액영업이익률	–	-17.30	-14.24	-9.64	-34.83
매출액순이익률	–	-19.82	-16.66	-11.33	-41.14
레버리지비율					(단위:%)
부채비율	–	266.31	3,830.36	0	0
이자보상비율	–	-8	-13.79	-5.41	-8.10
비유동비율	–	221.40	2,703.19	0	0
비유동장기적합률	–	111.08	216.79	0	0
유동성비율					(단위:%)
유동비율	–	86.78	45.73	41.69	18.95
당좌비율	–	86.14	44.52	40.73	18.18
현금비율	–	57.44	5.42	0.60	0.79
활동성비율					(단위:회)
총자산회전율	–	2.33	1.57	1.56	1.48
자기자본회전율	–	8.53	10.13	0	0
비유동자산회전율	–	3.85	2.44	2.44	2.33
재고자산회전율	–	794.75	287.75	176.63	136.12
생산성비율					(단위:%)
총자본투자효율	–	30.41	78.81	82.51	63.10
설비투자효율	–	71.77	168.23	223.26	156.32
부가가치의 구성					(단위:백만 원)
영업잉여	–	-2,349	-2,342	-1,632	-5,165
인건비	–	3,329.48	6,268.94	5,988.07	6,194
금융비용	–	254.55	158.83	265.82	567.36
감가상각비	–	280.68	1,001.93	1,093.37	906.31

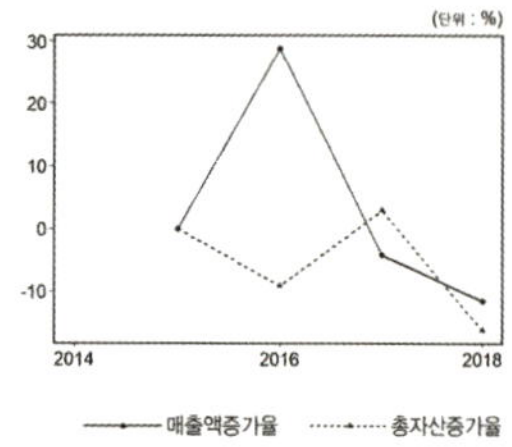

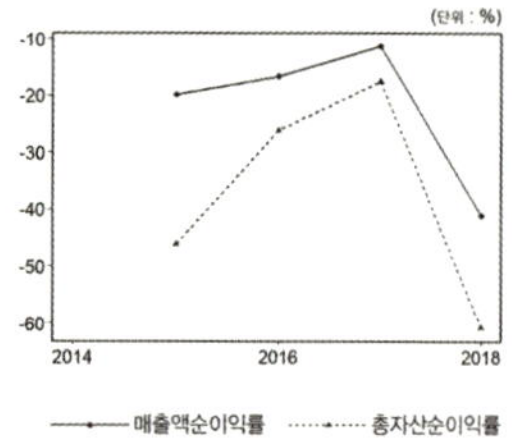

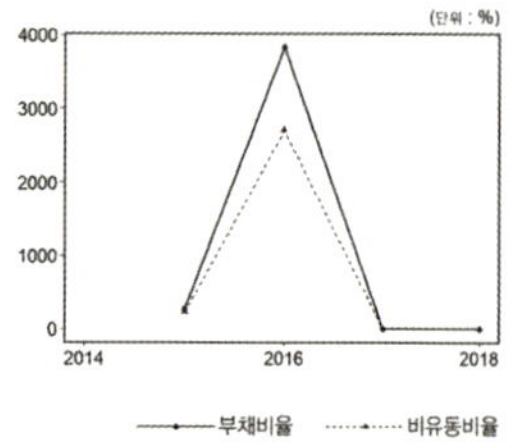

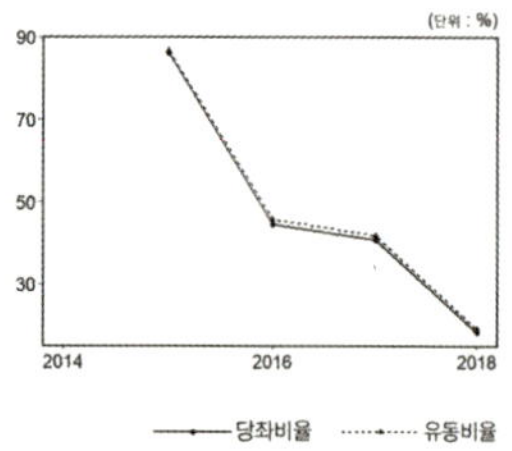

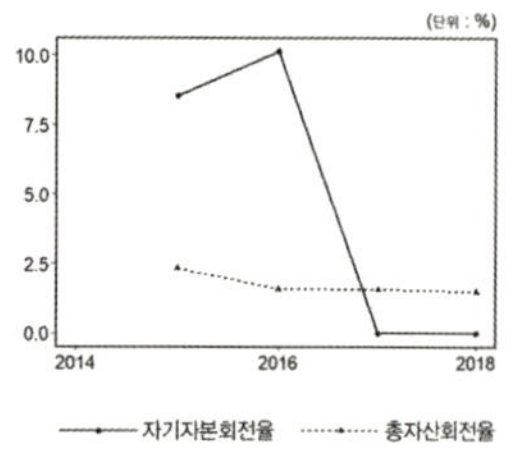

(주)LF푸드

22 ㈜엘에프푸드(053374) lf food 외

설립일	2007.12.07	대표이사	윤종국
업종	일식 음식점업	업종코드	56122
소재지	서울시 강남구 언주로	주요브랜드	하코야, 마키노차야

	2014	2015	2016	2017	2018
재무상태표					(단위:백만 원)
유동자산	–	7,523	4,751	9,815	14,533
당좌자산	–	7,255	4,440	8,158	9,980
재고자산	–	268	311	1,657	4,553
비유동자산	–	23,220	29,255	109,345	117,321
투자자산	–	18,580	21,897	101,315	110,021
유형자산	–	2,391	4,584	3,764	3,513
무형자산	–	608	623	1,820	1,597
자산총계	–	30,743	34,006	119,160	131,853
유동부채	–	4,976	5,216	8,388	9,874
비유동부채	–	1,130	1,980	626	2,567
자본	–	24,636	26,809	110,146	119,412
부채 및 자본합계	–	30,743	34,006	119,160	131,853
손익계산서					(단위:백만 원)
매출액	–	21,635	18,537	26,679	36,804
매출원가	–	15,543	12,962	17,560	26,083
매출총손익	–	6,092	5,575	9,119	10,720
판매비 및 관리비	–	10,338	6,765	8,986	10,233
영업손익	–	-4,246	-1,190	132	487
법인세비용차감전순손익	–	-7,959	-412	-2,146	10,672
법인세비용	–	-715	227	-668	2,282
계속사업이익	–	-7,244	-639	-1,479	8,390
중단사업손익	–	0	0	0	0
당기순손익	–	-7,244	-639	-1,479	8,390
현금흐름표					(단위:백만 원)
영업활동순현금흐름	–	-2,638	644	-974	-3,041
투자활동순현금흐름	–	31	-6,164	-87,022	3,896
재무활동순현금흐름	–	2,266	2,814	88,456	1,000
성장성비율					(단위:%)
총자산증가율	–	0	10.61	250.41	10.65
매출액증가율	–	0	-14.32	43.92	37.95
수익성비율					(단위:%)
총자산순이익률	–	-23.56	-1.97	-1.93	6.68
자기자본순이익률	–	-29.40	-2.48	-2.16	7.31
매출액영업이익률	–	-19.63	-6.42	0.50	1.32
매출액순이익률	–	-33.48	-3.45	-5.54	22.80
레버리지비율					(단위:%)
부채비율	–	24.79	26.84	8.18	10.42
이자보상비율	–	-417.09	-56.24	2.68	6.82
비유동비율	–	94.25	109.12	99.27	98.25
비유동장기적합률	–	90.12	101.62	98.71	96.18
유동성비율					(단위:%)
유동비율	–	151.18	91.07	117.01	147.18
당좌비율	–	145.79	85.11	97.26	101.07
현금비율	–	41.89	9.36	8.57	19.54
활동성비율					(단위:회)
총자산회전율	–	0.70	0.57	0.35	0.29
자기자본회전율	–	0.88	0.72	0.39	0.32
비유동자산회전율	–	0.93	0.71	0.38	0.32
재고자산회전율	–	80.69	63.99	27.11	11.85
생산성비율					(단위:%)
총자본투자효율	–	-6.69	12.15	2.55	12.89
설비투자효율	–	-86.01	90.15	80.70	483.93
부가가치의 구성					(단위:백만 원)
영업잉여	–	-4,048	-1,161	283	521
인건비	–	3,303.07	2,727.82	3,148.37	4,106.69
금융비용	–	-197.47	-29.36	-150.83	-33.99
감가상각비	–	1,520.30	1,115.82	1,280.01	1,290.84

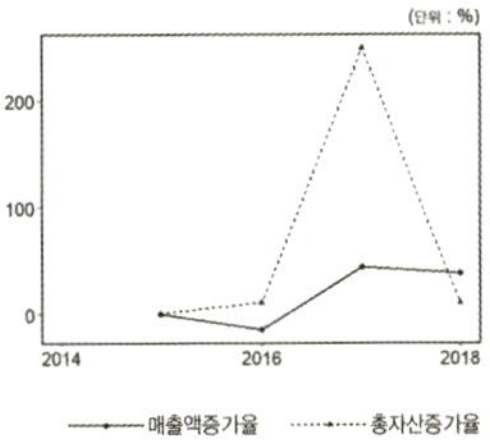

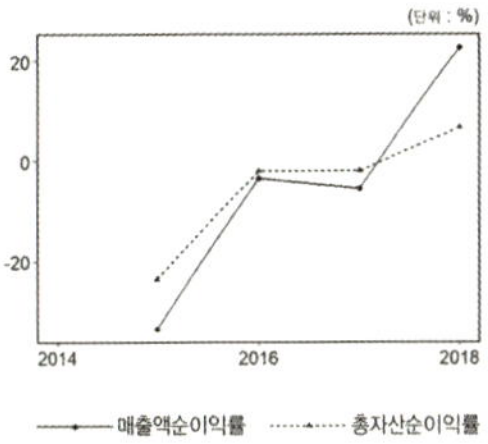

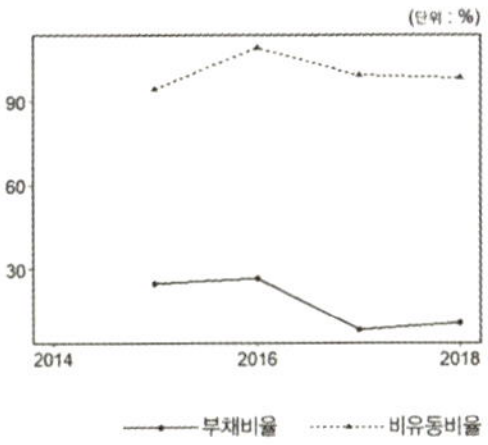

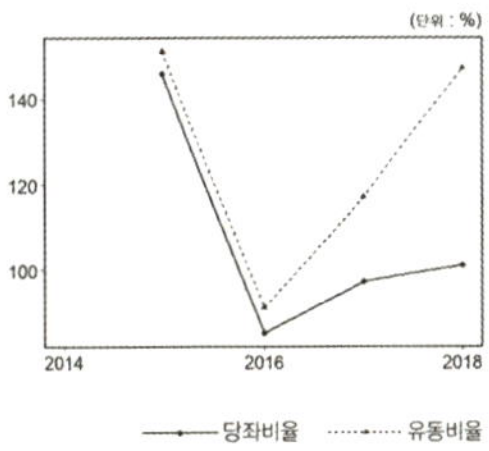

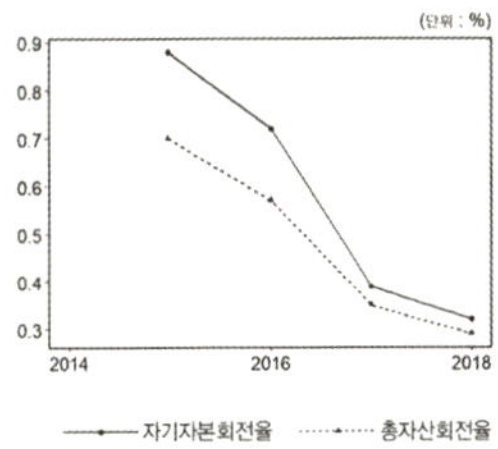

23 ㈜엠피그룹(065150) MP Group Inc. 외

made for women Mr.Pizza

설립일	1995.09.07	대표이사	김흥연
업종	무도 유흥 주점업	업종코드	56212
소재지	서울특별시 서초구 효령로	주요브랜드	미스터피자, 마노핀

	2014	2015	2016	2017	2018
재무상태표					(단위:백만 원)
유동자산	25,247	12,943	15,050	9,706	12,070
당좌자산	22,364	11,576	13,317	8,338	10,941
재고자산	2,882	1,367	1,733	1,368	1,129
비유동자산	57,828	87,259	84,217	54,431	34,091
투자자산	9,676	32,519	30,306	25,772	26,201
유형자산	28,040	30,186	29,402	8,406	4,276
무형자산	4,426	5,453	4,103	1,974	574
자산총계	83,074	100,203	99,266	64,136	46,160
유동부채	33,044	45,264	55,190	46,016	21,379
비유동부채	4,663	13,427	12,853	3,660	4,259
자본	45,367	41,511	31,223	14,460	20,523
부채 및 자본합계	83,074	100,203	99,266	64,136	46,160
손익계산서					(단위:백만 원)
매출액	142,889	110,334	97,058	81,521	65,652
매출원가	86,964	61,015	51,150	43,615	35,186
매출총손익	55,925	49,320	45,908	37,906	30,466
판매비 및 관리비	54,171	56,579	54,815	48,894	35,027
영업손익	1,754	-7,259	-8,907	-10,988	-4,560
법인세비용차감전순손익	1,280	-6,908	-16,247	-15,184	14,507
법인세비용	348	-1,222	-3,077	375	5,694
계속사업이익	932	-5,686	-13,169	-15,558	8,813
중단사업손익	0	0	0	0	0
당기순손익	932	-5,686	-13,169	-15,558	8,813
현금흐름표					(단위:백만 원)
영업활동순현금흐름	335	-3,591	-7,651	-11,528	-1,460
투자활동순현금흐름	-9,621	-24,375	-6,674	29,841	24,550
재무활동순현금흐름	17,369	17,823	14,000	-17,953	-19,384
성장성비율					(단위:%)
총자산증가율	19.53	20.62	-0.93	-35.39	-28.03
매출액증가율	-16.11	-22.78	-12.03	-16.01	-19.47
수익성비율					(단위:%)
총자산순이익률	1.22	-6.2	-13.2	-19.04	15.98
자기자본순이익률	2.61	-13.09	-36.21	-68.11	50.38
매출액영업이익률	1.23	-6.58	-9.18	-13.48	-6.95
매출액순이익률	0.65	-5.15	-13.57	-19.09	13.42
레버리지비율					(단위:%)
부채비율	83.12	141.39	217.92	343.53	124.92
이자보상비율	50.1	-25.02	-8.01	-2.47	-5.75
비유동비율	127.47	210.21	269.72	376.41	166.11
비유동장기적합률	115.59	158.83	191.07	300.39	137.56
유동성비율					(단위:%)
유동비율	76.4	28.59	27.27	21.09	56.46
당좌비율	67.68	25.57	24.13	18.12	51.18
현금비율	43.49	6.47	3.41	8.99	21.33
활동성비율					(단위:회)
총자산회전율	1.87	1.2	0.97	1	1.19
자기자본회전율	4.01	2.54	2.67	3.57	3.76
비유동자산회전율	2.53	1.52	1.13	1.18	1.48
재고자산회전율	66.55	51.93	62.61	52.59	52.61
생산성비율					(단위:%)
총자본투자효율	37.83	25.42	17.23	25.45	184.59
설비투자효율	112.06	86	59.02	206.57	509.21
부가가치의 구성					(단위:백만 원)
영업잉여	1,572	-7,378	-9,765	-14,427	103
인건비	20,096	21,345	21,142	17,947	26,095
금융비용	-80	119	1,075	4,404	4,766
감가상각비	3,967	4,016	4,298	3,563	1,323

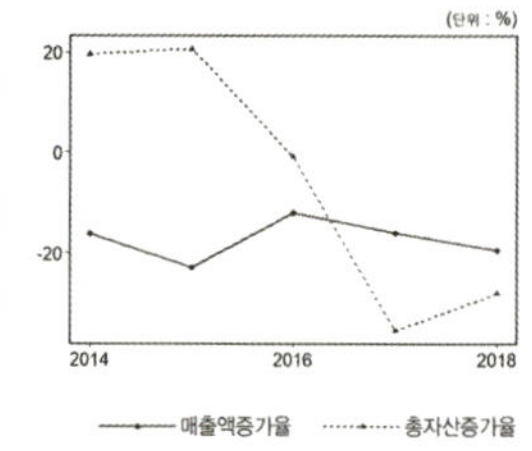

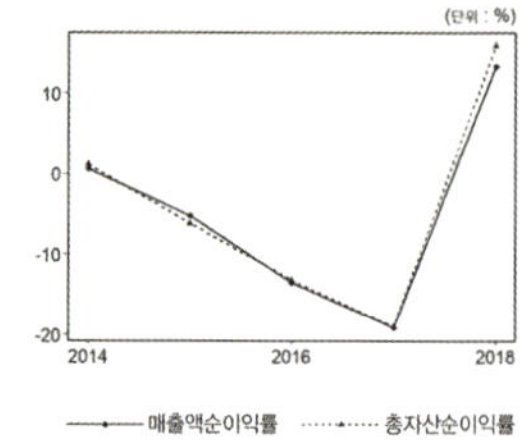

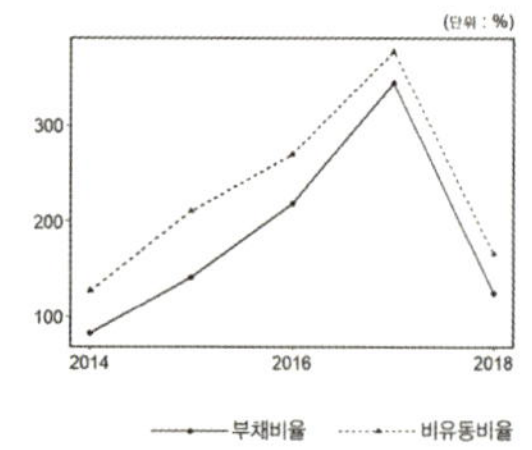

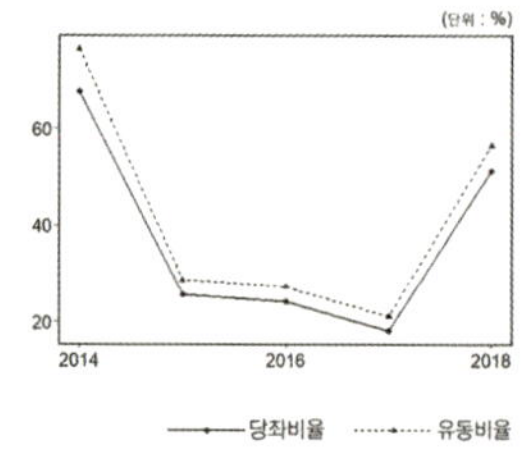

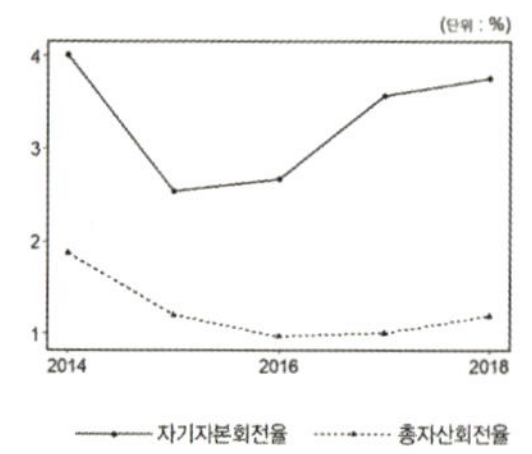

24 ㈜오투스페이스(062274) OTWOSPACE CO.,LTD 외

설립일	2008.03.26	대표이사	이준수
업종	김밥 및 기타 간이 음식점업	업종코드	56122
소재지	서울시 강동구 천호대로	주요브랜드	아딸(감탄떡볶이)

	2014	2015	2016	2017	2018
재무상태표					(단위:백만 원)
유동자산	11,637	11,057	11,537	11,037	10,536
당좌자산	11,148	10,495	10,893	10,422	9,831
재고자산	489	562	644	615	705
비유동자산	2,441	2,072	1,592	1,725	1,326
투자자산	166	166	166	166	166
유형자산	864	567	535	511	471
무형자산	166	127	65	122	65
자산총계	14,078	13,128	13,129	12,763	11,862
유동부채	3,019	4,709	2,807	2,632	2,572
비유동부채	30	30	40	10	10
자본	11,029	8,390	10,282	10,121	9,280
부채 및 자본합계	14,078	13,128	13,129	12,763	11,862
손익계산서					(단위:백만 원)
매출액	25,679	24,736	23,481	23,250	20,798
매출원가	18,870	18,479	18,915	20,291	17,664
매출총손익	6,808	6,257	4,566	2,959	3,134
판매비 및 관리비	4,113	4,746	3,517	3,941	3,402
영업손익	2,695	1,511	1,049	-982	-268
법인세비용차감전순손익	2,584	-2,243	2,073	-161	-841
법인세비용	497	397	180	0	0
계속사업이익	2,088	-2,640	1,892	-161	-841
중단사업손익	0	0	0	0	0
당기순손익	2,088	-2,640	1,892	-161	-841
현금흐름표					(단위:백만 원)
영업활동순현금흐름	2,460	-2,977	1,909	31	-386
투자활동순현금흐름	-1,779	2,594	-3,712	58	343
재무활동순현금흐름	0	1,334	-1,324	0	0
성장성비율					(단위:%)
총자산증가율	5.43	-6.75	0	-2.79	-7.06
매출액증가율	83.97	-3.67	-5.07	-0.99	-10.54
수익성비율					(단위:%)
총자산순이익률	15.22	-19.41	14.41	-1.24	-6.83
자기자본순이익률	20.91	-27.19	20.27	-1.58	-8.67
매출액영업이익률	10.50	6.11	4.47	-4.23	-1.29
매출액순이익률	8.13	-10.67	8.06	-0.69	-4.05
레버리지비율					(단위:%)
부채비율	27.64	56.48	27.69	26.10	27.83
이자보상비율	•	•	182.93	-4,655.78	-1,072.74
비유동비율	22.13	24.69	15.48	17.05	14.29
비유동장기적합률	22.07	24.61	15.42	17.03	14.27
유동성비율					(단위:%)
유동비율	385.52	234.81	411.01	419.41	409.6
당좌비율	369.30	222.89	388.06	396.03	382.21
현금비율	25.76	35.72	7.14	8.26	8.25
활동성비율					(단위:회)
총자산회전율	1.87	1.82	1.79	1.80	1.69
자기자본회전율	2.57	2.55	2.52	2.28	2.14
비유동자산회전율	10.57	10.96	12.82	14.02	13.63
재고자산회전율	31.97	47.07	38.95	36.92	31.52
생산성비율					(단위:%)
총자본투자효율	37.79	8.76	35.59	20.61	14.41
설비투자효율	615.50	202.84	873.93	514.64	362.72
부가가치의 구성					(단위:백만 원)
영업잉여	2,866	1,719	1,114	-861	-124
인건비	2,161.32	2,778.18	2,286.48	2,475.30	2,316.60
금융비용	-168.13	-158.70	-64.90	-101.62	-124.19
감가상각비	357.52	358.81	146.90	145.95	96.86

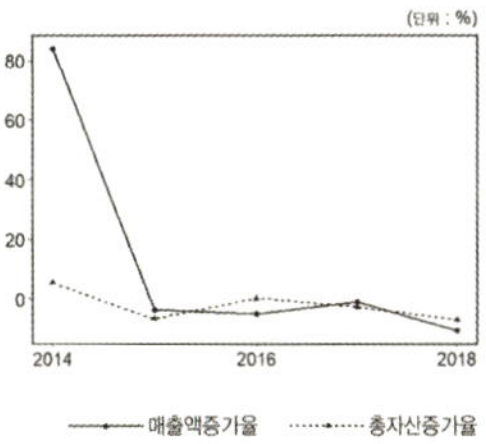

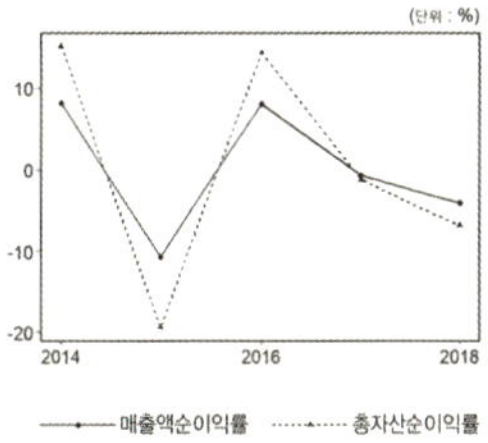

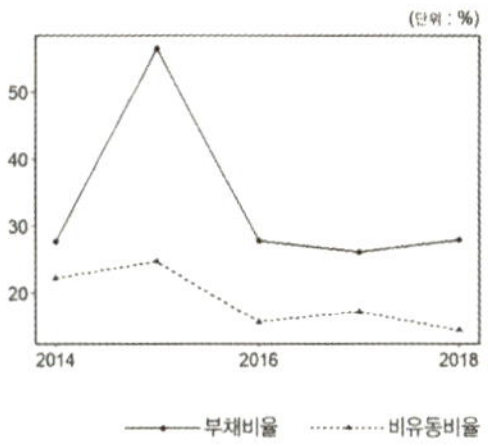

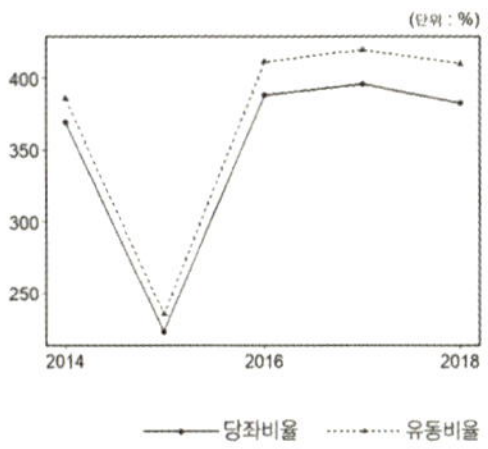

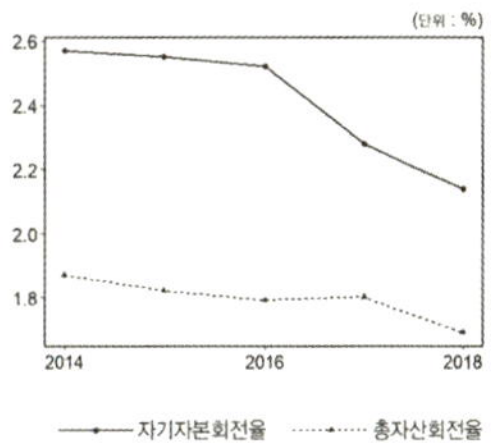

25 ㈜웰푸드시스템 (081792) WELLFOOD SYSTEM.Co., LTD 외

설립일	2005.04.07	대표이사	손충환
업종	김밥 및 기타 간이 음식점업	업종코드	56194
소재지	인천시 계양구 계양대로	주요브랜드	쇼군, 얌차, 해야, 프레쉬웰

	2014	2015	2016	2017	2018
재무상태표					(단위:백만 원)
유동자산	–	–	2,155	2,281	2,813
당좌자산	–	–	1,713	1,981	1,930
재고자산	–	–	442	300	883
비유동자산	–	–	6,895	6,079	5,625
투자자산	–	–	502	487	284
유형자산	–	–	5,740	4,922	4,734
무형자산	–	–	506	527	473
자산총계	–	–	9,050	8,360	8,438
유동부채	–	–	5,087	4,785	7,788
비유동부채	–	–	3,000	3,000	0
자본	–	–	962	575	649
부채 및 자본합계	–	–	9,050	8,360	8,438
손익계산서					(단위:백만 원)
매출액	–	–	13,377	11,068	9,106
매출원가	–	–	12,541	10,575	8,464
매출총손익	–	–	835	493	643
판매비 및 관리비	–	–	1,022	927	536
영업손익	–	–	-187	-434	106
법인세비용차감전순손익	–	–	-219	-350	64
법인세비용	–	–	97	38	-11
계속사업이익	–	–	-316	-387	75
중단사업손익	–	–	0	0	0
당기순손익	–	–	-316	-387	75
현금흐름표					(단위:백만 원)
영업활동순현금흐름	–	–	285	189	309
투자활동순현금흐름	–	–	-4,184	597	-755
재무활동순현금흐름	–	–	3,888	-683	279
성장성비율					(단위:%)
총자산증가율	–	–	0	-7.62	0.93
매출액증가율	–	–	0	-17.26	-17.72
수익성비율					(단위:%)
총자산순이익률	–	–	-6.98	-4.45	0.89
자기자본순이익률	–	–	-65.67	-50.40	12.18
매출액영업이익률	–	–	-1.40	-3.92	1.17
매출액순이익률	–	–	-2.36	-3.50	0.82
레버리지비율					(단위:%)
부채비율	–	–	840.49	1,354.25	1,199.34
이자보상비율	–	–	-0.94	-1.79	0.44
비유동비율	–	–	716.53	1,057.47	866.23
비유동장기적합률	–	–	174.01	170.05	866.23
유동성비율					(단위:%)
유동비율	–	–	42.36	47.67	36.11
당좌비율	–	–	33.68	41.40	24.78
현금비율	–	–	4.21	8.47	0.91
활동성비율					(단위:회)
총자산회전율	–	–	2.96	1.27	1.08
자기자본회전율	–	–	27.80	14.40	14.88
비유동자산회전율	–	–	3.88	1.71	1.56
재고자산회전율	–	–	60.59	29.86	15.4
생산성비율					(단위:%)
총자본투자효율	–	–	14.11	13.08	14.93
설비투자효율	–	–	22.24	22.21	26.62
부가가치의 구성					(단위:백만 원)
영업잉여	–	–	-383	-677	-128
인건비	–	–	601.49	480.61	310.2
금융비용	–	–	195.97	242.25	233.5
감가상각비	–	–	645.12	676.25	613.56

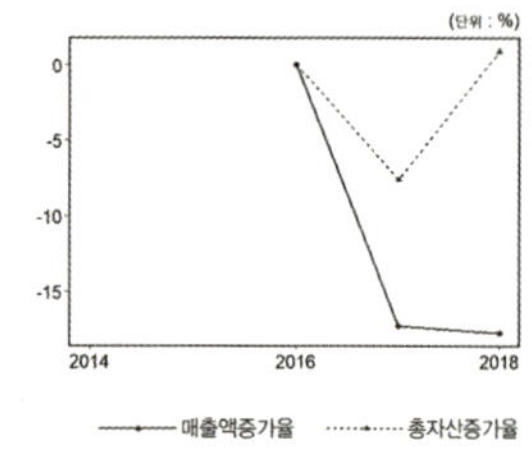

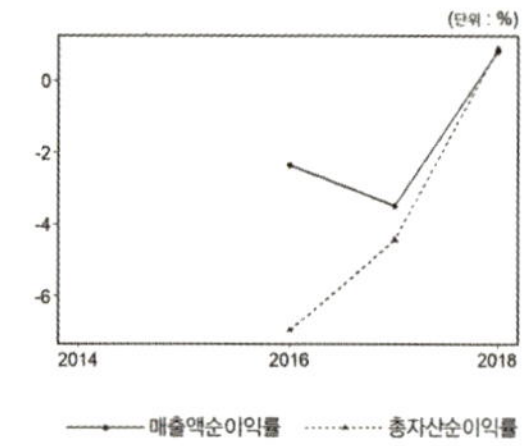

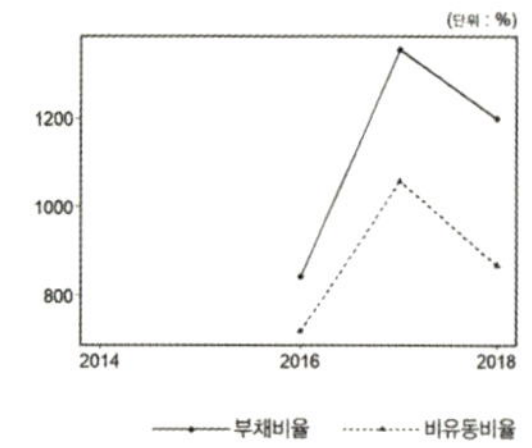

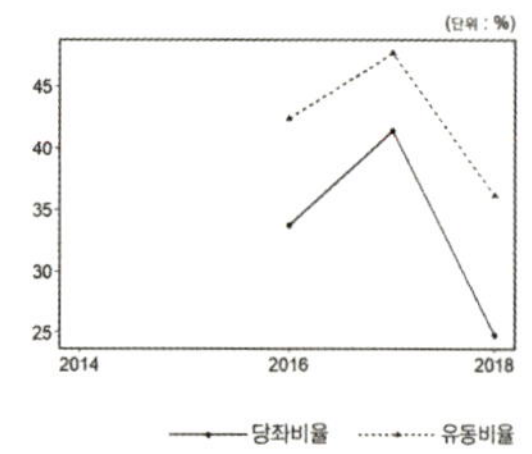

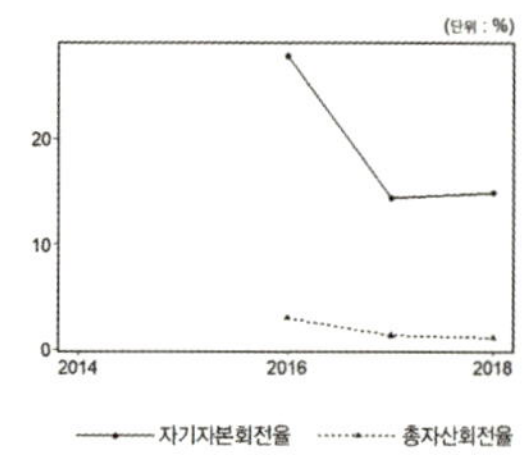

26 ㈜이디야(066240) EDIYA 외

EDIYA COFFEE

설립일	2002.04.01	대표이사	문창기
업종	커피 전문점	업종코드	56221
소재지	서울시 강남구 논현로	주요브랜드	이디야커피

	2014	2015	2016	2017	2018
재무상태표					(단위:백만 원)
유동자산	25,011	17,169	18,985	30,126	30,047
당좌자산	23,711	14,705	15,767	26,077	25,851
재고자산	1,299	2,463	3,218	4,048	4,196
비유동자산	10,908	61,549	68,902	75,216	78,709
투자자산	2,823	3,878	2,570	2,172	4,300
유형자산	2,733	52,587	59,671	66,162	67,839
무형자산	34	44	184	300	26
자산총계	35,919	78,718	87,887	105,342	108,756
유동부채	18,361	22,641	25,670	35,704	37,515
비유동부채	0	27,000	25,000	19,545	14,091
자본	17,558	29,077	37,218	50,093	57,150
부채 및 자본합계	35,919	78,718	87,887	105,342	108,756
손익계산서					(단위:백만 원)
매출액	116,229	135,521	153,545	184,125	200,464
매출원가	72,610	81,287	93,463	113,659	123,837
매출총손익	43,619	54,235	60,082	70,466	76,627
판매비 및 관리비	30,610	37,902	44,297	50,266	58,978
영업손익	13,009	16,333	15,785	20,200	17,649
법인세비용차감전순손익	14,110	16,919	14,032	19,385	15,565
법인세비용	2,821	3,834	2,874	4,009	4,730
계속사업이익	11,288	13,085	11,158	15,376	10,835
중단사업손익	0	0	0	0	0
당기순손익	11,288	13,085	11,158	15,376	10,835
현금흐름표					(단위:백만 원)
영업활동순현금흐름	11,668	16,222	9,327	19,370	13,690
투자활동순현금흐름	-9,501	-40,966	-7,129	-12,032	-7,366
재무활동순현금흐름	-2,800	24,800	-2,500	-4,500	-8,455
성장성비율					(단위:%)
총자산증가율	64.66	119.15	11.65	19.86	3.24
매출액증가율	47.93	16.60	13.30	19.92	8.87
수익성비율					(단위:%)
총자산순이익률	39.11	22.83	13.39	15.91	10.12
자기자본순이익률	84.38	56.12	33.66	35.22	20.21
매출액영업이익률	11.19	12.05	10.28	10.97	8.8
매출액순이익률	9.71	9.66	7.27	8.35	5.4
레버리지비율					(단위:%)
부채비율	104.58	170.72	136.14	110.29	90.3
이자보상비율	•	43.93	21.03	27.26	28.41
비유동비율	62.13	211.68	185.13	150.15	137.72
비유동장기적합률	62.13	109.76	110.74	108.01	110.48
유동성비율					(단위:%)
유동비율	136.21	75.83	73.96	84.38	80.09
당좌비율	129.14	64.95	61.42	73.04	68.91
현금비율	20.01	29.47	25.06	25.21	18.19
활동성비율					(단위:회)
총자산회전율	4.03	2.36	1.84	1.91	1.87
자기자본회전율	8.69	5.81	4.63	4.22	3.74
비유동자산회전율	16.19	3.74	2.35	2.56	2.6
재고자산회전율	93.67	72.03	54.05	50.68	48.63
생산성비율					(단위:%)
총자본투자효율	87.54	48.40	39.21	40.90	38.51
설비투자효율	1,150.54	72.45	57.76	65.12	63.2
부가가치의 구성					(단위:백만 원)
영업잉여	13,472	16,231	15,109	19,659	17,370
인건비	14,793.16	15,619.89	15,354.46	19,367.86	21,792.06
금융비용	-445.34	132.52	692.11	567.72	319.5
감가상각비	672.33	1,033.39	1,307.81	1,521.06	1,693.26

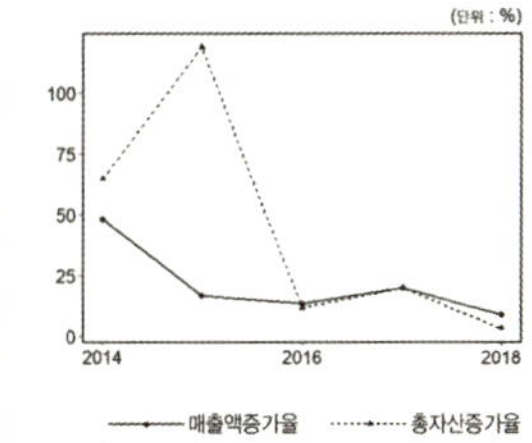

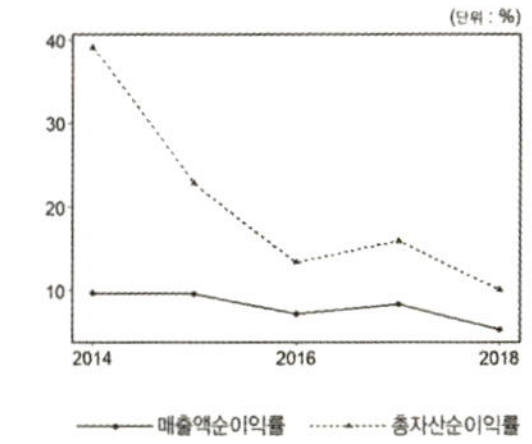

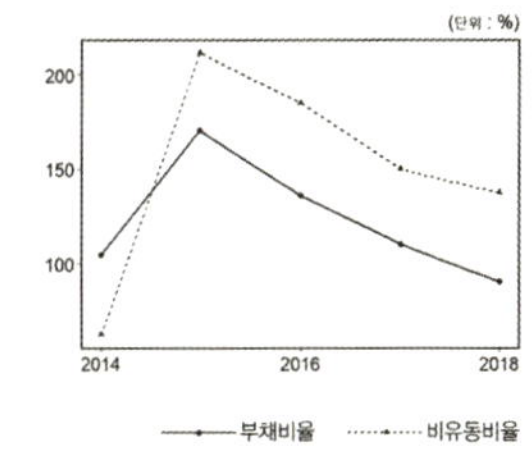

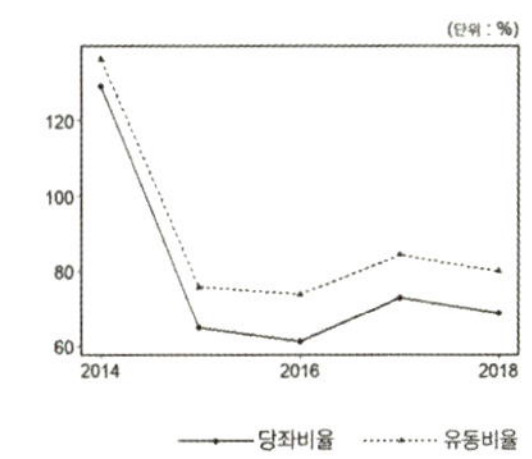

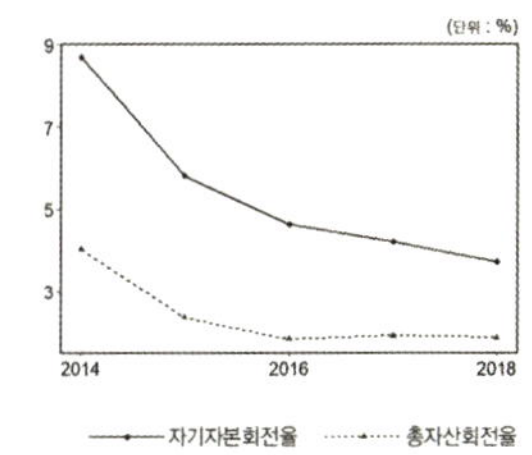

27 ㈜이바돔(049231) EBADOM CO., LTD

외

설립일	2000.11.01	대표이사	김현호
업종	한식 일반 음식점업	업종코드	56111
소재지	전라남도 영광군 대마면	주요브랜드	이바돔감자탕, 조선화로집

	2014	2015	2016	2017	2018
재무상태표					(단위:백만 원)
유동자산	11,644	18,599	18,613	18,931	17,588
당좌자산	9,523	14,539	14,327	13,662	10,660
재고자산	2,120	4,059	4,286	5,269	6,927
비유동자산	19,673	25,450	32,449	36,514	40,673
투자자산	2,354	1,992	3,330	8,787	12,008
유형자산	12,574	18,220	24,246	22,841	22,615
무형자산	241	292	330	449	596
자산총계	31,317	44,049	51,062	55,446	58,261
유동부채	13,768	15,151	20,262	24,501	33,198
비유동부채	6,744	14,244	14,347	15,184	15,131
자본	10,804	14,654	16,453	15,761	9,932
부채 및 자본합계	31,317	44,049	51,062	55,446	58,261
손익계산서					(단위:백만 원)
매출액	53,749	66,194	66,767	61,451	71,843
매출원가	26,956	33,589	37,346	33,799	42,438
매출총손익	26,793	32,604	29,422	27,652	29,405
판매비 및 관리비	22,687	26,749	27,355	27,447	31,499
영업손익	4,107	5,856	2,067	205	-2,094
법인세비용차감전순손익	3,256	4,885	1,826	-692	-5,816
법인세비용	1,013	1,035	27	0	14
계속사업이익	2,243	3,850	1,799	-692	-5,829
중단사업손익	0	0	0	0	0
당기순손익	2,243	3,850	1,799	-692	-5,829
현금흐름표					(단위:백만 원)
영업활동순현금흐름	5,072	4,246	5,121	3,807	761
투자활동순현금흐름	-10,234	-8,896	-13,128	-9,028	-3,828
재무활동순현금흐름	5,420	7,472	5,466	4,156	3,088
성장성비율					(단위:%)
총자산증가율	40.80	40.66	15.92	8.58	5.08
매출액증가율	30.91	23.15	0.87	-7.96	16.91
수익성비율					(단위:%)
총자산순이익률	8.38	10.22	3.78	-1.30	-10.25
자기자본순이익률	23.17	30.25	11.56	-4.30	-45.38
매출액영업이익률	7.64	8.85	3.10	0.33	-2.91
매출액순이익률	4.17	5.82	2.69	-1.13	-8.11
레버리지비율					(단위:%)
부채비율	189.86	200.59	210.35	251.80	486.63
이자보상비율	5.34	7.73	2.50	0.20	-1.68
비유동비율	182.09	173.67	197.23	231.68	409.54
비유동장기적합률	112.11	88.07	105.36	118	162.29
유동성비율					(단위:%)
유동비율	84.57	122.76	91.86	77.27	52.98
당좌비율	69.17	95.97	70.71	55.76	32.11
현금비율	19.42	27.33	13.66	7.80	8.52
활동성비율					(단위:회)
총자산회전율	2.01	1.76	1.40	1.15	1.26
자기자본회전율	5.55	5.20	4.29	3.82	5.59
비유동자산회전율	3.26	2.93	2.31	1.78	1.86
재고자산회전율	25.79	21.42	16	12.86	11.78
생산성비율					(단위:%)
총자본투자효율	62.45	54.08	42.11	34.22	20.62
설비투자효율	157.51	197.57	89.07	83.74	53.25
부가가치의 구성					(단위:백만 원)
영업잉여	3,374	5,263	1,477	-73	-1,099
인건비	10,181.12	11,987.02	11,978.16	12,022.59	9,837.33
금융비용	714.12	582.55	682.71	321.81	668.93
감가상각비	2,633.47	3,051.80	3,793.79	4,150.97	3,873.02

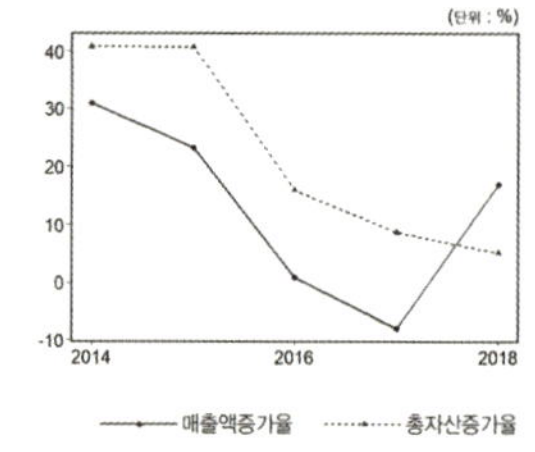

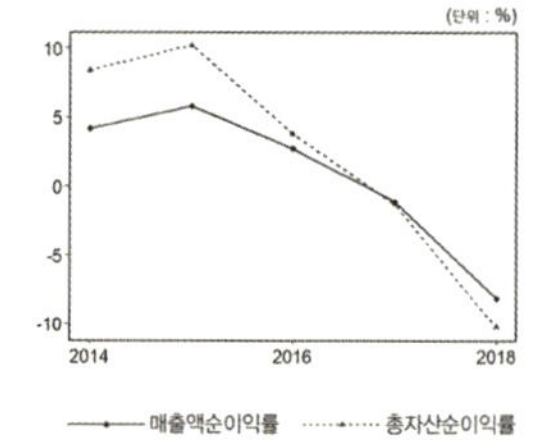

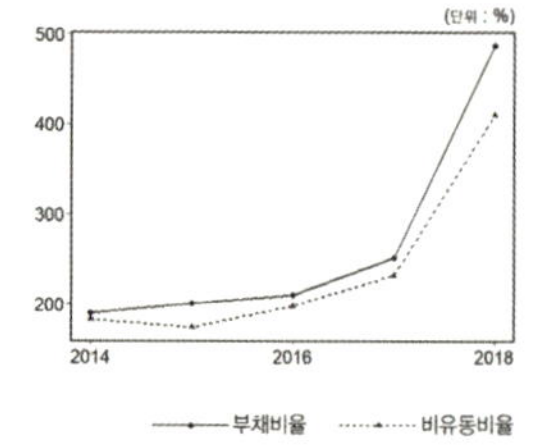

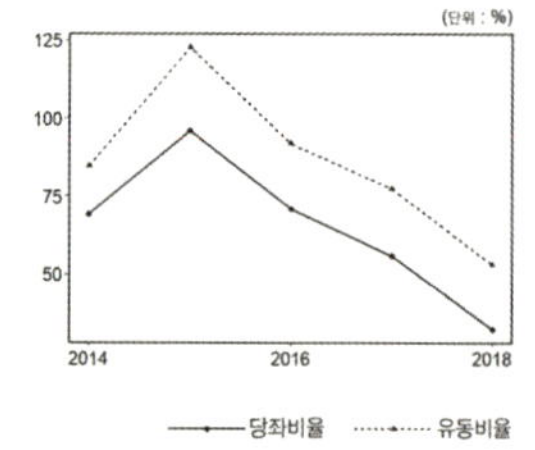

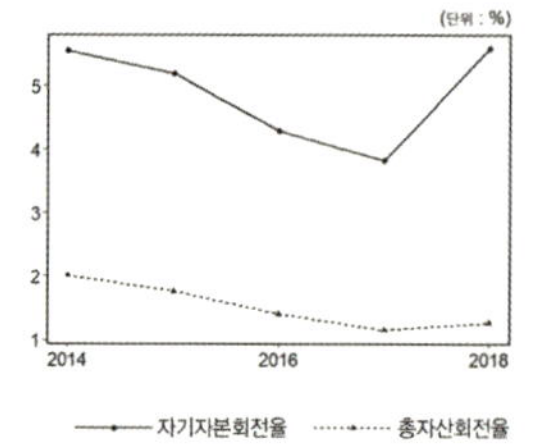

28 ㈜장충동왕족발(053614) (JU)JANGCHUNGDONGWANGJOKBAL 외

설립일	2001.01.22	대표이사	신신자
업종	한식 일반 음식점업	업종코드	56111
소재지	대전시 유성구 계룡로	주요브랜드	장충동왕족발

	2014	2015	2016	2017	2018
재무상태표					(단위:백만 원)
유동자산	3,615	4,421	5,457	5,220	5,397
당좌자산	2,770	3,597	4,433	4,054	4,307
재고자산	845	823	1,025	1,166	1,090
비유동자산	20,509	19,492	19,871	25,615	28,131
투자자산	40	190	190	674	784
유형자산	19,829	18,851	19,213	23,527	25,949
무형자산	0	0	85	37	33
자산총계	24,124	23,912	25,328	30,835	33,528
유동부채	7,297	6,312	9,021	8,766	11,821
비유동부채	8,961	8,487	6,469	11,874	11,275
자본	7,866	9,114	9,838	10,195	10,431
부채 및 자본합계	24,124	23,912	25,328	30,835	33,528
손익계산서					(단위:백만 원)
매출액	18,191	19,121	22,620	23,468	22,785
매출원가	13,256	13,126	16,211	17,017	14,973
매출총손익	4,934	5,995	6,410	6,450	7,812
판매비 및 관리비	4,358	5,196	5,512	5,770	6,956
영업손익	577	799	898	680	856
법인세비용차감전순손익	240	1,641	952	482	429
법인세비용	30	392	228	125	193
계속사업이익	210	1,248	724	357	236
중단사업손익	0	0	0	0	0
당기순손익	210	1,248	724	357	236
현금흐름표					(단위:백만 원)
영업활동순현금흐름	635	1,649	1,670	1,498	1,935
투자활동순현금흐름	-1,328	1,000	-2,270	-6,835	-3,763
재무활동순현금흐름	634	-1,961	478	5,072	1,840
성장성비율					(단위:%)
총자산증가율	4.29	-0.88	5.92	21.74	8.73
매출액증가율	-7.08	5.12	18.30	3.74	-2.91
수익성비율					(단위:%)
총자산순이익률	0.89	5.20	2.94	1.27	0.73
자기자본순이익률	2.71	14.70	7.65	3.56	2.29
매출액영업이익률	3.17	4.18	3.97	2.90	3.76
매출액순이익률	1.16	6.53	3.20	1.52	1.04
레버리지비율					(단위:%)
부채비율	206.70	162.37	157.45	202.44	221.42
이자보상비율	1.19	2.14	3.13	2.08	1.79
비유동비율	260.74	213.87	201.98	251.24	269.68
비유동장기적합률	121.88	110.74	121.85	116.06	129.6
유동성비율					(단위:%)
유동비율	49.54	70.04	60.49	59.55	45.66
당좌비율	37.96	56.99	49.14	46.25	36.43
현금비율	1.66	16.92	11.47	6.90	6.91
활동성비율					(단위:회)
총자산회전율	0.77	0.80	0.92	0.84	0.71
자기자본회전율	2.34	2.25	2.39	2.34	2.21
비유동자산회전율	0.90	0.96	1.15	1.03	0.85
재고자산회전율	23.38	22.92	24.48	21.42	20.2
생산성비율					(단위:%)
총자본투자효율	11.86	19.30	15.70	11.51	11.74
설비투자효율	14.69	24.98	21.77	19.15	15.21
부가가치의 구성					(단위:백만 원)
영업잉여	114	475	758	377	452
인건비	1,372.35	1,594.22	1,590.65	1,697.47	1,826.63
금융비용	476.31	366.57	268.47	290.82	432.71
감가상각비	689.08	918.40	1,084.90	993.40	1,121.72

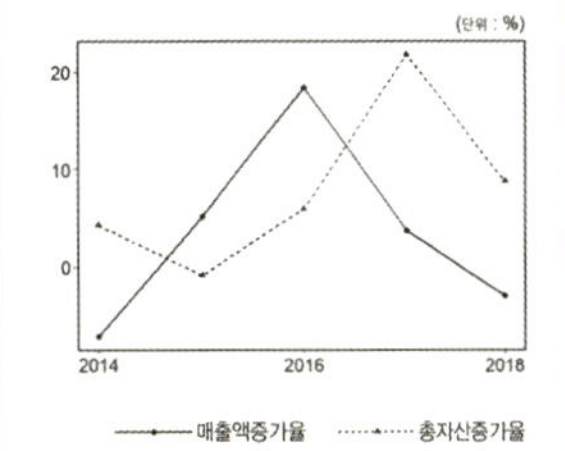

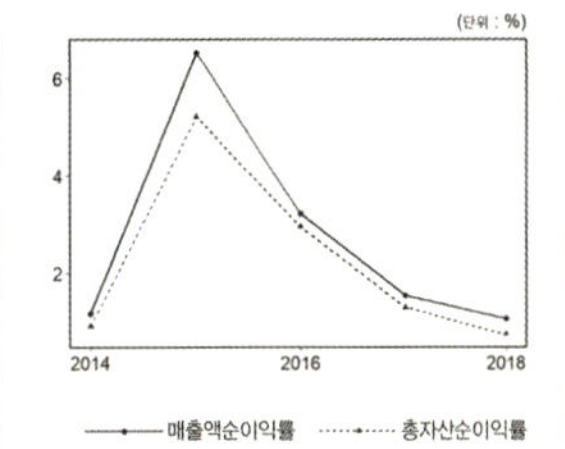

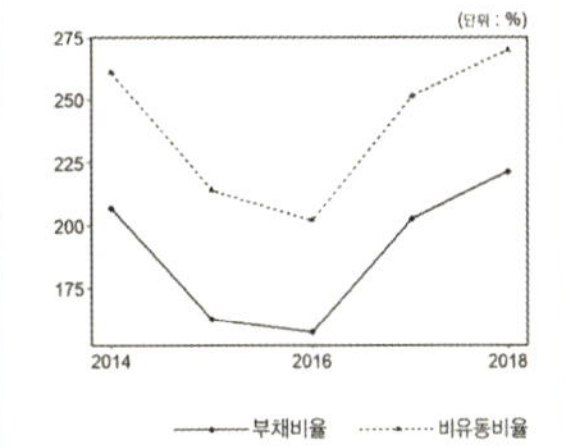

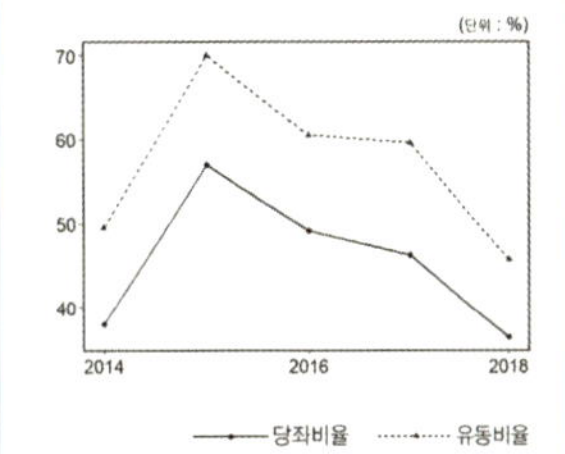

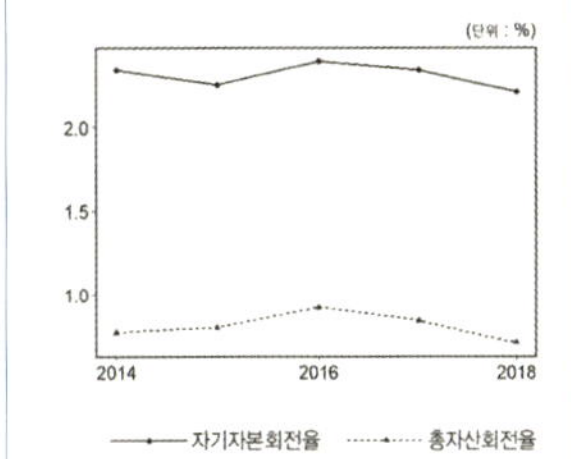

29 ㈜재원푸드 (082474) JAEWON FOOD 외

설립일	2001.02.05	대표이사	오현준
업종	제과점업	업종코드	56191
소재지	서울시 서초구 반포대로	주요브랜드	앤티앤스프레즐

	2014	2015	2016	2017	2018
재무상태표					(단위:백만 원)
유동자산	–	–	11,415	15,201	16,295
당좌자산	–	–	10,633	13,832	14,641
재고자산	–	–	782	1,369	1,654
비유동자산	–	–	4,217	5,003	5,567
투자자산	–	–	595	1,193	1,850
유형자산	–	–	991	847	706
무형자산	–	–	211	220	164
자산총계	–	–	15,632	20,204	21,862
유동부채	–	–	3,291	3,203	3,102
비유동부채	–	–	2,604	3,163	3,493
자본	–	–	9,737	13,837	15,267
부채 및 자본합계	–	–	15,632	20,204	21,862
손익계산서					(단위:백만 원)
매출액	–	–	29,415	40,389	41,085
매출원가	–	–	14,659	20,886	21,082
매출총손익	–	–	14,756	19,503	20,003
판매비 및 관리비	–	–	11,636	15,500	17,585
영업손익	–	–	3,120	4,003	2,418
법인세비용차감전순손익	–	–	3,110	3,939	2,452
법인세비용	–	–	856	930	522
계속사업이익	–	–	2,255	3,009	1,929
중단사업손익	–	–	0	0	0
당기순손익	–	–	2,255	3,009	1,929
현금흐름표					(단위:백만 원)
영업활동순현금흐름	–	–	4,543	3,202	2,483
투자활동순현금흐름	–	–	-4,740	-4,172	-1,269
재무활동순현금흐름	–	–	-518	0	-500
성장성비율					(단위:%)
총자산증가율	–	–	0	29.24	8.21
매출액증가율	–	–	0	37.31	1.72
수익성비율					(단위:%)
총자산순이익률	–	–	28.85	16.79	9.17
자기자본순이익률	–	–	46.31	25.53	13.26
매출액영업이익률	–	–	10.61	9.91	5.89
매출액순이익률	–	–	7.67	7.45	4.7
레버리지비율					(단위:%)
부채비율	–	–	60.54	46.01	43.2
이자보상비율	–	–	88.83	•	•
비유동비율	–	–	43.31	36.15	36.47
비유동장기적합률	–	–	34.17	29.43	29.68
유동성비율					(단위:%)
유동비율	–	–	346.87	474.53	525.23
당좌비율	–	–	323.11	431.79	471.92
현금비율	–	–	11.57	2.31	6.53
활동성비율					(단위:회)
총자산회전율	–	–	3.76	2.25	1.95
자기자본회전율	–	–	6.04	3.43	2.82
비유동자산회전율	–	–	13.95	8.76	7.77
재고자산회전율	–	–	75.21	37.55	27.18
생산성비율					(단위:%)
총자본투자효율	–	–	41.99	38.28	31.64
설비투자효율	–	–	662.61	913.31	979.25
부가가치의 구성					(단위:백만 원)
영업잉여	–	–	3,172	4,084	2,522
인건비	–	–	2,994.75	3,149.01	3,821.63
금융비용	–	–	-48.14	-81.47	-103.8
감가상각비	–	–	269.41	421.11	381.89

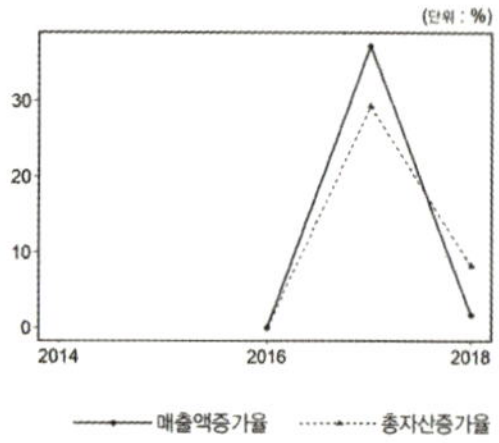

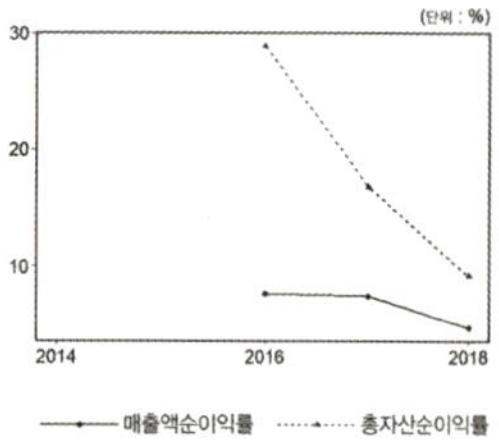

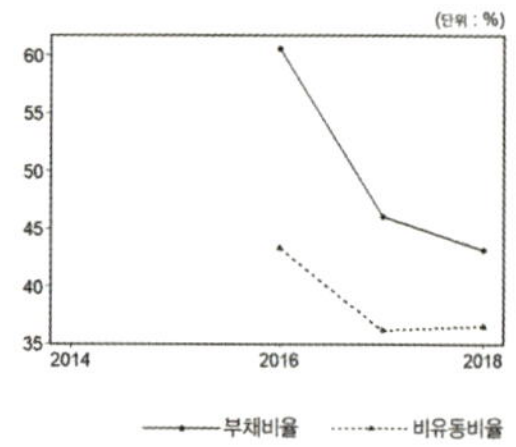

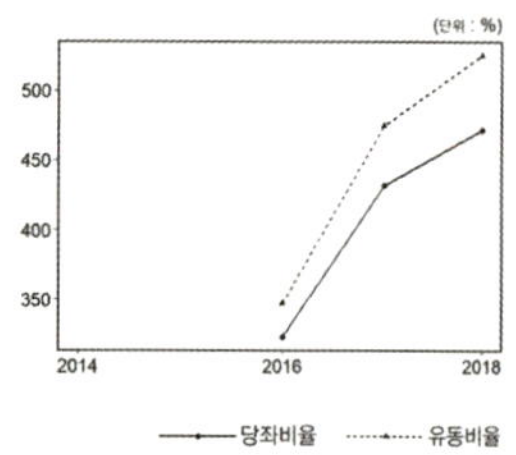

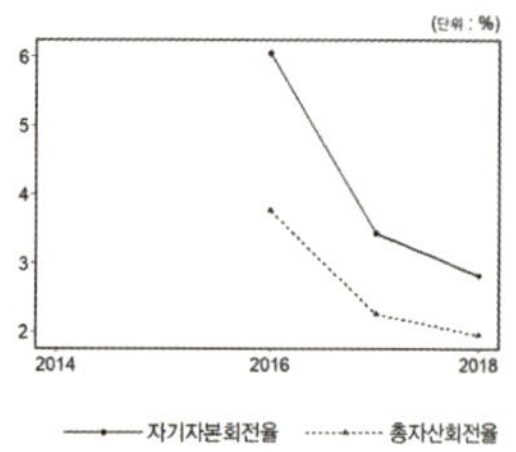

30 ㈜전한(065004) JUNHAN

외

설립일	2003.06.25	대표이사	노상환
업종	한식 육류 요리 전문점	업종코드	56113
소재지	서울시 서초구 반포대로	주요브랜드	강강술래, 늘봄마켓

	2014	2015	2016	2017	2018
재무상태표					(단위:백만 원)
유동자산	6,116	5,023	4,682	8,039	10,573
당좌자산	5,785	4,666	4,226	7,541	10,107
재고자산	331	357	456	499	466
비유동자산	22,242	27,369	26,975	25,824	26,790
투자자산	1,074	732	0	0	10
유형자산	14,179	19,282	18,773	20,108	20,449
무형자산	1,117	882	1,464	1,032	601
자산총계	28,359	32,392	31,657	33,863	37,363
유동부채	21,679	17,859	15,267	15,453	17,173
비유동부채	1,659	8,182	5,996	6,480	5,002
자본	5,021	6,350	10,395	11,930	15,188
부채 및 자본합계	28,359	32,392	31,657	33,863	37,363
손익계산서					(단위:백만 원)
매출액	48,333	53,618	62,605	64,290	69,934
매출원가	21,566	21,242	23,495	23,858	27,077
매출총손익	26,768	32,376	39,111	40,431	42,858
판매비 및 관리비	24,496	29,938	32,857	34,185	38,241
영업손익	2,271	2,438	6,254	6,247	4,616
법인세비용차감전순손익	1,862	1,838	5,449	3,611	4,168
법인세비용	486	509	1,405	2,075	911
계속사업이익	1,376	1,329	4,045	1,535	3,258
중단사업손익	0	0	0	0	0
당기순손익	1,376	1,329	4,045	1,535	3,258
현금흐름표					(단위:백만 원)
영업활동순현금흐름	5,573	4,275	8,425	3,452	5,963
투자활동순현금흐름	-10,742	-7,202	-2,356	-6,901	-7,943
재무활동순현금흐름	5,948	2,624	-5,381	2,759	1,057
성장성비율					(단위:%)
총자산증가율	64.41	14.22	-2.27	6.97	10.34
매출액증가율	14.19	10.93	16.76	2.69	8.78
수익성비율					(단위:%)
총자산순이익률	6.03	4.38	12.63	4.69	9.15
자기자본순이익률	34.86	23.38	48.31	13.76	24.03
매출액영업이익률	4.70	4.55	9.99	9.72	6.6
매출액순이익률	2.85	2.48	6.46	2.39	4.66
레버리지비율					(단위:%)
부채비율	464.82	410.09	204.55	183.84	146
이자보상비율	6.15	2.79	11.26	11.26	6.96
비유동비율	443	430.99	259.51	216.45	176.39
비유동장기적합률	332.98	188.33	164.58	140.27	132.69
유동성비율					(단위:%)
유동비율	28.21	28.12	30.67	52.02	61.57
당좌비율	26.69	26.13	27.68	48.80	58.85
현금비율	22.89	21.84	38.12	13.61	1.63
활동성비율					(단위:회)
총자산회전율	2.12	1.77	1.95	1.96	1.96
자기자본회전율	12.25	9.43	7.48	5.76	5.16
비유동자산회전율	2.93	2.16	2.30	2.44	2.66
재고자산회전율	100.28	155.79	154.05	134.73	144.99
생산성비율					(단위:%)
총자본투자효율	67.88	77.46	97.49	88.69	91.55
설비투자효율	503.61	148.57	184.92	158.18	169.43
부가가치의 구성					(단위:백만 원)
영업잉여	1,940	1,573	5,740	5,778	4,138
인건비	13,678.70	16,980.63	18,667	19,078.87	21,280.03
금융비용	331.26	864.83	513.52	469.04	477.52
감가상각비	1,925.25	2,576.60	2,896.05	3,273.61	4,247.30

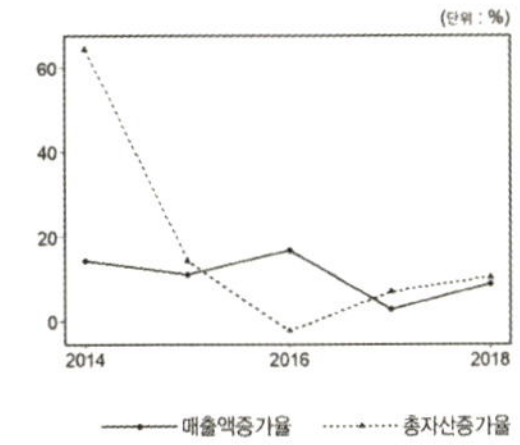

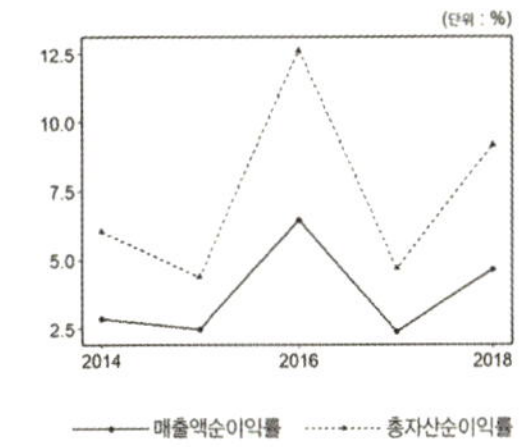

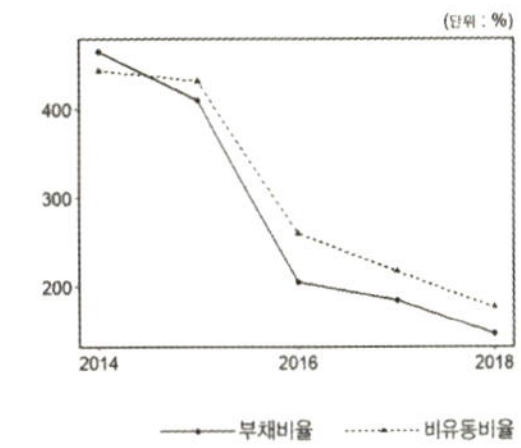

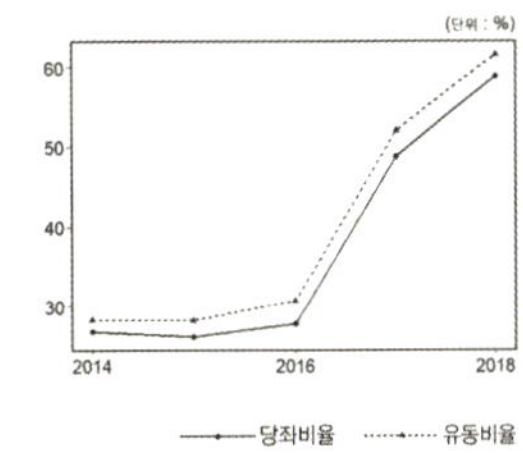

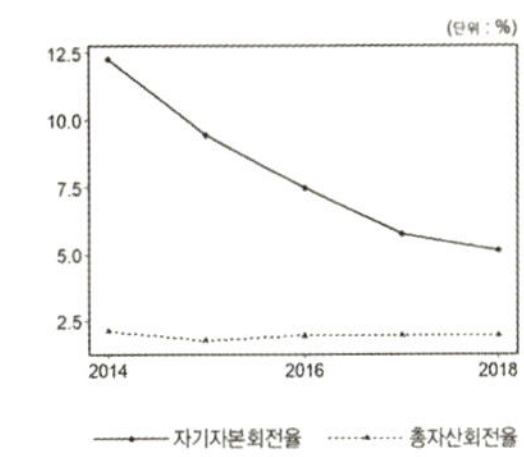

31 ㈜제너시스비비큐(017303) GENESIS.CO.,LTD 외

설립일	1995.09.01	대표이사	윤경주
업종	치킨 전문점	업종코드	56193
소재지	서울시 송파구 중대로	주요브랜드	BBQ, 올떡, 닭익는마을

	2014	2015	2016	2017	2018
재무상태표					(단위:백만 원)
유동자산	41,211	52,944	37,606	38,926	41,735
당좌자산	38,296	50,970	34,031	37,255	38,604
재고자산	2,915	1,973	3,575	1,671	3,131
비유동자산	38,526	39,330	36,315	42,966	42,863
투자자산	4,678	3,060	5,801	13,983	11,676
유형자산	28,007	28,059	25,315	23,763	23,722
무형자산	1,743	1,298	1,426	1,510	2,034
자산총계	79,737	92,273	73,921	81,892	84,599
유동부채	63,975	67,291	50,040	41,924	34,711
비유동부채	10,778	12,349	5,772	5,511	5,643
자본	4,984	12,632	18,109	34,457	44,244
부채 및 자본합계	79,737	92,273	73,921	81,892	84,599
손익계산서					(단위:백만 원)
매출액	191,282	215,860	219,754	235,317	230,037
매출원가	122,534	136,615	138,096	152,915	148,579
매출총손익	68,748	79,244	81,658	82,402	81,458
판매비 및 관리비	66,638	65,355	62,538	61,964	63,226
영업손익	2,109	13,890	19,120	20,439	18,232
법인세비용차감전순손익	477	7,610	10,619	20,734	16,416
법인세비용	66	34	4,996	3,970	3,695
계속사업이익	410	7,576	5,622	16,764	12,721
중단사업손익	0	0	0	0	0
당기순손익	410	7,576	5,622	16,764	12,721
현금흐름표					(단위:백만 원)
영업활동순현금흐름	2,680	3,633	22,245	13,064	4,108
투자활동순현금흐름	-8,591	-5,359	19,558	-8,934	-2,622
재무활동순현금흐름	6,406	3,341	-28,086	-5,622	-2,729
성장성비율					(단위:%)
총자산증가율	11.79	15.72	-19.89	10.78	3.31
매출액증가율	9.15	12.85	1.80	7.08	-2.24
수익성비율					(단위:%)
총자산순이익률	0.54	8.81	6.77	21.52	15.28
자기자본순이익률	6.43	86.01	36.58	63.78	32.33
매출액영업이익률	1.10	6.43	8.70	8.69	7.93
매출액순이익률	0.21	3.51	2.56	7.12	5.53
레버리지비율					(단위:%)
부채비율	1,499.95	630.44	308.19	137.66	91.21
이자보상비율	1.34	6.39	12.27	39.54	18,231,899
비유동비율	773.04	311.34	200.53	124.69	96.88
비유동장기적합률	244.43	157.43	152.07	107.50	85.92
유동성비율					(단위:%)
유동비율	64.42	78.68	75.15	92.85	120.23
당좌비율	59.86	75.75	68.01	88.86	111.21
현금비율	4.10	6.24	45.27	39.90	34.24
활동성비율					(단위:회)
총자산회전율	2.53	2.51	2.64	3.02	2.76
자기자본회전율	29.95	24.51	14.30	8.95	5.85
비유동자산회전율	4.54	5.55	5.81	5.94	5.36
재고자산회전율	81.24	88.32	79.22	89.72	95.8
생산성비율					(단위:%)
총자본투자효율	32.79	36.48	47.53	50.86	45.29
설비투자효율	93.36	123.16	138.78	175.29	161.53
부가가치의 구성					(단위:백만 원)
영업잉여	1,136	12,051	18,056	20,577	19,200
인건비	18,169.21	17,267.48	16,070.34	14,796.91	16,461.04
금융비용	1,387.03	1,746.13	1,031.97	316.46	-271.21
감가상각비	2,823.49	3,337.30	3,401.51	2,432.47	2,033.99

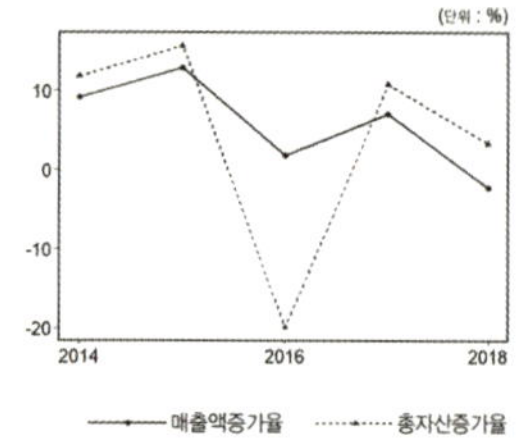

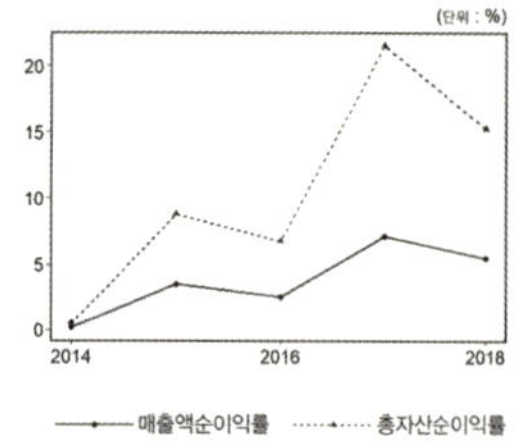

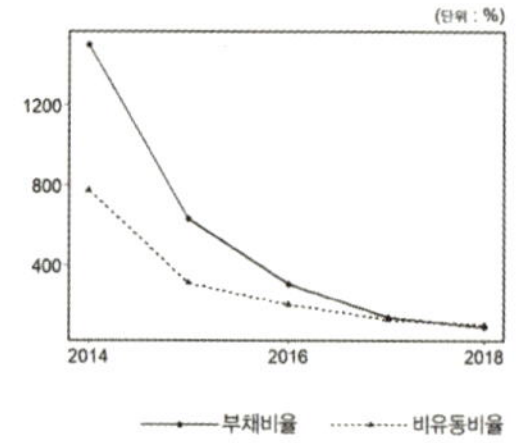

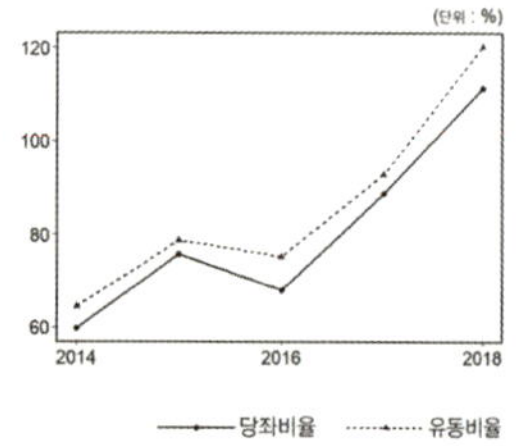

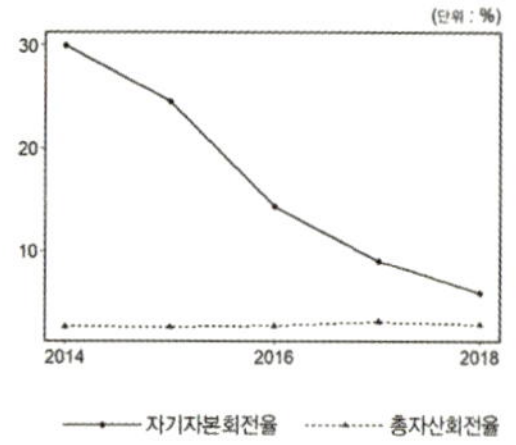

(주)엠에스씨

32 ㈜젠푸드(047361) GENFOOD CO., LTD. 외

설립일	2002.09.23	대표이사	박영석,김길제
업종	일식 음식점업	업종코드	56122
소재지	경상남도 양산시 소주동	주요브랜드	하노아지

	2014	2015	2016	2017	2018
재무상태표					(단위:백만 원)
유동자산	3,343	8,743	7,429	8,642	8,490
당좌자산	2,232	7,366	5,469	6,583	6,607
재고자산	1,111	1,378	1,960	2,060	1,883
비유동자산	11,820	11,070	12,392	12,314	12,170
투자자산	109	148	166	135	195
유형자산	11,264	10,513	11,645	11,503	11,267
무형자산	1	58	48	35	26
자산총계	15,163	19,813	19,821	20,956	20,659
유동부채	6,476	9,476	7,190	6,792	4,477
비유동부채	4,028	3,465	4,035	4,202	4,492
자본	4,659	6,872	8,596	9,962	11,690
부채 및 자본합계	15,163	19,813	19,821	20,956	20,659
손익계산서					(단위:백만 원)
매출액	15,986	27,353	32,737	28,964	31,983
매출원가	10,437	14,656	20,946	18,624	19,909
매출총손익	5,549	12,697	11,791	10,340	12,074
판매비 및 관리비	5,657	9,594	9,623	8,446	9,944
영업손익	-108	3,103	2,168	1,894	2,129
법인세비용차감전순손익	-399	2,893	2,188	1,847	2,207
법인세비용	0	682	506	468	460
계속사업이익	-399	2,211	1,682	1,379	1,748
중단사업손익	0	0	0	0	0
당기순손익	-399	2,211	1,682	1,379	1,748
현금흐름표					(단위:백만 원)
영업활동순현금흐름	523	2,745	3,147	3,211	3,687
투자활동순현금흐름	-523	-2,467	922	-2,512	593
재무활동순현금흐름	6	-287	-3,011	-497	-1,853
성장성비율					(단위:%)
총자산증가율	-2.57	30.67	0.04	5.73	-1.42
매출액증가율	-13.65	71.10	19.68	-11.52	10.42
수익성비율					(단위:%)
총자산순이익률	-2.60	12.64	8.49	6.76	8.4
자기자본순이익률	-8.21	38.35	21.75	14.86	16.14
매출액영업이익률	-0.67	11.35	6.62	6.54	6.66
매출액순이익률	-2.49	8.08	5.14	4.76	5.46
레버리지비율					(단위:%)
부채비율	225.47	188.31	130.57	110.35	76.72
이자보상비율	-0.39	13.92	12.14	24.91	67.92
비유동비율	253.71	161.08	144.15	123.60	104.1
비유동장기적합률	136.06	107.09	98.11	86.94	75.2
유동성비율					(단위:%)
유동비율	51.62	92.27	103.33	127.25	189.64
당좌비율	34.47	77.73	76.06	96.92	147.58
현금비율	0.45	0.08	14.34	14.66	43.52
활동성비율					(단위:회)
총자산회전율	1.04	1.56	1.65	1.42	1.54
자기자본회전율	3.29	4.74	4.23	3.12	2.95
비유동자산회전율	1.31	2.39	2.79	2.34	2.61
재고자산회전율	13.75	21.98	19.61	14.41	16.22
생산성비율					(단위:%)
총자본투자효율	15.23	26.08	21.63	20.53	24.49
설비투자효율	20.50	49.28	38.08	38.67	46.16
부가가치의 구성					(단위:백만 원)
영업잉여	-362	3,022	2,107	1,843	2,181
인건비	1,188.90	1,187.25	1,191.70	1,332.96	1,523.83
금융비용	257.95	157.13	33.79	14.83	-59.87
감가상각비	943.95	709.64	742.18	925.88	1,061.96

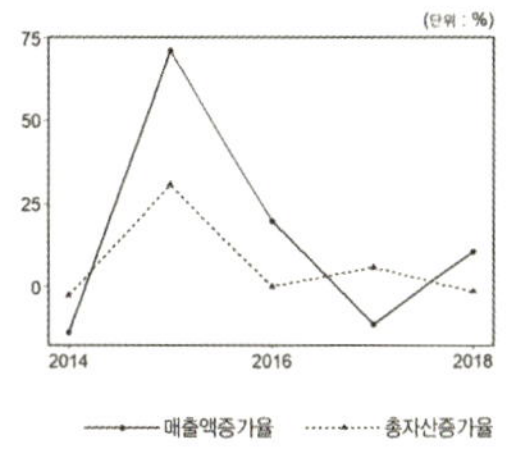

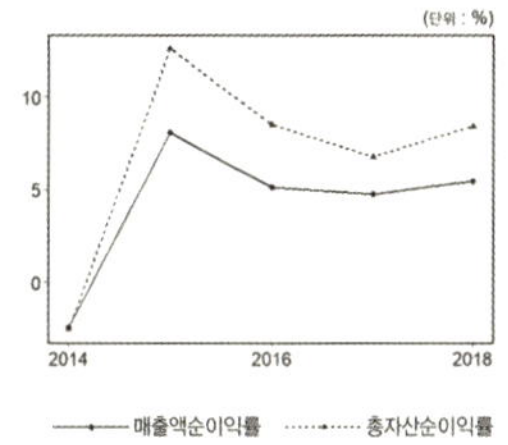

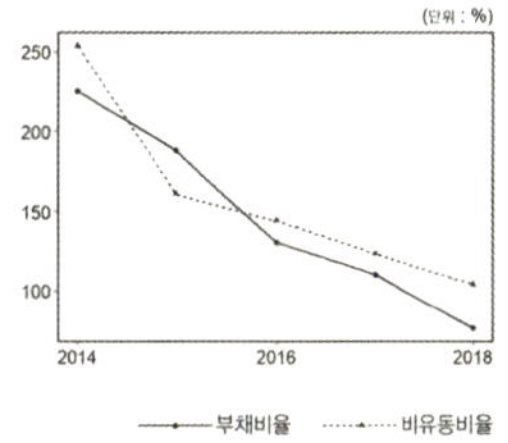

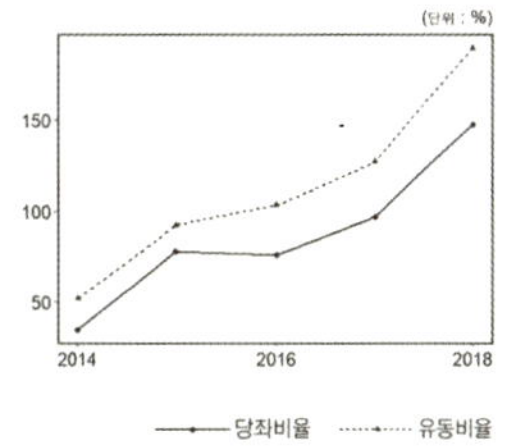

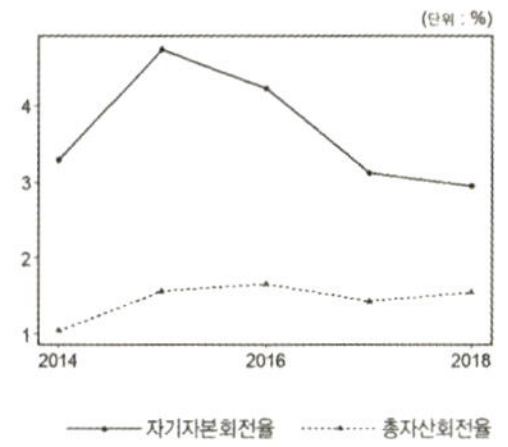

33 ㈜준코(058775) JUNCOETM

외

설립일	2006.09.07	대표이사	김원길
업종	무도 유흥주점업	업종코드	56212
소재지	서울시 강동구 둔촌동	주요브랜드	준코

	2014	2015	2016	2017	2018
재무상태표					(단위:백만 원)
유동자산	19,819	9,883	4,513	3,168	3,988
당좌자산	19,004	9,883	4,513	3,168	3,988
재고자산	816	0	0	0	0
비유동자산	1,117	2,860	43,102	49,524	39,704
투자자산	230	2	2	2	2
유형자산	396	999	7,408	4,840	4,459
무형자산	84	438	23,767	32,254	23,241
자산총계	20,937	12,742	47,615	52,692	43,692
유동부채	10,379	3,209	38,225	26,319	21,159
비유동부채	1,387	288	313	19,628	20,141
자본	9,171	9,245	9,077	6,745	2,392
부채 및 자본합계	20,937	12,742	47,615	52,692	43,692
손익계산서					(단위:백만 원)
매출액	16,125	8,023	38,213	69,531	69,270
매출원가	12,424	3,885	10,454	20,176	19,407
매출총손익	3,701	4,137	27,759	49,356	49,863
판매비 및 관리비	5,505	4,357	26,978	52,957	50,646
영업손익	-1,804	-220	781	-3,601	-783
법인세비용차감전순손익	-1,356	74	-168	-7,078	-4,321
법인세비용	310	0	0	24	0
계속사업이익	-1,665	74	-168	-7,103	-4,321
중단사업손익	0	0	0	0	0
당기순손익	-1,665	74	-168	-7,103	-4,321
현금흐름표					(단위:백만 원)
영업활동순현금흐름	4,452	-3,850	15,426	40,406	-799
투자활동순현금흐름	-3,994	9,340	-43,534	-18,224	-577
재무활동순현금흐름	-492	-5,451	28,207	-22,139	1,229
성장성비율					(단위:%)
총자산증가율	-10.66	-39.14	273.67	10.66	-17.08
매출액증가율	-38.40	-50.25	376.31	81.96	-0.38
수익성비율					(단위:%)
총자산순이익률	-7.51	0.44	-0.56	-14.16	-8.97
자기자본순이익률	-16.65	0.81	-1.84	-89.78	-94.57
매출액영업이익률	-11.19	-2.74	2.04	-5.18	-1.13
매출액순이익률	-10.33	0.93	-0.44	-10.21	-6.24
레버리지비율					(단위:%)
부채비율	128.30	37.83	424.58	681.20	1,726.60
이자보상비율	-7.75	-1	0.78	-1.55	-0.36
비유동비율	12.19	30.93	474.86	734.23	1,659.86
비유동장기적합률	10.58	29.99	459.01	187.78	176.2
유동성비율					(단위:%)
유동비율	190.96	307.96	11.81	12.04	18.85
당좌비율	183.11	307.96	11.81	12.04	18.85
현금비율	0	0.41	3.08	5.74	0.87
활동성비율					(단위:회)
총자산회전율	0.73	0.48	1.27	1.39	1.44
자기자본회전율	1.61	0.87	4.17	8.79	15.16
비유동자산회전율	3.02	4.03	1.66	1.50	1.55
재고자산회전율	39.54	19.67	0	0	0
생산성비율					(단위:%)
총자본투자효율	8.06	19.12	45.84	70.68	87.55
설비투자효율	425.45	243.85	294.68	769.38	857.86
부가가치의 구성					(단위:백만 원)
영업잉여	-1,533	41	-122	-4,849	-2,919
인건비	2,275.75	1,754.21	10,979.51	21,724.39	20,999.11
금융비용	-12.35	-261.07	902.91	2,272.81	2,135.83
감가상각비	237.86	202.90	5,263.32	11,145.88	10,289.89

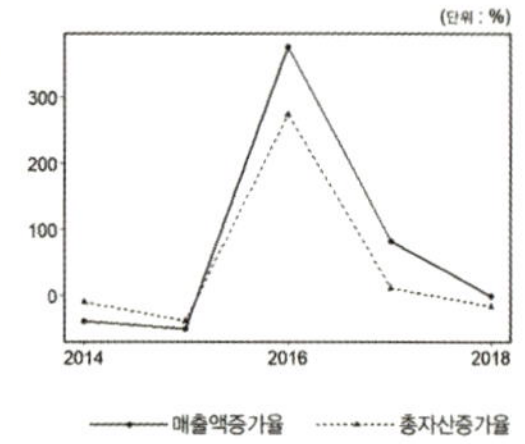

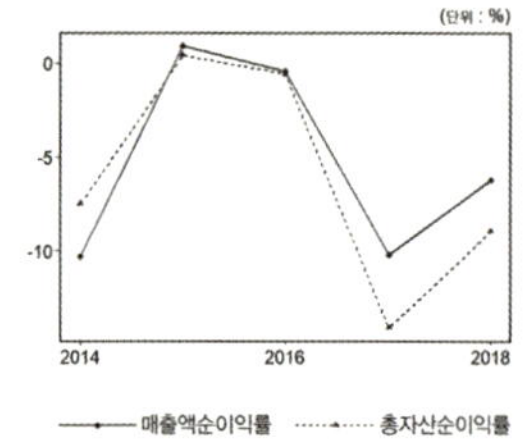

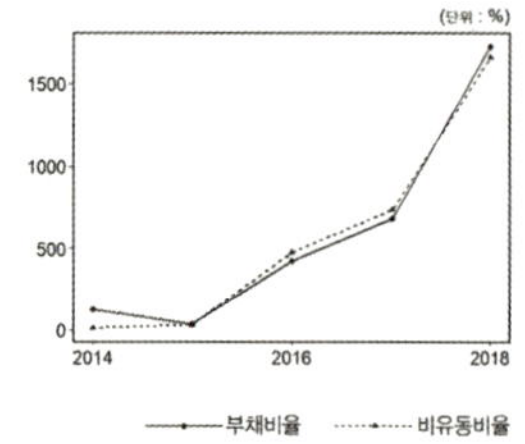

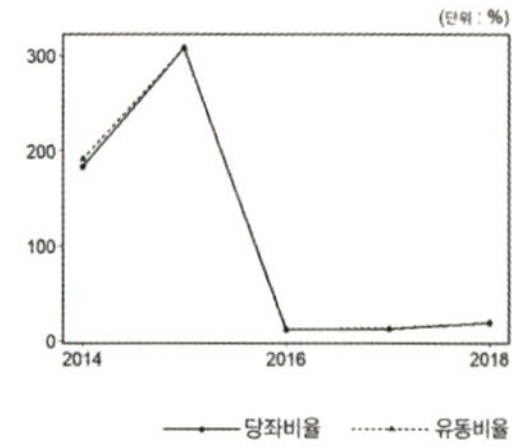

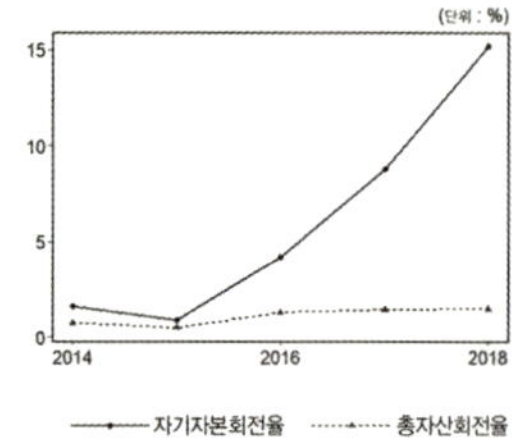

34 ㈜차우(075868) Chow Corporation 외

설립일	2002.03.01	대표이사	최경수
업종	한식 일반 음식점업	업종코드	56111
소재지	경기도 과천시 광명로	주요브랜드	로즈힐, 전골이야기

	2014	2015	2016	2017	2018
재무상태표					(단위:백만 원)
유동자산	–	10,932	10,970	8,437	7,891
당좌자산	–	10,886	10,951	8,419	7,871
재고자산	–	47	19	18	19
비유동자산	–	22,465	13,457	23,824	25,704
투자자산	–	22,250	13,385	23,785	25,662
유형자산	–	159	43	39	42
무형자산	–	0	0	0	0
자산총계	–	33,397	24,426	32,261	33,595
유동부채	–	529	313	162	14,137
비유동부채	–	0	0	0	0
자본	–	32,869	24,114	32,100	19,457
부채 및 자본합계	–	33,397	24,426	32,261	33,595
손익계산서					(단위:백만 원)
매출액	–	3,482	3,179	2,462	1,756
매출원가	–	2,796	2,658	1,727	1,215
매출총손익	–	686	520	735	541
판매비 및 관리비	–	900	873	751	639
영업손익	–	-214	-352	-17	-98
법인세비용차감전순손익	–	11,962	239	-547	-541
법인세비용	–	2,425	50	0	16
계속사업이익	–	9,538	189	-547	-557
중단사업손익	–	0	0	0	0
당기순손익	–	9,538	189	-547	-557
현금흐름표					(단위:백만 원)
영업활동순현금흐름	–	-2,122	19	-610	222
투자활동순현금흐름	–	11,872	203	-163	-13,864
재무활동순현금흐름	–	-2,700	0	0	14,000
성장성비율					(단위:%)
총자산증가율	–	0	-26.86	32.08	4.13
매출액증가율	–	0	-8.72	-22.55	-28.66
수익성비율					(단위:%)
총자산순이익률	–	57.12	0.65	-1.93	-1.69
자기자본순이익률	–	58.03	0.66	-1.94	-2.16
매출액영업이익률	–	-6.15	-11.08	-0.68	-5.55
매출액순이익률	–	273.90	5.94	-22.20	-31.74
레버리지비율					(단위:%)
부채비율	–	1.61	1.30	0.50	72.66
이자보상비율	–	-5.63	•	•	-0.26
비유동비율	–	68.35	55.81	74.22	132.11
비유동장기적합률	–	68.35	55.81	74.22	132.11
유동성비율					(단위:%)
유동비율	–	2,068.06	3,508.94	5,213.01	55.81
당좌비율	–	2,059.21	3,503.01	5,201.86	55.68
현금비율	–	64.62	66.42	77.20	87.09
활동성비율					(단위:회)
총자산회전율	–	0.21	0.11	0.09	0.05
자기자본회전율	–	0.21	0.11	0.09	0.07
비유동자산회전율	–	0.31	0.18	0.13	0.07
재고자산회전율	–	148.85	97.32	134.55	94.26
생산성비율					(단위:%)
총자본투자효율	–	36.68	2.71	-0.87	0.13
설비투자효율	–	7,720.62	1,541.20	-710.78	104.86
부가가치의 구성					(단위:백만 원)
영업잉여	–	188	-69	280	-176
인건비	–	578.60	633.69	541.90	484.42
금융비용	–	-402.18	-282.98	-296.31	77.87
감가상각비	–	109.31	71.35	21.11	22.74

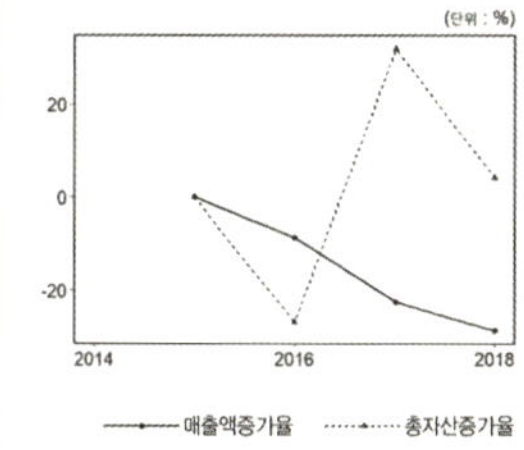

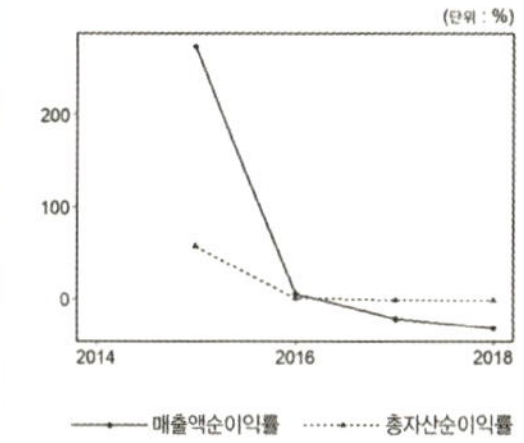

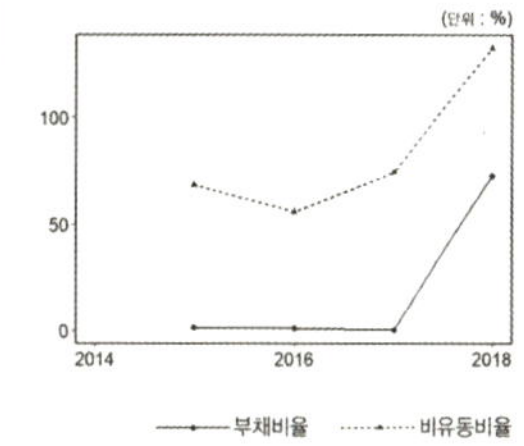

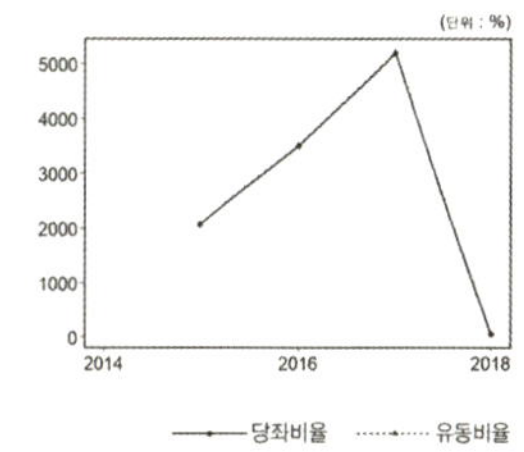

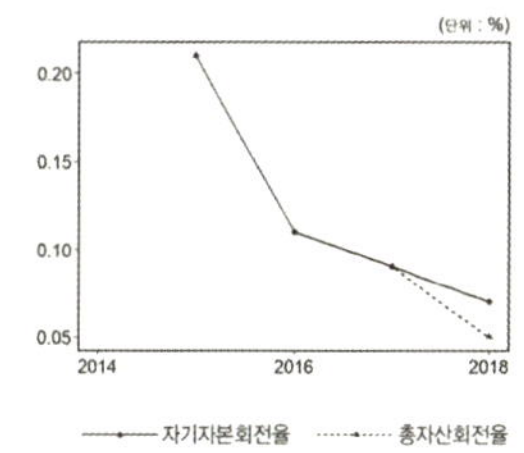

35 ㈜채선당(060924) Caesundang Co., LTD 외

채선당

설립일	2004.12.21	대표이사	김익수
업종	한식 일반 음식점업	업종코드	56111
소재지	경기도 남양주시 진건읍 독정로	주요브랜드	채선당SHABU, 샤브보트

	2014	2015	2016	2017	2018
재무상태표					(단위:백만 원)
유동자산	9,359	9,102	9,885	10,178	10,029
당좌자산	7,518	6,982	7,151	8,181	8,039
재고자산	1,841	2,120	2,734	1,997	1,990
비유동자산	8,881	9,619	9,871	9,538	9,152
투자자산	80	250	220	130	50
유형자산	7,014	7,473	7,779	7,765	7,311
무형자산	118	77	137	187	157
자산총계	18,240	18,721	19,756	19,715	19,181
유동부채	7,676	7,197	7,876	6,510	3,588
비유동부채	1,549	1,520	1,905	1,786	3,380
자본	9,016	10,004	9,975	11,419	12,212
부채 및 자본합계	18,240	18,721	19,756	19,715	19,181
손익계산서					(단위:백만 원)
매출액	64,975	65,054	62,400	51,665	52,349
매출원가	45,406	46,528	44,168	34,210	34,976
매출총손익	19,570	18,526	18,232	17,455	17,373
판매비 및 관리비	16,463	17,110	17,468	15,264	16,023
영업손익	3,107	1,416	764	2,191	1,350
법인세비용차감전순손익	2,771	1,313	604	1,776	1,107
법인세비용	614	224	223	331	164
계속사업이익	2,158	1,088	381	1,445	943
중단사업손익	0	0	0	0	0
당기순손익	2,158	1,088	381	1,445	943
현금흐름표					(단위:백만 원)
영업활동순현금흐름	4,340	919	750	3,707	1,922
투자활동순현금흐름	-425	-976	-1,506	-1,200	-570
재무활동순현금흐름	-2,065	-477	658	-1,628	-1,609
성장성비율					(단위:%)
총자산증가율	5.08	2.63	5.53	-0.20	-2.71
매출액증가율	14.99	0.12	-4.08	-17.20	1.32
수익성비율					(단위:%)
총자산순이익률	12.12	5.89	1.98	7.32	4.85
자기자본순이익률	27.16	11.44	3.82	13.51	7.98
매출액영업이익률	4.78	2.18	1.22	4.24	2.58
매출액순이익률	3.32	1.67	0.61	2.80	1.8
레버리지비율					(단위:%)
부채비율	102.32	87.13	98.06	72.65	57.06
이자보상비율	25.84	21.10	11.63	45.40	158.24
비유동비율	98.51	96.15	98.96	83.52	74.94
비유동장기적합률	84.07	83.47	83.09	72.23	58.69
유동성비율					(단위:%)
유동비율	121.93	126.47	125.51	156.33	279.48
당좌비율	97.95	97.02	90.80	125.66	224.03
현금비율	52.61	48.23	43.42	50.81	49.01
활동성비율					(단위:회)
총자산회전율	3.65	3.52	3.24	2.62	2.69
자기자본회전율	8.18	6.84	6.25	4.83	4.43
비유동자산회전율	7.13	7.03	6.40	5.32	5.6
재고자산회전율	30.94	32.85	25.71	21.85	26.26
생산성비율					(단위:%)
총자본투자효율	65.42	63.07	57.47	56.56	56.93
설비투자효율	170.12	158	145.96	143.61	149.37
부가가치의 구성					(단위:백만 원)
영업잉여	3,050	1,367	714	2,158	1,357
인건비	7,313.70	8,729.69	8,322.42	6,937.43	7,510.11
금융비용	101.12	51.49	52.37	33.90	-5.23
감가상각비	665.52	558.93	846.06	871.55	819.59

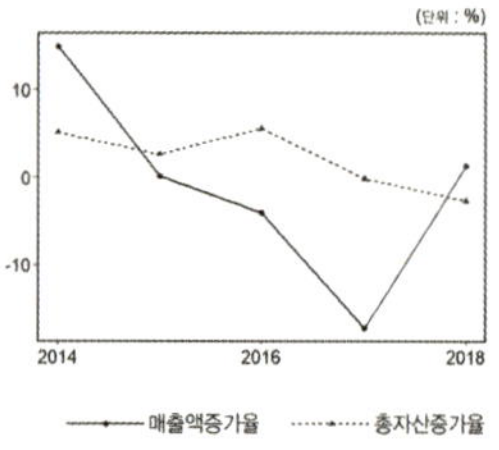

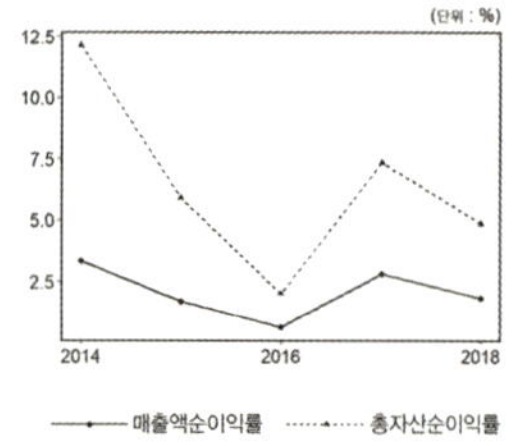

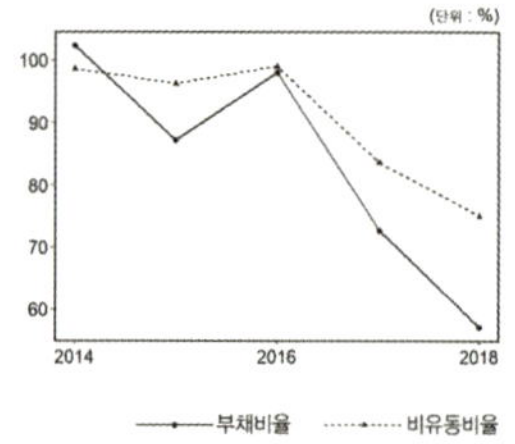

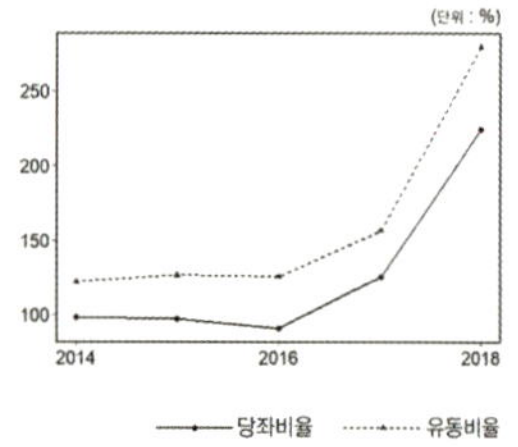

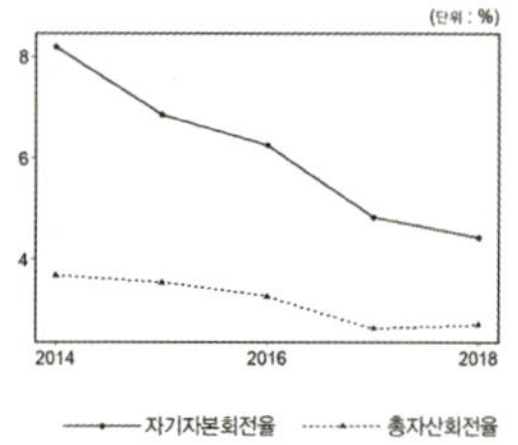

36 ㈜캘리스코(057750) KALISCO Ltd. 외

Kalisco				
설립일	2009.10.01	대표이사	구지은
업종	일식 음식점업	업종코드	56122
소재지	서울시 강남구 역삼로	주요브랜드	사보텐, 타코벨, 히바린

	2014	2015	2016	2017	2018
재무상태표					(단위:백만 원)
유동자산	4,422	3,829	4,474	4,974	7,141
당좌자산	3,755	3,125	3,424	4,242	5,842
재고자산	667	704	1,050	732	1,299
비유동자산	21,366	19,313	27,649	30,481	27,538
투자자산	6	5	5	5	5
유형자산	8,998	7,963	10,565	12,990	11,131
무형자산	192	177	161	130	118
자산총계	25,788	23,143	32,123	35,456	34,679
유동부채	11,551	8,690	16,685	16,727	17,173
비유동부채	448	884	702	3,483	2,631
자본	13,789	13,569	14,737	15,246	14,875
부채 및 자본합계	25,788	23,143	32,123	35,456	34,679
손익계산서					(단위:백만 원)
매출액	48,848	53,361	63,854	78,647	89,718
매출원가	43,247	47,947	56,278	69,792	80,520
매출총손익	5,601	5,413	7,576	8,855	9,198
판매비 및 관리비	5,453	4,162	6,274	7,861	8,865
영업손익	148	1,252	1,302	994	333
법인세비용차감전순손익	1,097	136	1,469	1,114	-49
법인세비용	219	9	301	218	13
계속사업이익	878	127	1,167	896	-61
중단사업손익	0	0	0	0	0
당기순손익	878	127	1,167	896	-61
현금흐름표					(단위:백만 원)
영업활동순현금흐름	4,550	4,852	5,955	2,680	26
투자활동순현금흐름	-6,255	-4,367	-9,537	-5,336	-1,472
재무활동순현금흐름	1,760	-538	3,740	2,610	1,610
성장성비율					(단위:%)
총자산증가율	41.43	-10.26	38.81	10.37	-2.19
매출액증가율	2.27	9.24	19.67	23.17	14.08
수익성비율					(단위:%)
총자산순이익률	3.99	0.52	4.22	2.65	-0.18
자기자본순이익률	7.05	0.93	8.25	5.98	-0.41
매출액영업이익률	0.30	2.35	2.04	1.26	0.37
매출액순이익률	1.80	0.24	1.83	1.14	-0.07
레버리지비율					(단위:%)
부채비율	87.02	70.56	117.98	132.56	133.14
이자보상비율	6.71	10.79	14.84	3.55	0.97
비유동비율	154.95	142.34	187.62	199.93	185.13
비유동장기적합률	150.07	133.63	179.09	162.75	157.3
유동성비율					(단위:%)
유동비율	38.28	44.07	26.81	29.74	41.58
당좌비율	32.51	35.96	20.52	25.36	34.02
현금비율	4.10	3.35	6.40	4.84	5.65
활동성비율					(단위:회)
총자산회전율	2.22	2.18	2.31	2.33	2.56
자기자본회전율	3.92	3.90	4.51	5.25	5.96
비유동자산회전율	2.68	2.62	2.72	2.71	3.09
재고자산회전율	85.41	77.85	72.81	88.29	88.35
생산성비율					(단위:%)
총자본투자효율	23.68	22.95	24.54	26.06	26.01
설비투자효율	67.88	66.70	74.60	71.12	81.03
부가가치의 구성					(단위:백만 원)
영업잉여	1,202	1,330	1,521	1,189	340
인건비	1,619.58	1,605.64	2,387.26	3,163.03	3,386.54
금융비용	-1,055.33	-76.27	-219.66	-190.33	1.87
감가상각비	2,345.81	2,747.42	2,768.40	3,409.61	3,657.78

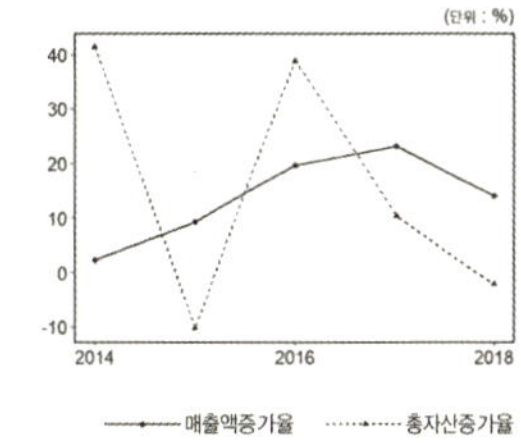

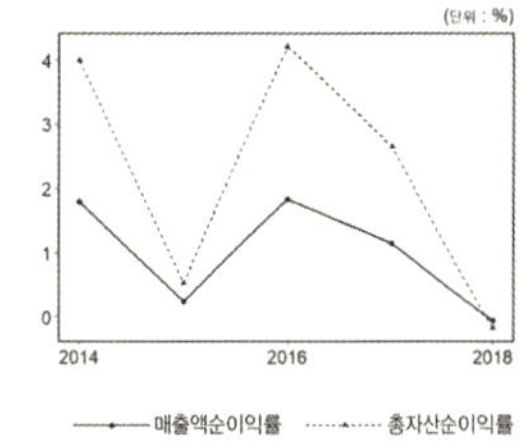

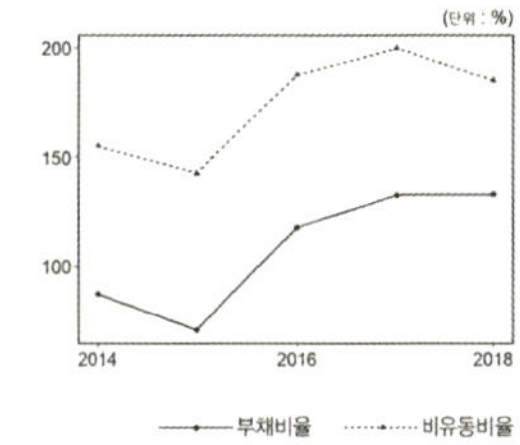

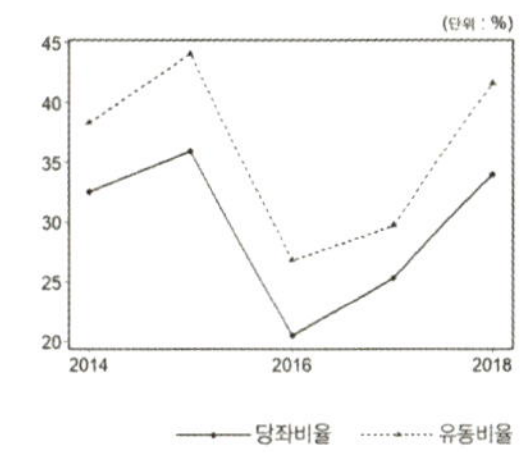

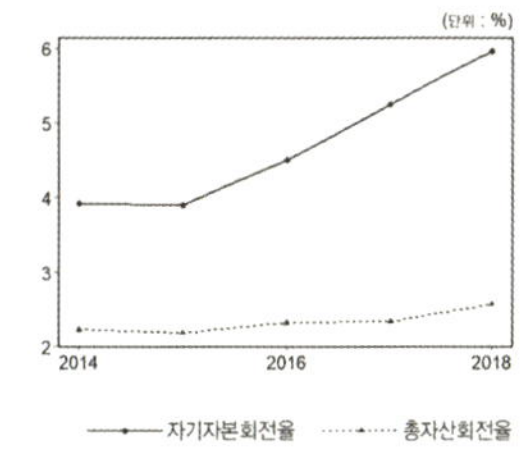

37 ㈜커피빈코리아(039780) Coffee Bean Korea Co.,Ltd. 외

설립일	2000.06.16	대표이사	박상배
업종	커피 전문점	업종코드	56221
소재지	서울특별시 강남구 봉은사로	주요브랜드	커피빈

	2014	2015	2016	2017	2018
재무상태표					(단위:백만 원)
유동자산	14,103	13,967	16,068	15,444	13,514
당좌자산	7,732	8,148	9,747	9,578	7,053
재고자산	6,372	5,819	6,321	5,867	6,461
비유동자산	135,952	137,872	140,938	147,857	131,404
투자자산	1,705	2,311	2,673	2,835	3,247
유형자산	58,556	59,580	59,777	62,536	44,032
무형자산	1,711	1,542	1,369	1,395	1,097
자산총계	150,055	151,839	157,006	163,301	144,918
유동부채	86,543	88,110	86,525	79,749	49,832
비유동부채	12,581	10,256	12,733	21,500	19,486
자본	50,931	53,474	57,748	62,051	75,600
부채 및 자본합계	150,055	151,839	157,006	163,301	144,918
손익계산서					(단위:백만 원)
매출액	146,267	138,939	146,021	157,666	166,635
매출원가	58,843	57,083	60,293	66,043	69,576
매출총손익	87,424	81,855	85,728	91,623	97,059
판매비 및 관리비	75,062	77,943	79,313	85,477	90,553
영업손익	12,362	3,913	6,416	6,147	6,506
법인세비용차감전순손익	9,896	3,149	5,428	6,222	17,880
법인세비용	2,096	605	1,154	1,919	3,131
계속사업이익	7,799	2,544	4,274	4,303	14,749
중단사업손익	0	0	0	0	0
당기순손익	7,799	2,544	4,274	4,303	14,749
현금흐름표					(단위:백만 원)
영업활동순현금흐름	19,284	13,182	11,813	16,098	15,700
투자활동순현금흐름	-16,323	-10,858	-12,199	-13,338	17,930
재무활동순현금흐름	-4,962	-756	-1,940	-1,830	-34,305
성장성비율					(단위:%)
총자산증가율	3.79	1.19	3.40	4.01	-11.26
매출액증가율	2.11	-5.01	5.10	7.97	5.69
수익성비율					(단위:%)
총자산순이익률	5.29	1.69	2.77	2.69	9.57
자기자본순이익률	16.58	4.87	7.69	7.18	21.43
매출액영업이익률	8.45	2.82	4.39	3.90	3.9
매출액순이익률	5.33	1.83	2.93	2.73	8.85
레버리지비율					(단위:%)
부채비율	194.63	183.95	171.88	163.17	91.69
이자보상비율	3.71	1.53	3.01	2.77	4.8
비유동비율	266.94	257.83	244.06	238.28	173.81
비유동장기적합률	214.06	216.34	199.97	176.96	138.2
유동성비율					(단위:%)
유동비율	16.30	15.85	18.57	19.37	27.12
당좌비율	8.93	9.25	11.27	12.01	14.15
현금비율	10.86	22.19	4.81	11.03	7.61
활동성비율					(단위:회)
총자산회전율	0.99	0.92	0.95	0.98	1.08
자기자본회전율	3.11	2.66	2.63	2.63	2.42
비유동자산회전율	1.11	1.01	1.05	1.09	1.19
재고자산회전율	23.82	22.79	24.06	25.87	27.03
생산성비율					(단위:%)
총자본투자효율	47.52	43.90	43.95	45.89	62.1
설비투자효율	121.78	111.89	115.43	119.83	215.4
부가가치의 구성					(단위:백만 원)
영업잉여	9,152	1,306	4,355	3,984	5,451
인건비	22,881.83	24,091.18	24,376.43	26,448.01	29,454.54
금융비용	3,208.27	2,482.53	2,069.17	2,167.94	1,291.27
감가상각비	9,611.82	9,931.03	10,383.65	11,484.45	11,801.19

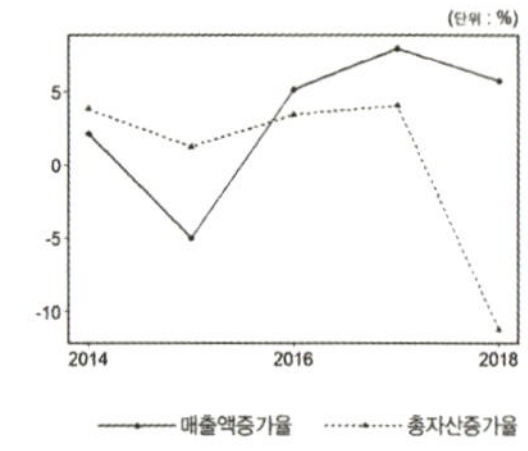

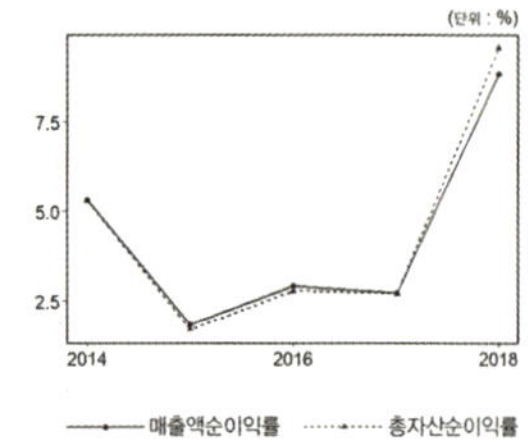

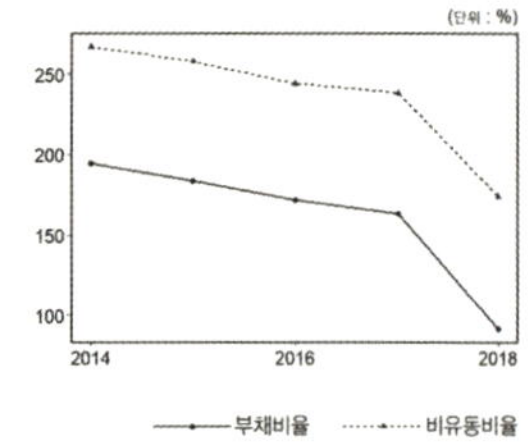

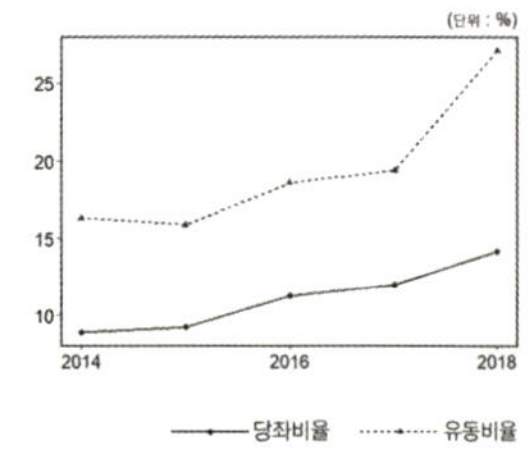

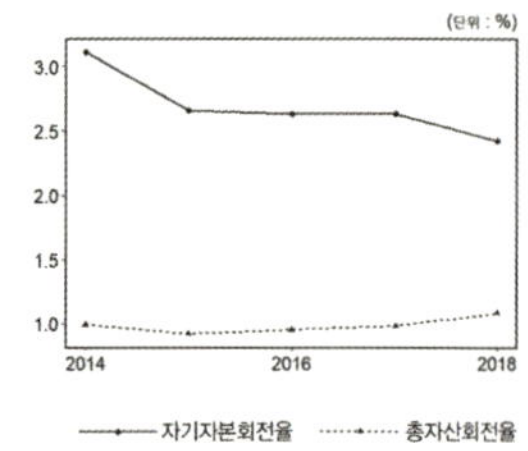

38 ㈜탐앤탐스(053152) TOMNTOMS 외

설립일	2004.12.21	대표이사	김도균
업종	커피 전문점	업종코드	56221
소재지	서울시 강남구 논현로	주요브랜드	탐앤탐스

	2014	2015	2016	2017	2018
재무상태표					(단위:백만 원)
유동자산	18,453	18,211	20,592	20,965	22,514
당좌자산	16,899	15,940	17,345	18,350	19,761
재고자산	1,553	2,270	3,247	2,614	2,753
비유동자산	43,908	42,789	47,863	49,020	98,476
투자자산	14,394	14,359	19,919	15,709	14,875
유형자산	13,451	11,976	10,435	11,847	64,459
무형자산	269	302	335	4,964	4,742
자산총계	62,361	61,000	68,455	69,985	120,990
유동부채	39,441	33,751	37,852	40,417	64,226
비유동부채	8,129	11,817	11,718	6,076	15,164
자본	14,790	15,432	18,885	23,491	41,600
부채 및 자본합계	62,361	61,000	68,455	69,985	120,990
손익계산서					(단위:백만 원)
매출액	88,604	88,764	86,905	82,387	74,025
매출원가	68,433	69,681	70,068	49,520	44,584
매출총손익	20,171	19,082	16,837	32,867	29,441
판매비 및 관리비	13,639	14,683	14,475	28,750	26,919
영업손익	6,532	4,400	2,361	4,117	2,522
법인세비용차감전순손익	3,884	1,419	-1,176	6,272	2,873
법인세비용	882	777	1,524	1,666	-797
계속사업이익	3,003	642	-2,701	4,606	3,670
중단사업손익	0	0	0	0	0
당기순손익	3,003	642	-2,701	4,606	3,670
현금흐름표					(단위:백만 원)
영업활동순현금흐름	6,283	400	3,875	4,448	4,542
투자활동순현금흐름	-12,202	-1,210	-3,376	582	-3,703
재무활동순현금흐름	6,265	-1,433	-498	-4,298	248
성장성비율					(단위:%)
총자산증가율	24.69	-2.18	12.22	2.23	72.88
매출액증가율	17.03	0.18	-2.09	-5.20	-10.15
수익성비율					(단위:%)
총자산순이익률	5.34	1.04	-4.17	6.65	3.84
자기자본순이익률	23.03	4.25	-15.74	21.74	11.28
매출액영업이익률	7.37	4.96	2.72	5	3.41
매출액순이익률	3.39	0.72	-3.11	5.59	4.96
레버리지비율					(단위:%)
부채비율	321.64	295.29	262.48	197.92	190.84
이자보상비율	4.06	3.06	1.66	3.13	1.46
비유동비율	296.83	277.28	253.44	208.67	236.72
비유동장기적합률	191.55	157.03	156.40	165.79	173.48
유동성비율					(단위:%)
유동비율	46.78	53.95	54.40	51.87	35.05
당좌비율	42.85	47.23	45.82	45.40	30.77
현금비율	12.65	0.49	0.44	3.92	8.48
활동성비율					(단위:회)
총자산회전율	1.58	1.44	1.34	1.19	0.78
자기자본회전율	6.80	5.87	5.06	3.89	2.27
비유동자산회전율	2.27	2.05	1.92	1.70	1
재고자산회전율	74.08	46.43	31.50	28.11	27.58
생산성비율					(단위:%)
총자본투자효율	21.18	19.35	12.19	35.87	17.31
설비투자효율	98.17	98.58	80.04	212.29	32.51
부가가치의 구성					(단위:백만 원)
영업잉여	4,680	3,420	1,931	3,108	618
인건비	4,307.32	5,007.73	3,972.69	4,677.16	4,352.95
금융비용	1,540.23	1,366.05	1,391.57	1,265.20	1,687.02
감가상각비	2,953.67	3,333.01	3,409.66	3,587.77	3,566.97

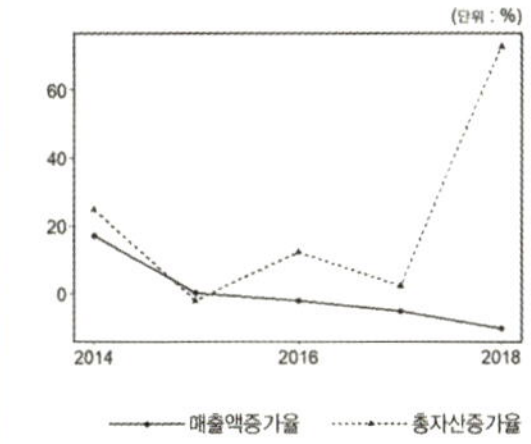

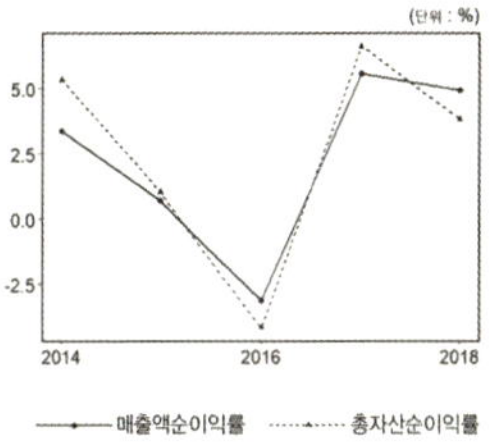

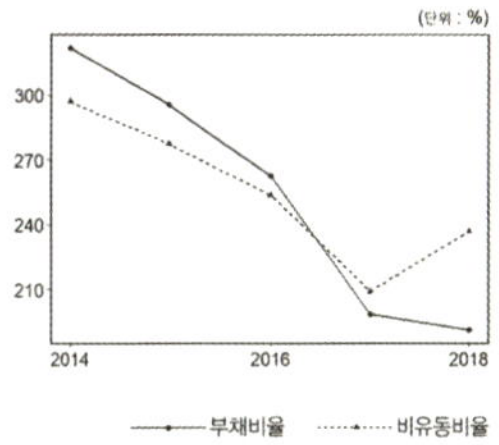

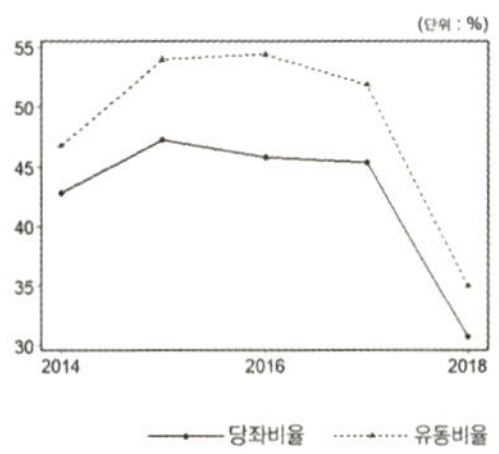

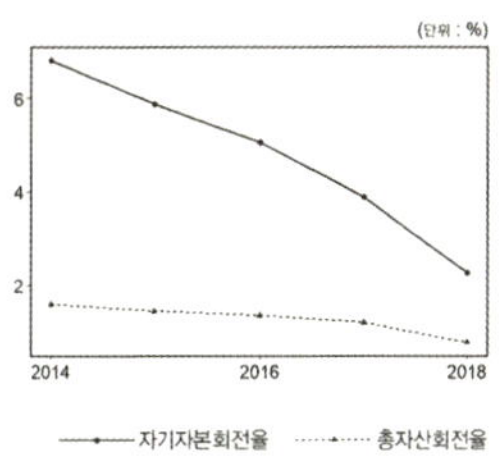

Café Chez Nous
Dessert & Coffee

39 ㈜태범(086483) Tae Bum Co.,Ltd 외

설립일	1994.03.18	대표이사	심철식
업종	커피 전문점	업종코드	56191
소재지	서울특별시 강남구 역삼로	주요브랜드	카페쉐누

	2014	2015	2016	2017	2018
재무상태표					(단위:백만 원)
유동자산				1,877	2,954
당좌자산				1,862	2,943
재고자산				14	10
비유동자산				24,671	28,485
투자자산				398	4,421
유형자산				24,249	24,043
무형자산				4	2
자산총계				26,547	31,439
유동부채				8,741	13,708
비유동부채				16,256	16,456
자본				1,551	1,275
부채 및 자본합계				26,547	31,439
손익계산서					(단위:백만 원)
매출액				1,725	2,329
매출원가				315	320
매출총손익				1,410	2,008
판매비 및 관리비				974	1,256
영업손익				436	752
법인세비용차감전순손익				59	-275
법인세비용				6	1
계속사업이익				53	-276
중단사업손익				0	0
당기순손익				53	-276
현금흐름표					(단위:백만 원)
영업활동순현금흐름				-76	492
투자활동순현금흐름				-21,292	-5,160
재무활동순현금흐름				22,066	4,264
성장성비율					(단위:%)
총자산증가율				0	18.43
매출액증가율				0	34.99
수익성비율					(단위:%)
총자산순이익률				0.40	-0.95
자기자본순이익률				6.83	-19.50
매출액영업이익률				25.25	32.31
매출액순이익률				3.07	-11.83
레버리지비율					(단위:%)
부채비율				1,611.86	2,365.28
이자보상비율				1.12	0.89
비유동비율				1,590.84	2,233.67
비유동장기적합률				138.55	160.65
유동성비율					(단위:%)
유동비율				21.47	21.55
당좌비율				21.31	21.47
현금비율				47.54	16.52
활동성비율					(단위:회)
총자산회전율				0.13	0.08
자기자본회전율				2.22	1.65
비유동자산회전율				0.14	0.09
재고자산회전율				238.39	187.38
생산성비율					(단위:%)
총자본투자효율				3.52	4.27
설비투자효율				3.95	5.59
부가가치의 구성					(단위:백만 원)
영업잉여				48	-60
인건비				166.05	296.80
금융비용				388.08	811.88
감가상각비				163.60	262.33

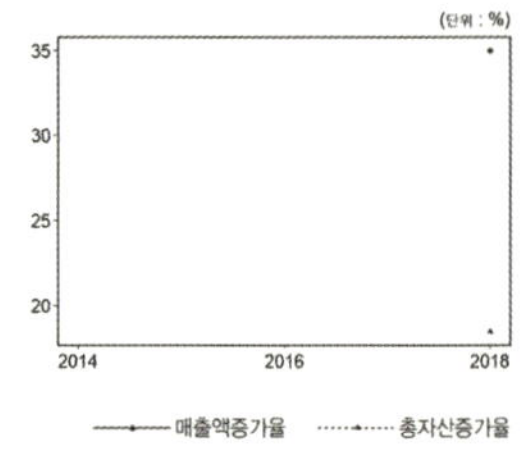

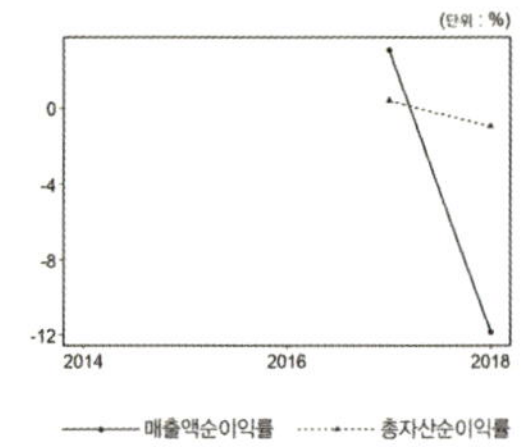

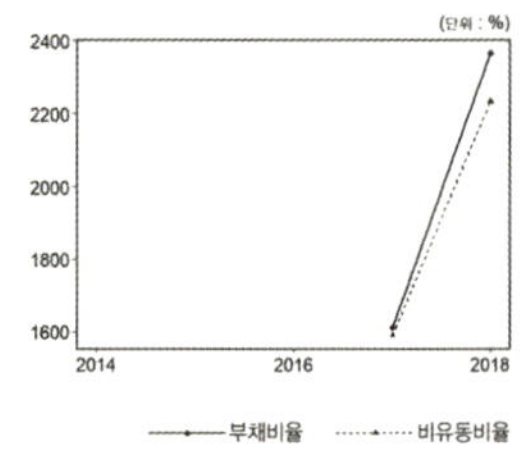

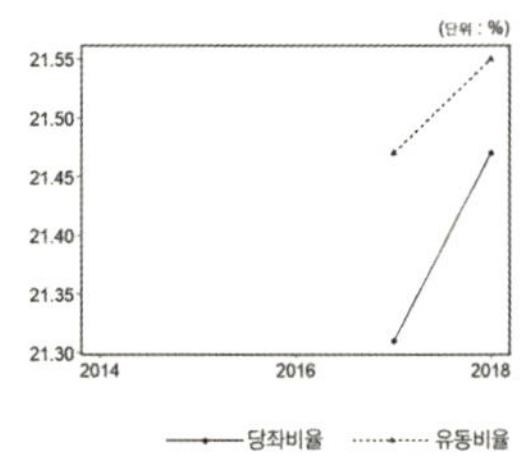

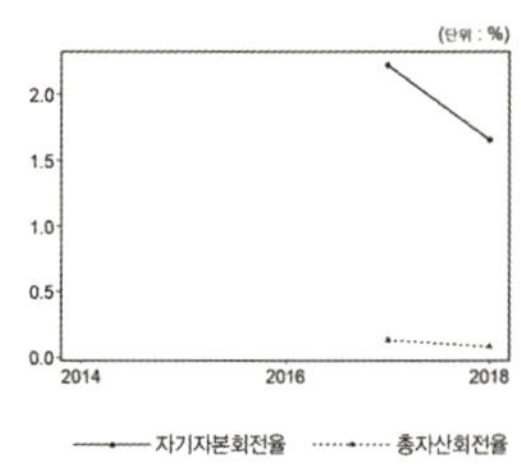

40 ㈜파리크라상(010043) PARIS CROISSANT CO., LTD. 외

설립일	1986.10.17	대표이사	최석원
업종	제과점업	업종코드	56191
소재지	경기도 성남시 중원구 사기막골로	주요브랜드	파리바게트,, 파스쿠찌, 잠바주스

	2014	2015	2016	2017	2018
재무상태표					(단위:백만 원)
유동자산	138,946	139,591	139,824	194,109	219,907
당좌자산	100,981	108,689	107,809	163,201	189,880
재고자산	37,965	30,902	32,015	30,907	30,028
비유동자산	911,825	985,604	1,068,077	1,114,834	1,261,550
투자자산	421,542	449,369	499,516	499,973	549,573
유형자산	318,609	326,987	366,524	399,202	511,275
무형자산	7,835	43,116	46,213	45,629	28,046
자산총계	1,050,771	1,125,195	1,207,900	1,308,943	1,481,457
유동부채	294,124	351,444	328,824	490,462	475,373
비유동부채	185,155	147,582	208,678	135,622	270,608
자본	571,493	626,168	670,399	682,859	735,476
부채 및 자본합계	1,050,771	1,125,195	1,207,900	1,308,943	1,481,457
손익계산서					(단위:백만 원)
매출액	1,653,240	1,727,744	1,777,179	1,774,316	1,777,642
매출원가	988,479	1,005,284	1,000,790	986,096	922,837
매출총손익	664,761	722,460	776,389	788,221	854,804
판매비 및 관리비	598,179	654,058	709,922	744,675	798,909
영업손익	66,582	68,402	66,466	43,545	55,895
법인세비용차감전순손익	70,673	71,275	72,423	40,816	47,089
법인세비용	16,897	19,567	17,321	8,246	42,112
계속사업이익	53,776	51,707	55,102	32,570	4,976
중단사업손익	0	0	0	0	0
당기순손익	53,776	51,707	55,102	32,570	4,976
현금흐름표					(단위:백만 원)
영업활동순현금흐름	80,846	124,083	98,322	9,772	50,272
투자활동순현금흐름	-134,529	-109,982	-142,944	-126,937	-184,414
재무활동순현금흐름	53,922	-13,228	47,176	111,000	138,267
성장성비율					(단위:%)
총자산증가율	7.60	7.08	7.35	8.37	13.18
매출액증가율	0.12	4.51	2.86	-0.16	0.19
수익성비율					(단위:%)
총자산순이익률	5.31	4.75	4.72	2.59	0.36
자기자본순이익률	9.86	8.63	8.50	4.81	0.7
매출액영업이익률	4.03	3.96	3.74	2.45	3.14
매출액순이익률	3.25	2.99	3.10	1.84	0.28
레버리지비율					(단위:%)
부채비율	83.86	79.70	80.18	91.69	101.43
이자보상비율	12.55	16.35	16.24	8.37	7.49
비유동비율	159.55	157.40	159.32	163.26	171.53
비유동장기적합률	120.51	127.38	121.50	136.21	125.39
유동성비율					(단위:%)
유동비율	47.24	39.72	42.52	39.58	46.26
당좌비율	34.33	30.93	32.79	33.28	39.94
현금비율	5.01	5.62	7.43	2.18	3.8
활동성비율					(단위:회)
총자산회전율	1.63	1.59	1.52	1.41	1.27
자기자본회전율	3.03	2.89	2.74	2.62	2.51
비유동자산회전율	1.89	1.82	1.73	1.63	1.5
재고자산회전율	42.12	50.18	56.49	56.40	58.35
생산성비율					(단위:%)
총자본투자효율	33	32.57	31.95	27.59	26.62
설비투자효율	115.12	118.58	113.26	98.04	88.84
부가가치의 구성					(단위:백만 원)
영업잉여	63,216	65,775	64,034	40,362	50,747
인건비	144,094.85	152,794.34	160,233.31	177,423.65	191,482.42
금융비용	3,365.55	2,693.40	2,444.24	3,507.16	5,197.13
감가상각비	54,495.14	60,411.19	65,143.60	47,452.77	55,371.67

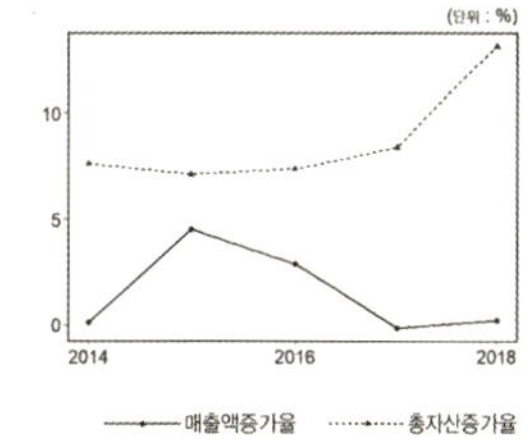

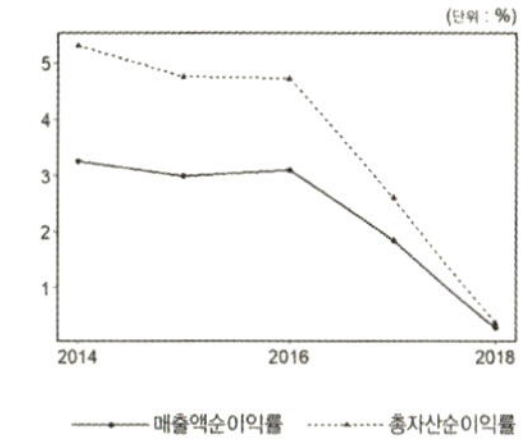

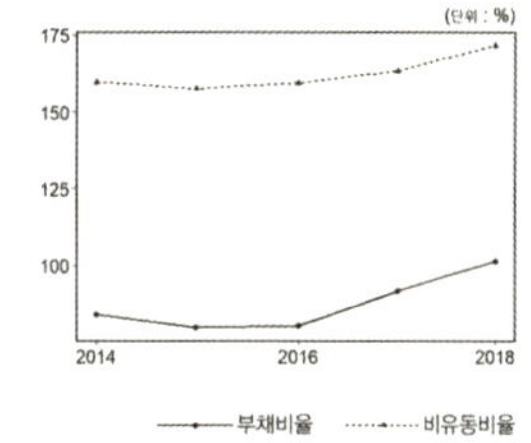

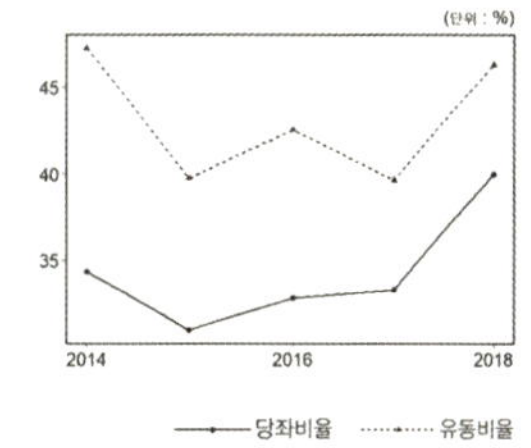

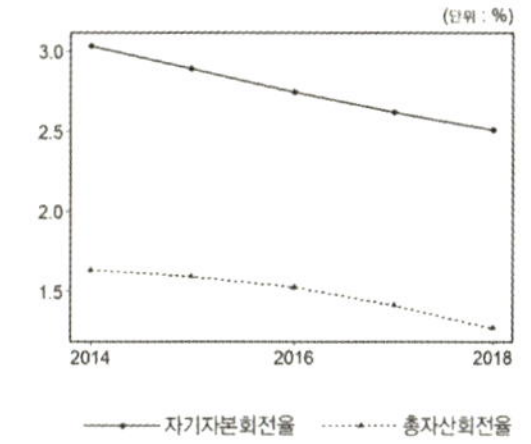

41 ㈜페리카나(070668) pelicana co. ltd 외

설립일	1990.07.26	대표이사	양희권
업종	치킨 전문점	업종코드	56193
소재지	충청남도 계룡시 두마면 왕대로	주요브랜드	페리카나

	2014	2015	2016	2017	2018
재무상태표					(단위:백만 원)
유동자산	9,720	8,136	8,897	7,487	9,716
당좌자산	9,637	7,966	8,776	7,269	9,616
재고자산	83	170	121	218	100
비유동자산	2,437	4,606	4,845	12,945	10,003
투자자산	81	217	183	62	99
유형자산	1,222	3,762	3,816	12,063	9,069
무형자산	99	55	11	0	0
자산총계	12,157	12,741	13,742	20,432	19,719
유동부채	3,668	4,333	3,526	3,631	3,495
비유동부채	796	599	798	5,818	3,001
자본	7,693	7,809	9,419	10,983	13,223
부채 및 자본합계	12,157	12,741	13,742	20,432	19,719
손익계산서					(단위:백만 원)
매출액	33,187	39,731	43,852	44,596	46,610
매출원가	26,339	31,913	36,651	37,666	39,051
매출총손익	6,848	7,818	7,201	6,930	7,559
판매비 및 관리비	4,014	5,463	5,307	5,027	4,667
영업손익	2,834	2,355	1,894	1,903	2,892
법인세비용차감전순손익	3,076	2,691	2,016	1,923	3,051
법인세비용	662	575	406	358	812
계속사업이익	2,415	2,116	1,609	1,565	2,240
중단사업손익	0	0	0	0	0
당기순손익	2,415	2,116	1,609	1,565	2,240
현금흐름표					(단위:백만 원)
영업활동순현금흐름	3,085	2,276	1,155	689	2,622
투자활동순현금흐름	-816	-127	187	-7,960	-187
재무활동순현금흐름	-668	-1,960	225	5,024	-2,992
성장성비율					(단위:%)
총자산증가율	14.76	4.81	7.86	48.68	-3.49
매출액증가율	-11.56	19.72	10.37	1.70	4.51
수익성비율					(단위:%)
총자산순이익률	21.23	17	12.15	9.16	11.16
자기자본순이익률	37.23	27.30	18.68	15.34	18.51
매출액영업이익률	8.54	5.93	4.32	4.27	6.2
매출액순이익률	7.28	5.33	3.67	3.51	4.81
레버리지비율					(단위:%)
부채비율	58.01	63.15	45.90	86.02	49.12
이자보상비율	111.08	4,967.42	7,794.07	31.81	37.42
비유동비율	31.67	58.98	51.44	117.86	75.65
비유동장기적합률	28.70	54.77	47.42	77.05	61.66
유동성비율					(단위:%)
유동비율	265.02	187.76	252.35	206.21	278.03
당좌비율	262.75	183.84	248.91	200.20	275.17
현금비율	29.20	37.21	51.64	31.36	18.43
활동성비율					(단위:회)
총자산회전율	2.92	3.19	3.31	2.61	2.32
자기자본회전율	5.12	5.13	5.09	4.37	3.85
비유동자산회전율	15.46	11.28	9.28	5.01	4.06
재고자산회전율	326.24	313.70	301.35	262.91	293.1
생산성비율					(단위:%)
총자본투자효율	34.08	30.58	24.13	16.01	23.06
설비투자효율	338.92	103.59	86.91	27.11	50.14
부가가치의 구성					(단위:백만 원)
영업잉여	3,131	2,910	2,063	1,835	2,894
인건비	1,019.40	1,194.68	1,175.87	1,126.51	1,306.33
금융비용	-83.91	-145.29	-90.10	23.06	-12.47
감가상각비	62.37	81.35	135.54	142.94	112.32

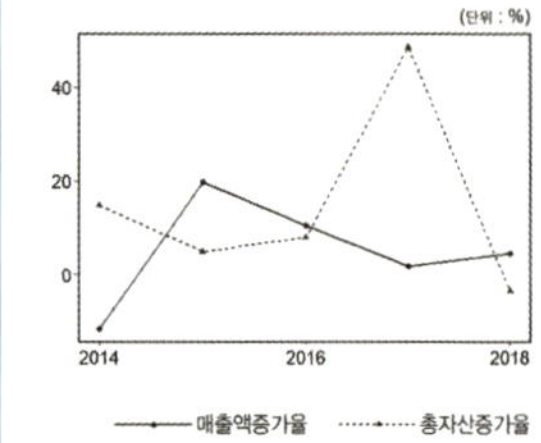

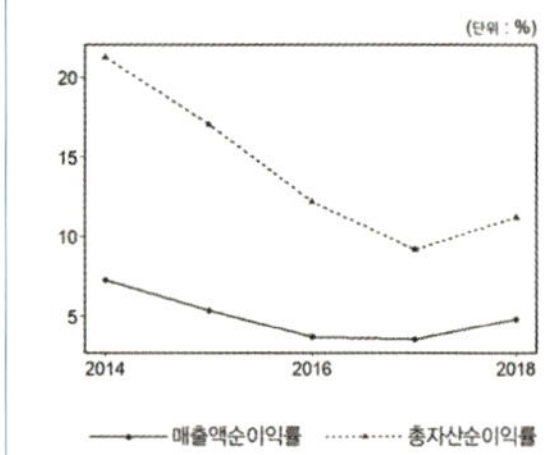

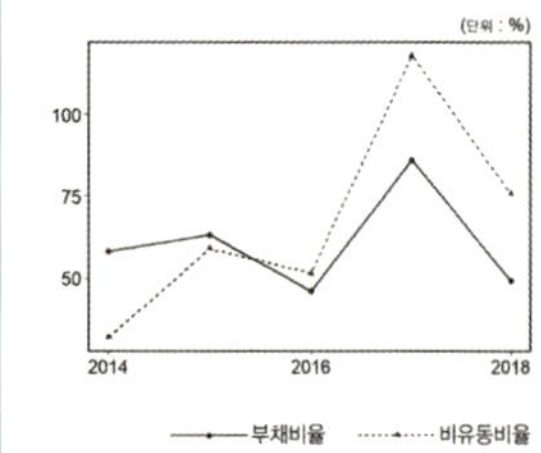

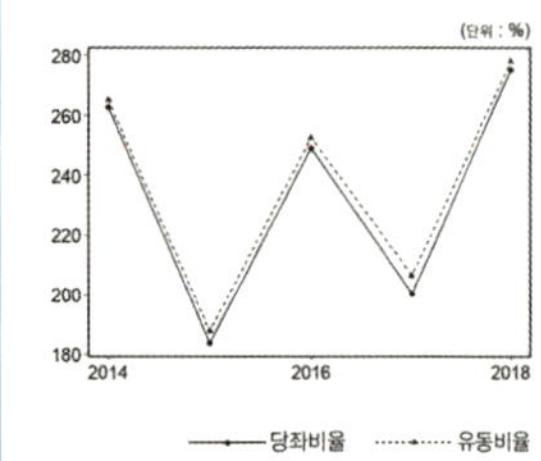

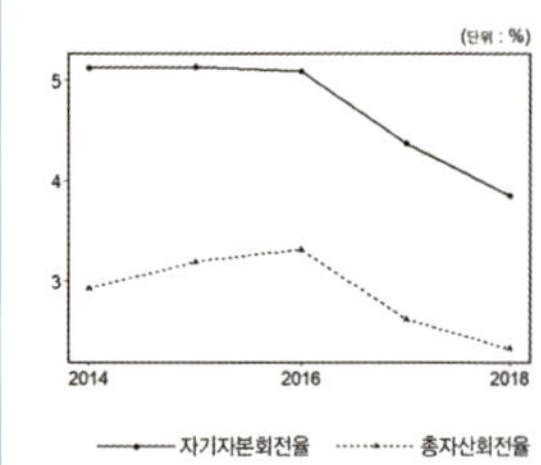

42 ㈜평가옥푸드시스템 (085055) PYEONGGAOCK FOODSYSTEM 외

설립일	2010.12.23	대표이사	이창건
업종	한식 일반 음식점업	업종코드	56111
소재지	경기도 성남시 분당구	주요브랜드	평가옥

	2014	2015	2016	2017	2018
재무상태표					(단위:백만 원)
유동자산	-	-	-	486	245
당좌자산	-	-	-	464	230
재고자산	-	-	-	22	15
비유동자산	-	-	-	9,395	12,294
투자자산	-	-	-	261	264
유형자산	-	-	-	8,450	11,274
무형자산	-	-	-	0	0
자산총계	-	-	-	9,881	12,539
유동부채	-	-	-	3,798	10,051
비유동부채	-	-	-	5,266	1,330
자본	-	-	-	817	1,158
부채 및 자본합계	-	-	-	9,881	12,539
손익계산서					(단위:백만 원)
매출액	-	-	-	4,870	5,644
매출원가	-	-	-	1,791	1,695
매출총손익	-	-	-	3,078	3,948
판매비 및 관리비	-	-	-	2,769	3,173
영업손익	-	-	-	309	775
법인세비용차감전순손익	-	-	-	172	399
법인세비용	-	-	-	89	59
계속사업이익	-	-	-	82	340
중단사업손익	-	-	-	0	0
당기순손익	-	-	-	82	340
현금흐름표					(단위:백만 원)
영업활동순현금흐름	-	-	-	584	715
투자활동순현금흐름	-	-	-	-2,458	-3,026
재무활동순현금흐름	-	-	-	1,873	2,381
성장성비율					(단위:%)
총자산증가율	-	-	-	0	26.89
매출액증가율	-	-	-	0	15.89
수익성비율					(단위:%)
총자산순이익률	-	-	-	1.67	3.04
자기자본순이익률	-	-	-	20.14	34.45
매출액영업이익률	-	-	-	6.35	13.74
매출액순이익률	-	-	-	1.69	6.03
레버리지비율					(단위:%)
부채비율	-	-	-	1,108.90	983.14
이자보상비율	-	-	-	2.39	2.52
비유동비율	-	-	-	1,149.44	1,061.98
비유동장기적합률	-	-	-	154.44	494.12
유동성비율					(단위:%)
유동비율	-	-	-	12.80	2.44
당좌비율	-	-	-	12.21	2.29
현금비율	-	-	-	6.30	41.13
활동성비율					(단위:회)
총자산회전율	-	-	-	0.99	0.50
자기자본회전율	-	-	-	11.92	5.71
비유동자산회전율	-	-	-	1.04	0.52
재고자산회전율	-	-	-	437.33	304.72
생산성비율					(단위:%)
총자본투자효율	-	-	-	24.28	24.50
설비투자효율	-	-	-	30.07	27.25
부가가치의 구성					(단위:백만 원)
영업잉여	-	-	-	180	470
인건비	-	-	-	1,497.04	1,665.85
금융비용	-	-	-	128.63	305.04
감가상각비	-	-	-	297.40	311.06

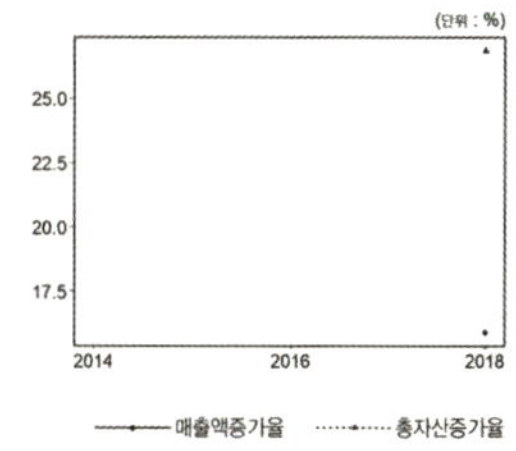

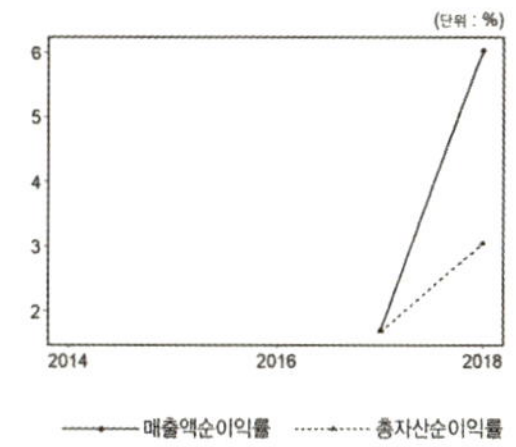

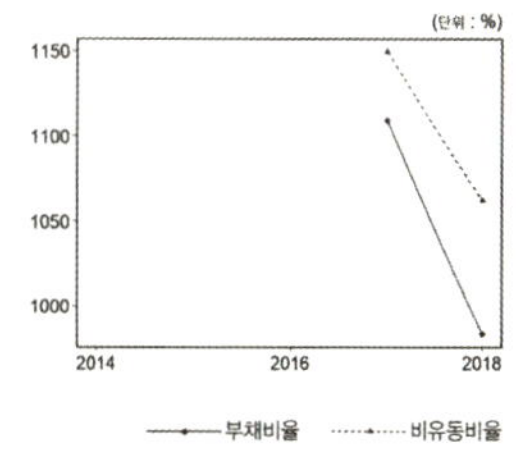

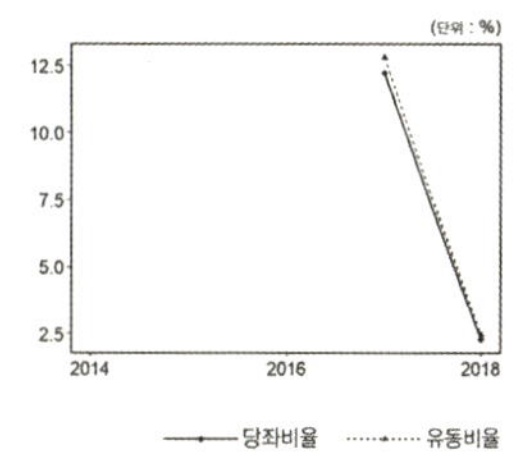

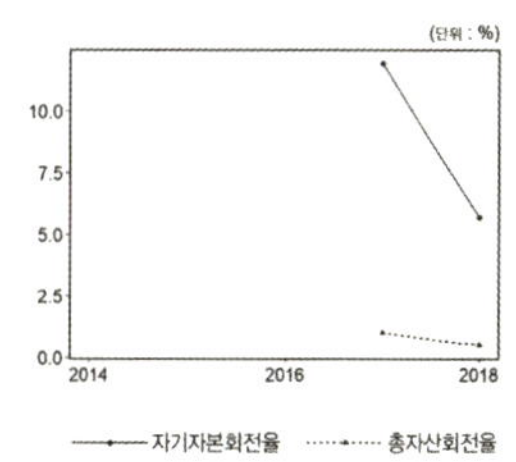

43 ㈜푸드존(080895) FOOD ZONE Co., Ltd.			외
설립일	2007.09.13	대표이사	이영존
업종	피자, 햄버거, 샌드위치 및 유사 음식점업	업종코드	56192
소재지	인천광역시 남동구 앵고개로	주요브랜드	피자마루

	2014	2015	2016	2017	2018
재무상태표					(단위:백만 원)
유동자산	–	–	8,530	11,316	10,857
당좌자산	–	–	8,525	11,299	10,849
재고자산	–	–	5	17	8
비유동자산	–	–	7,241	6,317	6,419
투자자산	–	–	0	0	0
유형자산	–	–	3,165	3,011	3,695
무형자산	–	–	3,407	2,631	1,866
자산총계	–	–	15,771	17,633	17,276
유동부채	–	–	5,339	4,691	2,510
비유동부채	–	–	1,092	1,142	1,627
자본	–	–	9,340	11,800	13,138
부채 및 자본합계	–	–	15,771	17,633	17,276
손익계산서					(단위:백만 원)
매출액	–	–	9,850	10,633	9,913
매출원가	–	–	1,172	824	1,156
매출총손익	–	–	8,678	9,809	8,757
판매비 및 관리비	–	–	4,944	6,358	7,103
영업손익	–	–	3,735	3,451	1,654
법인세비용차감전순손익	–	–	3,987	3,504	1,759
법인세비용	–	–	787	744	421
계속사업이익	–	–	3,200	2,760	1,338
중단사업손익	–	–	0	0	0
당기순손익	–	–	3,200	2,760	1,338
현금흐름표					(단위:백만 원)
영업활동순현금흐름	–	–	4,450	3,468	2,165
투자활동순현금흐름	–	–	-3,753	-1,717	-2,855
재무활동순현금흐름	–	–	800	-700	-1,600
성장성비율					(단위:%)
총자산증가율	–	–	0	11.81	-2.03
매출액증가율	–	–	0	7.95	-6.77
수익성비율					(단위:%)
총자산순이익률	–	–	40.59	16.52	7.67
자기자본순이익률	–	–	68.53	26.11	10.73
매출액영업이익률	–	–	37.91	32.45	16.68
매출액순이익률	–	–	32.49	25.96	13.5
레버리지비율					(단위:%)
부채비율	–	–	68.85	49.43	31.49
이자보상비율	–	–	65.49	67.91	25.88
비유동비율	–	–	77.52	53.54	48.86
비유동장기적합률	–	–	69.41	48.81	43.47
유동성비율					(단위:%)
유동비율	–	–	159.78	241.22	432.51
당좌비율	–	–	159.69	240.87	432.2
현금비율	–	–	54.06	50.04	31.06
활동성비율					(단위:회)
총자산회전율	–	–	1.25	0.64	0.57
자기자본회전율	–	–	2.11	1.01	0.79
비유동자산회전율	–	–	2.72	1.57	1.56
재고자산회전율	–	–	4,236.60	1,000.38	811.04
생산성비율					(단위:%)
총자본투자효율	–	–	45.23	39.86	34.29
설비투자효율	–	–	225.39	236.07	207.65
부가가치의 구성					(단위:백만 원)
영업잉여	–	–	3,722	3,458	1,665
인건비	–	–	1,828.28	2,029.46	2,809.60
금융비용	–	–	14.68	-5.33	-12.68
감가상각비	–	–	895.25	1,053.87	942.18

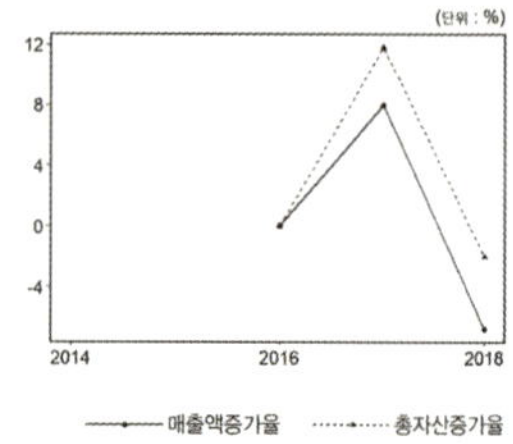

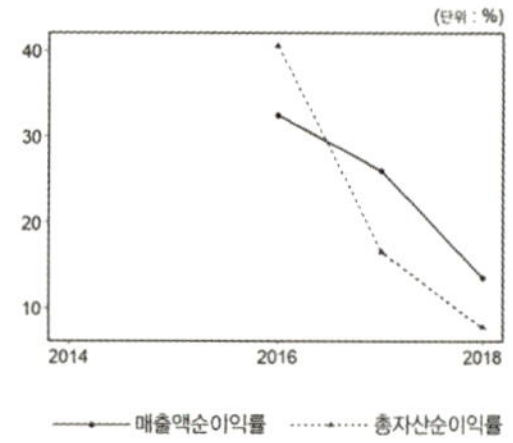

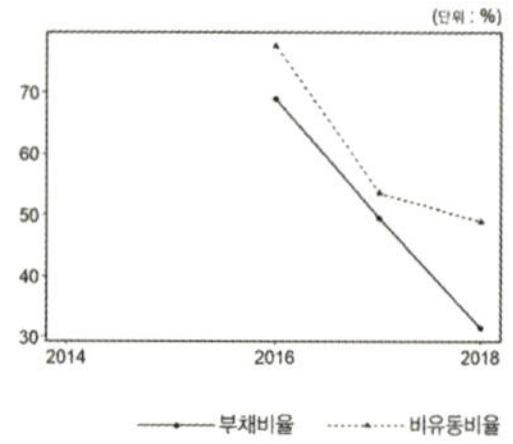

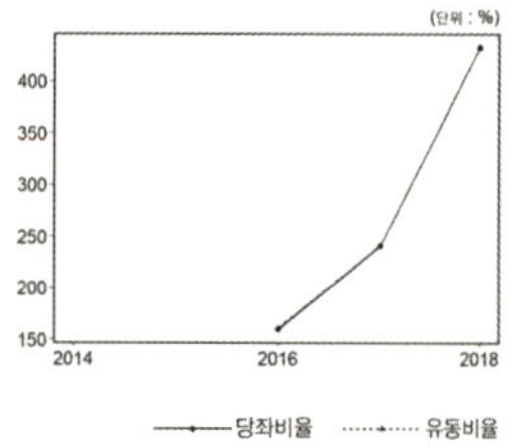

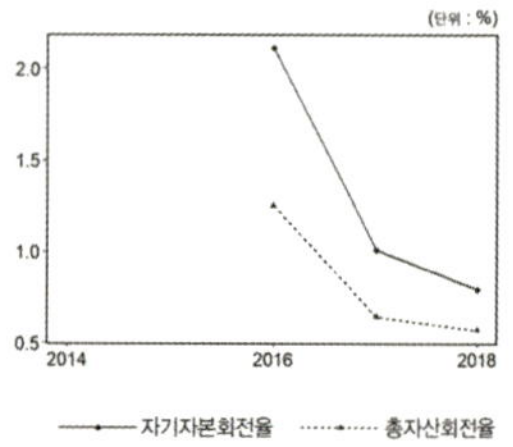

Pulmuone
풀무원푸드앤컬처

44 ㈜풀무원푸드앤컬처(025889) Pulmuone Food & Culture Co., Ltd 외

설립일	1995.07.06	대표이사	이우봉
업종	다업종업	업종코드	56300
소재지	서울특별시 송파구 송파대로	주요브랜드	자연은 맛있다, 찬장

	2014	2015	2016	2017	2018
재무상태표					(단위:백만 원)
유동자산	32,715	33,485	43,506	40,841	43,477
당좌자산	30,388	31,131	40,208	37,444	40,618
재고자산	2,327	2,354	3,298	3,398	2,859
비유동자산	63,738	69,539	94,814	106,515	103,938
투자자산	5,047	9,058	9,058	6,891	12,041
유형자산	33,799	33,654	52,234	64,252	57,841
무형자산	5,362	4,690	4,173	4,145	3,484
자산총계	96,453	103,024	138,320	147,356	147,415
유동부채	37,327	44,255	67,892	69,314	64,501
비유동부채	13,993	12,805	13,293	12,539	8,252
자본	45,132	45,964	57,135	65,504	74,662
부채 및 자본합계	96,453	103,024	138,320	147,356	147,415
손익계산서					(단위:백만 원)
매출액	363,409	395,371	444,377	577,062	610,973
매출원가	331,547	365,794	412,181	539,630	572,105
매출총손익	31,863	29,577	32,196	37,432	38,869
판매비 및 관리비	23,697	26,575	28,715	28,920	31,348
영업손익	8,166	3,002	3,481	8,512	7,521
법인세비용차감전순손익	8,217	3,513	3,450	9,122	7,952
법인세비용	1,986	823	1,174	2,066	1,743
계속사업이익	6,231	2,689	2,276	7,056	6,209
중단사업손익	0	0	0	0	0
당기순손익	6,231	2,689	2,276	7,056	6,209
현금흐름표					(단위:백만 원)
영업활동순현금흐름	17,880	9,200	19,206	26,986	24,699
투자활동순현금흐름	-15,598	-18,971	-23,432	-31,653	-15,659
재무활동순현금흐름	-4,424	9,142	10,232	0	-5,176
성장성비율					(단위:%)
총자산증가율	9.37	6.81	34.26	6.53	0.04
매출액증가율	9.09	8.79	12.39	29.86	5.88
수익성비율					(단위:%)
총자산순이익률	6.75	2.70	1.89	4.94	4.21
자기자본순이익률	13.66	5.90	4.41	11.51	8.86
매출액영업이익률	2.25	0.76	0.78	1.48	1.23
매출액순이익률	1.71	0.68	0.51	1.22	1.02
레버리지비율					(단위:%)
부채비율	113.71	124.14	142.09	124.96	97.44
이자보상비율	35.09	14.65	12.59	15.32	12.82
비유동비율	141.23	151.29	165.95	162.61	139.21
비유동장기적합률	107.80	118.33	134.63	136.48	125.36
유동성비율					(단위:%)
유동비율	87.64	75.66	64.08	58.92	432.51
당좌비율	81.41	70.34	59.22	54.02	432.2
현금비율	5.33	3.34	16.37	6.01	31.06
활동성비율					(단위:회)
총자산회전율	3.94	3.96	3.68	4.04	0.57
자기자본회전율	7.97	8.68	8.62	9.41	0.79
비유동자산회전율	6.07	5.93	5.41	5.73	1.56
재고자산회전율	165.18	168.93	157.24	172.37	811.04
생산성비율					(단위:%)
총자본투자효율	38.45	33.46	26.75	30.94	34.29
설비투자효율	109.72	107.97	84.94	71	207.65
부가가치의 구성					(단위:백만 원)
영업잉여	8,547	3,391	4,281	8,548	7,801
인건비	16,947.09	18,255.63	20,006.53	20,668.88	2,809.60
금융비용	-306.54	-263.33	-262.72	29.97	-12.68
감가상각비	11,400.40	11,958.01	12,620.37	14,552.17	942.18

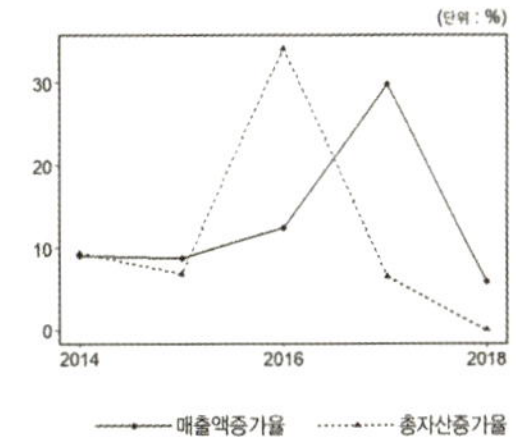

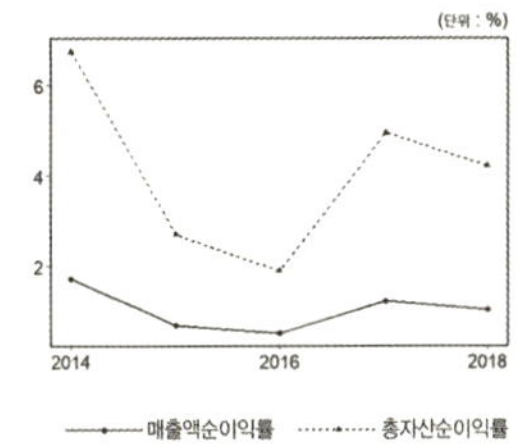

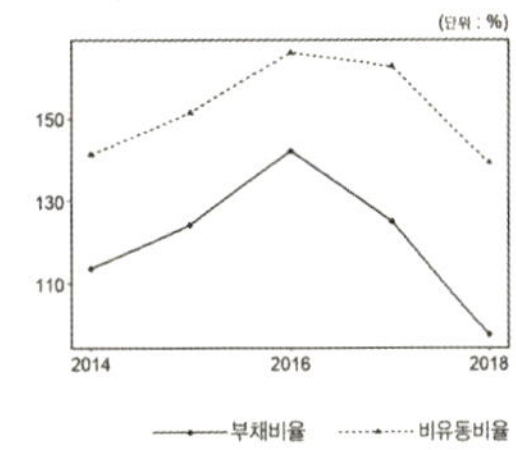

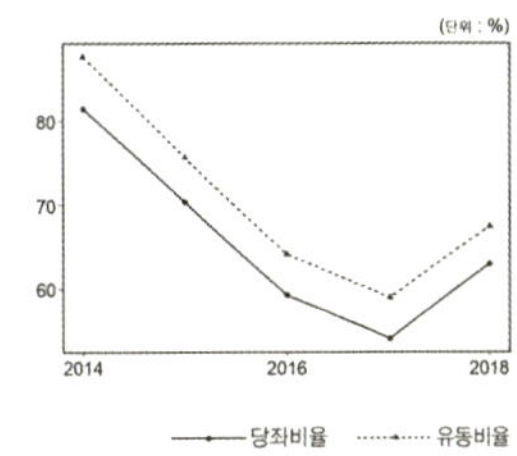

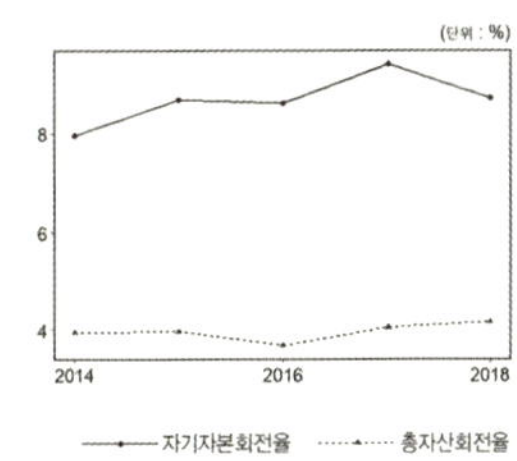

45 ㈜피에스타(077854) Fiesta

외

설립일	2010.04.22	대표이사	전혜영
업종	한식 해산물 요리 전문점	업종코드	56114
소재지	인천시 연수구 갯벌로	주요브랜드	피에스타

	2014	2015	2016	2017	2018
재무상태표					(단위:백만 원)
유동자산	–	351	1,645	1,645	12,059
당좌자산	–	261	1,401	1,542	12,015
재고자산	–	90	245	103	44
비유동자산	–	10,668	16,049	14,854	1,176
투자자산	–	74	274	274	294
유형자산	–	10,235	14,920	13,747	79
무형자산	–	0	0	0	0
자산총계	–	11,019	17,694	16,498	13,235
유동부채	–	1,410	9,326	13,745	6,009
비유동부채	–	7,400	8,946	4,524	337
자본	–	2,209	-577	-1,770	6,889
부채 및 자본합계	–	11,019	17,694	16,498	13,235
손익계산서					(단위:백만 원)
매출액	–	5,812	5,946	8,842	9,494
매출원가	–	2,642	3,570	4,490	4,831
매출총손익	–	3,170	2,376	4,352	4,663
판매비 및 관리비	–	2,800	4,446	5,168	5,528
영업손익	–	370	-2,070	-815	-864
법인세비용차감전순손익	–	181	-2,786	-1,773	11,074
법인세비용	–	16	0	0	2,414
계속사업이익	–	165	-2,786	-1,773	8,659
중단사업손익	–	0	0	0	0
당기순손익	–	165	-2,786	-1,773	8,659
현금흐름표					(단위:백만 원)
영업활동순현금흐름	–	-80	1,489	134	-458
투자활동순현금흐름	–	-10,215	-7,366	-1,058	17,789
재무활동순현금흐름	–	10,311	5,769	951	-14,266
성장성비율					(단위:%)
총자산증가율	–	0	60.58	-6.76	-19.78
매출액증가율	–	0	2.31	48.70	7.37
수익성비율					(단위:%)
총자산순이익률	–	3	-19.41	-10.37	58.25
자기자본순이익률	–	14.97	0	0	338.35
매출액영업이익률	–	6.37	-34.81	-9.22	-9.11
매출액순이익률	–	2.84	-46.86	-20.05	91.21
레버리지비율					(단위:%)
부채비율	–	398.88	0	0	92.12
이자보상비율	–	1.94	-4.44	-1.15	-1.19
비유동비율	–	483	0	0	17.07
비유동장기적합률	–	111.02	0	0	16.27
유동성비율					(단위:%)
유동비율	–	24.88	17.64	11.96	200.69
당좌비율	–	18.49	15.02	11.22	199.95
현금비율	–	37.29	1.41	3.08	25.83
활동성비율					(단위:회)
총자산회전율	–	1.05	0.41	0.52	0.64
자기자본회전율	–	5.26	0	0	3.71
비유동자산회전율	–	1.09	0.45	0.57	1.18
재고자산회전율	–	128.98	35.52	50.88	129.04
생산성비율					(단위:%)
총자본투자효율	–	19.27	5.24	17.26	115.36
설비투자효율	–	21.08	6.21	21.77	19,285.62
부가가치의 구성					(단위:백만 원)
영업잉여	–	180	-2,536	-1,523	-1,587
인건비	–	1,239.23	1,507.96	1,438.69	1,743.09
금융비용	–	190.25	466.24	707.43	723.46
감가상각비	–	336.17	1,357.33	2,012.50	1,394.69

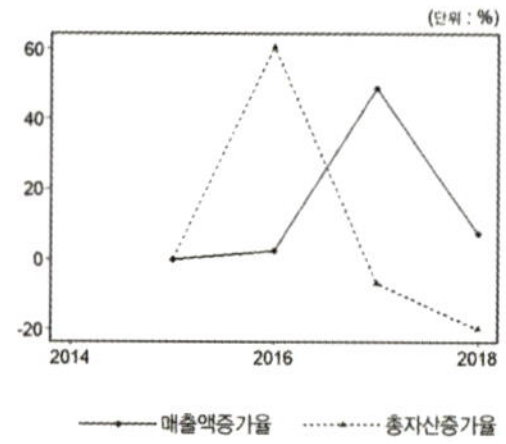

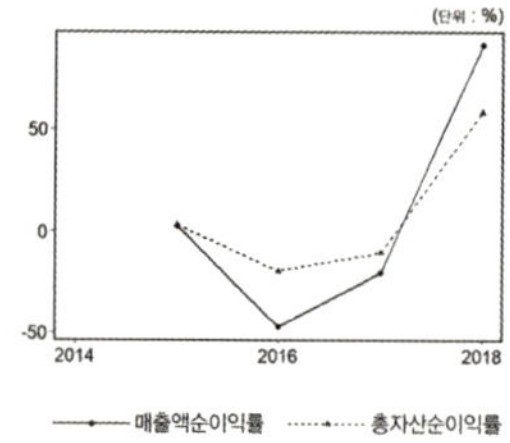

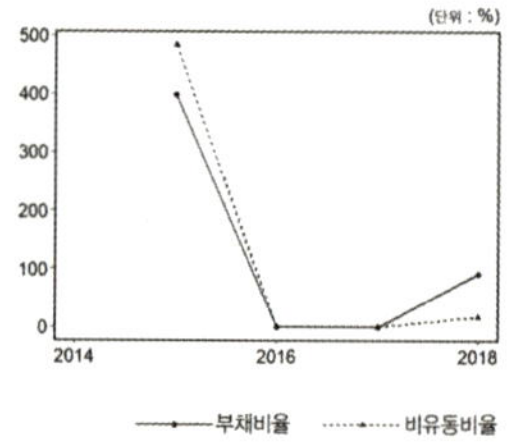

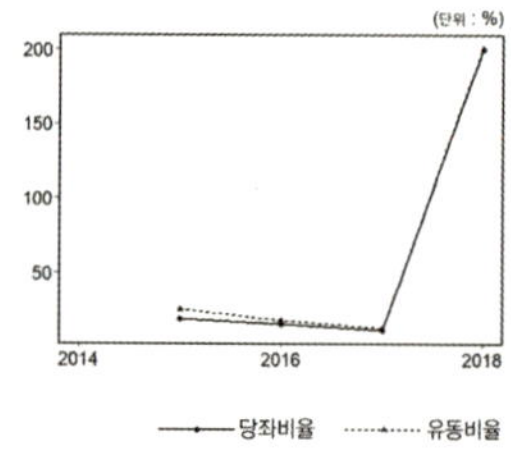

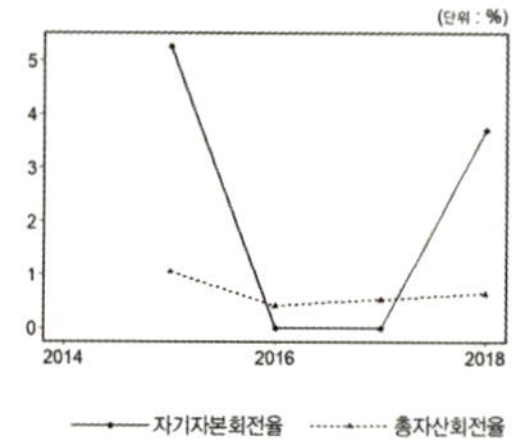

(張) 하남돼지집

46 ㈜하남에프앤비(083169) Hanamfnb			외
설립일	2012.06.05	대표이사	장보환
업종	한식 육류 요리 전문점	업종코드	56113
소재지	경기도 하남시 덕풍로	주요브랜드	하남돼지집

	2014	2015	2016	2017	2018
재무상태표					(단위:백만 원)
유동자산	–	–	3,431	5,470	9,172
당좌자산	–	–	3,398	5,291	9,073
재고자산	–	–	33	180	99
비유동자산	–	–	9,902	10,376	4,168
투자자산	–	–	269	7,228	14
유형자산	–	–	7,644	946	2,220
무형자산	–	–	352	266	180
자산총계	–	–	13,333	15,846	13,339
유동부채	–	–	3,751	4,884	6,424
비유동부채	–	–	4,722	5,026	601
자본	–	–	4,859	5,936	6,314
부채 및 자본합계	–	–	13,333	15,846	13,339
손익계산서					(단위:백만 원)
매출액	–	–	24,241	22,911	21,969
매출원가	–	–	14,094	14,731	14,860
매출총손익	–	–	10,147	8,180	7,109
판매비 및 관리비	–	–	6,107	5,997	5,779
영업손익	–	–	4,040	2,183	1,330
법인세비용차감전순손익	–	–	3,478	1,952	4,963
법인세비용	–	–	578	875	2,085
계속사업이익	–	–	2,900	1,077	2,878
중단사업손익	–	–	0	0	0
당기순손익	–	–	2,900	1,077	2,878
현금흐름표					(단위:백만 원)
영업활동순현금흐름	–	–	3,440	2,741	128
투자활동순현금흐름	–	–	-7,641	-2,186	5,732
재무활동순현금흐름	–	–	4,864	170	-3,006
성장성비율					(단위:%)
총자산증가율	–	–	0	18.85	-15.82
매출액증가율	–	–	0	-5.49	-4.11
수익성비율					(단위:%)
총자산순이익률	–	–	43.50	7.38	19.72
자기자본순이익률	–	–	119.36	19.95	46.99
매출액영업이익률	–	–	16.67	9.53	6.05
매출액순이익률	–	–	11.96	4.70	13.10
레버리지비율					(단위:%)
부채비율	–	–	174.39	166.95	111.28
이자보상비율	–	–	21.31	13.13	8.56
비유동비율	–	–	203.78	174.79	66.01
비유동장기적합률	–	–	103.34	94.65	60.27
유동성비율					(단위:%)
유동비율	–	–	91.46	112.01	142.76
당좌비율	–	–	90.58	108.32	141.22
현금비율	–	–	31.64	33.11	50.86
활동성비율					(단위:회)
총자산회전율	–	–	3.64	1.57	1.51
자기자본회전율	–	–	9.98	4.24	3.59
비유동자산회전율	–	–	4.90	2.26	3.02
재고자산회전율	–	–	1,459.13	215.06	157.76
생산성비율					(단위:%)
총자본투자효율	–	–	57.65	41.82	68.31
설비투자효율	–	–	101.94	822.66	410.48
부가가치의 구성					(단위:백만 원)
영업잉여	–	–	4,205	2,066	1,317
인건비	–	–	3,094.20	3,665.64	3,228.77
금융비용	–	–	157.91	131.61	28.42
감가상각비	–	–	586.68	496.59	540.62

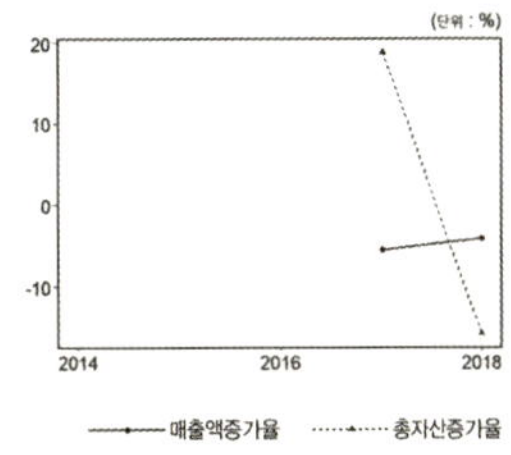

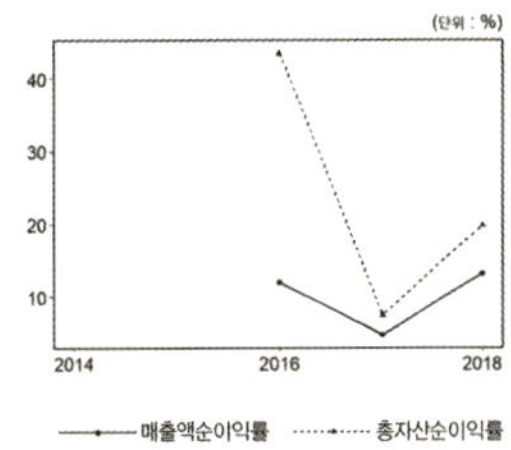

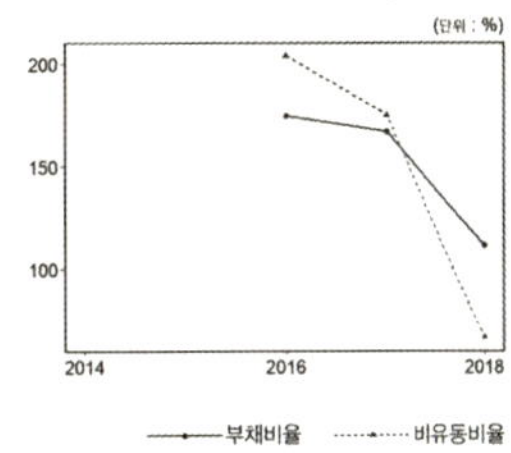

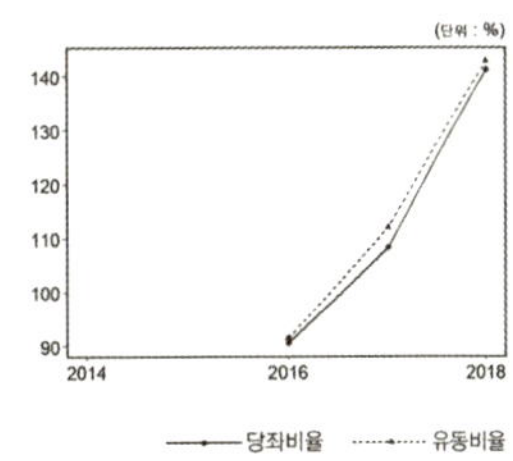

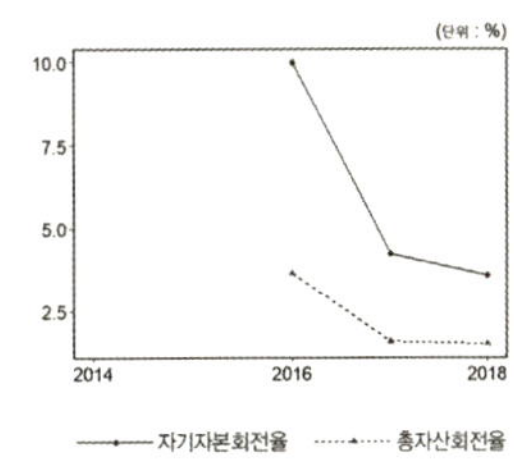

47 ㈜한국일오삼(060824) 153KOREA Co.,Ltd 외

설립일	2002.10.02	대표이사	신동욱
업종	치킨 전문점	업종코드	56193
소재지	경기도 용인시 기흥구 이현로	주요브랜드	처갓집양념치킨, 처갓집플러스케이준치킨

	2014	2015	2016	2017	2018
재무상태표					(단위:백만 원)
유동자산	4,689	8,391	9,536	6,368	16,561
당좌자산	4,540	8,224	9,368	6,163	16,335
재고자산	149	167	168	206	226
비유동자산	16,149	18,502	20,656	43,748	37,647
투자자산	13,910	16,253	16,947	37,611	31,546
유형자산	2,055	2,123	3,594	6,003	6,034
무형자산	50	10	0	25	20
자산총계	20,838	26,893	30,192	50,116	54,208
유동부채	7,403	10,496	9,809	14,692	19,083
비유동부채	518	609	932	3,555	4,808
자본	12,916	15,788	19,451	31,869	30,317
부채 및 자본합계	20,838	26,893	30,192	50,116	54,208
손익계산서					(단위:백만 원)
매출액	38,739	43,430	48,537	54,613	69,629
매출원가	30,950	33,760	37,389	42,049	52,383
매출총손익	7,789	9,671	11,149	12,563	17,246
판매비 및 관리비	3,995	4,805	5,057	5,700	9,069
영업손익	3,795	4,866	6,092	6,863	8,177
법인세비용차감전순손익	2,888	4,629	6,681	8,221	6,052
법인세비용	643	1,195	1,528	1,844	1,694
계속사업이익	2,246	3,434	5,153	6,377	4,359
중단사업손익	0	0	0	0	0
당기순손익	2,246	3,434	5,153	6,377	4,359
현금흐름표					(단위:백만 원)
영업활동순현금흐름	2,359	4,197	5,231	10,625	6,698
투자활동순현금흐름	-2,658	-6,722	1,786	-12,925	-2,784
재무활동순현금흐름	1,746	1,863	-2,090	-1,546	7,328
성장성비율					(단위:%)
총자산증가율	25.13	29.06	12.27	65.99	8.16
매출액증가율	10	12.11	11.76	12.52	27.5
수익성비율					(단위:%)
총자산순이익률	11.98	14.39	18.05	15.88	8.36
자기자본순이익률	18.98	23.93	29.25	24.85	14.02
매출액영업이익률	9.80	11.20	12.55	12.57	11.74
매출액순이익률	5.80	7.91	10.62	11.68	6.26
레버리지비율					(단위:%)
부채비율	61.33	70.34	55.22	57.26	78.8
이자보상비율	18.73	25.38	25.55	29.78	37.5
비유동비율	125.03	117.19	106.20	137.27	124.18
비유동장기적합률	120.21	112.84	101.34	123.50	107.18
유동성비율					(단위:%)
유동비율	63.33	79.94	97.21	43.35	86.78
당좌비율	61.32	78.35	95.50	41.95	85.6
현금비율	37.12	12.85	62.97	33.90	80.92
활동성비율					(단위:회)
총자산회전율	2.07	1.82	1.70	1.36	1.33
자기자본회전율	3.27	3.03	2.75	2.13	2.24
비유동자산회전율	2.67	2.51	2.48	1.70	1.71
재고자산회전율	303.65	274.97	289.55	292.34	322.8
생산성비율					(단위:%)
총자본투자효율	24.19	27.55	30.56	22.54	18.66
설비투자효율	245.27	349.05	256.74	188.19	167.6
부가가치의 구성					(단위:백만 원)
영업잉여	3,781	5,062	6,373	7,047	10,276
인건비	1,939.18	2,464.07	2,614.37	3,006.21	3,842.11
금융비용	13.57	-197.45	-282.34	-185.38	-121.57
감가상각비	78.60	381.69	78.54	50.57	85.54

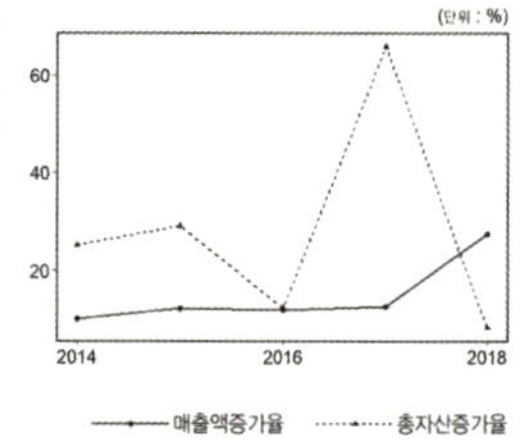

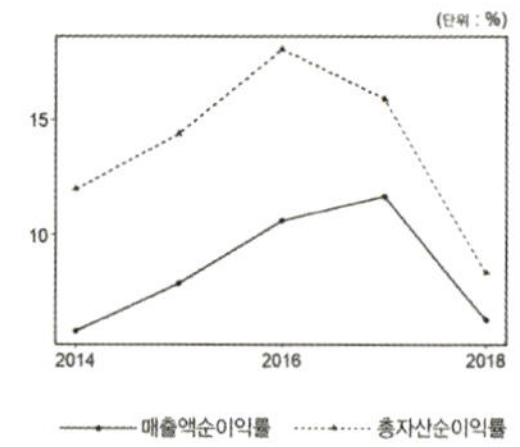

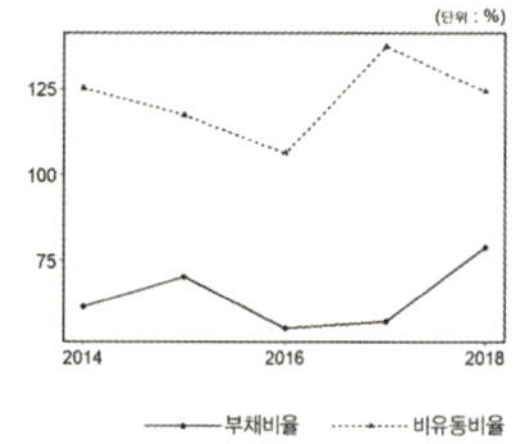

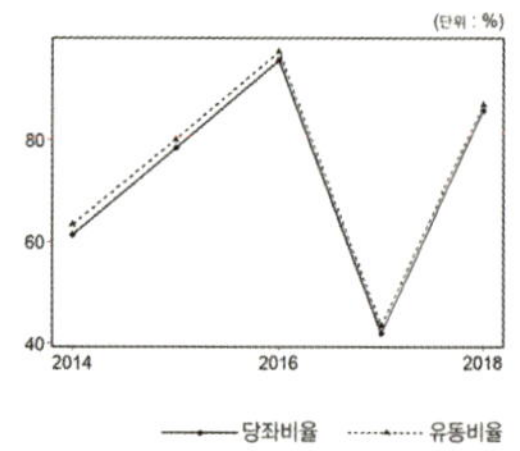

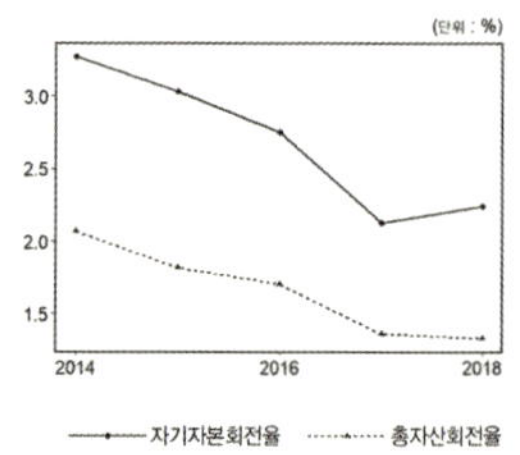

48 ㈜한솥(061359) HANSOT CO.,LTD 외

설립일	1989.04.03	대표이사	이영덕
업종	한식 일반 음식점업	업종코드	56111
소재지	서울특별시 강남구 강남대로	주요브랜드	한솥도시락

	2014	2015	2016	2017	2018
재무상태표					(단위:백만 원)
유동자산	22,848	30,283	30,514	35,078	36,600
당좌자산	22,435	29,903	30,000	34,603	36,049
재고자산	412	380	513	475	552
비유동자산	5,618	4,768	6,664	8,639	4,313
투자자산	805	35	1,687	5,044	1,276
유형자산	651	685	638	447	128
무형자산	505	298	347	284	207
자산총계	28,466	35,051	37,178	43,717	40,914
유동부채	7,213	7,353	7,523	17,133	7,939
비유동부채	1,399	1,464	1,684	2,515	2,485
자본	19,854	26,234	27,971	24,069	30,490
부채 및 자본합계	28,466	35,051	37,178	43,717	40,914
손익계산서					(단위:백만 원)
매출액	80,431	85,978	93,450	91,233	94,829
매출원가	66,704	70,996	78,513	75,323	78,526
매출총손익	13,727	14,982	14,937	15,910	16,304
판매비 및 관리비	6,908	7,138	7,399	9,141	8,163
영업손익	6,819	7,844	7,538	6,769	8,141
법인세비용차감전순손익	7,168	8,289	7,675	7,014	8,791
법인세비용	1,557	1,909	1,738	1,607	1,895
계속사업이익	5,610	6,380	5,937	5,407	6,896
중단사업손익	0	0	0	926	0
당기순손익	5,610	6,380	5,937	6,333	6,896
현금흐름표					(단위:백만 원)
영업활동순현금흐름	6,632	6,562	7,043	9,348	6,793
투자활동순현금흐름	-1,350	192	-5,704	3,037	-10,013
재무활동순현금흐름	0	0	-4,200	-1,081	-475
성장성비율					(단위:%)
총자산증가율	24.88	23.13	6.07	17.59	-6.41
매출액증가율	3.33	6.90	8.69	-2.37	3.94
수익성비율					(단위:%)
총자산순이익률	21.89	20.09	16.44	15.66	16.3
자기자본순이익률	32.91	27.69	21.91	24.34	25.28
매출액영업이익률	8.48	9.12	8.07	7.42	8.59
매출액순이익률	6.98	7.42	6.35	6.94	7.27
레버리지비율					(단위:%)
부채비율	43.38	33.61	32.92	81.63	34.19
이자보상비율	•	•	•	•	•
비유동비율	28.30	18.17	23.83	35.89	14.15
비유동장기적합률	26.43	17.21	22.47	32.50	13.08
유동성비율					(단위:%)
유동비율	316.76	411.84	405.61	204.74	461.02
당좌비율	311.05	406.67	398.79	201.97	454.07
현금비율	47.71	58.30	48.48	74.40	61.21
활동성비율					(단위:회)
총자산회전율	3.14	2.71	2.59	2.26	2.24
자기자본회전율	4.72	3.73	3.45	3.51	3.48
비유동자산회전율	13.61	16.56	16.35	11.92	14.64
재고자산회전율	209.61	217.11	209.23	184.62	184.73
생산성비율					(단위:%)
총자본투자효율	39.93	37.21	33.19	25.97	29.96
설비투자효율	1,746.63	1,904.60	1,934.72	2,539.86	9,600.35
부가가치의 구성					(단위:백만 원)
영업잉여	7,394	8,337	7,985	7,242	8,692
인건비	3,326.45	3,912.23	3,723.05	3,524.40	2,846.61
금융비용	-576.20	-491.42	-443.23	-453.25	-544.48
감가상각비	786.59	613.64	673.91	449.80	385.82

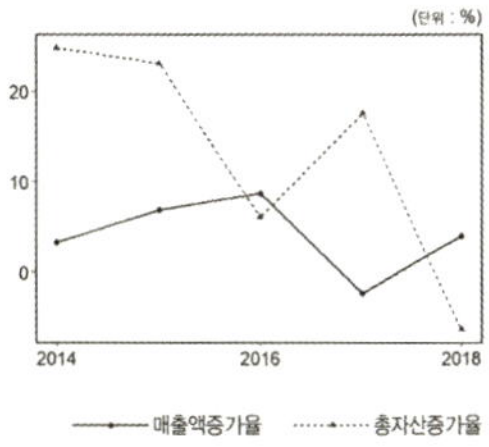

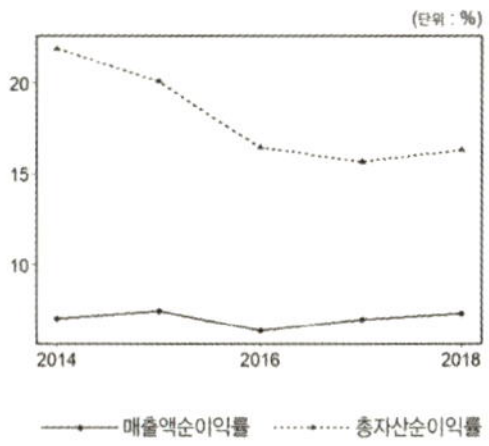

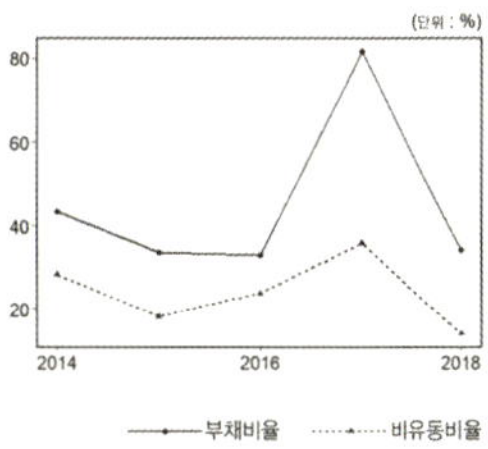

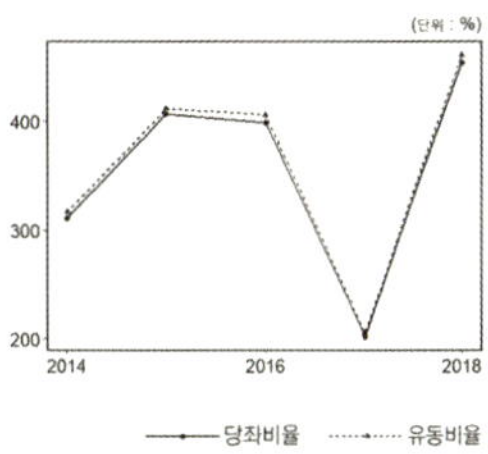

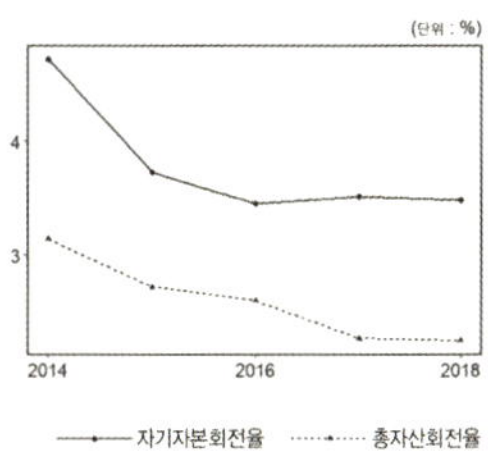

49 ㈜할리스에프앤비(047832) HOLLYS F&B Co., Ltd 외

HOLLYS COFFEE

설립일	2005.02.01	대표이사	김유진
업종	커피 전문점	업종코드	56221
소재지	서울특별시 종로구 율곡로	주요브랜드	할리스커피, 디초콜릿커피앤드

	2014	2015	2016	2017	2018
재무상태표					(단위:백만 원)
유동자산	24,522	28,686	39,856	30,244	22,905
당좌자산	22,191	25,738	35,892	25,925	18,926
재고자산	2,331	2,948	3,964	4,319	3,979
비유동자산	49,811	61,690	65,310	70,900	86,130
투자자산	647	1,213	1,206	40	40
유형자산	24,116	29,199	29,862	32,828	41,328
무형자산	1,651	1,777	1,682	2,794	2,899
자산총계	74,333	90,376	105,165	101,144	109,035
유동부채	10,483	14,112	19,573	26,339	23,567
비유동부채	2,414	10,225	10,441	8,078	6,741
자본	61,435	66,038	75,151	66,726	78,727
부채 및 자본합계	74,333	90,376	105,165	101,144	109,035
손익계산서					(단위:백만 원)
매출액	80,313	108,584	128,621	140,862	154,892
매출원가	56,995	79,814	92,325	101,191	114,190
매출총손익	23,318	28,770	36,296	39,671	40,702
판매비 및 관리비	17,745	21,914	23,563	24,300	24,394
영업손익	5,573	6,857	12,734	15,371	16,308
법인세비용차감전순손익	5,848	5,817	11,533	14,556	14,926
법인세비용	878	1,214	2,420	2,077	2,925
계속사업이익	4,970	4,603	9,113	12,479	12,001
중단사업손익	0	0	0	0	0
당기순손익	4,970	4,603	9,113	12,479	12,001
현금흐름표					(단위:백만 원)
영업활동순현금흐름	7,038	13,629	22,549	20,778	24,568
투자활동순현금흐름	-3,559	-21,752	-31,488	-2,986	-18,373
재무활동순현금흐름	6,871	6,805	1,660	-16,845	-5,191
성장성비율					(단위:%)
총자산증가율	16.34	21.58	16.36	-3.82	7.8
매출액증가율	17.08	35.20	18.45	9.52	9.96
수익성비율					(단위:%)
총자산순이익률	7.19	5.59	9.32	12.10	11.42
자기자본순이익률	8.96	7.22	12.91	17.59	16.5
매출액영업이익률	6.94	6.31	9.90	10.91	10.53
매출액순이익률	6.19	4.24	7.08	8.86	7.75
레버리지비율					(단위:%)
부채비율	20.99	36.85	39.94	51.58	38.5
이자보상비율	203.91	94.30	69.21	83.80	97.24
비유동비율	81.08	93.41	86.90	106.25	109.4
비유동장기적합률	78.01	80.89	76.30	94.78	100.77
유동성비율					(단위:%)
유동비율	233.91	203.27	203.63	114.83	97.19
당좌비율	211.68	182.38	183.38	98.43	80.31
현금비율	58.75	45.63	14.58	22.34	33.88
활동성비율					(단위:회)
총자산회전율	1.16	1.32	1.32	1.37	1.47
자기자본회전율	1.45	1.70	1.82	1.99	2.13
비유동자산회전율	2.04	1.95	2.03	2.07	1.97
재고자산회전율	37.95	41.14	37.22	34.01	37.33
생산성비율					(단위:%)
총자본투자효율	22.71	24.04	28.63	33.53	33.67
설비투자효율	70	74.41	108.56	110.98	88.96
부가가치의 구성					(단위:백만 원)
영업잉여	6,048	7,048	12,966	15,635	16,336
인건비	5,900.72	7,659.80	9,501.05	9,916.01	10,910.44
금융비용	-555.46	-147.46	-171.48	-228.08	-23.63
감가상각비	4,701.16	7,335.26	8,303	8,669.68	9,882.28

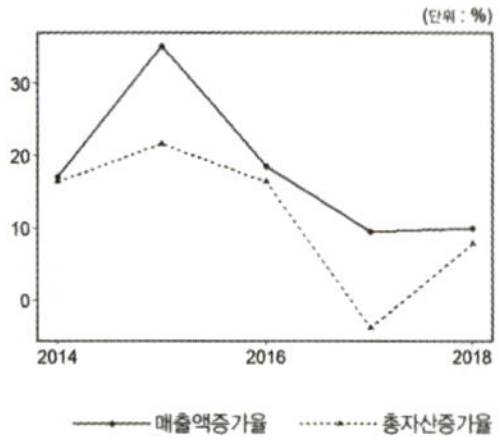

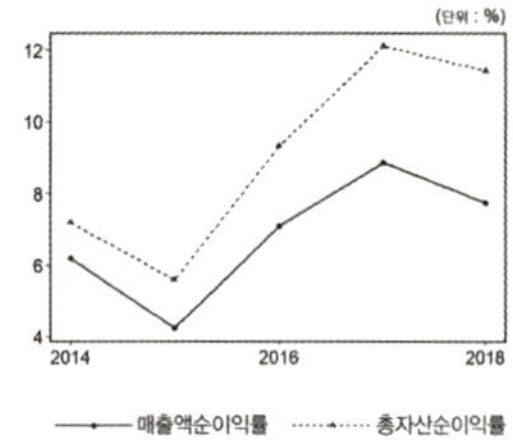

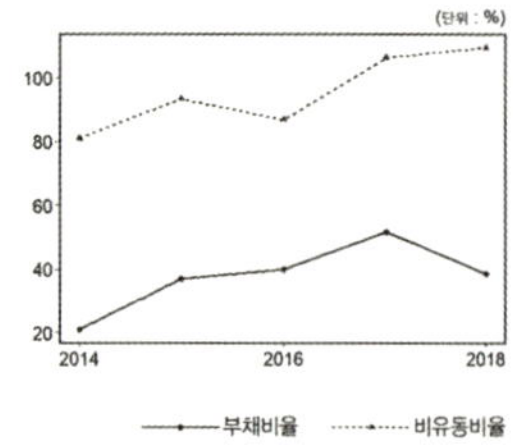

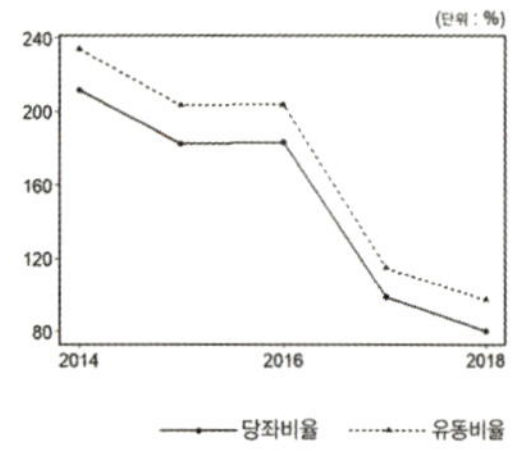

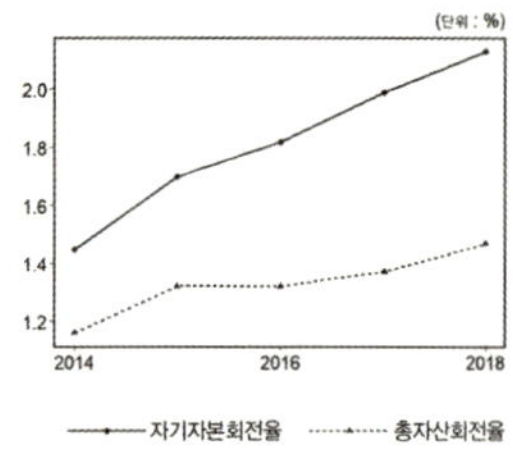

50 ㈜핫시즈너 (073954) hotseasoner 외

설립일	2009.11.13	대표이사	금교일
업종	김밥 및 기타 간이 음식점업	업종코드	56194
소재지	서울시 강남구 선릉로	주요브랜드	동대문엽기떡볶이

	2014	2015	2016	2017	2018
재무상태표					(단위:백만 원)
유동자산	8,867	10,594	10,453	12,589	13,110
당좌자산	8,867	10,502	10,252	12,279	12,897
재고자산	0	92	201	311	213
비유동자산	4,071	6,319	9,373	9,901	22,616
투자자산	847	511	824	743	1,201
유형자산	2,071	4,712	5,128	3,795	17,118
무형자산	208	152	1,996	3,585	2,862
자산총계	12,938	16,913	19,827	22,490	35,726
유동부채	3,773	4,086	4,905	6,163	14,303
비유동부채	698	580	54	97	236
자본	8,468	12,247	14,867	16,230	21,188
부채 및 자본합계	12,938	16,913	19,827	22,490	35,726
손익계산서					(단위:백만 원)
매출액	36,170	45,585	43,269	49,914	61,537
매출원가	23,770	29,909	28,696	33,053	40,205
매출총손익	12,401	15,676	14,573	16,861	21,332
판매비 및 관리비	5,949	7,550	10,177	11,940	13,834
영업손익	6,452	8,126	4,396	4,921	7,497
법인세비용차감전순손익	6,457	8,302	4,339	4,140	6,816
법인세비용	1,398	1,814	1,119	1,177	1,459
계속사업이익	5,059	6,488	3,220	2,963	5,357
중단사업손익	0	0	0	0	0
당기순손익	5,059	6,488	3,220	2,963	5,357
현금흐름표					(단위:백만 원)
영업활동순현금흐름	3,305	4,794	4,563	6,650	6,089
투자활동순현금흐름	-2,662	-3,288	-1,139	-1,010	-13,589
재무활동순현금흐름	27	-1,514	-733	-2,290	8,170
성장성비율					(단위:%)
총자산증가율	0	30.72	17.23	13.43	58.85
매출액증가율	0	26.03	-5.08	15.36	23.29
수익성비율					(단위:%)
총자산순이익률	78.20	43.47	17.53	14	18.41
자기자본순이익률	119.48	62.64	23.75	19.06	28.64
매출액영업이익률	17.84	17.83	10.16	9.86	12.18
매출액순이익률	13.99	14.23	7.44	5.94	8.71
레버리지비율					(단위:%)
부채비율	52.79	38.10	33.36	38.57	68.62
이자보상비율	150.13	101.36	60.10	129.56	41.57
비유동비율	48.07	51.60	63.05	61	106.74
비유동장기적합률	44.41	49.26	62.82	60.64	105.57
유동성비율					(단위:%)
유동비율	235.05	259.27	213.10	204.28	91.66
당좌비율	235.05	257.01	208.99	199.24	90.18
현금비율	9.31	7.72	33.57	54.48	57.43
활동성비율					(단위:회)
총자산회전율	5.59	3.05	2.36	2.36	2.11
자기자본회전율	8.54	4.40	3.19	3.21	3.29
비유동자산회전율	17.77	8.77	5.51	5.18	3.78
재고자산회전율	0	986.27	294.50	195	235.28
생산성비율					(단위:%)
총자본투자효율	75.07	69.94	46.38	46.25	40.58
설비투자효율	489.10	254.33	179.32	274.11	84.69
부가가치의 구성					(단위:백만 원)
영업잉여	6,442	8,081	4,340	4,982	7,435
인건비	2,178.70	2,571.17	3,231.62	3,793.75	5,132.91
금융비용	42.39	63.11	55.47	6.91	154.13
감가상각비	419.25	364.15	621.05	1,270.52	1,132.50

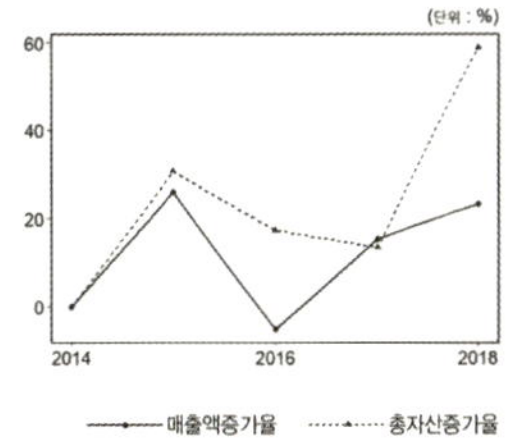

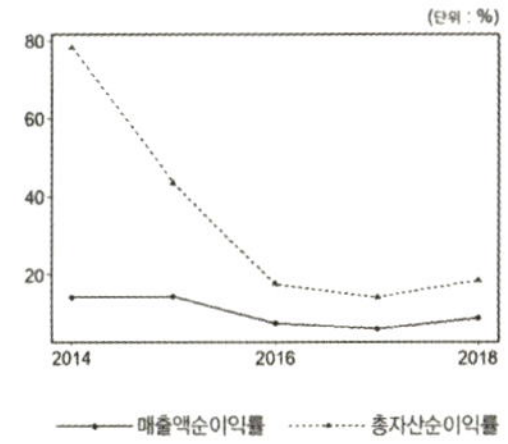

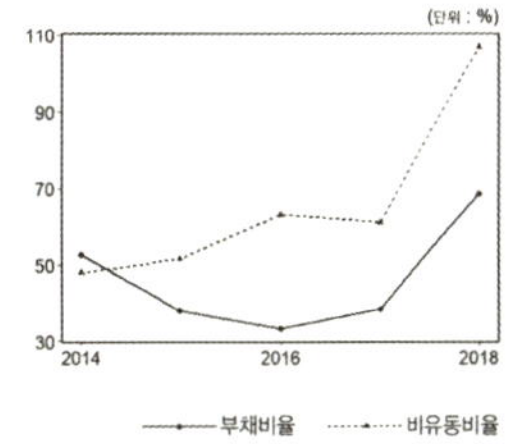

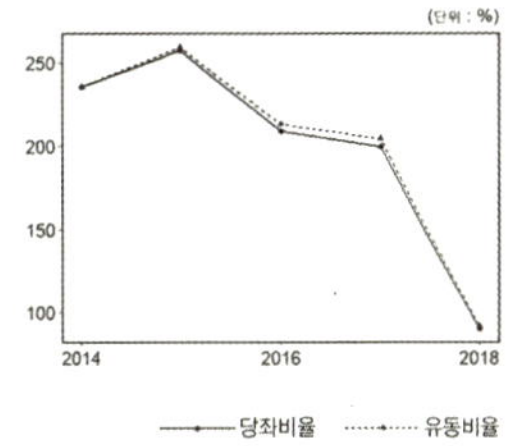

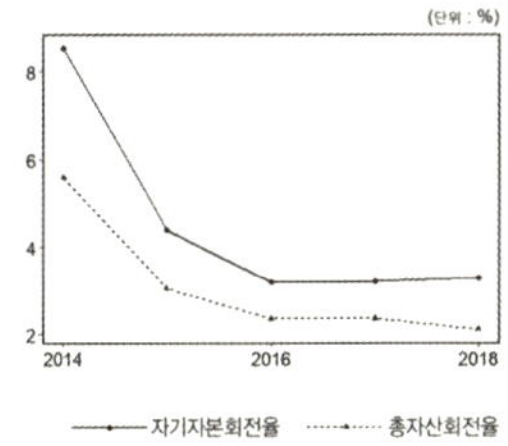

51 ㈜혜인식품(056386) Hae In Food Co.,Ltd 외

설립일	2006.01.05	대표이사	현철호, 현광식
업종	다업종업	업종코드	56300
소재지	서울특별시 도봉구 노해로	주요브랜드	네네치킨, 네네피자

	2014	2015	2016	2017	2018
재무상태표					(단위:백만 원)
유동자산	46,751	55,791	68,459	75,641	87,051
당좌자산	46,053	54,963	67,598	74,728	86,306
재고자산	698	828	860	914	745
비유동자산	17,315	17,246	17,836	22,186	22,506
투자자산	984	1,193	1,426	6,129	6,643
유형자산	16,132	15,895	16,272	15,939	15,748
무형자산	132	106	87	78	74
자산총계	64,065	73,037	86,295	97,827	109,557
유동부채	9,437	11,270	8,340	5,344	7,403
비유동부채	365	375	375	603	370
자본	54,263	61,393	77,580	91,880	101,785
부채 및 자본합계	64,065	73,037	86,295	97,827	109,557
손익계산서					(단위:백만 원)
매출액	59,163	61,045	56,759	55,534	57,265
매출원가	37,120	36,655	33,108	33,046	33,319
매출총손익	22,043	24,390	23,651	22,487	23,947
판매비 및 관리비	2,968	3,284	3,714	9,524	9,776
영업손익	19,075	21,106	19,937	12,963	14,170
법인세비용차감전순손익	19,968	21,975	20,695	18,315	17,035
법인세비용	4,268	4,845	4,508	4,034	3,592
계속사업이익	15,700	17,130	16,187	14,280	13,443
중단사업손익	0	0	0	0	0
당기순손익	15,700	17,130	16,187	14,280	13,443
현금흐름표					(단위:백만 원)
영업활동순현금흐름	17,524	18,051	14,280	11,373	15,880
투자활동순현금흐름	-15,285	-14,354	-8,455	-13,681	-13,315
재무활동순현금흐름	0	-10,000	0	0	-3,000
성장성비율					(단위:%)
총자산증가율	39.48	14	18.15	13.36	11.99
매출액증가율	42.80	3.18	-7.02	-2.16	3.12
수익성비율					(단위:%)
총자산순이익률	28.55	24.99	20.32	15.51	12.96
자기자본순이익률	33.83	29.62	23.30	16.85	13.88
매출액영업이익률	32.24	34.57	35.13	23.34	24.75
매출액순이익률	26.54	28.06	28.52	25.71	23.48
레버리지비율					(단위:%)
부채비율	18.06	18.97	11.23	6.47	7.64
이자보상비율	•	•	•	•	•
비유동비율	31.91	28.09	22.99	24.15	22.11
비유동장기적합률	31.70	27.92	22.88	23.99	22.03
유동성비율					(단위:%)
유동비율	495.38	495.06	820.88	1,415.42	1,175.95
당좌비율	487.99	487.71	810.57	1,398.32	1,165.89
현금비율	22.79	7.80	14.86	10.40	8.54
활동성비율					(단위:회)
총자산회전율	1.08	0.89	0.71	0.60	0.55
자기자본회전율	1.27	1.06	0.82	0.66	0.59
비유동자산회전율	3.60	3.53	3.24	2.78	2.56
재고자산회전율	100.01	80.01	67.25	62.62	69.05
생산성비율					(단위:%)
총자본투자효율	32.52	30.83	25.34	20.56	16.94
설비투자효율	132.20	141.67	134.38	126.17	117.83
부가가치의 구성					(단위:백만 원)
영업잉여	20,003	22,146	20,895	14,069	15,595
인건비	1,150.28	914.45	994.07	1,716.38	1,786.61
금융비용	-924.56	-1,035.62	-955.11	-1,102.95	-1,430.64
감가상각비	516.14	508.74	429.52	450.27	387.82

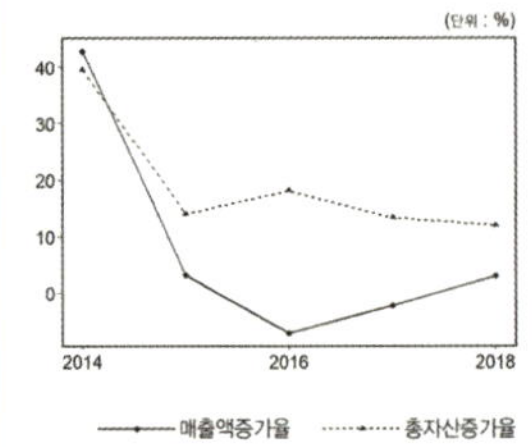

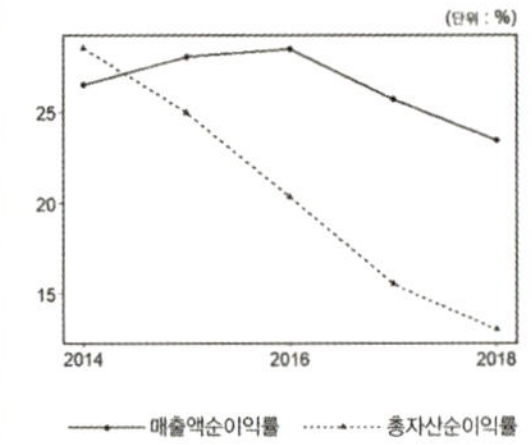

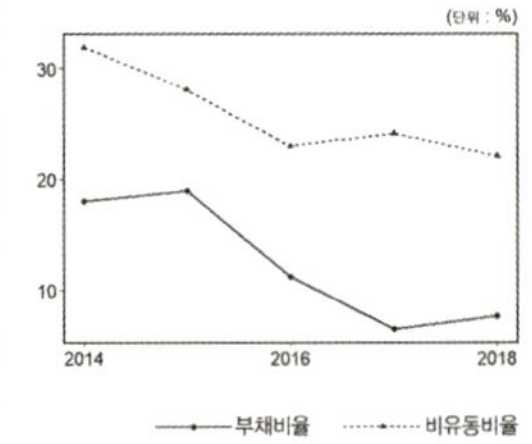

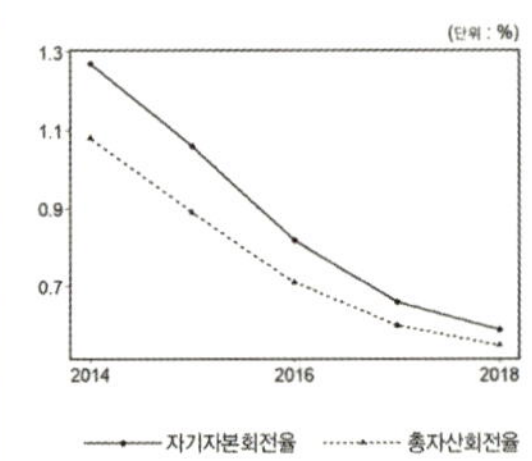

52 CJ푸드빌㈜(019582) CJ Foodville Co., Ltd. 외

설립일	2000.06.07	대표이사	정성필
업종	다업종업	업종코드	56300
소재지	서울특별시 중구 마른내로	주요브랜드	뚜레주르, 더플레이스, 계절밥상

	2014	2015	2016	2017	2018
재무상태표					(단위:백만 원)
유동자산	111,677	120,152	144,353	145,643	151,591
당좌자산	92,714	94,041	112,785	112,016	130,577
재고자산	18,963	26,111	31,568	33,628	21,014
비유동자산	378,051	441,824	415,039	484,439	418,927
투자자산	77,600	104,651	110,756	143,795	168,204
유형자산	221,430	245,446	236,654	261,064	189,472
무형자산	21,459	22,270	21,605	19,437	13,774
자산총계	489,728	561,976	559,393	630,083	570,518
유동부채	326,909	351,805	375,482	417,887	357,060
비유동부채	99,168	107,251	79,762	154,256	166,718
자본	63,651	102,920	104,149	57,939	46,740
부채 및 자본합계	489,728	561,976	559,393	630,083	570,518
손익계산서					(단위:백만 원)
매출액	1,121,129	1,206,275	1,250,423	1,258,938	983,077
매출원가	512,810	544,887	552,677	572,446	484,292
매출총손익	608,320	661,387	697,746	686,492	498,785
판매비 및 관리비	592,168	650,872	690,133	667,423	542,946
영업손익	16,151	10,516	7,613	19,070	-44,161
법인세비용차감전순손익	5,451	-8,169	4,311	-41,870	89
법인세비용	361	-769	-902	-1,641	9,081
계속사업이익	5,090	-7,400	5,213	-40,229	-8,992
중단사업손익	0	0	0	0	0
당기순손익	5,090	-7,400	5,213	-40,229	-8,992
현금흐름표					(단위:백만 원)
영업활동순현금흐름	77,555	70,572	60,106	82,632	-61,941
투자활동순현금흐름	-68,306	-129,071	-20,866	-172,326	15,947
재무활동순현금흐름	-22,636	52,318	-21,728	81,998	57,218
성장성비율					(단위:%)
총자산증가율	8.41	14.75	-0.46	12.64	-9.45
매출액증가율	18.29	7.59	3.66	0.68	-21.91
수익성비율					(단위:%)
총자산순이익률	1.08	-1.41	0.93	-6.76	-1.5
자기자본순이익률	8.20	-8.88	5.04	-49.64	-17.18
매출액영업이익률	1.44	0.87	0.61	1.51	-4.49
매출액순이익률	0.45	-0.61	0.42	-3.20	-0.91
레버리지비율					(단위:%)
부채비율	669.39	446.03	437.11	987.49	1,120.61
이자보상비율	1.90	1.41	1.12	2.20	-5.56
비유동비율	593.94	429.29	398.50	836.12	896.29
비유동장기적합률	232.19	210.22	225.67	228.30	196.26
유동성비율					(단위:%)
유동비율	34.16	34.15	38.44	34.85	42.46
당좌비율	28.36	26.73	30.04	26.81	36.57
현금비율	7.14	1.49	11.19	5.81	8.97
활동성비율					(단위:회)
총자산회전율	2.38	2.29	2.23	2.12	1.64
자기자본회전율	18.06	14.48	12.08	15.53	18.78
비유동자산회전율	3.11	2.94	2.92	2.80	2.18
재고자산회전율	62.76	53.52	43.36	38.62	35.98
생산성비율					(단위:%)
총자본투자효율	81.82	78.48	85.96	66.71	64.94
설비투자효율	181.97	184.01	207.26	163.38	198.83
부가가치의 구성					(단위:백만 원)
영업잉여	9,152	4,090	1,682	11,091	-50,315
인건비	235,920.69	256,576.47	268,258.42	255,315.16	202,779.67
금융비용	6,999.30	6,425.79	5,930.46	7,979.16	6,153.91
감가상각비	44,017.38	50,060.09	56,886.86	59,473.87	51,542.19

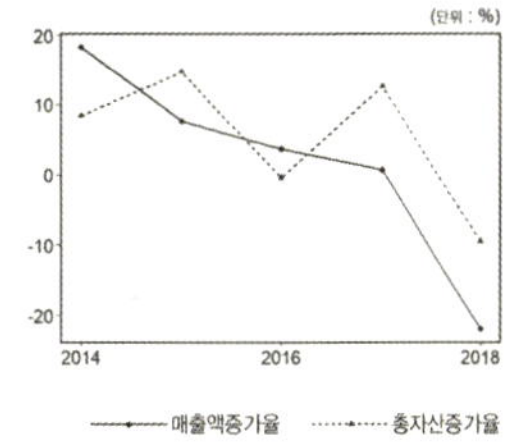

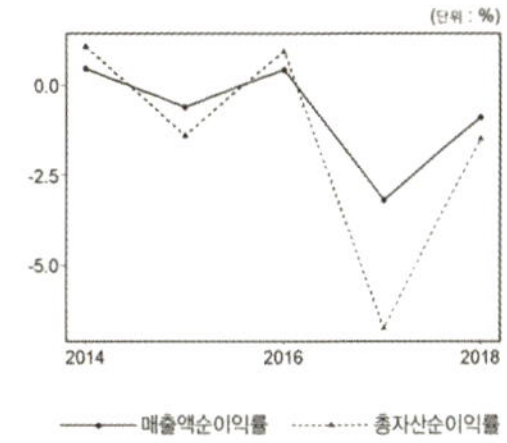

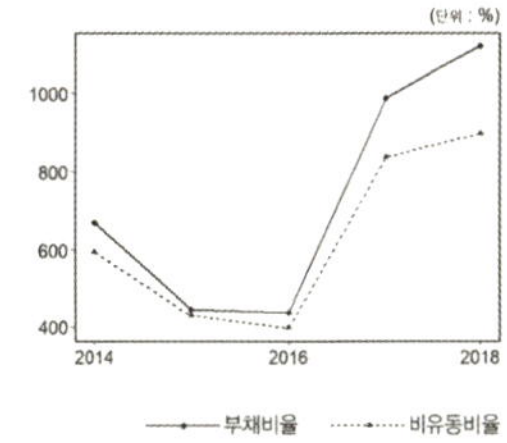

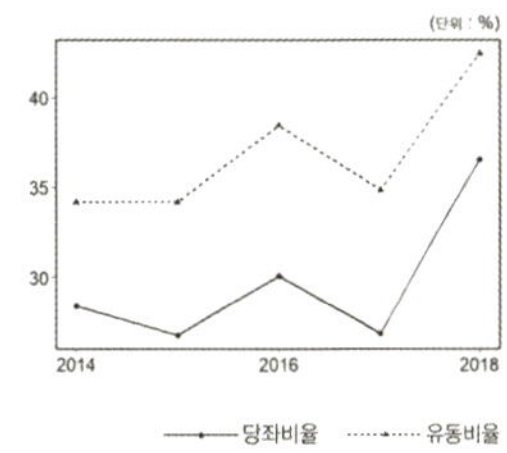

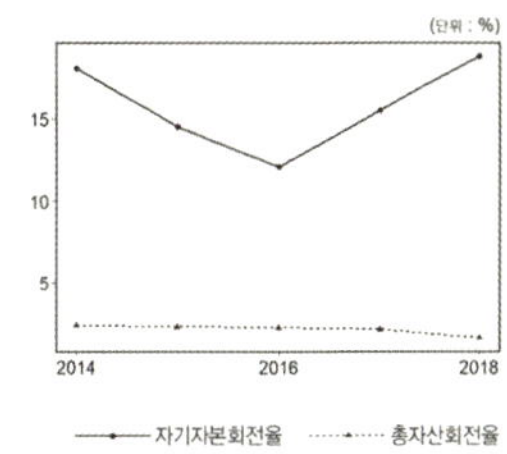

53 갓파크리에이트코리아㈜(061140) KAPPA CREATE CO.,LTD. 외

설립일	2009.04.13	대표이사	키타모리 코지
업종	일식 음식점업	업종코드	56122
소재지	부산광역시 연제구 반송로	주요브랜드	갓파스시

	2014	2015	2016	2017	2018
재무상태표					(단위:백만 원)
유동자산	1,471	2,155	1,718	2,045	1,540
당좌자산	1,255	1,975	1,501	1,868	1,308
재고자산	217	180	217	177	233
비유동자산	7,481	6,349	5,993	5,726	7,095
투자자산	30	30	30	30	30
유형자산	3,649	3,231	2,982	2,703	3,777
무형자산	235	152	69	42	21
자산총계	8,952	8,504	7,711	7,772	8,636
유동부채	9,354	9,222	7,559	6,400	6,647
비유동부채	1,952	1,306	621	721	917
자본	-2,354	-2,025	-468	651	1,072
부채 및 자본합계	8,952	8,504	7,711	7,772	8,636
손익계산서					(단위:백만 원)
매출액	11,814	12,754	14,873	15,429	16,115
매출원가	4,552	4,509	5,163	5,521	5,760
매출총손익	7,261	8,244	9,710	9,908	10,356
판매비 및 관리비	8,188	7,581	7,965	8,539	9,828
영업손익	-927	664	1,745	1,369	528
법인세비용차감전순손익	-3,133	329	1,596	1,147	435
법인세비용	0	0	40	28	14
계속사업이익	-3,133	329	1,556	1,119	421
중단사업손익	0	0	0	0	0
당기순손익	-3,133	329	1,556	1,119	421
현금흐름표					(단위:백만 원)
영업활동순현금흐름	-654	738	2,159	1,555	1,089
투자활동순현금흐름	955	631	-71	-70	-1,656
재무활동순현금흐름	-200	-900	-2,339	-1,200	0
성장성비율					(단위:%)
총자산증가율	-25.15	-5.01	-9.32	0.78	11.12
매출액증가율	-3.35	7.96	16.62	3.74	4.45
수익성비율					(단위:%)
총자산순이익률	-29.96	3.77	19.20	14.45	5.14
자기자본순이익률	0	0	0	1,224.35	48.9
매출액영업이익률	-7.84	5.20	11.73	8.87	3.28
매출액순이익률	-26.52	2.58	10.47	7.25	2.61
레버리지비율					(단위:%)
부채비율	0	0	0	1,094.07	705.43
이자보상비율	-2.32	1.89	12.97	16.36	6.77
비유동비율	0	0	0	879.85	661.75
비유동장기적합률	0	0	0	417.42	356.76
유동성비율					(단위:%)
유동비율	15.73	23.36	22.73	31.96	23.18
당좌비율	13.41	21.42	19.86	29.18	19.67
현금비율	58.96	62.01	63.19	67	52.15
활동성비율					(단위:회)
총자산회전율	1.13	1.46	1.83	1.99	1.96
자기자본회전율	0	0	0	168.83	18.71
비유동자산회전율	1.30	1.84	2.41	2.63	2.51
재고자산회전율	61.83	64.33	75.08	78.31	78.59
생산성비율					(단위:%)
총자본투자효율	38.68	74.62	98.88	98.21	91.89
설비투자효율	94.91	196.41	255.69	282.38	210.11
부가가치의 구성					(단위:백만 원)
영업잉여	-1,324	313	1,612	1,287	452
인건비	3,547.56	3,392.58	3,681.24	4,225.51	5,076.03
금융비용	397.36	350.28	132.81	82.54	76.37
감가상각비	740.04	500.63	426.50	331.01	399.32

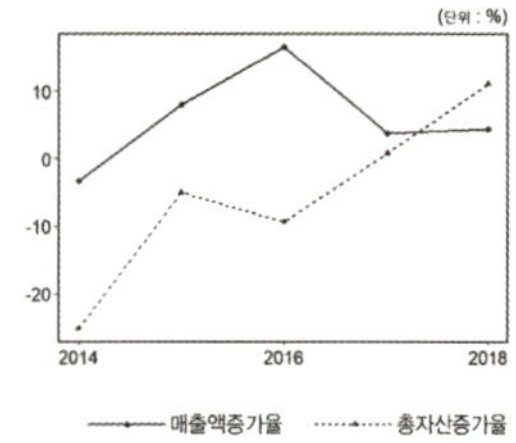

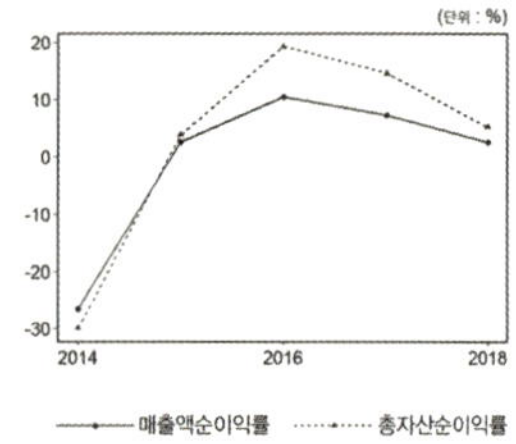

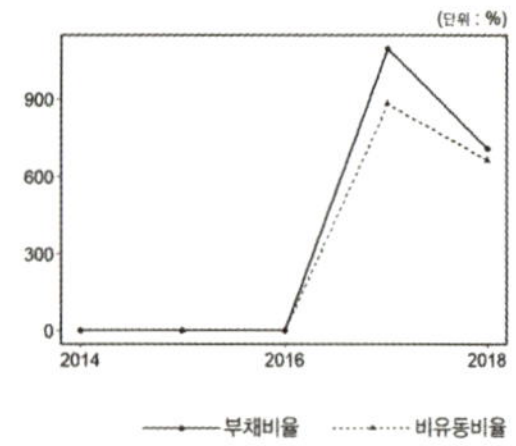

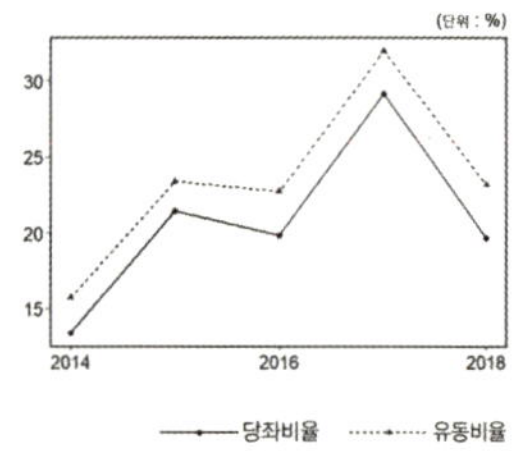

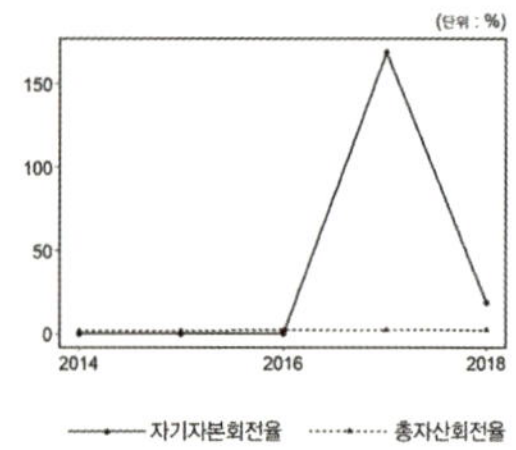

54 교촌에프앤비㈜(038824) DADOGLOBAL.CO.LTD 외

설립일	1999.11.12	대표이사	권원강
업종	치킨 전문점	업종코드	56193
소재지	경상북도 칠곡군 가산면	주요브랜드	교촌치킨

	2014	2015	2016	2017	2018
재무상태표					(단위:백만 원)
유동자산	16,560	13,784	14,541	15,070	11,475
당좌자산	13,868	10,785	12,819	12,732	9,668
재고자산	2,691	2,999	1,723	2,338	1,807
비유동자산	34,898	41,853	44,366	48,371	83,641
투자자산	7,598	14,915	15,503	10,113	29,213
유형자산	23,228	22,773	21,808	32,069	49,514
무형자산	1,763	1,610	4,231	3,448	2,399
자산총계	51,457	55,637	58,907	63,442	95,116
유동부채	30,017	31,139	27,933	31,755	30,734
비유동부채	3,510	10,091	6,064	3,579	8,380
자본	17,930	14,406	24,910	28,107	56,002
부채 및 자본합계	51,457	55,637	58,907	63,442	95,116
손익계산서					(단위:백만 원)
매출액	227,870	257,568	291,135	318,848	330,496
매출원가	176,257	197,521	225,104	249,796	262,868
매출총손익	51,613	60,047	66,031	69,052	67,627
판매비 및 관리비	36,575	44,897	48,333	48,639	47,827
영업손익	15,038	15,150	17,697	20,414	19,801
법인세비용차감전순손익	10,712	10,348	14,528	8,560	14,692
법인세비용	2,770	3,373	4,194	4,987	3,217
계속사업이익	7,941	6,976	10,333	3,573	11,475
중단사업손익	0	0	0	0	0
당기순손익	7,941	6,976	10,333	3,573	11,475
현금흐름표					(단위:백만 원)
영업활동순현금흐름	14,043	12,649	13,855	25,696	15,999
투자활동순현금흐름	-2,023	-20,696	-6,836	-18,315	-19,100
재무활동순현금흐름	-10,112	5,780	-5,083	-4,872	1,557
성장성비율					(단위:%)
총자산증가율	3.23	8.12	5.88	7.70	49.93
매출액증가율	30.85	13.03	13.03	9.52	3.65
수익성비율					(단위:%)
총자산순이익률	15.68	13.03	18.04	5.84	14.47
자기자본순이익률	55.65	43.14	52.57	13.48	27.29
매출액영업이익률	6.60	5.88	6.08	6.40	5.99
매출액순이익률	3.48	2.71	3.55	1.12	3.47
레버리지비율					(단위:%)
부채비율	186.99	286.20	136.48	125.72	69.84
이자보상비율	19.35	22.79	32.15	50.76	57.94
비유동비율	194.63	290.52	178.11	172.10	149.35
비유동장기적합률	162.76	170.85	143.24	152.66	129.91
유동성비율					(단위:%)
유동비율	55.17	44.26	52.06	47.46	37.34
당좌비율	46.20	34.63	45.89	40.09	31.46
현금비율	30.73	20.48	32.73	48.23	49.87
활동성비율					(단위:회)
총자산회전율	4.50	4.81	5.08	5.21	4.17
자기자본회전율	15.97	15.93	14.81	12.03	7.86
비유동자산회전율	7	6.71	6.75	6.88	5.01
재고자산회전율	80.62	90.53	123.32	157.03	159.46
생산성비율					(단위:%)
총자본투자효율	59.30	60.95	64.08	54.89	41.04
설비투자효율	152.27	158.28	187.03	116.20	99.66
부가가치의 구성					(단위:백만 원)
영업잉여	14,562	14,657	18,504	20,111	19,660
인건비	15,322.49	17,503.49	18,109.52	20,900.96	19,311.09
금융비용	475.09	512.36	443.55	256.58	271.69
감가상각비	1,537.69	2,529.22	2,488.39	2,861.15	2,423.72

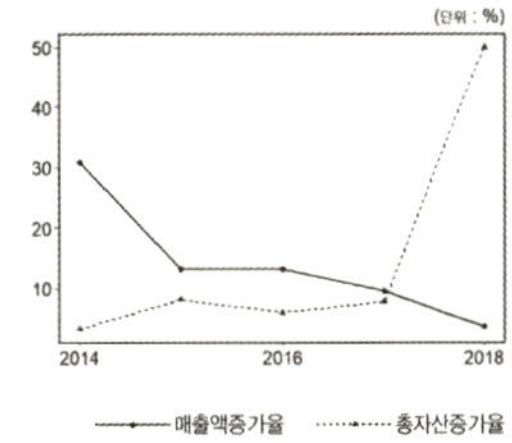

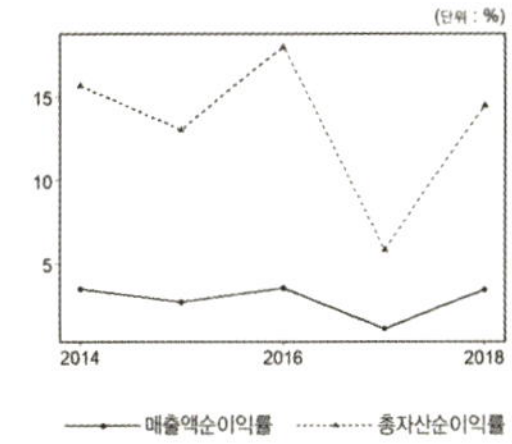

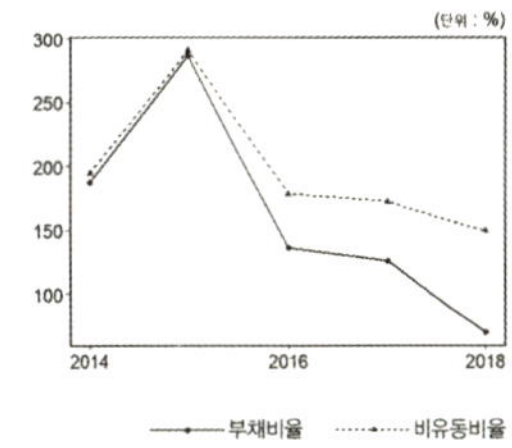

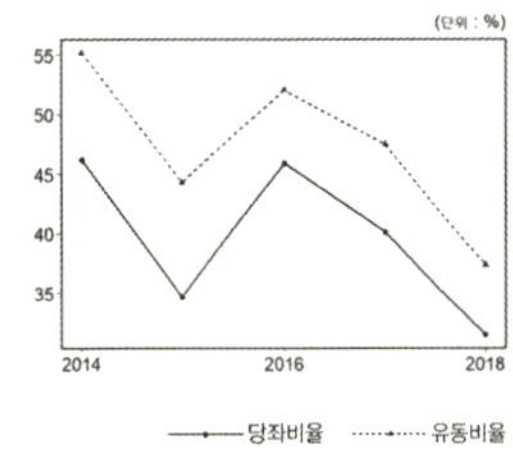

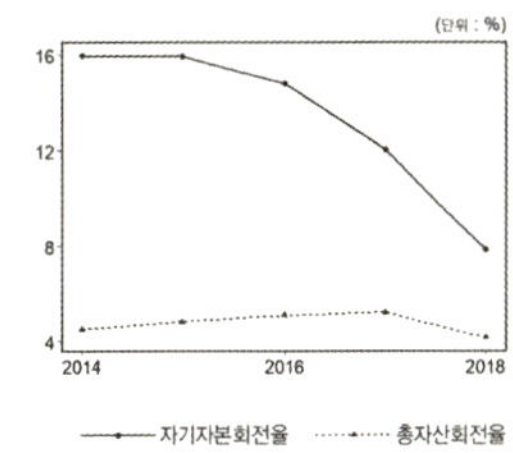

55 ㈜더부스(088095) The Booth 외

설립일	2013.03.28	대표이사	김희윤
업종	주점업	업종코드	56213
소재지	서울시 마포구 토정로	주요브랜드	더부스

	2014	2015	2016	2017	2018
재무상태표					(단위:백만 원)
유동자산				2,762	2,183
당좌자산				2,736	2,140
재고자산				26	43
비유동자산				5,686	4,391
투자자산				4,772	3,398
유형자산				365	466
무형자산				75	82
자산총계				8,448	6,574
유동부채				5,321	7,648
비유동부채				1,479	1,462
자본				1,648	-2,536
부채 및 자본합계				8,448	6,574
손익계산서					(단위:백만 원)
매출액				5,730	6,366
매출원가				1,633	1,502
매출총손익				4,097	4,864
판매비 및 관리비				4,423	5,204
영업손익				-326	-339
법인세비용차감전순손익				-4,353	-3,905
법인세비용				0	0
계속사업이익				-4,353	-3,905
중단사업손익				0	0
당기순손익				-4,353	-3,905
현금흐름표					(단위:백만 원)
영업활동순현금흐름				1,468	851
투자활동순현금흐름				-5,574	-2,638
재무활동순현금흐름				5,138	753
성장성비율					(단위:%)
총자산증가율				0	-22.19
매출액증가율				0	11.11
수익성비율					(단위:%)
총자산순이익률				-103.05	-52
자기자본순이익률				-528.23	0
매출액영업이익률				-5.68	-5.33
매출액순이익률				-75.97	-61.35
레버리지비율					(단위:%)
부채비율				412.58	0
이자보상비율				-0.65	-0.81
비유동비율				344.97	0
비유동장기적합률				181.82	0
유동성비율					(단위:%)
유동비율				51.91	28.54
당좌비율				51.42	27.98
현금비율				40.92	4.45
활동성비율					(단위:회)
총자산회전율				1.36	0.85
자기자본회전율				6.95	0
비유동자산회전율				2.02	1.26
재고자산회전율				439.99	184.71
생산성비율					(단위:%)
총자본투자효율				-15.51	-9.49
설비투자효율				-359.09	-133.88
부가가치의 구성					(단위:백만 원)
영업잉여				-361	-159
인건비				2,045.45	2,523.08
금융비용				168.13	-180.11
감가상각비				191.22	211.19

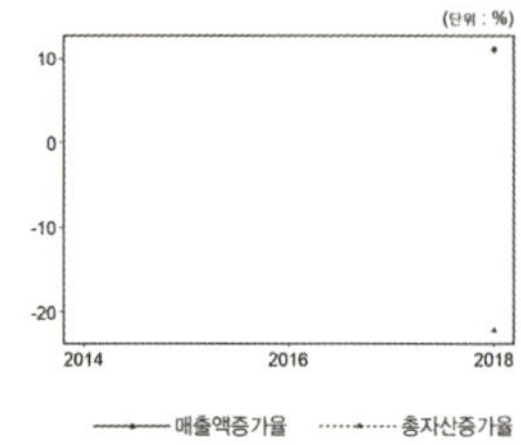

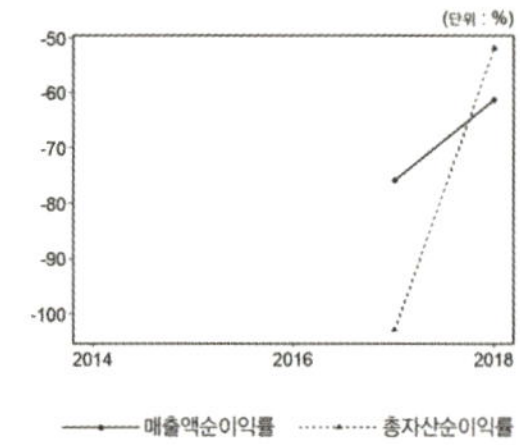

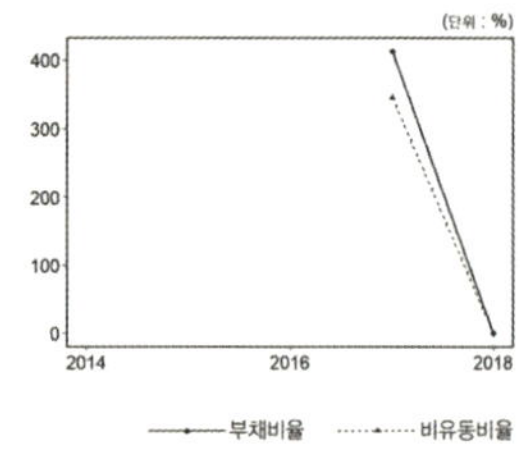

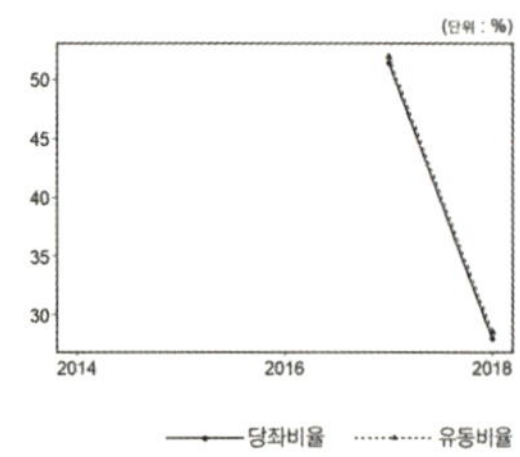

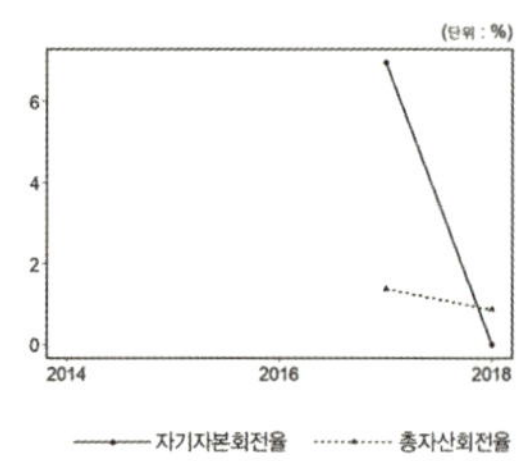

56 로쏘㈜(074249) ROSSO

외

설립일	2001.09.01	대표이사	임영진
업종	제과점업	업종코드	56191
소재지	대전광역시 중구 대종로	주요브랜드	성심당, 케익부띠끄, 옛맛솜씨

	2014	2015	2016	2017	2018
재무상태표					(단위:백만 원)
유동자산	12,824	18,655	24,343	29,088	36,492
당좌자산	12,360	18,180	23,842	28,423	35,862
재고자산	463	475	500	665	630
비유동자산	7,281	7,788	10,647	10,841	11,790
투자자산	1,195	1,329	4,216	2,277	1,727
유형자산	5,981	6,361	6,337	8,134	9,163
무형자산	105	98	93	0	435
자산총계	20,105	26,443	34,989	39,929	48,282
유동부채	4,189	3,887	3,716	4,640	5,563
비유동부채	0	193	2,335	2,700	4,903
자본	15,916	22,362	28,939	32,590	37,816
부채 및 자본합계	20,105	26,443	34,989	39,929	48,282
손익계산서					(단위:백만 원)
매출액	38,555	40,721	40,653	42,345	53,198
매출원가	25,001	20,851	20,713	22,505	27,748
매출총손익	13,554	19,870	19,940	19,840	25,450
판매비 및 관리비	1,689	9,716	10,389	12,247	15,882
영업손익	11,865	10,153	9,551	7,593	9,568
법인세비용차감전순손익	11,581	8,764	9,583	7,411	9,988
법인세비용	2,025	1,685	1,869	1,465	1,895
계속사업이익	9,556	7,079	7,715	5,946	8,093
중단사업손익	0	0	0	0	0
당기순손익	9,556	7,079	7,715	5,946	8,093
현금흐름표					(단위:백만 원)
영업활동순현금흐름	11,366	9,718	9,004	8,045	13,113
투자활동순현금흐름	-10,338	-8,890	-7,694	-7,874	-10,382
재무활동순현금흐름	-1,034	-544	-1,478	90	-2,650
성장성비율					(단위:%)
총자산증가율	0	31.52	32.32	14.12	20.92
매출액증가율	0	5.62	-0.16	4.16	25.63
수익성비율					(단위:%)
총자산순이익률	95.06	30.42	25.12	15.87	18.35
자기자본순이익률	120.08	36.99	30.08	19.33	22.99
매출액영업이익률	30.77	24.93	23.49	17.93	17.99
매출액순이익률	24.79	17.38	18.98	14.04	15.21
레버리지비율					(단위:%)
부채비율	26.32	18.25	20.91	22.52	27.68
이자보상비율	•	112,813.56	30,810.07	585.80	367.48
비유동비율	45.75	34.83	36.79	33.27	31.18
비유동장기적합률	45.75	34.53	34.04	30.72	27.6
유동성비율					(단위:%)
유동비율	306.14	479.88	655.06	626.93	655.94
당좌비율	295.08	467.67	641.60	612.61	644.62
현금비율	7.07	6.38	4.20	4.41	3.74
활동성비율					(단위:회)
총자산회전율	3.84	1.75	1.32	1.13	1.21
자기자본회전율	4.84	2.13	1.58	1.38	1.51
비유동자산회전율	10.59	5.40	4.41	3.94	4.7
재고자산회전율	166.44	86.83	83.38	72.69	82.21
생산성비율					(단위:%)
총자본투자효율	67.78	63.74	48.96	43.25	47.24
설비투자효율	227.83	275.11	286.26	212.32	248.92
부가가치의 구성					(단위:백만 원)
영업잉여	11,973	10,457	9,907	7,943	10,150
인건비	1,050.33	7,044.19	6,384.64	7,887.63	11,173.82
금융비용	-107.91	-292.36	-300.66	-350.20	-582.32
감가상각비	921.66	1,034.79	939.28	1,536.42	1,491.07

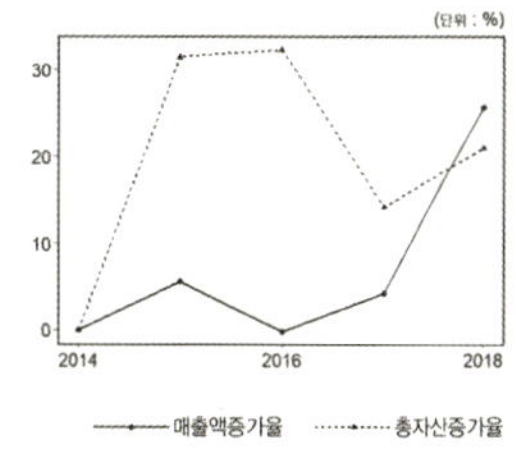

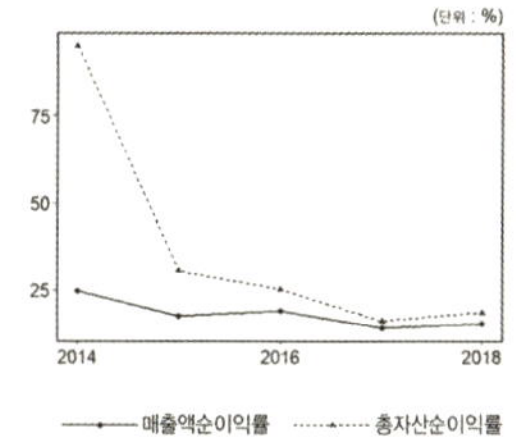

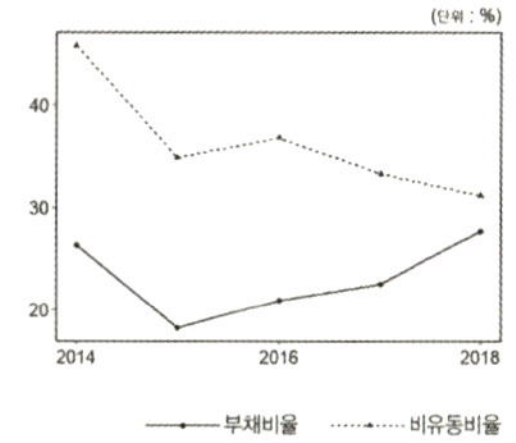

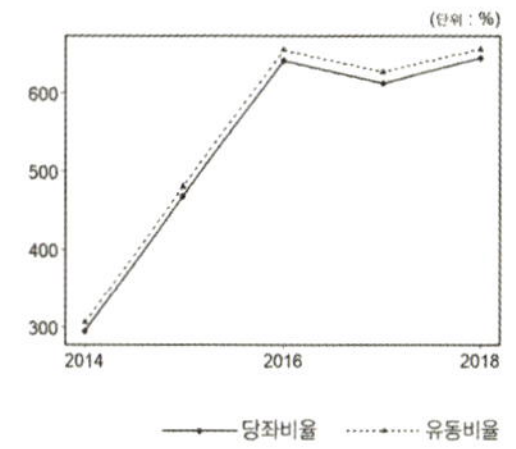

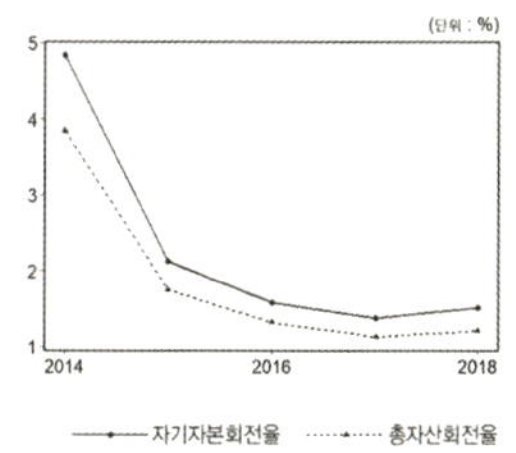

57 롯데지알에스㈜(017809) LOTTEGRS Co., Ltd 외

LOTTE GRS

설립일	1979.10.25	대표이사	남익우
업종	피자, 햄버거, 샌드위치 및 유사 음식점업	업종코드	56300
소재지	서울시 용산구 한강대로	주요브랜드	롯데리아, 엔제리너스, 크리스피크림

	2014	2015	2016	2017	2018
재무상태표					(단위:백만 원)
유동자산	160,448	218,726	255,643	231,141	318,763
당좌자산	144,516	202,927	240,435	214,353	305,023
재고자산	15,932	15,800	15,208	16,787	13,740
비유동자산	745,057	741,548	886,336	894,373	411,288
투자자산	351,560	356,744	482,031	474,145	65,624
유형자산	126,398	117,457	123,872	156,721	71,656
무형자산	24,865	33,019	31,511	32,552	13,229
자산총계	905,505	960,274	1,141,979	1,125,513	730,051
유동부채	190,779	227,019	285,173	288,553	289,768
비유동부채	118,606	173,825	300,508	258,912	192,732
자본	596,120	559,430	556,299	578,049	247,551
부채 및 자본합계	905,505	960,274	1,141,979	1,125,513	730,051
손익계산서					(단위:백만 원)
매출액	987,090	960,108	948,882	907,066	831,073
매출원가	491,878	478,110	465,619	427,477	382,731
매출총손익	495,211	481,997	483,262	479,589	448,342
판매비 및 관리비	453,530	468,574	463,997	476,426	441,808
영업손익	41,681	13,424	19,266	3,162	6,535
법인세비용차감전순손익	47,642	-60,900	-10,541	-37,970	-35,948
법인세비용	13,560	-3,711	788	-6,779	-7,740
계속사업이익	34,082	-57,189	-11,328	-31,190	-28,208
중단사업손익	0	0	0	0	-4,270
당기순손익	34,082	-57,189	-11,328	-31,190	-32,479
현금흐름표					(단위:백만 원)
영업활동순현금흐름	34,145	61,172	85,781	-28,177	24,030
투자활동순현금흐름	-60,292	-52,285	-202,344	-60,361	-65,017
재무활동순현금흐름	16,788	45,000	115,650	33,365	39,407
성장성비율					(단위:%)
총자산증가율	3.04	6.05	18.92	-1.44	-35.14
매출액증가율	1.19	-2.73	-1.17	-4.41	-8.38
수익성비율					(단위:%)
총자산순이익률	3.82	-6.13	-1.08	-2.75	-3.50
자기자본순이익률	5.84	-9.90	-2.03	-5.50	-7.87
매출액영업이익률	4.22	1.40	2.03	0.35	0.79
매출액순이익률	3.45	-5.96	-1.19	-3.44	-3.91
레버리지비율					(단위:%)
부채비율	51.90	71.65	105.28	94.71	194.91
이자보상비율	17.43	6.72	5.42	0.69	0.81
비유동비율	124.98	132.55	159.33	154.72	166.14
비유동장기적합률	104.24	101.13	103.45	106.86	93.41
유동성비율					(단위:%)
유동비율	84.10	96.35	89.64	80.10	110.01
당좌비율	75.75	89.39	84.31	74.29	105.26
현금비율	3.26	27.03	22.77	1.31	0.45
활동성비율					(단위:회)
총자산회전율	1.11	1.03	0.90	0.80	0.9
자기자본회전율	1.69	1.66	1.70	1.60	2.0
비유동자산회전율	1.35	1.29	1.17	1.02	1.27
재고자산회전율	61.66	60.51	61.20	56.70	54.45
생산성비율					(단위:%)
총자본투자효율	39.02	25.66	26.17	25.45	38.50
설비투자효율	332.38	241.43	319.89	182.79	392.23
부가가치의 구성					(단위:백만 원)
영업잉여	48,662	22,110	25,762	5,091	6,911
인건비	189,425	190,463	194,097	196,893	188,466
금융비용	-6,988	-8,686	-6,495	-1,928	-376
감가상각비	33,759	34,114	33,361	35,303	32,100

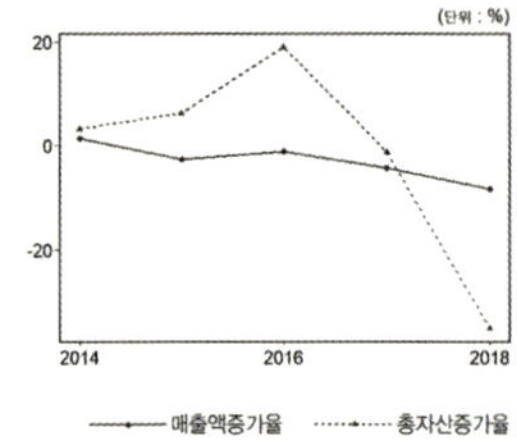

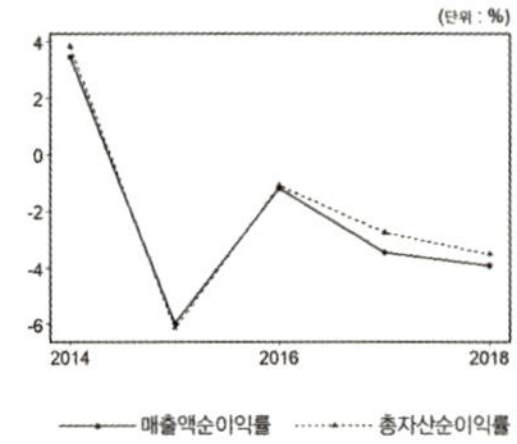

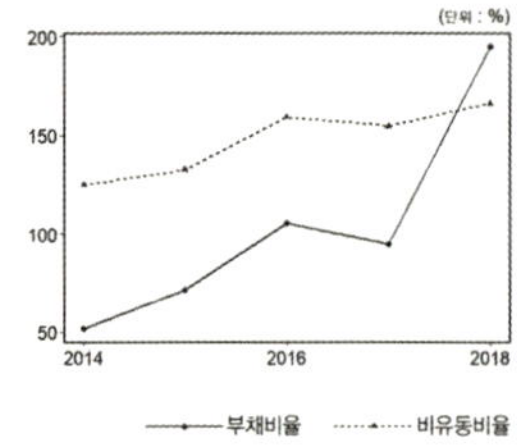

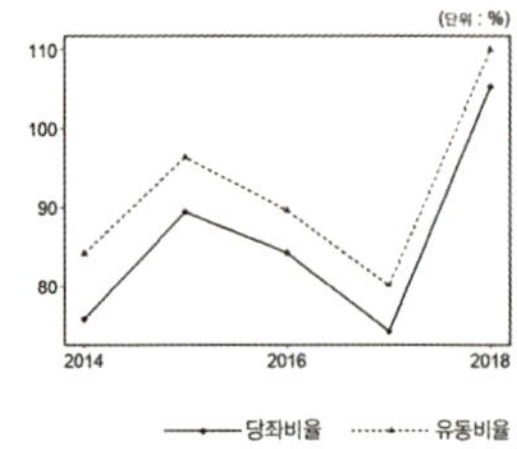

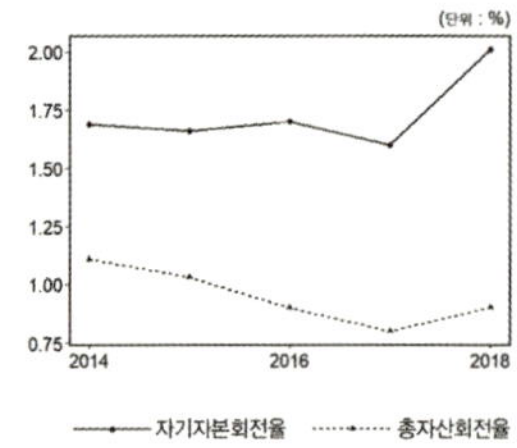

Rich Food

58 리치푸드㈜(048482) Rich Food Co., Ltd. 외

설립일	2002.01.29	대표이사	여영주
업종	기타 주점업	업종코드	56219
소재지	서울시 마포구 서교동	주요브랜드	피쉬앤그릴, 짚동가리쌩주, 치르치르

	2014	2015	2016	2017	2018
재무상태표					(단위:백만 원)
유동자산	7,744	9,019	8,147	8,742	5,187
당좌자산	7,283	8,625	7,770	8,241	4,731
재고자산	461	394	377	501	455
비유동자산	10,888	10,520	9,731	9,049	12,325
투자자산	606	683	1,362	1,316	3,459
유형자산	6,866	7,190	6,714	6,556	7,824
무형자산	1,536	1,137	411	206	63
자산총계	18,632	19,539	17,878	17,792	17,512
유동부채	3,842	3,663	2,837	2,991	2,646
비유동부채	884	812	332	182	124
자본	13,906	15,064	14,710	14,619	14,742
부채 및 자본합계	18,632	19,539	17,878	17,792	17,512
손익계산서					(단위:백만 원)
매출액	34,593	29,995	21,589	20,915	19,570
매출원가	23,916	20,027	15,487	14,750	13,470
매출총손익	10,678	9,968	6,102	6,165	6,101
판매비 및 관리비	9,052	7,688	5,552	5,238	5,759
영업손익	1,626	2,280	550	927	342
법인세비용차감전순손익	1,600	2,148	78	585	223
법인세비용	295	790	18	175	100
계속사업이익	1,305	1,358	60	409	123
중단사업손익	0	0	0	0	0
당기순손익	1,305	1,358	60	409	123
현금흐름표					(단위:백만 원)
영업활동순현금흐름	1,909	2,670	60	2,126	431
투자활동순현금흐름	-714	-2,835	198	-1,487	-193
재무활동순현금흐름	-1,000	-121	-481	-636	-55
성장성비율					(단위:%)
총자산증가율	-0.46	4.87	-8.5	-0.48	-1.57
매출액증가율	1.39	-13.29	-28.02	-3.12	-6.43
수익성비율					(단위:%)
총자산순이익률	6.99	7.12	0.32	2.3	0.70
자기자본순이익률	9.49	9.38	0.4	2.79	0.84
매출액영업이익률	4.7	7.6	2.55	4.43	1.75
매출액순이익률	3.77	4.53	0.28	1.96	0.63
레버리지비율					(단위:%)
부채비율	33.98	29.7	21.54	21.7	18.79
이자보상비율	82.5	123.39	32.12	59.57	22.37
비유동비율	78.3	69.84	66.15	61.9	83.61
비유동장기적합률	73.62	66.26	64.7	61.14	82.91
유동성비율					(단위:%)
유동비율	201.55	246.24	287.19	292.29	196.04
당좌비율	189.56	235.48	273.91	275.52	178.83
현금비율	7.73	3.46	1.11	1.07	5.33
활동성비율					(단위:회)
총자산회전율	1.85	1.57	1.15	1.17	1.11
자기자본회전율	2.52	2.07	1.45	1.43	1.33
비유동자산회전율	3.13	2.8	2.13	2.23	1.83
재고자산회전율	76.61	70.21	56.03	47.62	40.90
생산성비율					(단위:%)
총자본투자효율	41.45	36.79	19.84	21.42	22.39
설비투자효율	112.49	99.96	52.84	58.14	60.46
부가가치의 구성					(단위:백만 원)
영업잉여	1,749	2,567	617	1,068	478
인건비	5,102	3,918	2,401	2,670	3,292.66
금융비용	-113	-136	-16	-93	-88.48
감가상각비	873	931	774	395	285.68

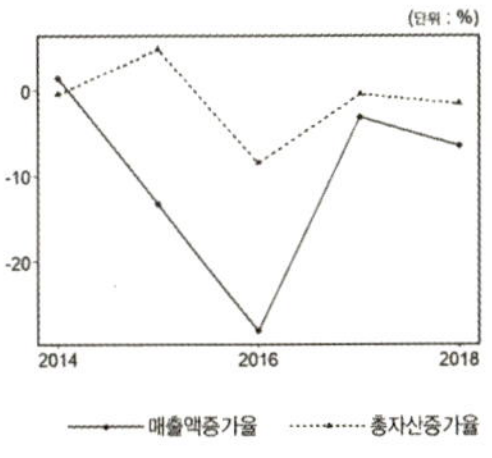

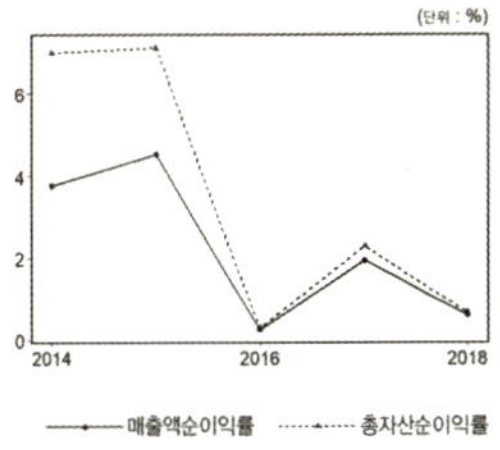

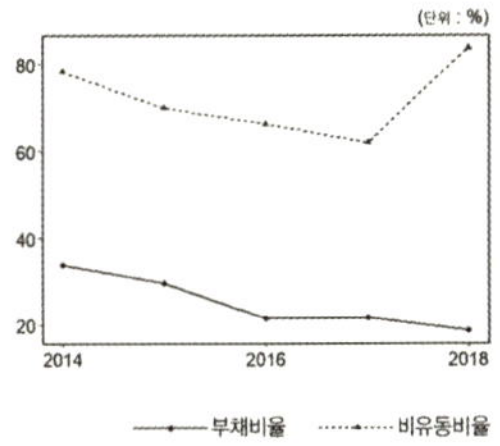

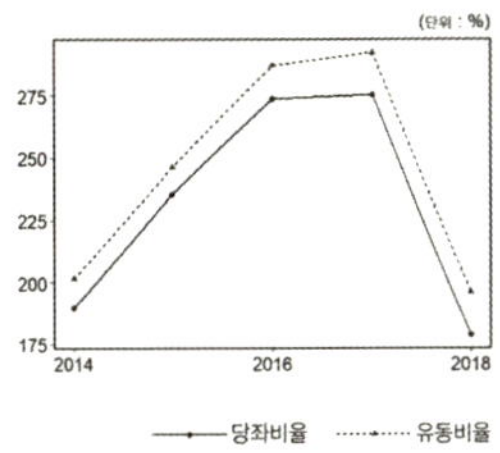

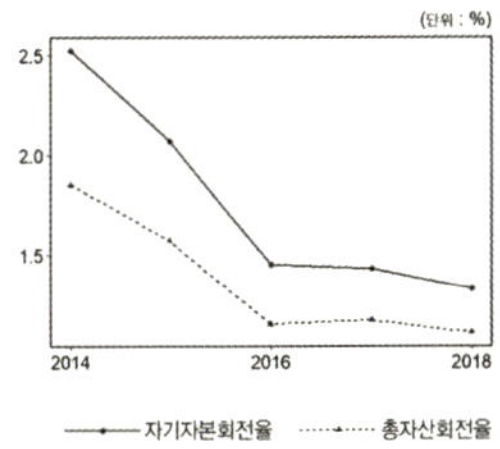

59 버자야에이치알카페코리아㈜(075076) Berjaya HR Cafe Korea Ltd. 외

설립일	2013.08.16	대표이사	조재형
업종	서양식 음식점업	업종코드	56123
소재지	서울특별시 송파구 올림픽로	주요브랜드	하드록카페

	2014	2015	2016	2017	2018
재무상태표					(단위:백만 원)
유동자산	–	2,962	1,513	1,455	922
당좌자산	–	2,668	845	932	719
재고자산	–	293	669	523	203
비유동자산	–	5,108	10,146	8,355	6,237
투자자산	–	107	228	226	108
유형자산	–	3,009	7,732	6,001	4,197
무형자산	–	491	593	563	380
자산총계	–	8,069	11,660	9,810	7,159
유동부채	–	447	4,433	4,351	1,217
비유동부채	–	8,234	11,769	2,079	6,179
자본	–	-611	-4,543	3,380	-236
부채 및 자본합계	–	8,069	11,660	9,810	7,159
손익계산서					(단위:백만 원)
매출액	–	1,189	7,248	8,816	6,746
매출원가	–	1,736	9,510	10,915	9,651
매출총손익	–	-547	-2,262	-2,099	-2,905
판매비 및 관리비	–	188	803	1,023	861
영업손익	–	-736	-3,066	-3,122	-3,765
법인세비용차감전순손익	–	-691	-3,931	-3,294	-3,616
법인세비용	–	0	0	0	0
계속사업이익	–	-691	-3,931	-3,294	-3,616
중단사업손익	–	0	0	0	0
당기순손익	–	-691	-3,931	-3,294	-3,616
현금흐름표					(단위:백만 원)
영업활동순현금흐름	–	-842	-1,079	-669	-1,582
투자활동순현금흐름	–	-510	-6,552	-175	-124
재무활동순현금흐름	–	3,185	5,537	1,034	1,652
성장성비율					(단위:%)
총자산증가율	–	0	44.49	-15.86	-27.02
매출액증가율	–	0	509.75	21.64	-23.48
수익성비율					(단위:%)
총자산순이익률	–	-17.14	-39.85	-30.69	-42.62
자기자본순이익률	–	0	0	0	0
매출액영업이익률	–	-61.89	-42.30	-35.41	-55.81
매출액순이익률	–	-58.17	-54.24	-37.37	-53.60
레버리지비율					(단위:%)
부채비율	–	0	0	190.23	0
이자보상비율	–	-8.45	-5.17	-12.09	-18.78
비유동비율	–	0	0	247.19	0
비유동장기적합률	–	0	0	153.05	0
유동성비율					(단위:%)
유동비율	–	663.08	34.14	33.44	75.82
당좌비율	–	597.40	19.05	21.42	59.12
현금비율	–	75.84	10.05	23.52	31.19
활동성비율					(단위:회)
총자산회전율	–	0.29	0.73	0.82	0.80
자기자본회전율	–	0	0	0	0
비유동자산회전율	–	0.47	0.95	0.95	0.92
재고자산회전율	–	8.10	15.07	14.80	18.58
생산성비율					(단위:%)
총자본투자효율	–	-3.81	-11.32	-4.94	-10.46
설비투자효율	–	-10.21	-17.07	-8.08	-17.84
부가가치의 구성					(단위:백만 원)
영업잉여	–	-823	-3,657	-3,380	-3,949
인건비	–	46.84	454.79	505.10	549.02
금융비용	–	86.97	591.35	257.97	184.11
감가상각비	–	241.04	1,517.89	1,962.51	2,039.24

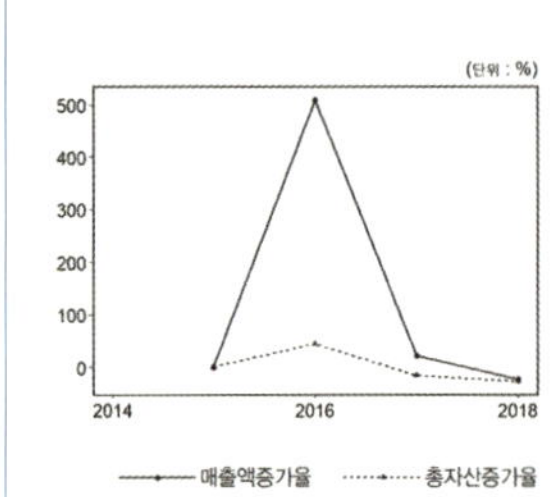

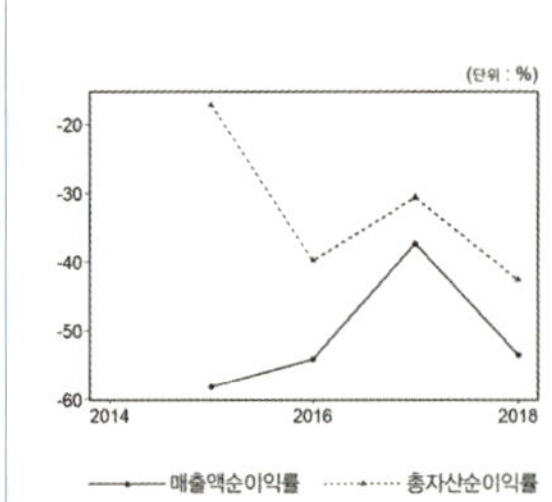

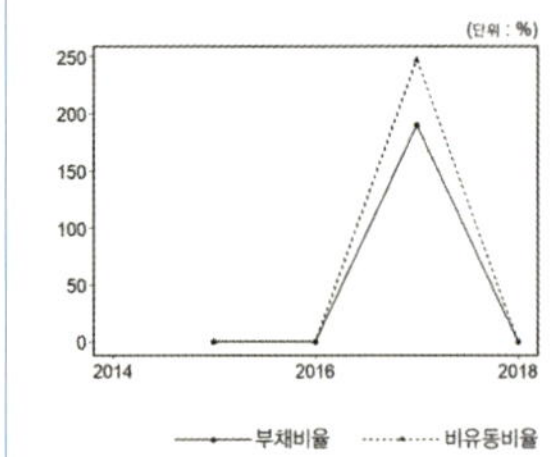

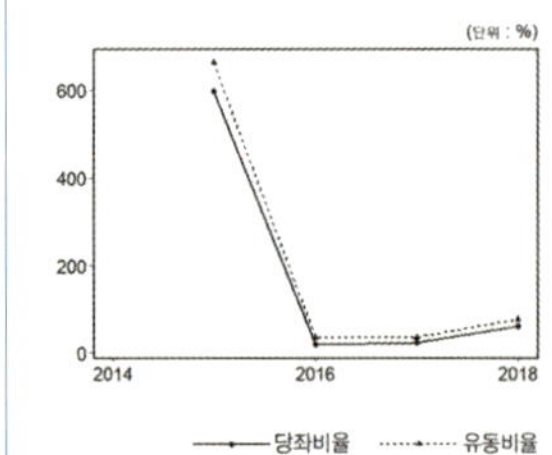

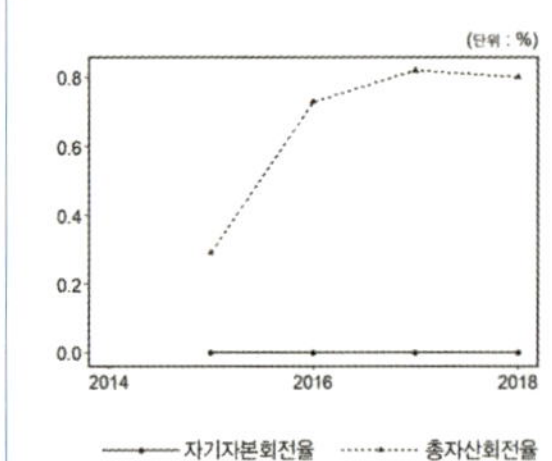

60 본아이에프㈜(052224) BONIF. CO. LTD. 외

설립일	2004.07.20	대표이사	김철호, 김명환
업종	한식 일반 음식점업	업종코드	56111
소재지	서울특별시 종로구 관철동	주요브랜드	본죽, 본도시락, 본죽&비빔밥카페

	2014	2015	2016	2017	2018
재무상태표					(단위:백만 원)
유동자산	12,494	15,804	29,061	19,781	11,213
당좌자산	10,535	13,682	26,393	17,049	10,729
재고자산	1,959	2,123	2,668	2,731	485
비유동자산	26,744	27,945	24,008	33,677	89,517
투자자산	5,182	10,547	9,008	20,030	27,532
유형자산	6,460	5,128	4,807	5,028	54,889
무형자산	10,095	8,868	7,384	6,054	4,957
자산총계	39,238	43,749	53,069	53,458	100,730
유동부채	19,497	19,710	22,497	21,571	23,205
비유동부채	1,528	0	0	0	43,315
자본	18,214	24,038	30,572	31,887	34,210
부채 및 자본합계	39,238	43,749	53,069	53,458	100,730
손익계산서					(단위:백만 원)
매출액	129,541	143,299	161,915	172,786	206,999
매출원가	89,900	103,895	117,239	124,041	160,887
매출총손익	39,641	39,404	44,677	48,745	46,112
판매비 및 관리비	35,867	34,780	35,034	40,221	39,048
영업손익	3,774	4,624	9,643	8,524	7,064
법인세비용차감전순손익	958	1,770	8,545	7,725	3,563
법인세비용	275	917	2,003	2,043	1,240
계속사업이익	683	853	6,542	5,682	2,323
중단사업손익	0	0	0	0	0
당기순손익	683	853	6,542	5,682	2,323
현금흐름표					(단위:백만 원)
영업활동순현금흐름	2,007	9,588	11,649	6,543	5,969
투자활동순현금흐름	-10,707	-1,533	-1,971	-8,020	-57,902
재무활동순현금흐름	5,370	-1,937	0	-4,313	44,315
성장성비율					(단위:%)
총자산증가율	13.39	11.49	21.3	0.73	88.43
매출액증가율	9.99	10.62	12.99	6.71	19.80
수익성비율					(단위:%)
총자산순이익률	1.85	2.06	13.51	10.67	3.01
자기자본순이익률	3.67	4.04	23.96	18.19	7.03
매출액영업이익률	2.91	3.23	5.96	4.93	3.41
매출액순이익률	0.53	0.6	4.04	3.29	1.12
레버리지비율					(단위:%)
부채비율	115.43	82	73.59	67.65	194.44
이자보상비율	140.83	68.36	139,753.91	137,485.79	16.52
비유동비율	146.84	116.25	78.53	105.61	261.67
비유동장기적합률	135.47	116.25	78.53	105.61	115.47
유동성비율					(단위:%)
유동비율	64.08	80.18	129.18	91.7	48.32
당좌비율	54.04	69.41	117.32	79.04	46.23
현금비율	20.57	54.97	63.2	63.58	44.21
활동성비율					(단위:회)
총자산회전율	3.51	3.45	3.34	3.24	2.69
자기자본회전율	6.95	6.78	5.93	5.53	6.26
비유동자산회전율	5.07	5.24	6.23	5.99	3.36
재고자산회전율	66.72	70.22	67.6	64.01	128.74
생산성비율					(단위:%)
총자본투자효율	51.37	39.09	46.43	46.79	21.11
설비투자효율	311.99	333.46	512.66	497.52	44.70
부가가치의 구성					(단위:백만 원)
영업잉여	4,010	4,905	9,686	8,624	6,713
인건비	13,503	10,974	12,776	14,135	13,627.93
금융비용	-223	-213	-63	-107	350.59
감가상각비	2,440	2,088	1,848	1,751	1,661.65

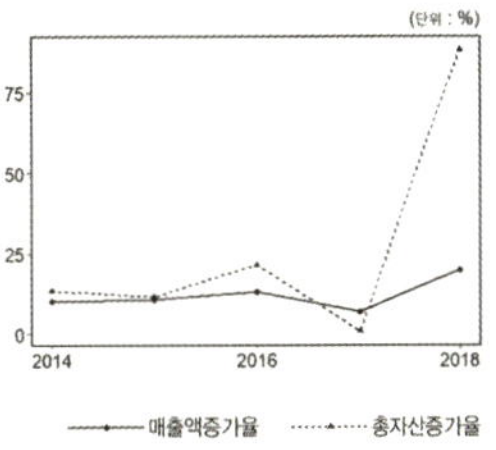

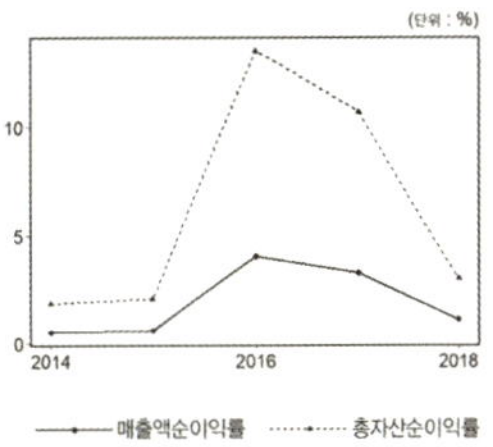

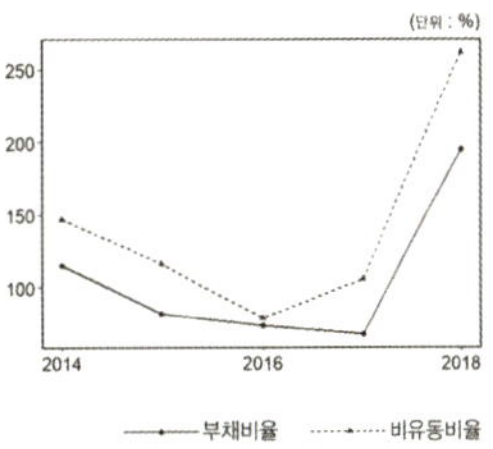

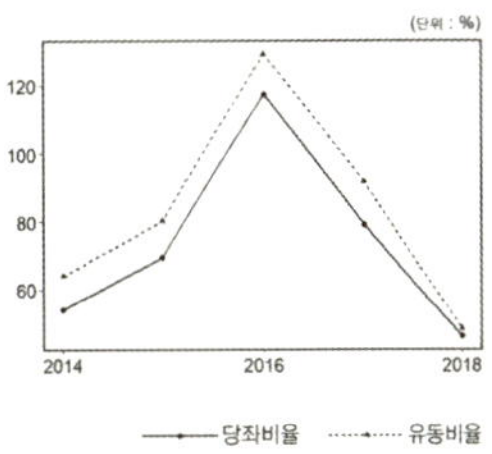

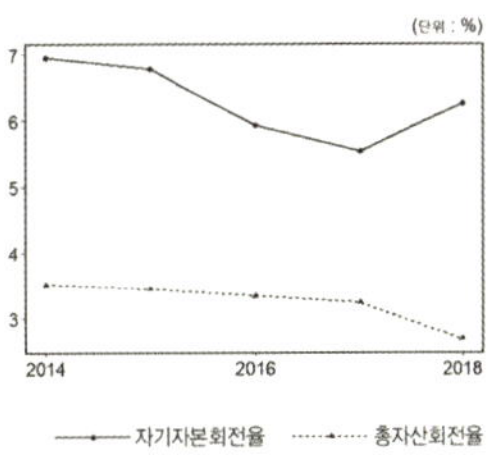

61 본촌인터내셔날㈜(070721) Bonchon International Inc. 외

설립일	2012.11.21	대표이사	신종훈
업종	치킨 전문점	업종코드	56193
소재지	부산광역시 기장군 장안읍	주요브랜드	본촌치킨

	2014	2015	2016	2017	2018
재무상태표					(단위:백만 원)
유동자산	2,300	2,416	4,791	7,407	5,629
당좌자산	1,747	1,882	4,080	6,652	4,855
재고자산	553	533	711	756	774
비유동자산	10,878	10,286	9,612	10,235	47,641
투자자산	15	73	269	192	27,622
유형자산	10,840	10,182	9,308	10,018	19,985
무형자산	5	11	16	16	11
자산총계	13,178	12,702	14,403	17,642	53,270
유동부채	4,770	8,357	2,043	1,388	4,087
비유동부채	7,792	2,616	6,860	6,380	5,900
자본	617	1,729	5,500	9,874	43,282
부채 및 자본합계	13,178	12,702	14,403	17,642	53,270
손익계산서					(단위:백만 원)
매출액	3,171	6,018	9,790	11,373	13,120
매출원가	1,334	2,330	2,753	3,073	3,142
매출총손익	1,837	3,689	7,037	8,300	9,978
판매비 및 관리비	987	1,981	2,390	2,498	2,766
영업손익	850	1,707	4,646	5,802	7,211
법인세비용차감전순손익	541	1,467	4,492	5,023	7,312
법인세비용	43	238	604	532	787
계속사업이익	498	1,229	3,888	4,491	6,525
중단사업손익	0	0	0	0	0
당기순손익	498	1,229	3,888	4,491	6,525
현금흐름표					(단위:백만 원)
영업활동순현금흐름	947	1,609	4,976	3,344	7,193
투자활동순현금흐름	-3,475	-389	-86	-1,238	-37,945
재무활동순현금흐름	3,385	-1,855	-2,558	-2,693	30,991
성장성비율					(단위:%)
총자산증가율	48.85	-3.62	13.39	22.49	201.94
매출액증가율	0	89.8	62.66	16.17	15.36
수익성비율					(단위:%)
총자산순이익률	4.52	9.5	28.69	28.03	18.40
자기자본순이익률	135.51	104.8	107.57	58.42	24.55
매출액영업이익률	26.81	28.37	47.46	51.02	54.97
매출액순이익률	15.71	20.42	39.72	39.49	49.74
레버리지비율					(단위:%)
부채비율	2,036.60	634.67	161.86	78.67	23.07
이자보상비율	1.56	3.93	18.84	31.53	33.07
비유동비율	1,763.76	594.94	174.76	103.65	110.07
비유동장기적합률	129.38	236.76	77.77	62.97	96.87
유동성비율					(단위:%)
유동비율	48.21	28.91	234.55	533.6	137.71
당좌비율	36.62	22.53	199.73	479.15	118.78
현금비율	39.65	11.46	54.44	27.29	40.15
활동성비율					(단위:회)
총자산회전율	0.29	0.47	0.72	0.71	0.37
자기자본회전율	8.62	5.13	2.71	1.48	0.49
비유동자산회전율	0.33	0.57	0.98	1.15	0.45
재고자산회전율	11.47	11.08	15.73	15.5	17.15
생산성비율					(단위:%)
총자본투자효율	18.63	33.72	49.28	43.37	19.45
설비투자효율	22.65	42.06	76.26	87.81	125.62
부가가치의 구성					(단위:백만 원)
영업잉여	496	1,277	4,404	5,622	7,036
인건비	561	1,067	1,456	1,517	2,041.33
금융비용	354	430	243	181	174.81
감가상각비	934	1,050	747	593	470.56

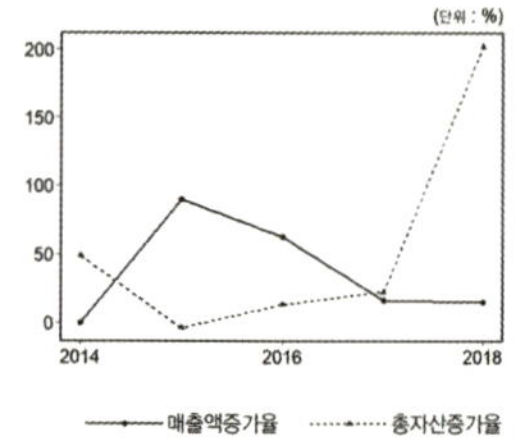

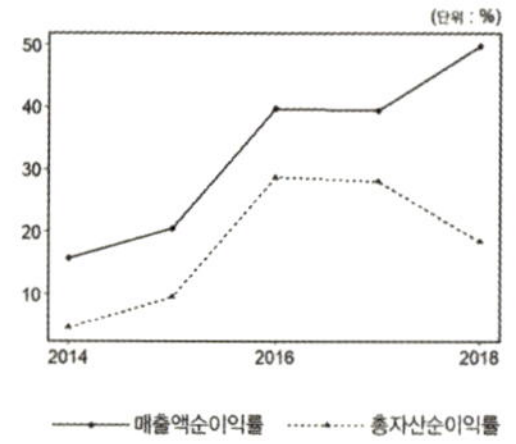

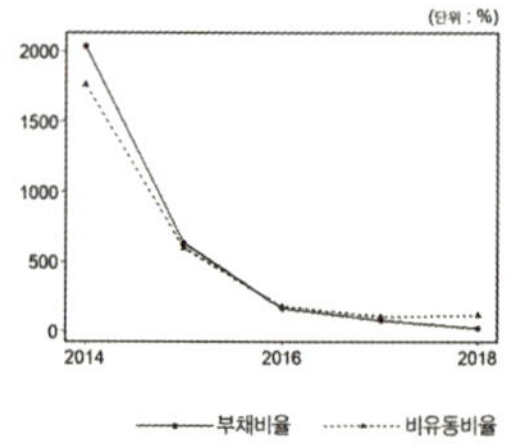

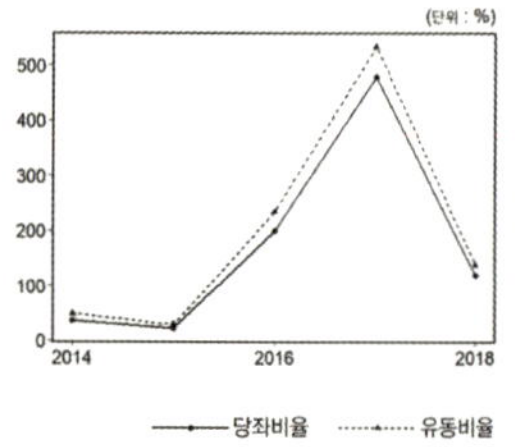

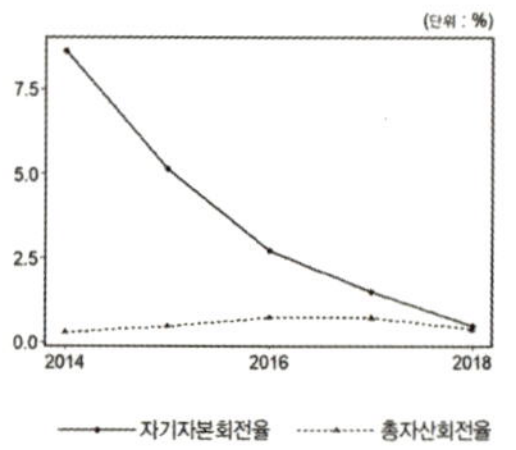

비알코리아(주)

62 비알코리아㈜(014913) B-R Korea Co.,Ltd.			외
설립일	1985.06.12	대표이사	조상호
업종	기타 비알콜 음료점업	업종코드	56229
소재지	서울시 서초구 남부순환로	주요브랜드	던킨도너츠, 베스킨라빈스

	2014	2015	2016	2017	2018
재무상태표					(단위:백만 원)
유동자산	224,078	266,825	280,267	315,740	360,403
당좌자산	187,219	232,870	242,132	281,000	322,743
재고자산	36,858	33,954	38,135	34,740	37,660
비유동자산	186,774	182,396	190,593	183,169	176,685
투자자산	3,618	3,461	3,810	4,362	3,752
유형자산	57,890	67,892	77,450	72,702	70,969
무형자산	2,624	2,978	4,386	3,223	2,417
자산총계	410,852	449,221	470,860	498,909	537,088
유동부채	71,777	79,873	78,234	83,048	94,758
비유동부채	63	0	0	101	77
자본	339,013	369,348	392,626	415,759	442,253
부채 및 자본합계	410,852	449,221	470,860	498,909	537,088
손익계산서					(단위:백만 원)
매출액	510,402	520,244	508,589	523,102	560,181
매출원가	230,150	237,207	233,342	236,407	254,527
매출총손익	280,252	283,037	275,247	286,696	305,654
판매비 및 관리비	227,829	231,248	234,740	248,284	260,500
영업손익	52,423	51,789	40,508	38,411	45,154
법인세비용차감전순손익	55,920	56,054	46,667	43,951	49,789
법인세비용	13,095	12,964	10,919	10,284	13,281
계속사업이익	42,825	43,090	35,749	33,667	36,508
중단사업손익	0	0	0	0	0
당기순손익	42,825	43,090	35,749	33,667	36,508
현금흐름표					(단위:백만 원)
영업활동순현금흐름	44,081	67,910	38,263	52,024	63,948
투자활동순현금흐름	-41,700	-56,355	-24,264	-37,179	-57,022
재무활동순현금흐름	-15,420	-14,411	-12,622	-10,276	-9,521
성장성비율					(단위:%)
총자산증가율	2.08	9.34	4.82	5.96	7.65
매출액증가율	1.53	1.93	-2.24	2.85	7.09
수익성비율					(단위:%)
총자산순이익률	10.53	10.02	7.77	6.94	7.05
자기자본순이익률	13.2	12.17	9.38	8.33	8.51
매출액영업이익률	10.27	9.95	7.96	7.34	8.06
매출액순이익률	8.39	8.28	7.03	6.44	6.52
레버리지비율					(단위:%)
부채비율	21.19	21.63	19.93	20	21.44
이자보상비율	-	-	-	6,736.48	5,036.16
비유동비율	55.09	49.38	48.54	44.06	39.95
비유동장기적합률	55.08	49.38	48.54	44.05	39.94
유동성비율					(단위:%)
유동비율	312.19	334.06	358.24	380.19	380.34
당좌비율	260.84	291.55	309.5	338.36	340.60
현금비율	3.38	1.77	2.18	3.38	2.24
활동성비율					(단위:회)
총자산회전율	1.26	1.21	1.11	1.08	1.08
자기자본회전율	1.57	1.47	1.33	1.29	1.31
비유동자산회전율	2.58	2.82	2.73	2.8	3.11
재고자산회전율	14.66	14.69	14.11	14.36	15.47
생산성비율					(단위:%)
총자본투자효율	43.21	38.5	34.1	33.45	33.55
설비투자효율	327.5	316.39	211.15	235.09	256.46
부가가치의 구성					(단위:백만 원)
영업잉여	56,440	55,794	44,110	42,516	50,455
인건비	70,236	73,337	67,695	72,947	82,123.85
금융비용	-3,963	-3,964	-3,569	-4,005	-5,279.26
감가상각비	19,377	15,925	19,102	21,889	20,189.55

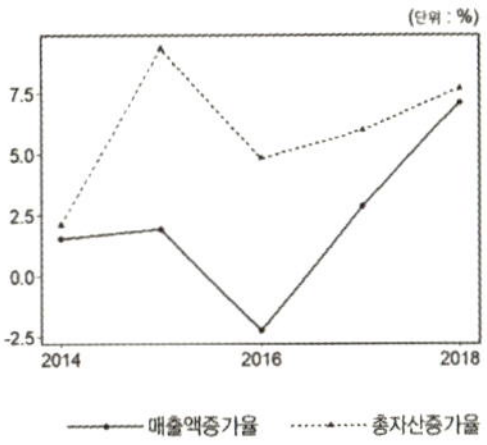

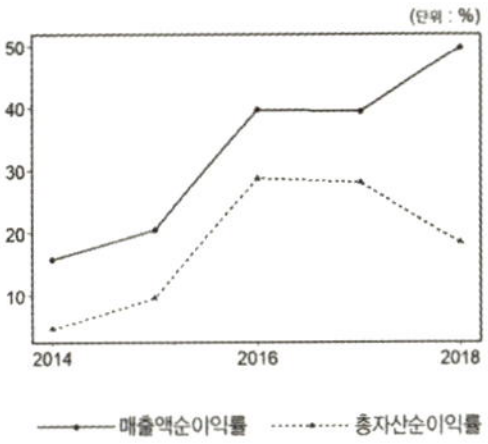

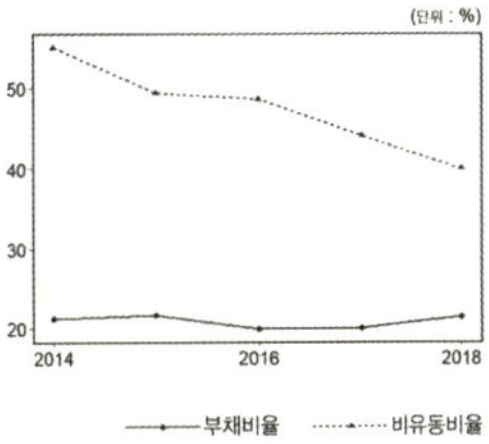

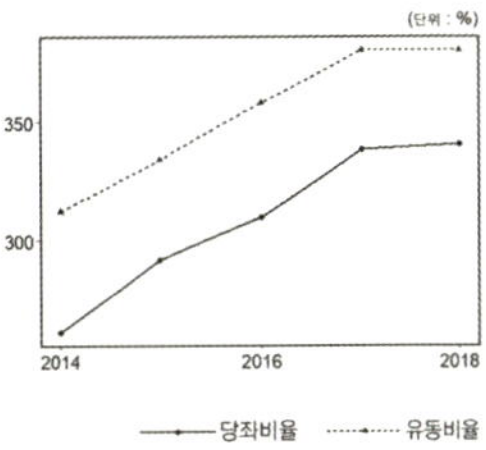

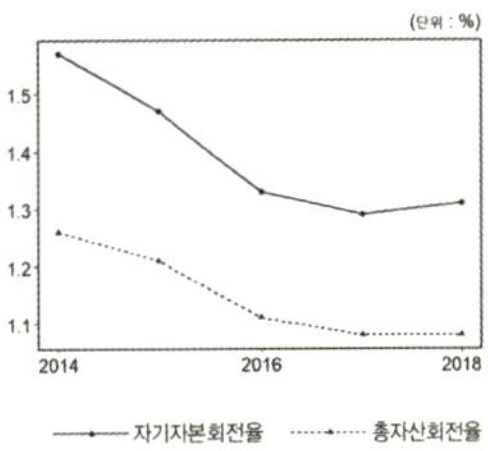

63 사과나무㈜(078480) APPLETREE CO., LTD. 외

설립일	2009.11.23	대표이사	백진성
업종	커피 전문점	업종코드	56221
소재지	서울시 금천구 벚꽃로	주요브랜드	커피베이

	2014	2015	2016	2017	2018
재무상태표					(단위:백만 원)
유동자산	-	4,773	5,037	4,326	5,013
당좌자산	-	4,472	4,962	4,299	5,013
재고자산	-	301	75	27	0
비유동자산	-	4,453	5,917	6,276	6,163
투자자산	-	1,719	2,974	3,418	3,773
유형자산	-	2,242	2,387	2,292	2,090
무형자산	-	261	167	80	49
자산총계	-	9,226	10,954	10,602	11,176
유동부채	-	2,155	7,289	7,630	7,099
비유동부채	-	4,880	1,250	158	750
자본	-	2,192	2,415	2,814	3,327
부채 및 자본합계	-	9,226	10,954	10,602	11,176
손익계산서					(단위:백만 원)
매출액	-	20,591	16,811	19,285	23,193
매출원가	-	13,065	10,639	12,107	14,590
매출총손익	-	7,526	6,172	7,178	8,603
판매비 및 관리비	-	6,037	5,596	6,210	6,043
영업손익	-	1,489	576	968	2,560
법인세비용차감전순손익	-	889	299	559	836
법인세비용	-	489	76	159	323
계속사업이익	-	400	223	400	513
중단사업손익	-	0	0	0	0
당기순손익	-	400	223	400	513
현금흐름표					(단위:백만 원)
영업활동순현금흐름	-	1,195	-438	1,612	2,819
투자활동순현금흐름	-	-1,263	-1,851	-1,673	-1,054
재무활동순현금흐름	-	1,302	2,009	-900	-718
성장성비율					(단위:%)
총자산증가율	-	0	18.72	-3.21	5.41
매출액증가율	-	0	-18.36	14.72	20.26
수익성비율					(단위:%)
총자산순이익률	-	8.66	2.21	3.71	4.71
자기자본순이익률	-	36.47	9.68	15.29	16.70
매출액영업이익률	-	7.23	3.43	5.02	11.04
매출액순이익률	-	1.94	1.33	2.07	2.21
레버리지비율					(단위:%)
부채비율	-	320.99	353.64	276.71	235.89
이자보상비율	-	10.78	3.17	4.88	12.82
비유동비율	-	203.19	245.05	223.01	185.23
비유동장기적합률	-	62.97	161.46	211.13	151.15
유동성비율					(단위:%)
유동비율	-	221.48	69.1	56.7	70.62
당좌비율	-	207.49	68.08	56.35	70.62
현금비율	-	61.76	52.96	39.45	54.93
활동성비율					(단위:회)
총자산회전율	-	4.46	1.67	1.79	2.13
자기자본회전율	-	18.79	7.3	7.38	7.55
비유동자산회전율	-	9.25	3.24	3.16	3.73
재고자산회전율	-	136.61	89.4	381.38	1,749.11
생산성비율					(단위:%)
총자본투자효율	-	42.89	33.92	41.37	39.58
설비투자효율	-	176.5	155.68	191.34	211.69
부가가치의 구성					(단위:백만 원)
영업잉여	-	1,784	400	811	2,448
인건비	-	2,437	2,607	2,928	2,839.58
금융비용	-	131	179	158	121.59
감가상각비	-	212	235	247	207.69

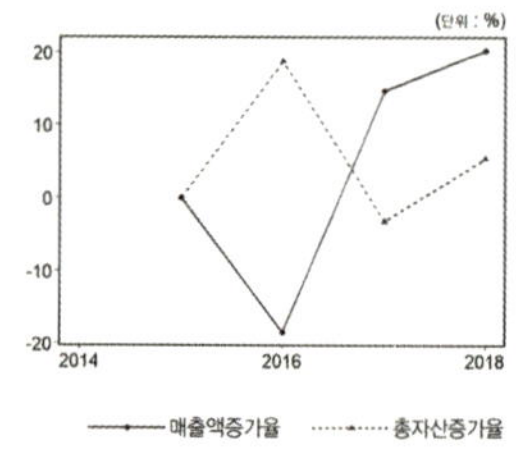

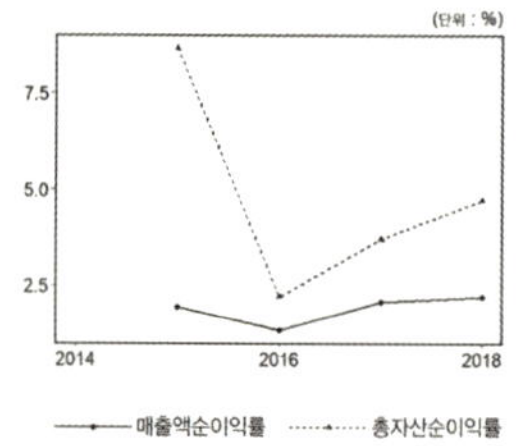

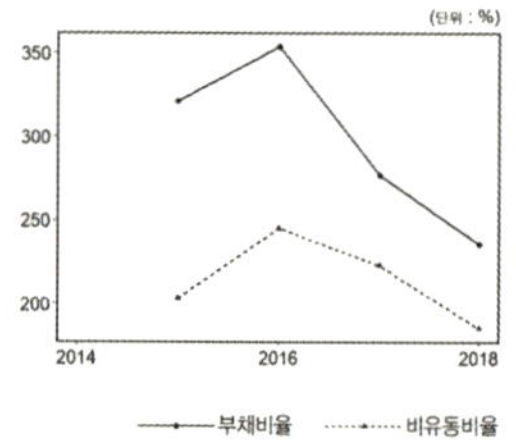

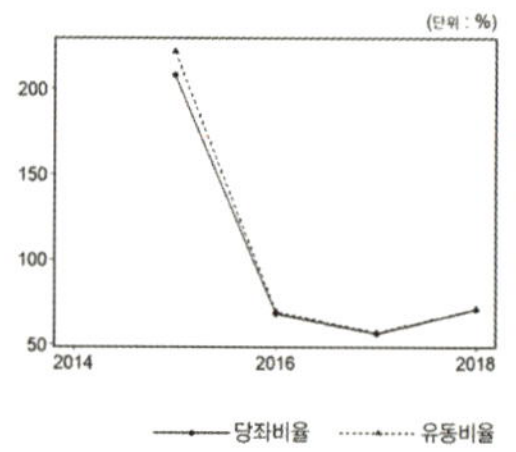

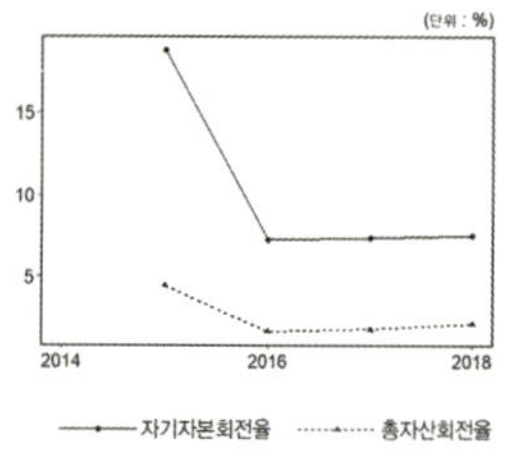

64 석파랑(077919) seokparang

설립일	1987.04.14	대표이사	김주원
업종	한식 일반 음식점업	업종코드	56111
소재지	서울특별시 종로구 자하문로	주요브랜드	석파랑

	2014	2015	2016	2017	2018
재무상태표					(단위:백만 원)
유동자산	–	414	124	142	142
당좌자산	–	409	116	137	137
재고자산	–	5	9	5	5
비유동자산	–	8,660	8,838	8,609	8,412
투자자산	–	0	0	0	0
유형자산	–	7,960	8,138	7,909	7,712
무형자산	–	0	0	0	0
자산총계	–	9,074	8,963	8,751	8,554
유동부채	–	1,803	3,214	8,006	7,497
비유동부채	–	6,307	5,097	281	257
자본	–	965	652	464	800
부채 및 자본합계	–	9,074	8,963	8,751	8,554
손익계산서					(단위:백만 원)
매출액	–	1,765	2,492	2,389	2,584
매출원가	–	1,243	1,785	1,706	1,794
매출총손익	–	522	708	682	789
판매비 및 관리비	–	478	776	714	654
영업손익	–	44	-68	-32	135
법인세비용차감전순손익	–	-145	-307	-268	-113
법인세비용	–	5	6	0	0
계속사업이익	–	-150	-313	-268	-113
중단사업손익	–	0	0	0	0
당기순손익	–	-150	-313	-268	-113
현금흐름표					(단위:백만 원)
영업활동순현금흐름	–	-58	-231	49	38
투자활동순현금흐름	–	-3,198	-247	0	-11
재무활동순현금흐름	–	3,451	229	4	-43
성장성비율					(단위:%)
총자산증가율	–	0	-1.23	-2.37	-2.24
매출액증가율	–	0	41.23	-4.15	8.15
수익성비율					(단위:%)
총자산순이익률	–	-3.3	-3.47	-3.03	-1.30
자기자본순이익률	–	-31.03	-38.72	-48.11	-17.87
매출액영업이익률	–	2.5	-2.74	-1.32	5.22
매출액순이익률	–	-8.48	-12.56	-11.23	-4.37
레버리지비율					(단위:%)
부채비율	–	840.62	1,275.13	1,787.55	969.11
이자보상비율	–	0.23	-0.29	-0.13	0.54
비유동비율	–	897.73	1,356.05	1,856.95	1,051.37
비유동장기적합률	–	119.1	153.74	1,156.48	796.01
유동성비율					(단위:%)
유동비율	–	22.95	3.87	1.77	1.89
당좌비율	–	22.7	3.59	1.71	1.83
현금비율	–	68.42	27.19	61.47	49.53
활동성비율					(단위:회)
총자산회전율	–	0.39	0.28	0.27	0.30
자기자본회전율	–	3.66	3.08	4.28	4.09
비유동자산회전율	–	0.41	0.28	0.27	0.30
재고자산회전율	–	772.05	370.52	354.73	534.17
생산성비율					(단위:%)
총자본투자효율	–	4.35	5.87	6.59	7.75
설비투자효율	–	14.26	6.46	7.29	8.60
부가가치의 구성					(단위:백만 원)
영업잉여	–	-148	-307	-269	-117
인건비	–	232	326	306	279.96
금융비용	–	192	239	237	251.53
감가상각비	–	79	219	230	207.72

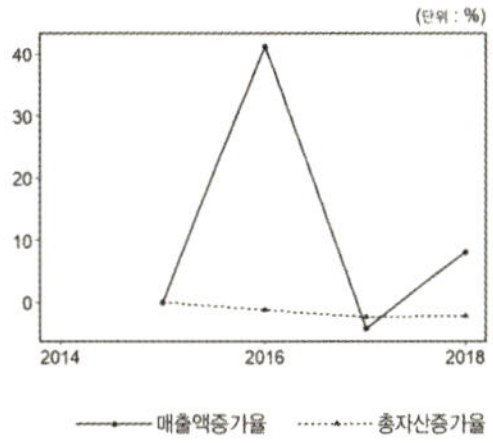

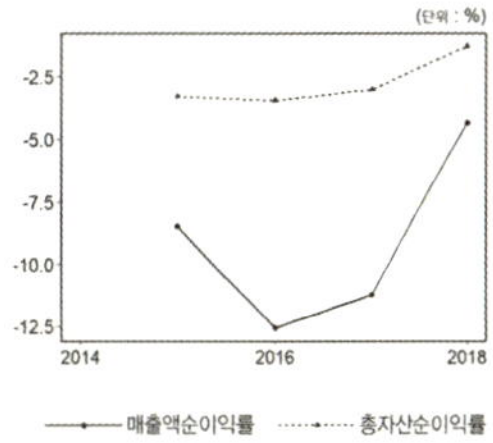

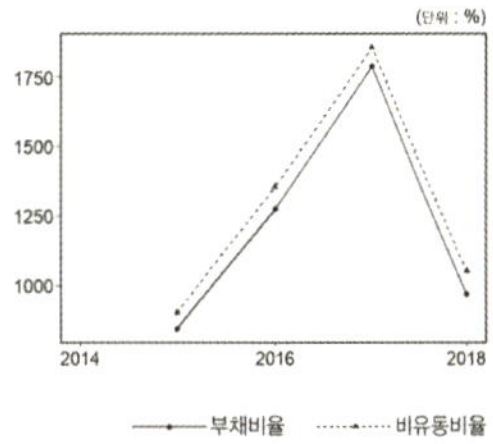

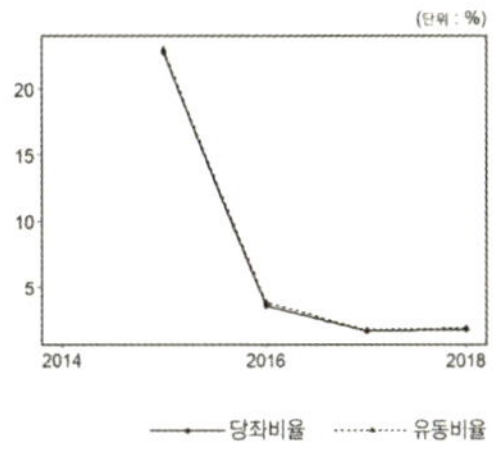

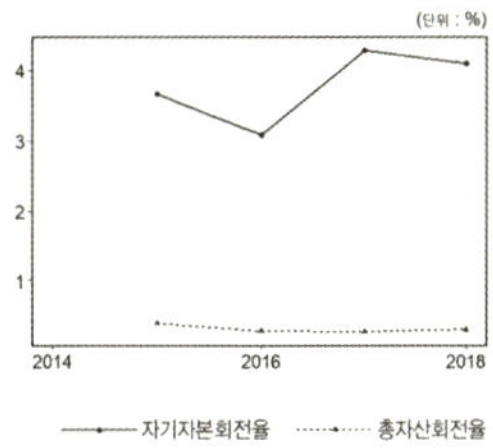

STAGE28

65 세한㈜(077379) SEHAN CO.,LTD. 외

설립일	2012.03.21	대표이사	신혜진
업종	서양식 음식점업	업종코드	56123
소재지	서울특별시 강동구 아리수로	주요브랜드	스테이지28

	2014	2015	2016	2017	2018
재무상태표					(단위:백만 원)
유동자산	–	2,336	1,849	4,239	1,674
당좌자산	–	2,297	1,807	4,210	1,644
재고자산	–	39	41	30	30
비유동자산	–	9,474	9,897	9,672	18,226
투자자산	–	300	300	256	0
유형자산	–	9,003	9,371	9,194	18,007
무형자산	–	0	15	12	8
자산총계	–	11,810	11,745	13,911	19,900
유동부채	–	166	253	224	264
비유동부채	–	11,609	398	3,624	12,103
자본	–	35	11,095	10,064	7,533
부채 및 자본합계	–	11,810	11,745	13,911	19,900
손익계산서					(단위:백만 원)
매출액	–	377	3,129	3,938	4,207
매출원가	–	309	1,510	2,118	2,274
매출총손익	–	69	1,619	1,819	1,933
판매비 및 관리비	–	1,557	2,580	2,829	4,475
영업손익	–	-1,489	-961	-1,010	-2,542
법인세비용차감전순손익	–	-1,830	-940	-1,031	-2,530
법인세비용	–	0	0	0	0
계속사업이익	–	-1,830	-940	-1,031	-2,530
중단사업손익	–	0	0	0	0
당기순손익	–	-1,830	-940	-1,031	-2,530
현금흐름표					(단위:백만 원)
영업활동순현금흐름	–	-3,054	866	-236	-175
투자활동순현금흐름	–	-4,695	-1,419	-3,096	-7,998
재무활동순현금흐름	–	7,600	750	3,150	8,500
성장성비율					(단위:%)
총자산증가율	–	0	-0.54	18.44	43.05
매출액증가율	–	0	729.4	25.84	6.83
수익성비율					(단위:%)
총자산순이익률	–	-30.99	-7.98	-8.04	-14.97
자기자본순이익률	–	-10,572.32	-16.89	-9.75	-28.76
매출액영업이익률	–	-394.59	-30.7	-25.64	-60.43
매출액순이익률	–	-485.02	-30.03	-26.18	-60.15
레버리지비율					(단위:%)
부채비율	–	34,014.47	5.86	38.23	164.16
이자보상비율	–	-4.19	–	–	-1,247.29
비유동비율	–	27,366.35	89.2	96.11	241.93
비유동장기적합률	–	81.36	86.11	70.66	92.82
유동성비율					(단위:%)
유동비율	–	1,408.94	731.37	1,893.34	633.85
당좌비율	–	1,385.64	714.99	1,880.09	622.45
현금비율	–	5.84	18.05	3.59	28.60
활동성비율					(단위:회)
총자산회전율	–	0.06	0.27	0.31	0.25
자기자본회전율	–	21.8	0.56	0.37	0.48
비유동자산회전율	–	0.08	0.32	0.4	0.30
재고자산회전율	–	19.53	78.19	110.8	140.68
생산성비율					(단위:%)
총자본투자효율	–	-5.06	7.66	8.05	-1.15
설비투자효율	–	-6.63	9.6	12.18	-1.27
부가가치의 구성					(단위:백만 원)
영업잉여	–	-1,830	-940	-1,010	-1,109
인건비	–	205	711	789	807.85
금융비용	–	341	-20	0	1.35
감가상각비	–	571	995	1,200	1,312.33

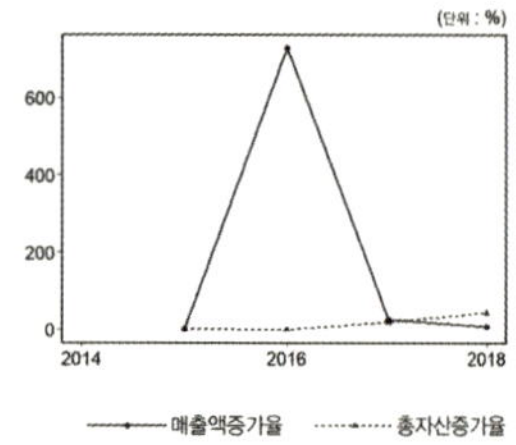

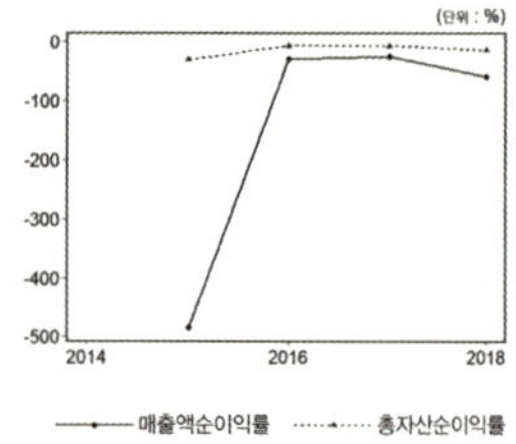

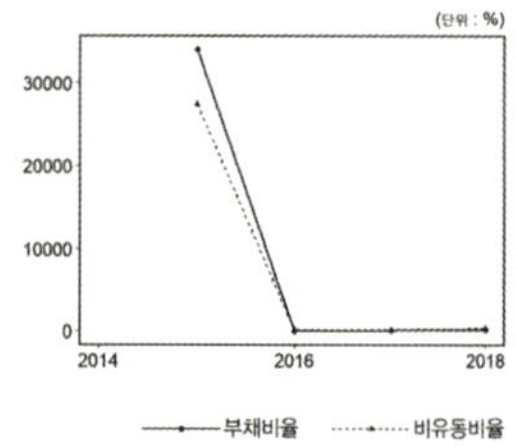

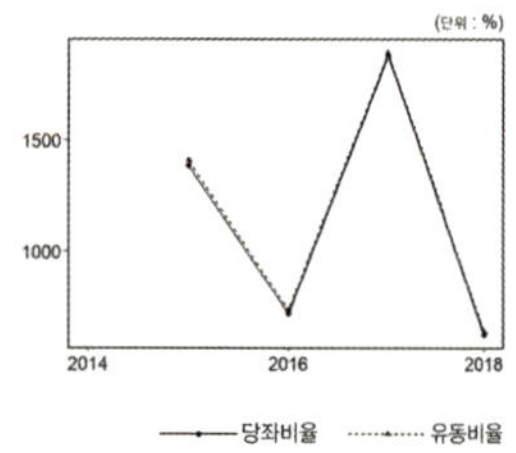

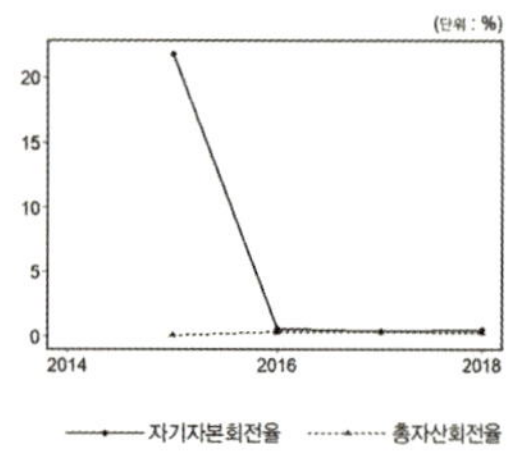

66 스무디킹코리아㈜(072281) Smoothie King Korea, Inc. 외

설립일	2015.12.01	대표이사	최성재
업종	기타 비알콜 음료점업	업종코드	56229
소재지	서울특별시 성동구 아차산로5길	주요브랜드	스무디킹

	2014	2015	2016	2017	2018
재무상태표					(단위:백만 원)
유동자산	–	2,991	4,126	6,362	7,197
당좌자산	–	1,490	2,869	4,884	5,635
재고자산	–	1,501	1,257	1,477	1,562
비유동자산	–	11,208	8,120	6,268	4,965
투자자산	–	0	0	0	0
유형자산	–	2,521	2,087	1,745	1,112
무형자산	–	87	56	155	187
자산총계	–	14,198	12,246	12,630	12,162
유동부채	–	3,536	2,243	2,547	2,329
비유동부채	–	2,107	1,880	1,890	2,155
자본	–	8,555	8,122	8,193	7,679
부채 및 자본합계	–	14,198	12,246	12,630	12,162
손익계산서					(단위:백만 원)
매출액	–	1,342	20,199	20,225	16,939
매출원가	–	545	8,854	9,996	8,785
매출총손익	–	796	11,345	10,229	8,154
판매비 및 관리비	–	1,025	12,158	10,452	8,620
영업손익	–	-229	-813	-223	-465
법인세비용차감전순손익	–	-202	-649	27	-375
법인세비용	–	-27	-159	6	-82
계속사업이익	–	-175	-490	22	-293
중단사업손익	–	0	0	0	0
당기순손익	–	-175	-490	22	-293
현금흐름표					(단위:백만 원)
영업활동순현금흐름	–	-130	2,295	2,600	489
투자활동순현금흐름	–	0	-1,724	-1,670	1,708
재무활동순현금흐름	–	0	0	0	0
성장성비율					(단위:%)
총자산증가율	–	0	-13.75	3.14	-3.70
매출액증가율	–	0	1,405.69	0.13	-16.25
수익성비율					(단위:%)
총자산순이익률	–	-2.47	-3.71	0.17	-2.36
자기자본순이익률	–	-4.09	-5.88	0.27	-3.69
매출액영업이익률	–	-17.04	-4.02	-1.1	-2.75
매출액순이익률	–	-13.05	-2.43	0.11	-1.73
레버리지비율					(단위:%)
부채비율	–	65.96	50.77	54.16	58.39
이자보상비율	–	-74.67	-53.57	-18.84	-106.98
비유동비율	–	131	99.97	76.51	64.66
비유동장기적합률	–	105.12	81.18	62.17	50.49
유동성비율					(단위:%)
유동비율	–	84.57	183.95	249.73	309.06
당좌비율	–	42.13	127.9	191.74	241.98
현금비율	–	7.54	19.3	26.99	54.40
활동성비율					(단위:회)
총자산회전율	–	0.19	1.53	1.63	1.37
자기자본회전율	–	0.31	2.42	2.48	2.13
비유동자산회전율	–	0.24	2.09	2.81	3.02
재고자산회전율	–	1.79	14.65	14.79	11.15
생산성비율					(단위:%)
총자본투자효율	–	4.21	63.59	55.01	45.60
설비투자효율	–	23.69	373.06	398.11	498.79
부가가치의 구성					(단위:백만 원)
영업잉여	–	-204	-565	-96	-351
인건비	–	256	3,214	2,720	2,507.33
금융비용	–	-24	-247	-127	-113.67
감가상각비	–	101	1,121	882	708.29

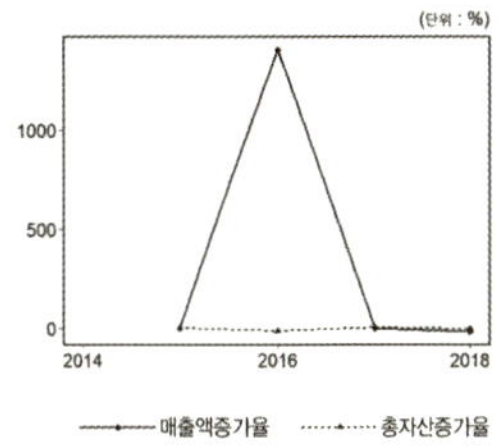

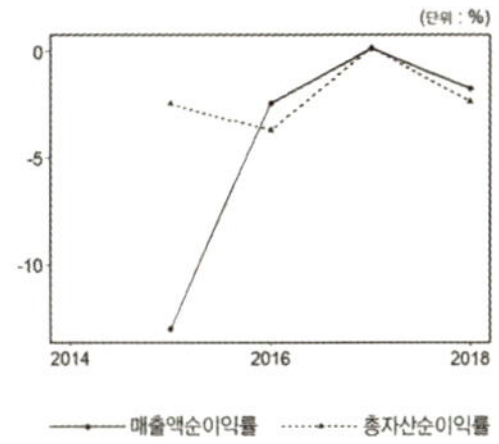

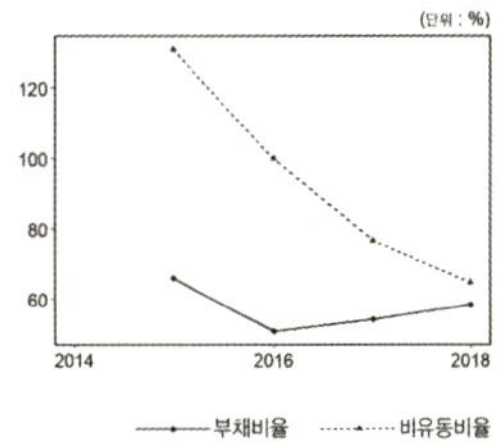

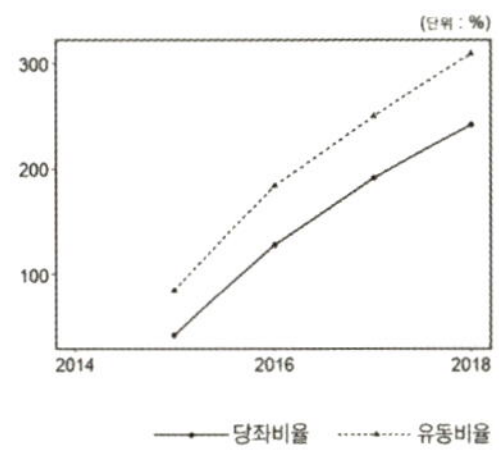

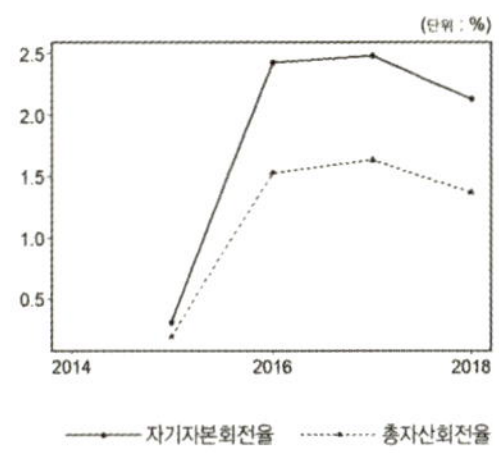

(주)씨디엔에이

67 ㈜씨디엔에이(078644)CDNA 외

설립일	2012.12.10	대표이사	김태성
업종	한식 음식점업	업종코드	56111
소재지	서울특별시 마포구 와우산로	주요브랜드	삼거리포차

	2014	2015	2016	2017	2018
재무상태표					(단위:백만 원)
유동자산	–	794	1,379	1,345	761
당좌자산	–	742	1,148	1,051	654
재고자산	–	52	231	294	107
비유동자산	–	7,137	6,530	7,264	7,095
투자자산	–	0	0	0	0
유형자산	–	3,108	2,502	3,353	3,087
무형자산	–	1,468	1,468	1,448	1,448
자산총계	–	7,931	7,908	8,609	7,856
유동부채	–	7,862	4,140	3,338	4,676
비유동부채	–	0	2,842	4,337	3,458
자본	–	70	927	934	-278
부채 및 자본합계	–	7,931	7,908	8,609	7,856
손익계산서					(단위:백만 원)
매출액	–	10,843	11,527	11,608	12,765
매출원가	–	6,944	7,660	7,911	8,714
매출총손익	–	3,898	3,868	3,697	4,051
판매비 및 관리비	–	3,581	3,495	3,260	4,993
영업손익	–	317	373	437	-942
법인세비용차감전순손익	–	-271	121	12	-1,212
법인세비용	–	0	0	5	0
계속사업이익	–	-271	121	7	-1,212
중단사업손익	–	0	0	0	0
당기순손익	–	-271	121	7	-1,212
현금흐름표					(단위:백만 원)
영업활동순현금흐름	–	1,535	656	305	1,023
투자활동순현금흐름	–	-3,275	-257	-1,313	-1,074
재무활동순현금흐름	–	1,355	82	742	-108
성장성비율					(단위:%)
총자산증가율	–	0	-0.29	8.86	-8.74
매출액증가율	–	0	6.32	0.70	9.96
수익성비율					(단위:%)
총자산순이익률	–	-6.84	1.52	0.09	-14.72
자기자본순이익률	–	-777.51	24.23	0.78	0
매출액영업이익률	–	2.93	3.23	3.77	-7.38
매출액순이익률	–	-2.50	1.05	0.06	-9.50
레버리지비율					(단위:%)
부채비율	–	11,269.34	753.21	821.61	0
이자보상비율	–	1.15	1.65	1.95	-4.12
비유동비율	–	10,231.05	704.45	777.60	0
비유동장기적합률	–	10,231.05	173.26	137.80	0
유동성비율					(단위:%)
유동비율	–	10.10	33.31	40.30	16.28
당좌비율	–	9.44	27.72	31.49	13.98
현금비율	–	35.84	55.54	37.12	44.60
활동성비율					(단위:회)
총자산회전율	–	2.73	1.46	1.41	1.55
자기자본회전율	–	310.85	23.13	12.48	0
비유동자산회전율	–	3.04	1.69	1.68	1.78
재고자산회전율	–	419.19	81.46	44.17	63.56
생산성비율					(단위:%)
총자본투자효율	–	43.43	47.91	37.40	42.49
설비투자효율	–	110.84	159.70	96.04	108.16
부가가치의 구성					(단위:백만 원)
영업잉여	–	40	147	213	-1,170
인건비	–	2,133.76	2,284.83	2,274.41	2,864.02
금융비용	–	276.73	225.66	223.71	228.06
감가상각비	–	780.28	847.03	426.98	1,144.20

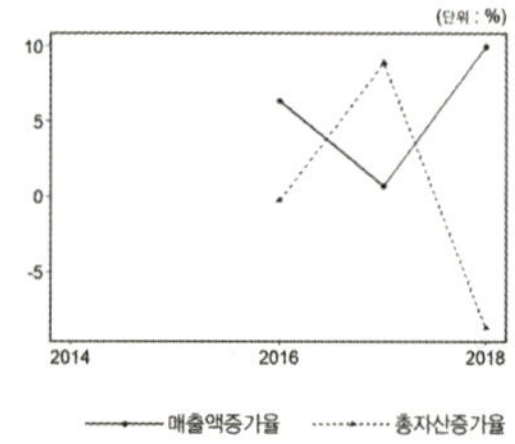

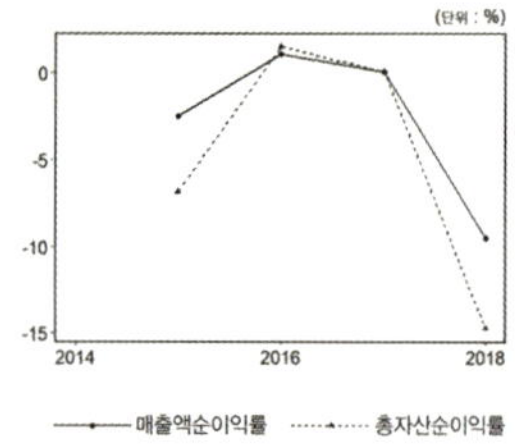

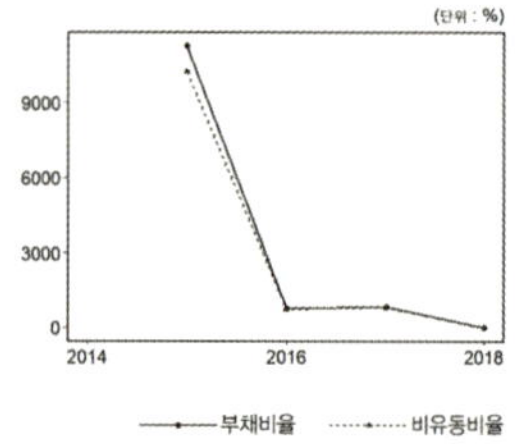

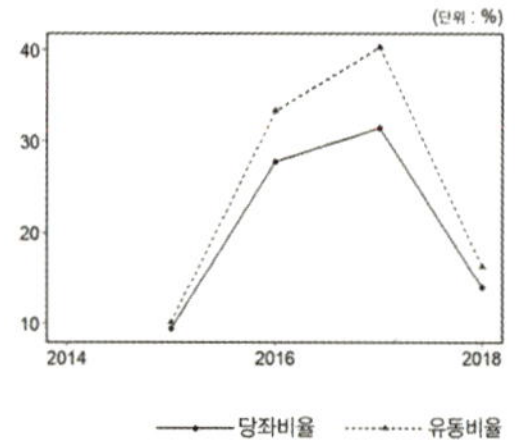

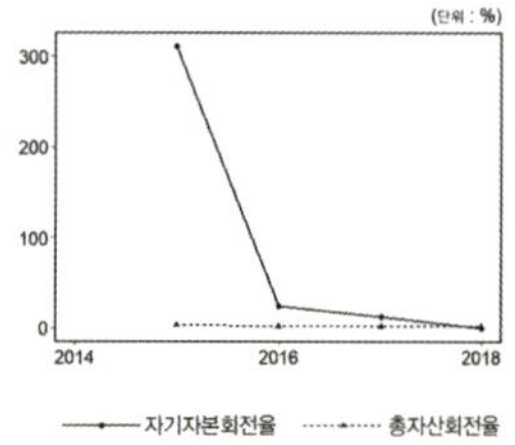

68 아모제푸드㈜(017701) AMOJE Inc. 외

설립일	1996.05.01	대표이사	신희호
업종	다업종업	업종코드	56300
소재지	서울시 강남구 언주로	주요브랜드	카페아모제, 오무토토마토, 푸드캐피탈

	2014	2015	2016	2017	2018
재무상태표					(단위:백만 원)
유동자산	16,046	19,822	19,684	16,968	16,205
당좌자산	15,576	19,481	19,337	16,968	16,205
재고자산	470	342	347	0	0
비유동자산	48,335	44,703	38,340	25,482	22,290
투자자산	27,634	25,795	24,439	255	268
유형자산	8,996	7,386	3,852	15,830	15,423
무형자산	214	0	0	0	0
자산총계	64,381	64,526	58,024	42,449	38,496
유동부채	27,602	32,757	29,981	25,153	18,670
비유동부채	7,224	5,045	4,206	3,314	3,540
자본	29,555	26,724	23,836	13,983	16,286
부채 및 자본합계	64,381	64,526	58,024	42,449	38,496
손익계산서					(단위:백만 원)
매출액	101,981	87,022	77,709	82,239	86,779
매출원가	86,083	75,758	68,242	75,086	77,382
매출총손익	15,898	11,264	9,468	7,152	9,397
판매비 및 관리비	13,395	11,779	10,160	4,951	5,988
영업손익	2,503	-514	-692	2,201	3,409
법인세비용차감전순손익	700	-3,565	-3,610	4,849	3,103
법인세비용	185	-734	-716	1,137	810
계속사업이익	515	-2,832	-2,895	3,712	2,293
중단사업손익	0	0	0	0	0
당기순손익	515	-2,832	-2,895	3,712	2,293
현금흐름표					(단위:백만 원)
영업활동순현금흐름	8,852	-1,407	1,124	4,018	2,626
투자활동순현금흐름	-3,625	-7,811	-1,621	8,054	1,730
재무활동순현금흐름	-1,584	5,891	415	-12,263	-4,268
성장성비율					(단위:%)
총자산증가율	25.12	0.23	-10.08	-26.84	-9.31
매출액증가율	2.54	-14.67	-10.7	5.83	5.52
수익성비율					(단위:%)
총자산순이익률	0.89	-4.39	-4.72	7.39	5.66
자기자본순이익률	2.02	-10.06	-11.45	19.63	15.15
매출액영업이익률	2.45	-0.59	-0.89	2.68	3.93
매출액순이익률	0.51	-3.25	-3.73	4.51	2.64
레버리지비율					(단위:%)
부채비율	117.84	141.45	143.43	203.58	136.38
이자보상비율	2.55	-0.62	-0.7	2.54	4.10
비유동비율	163.54	167.28	160.85	182.24	136.87
비유동장기적합률	131.42	140.72	136.72	147.33	112.43
유동성비율					(단위:%)
유동비율	58.13	60.51	65.65	67.46	86.80
당좌비율	56.43	59.47	64.5	67.46	86.80
현금비율	24.11	2.73	2.33	1.59	2.20
활동성비율					(단위:회)
총자산회전율	1.76	1.35	1.27	1.64	2.14
자기자본회전율	4	3.09	3.07	4.35	5.73
비유동자산회전율	2.33	1.87	1.87	2.58	3.63
재고자산회전율	210.82	214.54	225.85	474.6	0
생산성비율					(단위:%)
총자본투자효율	16.03	7.26	5.21	21.84	18.46
설비투자효율	114.71	63.45	78.55	59.12	46.07
부가가치의 구성					(단위:백만 원)
영업잉여	1,967	-1,089	-1,252	1,816	2,846
인건비	4,019	3,357	3,023	2,391	2,376.19
금융비용	771	593	553	385	463.51
감가상각비	4,583	4,067	2,832	1,547	1,042.86

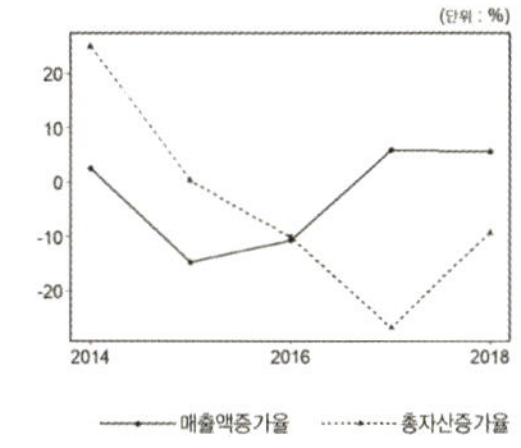

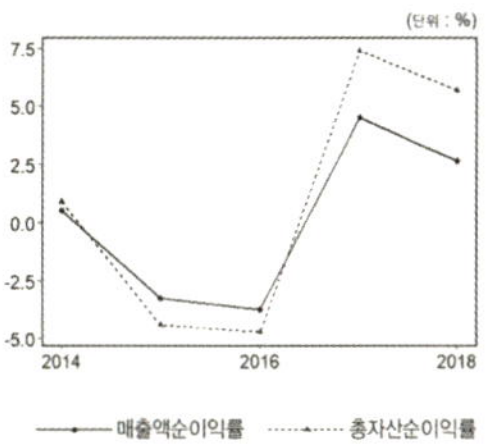

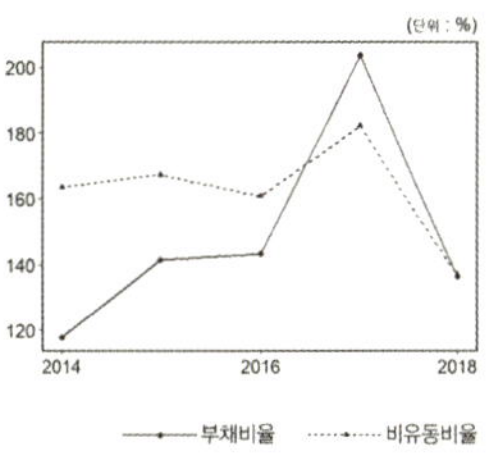

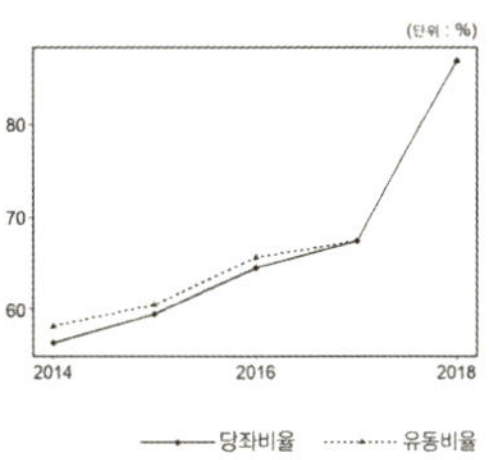

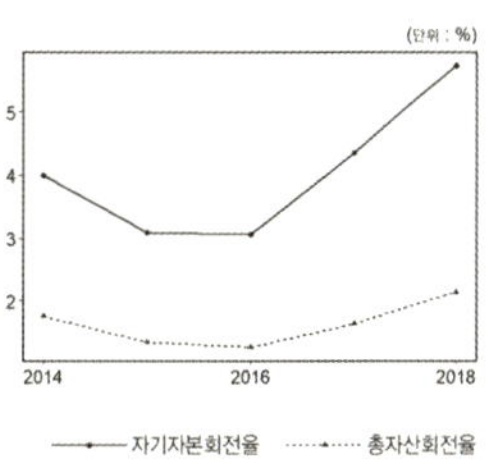

69 에렉스에프앤㈜(014280) ELX F&B. Co.,Ltd 외

에렉스에프앤비㈜

설립일	1978.06.14	대표이사	곽기훈
업종	다업종업	업종코드	56300
소재지	서울 강남 테헤란로87길	주요브랜드	P.F. Chang's, PEIWEI

	2014	2015	2016	2017	2018
재무상태표					(단위:백만 원)
유동자산	3,126	2,527	3,147	3,441	2,959
당좌자산	2,606	1,931	2,628	2,886	2,490
재고자산	520	596	519	555	469
비유동자산	14,666	12,954	15,645	16,566	14,854
투자자산	603	603	3	3	3
유형자산	5,561	4,272	7,692	8,164	7,377
무형자산	598	524	970	1,212	1,112
자산총계	17,793	15,481	18,792	20,007	17,814
유동부채	11,307	8,450	13,637	14,910	13,107
비유동부채	1,283	2,398	1,860	1,688	1,840
자본	5,203	4,634	3,295	3,409	2,866
부채 및 자본합계	17,793	15,481	18,792	20,007	17,814
손익계산서					(단위:백만 원)
매출액	36,604	37,257	38,288	42,375	39,798
매출원가	35,868	34,509	35,611	39,271	37,050
매출총손익	736	2,748	2,676	3,104	2,747
판매비 및 관리비	3,001	2,799	2,917	2,674	2,528
영업손익	-2,265	-50	-241	431	219
법인세비용차감전순손익	-3,277	-614	-1,164	146	-267
법인세비용	-720	-45	175	32	276
계속사업이익	-2,557	-570	-1,338	114	-543
중단사업손익	0	0	0	0	0
당기순손익	-2,557	-570	-1,338	114	-543
현금흐름표					(단위:백만 원)
영업활동순현금흐름	801	-1,237	2,735	-326	2,358
투자활동순현금흐름	-4,040	1,010	-4,991	-2,718	-571
재무활동순현금흐름	3,234	197	2,285	3,014	-1,802
성장성비율					(단위:%)
총자산증가율	17.48	-12.99	21.39	6.47	-10.96
매출액증가율	-4.81	1.78	2.77	10.68	-6.08
수익성비율					(단위:%)
총자산순이익률	-15.52	-3.42	-7.81	0.59	-2.87
자기자본순이익률	-39.45	-11.58	-33.76	3.39	-17.29
매출액영업이익률	-6.19	-0.13	-0.63	1.02	0.55
매출액순이익률	-6.98	-1.53	-3.5	0.27	-1.36
레버리지비율					(단위:%)
부채비율	241.96	234.1	470.29	486.9	521.48
이자보상비율	-14.89	-0.2	-0.9	1.09	0.53
비유동비율	281.87	279.57	474.78	485.96	518.24
비유동장기적합률	226.13	184.23	303.49	325.05	315.64
유동성비율					(단위:%)
유동비율	27.65	29.9	23.08	23.08	22.58
당좌비율	23.05	22.85	19.27	19.36	19
현금비율	5.49	5.58	5.39	4.06	4.20
활동성비율					(단위:회)
총자산회전율	2.22	2.24	2.23	2.18	2.10
자기자본회전율	5.65	7.58	9.66	12.64	12.68
비유동자산회전율	2.74	2.70	2.68	2.63	2.53
재고자산회전율	74.60	66.76	68.70	78.97	77.79
생산성비율					(단위:%)
총자본투자효율	0.41	19.08	14.72	22.48	22.49
설비투자효율	1.31	69.13	35.97	55.08	54.30
부가가치의 구성					(단위:백만 원)
영업잉여	-2,392	-281	-491	46	-195
인건비	1,878	1,720	1,967	1,919	1,896.77
금융비용	127	231	257	388	409.81
감가상각비	1,049	1,288	1,408	1,795	1,729.06

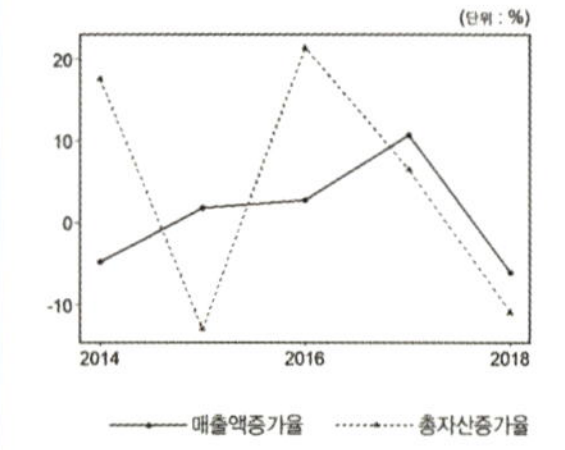

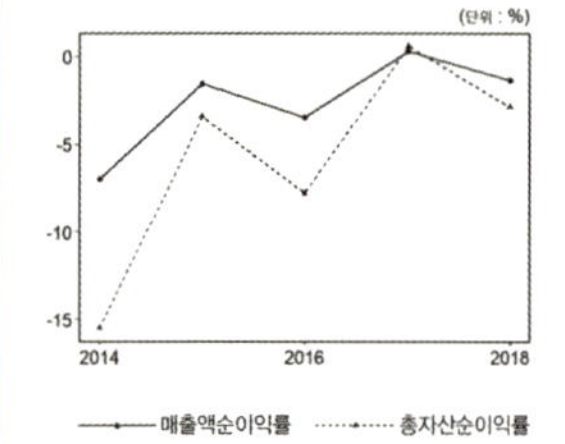

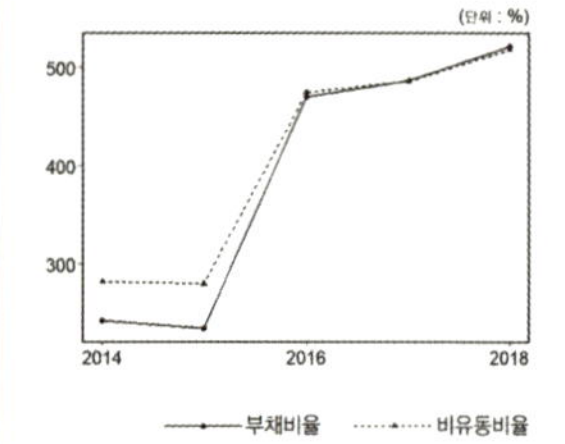

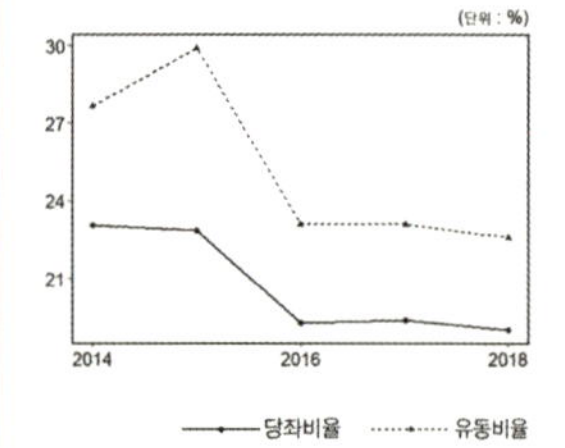

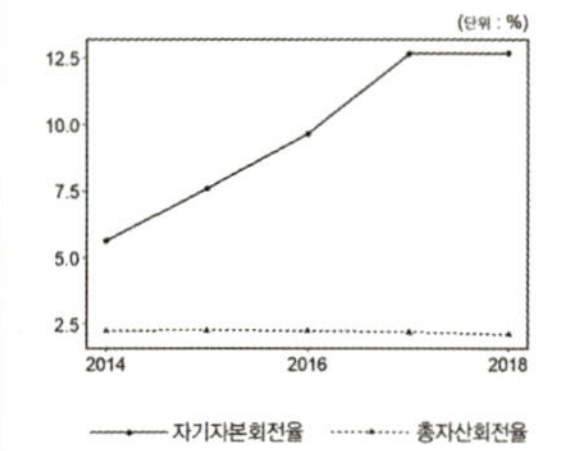

S+ International

70 에스플러스인터내셔널(064433) S-PLUS INTERNATIONAL.CORP			외
설립일	2012.09.01	대표이사	서동범
업종	서양식 음식점업	업종코드	56123
소재지	서울시 강남구 도산대로	주요브랜드	베이크하우스, 에스플러스갤러리, 꼴라메르까토

	2014	2015	2016	2017	2018
재무상태표					(단위:백만 원)
유동자산	873	870	1,337	1,179	656
당좌자산	595	589	971	800	462
재고자산	278	281	366	378	194
비유동자산	16,999	17,074	28,903	24,709	23,702
투자자산	7,488	7,437	3,821	3,762	3,738
유형자산	8,602	8,899	22,595	18,182	17,499
무형자산	21	14	27	23	16
자산총계	17,872	17,945	30,240	25,888	24,358
유동부채	3,979	4,763	5,739	4,047	4,330
비유동부채	1,803	1,803	4,738	2,488	2,638
자본	12,090	11,379	19,763	19,353	17,390
부채 및 자본합계	17,872	17,945	30,240	25,888	24,358
손익계산서					(단위:백만 원)
매출액	3,770	4,045	5,209	5,839	5,701
매출원가	2,487	2,941	3,969	4,501	4,314
매출총손익	1,283	1,103	1,240	1,338	1,387
판매비 및 관리비	2,158	3,038	3,547	3,733	3,226
영업손익	−875	−1,935	−2,307	−2,395	−1,839
법인세비용차감전순손익	−958	−2,103	−2,615	−552	−1,938
법인세비용	0	0	0	0	0
계속사업이익	−958	−2,103	−2,615	−552	−1,938
중단사업손익	0	0	0	0	0
당기순손익	−958	−2,103	−2,615	−552	−1,938
현금흐름표					(단위:백만 원)
영업활동순현금흐름	−3	−1,629	−1,734	−1,534	−1,130
투자활동순현금흐름	−939	−905	2,351	1,250	738
재무활동순현금흐름	1,000	2,592	−600	200	400
성장성비율					(단위:%)
총자산증가율	3.17	0.41	68.52	−14.39	−5.91
매출액증가율	8.05	7.29	28.78	12.09	−2.37
수익성비율					(단위:%)
총자산순이익률	−5.44	−11.74	−10.86	−1.97	−7.71
자기자본순이익률	−7.62	−17.92	−16.8	−2.82	−10.55
매출액영업이익률	−23.21	−47.83	−44.28	−41.02	−32.26
매출액순이익률	−25.41	−52	−50.21	−9.45	−34
레버리지비율					(단위:%)
부채비율	47.83	57.71	53.01	33.77	40.07
이자보상비율	−8.65	−16.34	−10.16	−22.29	−12.78
비유동비율	140.6	150.06	146.25	127.68	136.29
비유동장기적합률	122.35	129.53	117.97	113.13	118.34
유동성비율					(단위:%)
유동비율	21.95	18.27	23.3	29.13	15.16
당좌비율	14.96	12.37	16.92	19.78	10.68
현금비율	27.05	33.8	23.26	19.24	35.82
활동성비율					(단위:회)
총자산회전율	0.21	0.23	0.22	0.21	0.23
자기자본회전율	0.3	0.34	0.33	0.3	0.31
비유동자산회전율	0.22	0.24	0.23	0.22	0.24
재고자산회전율	10.64	14.47	16.1	15.69	19.92
생산성비율					(단위:%)
총자본투자효율	4.57	2.06	1.37	10.25	3.84
설비투자효율	9.5	4.16	1.84	14.6	5.34
부가가치의 구성					(단위:백만 원)
영업잉여	−973	−2,052	−2,532	−2,483	−1,981
인건비	1,016	1,384	1,476	1,631	1,257.36
금융비용	98	117	225	88	142.16
감가상각비	514	778	853	848	724.57

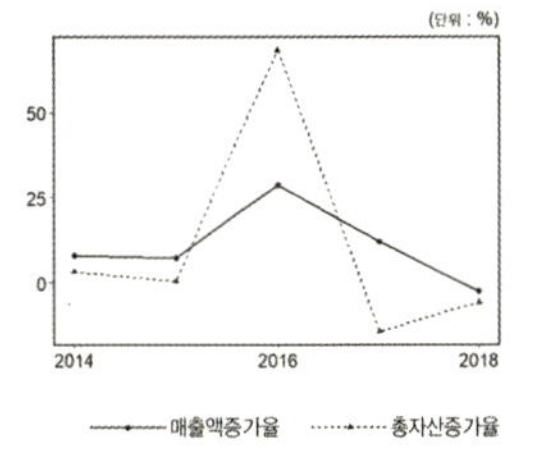

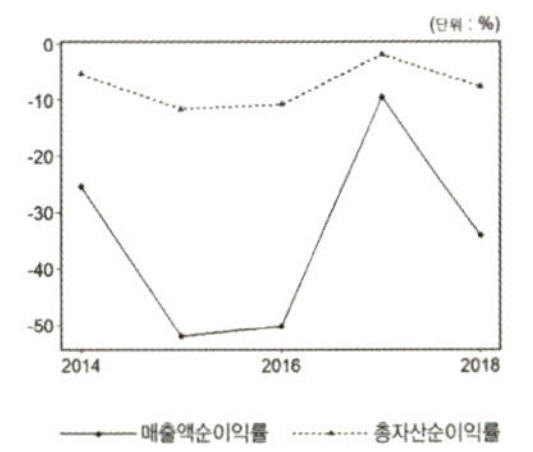

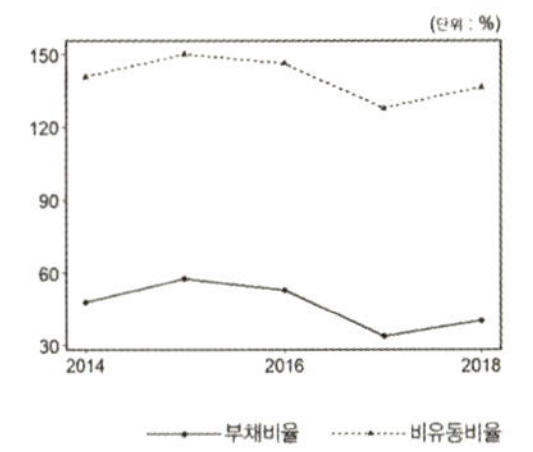

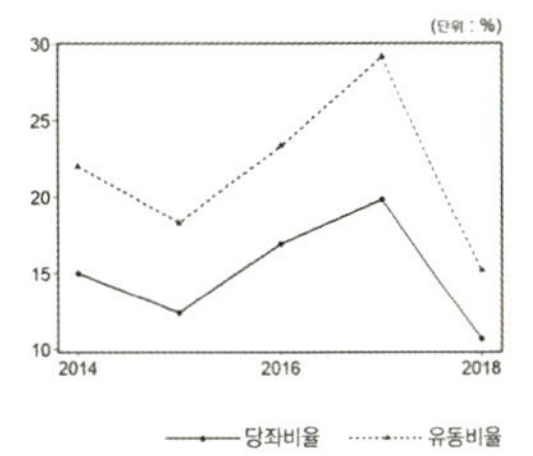

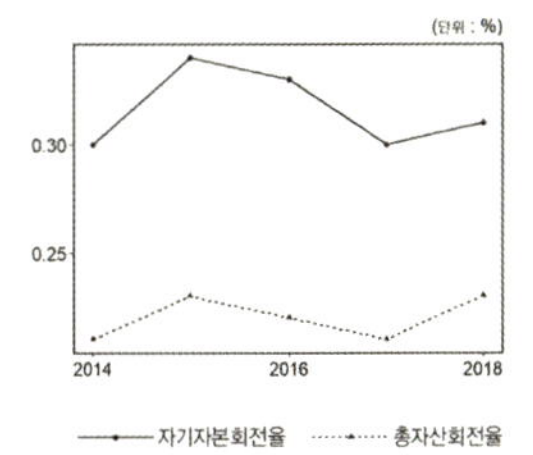

71 엠즈씨드㈜(065948) m's seed Co., Ltd. 외

m's seed

설립일	2013.06.03	대표이사	김용철
업종	커피 전문점	업종코드	56221
소재지	서울특별시 강남구 도산대로	주요브랜드	폴바셋

	2014	2015	2016	2017	2018
재무상태표					(단위:백만 원)
유동자산	5,705	3,965	6,821	9,428	11,264
당좌자산	5,376	3,496	5,305	8,192	9,552
재고자산	329	470	1,515	1,236	1,713
비유동자산	23,169	37,191	35,516	35,170	42,346
투자자산	0	0	2	2	2,262
유형자산	11,824	20,044	17,480	15,876	16,323
무형자산	1,726	1,921	1,811	1,709	2,163
자산총계	28,874	41,156	42,337	44,599	53,610
유동부채	10,015	7,092	9,201	25,401	27,977
비유동부채	518	16,388	16,434	1,685	825
자본	18,341	17,676	16,702	17,512	24,809
부채 및 자본합계	28,874	41,156	42,337	44,599	53,610
손익계산서					(단위:백만 원)
매출액	28,545	48,443	65,355	75,676	93,828
매출원가	7,791	0	0	0	0
매출총손익	20,754	48,443	65,355	75,676	93,828
판매비 및 관리비	19,300	48,583	65,042	73,423	95,125
영업손익	1,454	-140	313	2,254	-1,297
법인세비용차감전순손익	1,429	-339	-1,398	1,076	-2,427
법인세비용	296	-154	-348	139	-1,003
계속사업이익	1,133	-185	-1,050	936	-1,425
중단사업손익	0	0	0	0	0
당기순손익	1,133	-185	-1,050	936	-1,425
현금흐름표					(단위:백만 원)
영업활동순현금흐름	7,758	3,693	4,728	9,633	7,863
투자활동순현금흐름	-13,594	-19,270	-6,021	-7,222	-6,199
재무활동순현금흐름	2,800	12,930	978	-875	-1,908
성장성비율					(단위:%)
총자산증가율	33.12	42.54	2.87	5.34	20.21
매출액증가율	141.89	69.71	34.91	15.79	23.99
수익성비율					(단위:%)
총자산순이익률	4.48	-0.53	-2.52	2.15	-2.90
자기자본순이익률	6.35	-1.03	-6.11	5.47	-6.73
매출액영업이익률	5.09	-0.29	0.48	2.98	-1.38
매출액순이익률	3.97	-0.38	-1.61	1.24	-1.52
레버리지비율					(단위:%)
부채비율	57.43	132.83	153.49	154.68	116.10
이자보상비율	49.11	-0.55	0.74	5.47	-3.46
비유동비율	126.32	210.4	212.65	200.84	170.69
비유동장기적합률	122.85	109.18	107.18	183.21	165.20
유동성비율					(단위:%)
유동비율	56.97	55.91	74.13	37.12	40.26
당좌비율	53.69	49.29	57.66	32.25	34.14
현금비율	67.71	30.67	13.21	25.84	19.47
활동성비율					(단위:회)
총자산회전율	1.13	1.38	1.57	1.74	1.91
자기자본회전율	1.6	2.69	3.8	4.42	4.43
비유동자산회전율	1.57	1.61	1.8	2.14	2.42
재고자산회전율	79.89	121.29	65.85	55.01	63.64
생산성비율					(단위:%)
총자본투자효율	60.26	70.48	91.52	103.99	106.06
설비투자효율	156.02	146.64	223.26	292.13	349.52
부가가치의 구성					(단위:백만 원)
영업잉여	1,664	-331	-97	1,877	-1,624
인건비	7,401	12,886	17,924	21,312	30,902.30
금융비용	-210	191	411	377	326.98
감가상각비	3,379	5,952	7,527	8,050	9,428.17

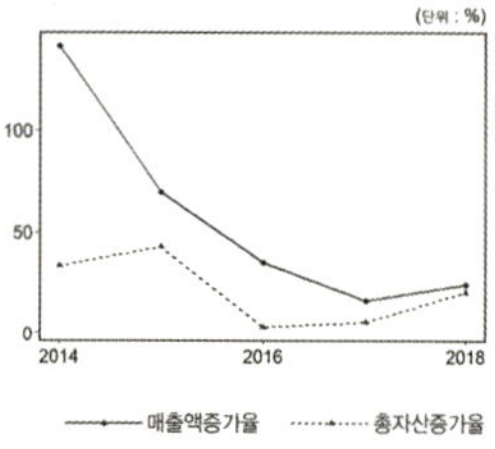

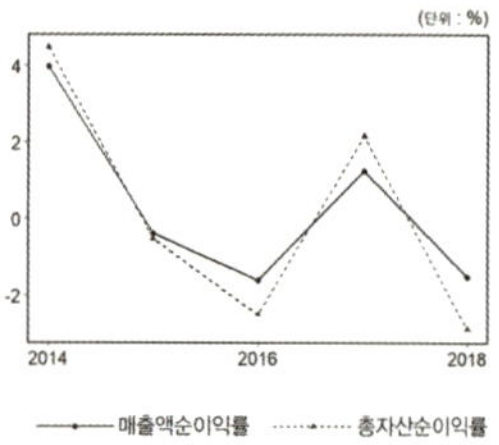

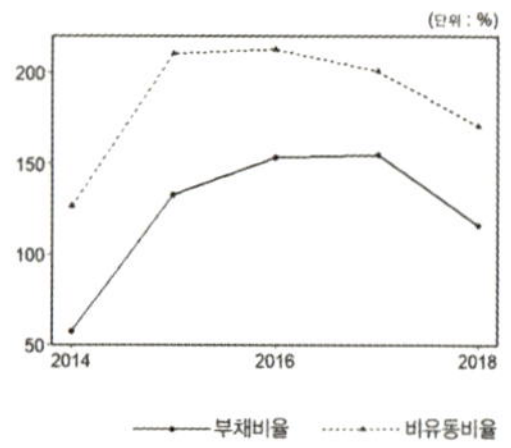

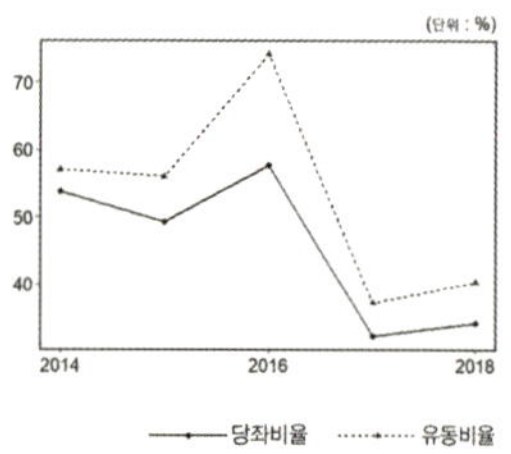

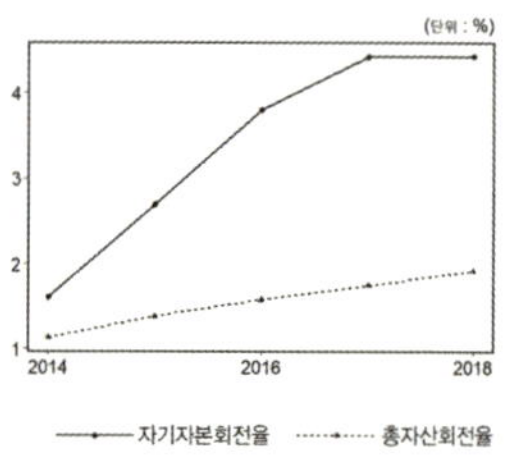

원앤원 주식회사	72 원앤원㈜(045786) WON AND WON CO., LTD.			외
	설립일	1998.01.05	대표이사	박천희
	업종	한식 일반 음식점업	업종코드	56111
	소재지	충남 천안시 서북구 번영로	주요브랜드	원할머니보쌈족발, 박가부대, 모리샤브

	2014	2015	2016	2017	2018
재무상태표					(단위:백만 원)
유동자산	9,300	15,296	10,844	11,401	13,737
당좌자산	6,349	12,944	6,968	6,528	9,682
재고자산	2,951	2,352	3,875	4,873	4,055
비유동자산	29,808	26,362	43,891	42,644	41,075
투자자산	1,020	1,051	773	761	733
유형자산	22,179	20,054	38,217	38,153	35,175
무형자산	2,006	1,885	1,419	1,076	3,057
자산총계	39,108	41,658	54,734	54,044	54,812
유동부채	10,469	11,049	8,887	9,186	8,715
비유동부채	0	0	14,187	12,520	10,968
자본	28,639	30,610	31,660	32,338	35,129
부채 및 자본합계	39,108	41,658	54,734	54,044	54,812
손익계산서					(단위:백만 원)
매출액	73,886	76,685	75,336	74,744	69,322
매출원가	38,691	40,129	40,722	43,338	38,923
매출총손익	35,196	36,557	34,614	31,407	30,399
판매비 및 관리비	36,633	35,068	32,707	30,517	30,357
영업손익	-1,438	1,489	1,906	890	42
법인세비용차감전순손익	-6,763	1,971	1,051	678	3,184
법인세비용	0	0	0	0	394
계속사업이익	-6,763	1,971	1,051	678	2,790
중단사업손익	0	0	0	0	0
당기순손익	-6,763	1,971	1,051	678	2,790
현금흐름표					(단위:백만 원)
영업활동순현금흐름	2,498	5,897	2,194	1,410	4,759
투자활동순현금흐름	-2,681	210	-20,014	-1,242	72
재무활동순현금흐름	772	-72	12,020	-695	-1,552
성장성비율					(단위:%)
총자산증가율	-9.37	6.52	31.39	-1.26	1.42
매출액증가율	12.01	3.79	-1.76	-0.78	-7.25
수익성비율					(단위:%)
총자산순이익률	-16.44	4.88	2.18	1.25	5.13
자기자본순이익률	-21.09	6.65	3.38	2.12	8.27
매출액영업이익률	-1.95	1.94	2.53	1.19	0.06
매출액순이익률	-9.15	2.57	1.39	0.91	4.03
레버리지비율					(단위:%)
부채비율	36.56	36.09	72.88	67.12	56.03
이자보상비율	-16.14	15.71	9.76	2.29	0.12
비유동비율	104.08	86.12	138.63	131.87	116.93
비유동장기적합률	104.08	86.12	95.73	95.06	89.10
유동성비율					(단위:%)
유동비율	88.83	138.44	122.02	124.1	157.63
당좌비율	60.64	117.15	78.41	71.06	111.10
현금비율	44.34	66.42	40.2	33.6	51.75
활동성비율					(단위:회)
총자산회전율	1.8	1.9	1.56	1.37	1.27
자기자본회전율	2.3	2.59	2.42	2.34	2.06
비유동자산회전율	2.38	2.73	2.14	1.73	1.66
재고자산회전율	23.99	28.92	24.19	17.09	15.53
생산성비율					(단위:%)
총자본투자효율	43.31	61.19	41.16	39.34	42.62
설비투자효율	76.37	127.1	58.94	55.73	66.42
부가가치의 구성					(단위:백만 원)
영업잉여	-1,500	1,428	1,751	513	-267
인건비	15,443	16,325	14,923	13,511	13,167.75
금융비용	75	61	164	378	307.93
감가상각비	4,182	2,948	2,419	2,432	2,565.91

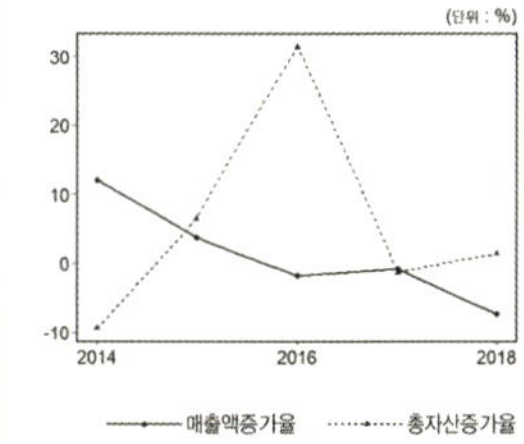

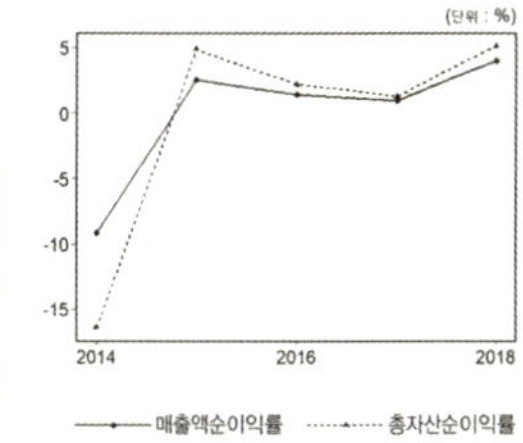

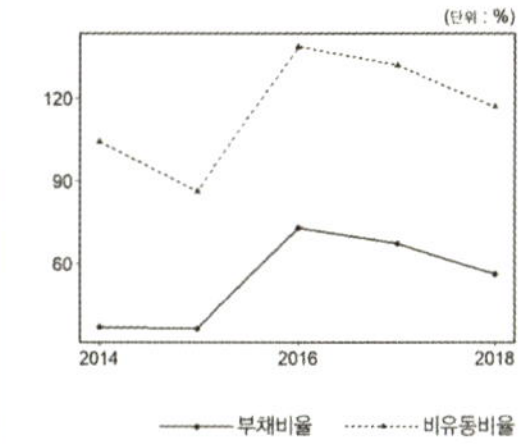

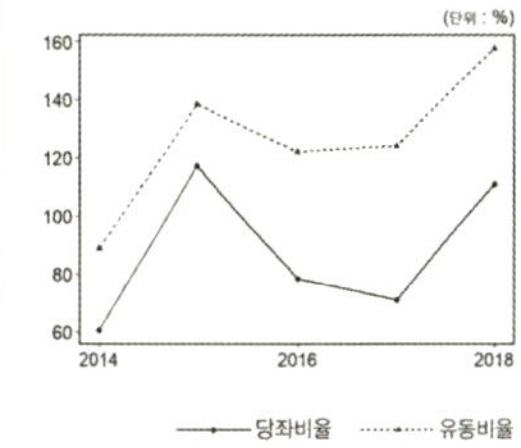

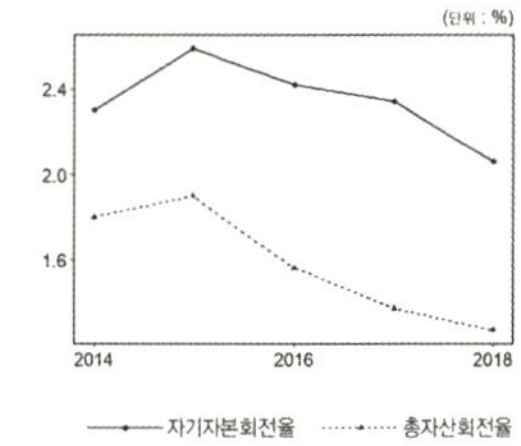

73 ㈜ 갓텐코리아(087406) gattenkorea co.,ltd 외

설립일	2010.07.28	대표이사	제성수
업종	일식 음식점업	업종코드	56122
소재지	경기도 하남시 산곡동로	주요브랜드	갓텐스시

	2014	2015	2016	2017	2018
재무상태표					(단위:백만 원)
유동자산	–	–	–	1,989	3,629
당좌자산	–	–	–	1,404	2,588
재고자산	–	–	–	585	1,040
비유동자산	–	–	–	5,355	4,980
투자자산	–	–	–	2	3
유형자산	–	–	–	3,034	2,498
무형자산	–	–	–	55	74
자산총계	–	–	–	7,344	8,609
유동부채	–	–	–	3,024	4,014
비유동부채	–	–	–	5,661	5,893
자본	–	–	–	-1,341	-1,297
부채 및 자본합계	–	–	–	7,344	8,609
손익계산서					(단위:백만 원)
매출액	–	–	–	18,759	25,067
매출원가	–	–	–	17,145	22,282
매출총손익	–	–	–	1,614	2,785
판매비 및 관리비	–	–	–	1,877	2,393
영업손익	–	–	–	-263	391
법인세비용차감전순손익	–	–	–	28	44
법인세비용	–	–	–	0	0
계속사업이익	–	–	–	28	44
중단사업손익	–	–	–	0	0
당기순손익	–	–	–	28	44
현금흐름표					(단위:백만 원)
영업활동순현금흐름	–	–	–	499	2,449
투자활동순현금흐름	–	–	–	-2,894	-1,118
재무활동순현금흐름	–	–	–	1,615	-186
성장성비율					(단위:%)
총자산증가율	–	–	–	0	17.23
매출액증가율	–	–	–	0	33.63
수익성비율					(단위:%)
총자산순이익률	–	–	–	0.77	0.55
자기자본순이익률	–	–	–	0	0
매출액영업이익률	–	–	–	-1.40	1.56
매출액순이익률	–	–	–	0.15	0.18
레버리지비율					(단위:%)
부채비율	–	–	–	0	0
이자보상비율	–	–	–	-4	6.11
비유동비율	–	–	–	0	0
비유동장기적합률	–	–	–	0	0
유동성비율					(단위:%)
유동비율	–	–	–	65.77	90.41
당좌비율	–	–	–	46.43	64.49
현금비율	–	–	–	3.20	33.30
활동성비율					(단위:회)
총자산회전율	–	–	–	5.11	3.14
자기자본회전율	–	–	–	0	0
비유동자산회전율	–	–	–	7.01	4.85
재고자산회전율	–	–	–	64.16	30.85
생산성비율					(단위:%)
총자본투자효율	–	–	–	36.83	37.23
설비투자효율	–	–	–	89.16	132.03
부가가치의 구성					(단위:백만 원)
영업잉여	–	–	–	-328	327
인건비	–	–	–	1,156.60	1,384.26
금융비용	–	–	–	65.43	63.51
감가상각비	–	–	–	1,293.41	1,553.53

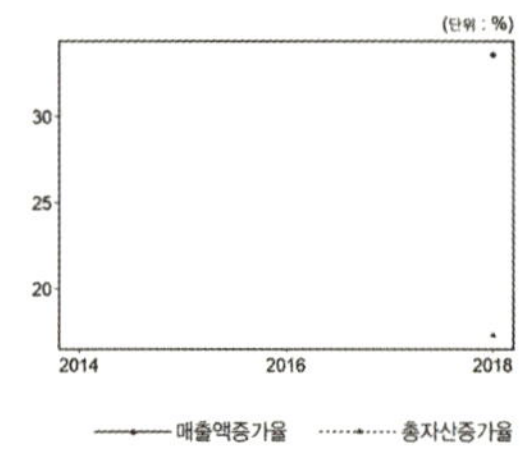

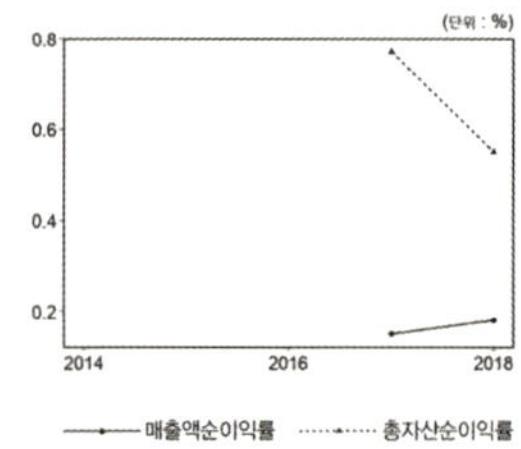

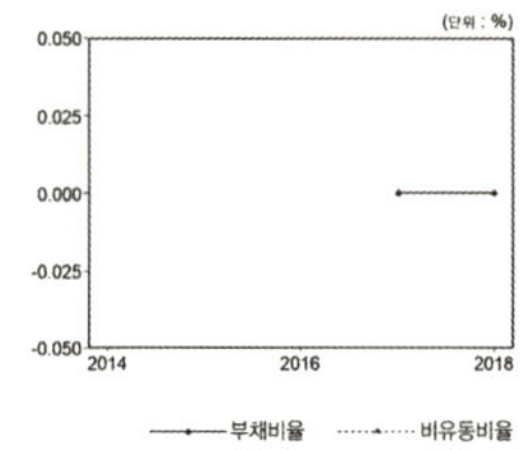

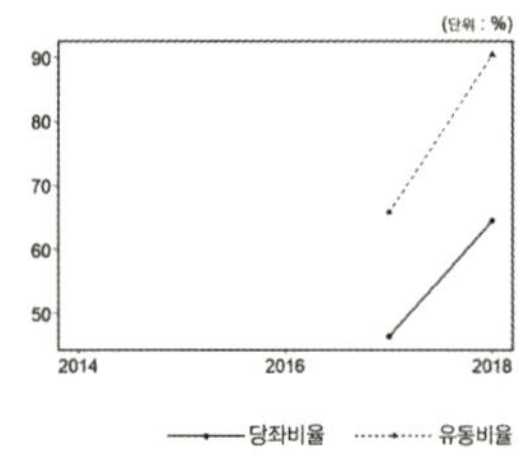

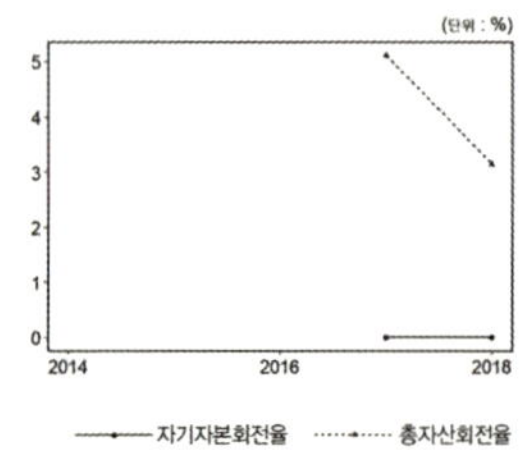

JUNGSIK

74 ㈜ 고품질 (82783) Gopoomjil Co.,Ltd			외
설립일	2017.12.06	대표이사	임정식
업종	한식 일반 음식점업	업종코드	56111
소재지	서울특별시 강남구 선릉로	주요브랜드	정식당

	2014	2015	2016	2017	2018
재무상태표					(단위:백만 원)
유동자산	–	–	–	5,334	5,640
당좌자산	–	–	–	5,182	5,497
재고자산	–	–	–	152	143
비유동자산	–	–	–	13,475	13,171
투자자산	–	–	–	904	880
유형자산	–	–	–	12,571	12,290
무형자산	–	–	–	0	0
자산총계	–	–	–	18,809	18,811
유동부채	–	–	–	3,595	2,634
비유동부채	–	–	–	0	0
자본	–	–	–	15,214	16,177
부채 및 자본합계	–	–	–	18,809	18,811
손익계산서					(단위:백만 원)
매출액	–	–	–	624	6,454
매출원가	–	–	–	0	0
매출총손익	–	–	–	624	6,454
판매비 및 관리비	–	–	–	505	5,196
영업손익	–	–	–	119	1,258
법인세비용차감전순손익	–	–	–	120	1,240
법인세비용	–	–	–	26	277
계속사업이익	–	–	–	94	963
중단사업손익	–	–	–	0	0
당기순손익	–	–	–	94	963
현금흐름표					(단위:백만 원)
영업활동순현금흐름	–	–	–	70	1,276
투자활동순현금흐름	–	–	–	-68	-251
재무활동순현금흐름	–	–	–	-83	-1,000
성장성비율					(단위:%)
총자산증가율	–	–	–	0	0.01
매출액증가율	–	–	–	0	933.93
수익성비율					(단위:%)
총자산순이익률	–	–	–	1	5.12
자기자본순이익률	–	–	–	1.23	6.13
매출액영업이익률	–	–	–	19.06	19.49
매출액순이익률	–	–	–	14.99	14.91
레버리지비율					(단위:%)
부채비율	–	–	–	23.63	16.28
이자보상비율	–	–	–	19.04	19.48
비유동비율	–	–	–	88.57	81.42
비유동장기적합률	–	–	–	88.57	81.42
유동성비율					(단위:%)
유동비율	–	–	–	148.38	214.13
당좌비율	–	–	–	144.16	208.70
현금비율	–	–	–	66.7	63.53
활동성비율					(단위:회)
총자산회전율	–	–	–	0.07	0.34
자기자본회전율	–	–	–	0.08	0.41
비유동자산회전율	–	–	–	0.09	0.48
재고자산회전율	–	–	–	8.22	43.78
생산성비율					(단위:%)
총자본투자효율	–	–	–	1.6	19.77
설비투자효율	–	–	–	2.4	30.25
부가가치의 구성					(단위:백만 원)
영업잉여	–	–	–	118	1,240
인건비	–	–	–	156	2,088.85
금융비용	–	–	–	1	17.90
감가상각비	–	–	–	16	280.74

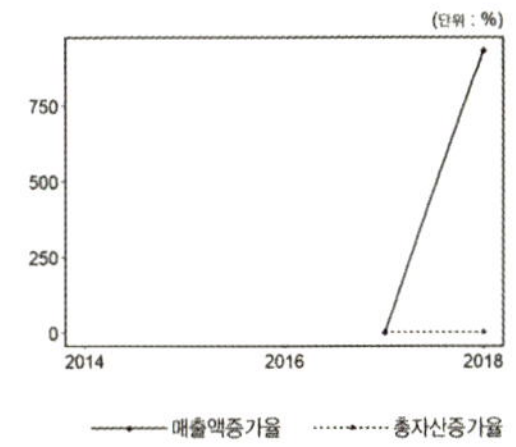

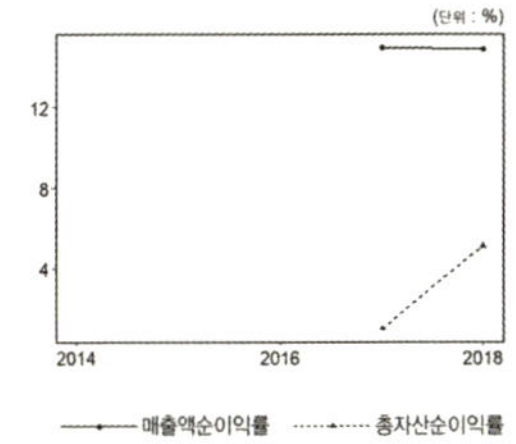

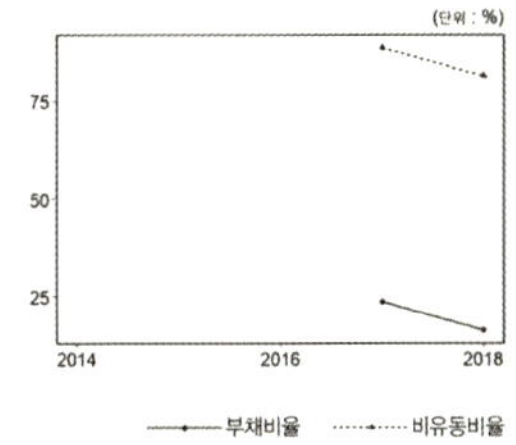

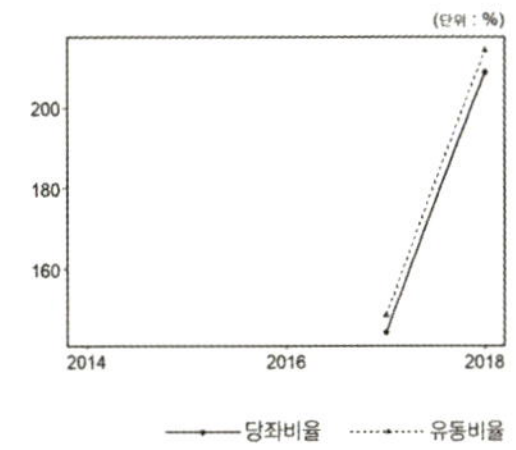

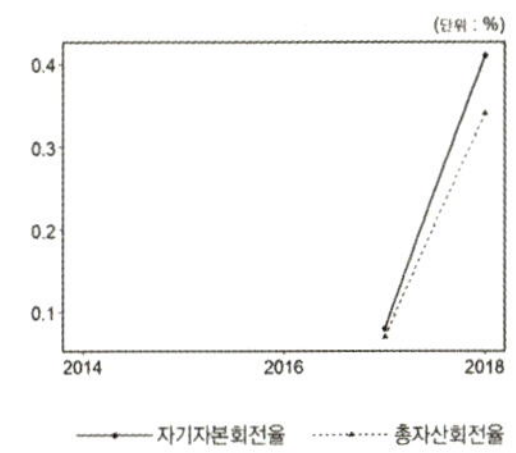

75 ㈜다도글로벌(69467) DADOGLOBAL. CO., LTD 외

DROPTOP

설립일	2010.08.01	대표이사	임문수, 선한춘
업종	커피 전문점	업종코드	56221
소재지	서울시 강남구 강남대로	주요브랜드	카페드롭탑

	2014	2015	2016	2017	2018
재무상태표					(단위:백만 원)
유동자산	4,888	5,243	5,397	4,768	3,469
당좌자산	4,198	5,045	5,154	4,527	3,287
재고자산	690	199	243	241	182
비유동자산	12,350	13,531	14,433	14,413	11,703
투자자산	59	1,658	3,075	3,065	3,007
유형자산	8,915	8,996	8,639	8,757	7,294
무형자산	175	171	175	516	375
자산총계	17,238	18,775	19,830	19,181	15,173
유동부채	15,324	14,672	18,081	17,616	17,042
비유동부채	1,112	1,543	1,219	1,153	1,178
자본	802	2,559	530	413	-3,047
부채 및 자본합계	17,238	18,775	19,830	19,181	15,173
손익계산서					(단위:백만 원)
매출액	36,901	33,717	22,582	22,972	18,164
매출원가	21,163	17,423	11,178	11,415	8,982
매출총손익	15,738	16,294	11,405	11,557	9,181
판매비 및 관리비	14,568	17,200	12,581	11,047	10,480
영업손익	1,170	-906	-1,176	510	-1,299
법인세비용차감전순손익	1,061	-976	-2,029	-118	-2,851
법인세비용	0	0	0	0	51
계속사업이익	1,061	-976	-2,029	-118	-2,903
중단사업손익	0	0	0	0	0
당기순손익	1,061	-976	-2,029	-118	-2,903
현금흐름표					(단위:백만 원)
영업활동순현금흐름	-1,321	-2,907	-2,752	1,104	-669
투자활동순현금흐름	-1,946	-2,007	-1,969	-792	855
재무활동순현금흐름	4,480	3,350	4,184	-413	-248
성장성비율					(단위:%)
총자산증가율	11.62	8.91	5.62	-3.27	-20.90
매출액증가율	3.46	-8.63	-33.02	1.73	-20.93
수익성비율					(단위:%)
총자산순이익률	6.49	-5.42	-10.51	-0.6	-16.90
자기자본순이익률	390.12	-58.05	-131.34	-24.96	0
매출액영업이익률	3.17	-2.69	-5.21	2.22	-7.15
매출액순이익률	2.87	-2.89	-8.99	-0.51	-15.98
레버리지비율					(단위:%)
부채비율	2,049.15	633.56	3,639.08	4,548.36	0
이자보상비율	3.76	-2.42	-2.28	0.82	-1.85
비유동비율	1,539.75	528.69	2,721.37	3,492.92	0
비유동장기적합률	645.22	329.82	825.03	920.83	0
유동성비율					(단위:%)
유동비율	31.9	35.74	29.85	27.07	20.36
당좌비율	27.4	34.38	28.51	25.7	19.29
현금비율	46.76	13.77	3.43	1.78	0.67
활동성비율					(단위:회)
총자산회전율	2.26	1.87	1.17	1.18	1.06
자기자본회전율	135.75	20.06	14.62	48.72	0
비유동자산회전율	3.12	2.61	1.62	1.59	1.39
재고자산회전율	63.12	75.9	102.17	94.84	85.80
생산성비율					(단위:%)
총자본투자효율	56.07	47.21	27.06	38.21	21.13
설비투자효율	110.09	101.72	64.5	86.92	43.95
부가가치의 구성					(단위:백만 원)
영업잉여	871	-1,244	-1,615	16	-1,009
인건비	5,453	6,106	4,090	4,077	3,292.60
금융비용	297	364	514	619	703.26
감가상각비	796	931	748	809	720.20

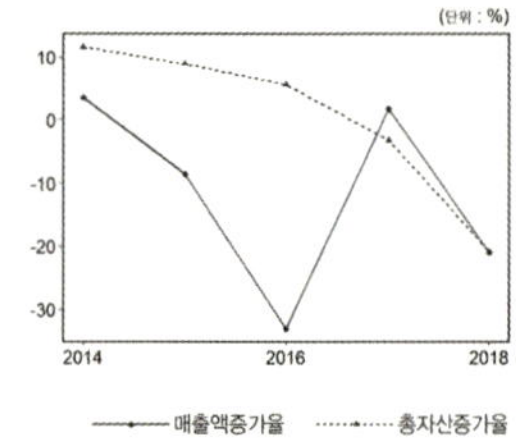

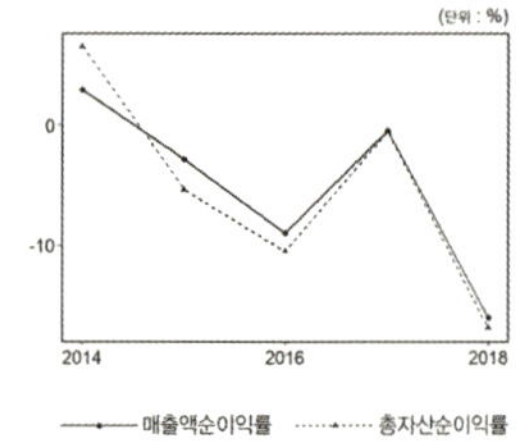

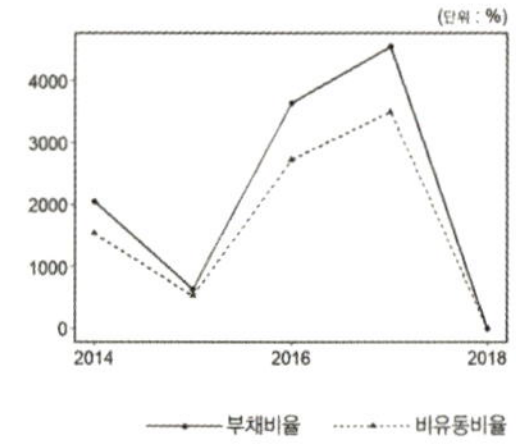

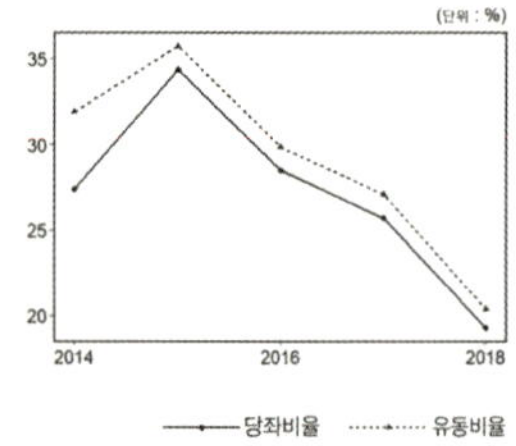

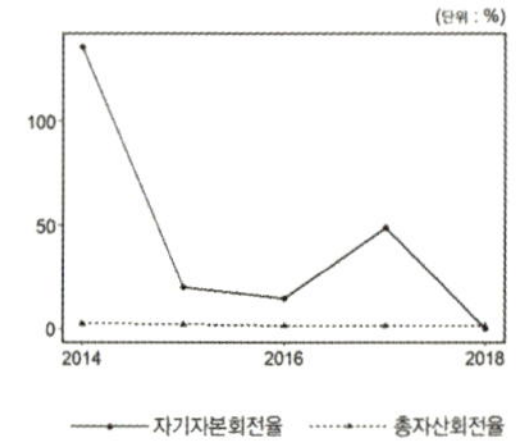

경복궁

76 ㈜덕용푸드시스템(062155) DeokyongFoodsystem.Co.,Ltd. 외

설립일	2007.12.10	대표이사	김미애
업종	한식 일반 음식점업	업종코드	56111
소재지	인천광역시 연수구 청량로	주요브랜드	샷뽀로, 경복궁 고구려

	2014	2015	2016	2017	2018
재무상태표					(단위:백만 원)
유동자산	23,057	30,969	37,703	31,174	31,187
당좌자산	22,608	30,301	37,179	30,585	30,732
재고자산	449	668	524	589	455
비유동자산	26,708	26,765	27,911	27,583	34,551
투자자산	0	0	851	2,522	8,042
유형자산	14,045	12,955	12,704	10,961	11,693
무형자산	10	14	28	20	18
자산총계	49,765	57,734	65,614	58,757	65,739
유동부채	21,477	24,472	27,739	15,940	16,760
비유동부채	523	789	1,586	1,391	2,017
자본	27,766	32,474	36,290	41,425	46,962
부채 및 자본합계	49,765	57,734	65,614	58,757	65,739
손익계산서					(단위:백만 원)
매출액	59,288	63,585	67,471	69,323	70,353
매출원가	0	0	0	0	0
매출총손익	59,288	63,585	67,471	69,323	70,353
판매비 및 관리비	53,045	57,618	61,600	62,617	63,655
영업손익	6,243	5,967	5,871	6,707	6,697
법인세비용차감전순손익	6,302	6,180	5,249	7,705	6,826
법인세비용	1,508	1,472	1,433	2,570	1,330
계속사업이익	4,794	4,708	3,816	5,135	5,497
중단사업손익	0	0	0	0	0
당기순손익	4,794	4,708	3,816	5,135	5,497
현금흐름표					(단위:백만 원)
영업활동순현금흐름	8,037	10,856	9,289	6,999	10,120
투자활동순현금흐름	-21,519	-9,585	-4,858	1,261	-10,595
재무활동순현금흐름	13,698	-218	1,900	-10,900	-580
성장성비율					(단위:%)
총자산증가율	62.07	16.01	13.65	-10.45	11.88
매출액증가율	18.74	7.25	6.11	2.74	1.49
수익성비율					(단위:%)
총자산순이익률	11.91	8.76	6.19	8.26	8.83
자기자본순이익률	18.96	15.63	11.1	13.22	12.44
매출액영업이익률	10.53	9.38	8.7	9.67	9.52
매출액순이익률	8.09	7.4	5.66	7.41	7.81
레버리지비율					(단위:%)
부채비율	79.23	77.79	80.81	41.84	39.98
이자보상비율	13.16	11.31	13.03	14	33.13
비유동비율	96.19	82.42	76.91	66.58	73.57
비유동장기적합률	94.41	80.47	73.69	64.42	70.54
유동성비율					(단위:%)
유동비율	107.36	126.55	135.92	195.57	186.08
당좌비율	105.26	123.82	134.03	191.87	183.37
현금비율	3.96	6.35	22	18.15	14.75
활동성비율					(단위:회)
총자산회전율	1.47	1.18	1.09	1.11	1.13
자기자본회전율	2.34	2.11	1.96	1.78	1.59
비유동자산회전율	2.46	2.38	2.47	2.5	2.26
재고자산회전율	148.76	113.78	113.22	124.57	134.74
생산성비율					(단위:%)
총자본투자효율	61.71	56.21	51.63	62.76	55.39
설비투자효율	256.55	332.62	269.6	339.71	311.39
부가가치의 구성					(단위:백만 원)
영업잉여	6,272	6,156	6,126	7,058	7,796
인건비	16,487	18,049	20,100	20,217	22,082.54
금융비용	-29	-189	-255	-351	-1,098.74
감가상각비	3,219	3,074	3,197	3,181	2,721.70

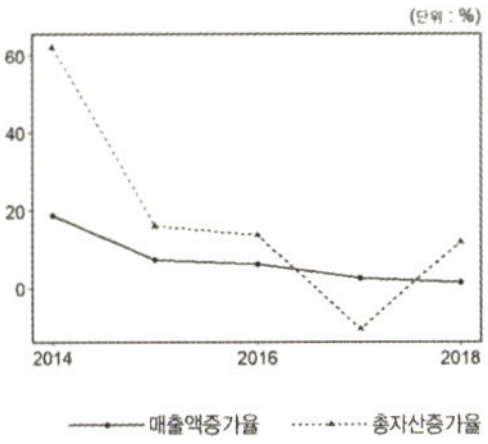

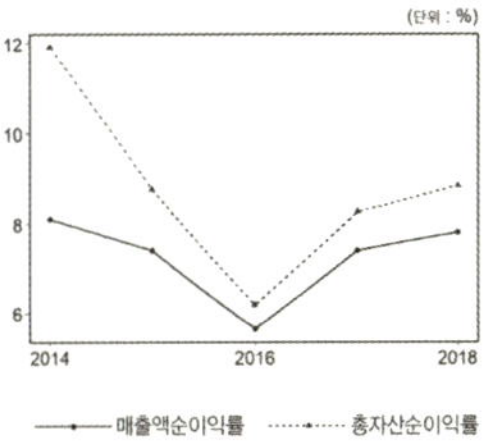

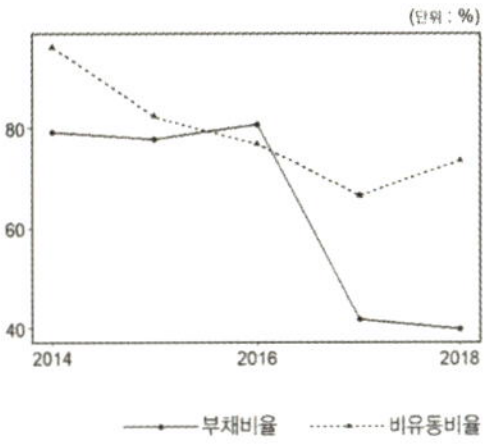

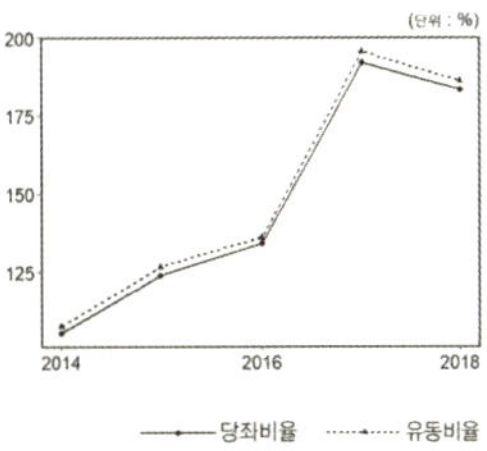

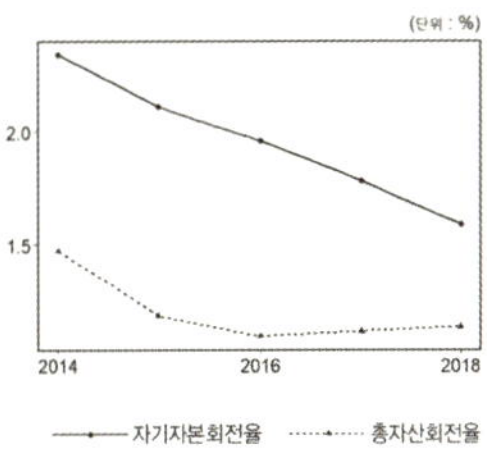

77 ㈜부자되세요(074680) Buja Co.,Ltd 외

설립일	2011.08.01	대표이사	임금옥
업종	한식 육류 요리 전문점	업종코드	56113
소재지	서울시 영등포구 국제금융로	주요브랜드	창고43

	2014	2015	2016	2017	2018
재무상태표					(단위:백만 원)
유동자산	–	3,740	7,562	4,512	7,576
당좌자산	–	3,458	7,267	4,140	7,128
재고자산	–	282	295	372	448
비유동자산	–	12,873	15,407	19,624	18,673
투자자산	–	5	22	15	25
유형자산	–	4,050	6,145	8,708	7,760
무형자산	–	6,357	6,340	6,326	6,313
자산총계	–	16,613	22,969	24,136	26,249
유동부채	–	2,221	11,117	4,779	4,784
비유동부채	–	8,273	1,244	5,118	2,520
자본	–	6,119	10,609	14,239	18,944
부채 및 자본합계	–	16,613	22,969	24,136	26,249
손익계산서					(단위:백만 원)
매출액	–	18,960	24,880	27,952	36,234
매출원가	–	6,807	8,355	9,283	12,347
매출총손익	–	12,154	16,525	18,670	23,886
판매비 및 관리비	–	8,743	10,546	12,987	17,734
영업손익	–	3,410	5,979	5,683	6,153
법인세비용차감전순손익	–	2,886	5,459	5,505	5,961
법인세비용	–	477	902	1,810	1,256
계속사업이익	–	2,409	4,557	3,696	4,705
중단사업손익	–	0	0	0	0
당기순손익	–	2,409	4,557	3,696	4,705
현금흐름표					(단위:백만 원)
영업활동순현금흐름	–	2,656	6,231	4,659	8,400
투자활동순현금흐름	–	-1,593	-2,988	-3,500	-2,897
재무활동순현금흐름	–	0	0	-4,000	-3,000
성장성비율					(단위:%)
총자산증가율	–	0	38.26	5.08	8.75
매출액증가율	–	0	31.22	12.35	29.63
수익성비율					(단위:%)
총자산순이익률	–	29	23.03	15.69	18.68
자기자본순이익률	–	78.74	54.48	29.75	28.36
매출액영업이익률	–	17.99	24.03	20.33	16.98
매출액순이익률	–	12.71	18.32	13.22	12.99
레버리지비율					(단위:%)
부채비율	–	171.49	116.52	69.5	38.56
이자보상비율	–	6.49	11.16	13.2	32.31
비유동비율	–	210.37	145.23	137.81	98.57
비유동장기적합률	–	89.44	129.99	101.38	86.99
유동성비율					(단위:%)
유동비율	–	168.39	68.03	94.42	158.35
당좌비율	–	155.69	65.37	86.64	148.99
현금비율	–	71.66	78.33	68.32	73.72
활동성비율					(단위:회)
총자산회전율	–	2.28	1.26	1.19	1.44
자기자본회전율	–	6.2	2.97	2.25	2.18
비유동자산회전율	–	2.95	1.76	1.6	1.89
재고자산회전율	–	134.41	86.18	83.79	88.37
생산성비율					(단위:%)
총자본투자효율	–	57.28	58.92	61.76	72.40
설비투자효율	–	234.94	220.22	171.18	244.90
부가가치의 구성					(단위:백만 원)
영업잉여	–	2,887	5,460	5,269	5,973
인건비	–	3,298	3,995	4,821	6,997.85
금융비용	–	524	520	414	179.60
감가상각비	–	1,131	1,473	1,830	2,655.35

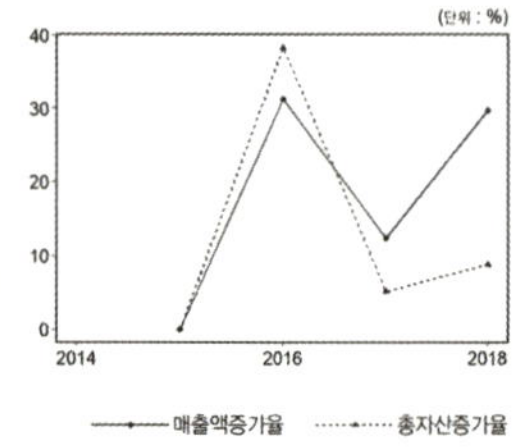

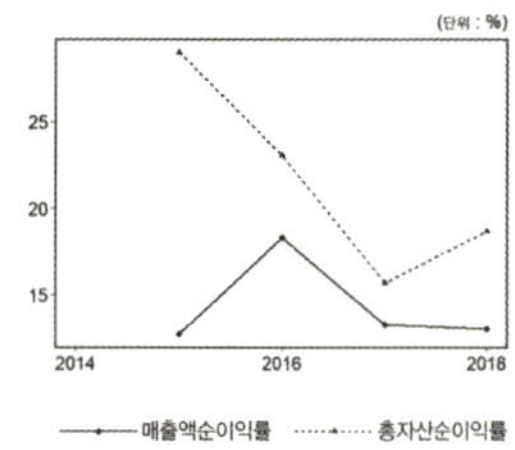

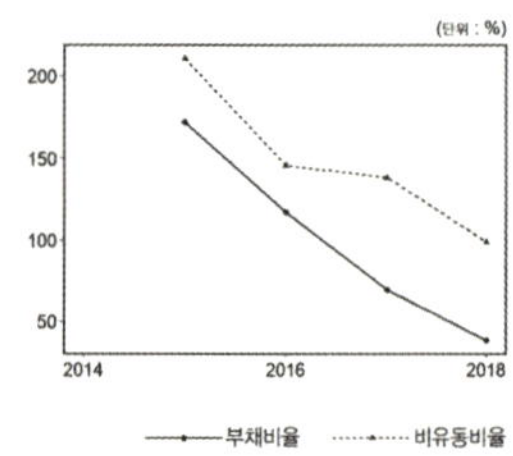

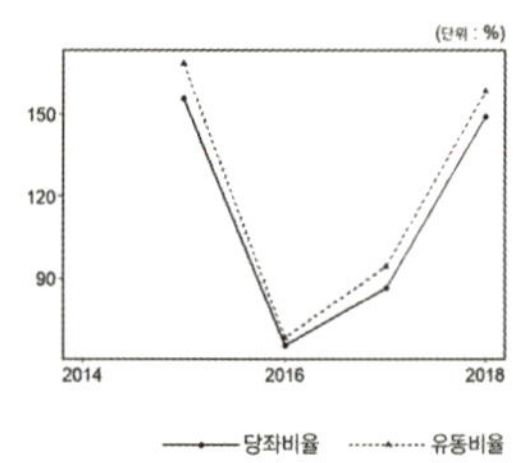

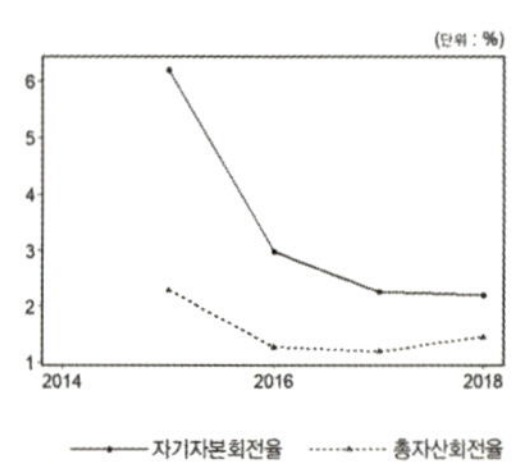

78 ㈜비에이치씨(051412) BHC.co. 외

설립일	2004.09.09	대표이사	임금옥
업종	치킨 전문점	업종코드	56193
소재지	서울시 송파구 올림픽로	주요브랜드	bhc치킨

	2014	2015	2016	2017	2018
재무상태표					(단위:백만 원)
유동자산	–	–	–	–	92,929
당좌자산	–	–	–	–	91,304
재고자산	–	–	–	–	1,625
비유동자산	–	–	–	–	101,570
투자자산	–	–	–	–	79,311
유형자산	–	–	–	–	18,667
무형자산	–	–	–	–	3,161
자산총계	–	–	–	–	194,499
유동부채	–	–	–	–	127,996
비유동부채	–	–	–	–	2,176
자본	–	–	–	–	64,327
부채 및 자본합계	–	–	–	–	194,499
손익계산서					(단위:백만 원)
매출액	–	–	–	–	237,580
매출원가	–	–	–	–	140,007
매출총손익	–	–	–	–	97,573
판매비 및 관리비	–	–	–	–	36,878
영업손익	–	–	–	–	60,695
법인세비용차감전순손익	–	–	–	–	60,235
법인세비용	–	–	–	–	14,137
계속사업이익	–	–	–	–	46,098
중단사업손익	–	–	–	–	0
당기순손익	–	–	–	–	46,098
현금흐름표					(단위:백만 원)
영업활동순현금흐름	–	–	–	–	88,644
투자활동순현금흐름	–	–	–	–	2,169
재무활동순현금흐름	–	–	–	–	-134,005
성장성비율					(단위:%)
총자산증가율	–	–	–	–	0
매출액증가율	–	–	–	–	0
수익성비율					(단위:%)
총자산순이익률	–	–	–	–	23.70
자기자본순이익률	–	–	–	–	71.66
매출액영업이익률	–	–	–	–	25.55
매출액순이익률	–	–	–	–	19.40
레버리지비율					(단위:%)
부채비율	–	–	–	–	202.36
이자보상비율	–	–	–	–	23.09
비유동비율	–	–	–	–	157.90
비유동장기적합률	–	–	–	–	152.73
유동성비율					(단위:%)
유동비율	–	–	–	–	72.60
당좌비율	–	–	–	–	71.33
현금비율	–	–	–	–	86.41
활동성비율					(단위:회)
총자산회전율	–	–	–	–	1.22
자기자본회전율	–	–	–	–	3.69
비유동자산회전율	–	–	–	–	2.34
재고자산회전율	–	–	–	–	146.17
생산성비율					(단위:%)
총자본투자효율	–	–	–	–	22.08
설비투자효율	–	–	–	–	230.07
부가가치의 구성					(단위:백만 원)
영업잉여	–	–	–	–	95,378
인건비	–	–	–	–	14,243.16
금융비용	–	–	–	–	-34,678.09
감가상각비	–	–	–	–	1,529.65

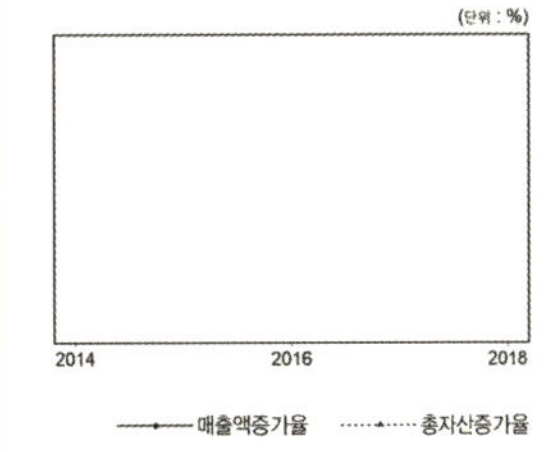

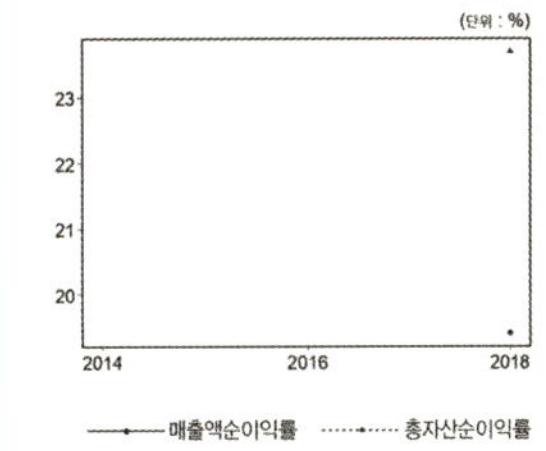

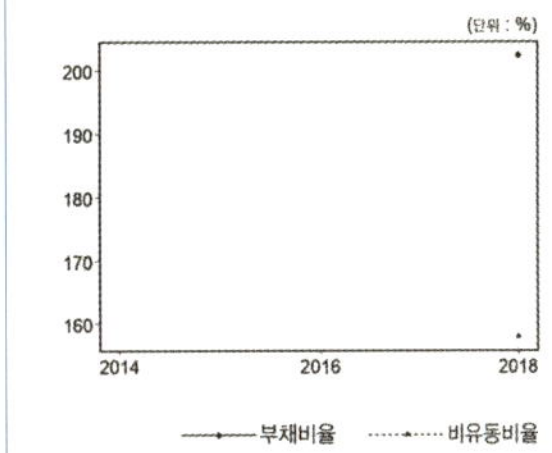

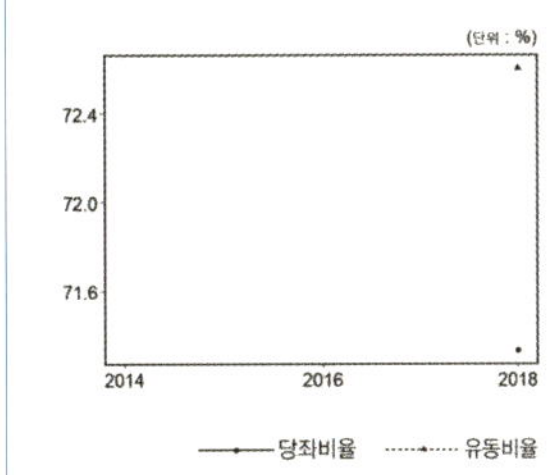

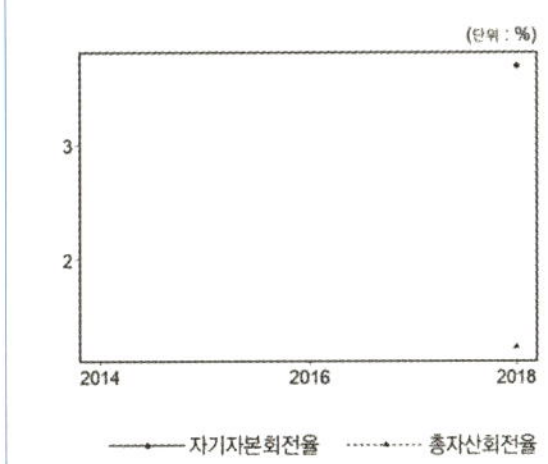

79 ㈜비케이알(064614) BKR CORPORATION 외

설립일	2012.11.21	대표이사	문영주
업종	피자, 햄버거, 샌드위치 및 유사 음식점업	업종코드	56192
소재지	서울특별시 종로구 삼봉로	주요브랜드	버거킹

	2014	2015	2016	2017	2018
재무상태표					(단위:백만 원)
유동자산	31,143	30,680	29,682	51,999	43,743
당좌자산	23,421	21,057	17,589	39,789	33,924
재고자산	7,721	9,623	12,093	12,210	9,819
비유동자산	54,861	64,293	257,034	260,939	273,583
투자자산	123	143	83	23	23
유형자산	18,984	29,664	36,217	42,573	54,620
무형자산	1,820	1,190	184,557	178,813	181,128
자산총계	86,003	94,973	286,716	312,938	317,326
유동부채	41,519	41,528	51,975	59,558	64,956
비유동부채	18,328	22,645	17,057	106,445	101,731
자본	26,156	30,801	217,684	146,935	150,639
부채 및 자본합계	86,003	94,973	286,716	312,938	317,326
손익계산서					(단위:백만 원)
매출액	252,576	278,519	253,165	345,851	402,677
매출원가	91,843	106,063	92,451	134,104	150,544
매출총손익	160,733	172,456	160,714	211,747	252,133
판매비 및 관리비	148,579	160,318	149,961	210,275	243,137
영업손익	12,154	12,138	10,753	1,473	8,996
법인세비용차감전순손익	13,166	11,147	10,915	-4,617	5,424
법인세비용	2,991	2,503	2,873	-458	1,156
계속사업이익	10,175	8,644	8,041	-4,159	4,269
중단사업손익	0	0	0	0	0
당기순손익	10,175	8,644	8,041	-4,159	4,269
현금흐름표					(단위:백만 원)
영업활동순현금흐름	21,364	14,366	21,283	10,550	28,969
투자활동순현금흐름	-8,759	-14,224	-211,388	-18,207	-23,402
재무활동순현금흐름	-10,000	-4,000	200,630	27,954	-14,002
성장성비율					(단위:%)
총자산증가율	12.37	10.43	201.89	9.15	1.40
매출액증가율	18.98	10.27	-9.1	36.61	16.43
수익성비율					(단위:%)
총자산순이익률	12.52	9.55	4.21	-1.39	1.35
자기자본순이익률	32.75	30.35	6.47	-2.28	2.87
매출액영업이익률	4.81	4.36	4.25	0.43	2.23
매출액순이익률	4.03	3.1	3.18	-1.2	1.06
레버리지비율					(단위:%)
부채비율	228.81	208.35	31.71	112.98	110.65
이자보상비율	51.97	19.75	76.44	0.61	2.60
비유동비율	209.74	208.74	118.08	177.59	181.61
비유동장기적합률	123.33	120.3	109.5	102.98	108.41
유동성비율					(단위:%)
유동비율	75.01	73.88	57.11	87.31	67.34
당좌비율	56.41	50.71	33.84	66.81	52.23
현금비율	49.41	32.93	35.78	59.45	51.39
활동성비율					(단위:회)
총자산회전율	3.11	3.08	1.33	1.15	1.28
자기자본회전율	8.13	9.78	2.04	1.9	2.71
비유동자산회전율	4.68	4.67	1.58	1.34	1.51
재고자산회전율	35.64	32.12	23.32	28.46	36.56
생산성비율					(단위:%)
총자본투자효율	136.5	130.68	39.66	43.79	51.81
설비투자효율	638.77	481.3	320.38	332.06	340.51
부가가치의 구성					(단위:백만 원)
영업잉여	12,044	11,668	11,244	-84	6,459
인건비	59,694	68,886	63,892	84,527	97,060
금융비용	85	471	-491	1,557	2,536.68
감가상각비	5,739	6,285	7,803	12,796	15,024.78

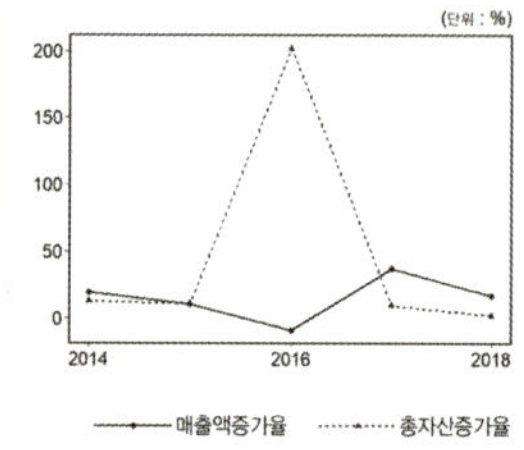

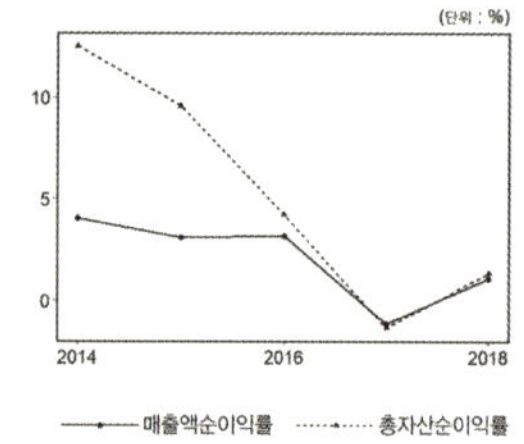

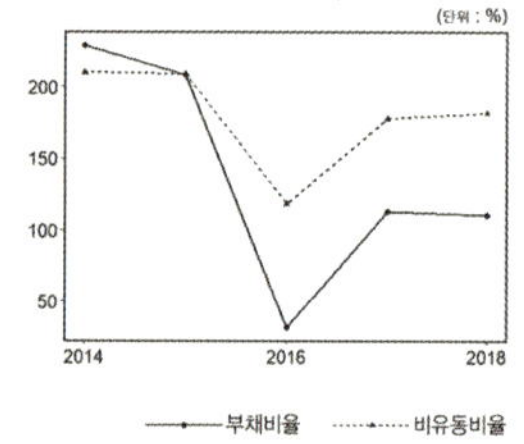

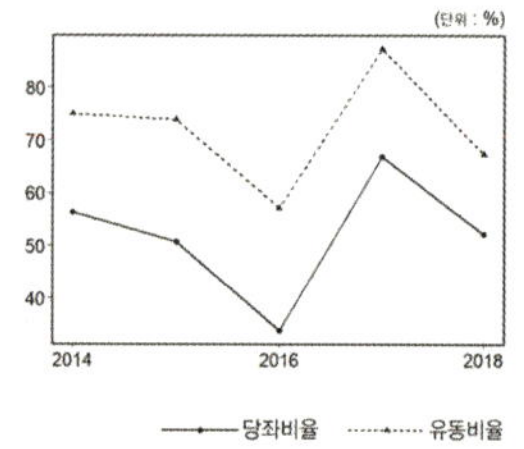

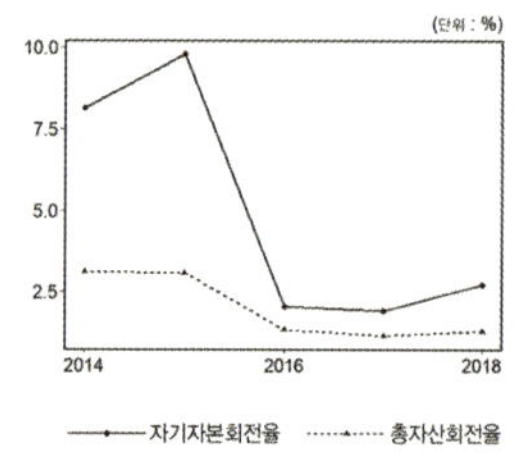

정직하고 투명한 기업

80 ㈜삼원가든(026354) Samwon Garden 외

설립일	1987.08.11	대표이사	이진애
업종	한식 육류 요리 전문점	업종코드	56113
소재지	서울시 강남구 신사동	주요브랜드	삼원가든

	2014	2015	2016	2017	2018
재무상태표					(단위:백만 원)
유동자산	2,546	7,896	8,486	6,330	8,406
당좌자산	1,873	6,412	6,867	5,109	7,282
재고자산	674	1,484	1,619	1,220	1,124
비유동자산	38,855	39,103	42,510	42,868	18,003
투자자산	6,542	5	5	800	1,482
유형자산	31,118	32,473	35,610	34,969	11,965
무형자산	863	3,338	2,721	1,914	147
자산총계	41,401	46,999	50,996	49,198	26,409
유동부채	15,189	23,749	23,773	21,835	21,841
비유동부채	5,973	10	11	1,009	5
자본	20,239	23,240	27,212	26,353	4,564
부채 및 자본합계	41,401	46,999	50,996	49,198	26,409
손익계산서					(단위:백만 원)
매출액	20,247	21,959	43,353	39,885	7,121
매출원가	0	0	0	0	0
매출총손익	20,247	21,959	43,353	39,885	7,121
판매비 및 관리비	15,749	17,384	37,730	37,849	6,216
영업손익	4,498	4,575	5,623	2,037	905
법인세비용차감전순손익	4,265	3,616	5,088	-556	-152
법인세비용	903	753	1,116	294	28
계속사업이익	3,362	2,864	3,972	-850	-180
중단사업손익	0	0	0	0	0
당기순손익	3,362	2,864	3,972	-850	-180
현금흐름표					(단위:백만 원)
영업활동순현금흐름	3,343	-1,987	6,611	1,911	-1,329
투자활동순현금흐름	-2,092	-1,239	-3,029	-3,688	14
재무활동순현금흐름	-1,001	4,002	0	-400	0
성장성비율					(단위:%)
총자산증가율	4.37	13.52	8.5	-3.53	0
매출액증가율	0.77	8.46	97.43	-8	0
수익성비율					(단위:%)
총자산순이익률	8.29	6.48	8.11	-1.7	-1.37
자기자본순이익률	18.14	13.17	15.75	-3.17	-7.91
매출액영업이익률	22.22	20.83	12.97	5.11	12.71
매출액순이익률	16.6	13.04	9.16	-2.13	-2.53
레버리지비율					(단위:%)
부채비율	104.56	102.23	87.4	86.69	478.69
이자보상비율	8.77	11.49	12.32	4.28	11.08
비유동비율	191.98	168.26	156.22	162.67	394.49
비유동장기적합률	148.23	168.19	156.16	156.67	394.11
유동성비율					(단위:%)
유동비율	16.76	33.25	35.69	28.99	38.49
당좌비율	12.33	27	28.89	23.4	33.34
현금비율	51.61	26.47	66.84	55.21	42.04
활동성비율					(단위:회)
총자산회전율	0.5	0.5	0.88	0.8	0.54
자기자본회전율	1.09	1.01	1.72	1.49	3.12
비유동자산회전율	0.53	0.56	1.06	0.93	0.79
재고자산회전율	28.11	20.35	27.94	28.1	12.68
생산성비율					(단위:%)
총자본투자효율	32.37	27.79	46.56	37.92	10.34
설비투자효율	43.06	40.23	66.68	53.35	22.82
부가가치의 구성					(단위:백만 원)
영업잉여	3,993	4,173	5,176	1,585	827
인건비	6,651	6,692	12,551	12,483	2,054.06
금융비용	504	386	446	455	78.42
감가상각비	495	669	2,135	2,317	222.31

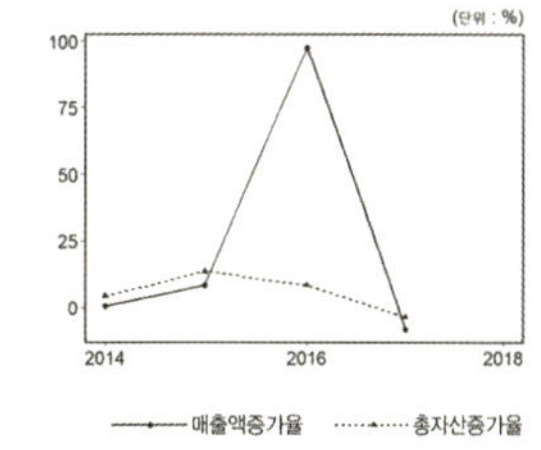

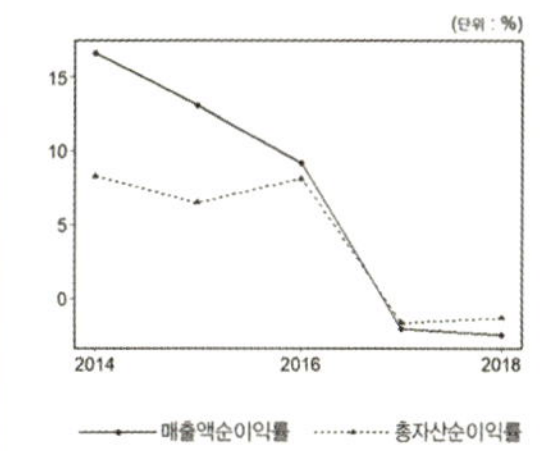

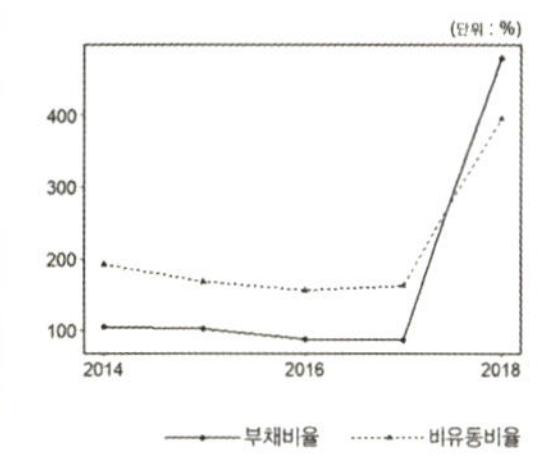

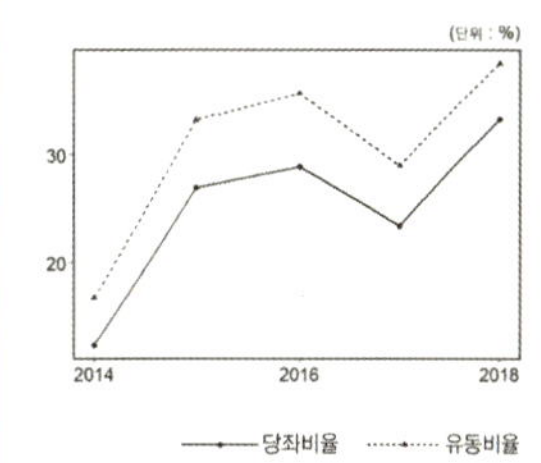

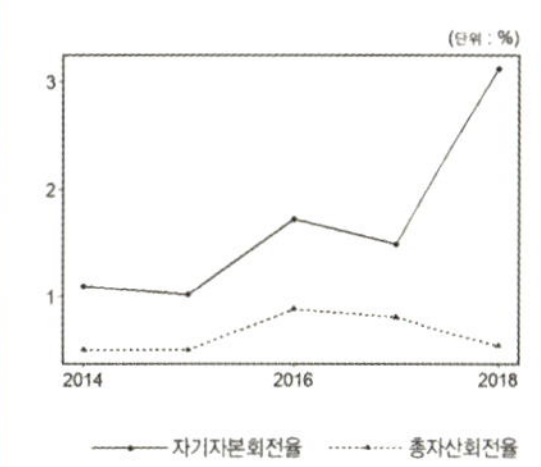

KOREAN DESSERT CAFE 雪氷

81 ㈜설빙(74483) sulbing 외

설립일	2013.08.21	대표이사	정용만
업종	기타 비알콜 음료점업	업종코드	56229
소재지	서울시 강남구 테헤란로	주요브랜드	설빙

	2014	2015	2016	2017	2018
재무상태표					(단위:백만 원)
유동자산	16,265	15,659	17,647	17,962	21,344
당좌자산	16,241	15,659	17,588	17,842	21,248
재고자산	24	0	59	120	95
비유동자산	3,885	2,991	3,398	3,047	2,655
투자자산	486	183	1,198	1,163	115
유형자산	1,242	721	434	479	266
무형자산	32	56	45	27	994
자산총계	20,150	18,650	21,045	21,009	23,998
유동부채	7,234	4,618	5,218	4,757	5,588
비유동부채	0	0	42	0	14
자본	12,915	14,033	15,785	16,252	18,397
부채 및 자본합계	20,150	18,650	21,045	21,009	23,998
손익계산서					(단위:백만 원)
매출액	20,188	12,213	9,588	11,771	13,692
매출원가	499	1,352	1,508	2,989	3,929
매출총손익	19,689	10,861	8,080	8,782	9,763
판매비 및 관리비	3,730	9,616	7,802	7,769	7,273
영업손익	15,958	1,244	277	1,013	2,490
법인세비용차감전순손익	15,691	1,386	473	1,106	2,879
법인세비용	3,432	269	126	681	735
계속사업이익	12,259	1,117	347	426	2,144
중단사업손익	0	0	0	0	0
당기순손익	12,259	1,117	347	426	2,144
현금흐름표					(단위:백만 원)
영업활동순현금흐름	10,557	1,462	4,695	4,280	4,161
투자활동순현금흐름	-7,971	-3,381	566	-3,989	-3,969
재무활동순현금흐름	-257	0	-4,855	0	0
성장성비율					(단위:%)
총자산증가율	0	-7.44	12.84	-0.17	14.23
매출액증가율	0	-39.5	-21.49	22.76	16.33
수익성비율					(단위:%)
총자산순이익률	121.68	5.76	1.75	2.02	9.53
자기자본순이익률	189.84	8.29	2.33	2.66	12.38
매출액영업이익률	79.05	10.19	2.89	8.61	18.18
매출액순이익률	60.73	9.15	3.62	3.62	15.66
레버리지비율					(단위:%)
부채비율	56.01	32.91	33.33	29.27	30.45
이자보상비율	-	-	-	-	•
비유동비율	30.08	21.32	21.53	18.75	14.43
비유동장기적합률	30.08	21.32	21.47	18.75	14.42
유동성비율					(단위:%)
유동비율	224.83	339.1	338.17	377.62	381.99
당좌비율	224.5	339.1	337.04	375.11	380.28
현금비율	19.98	8.49	9.84	11.29	10.40
활동성비율					(단위:회)
총자산회전율	2	0.63	0.48	0.56	0.61
자기자본회전율	3.13	0.91	0.64	0.73	0.79
비유동자산회전율	10.39	3.55	3	3.65	4.80
재고자산회전율	1,701.08	1,029.12	325.8	131.88	127.49
생산성비율					(단위:%)
총자본투자효율	86.67	34.15	23.04	22.51	27.22
설비투자효율	1,406.20	883.44	1,117.67	987.83	2,459.09
부가가치의 구성					(단위:백만 원)
영업잉여	16,002	1,463	560	2,714	2,402
인건비	1,219	3,824	3,476	3,003	2,830.30
금융비용	-44	-218	-283	-149	-24.20
감가상각비	265	519	368	307	383.30

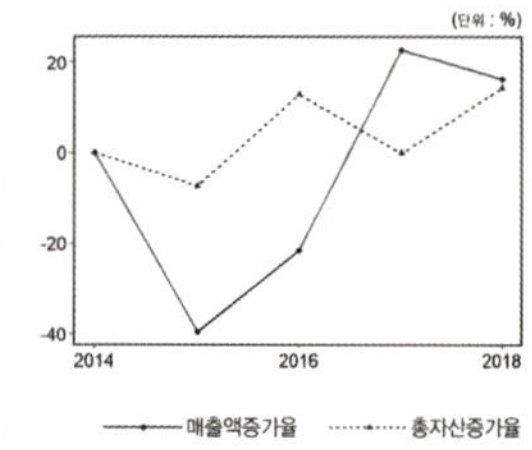

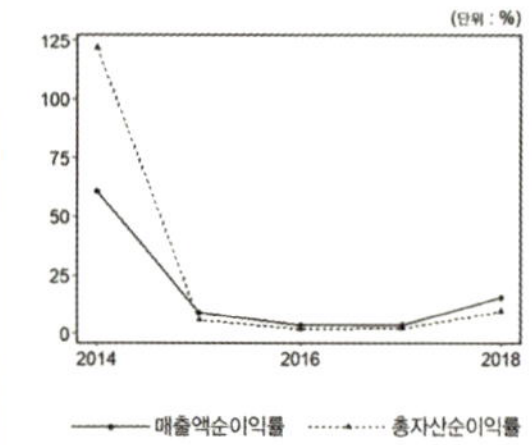

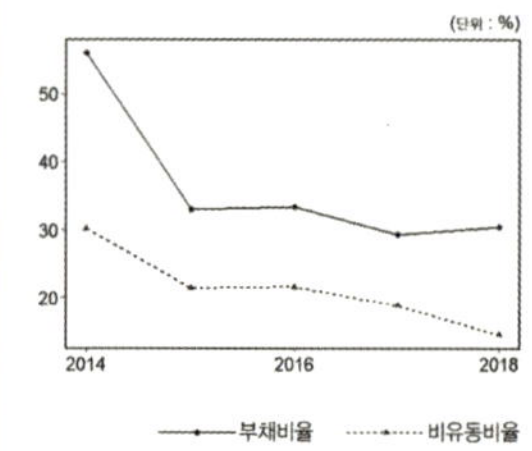

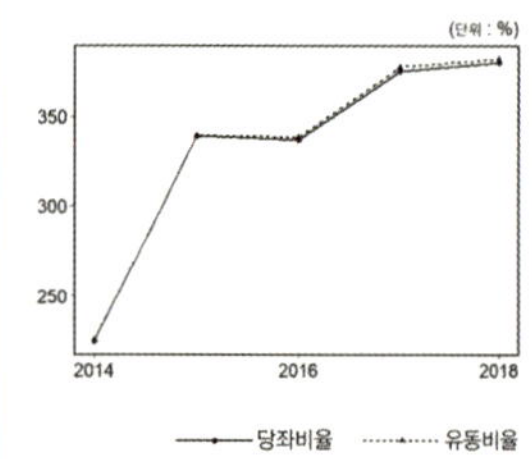

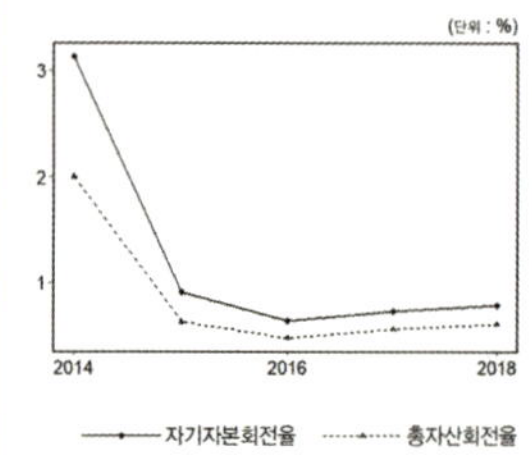

82 ㈜스타벅스커피코리아(015790) Starbucks Coffee Korea Co., Ltd. 외

STARBUCKS

설립일	1997.09.10	대표이사	이석구
업종	커피 전문점	업종코드	56221
소재지	서울시 중구 소공로	주요브랜드	스타벅스

	2014	2015	2016	2017	2018
재무상태표					(단위:백만 원)
유동자산	51,846	51,114	68,636	92,151	202,616
당좌자산	17,850	26,954	33,555	58,218	161,611
재고자산	33,996	24,160	35,081	33,932	41,006
비유동자산	336,633	398,156	438,419	509,638	570,425
투자자산	3	3	3	3	3
유형자산	159,919	184,532	186,048	210,970	225,822
무형자산	6,121	8,061	13,521	16,056	17,997
자산총계	388,479	449,270	507,055	601,788	773,042
유동부채	202,616	234,993	237,454	250,408	312,906
비유동부채	16,993	23,380	22,357	28,783	39,969
자본	168,870	190,897	247,244	322,598	420,166
부채 및 자본합계	388,479	449,270	507,055	601,788	773,042
손익계산서					(단위:백만 원)
매출액	617,095	773,900	1,002,814	1,263,460	1,522,371
매출원가	272,186	350,753	444,819	562,634	674,293
매출총손익	344,909	423,147	557,995	700,826	848,078
판매비 및 관리비	304,694	376,006	472,731	586,420	705,221
영업손익	40,215	47,141	85,264	114,406	142,857
법인세비용차감전순손익	40,128	37,972	85,360	118,656	146,087
법인세비용	9,358	9,686	20,109	28,140	34,094
계속사업이익	30,770	28,286	65,251	90,516	111,992
중단사업손익	0	0	0	0	0
당기순손익	30,770	28,286	65,251	90,516	111,992
현금흐름표					(단위:백만 원)
영업활동순현금흐름	85,334	112,112	166,673	172,079	206,678
투자활동순현금흐름	-118,528	-108,826	-98,568	-136,601	-117,120
재무활동순현금흐름	25,832	-832	-70,000	-25,000	0
성장성비율					(단위:%)
총자산증가율	28.72	15.65	12.86	18.68	28.46
매출액증가율	27.98	25.41	29.58	25.99	20.49
수익성비율					(단위:%)
총자산순이익률	8.92	6.75	13.65	16.33	16.29
자기자본순이익률	19.8	15.72	29.79	31.77	30.16
매출액영업이익률	6.52	6.09	8.5	9.05	9.38
매출액순이익률	4.99	3.66	6.51	7.16	7.36
레버리지비율					(단위:%)
부채비율	130.05	135.35	105.08	86.54	83.98
이자보상비율	16.87	20.56	69.23	286.96	2,458.56
비유동비율	199.34	208.57	177.32	157.98	135.76
비유동장기적합률	181.12	185.81	162.62	145.04	123.97
유동성비율					(단위:%)
유동비율	25.59	21.75	28.91	36.8	64.75
당좌비율	8.81	11.47	14.13	23.25	51.65
현금비율	2.76	7.6	2.9	13.53	50.36
활동성비율					(단위:회)
총자산회전율	1.79	1.85	2.1	2.28	2.21
자기자본회전율	3.97	4.3	4.58	4.43	4.10
비유동자산회전율	2.07	2.11	2.4	2.67	2.82
재고자산회전율	24.21	26.61	33.86	36.61	40.63
생산성비율					(단위:%)
총자본투자효율	69.17	71.59	86.21	90.94	85.18
설비투자효율	175.96	183.29	241.33	271.82	303.04
부가가치의 구성					(단위:백만 원)
영업잉여	41,689	48,710	88,791	118,782	149,043
인건비	87,032	108,101	142,403	186,646	233,613.47
금융비용	-1,474	-1,568	-3,527	-4,376	-6,186.18
감가상각비	45,298	58,418	66,352	73,769	82,911.69

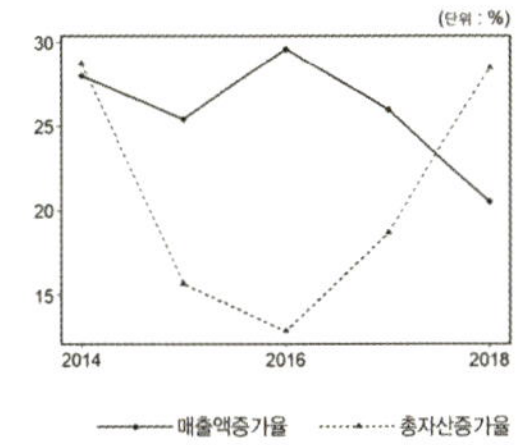

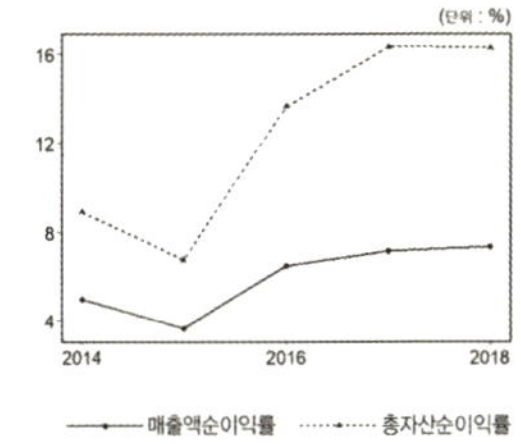

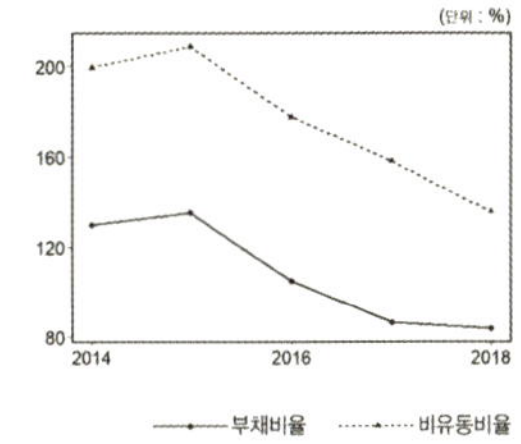

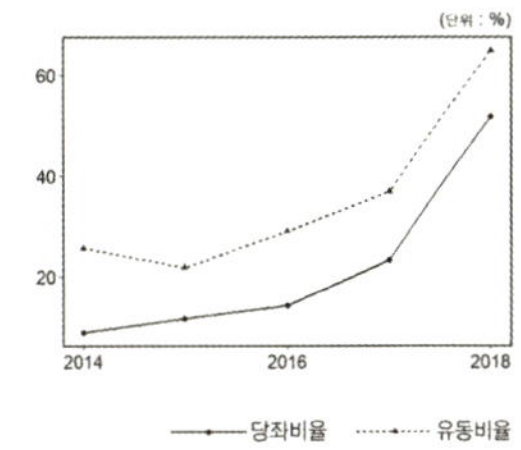

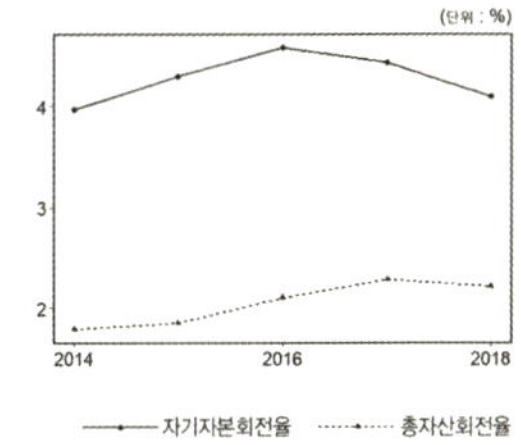

83 ㈜식의(69716) SIKEUI Co.,Ltd 외

설립일	2010.01.11	대표이사	박정수, 장철용, 김영균
업종	서양식 음식점업	업종코드	56123
소재지	경기도 성남시 수정구 성남대로	주요브랜드	플로렌스 파티하우스

	2014	2015	2016	2017	2018
재무상태표					(단위:백만 원)
유동자산	1,303	1,441	926	1,265	1,822
당좌자산	910	973	748	1,094	1,689
재고자산	393	468	178	170	134
비유동자산	8,513	9,493	8,882	7,613	6,764
투자자산	0	1,835	1,875	1,885	2,192
유형자산	5,389	5,173	4,614	3,301	2,670
무형자산	373	0	0	9	0
자산총계	9,816	10,934	9,807	8,877	8,587
유동부채	3,419	4,984	4,198	3,447	2,687
비유동부채	1,157	1,909	1,817	1,531	1,065
자본	5,240	4,041	3,793	3,899	4,835
부채 및 자본합계	9,816	10,934	9,807	8,877	8,587
손익계산서					(단위:백만 원)
매출액	24,990	24,541	24,121	20,021	17,890
매출원가	0	0	0	0	0
매출총손익	24,990	24,541	24,121	20,021	17,890
판매비 및 관리비	24,240	25,432	24,246	19,237	16,573
영업손익	750	-890	-125	784	1,316
법인세비용차감전순손익	686	-1,211	-248	307	956
법인세비용	59	-11	0	0	20
계속사업이익	627	-1,200	-248	307	936
중단사업손익	0	0	0	0	0
당기순손익	627	-1,200	-248	307	936
현금흐름표					(단위:백만 원)
영업활동순현금흐름	2,222	101	1,722	1,610	1,933
투자활동순현금흐름	-3,508	-2,548	-1,074	-519	-1,079
재무활동순현금흐름	-83	2,298	-637	-1,022	-429
성장성비율					(단위:%)
총자산증가율	9.12	11.39	-10.3	-9.48	-3.27
매출액증가율	16.85	-1.8	-1.71	-17	-10.65
수익성비율					(단위:%)
총자산순이익률	6.67	-11.56	-2.39	3.28	10.72
자기자본순이익률	12.73	-25.85	-6.34	7.97	21.43
매출액영업이익률	3	-3.63	-0.52	3.92	7.36
매출액순이익률	2.51	-4.89	-1.03	1.53	5.23
레버리지비율					(단위:%)
부채비율	87.32	170.59	158.59	127.67	77.60
이자보상비율	16.29	-12.55	-0.87	6.37	11.86
비유동비율	162.46	234.93	234.18	195.24	139.91
비유동장기적합률	133.07	159.56	158.34	140.19	114.66
유동성비율					(단위:%)
유동비율	38.11	28.91	22.06	36.68	67.81
당좌비율	26.61	19.53	17.82	31.75	62.83
현금비율	22.85	9.23	15.56	16.83	34.86
활동성비율					(단위:회)
총자산회전율	2.66	2.37	2.33	2.14	2.05
자기자본회전율	5.07	5.29	6.16	5.21	4.10
비유동자산회전율	3.32	2.73	2.63	2.43	2.49
재고자산회전율	67.38	57.03	74.75	115.11	117.74
생산성비율					(단위:%)
총자본투자효율	129.52	101.49	121.52	119.8	113.31
설비투자효율	235.94	216.61	258.33	322.15	364.38
부가가치의 구성					(단위:백만 원)
영업잉여	705	-961	-267	663	1,221
인건비	8,239	8,212	7,650	6,621	5,808.01
금융비용	45	71	143	121	94.63
감가상각비	1,550	1,583	1,736	1,282	798.94

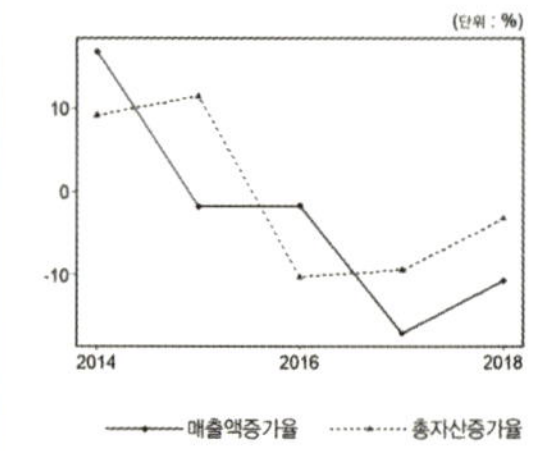

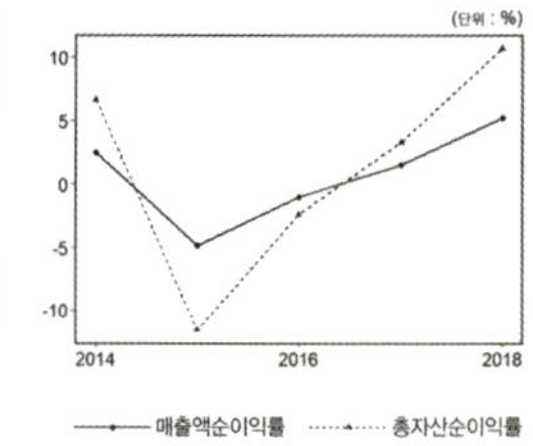

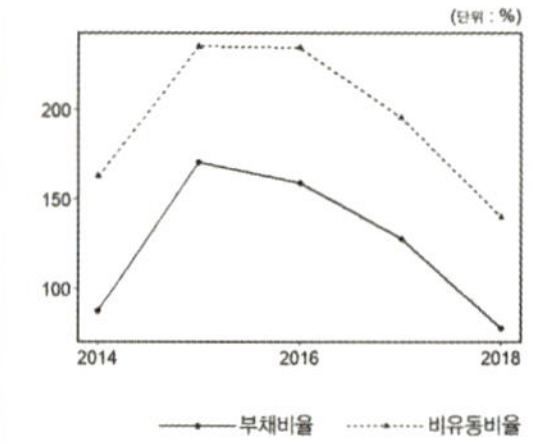

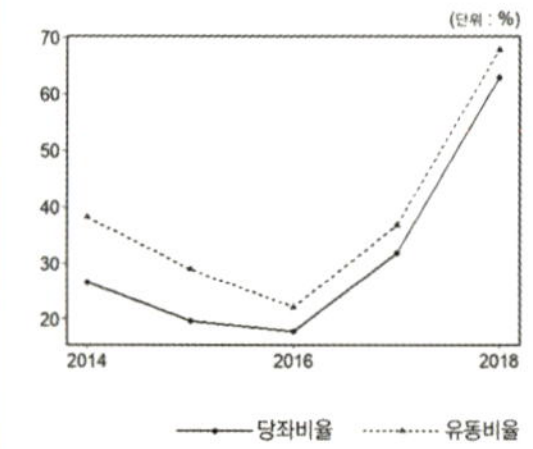

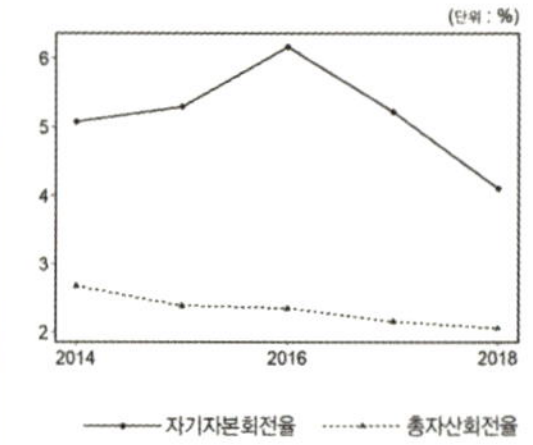

	84 ㈜썬앳푸드(018185) SUN@FOOD			외
SUN AT FOOD GLOBAL DINING LEADER	설립일	1995.06.09	대표이사	한종문
	업종	다업종업	업종코드	56300
	소재지	서울시 마포구 잔다리로	주요브랜드	시추안하우스, 비스트로서울, 모던룰랑

	2014	2015	2016	2017	2018
재무상태표					(단위:백만 원)
유동자산	34,594	17,533	8,295	5,363	6,836
당좌자산	34,456	17,247	8,079	5,133	6,551
재고자산	138	287	216	230	284
비유동자산	20,565	22,992	28,547	29,253	27,526
투자자산	5,379	6,858	7,044	6,935	5,897
유형자산	9,861	10,668	17,875	18,825	18,097
무형자산	336	380	248	174	179
자산총계	55,159	40,525	36,841	34,617	34,362
유동부채	13,226	1,822	1,765	1,574	1,722
비유동부채	342	500	324	870	1,189
자본	41,591	38,203	34,752	32,173	31,451
부채 및 자본합계	55,159	40,525	36,841	34,617	34,362
손익계산서					(단위:백만 원)
매출액	13,779	13,758	16,475	14,935	17,445
매출원가	7,771	8,141	9,299	8,341	9,196
매출총손익	6,007	5,617	7,177	6,594	8,250
판매비 및 관리비	11,463	9,188	9,178	9,414	10,243
영업손익	-5,456	-3,571	-2,001	-2,819	-1,993
법인세비용차감전순손익	30,097	-4,469	-2,704	-2,078	-680
법인세비용	6,921	-1,070	679	-8	9
계속사업이익	23,176	-3,399	-3,383	-2,069	-689
중단사업손익	2,656	0	0	0	0
당기순손익	25,831	-3,399	-3,383	-2,069	-689
현금흐름표					(단위:백만 원)
영업활동순현금흐름	2,659	-10,073	-625	-1,488	-262
투자활동순현금흐름	-31,600	11,503	143	-40	1,213
재무활동순현금흐름	32,724	-3,000	0	-524	0
성장성비율					(단위:%)
총자산증가율	28.44	-26.53	-9.09	-6.04	-0.74
매출액증가율	-80.68	-0.15	19.75	-9.35	16.81
수익성비율					(단위:%)
총자산순이익률	52.66	-7.1	-8.75	-5.79	-2
자기자본순이익률	78.61	-8.52	-9.27	-6.18	-2.17
매출액영업이익률	-39.6	-25.95	-12.15	-18.88	-11.42
매출액순이익률	187.47	-24.7	-20.53	-13.86	-3.95
레버리지비율					(단위:%)
부채비율	32.62	6.08	6.01	7.6	9.26
이자보상비율	-15.3	-58.77	-4,708.25	-	-86,648.22
비유동비율	49.45	60.18	82.14	90.93	87.52
비유동장기적합률	49.04	59.4	81.39	88.53	84.33
유동성비율					(단위:%)
유동비율	261.56	962.45	469.87	340.78	396.98
당좌비율	260.51	946.7	457.66	326.17	380.46
현금비율	14.81	20.28	37.04	19.03	28.83
활동성비율					(단위:회)
총자산회전율	0.28	0.29	0.43	0.42	0.51
자기자본회전율	0.42	0.34	0.45	0.45	0.55
비유동자산회전율	0.48	0.63	0.64	0.52	0.61
재고자산회전율	22.97	64.69	65.57	67.02	67.82
생산성비율					(단위:%)
총자본투자효율	73.32	4.38	11.22	13.87	19.96
설비투자효율	410.12	27.01	23.13	25.5	37.90
부가가치의 구성					(단위:백만 원)
영업잉여	-5,402	-3,075	-1,799	-2,687	-1,930
인건비	5,856	4,276	4,452	4,769	5,098.84
금융비용	-55	-496	-133	-132	-62.98
감가상각비	2,989	1,187	1,186	1,099	1,175.19

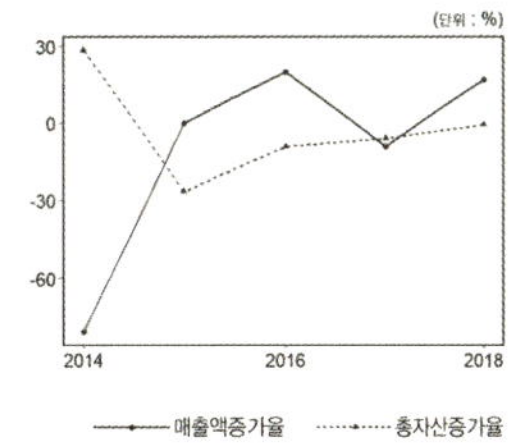

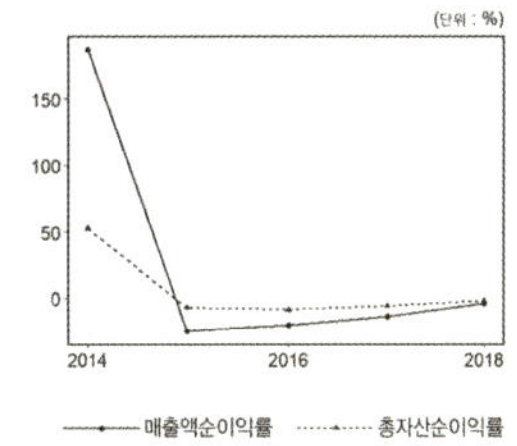

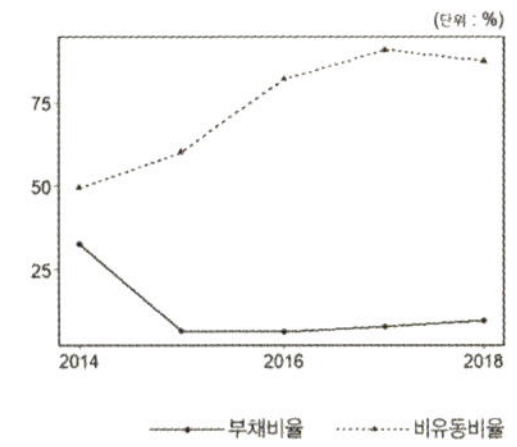

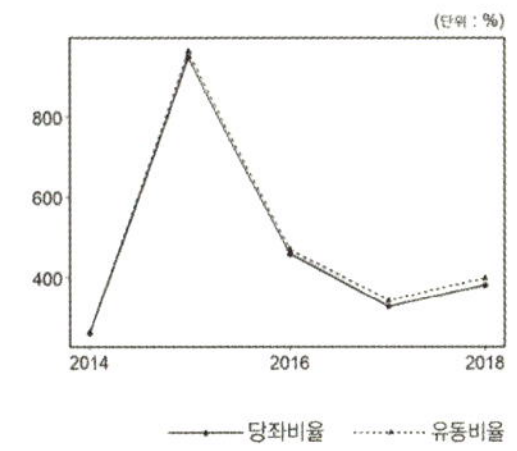

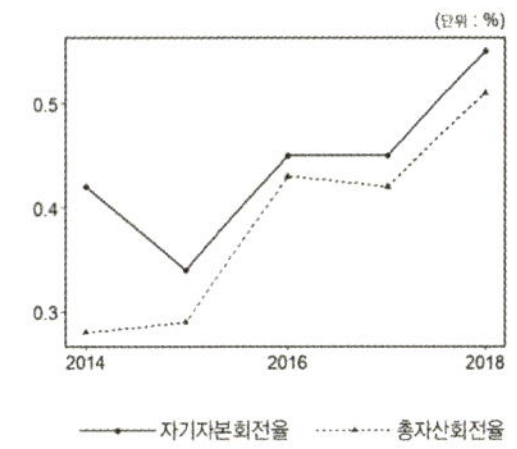

85 ㈜아모제에프앤엘(069753) AMOJE F&L Inc. 외

설립일	2012.09.03	대표이사	신희호
업종	서양식 음식점업	업종코드	56123
소재지	서울특별시 강남구 언주로	주요브랜드	푸드캐피탈, 카페아모제

	2014	2015	2016	2017	2018
재무상태표					(단위:백만 원)
유동자산	2,040	2,409	829	451	158
당좌자산	2,040	2,409	829	451	158
재고자산	0	0	0	0	0
비유동자산	11,183	14,576	16,070	15,765	15,590
투자자산	5,653	10,190	15,546	15,546	15,506
유형자산	4,919	4,017	268	109	24
무형자산	0	0	0	0	0
자산총계	13,223	16,985	16,899	16,216	15,748
유동부채	12,373	16,285	16,496	15,224	15,295
비유동부채	340	263	78	39	21
자본	510	438	325	954	433
부채 및 자본합계	13,223	16,985	16,899	16,216	15,748
손익계산서					(단위:백만 원)
매출액	19,966	14,072	8,872	3,042	2,250
매출원가	21,345	16,096	9,888	2,822	2,252
매출총손익	-1,379	-2,025	-1,016	220	-1
판매비 및 관리비	1,678	1,644	1,022	57	34
영업손익	-3,057	-3,669	-2,038	163	-35
법인세비용차감전순손익	404	-72	-113	629	-521
법인세비용	0	0	0	0	0
계속사업이익	404	-72	-113	629	-521
중단사업손익	0	0	0	0	0
당기순손익	404	-72	-113	629	-521
현금흐름표					(단위:백만 원)
영업활동순현금흐름	-1,191	-2,136	-345	1,129	-403
투자활동순현금흐름	95	-1,102	74	136	39
재무활동순현금흐름	1,167	3,500	240	-1,506	340
성장성비율					(단위:%)
총자산증가율	9.19	28.45	-0.51	-4.04	-2.89
매출액증가율	-35.04	-29.52	-36.95	-65.71	-26.04
수익성비율					(단위:%)
총자산순이익률	3.19	-0.48	-0.67	3.8	-3.26
자기자본순이익률	131.12	-15.29	-29.58	98.37	-75.17
매출액영업이익률	-15.31	-26.07	-22.98	5.36	-1.56
매출액순이익률	2.02	-0.51	-1.27	20.67	-23.15
레버리지비율					(단위:%)
부채비율	2,493	3,782.03	5,102.89	1,600.46	3,540.27
이자보상비율	-8.36	-9.91	-3.71	0.3	-0.09
비유동비율	2,192.92	3,331.40	4,947.68	1,653.20	3,603.64
비유동장기적합률	1,315.75	2,080.43	3,988.83	1,588.56	3,437.73
유동성비율					(단위:%)
유동비율	16.49	14.79	5.02	2.96	1.04
당좌비율	16.49	14.79	5.02	2.96	1.04
현금비율	3.79	14.1	37.28	15.09	27.52
활동성비율					(단위:회)
총자산회전율	1.58	0.93	0.52	0.18	0.14
자기자본회전율	64.82	29.7	23.28	4.76	3.25
비유동자산회전율	1.94	1.09	0.58	0.19	0.14
재고자산회전율	0	0	0	0	0
생산성비율					(단위:%)
총자본투자효율	23.23	10.94	8.54	0.85	-0.33
설비투자효율	62.45	46.27	538.62	126.94	-214.02
부가가치의 구성					(단위:백만 원)
영업잉여	-3,366	-3,804	-2,337	812	-412
인건비	297	113	36	0	0.11
금융비용	310	370	549	-661	374.74
감가상각비	2,045	1,448	972	169	75.50

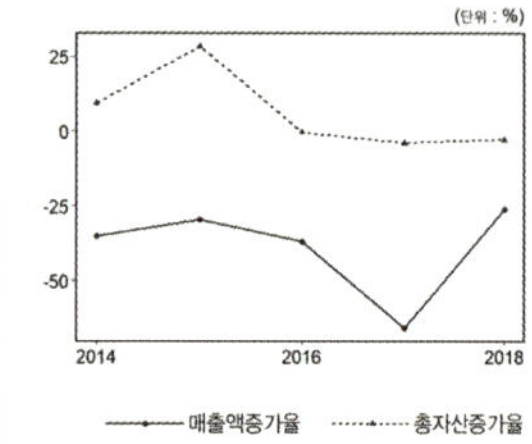

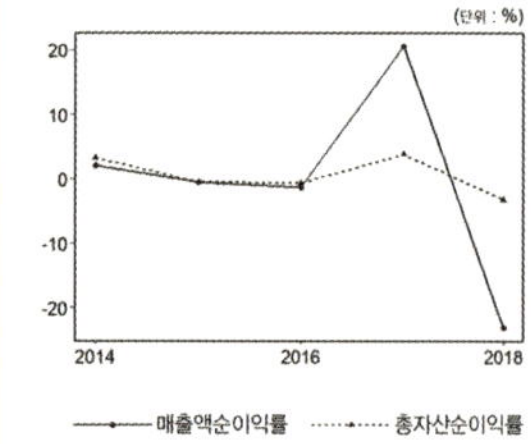

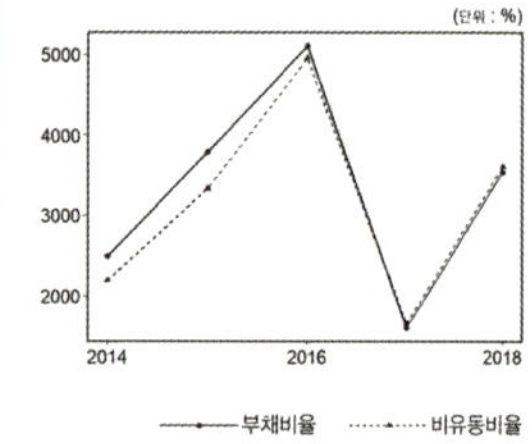

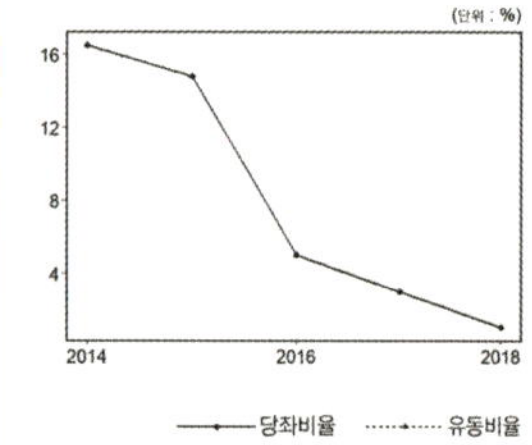

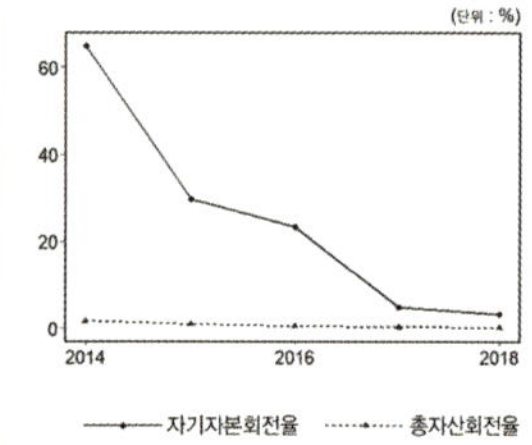

86 ㈜안스(076668) ANS CO., LTD 외

설립일	2015.08.21	대표이사	안복현
업종	제과점업	업종코드	56191
소재지	인천광역시 연수구 청명로	주요브랜드	안스베이커리

	2014	2015	2016	2017	2018
재무상태표					(단위:백만 원)
유동자산	–	380	527	1,070	1,015
당좌자산	–	368	410	903	822
재고자산	–	12	116	167	193
비유동자산	–	8,808	8,863	8,590	13,050
투자자산	–	0	0	0	0
유형자산	–	8,413	8,458	8,180	12,910
무형자산	–	0	0	0	0
자산총계	–	9,188	9,390	9,660	14,065
유동부채	–	1,878	1,797	2,115	2,560
비유동부채	–	6,474	6,483	6,274	9,647
자본	–	837	1,109	1,271	1,857
부채 및 자본합계	–	9,188	9,390	9,660	14,065
손익계산서					(단위:백만 원)
매출액	–	2,387	9,157	9,288	10,265
매출원가	–	1,287	5,503	5,616	5,960
매출총손익	–	1,100	3,654	3,672	4,304
판매비 및 관리비	–	716	3,138	3,219	3,357
영업손익	–	384	516	453	947
법인세비용차감전순손익	–	356	366	301	736
법인세비용	–	69	94	139	150
계속사업이익	–	287	272	162	586
중단사업손익	–	0	0	0	0
당기순손익	–	287	272	162	586
현금흐름표					(단위:백만 원)
영업활동순현금흐름	–	594	881	877	1,199
투자활동순현금흐름	–	-8,496	-670	-229	-5,302
재무활동순현금흐름	–	7,999	-158	-316	4,011
성장성비율					(단위:%)
총자산증가율	–	0	2.19	2.88	45.60
매출액증가율	–	0	283.59	1.43	10.51
수익성비율					(단위:%)
총자산순이익률	–	6.25	2.93	1.7	4.94
자기자본순이익률	–	68.58	27.98	13.61	37.46
매출액영업이익률	–	16.08	5.64	4.88	9.23
매출액순이익률	–	12.02	2.97	1.74	5.71
레버리지비율					(단위:%)
부채비율	–	997.78	746.44	659.88	657.27
이자보상비율	–	14.71	2.62	2.43	4.08
비유동비율	–	1,052.35	798.97	675.68	702.62
비유동장기적합률	–	120.48	116.74	113.85	113.43
유동성비율					(단위:%)
유동비율	–	20.25	29.3	50.61	39.65
당좌비율	–	19.61	22.83	42.7	32.12
현금비율	–	25.61	28.58	45.03	38.37
활동성비율					(단위:회)
총자산회전율	–	0.52	0.99	0.98	0.87
자기자본회전율	–	5.7	9.41	7.8	6.56
비유동자산회전율	–	0.54	1.04	1.06	0.95
재고자산회전율	–	396.81	142.65	65.48	57.01
생산성비율					(단위:%)
총자본투자효율	–	10.11	35.65	32.94	27.16
설비투자효율	–	11.04	39.58	38.9	29.59
부가가치의 구성					(단위:백만 원)
영업잉여	–	358	322	269	725
인건비	–	357	1,625	1,586	1,715.46
금융비용	–	26	197	186	231.65
감가상각비	–	83	625	507	572.06

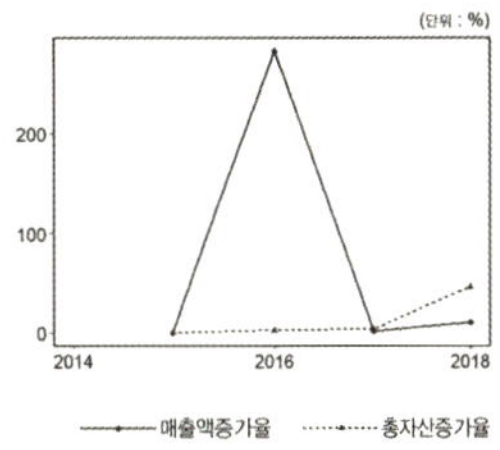

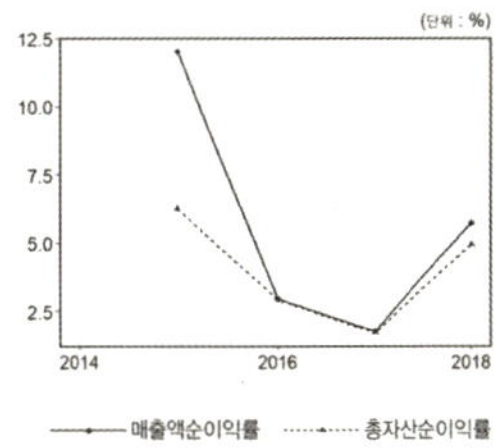

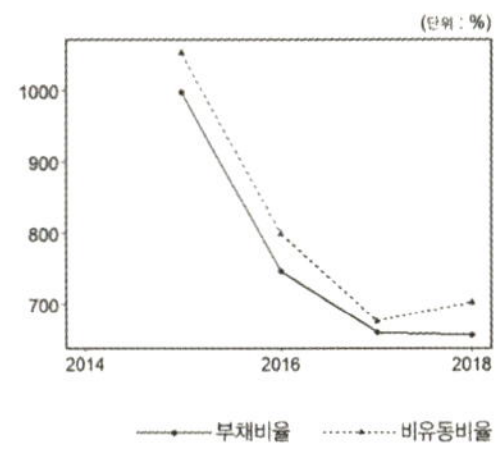

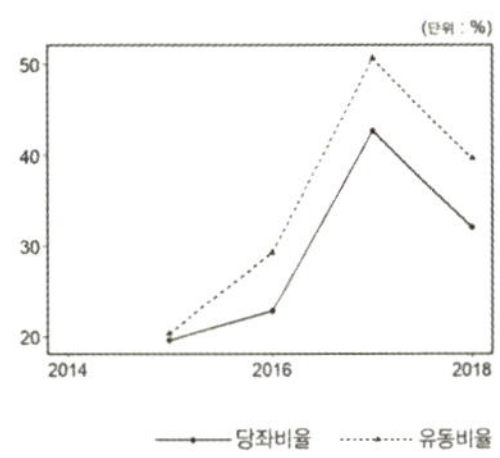

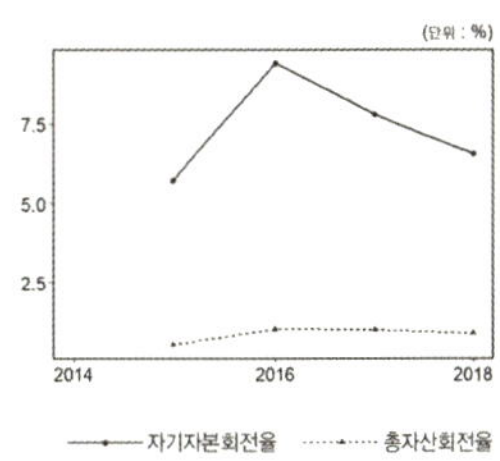

87 ㈜에땅(048624) ETANG 외

설립일	2001.12.19	대표이사	공동관
업종	피자, 햄버거, 샌드위치 및 유사 음식점업	업종코드	56192
소재지	서울특별시 강남구 학동로	주요브랜드	피자에땅, 오븐에빠진닭, 본능족으로

	2014	2015	2016	2017	2018
재무상태표					(단위:백만 원)
유동자산	16,255	13,653	9,478	10,463	10,620
당좌자산	15,219	12,719	8,681	9,773	9,986
재고자산	1,036	934	797	690	633
비유동자산	33,396	46,442	43,790	43,922	42,325
투자자산	1,017	855	295	349	98
유형자산	28,903	42,698	41,856	42,237	41,410
무형자산	361	204	86	29	10
자산총계	49,650	60,096	53,268	54,384	52,944
유동부채	12,776	13,526	26,114	25,127	22,910
비유동부채	14,319	23,238	3,559	3,780	3,716
자본	22,556	23,331	23,596	25,477	26,318
부채 및 자본합계	49,650	60,096	53,268	54,384	52,944
손익계산서					(단위:백만 원)
매출액	69,162	61,076	49,394	39,857	32,510
매출원가	48,552	41,868	32,163	25,607	20,384
매출총손익	20,609	19,208	17,231	14,250	12,126
판매비 및 관리비	16,930	17,878	16,226	13,568	11,088
영업손익	3,680	1,330	1,005	682	1,038
법인세비용차감전순손익	4,445	2,041	940	2,080	1,130
법인세비용	916	1,115	175	198	289
계속사업이익	3,529	926	764	1,881	841
중단사업손익	0	0	0	0	0
당기순손익	3,529	926	764	1,881	841
현금흐름표					(단위:백만 원)
영업활동순현금흐름	5,843	3,686	-5,040	3,608	147
투자활동순현금흐름	-14,970	-11,001	2,402	-2,792	-1,419
재무활동순현금흐름	9,536	9,064	-500	-420	-100
성장성비율					(단위:%)
총자산증가율	48	21.04	-11.36	2.09	-2.65
매출액증가율	-2.12	-11.69	-19.13	-19.31	-18.43
수익성비율					(단위:%)
총자산순이익률	8.48	1.69	1.35	3.5	1.57
자기자본순이익률	16.87	4.04	3.26	7.67	3.25
매출액영업이익률	5.32	2.18	2.04	1.71	3.19
매출액순이익률	5.1	1.52	1.55	4.72	2.59
레버리지비율					(단위:%)
부채비율	120.13	157.57	125.75	113.46	101.17
이자보상비율	16.99	4.01	1.88	1.32	1.92
비유동비율	148.06	199.05	185.59	172.4	160.82
비유동장기적합률	90.57	99.73	161.26	150.12	140.92
유동성비율					(단위:%)
유동비율	127.23	100.94	36.3	41.64	46.35
당좌비율	119.12	94.03	33.24	38.89	43.59
현금비율	26.93	44.86	31.43	32.25	18.85
활동성비율					(단위:회)
총자산회전율	1.66	1.11	0.87	0.74	0.61
자기자본회전율	3.31	2.66	2.11	1.62	1.26
비유동자산회전율	2.94	1.53	1.09	0.91	0.75
재고자산회전율	75.78	61.99	57.07	53.63	49.14
생산성비율					(단위:%)
총자본투자효율	26.12	20.5	16.97	17.05	13.08
설비투자효율	59.52	28.85	21.6	22.65	16.90
부가가치의 구성					(단위:백만 원)
영업잉여	3,833	1,210	526	139	561
인건비	5,835	5,543	4,140	3,804	3,223.71
금융비용	-55	120	479	483	476.62
감가상각비	792	1,058	2,242	1,869	1,315.11

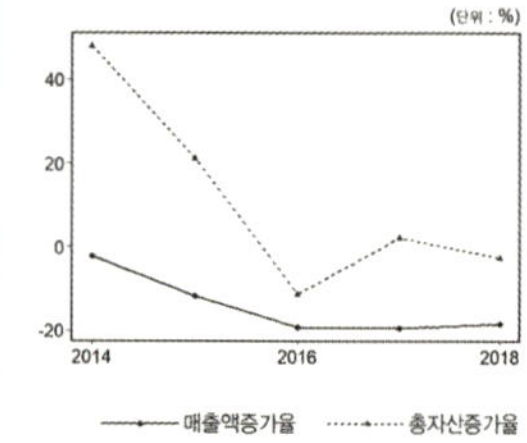

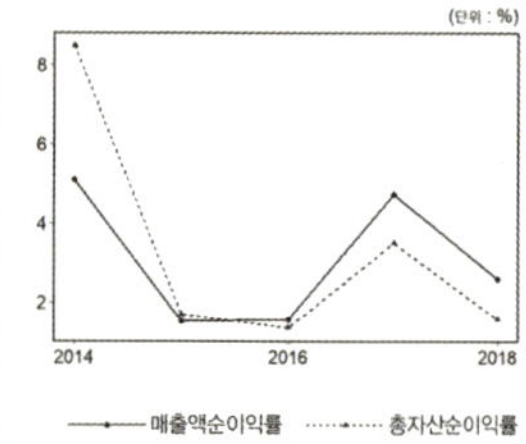

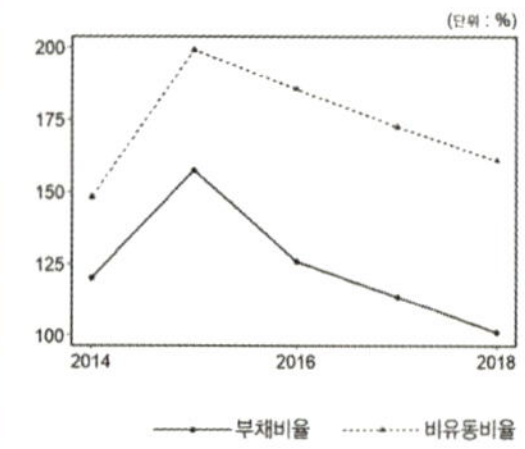

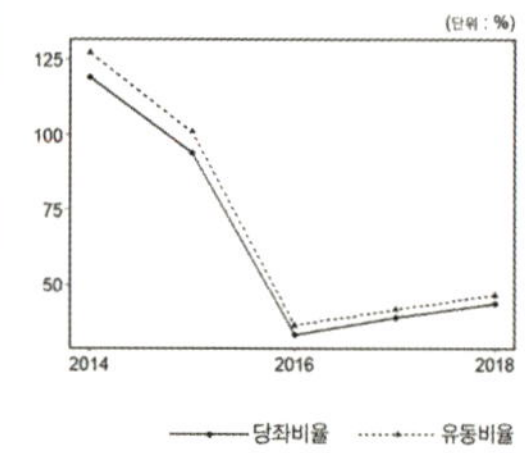

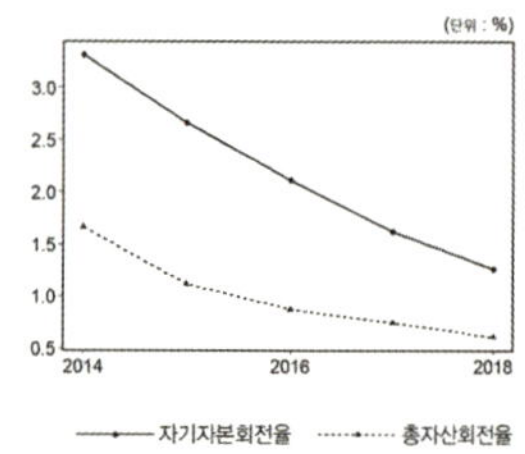

88 ㈜에이치앤디이(027462) H&DE Corporation 외

설립일	1986.10.15	대표이사	최윤택
업종	간이 음식 포장판매 전문점	업종코드	56199
소재지	서울 강남구 도곡로	주요브랜드	나우, 카페더블드림스, 통빱

	2014	2015	2016	2017	2018
재무상태표					(단위:백만 원)
유동자산	5,146	6,161	4,551	4,630	4,479
당좌자산	4,034	4,785	3,466	3,650	3,496
재고자산	1,112	1,375	1,085	980	983
비유동자산	69,697	69,409	69,708	66,887	71,620
투자자산	3,444	2,778	3,091	1,372	5,273
유형자산	42,877	42,164	41,319	40,527	40,819
무형자산	531	502	546	762	738
자산총계	74,843	75,569	74,259	71,517	76,099
유동부채	21,212	22,347	20,279	14,386	13,596
비유동부채	9,408	8,685	9,002	11,758	16,846
자본	44,223	44,537	44,977	45,373	45,657
부채 및 자본합계	74,843	75,569	74,259	71,517	76,099
손익계산서					(단위:백만 원)
매출액	104,933	117,869	108,773	115,329	125,715
매출원가	66,761	76,987	73,928	81,402	88,776
매출총손익	38,172	40,882	34,845	33,927	36,939
판매비 및 관리비	36,680	36,763	33,187	32,495	35,372
영업손익	1,492	4,119	1,658	1,432	1,567
법인세비용차감전순손익	1,943	1,883	2,418	2,226	1,708
법인세비용	509	448	977	449	362
계속사업이익	1,434	1,435	1,441	1,777	1,346
중단사업손익	0	0	0	0	0
당기순손익	1,434	1,435	1,441	1,777	1,346
현금흐름표					(단위:백만 원)
영업활동순현금흐름	1,547	5,224	1,776	2,030	2,566
투자활동순현금흐름	7,411	-3,628	-1,386	1,994	-5,415
재무활동순현금흐름	-9,125	-1,220	-1,400	-4,380	2,520
성장성비율					(단위:%)
총자산증가율	-11.29	0.97	-1.73	-3.69	6.41
매출액증가율	-20.98	12.33	-7.72	6.03	9.01
수익성비율					(단위:%)
총자산순이익률	1.8	1.91	1.92	2.44	1.82
자기자본순이익률	3.25	3.23	3.22	3.93	2.96
매출액영업이익률	1.42	3.49	1.52	1.24	1.25
매출액순이익률	1.37	1.22	1.32	1.54	1.07
레버리지비율					(단위:%)
부채비율	69.24	69.68	65.1	57.62	66.68
이자보상비율	1.7	7.66	3.95	3.3	3.38
비유동비율	157.6	155.85	154.98	147.42	156.87
비유동장기적합률	129.96	130.41	129.14	117.08	114.59
유동성비율					(단위:%)
유동비율	24.26	27.57	22.44	32.18	32.94
당좌비율	19.02	21.41	17.09	25.37	25.71
현금비율	29.61	30.84	19.55	11.53	4.58
활동성비율					(단위:회)
총자산회전율	1.32	1.57	1.45	1.58	1.70
자기자본회전율	2.38	2.66	2.43	2.55	2.76
비유동자산회전율	1.42	1.69	1.56	1.69	1.82
재고자산회전율	81.44	94.76	88.43	111.74	128.09
생산성비율					(단위:%)
총자본투자효율	19.63	21.22	21.15	20.9	19.43
설비투자효율	34.26	38.03	38.01	36.89	36.22
부가가치의 구성					(단위:백만 원)
영업잉여	704	3,719	1,332	1,091	1,204
인건비	10,057	11,761	11,071	10,545	10,711.56
금융비용	782	404	344	347	362.37
감가상각비	1,229	1,236	1,053	947	1,059.60

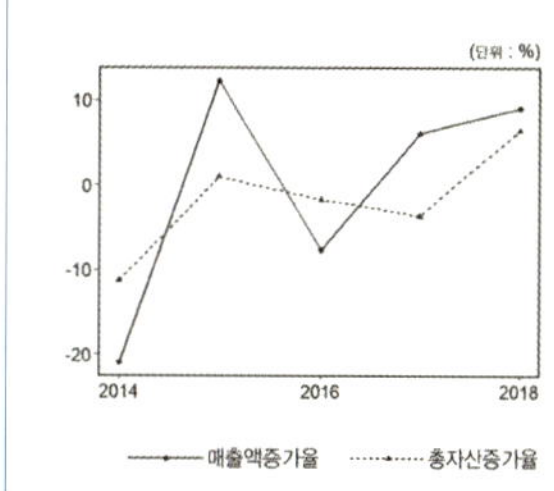

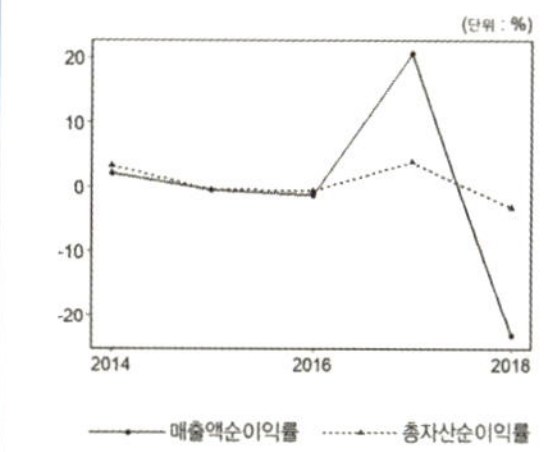

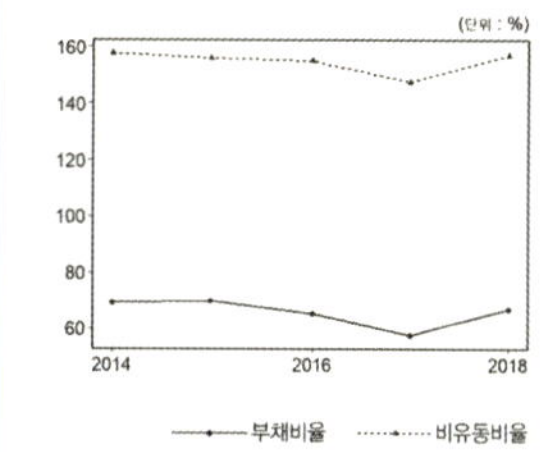

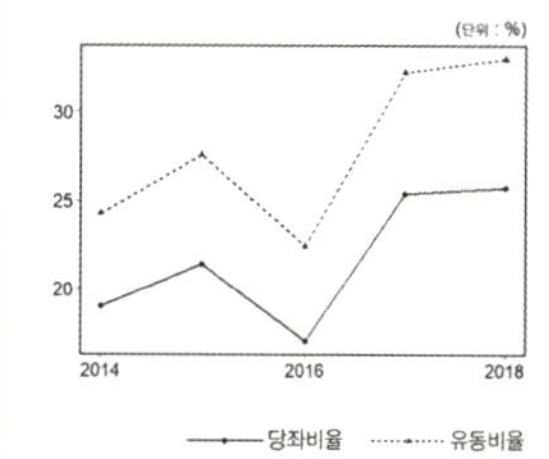

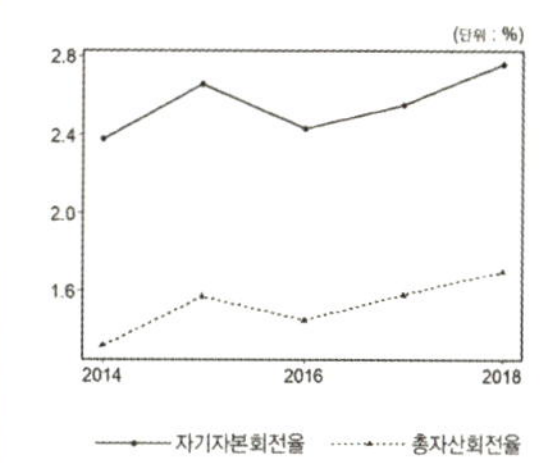

89 ㈜엔타스시스템(062157) Entasystem.Co.,Ltd. 외

설립일	2007.12.10	대표이사	김미애
업종	한식 일반 음식점업	업종코드	56111
소재지	인천광역시 연수구 능허대로	주요브랜드	삿뽀로, 경복궁, 고구려

	2014	2015	2016	2017	2018
재무상태표					(단위:백만 원)
유동자산	17,275	22,352	24,871	26,480	24,154
당좌자산	16,877	21,796	24,480	26,013	23,769
재고자산	398	556	390	467	384
비유동자산	25,740	25,266	23,165	22,659	24,599
투자자산	0	210	445	705	4,574
유형자산	9,484	8,876	6,416	5,610	3,250
무형자산	312	179	68	13	14
자산총계	43,016	47,618	48,036	49,139	48,753
유동부채	21,012	24,884	24,975	25,896	22,844
비유동부채	5,133	4,078	3,239	1,665	2,157
자본	16,871	18,655	19,822	21,579	23,752
부채 및 자본합계	43,016	47,618	48,036	49,139	48,753
손익계산서					(단위:백만 원)
매출액	51,324	57,510	56,738	56,999	59,087
매출원가	0	0	0	0	0
매출총손익	51,324	57,510	56,738	56,999	59,087
판매비 및 관리비	47,665	54,978	53,917	53,390	56,621
영업손익	3,659	2,533	2,821	3,609	2,466
법인세비용차감전순손익	3,556	2,428	1,893	3,563	2,213
법인세비용	896	644	727	1,806	80
계속사업이익	2,659	1,784	1,166	1,757	2,133
중단사업손익	0	0	0	0	0
당기순손익	2,659	1,784	1,166	1,757	2,133
현금흐름표					(단위:백만 원)
영업활동순현금흐름	7,377	8,356	6,211	4,444	5,829
투자활동순현금흐름	-28,654	-7,644	-3,231	3,673	-9,212
재무활동순현금흐름	17,815	-504	-1,644	-733	-3,173
성장성비율					(단위:%)
총자산증가율	105.31	10.7	0.88	2.3	-0.79
매출액증가율	17.62	12.05	-1.34	0.46	3.66
수익성비율					(단위:%)
총자산순이익률	8.31	3.94	2.44	3.62	4.36
자기자본순이익률	17.19	10.04	6.06	8.49	9.41
매출액영업이익률	7.13	4.4	4.97	6.33	4.17
매출액순이익률	5.18	3.1	2.06	3.08	3.61
레버리지비율					(단위:%)
부채비율	154.96	155.25	142.34	127.72	105.26
이자보상비율	8.83	3.81	4.93	6.85	4.66
비유동비율	152.57	135.44	116.87	105.01	103.57
비유동장기적합률	116.98	111.14	100.45	97.49	94.95
유동성비율					(단위:%)
유동비율	82.22	89.82	99.58	102.26	105.73
당좌비율	80.32	87.59	98.02	100.45	104.05
현금비율	8.85	7.77	12.35	39.49	16.15
활동성비율					(단위:회)
총자산회전율	1.6	1.27	1.19	1.17	1.21
자기자본회전율	3.32	3.24	2.95	2.75	2.61
비유동자산회전율	2.6	2.26	2.34	2.49	2.50
재고자산회전율	140.29	120.59	119.93	132.89	138.79
생산성비율					(단위:%)
총자본투자효율	61.29	60.44	58.79	58.13	61.73
설비투자효율	278.43	324.26	440.19	509.18	926.06
부가가치의 구성					(단위:백만 원)
영업잉여	3,525	2,416	2,765	3,589	2,786
인건비	14,862	17,821	17,962	17,293	19,788.82
금융비용	134	117	56	20	-320.14
감가상각비	3,169	3,581	3,482	2,808	3,136.51

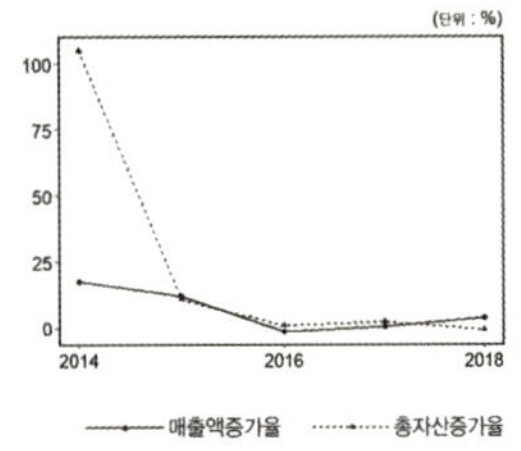

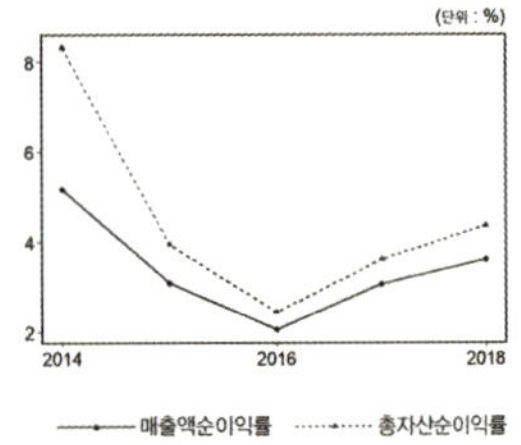

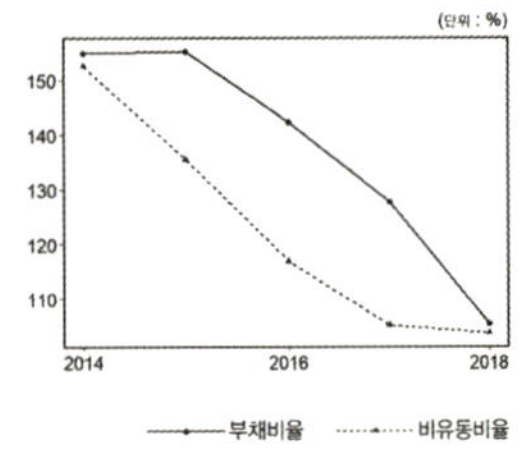

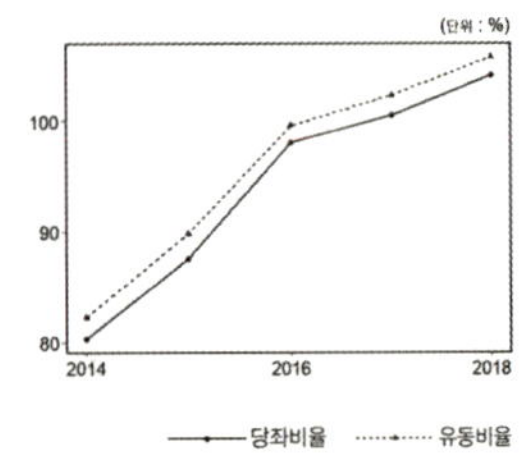

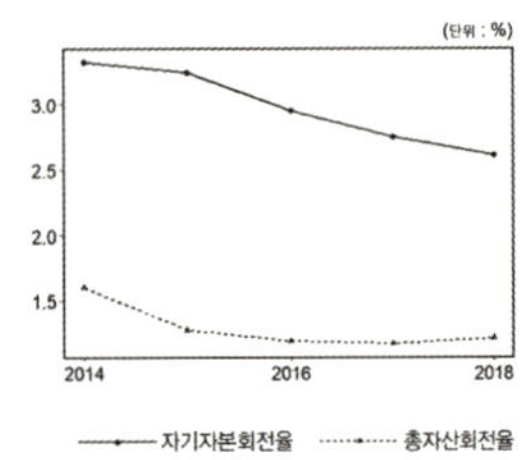

Mad for Garlic

90 ㈜엠에프지코리아(069399) MFG Korea Co. Ltd 외

설립일	2014.08.05	대표이사	윤나라
업종	서양식 음식점업	업종코드	56123
소재지	서울시 강남구 압구정로	주요브랜드	메드포갈릭

	2014	2015	2016	2017	2018
재무상태표					(단위:백만 원)
유동자산	4,035	5,012	4,471	6,858	8,178
당좌자산	3,238	3,856	3,644	6,116	7,419
재고자산	798	1,156	828	742	759
비유동자산	26,766	25,864	29,372	29,261	28,117
투자자산	0	0	2,821	5,521	5,356
유형자산	16,034	14,522	13,733	11,628	10,692
무형자산	548	655	955	728	833
자산총계	30,801	30,876	33,843	36,119	36,295
유동부채	7,287	11,705	13,129	14,304	13,648
비유동부채	5,317	1,695	2,986	1,748	2,009
자본	18,198	17,476	17,728	20,067	20,638
부채 및 자본합계	30,801	30,876	33,843	36,119	36,295
손익계산서					(단위:백만 원)
매출액	24,364	67,505	77,353	79,652	77,414
매출원가	12,627	36,461	43,607	43,360	41,753
매출총손익	11,737	31,044	33,746	36,292	35,660
판매비 및 관리비	10,889	29,564	31,734	32,939	33,361
영업손익	848	1,480	2,012	3,353	2,299
법인세비용차감전순손익	549	-1,242	590	2,817	919
법인세비용	44	-473	138	540	201
계속사업이익	504	-769	452	2,277	718
중단사업손익	0	0	0	0	0
당기순손익	504	-769	452	2,277	718
현금흐름표					(단위:백만 원)
영업활동순현금흐름	1,706	4,184	5,272	5,517	5,149
투자활동순현금흐름	-3,286	-5,949	-7,189	-4,301	-3,630
재무활동순현금흐름	3,000	2,000	1,000	1,250	-750
성장성비율					(단위:%)
총자산증가율	0	0.24	9.61	6.72	0.49
매출액증가율	0	177.07	14.59	2.97	-2.81
수익성비율					(단위:%)
총자산순이익률	3.27	-2.49	1.4	6.51	1.98
자기자본순이익률	5.54	-4.31	2.57	12.05	3.53
매출액영업이익률	3.48	2.19	2.6	4.21	2.97
매출액순이익률	2.07	-1.14	0.58	2.86	0.93
레버리지비율					(단위:%)
부채비율	69.26	76.68	90.9	79.99	75.87
이자보상비율	46.33	11.27	13.29	17.84	10.21
비유동비율	147.09	147.99	165.68	145.81	136.24
비유동장기적합률	113.83	134.91	141.8	134.13	124.15
유동성비율					(단위:%)
유동비율	55.38	42.82	34.06	47.95	59.92
당좌비율	44.43	32.94	27.75	42.76	54.36
현금비율	35.19	33.01	16.49	46.71	48.58
활동성비율					(단위:회)
총자산회전율	1.58	2.19	2.39	2.28	2.14
자기자본회전율	2.68	3.78	4.39	4.21	3.80
비유동자산회전율	1.82	2.57	2.8	2.72	2.70
재고자산회전율	61.08	69.1	77.99	101.5	103.15
생산성비율					(단위:%)
총자본투자효율	25.08	67.07	72.57	76.42	73.45
설비투자효율	48.29	142.61	181.65	237.35	249.35
부가가치의 구성					(단위:백만 원)
영업잉여	830	1,360	1,932	3,289	2,215
인건비	3,896	13,301	14,879	15,459	16,605.48
금융비용	18	119	80	63	83.64
감가상각비	1,479	3,707	3,483	3,494	3,320

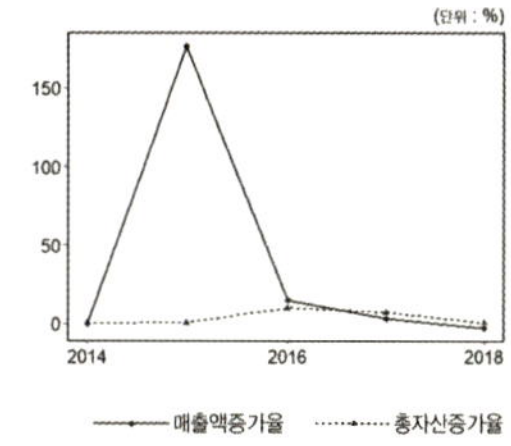

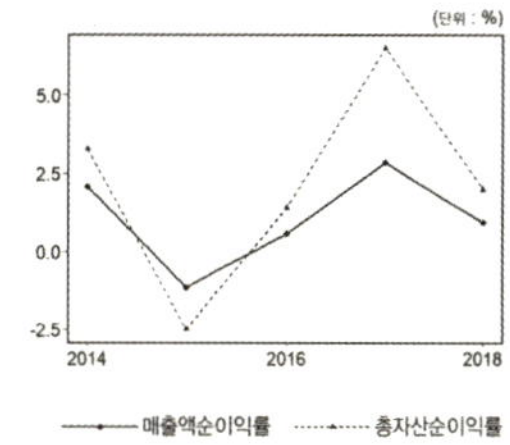

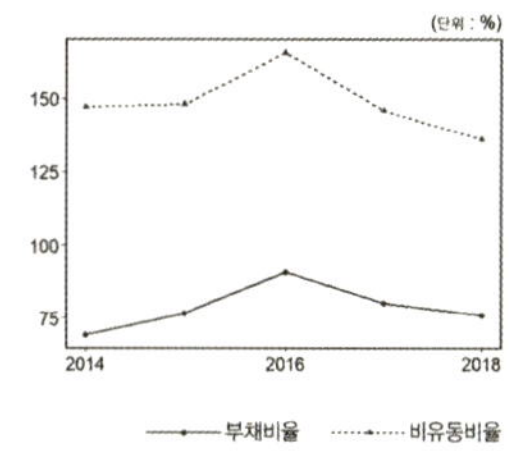

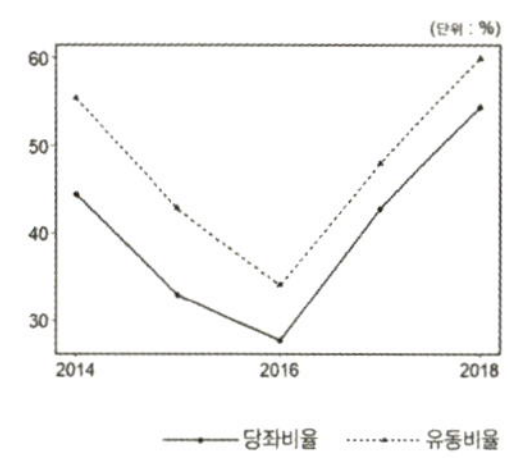

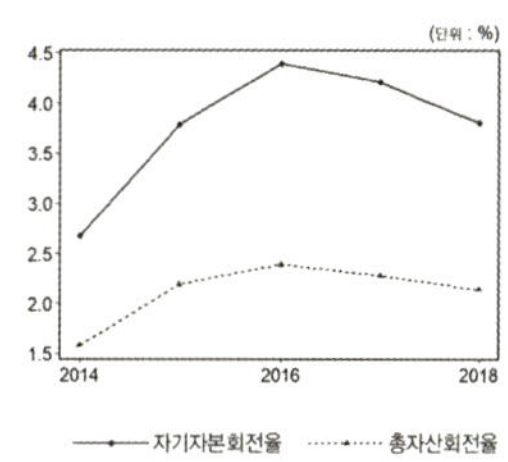

91 ㈜엠파이어에프앤비(066687) empirefnb

외

설립일	2012.05.02	대표이사	박상원
업종	서양식 음식점업	업종코드	56123
소재지	부산시 북구 만덕대로	주요브랜드	폴라렉스뷔페

	2014	2015	2016	2017	2018
재무상태표					(단위:백만 원)
유동자산	148	140	205	181	84
당좌자산	119	109	182	160	67
재고자산	29	31	23	20	17
비유동자산	12,941	12,516	12,130	11,752	11,445
투자자산	6	31	56	1	1
유형자산	12,890	12,450	12,054	11,732	11,441
무형자산	5	4	2	1	0
자산총계	13,089	12,656	12,336	11,933	11,529
유동부채	12,072	5,252	4,961	12,054	4,290
비유동부채	814	7,340	7,305	353	7,086
자본	203	65	69	-474	153
부채 및 자본합계	13,089	12,656	12,336	11,933	11,529
손익계산서					(단위:백만 원)
매출액	4,046	6,383	6,485	5,492	3,891
매출원가	2,587	3,630	3,848	3,465	2,222
매출총손익	1,459	2,753	2,637	2,027	1,669
판매비 및 관리비	2,275	2,519	2,239	2,228	1,904
영업손익	-815	234	398	-202	-236
법인세비용차감전순손익	2	-138	5	-544	28
법인세비용	0	0	0	0	0
계속사업이익	1	-138	5	-544	28
중단사업손익	0	0	0	0	0
당기순손익	1	-138	5	-544	28
현금흐름표					(단위:백만 원)
영업활동순현금흐름	-490	-23	249	-408	-89
투자활동순현금흐름	-617	-105	-25	49	-371
재무활동순현금흐름	1,113	130	-208	380	432
성장성비율					(단위:%)
총자산증가율	1.19	-3.3	-2.53	-3.26	-3.39
매출액증가율	-18.96	57.78	1.6	-15.32	-29.16
수익성비율					(단위:%)
총자산순이익률	0.01	-1.07	0.04	-4.48	0.24
자기자본순이익률	0.74	-103.47	7.22	0	0
매출액영업이익률	-20.15	3.67	6.14	-3.67	-6.05
매출액순이익률	0.04	-2.17	0.07	-9.9	0.71
레버리지비율					(단위:%)
부채비율	6,352.54	19,514.77	17,684.99	0	7,422.66
이자보상비율	-1.63	0.6	1.22	-0.62	-0.64
비유동비율	6,379.57	19,397.29	17,489.16	0	7,468.17
비유동장기적합률	1,273.09	169.04	164.49	0	158.11
유동성비율					(단위:%)
유동비율	1.23	2.67	4.14	1.5	1.95
당좌비율	0.99	2.08	3.67	1.33	1.56
현금비율	6.94	9.14	13.92	27.45	25.44
활동성비율					(단위:회)
총자산회전율	0.31	0.5	0.52	0.45	0.33
자기자본회전율	20.02	47.75	96.88	0	0
비유동자산회전율	0.31	0.5	0.53	0.46	0.34
재고자산회전율	122.52	214.06	240.82	253.03	209.04
생산성비율					(단위:%)
총자본투자효율	14.9	14.33	15.34	11.36	15.08
설비투자효율	15.13	14.57	15.7	11.55	15.20
부가가치의 구성					(단위:백만 원)
영업잉여	-1,315	-153	71	-526	-603
인건비	758	902	1,038	1,143	895.21
금융비용	500	387	327	325	366.96
감가상각비	448	529	398	329	318.72

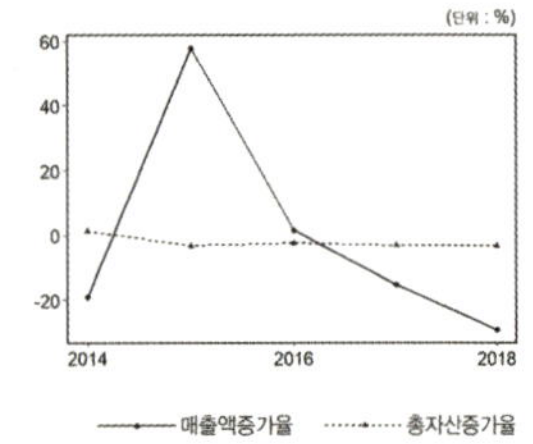

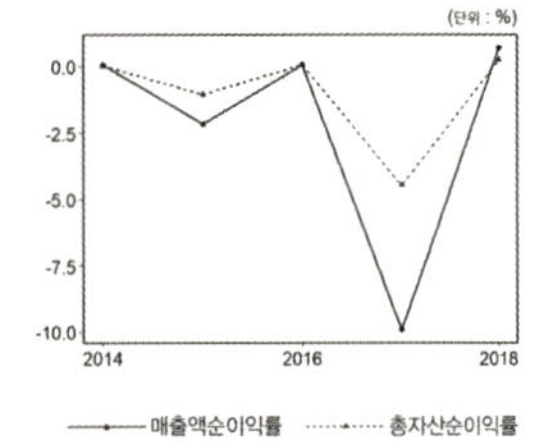

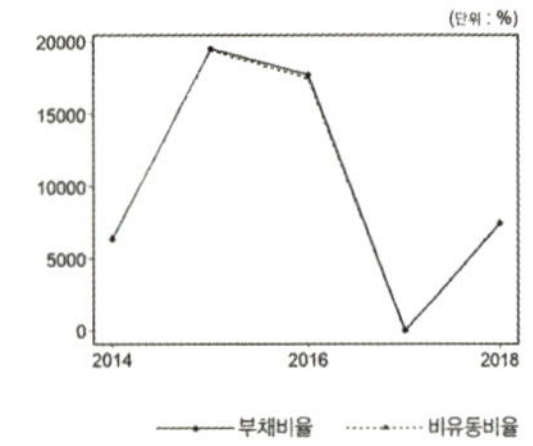

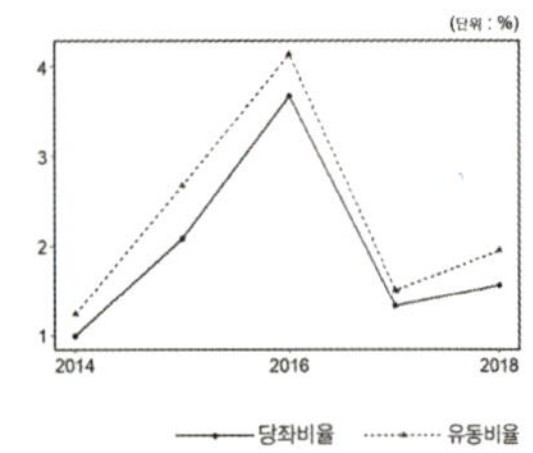

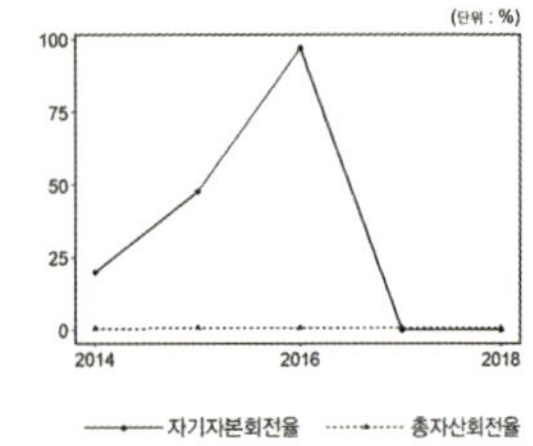

92 ㈜온누리푸드시스템(060936) Onnuri Food System 외

설립일	2007.03.30	대표이사	강계숙
업종	한식 일반 음식점업	업종코드	56111
소재지	경기 화성시 향남읍	주요브랜드	온누리장작구이, 온누리진흙구이, 온누리누룽지백숙

	2014	2015	2016	2017	2018
재무상태표					(단위:백만 원)
유동자산	5,646	4,953	5,958	7,032	6,955
당좌자산	4,687	2,880	4,497	6,736	6,706
재고자산	959	2,073	1,460	296	249
비유동자산	7,752	9,827	9,596	9,400	9,988
투자자산	4,629	4,678	4,629	4,632	4,675
유형자산	2,649	4,736	4,609	4,478	4,733
무형자산	42	32	22	12	143
자산총계	13,398	14,780	15,554	16,432	16,943
유동부채	772	679	510	574	495
비유동부채	0	0	150	150	150
자본	12,626	14,101	14,894	15,708	16,298
부채 및 자본합계	13,398	14,780	15,554	16,432	16,943
손익계산서					(단위:백만 원)
매출액	13,722	14,714	12,251	10,004	10,148
매출원가	10,195	10,483	8,637	7,039	7,198
매출총손익	3,527	4,232	3,614	2,965	2,950
판매비 및 관리비	2,213	2,516	2,635	1,949	2,298
영업손익	1,313	1,716	979	1,016	652
법인세비용차감전순손익	1,383	1,818	991	1,020	728
법인세비용	304	344	198	206	139
계속사업이익	1,079	1,474	793	814	590
중단사업손익	0	0	0	0	0
당기순손익	1,079	1,474	793	814	590
현금흐름표					(단위:백만 원)
영업활동순현금흐름	-938	961	2,200	2,444	-285
투자활동순현금흐름	553	185	-92	8	-1,822
재무활동순현금흐름	-165	0	150	0	-65
성장성비율					(단위:%)
총자산증가율	-0.8	10.31	5.24	5.64	3.11
매출액증가율	-22.96	7.23	-16.74	-18.34	1.44
수익성비율					(단위:%)
총자산순이익률	8.02	10.46	5.23	5.09	3.53
자기자본순이익률	8.93	11.03	5.47	5.32	3.69
매출액영업이익률	9.57	11.66	7.99	10.16	6.42
매출액순이익률	7.86	10.02	6.47	8.14	5.81
레버리지비율					(단위:%)
부채비율	6.11	4.82	4.43	4.61	3.96
이자보상비율	-	-	-	-	•
비유동비율	61.4	69.69	64.43	59.84	61.29
비유동장기적합률	61.4	69.69	63.79	59.28	60.73
유동성비율					(단위:%)
유동비율	731.42	729.44	1,167.26	1,224.56	1,403.59
당좌비율	607.19	424.17	881.17	1,173.09	1,353.43
현금비율	10.98	35.66	67.55	92.11	61.91
활동성비율					(단위:회)
총자산회전율	1.02	1.04	0.81	0.63	0.61
자기자본회전율	1.14	1.1	0.85	0.65	0.63
비유동자산회전율	1.77	1.67	1.26	1.05	1.05
재고자산회전율	15.1	9.71	6.94	11.4	37.30
생산성비율					(단위:%)
총자본투자효율	22.41	26.17	18.94	16.24	15.08
설비투자효율	113.32	81.67	63.9	59.59	53.98
부가가치의 구성					(단위:백만 원)
영업잉여	1,379	1,706	974	1,031	671
인건비	1,209	1,627	1,609	1,391	1,467.21
금융비용	-59	-11	-2	-5	-9.67
감가상각비	368	298	216	141	140.30

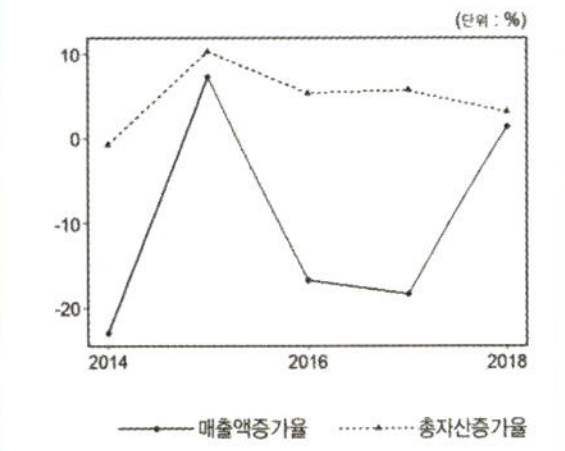

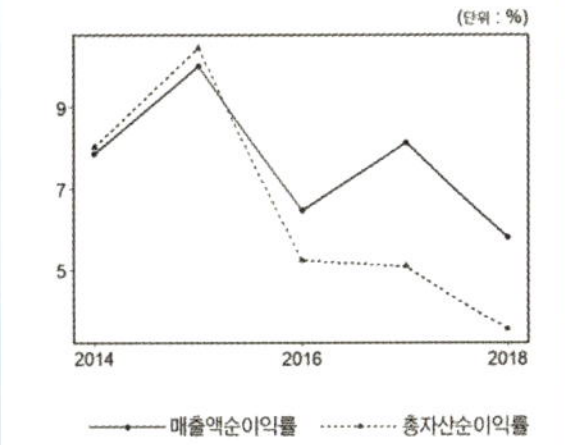

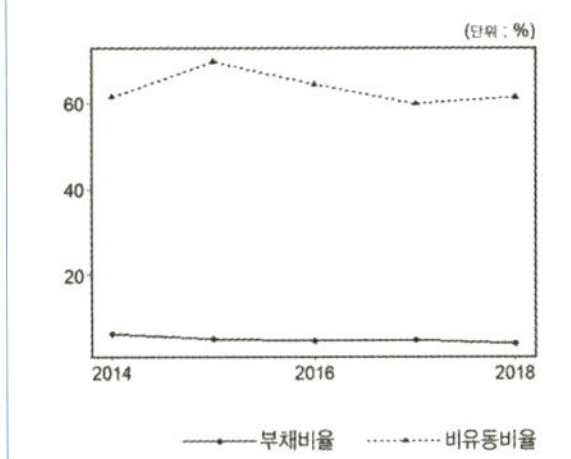

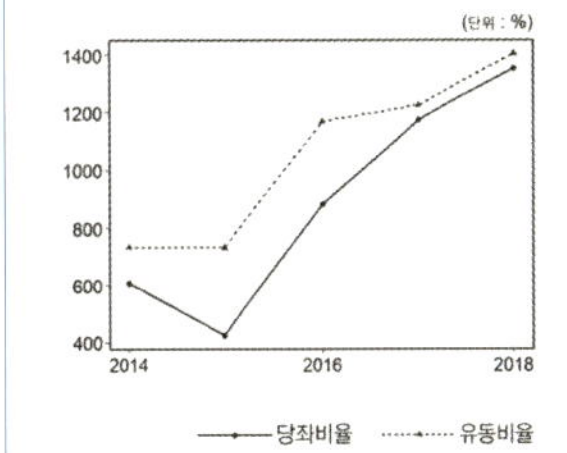

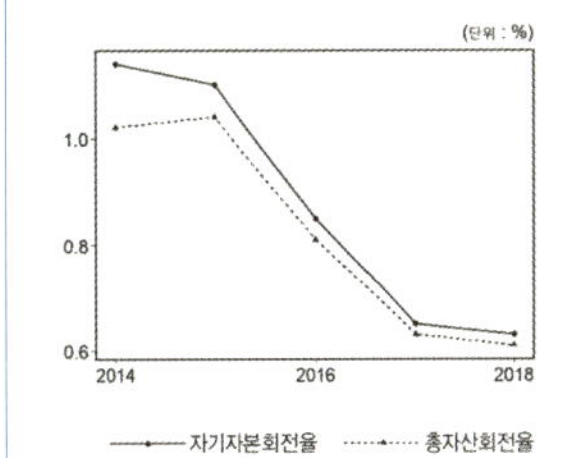

93 ㈜이원(018408) EWON CO., LTD 외

설립일	1988.04.04	대표이사	김진학
업종	기타 주점업	업종코드	56219
소재지	인천광역시 계양구 효성동	주요브랜드	투다리, 토대력, 라쿠엔

	2014	2015	2016	2017	2018
재무상태표					(단위:백만 원)
유동자산	1,324	1,153	790	843	665
당좌자산	1,052	810	444	575	492
재고자산	272	343	346	268	173
비유동자산	13,007	11,191	10,809	10,429	10,209
투자자산	2,742	4,241	3,845	3,845	3,826
유형자산	9,833	6,848	6,882	6,502	6,381
무형자산	326	0	0	0	0
자산총계	14,331	12,344	11,599	11,273	10,875
유동부채	11,333	9,449	9,353	9,622	9,294
비유동부채	435	107	272	319	302
자본	2,563	2,788	1,974	1,331	1,278
부채 및 자본합계	14,331	12,344	11,599	11,273	10,875
손익계산서					(단위:백만 원)
매출액	5,069	4,955	4,228	3,885	5,027
매출원가	2,255	2,214	2,246	1,927	2,554
매출총손익	2,814	2,741	1,982	1,958	2,473
판매비 및 관리비	2,666	3,139	2,543	2,285	2,244
영업손익	148	-398	-561	-327	229
법인세비용차감전순손익	28	240	-814	-643	47
법인세비용	0	15	0	0	0
계속사업이익	28	226	-814	-643	47
중단사업손익	0	0	0	0	0
당기순손익	28	226	-814	-643	47
현금흐름표					(단위:백만 원)
영업활동순현금흐름	2,153	-2,230	-215	551	2,438
투자활동순현금흐름	-3,040	2,254	-387	-412	-415
재무활동순현금흐름	837	118	500	-175	-1,975
성장성비율					(단위:%)
총자산증가율	19.49	-13.86	-6.04	-2.82	-3.53
매출액증가율	0.06	-2.25	-14.67	-8.11	29.38
수익성비율					(단위:%)
총자산순이익률	0.22	1.69	-6.8	-5.62	0.43
자기자본순이익률	1.11	8.43	-34.19	-38.89	3.62
매출액영업이익률	2.93	-8.04	-13.28	-8.42	4.55
매출액순이익률	0.56	4.55	-19.25	-16.54	0.94
레버리지비율					(단위:%)
부채비율	459.24	342.75	487.59	746.76	750.59
이자보상비율	0.44	-1.77	-2.03	-0.96	0.78
비유동비율	507.58	401.39	547.57	783.41	798.56
비유동장기적합률	433.95	386.6	481.25	631.89	645.80
유동성비율					(단위:%)
유동비율	11.68	12.2	8.45	8.76	7.16
당좌비율	9.28	8.57	4.75	5.98	5.29
현금비율	2.96	15.7	10.08	5.22	13.78
활동성비율					(단위:회)
총자산회전율	0.39	0.37	0.35	0.34	0.45
자기자본회전율	1.99	1.85	1.78	2.35	3.85
비유동자산회전율	0.44	0.41	0.38	0.37	0.49
재고자산회전율	18.43	16.11	12.27	12.66	22.79
생산성비율					(단위:%)
총자본투자효율	12.91	18.33	8.87	10.62	16.02
설비투자효율	18.82	37.01	14.95	18.41	27.29
부가가치의 구성					(단위:백만 원)
영업잉여	-160	-567	-828	-666	-1
인건비	923	974	729	751	785
금융비용	311	205	267	340	230.70
감가상각비	431	634	771	693	620.56

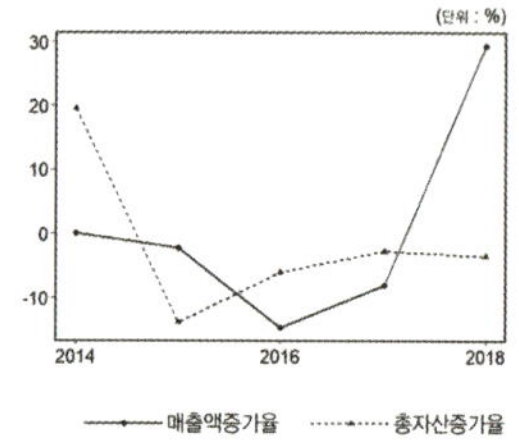

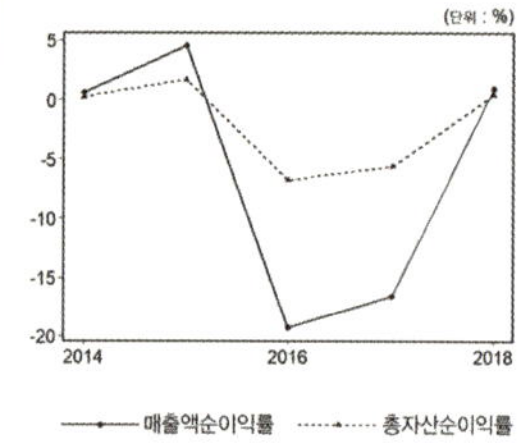

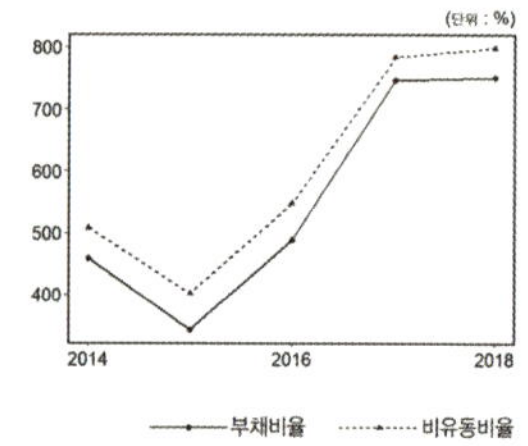

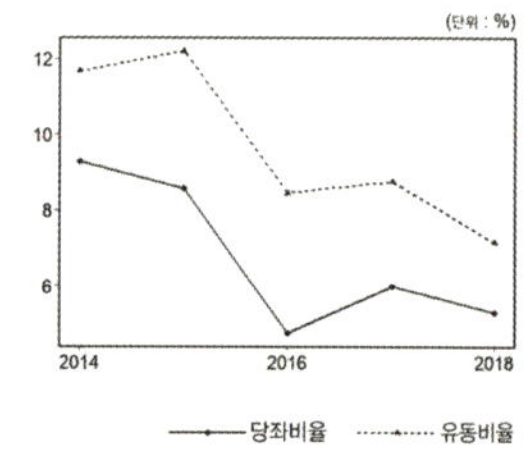

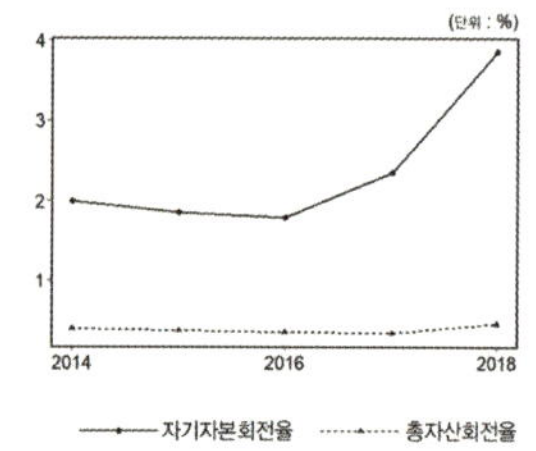

94 ㈜제이알더블유(072749) JRW, INC.

외

설립일	2006.10.11	대표이사	이지용
업종	서양식 음식점업	업종코드	56123
소재지	서울특별시 마포구 백범로	주요브랜드	온더보더

	2014	2015	2016	2017	2018
재무상태표					(단위:백만 원)
유동자산	1,352	1,755	2,982	2,710	2,440
당좌자산	1,160	1,539	2,785	2,497	2,254
재고자산	192	216	197	213	186
비유동자산	6,943	6,720	6,520	8,451	7,742
투자자산	0	0	30	1,059	33
유형자산	3,982	3,800	3,474	3,922	4,316
무형자산	417	336	290	334	286
자산총계	8,295	8,476	9,502	11,160	10,182
유동부채	5,952	5,476	5,596	7,024	5,657
비유동부채	554	665	835	942	1,646
자본	1,789	2,335	3,071	3,194	2,878
부채 및 자본합계	8,295	8,476	9,502	11,160	10,182
손익계산서					(단위:백만 원)
매출액	15,856	20,006	22,581	26,172	25,906
매출원가	13,239	16,320	17,950	21,581	21,899
매출총손익	2,617	3,686	4,631	4,591	4,007
판매비 및 관리비	2,600	2,997	3,840	3,544	3,465
영업손익	17	689	791	1,048	542
법인세비용차감전순손익	124	709	993	552	-138
법인세비용	42	164	257	228	177
계속사업이익	82	545	736	323	-316
중단사업손익	0	0	0	0	0
당기순손익	82	545	736	323	-316
현금흐름표					(단위:백만 원)
영업활동순현금흐름	879	1,572	1,866	1,560	1,907
투자활동순현금흐름	-2,156	-752	-732	-3,677	-408
재무활동순현금흐름	950	-550	-200	800	-1,300
성장성비율					(단위:%)
총자산증가율	0	2.18	12.11	17.45	-8.77
매출액증가율	0	26.17	12.88	15.9	-1.02
수익성비율					(단위:%)
총자산순이익률	1.99	6.5	8.19	3.13	-2.96
자기자본순이익률	9.21	26.45	27.23	10.32	-10.40
매출액영업이익률	0.11	3.44	3.5	4	2.09
매출액순이익률	0.52	2.73	3.26	1.23	-1.22
레버리지비율					(단위:%)
부채비율	363.55	263.02	209.44	249.42	253.75
이자보상비율	0.14	4.88	7.8	8.45	3.83
비유동비율	387.97	287.83	212.32	264.58	268.98
비유동장기적합률	296.29	224.05	166.91	204.3	171.12
유동성비율					(단위:%)
유동비율	22.72	32.05	53.29	38.58	43.12
당좌비율	19.49	28.1	49.77	35.55	39.83
현금비율	21.96	32.33	50.36	6.81	15.68
활동성비율					(단위:회)
총자산회전율	3.82	2.39	2.51	2.53	2.43
자기자본회전율	17.72	9.7	8.35	8.36	8.53
비유동자산회전율	4.57	2.93	3.41	3.5	3.20
재고자산회전율	164.97	97.9	109.25	127.74	129.87
생산성비율					(단위:%)
총자본투자효율	23.25	31.94	36.53	26.59	23.08
설비투자효율	48.43	71.25	99.9	75.66	54.46
부가가치의 구성					(단위:백만 원)
영업잉여	-97	556	700	939	410
인건비	874	921	1,487	1,276	1,323.06
금융비용	114	133	91	109	132.01
감가상각비	724	856	812	965	877.09

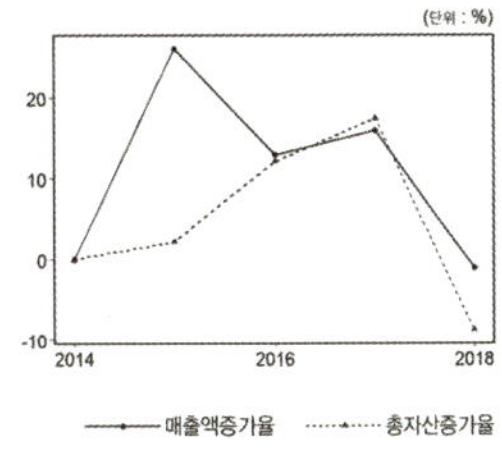

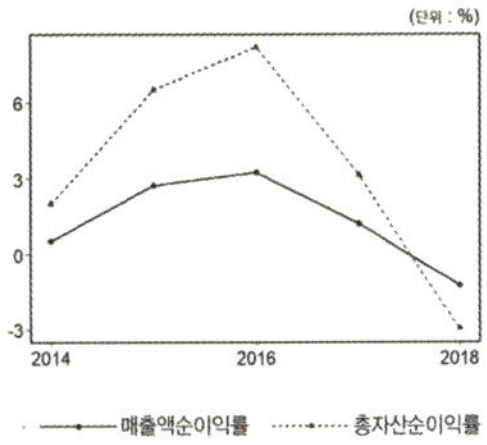

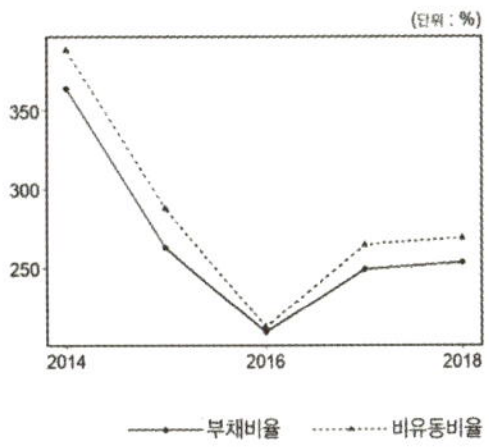

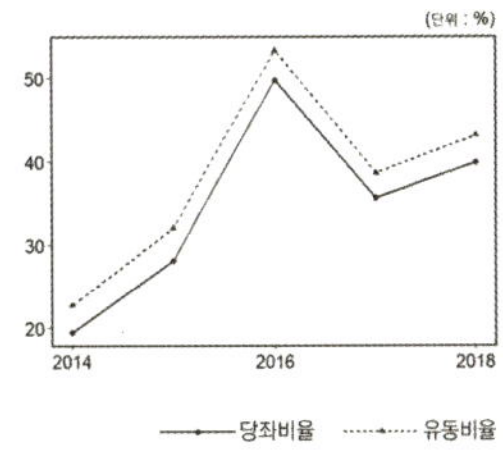

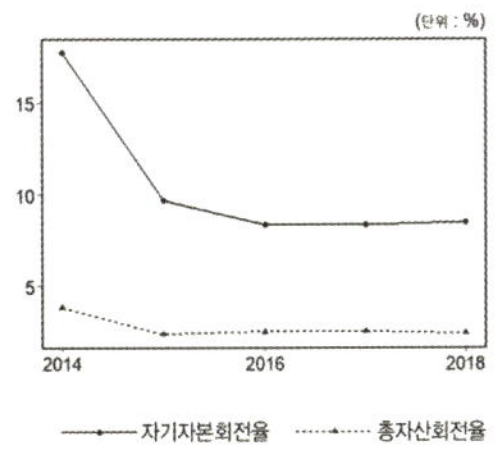

95 ㈜죠스푸드(070639) JAWSFOOD Co.,Ltd			외
설립일	2011.09.15	대표이사	나상균
업종	김밥 및 기타 간이 음식점업	업종코드	56194
소재지	서울특별시 강남구 영동대로	주요브랜드	죠스떡볶이, 바르다김선생

	2014	2015	2016	2017	2018
재무상태표					(단위:백만 원)
유동자산	5,206	2,099	3,821	2,868	2,763
당좌자산	5,206	2,099	3,821	2,868	2,763
재고자산	0	0	0	0	0
비유동자산	27,764	27,052	29,061	30,113	33,964
투자자산	368	152	0	3	3
유형자산	25,013	24,856	28,421	29,730	31,506
무형자산	702	590	276	147	2,194
자산총계	32,970	29,150	32,881	32,981	36,728
유동부채	7,068	5,097	9,980	10,114	6,338
비유동부채	16,984	16,698	16,945	16,737	23,866
자본	8,918	7,355	5,957	6,131	6,524
부채 및 자본합계	32,970	29,150	32,881	32,981	36,728
손익계산서					(단위:백만 원)
매출액	59,239	42,707	34,000	29,913	25,368
매출원가	46,311	32,235	26,301	23,214	19,378
매출총손익	12,928	10,472	7,699	6,699	5,991
판매비 및 관리비	9,235	8,682	8,817	5,326	4,774
영업손익	3,694	1,790	-1,118	1,373	1,217
법인세비용차감전순손익	4,670	1,899	-1,713	209	511
법인세비용	942	451	-315	35	117
계속사업이익	3,728	1,448	-1,398	174	394
중단사업손익	0	0	0	0	0
당기순손익	3,728	1,448	-1,398	174	394
현금흐름표					(단위:백만 원)
영업활동순현금흐름	3,059	890	-499	1,519	419
투자활동순현금흐름	-7,622	2,455	-4,350	-1,418	-4,790
재무활동순현금흐름	-739	-3,430	5,000	-100	4,280
성장성비율					(단위:%)
총자산증가율	8.03	-11.58	12.8	0.3	11.36
매출액증가율	5.73	-27.91	-20.39	-12.02	-15.19
수익성비율					(단위:%)
총자산순이익률	11.75	4.66	-4.51	0.53	1.13
자기자본순이익률	44.77	17.79	-21.01	2.87	6.22
매출액영업이익률	6.24	4.19	-3.29	4.59	4.80
매출액순이익률	6.29	3.39	-4.11	0.58	1.55
레버리지비율					(단위:%)
부채비율	269.71	296.31	451.98	437.97	462.93
이자보상비율	5.73	3.51	-2.17	2.38	1.52
비유동비율	311.34	367.77	487.84	491.19	520.58
비유동장기적합률	107.19	112.46	126.89	131.69	111.76
유동성비율					(단위:%)
유동비율	73.65	41.18	38.29	28.35	43.60
당좌비율	73.65	41.18	38.29	28.35	43.60
현금비율	2.75	2.77	5.48	7.32	4.30
활동성비율					(단위:회)
총자산회전율	1.87	1.37	1.1	0.91	0.73
자기자본회전율	7.11	5.25	5.11	4.95	4.01
비유동자산회전율	2.3	1.56	1.21	1.01	0.79
재고자산회전율	6,831.90	0	0	0	0
생산성비율					(단위:%)
총자본투자효율	36.26	28.5	14.23	9.62	9.60
설비투자효율	47.84	33.5	17.01	11.9	11.19
부가가치의 구성					(단위:백만 원)
영업잉여	3,207	1,304	-1,562	871	491
인건비	5,388	4,496	4,552	1,356	1,055.77
금융비용	499	473	444	504	723.80
감가상각비	658	674	571	453	582.94

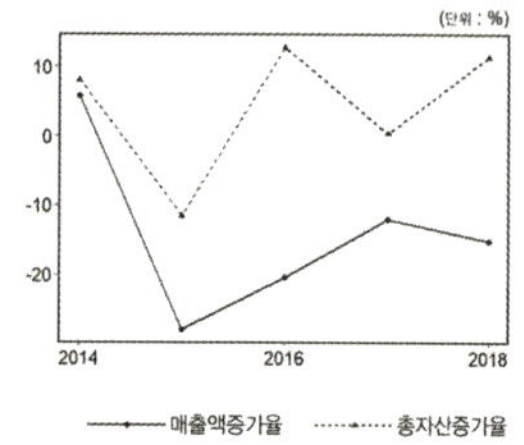

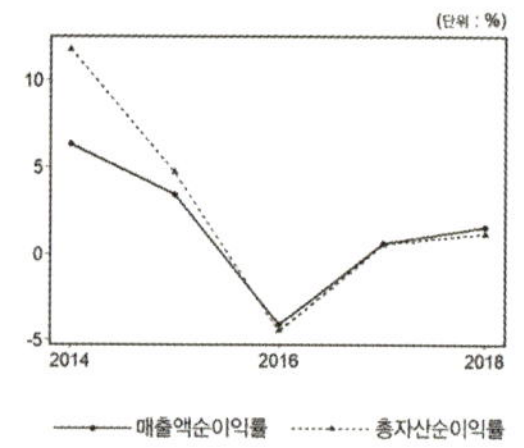

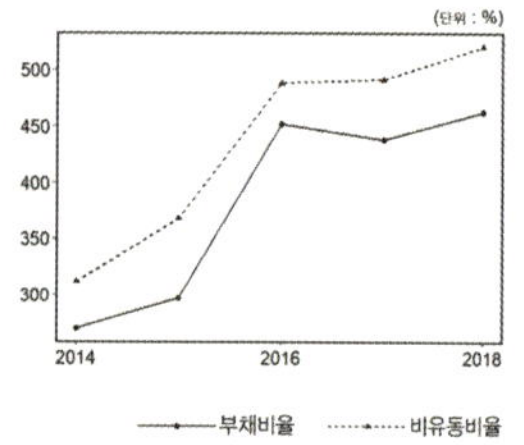

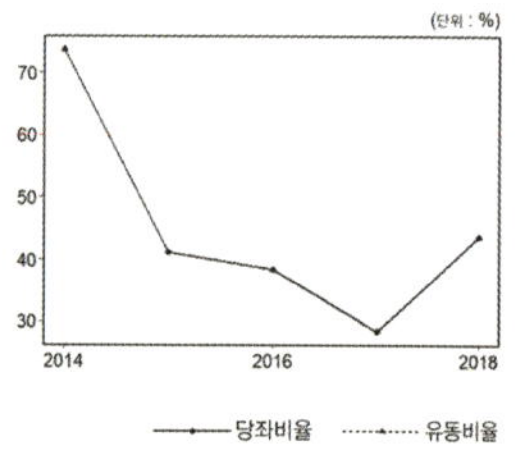

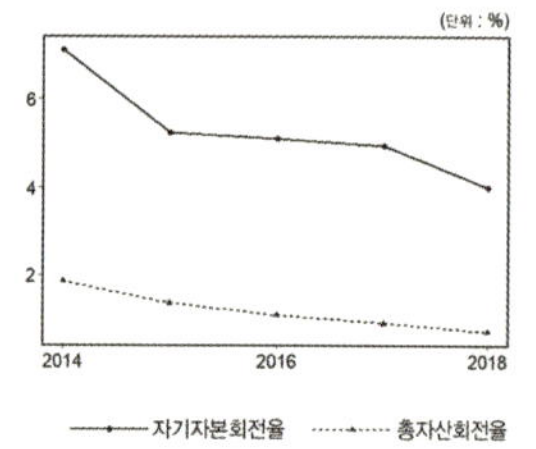

96 ㈜즐거운세상(078649) Funworld Inc. 외

설립일	2003.02.06	대표이사	서기수
업종	한식 음식점업	업종코드	56300
소재지	대구광역시 수성구 달구벌대로	주요브랜드	바르미샤브샤브n칼국수

	2014	2015	2016	2017	2018
재무상태표					(단위:백만 원)
유동자산	–	15,714	7,993	10,715	16,646
당좌자산	–	14,657	7,018	9,710	15,524
재고자산	–	1,057	975	1,005	1,123
비유동자산	–	114,124	121,569	149,585	155,217
투자자산	–	558	1,016	1,260	1,443
유형자산	–	110,599	117,971	145,706	151,586
무형자산	–	8	6	6	4
자산총계	–	129,838	129,563	160,300	171,864
유동부채	–	36,026	14,893	79,433	80,821
비유동부채	–	86,210	103,525	47,030	54,521
자본	–	7,602	11,144	33,837	36,522
부채 및 자본합계	–	129,838	129,563	160,300	171,864
손익계산서					(단위:백만 원)
매출액	–	51,296	67,041	68,395	75,577
매출원가	–	24,300	25,647	25,605	28,280
매출총손익	–	26,996	41,393	42,790	47,297
판매비 및 관리비	–	20,626	35,759	35,996	39,134
영업손익	–	6,371	5,635	6,795	8,163
법인세비용차감전순손익	–	5,900	2,366	2,329	3,517
법인세비용	–	1,273	822	412	833
계속사업이익	–	4,627	1,544	1,918	2,685
중단사업손익	–	0	0	0	0
당기순손익	–	4,627	1,544	1,918	2,685
현금흐름표					(단위:백만 원)
영업활동순현금흐름	–	9,131	3,536	5,560	8,124
투자활동순현금흐름	–	-101,725	-20,351	-10,500	-12,529
재무활동순현금흐름	–	102,388	9,344	6,407	9,366
성장성비율					(단위:%)
총자산증가율	–	0	-0.21	23.72	7.21
매출액증가율	–	0	30.69	2.02	10.50
수익성비율					(단위:%)
총자산순이익률	–	7.13	1.19	1.32	1.62
자기자본순이익률	–	121.75	16.47	8.53	7.63
매출액영업이익률	–	12.42	8.41	9.93	10.80
매출액순이익률	–	9.02	2.3	2.8	3.55
레버리지비율					(단위:%)
부채비율	–	1,608.01	1,062.61	373.74	370.58
이자보상비율	–	12.38	1.42	1.75	1.96
비유동비율	–	1,501.29	1,090.88	442.07	425
비유동장기적합률	–	121.65	106.02	184.98	170.49
유동성비율					(단위:%)
유동비율	–	43.62	53.67	13.49	20.60
당좌비율	–	40.69	47.12	12.22	19.21
현금비율	–	70.61	45.35	47.53	60.40
활동성비율					(단위:회)
총자산회전율	–	0.79	0.52	0.47	0.46
자기자본회전율	–	13.5	7.15	3.04	2.15
비유동자산회전율	–	0.9	0.57	0.5	0.50
재고자산회전율	–	97.07	65.99	69.09	71.04
생산성비율					(단위:%)
총자본투자효율	–	15.89	24.23	19.9	20.58
설비투자효율	–	18.66	26.74	22.3	23.51
부가가치의 구성					(단위:백만 원)
영업잉여	–	5,886	1,790	3,071	4,074
인건비	–	9,227	15,702	16,882	18,479.89
금융비용	–	508	3,882	3,832	4,091.80
감가상각비	–	2,107	4,540	3,980	4,381.03

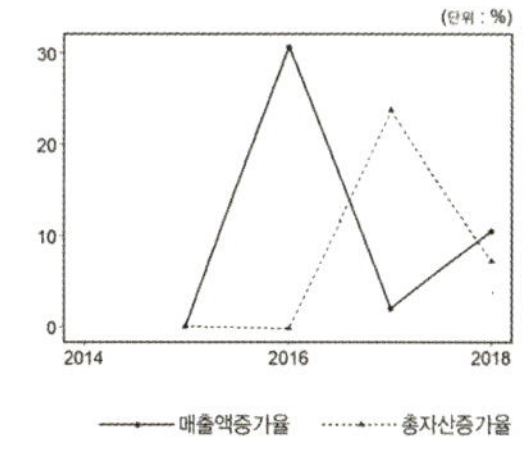

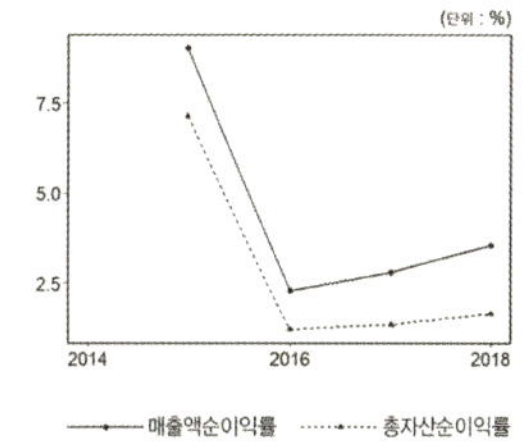

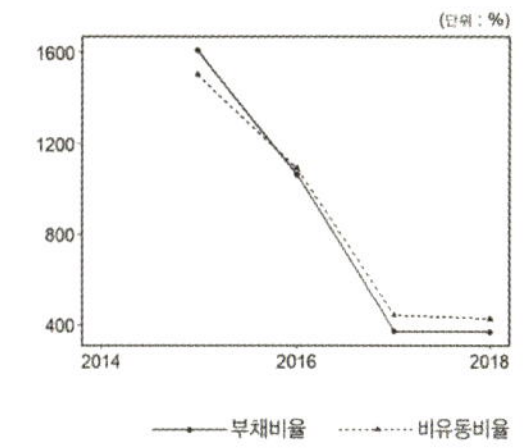

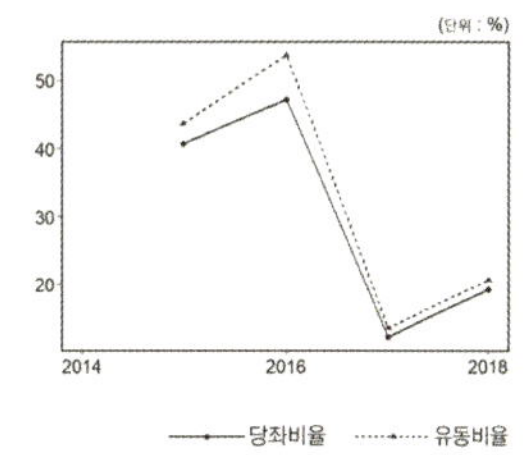

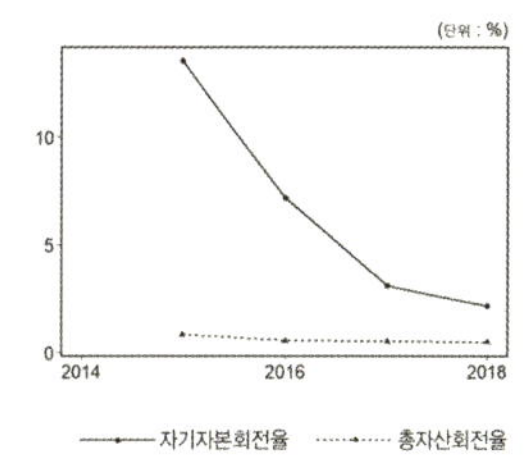

97 ㈜지앤푸드(060956) Corporation GN FOOD 외

설립일	2007.03.26	대표이사	홍경호
업종	치킨 전문점	업종코드	56193
소재지	서울시 양천구 공항대로	주요브랜드	굽네치킨, 인생막창, 94street

	2014	2015	2016	2017	2018
재무상태표					(단위:백만 원)
유동자산	7,862	5,618	7,134	9,395	12,632
당좌자산	7,161	4,898	6,251	8,850	12,063
재고자산	701	720	883	545	569
비유동자산	17,570	18,550	36,225	42,969	43,952
투자자산	1,942	2,908	12,464	12,680	13,968
유형자산	13,222	14,160	21,932	27,241	27,036
무형자산	370	118	411	367	288
자산총계	25,432	24,168	43,359	52,364	56,584
유동부채	15,182	12,460	26,624	26,003	22,062
비유동부채	4,544	4,167	143	346	2,376
자본	5,706	7,541	16,593	26,015	32,146
부채 및 자본합계	25,432	24,168	43,359	52,364	56,584
손익계산서					(단위:백만 원)
매출액	88,956	98,403	146,964	159,075	148,588
매출원가	63,590	69,738	103,878	113,720	108,026
매출총손익	25,366	28,665	43,086	45,354	40,563
판매비 및 관리비	20,794	23,036	29,012	30,893	28,152
영업손익	4,573	5,629	14,074	14,462	12,411
법인세비용차감전순손익	3,631	4,556	12,017	13,653	10,919
법인세비용	763	1,720	2,965	3,230	2,788
계속사업이익	2,868	2,836	9,051	10,423	8,131
중단사업손익	0	0	0	0	0
당기순손익	2,868	2,836	9,051	10,423	8,131
현금흐름표					(단위:백만 원)
영업활동순현금흐름	7,733	3,432	21,400	12,351	7,351
투자활동순현금흐름	-8,527	-3,016	-20,855	-9,569	-7,894
재무활동순현금흐름	3,830	-2,825	-804	-1,164	-550
성장성비율					(단위:%)
총자산증가율	72.37	-4.97	79.41	20.77	8.06
매출액증가율	11.17	10.62	49.35	8.24	-6.59
수익성비율					(단위:%)
총자산순이익률	14.27	11.43	26.81	21.78	14.93
자기자본순이익률	67.15	42.81	75.01	48.92	27.96
매출액영업이익률	5.14	5.72	9.58	9.09	8.35
매출액순이익률	3.22	2.88	6.16	6.55	5.47
레버리지비율					(단위:%)
부채비율	345.73	220.48	161.32	101.28	76.02
이자보상비율	11.74	22.21	77.38	76.94	63.92
비유동비율	307.94	245.98	218.32	165.17	136.72
비유동장기적합률	171.43	158.44	216.45	163	127.31
유동성비율					(단위:%)
유동비율	51.78	45.09	26.8	36.13	57.26
당좌비율	47.16	39.31	23.48	34.04	54.68
현금비율	39.64	12.6	6.29	21.99	7.71
활동성비율					(단위:회)
총자산회전율	4.43	3.97	4.35	3.32	2.73
자기자본회전율	20.83	14.86	12.18	7.47	5.11
비유동자산회전율	6.26	5.45	5.37	4.02	3.42
재고자산회전율	151.35	138.43	183.34	222.85	266.78
생산성비율					(단위:%)
총자본투자효율	47.41	54.49	51.65	44.85	36.18
설비투자효율	91.2	93.01	109.87	89.1	75.80
부가가치의 구성					(단위:백만 원)
영업잉여	4,306	5,484	14,185	14,552	12,591
인건비	6,608	6,991	9,017	8,462	8,296.20
금융비용	274	154	-84	-92	-154
감가상각비	1,146	1,242	1,224	1,222	1,182.23

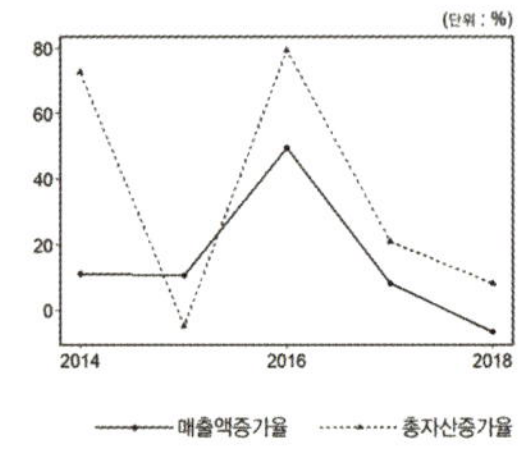

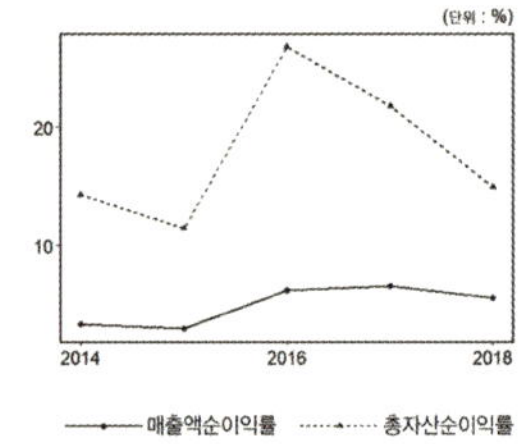

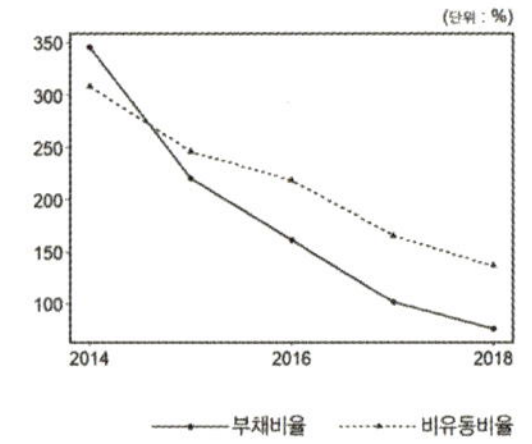

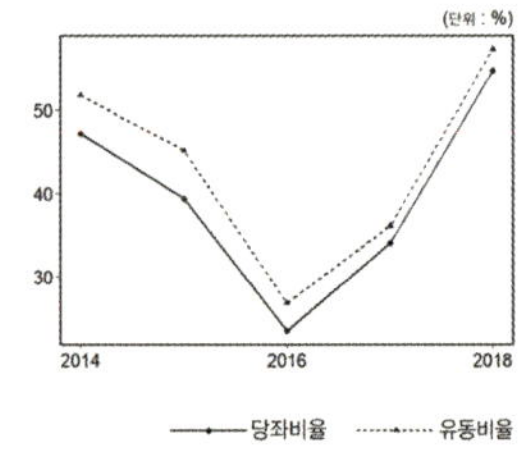

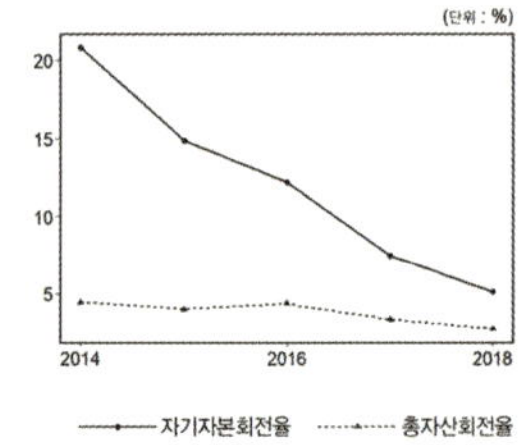

98 ㈜카페베네(061374) Caffe Bene 외

설립일	2008.12.01	대표이사	박그레타
업종	커피 전문점	업종코드	56221
소재지	서울특별시 성동구 상원1길	주요브랜드	카페베네

	2014	2015	2016	2017	2018
재무상태표					(단위:백만 원)
유동자산	64,518	39,131	30,572	8,798	8,451
당좌자산	55,740	29,780	25,297	6,490	6,013
재고자산	8,778	9,351	5,276	2,308	2,438
비유동자산	98,882	71,145	56,176	23,438	20,589
투자자산	45,961	29,135	16,042	1,938	1,444
유형자산	45,934	35,350	28,590	18,999	16,941
무형자산	3,487	1,778	923	309	162
자산총계	163,400	110,276	86,749	32,236	29,040
유동부채	81,726	58,190	61,294	36,861	20,175
비유동부채	61,528	43,325	24,387	26,234	26,186
자본	20,146	8,761	1,068	-30,860	-17,321
부채 및 자본합계	163,400	110,276	86,749	32,236	29,040
손익계산서					(단위:백만 원)
매출액	128,959	110,110	76,579	46,069	28,044
매출원가	86,366	73,008	49,763	28,672	16,295
매출총손익	42,593	37,102	26,816	17,397	11,749
판매비 및 관리비	37,647	41,484	27,371	19,607	11,504
영업손익	4,946	-4,382	-555	-2,210	245
법인세비용차감전순손익	-8,855	-36,019	-22,459	-35,619	883
법인세비용	-1,357	-2,020	1,741	3,264	0
계속사업이익	-7,497	-33,999	-24,200	-38,883	883
중단사업손익	0	0	0	0	0
당기순손익	-7,497	-33,999	-24,200	-38,883	883
현금흐름표					(단위:백만 원)
영업활동순현금흐름	662	-296	2,200	-8,306	9,900
투자활동순현금흐름	-901	16,870	-5,311	9,640	265
재무활동순현금흐름	475	-21,329	7,497	-5,998	-9,808
성장성비율					(단위:%)
총자산증가율	-0.93	-32.51	-21.34	-62.84	-9.92
매출액증가율	-26.83	-14.62	-30.45	-39.84	-39.13
수익성비율					(단위:%)
총자산순이익률	-4.57	-24.85	-24.57	-65.36	2.88
자기자본순이익률	-31.38	-235.23	-492.4	0	0
매출액영업이익률	3.84	-3.98	-0.72	-4.8	0.87
매출액순이익률	-5.81	-30.88	-31.6	-84.4	3.15
레버리지비율					(단위:%)
부채비율	711.08	1,158.69	8,021.61	0	0
이자보상비율	0.77	-0.72	-0.2	-1.24	0.15
비유동비율	490.82	812.05	5,259.35	0	0
비유동장기적합률	121.07	136.59	220.69	0	0
유동성비율					(단위:%)
유동비율	78.94	67.25	49.88	23.87	41.89
당좌비율	68.2	51.18	41.27	17.61	29.80
현금비율	8.57	1.98	16.92	5.79	10.26
활동성비율					(단위:회)
총자산회전율	0.79	0.8	0.78	0.77	0.92
자기자본회전율	5.4	7.62	15.58	0	0
비유동자산회전율	1.17	1.3	1.2	1.16	1.27
재고자산회전율	17.46	12.15	10.47	12.15	11.82
생산성비율					(단위:%)
총자본투자효율	11.48	-6.39	-2.88	-66.15	34.49
설비투자효율	40.93	-19.94	-8.82	-112.64	59.52
부가가치의 구성					(단위:백만 원)
영업잉여	1,856	-5,968	-2,873	-1,843	-779
인건비	11,828	12,398	10,267	7,183	4,826.10
금융비용	5,292	5,916	2,256	1,687	1,564.03
감가상각비	7,850	6,742	4,101	3,204	2,227.46

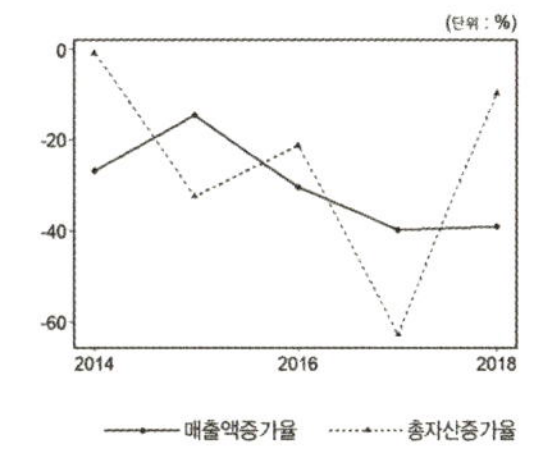

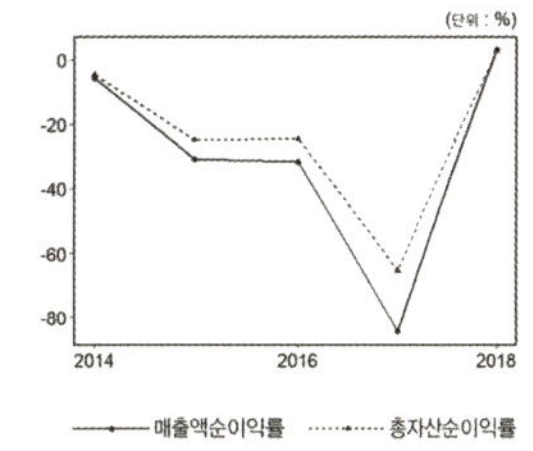

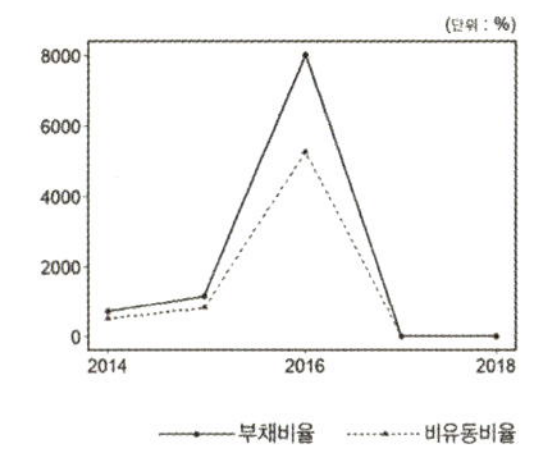

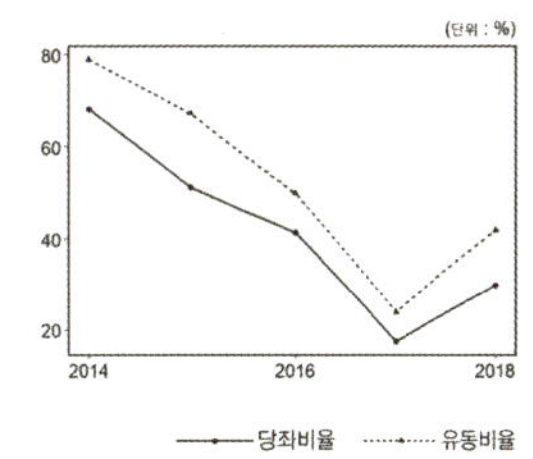

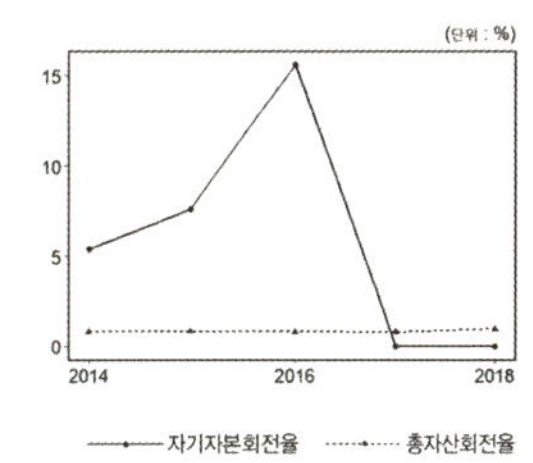

99 ㈜케이에프씨코리아 (40809) KFC Korea Co., Ltd. 외

설립일	2004.12.28	대표이사	엄익수
업종	피자, 햄버거, 샌드위치 및 유사 음식점업	업종코드	56192
소재지	서울특별시 종로구 창경궁로	주요브랜드	KFC

	2014	2015	2016	2017	2018
재무상태표					(단위:백만 원)
유동자산	20,761	20,166	17,945	18,720	22,072
당좌자산	18,690	17,637	15,706	16,697	19,164
재고자산	2,071	2,528	2,239	2,023	2,909
비유동자산	62,345	69,369	60,184	53,607	49,825
투자자산	362	363	509	702	712
유형자산	27,557	32,001	26,844	21,638	22,214
무형자산	526	865	681	375	355
자산총계	83,106	89,535	78,129	72,327	71,897
유동부채	25,003	30,331	35,955	49,527	54,303
비유동부채	10,980	11,608	12,094	11,836	13,725
자본	47,123	47,596	30,080	10,963	3,869
부채 및 자본합계	83,106	89,535	78,129	72,327	71,897
손익계산서					(단위:백만 원)
매출액	161,911	174,735	177,025	161,379	184,340
매출원가	42,437	47,979	50,944	44,184	46,731
매출총손익	119,474	126,756	126,081	117,196	137,609
판매비 및 관리비	112,598	125,649	138,344	134,537	139,155
영업손익	6,876	1,107	-12,262	-17,341	-1,546
법인세비용차감전순손익	6,291	872	-15,845	-18,827	-5,715
법인세비용	1,382	-95	3,144	0	0
계속사업이익	4,910	967	-18,989	-18,827	-5,715
중단사업손익	0	0	0	0	0
당기순손익	4,910	967	-18,989	-18,827	-5,715
현금흐름표					(단위:백만 원)
영업활동순현금흐름	7,091	7,423	-6,127	-9,603	4,993
투자활동순현금흐름	-13,892	-11,099	-6,561	-1,998	-7,439
재무활동순현금흐름	0	1,000	13,196	11,413	1,320
성장성비율					(단위:%)
총자산증가율	4.84	7.73	-12.74	-7.43	-0.59
매출액증가율	3.23	7.92	1.31	-8.84	14.23
수익성비율					(단위:%)
총자산순이익률	6.05	1.12	-22.65	-25.03	-7.93
자기자본순이익률	11.07	2.04	-48.89	-91.74	-77.06
매출액영업이익률	4.25	0.63	-6.93	-10.75	-0.84
매출액순이익률	3.03	0.55	-10.73	-11.67	-3.10
레버리지비율					(단위:%)
부채비율	76.36	88.11	159.74	559.71	1,758.25
이자보상비율	66.76	4.91	-18.04	-21.56	-1.70
비유동비율	132.3	145.75	200.08	488.96	1,287.77
비유동장기적합률	107.3	117.17	142.7	235.12	283.19
유동성비율					(단위:%)
유동비율	83.04	66.49	49.91	37.8	40.65
당좌비율	74.75	58.15	43.68	33.71	35.29
현금비율	25.17	12.65	18.72	8.96	2.50
활동성비율					(단위:회)
총자산회전율	1.99	2.02	2.11	2.15	2.56
자기자본회전율	3.65	3.69	4.56	7.86	24.86
비유동자산회전율	2.9	2.65	2.73	2.84	3.56
재고자산회전율	81.17	75.99	74.27	75.73	74.76
생산성비율					(단위:%)
총자본투자효율	95.68	95.68	101.91	102.65	115.52
설비투자효율	288.55	267.69	296.61	343.12	373.88
부가가치의 구성					(단위:백만 원)
영업잉여	7,935	2,013	-12,822	-17,527	-1,815
인건비	35,915	42,298	50,250	50,659	49,738
금융비용	-1,059	-906	560	186	268.90
감가상각비	7,697	8,728	9,584	8,025	5,999

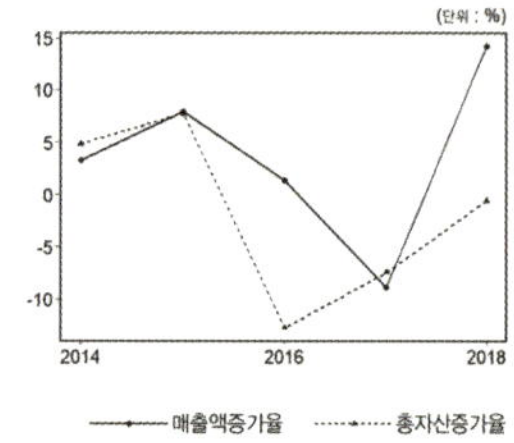

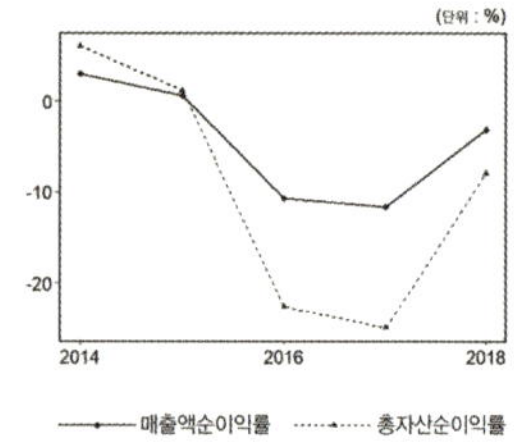

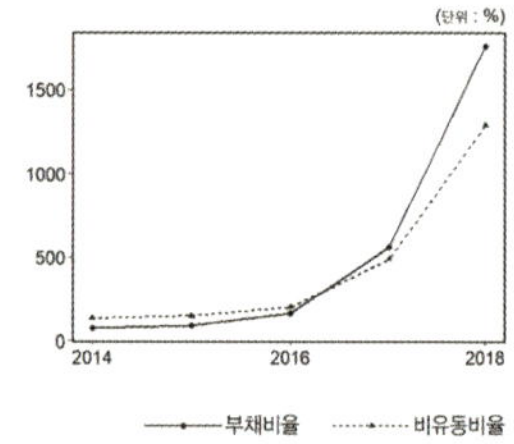

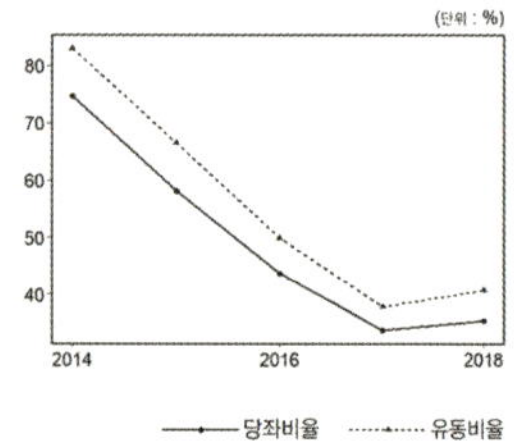

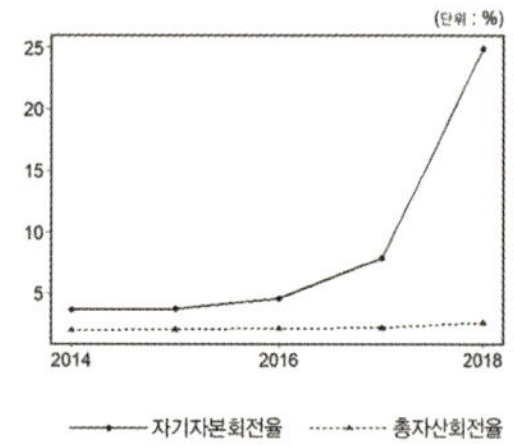

KITCHEN BORIE®	100 ㈜키친보리에(061175) Daedowon Corporation 외			
	설립일	2008.02.28	대표이사	박지만
	업종	한식 음식점업	업종코드	56300
	소재지	부산광역시 동구 범일로	주요브랜드	열정의 부엌, 대도식당

	2014	2015	2016	2017	2018
재무상태표					(단위:백만 원)
유동자산	4,052	4,895	8,172	8,080	9,701
당좌자산	3,931	4,663	7,989	7,862	9,431
재고자산	121	232	182	218	270
비유동자산	23,317	23,376	27,824	27,864	27,186
투자자산	7,610	8,430	11,792	12,554	12,605
유형자산	13,468	13,600	14,494	13,412	12,642
무형자산	1,043	11	7	51	37
자산총계	27,370	28,271	35,996	35,944	36,887
유동부채	2,465	2,980	5,054	5,163	6,782
비유동부채	14,088	13,230	12,797	12,230	11,919
자본	10,817	12,061	18,145	18,551	18,186
부채 및 자본합계	27,370	28,271	35,996	35,944	36,887
손익계산서					(단위:백만 원)
매출액	20,349	31,034	35,426	38,246	36,704
매출원가	7,944	12,556	14,157	13,906	14,801
매출총손익	12,405	18,479	21,269	24,340	21,904
판매비 및 관리비	11,104	14,667	18,204	20,361	20,949
영업손익	1,301	3,812	3,065	3,979	955
법인세비용차감전순손익	3,655	2,168	2,872	1,450	473
법인세비용	1,287	924	961	1,023	426
계속사업이익	2,368	1,244	1,911	427	46
중단사업손익	0	0	0	0	0
당기순손익	2,368	1,244	1,911	427	46
현금흐름표					(단위:백만 원)
영업활동순현금흐름	2,947	4,329	4,164	5,174	2,513
투자활동순현금흐름	-8,117	-3,184	-5,128	-4,387	-3,431
재무활동순현금흐름	5,200	-350	233	-832	905
성장성비율					(단위:%)
총자산증가율	52.61	3.29	27.33	-0.14	2.63
매출액증가율	120.79	52.51	14.15	7.96	-4.03
수익성비율					(단위:%)
총자산순이익률	10.45	4.47	5.95	1.19	0.13
자기자본순이익률	24.58	10.88	12.65	2.33	0.25
매출액영업이익률	6.39	12.28	8.65	10.4	2.60
매출액순이익률	11.64	4.01	5.39	1.12	0.13
레버리지비율					(단위:%)
부채비율	153.02	134.39	98.37	93.75	102.84
이자보상비율	2.05	6.38	5.99	8.09	1.60
비유동비율	215.56	193.81	153.34	150.2	149.49
비유동장기적합률	93.63	92.43	89.92	90.52	90.31
유동성비율					(단위:%)
유동비율	164.41	164.27	161.7	156.5	143.03
당좌비율	159.48	156.5	158.09	152.27	139.05
현금비율	1.11	17.16	1.33	0.78	0.52
활동성비율					(단위:회)
총자산회전율	0.9	1.12	1.1	1.06	1.01
자기자본회전율	2.11	2.71	2.35	2.08	2
비유동자산회전율	1	1.33	1.38	1.37	1.33
재고자산회전율	250.66	175.79	171.07	191.06	150.36
생산성비율					(단위:%)
총자본투자효율	43.94	45.26	42.75	43.29	40.73
설비투자효율	89.29	94.09	106.17	116.01	118.83
부가가치의 구성					(단위:백만 원)
영업잉여	726	3,383	2,781	3,702	698
인건비	4,295.03	5,950.62	7,305.01	8,396	8,702.72
금융비용	577.09	428.81	286.31	278.04	257.84
감가상각비	2,063.97	2,203.41	1,564.39	1,950.43	2,073.33

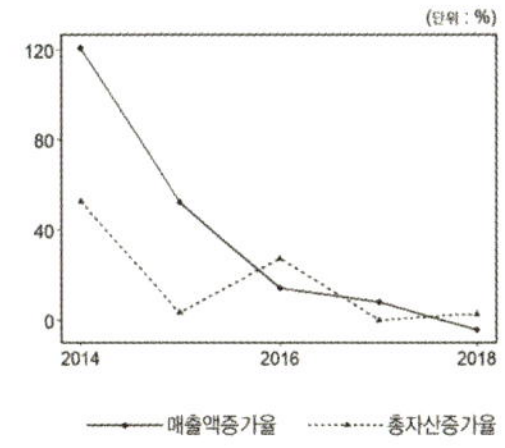

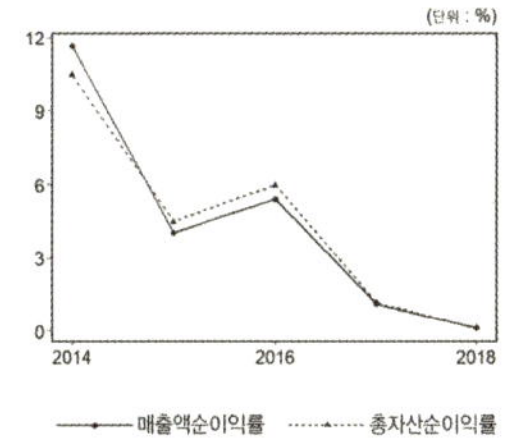

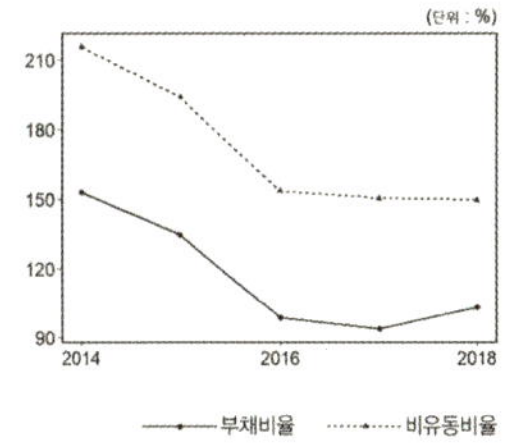

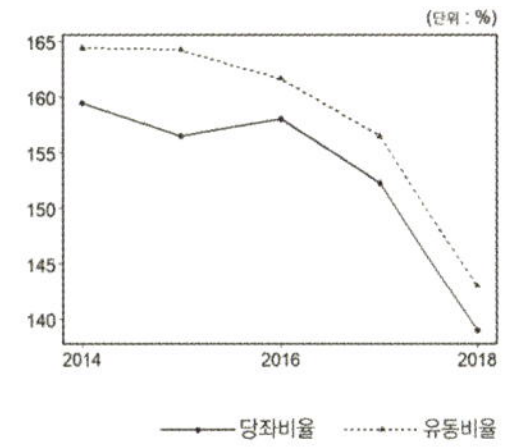

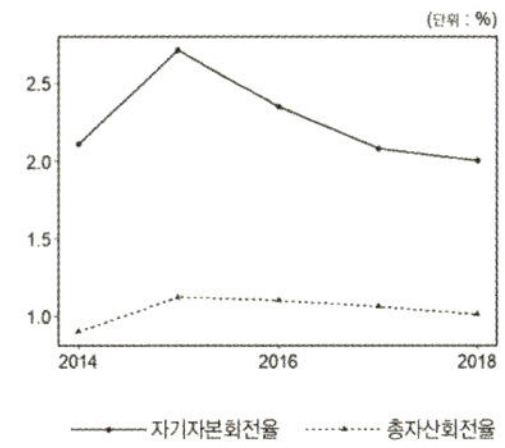

101 ㈜터존(064934) TERZONE

외

설립일	2008.11.28	대표이사	김옥원
업종	서양식 음식점업	업종코드	56123
소재지	부산광역시 해운대구 에이펙로	주요브랜드	터존뷔페

	2014	2015	2016	2017	2018
재무상태표					(단위:백만 원)
유동자산	552	465	203	10,244	120
당좌자산	552	465	203	10,244	120
재고자산	1	0	0	0	0
비유동자산	11,492	12,140	15,756	8,132	17,293
투자자산	0	700	4,700	3,615	14,626
유형자산	11,489	11,440	11,056	4,517	2,667
무형자산	0	0	0	0	0
자산총계	12,044	12,605	15,960	18,376	17,413
유동부채	4,769	4,740	73	3,002	45
비유동부채	4,294	5,229	13,246	3,120	4,978
자본	2,981	2,635	2,641	12,253	12,390
부채 및 자본합계	12,044	12,605	15,960	18,376	17,413
손익계산서					(단위:백만 원)
매출액	5,912	1,320	405	528	500
매출원가	2,467	441	0	0	0
매출총손익	3,445	879	405	528	500
판매비 및 관리비	2,702	928	306	243	199
영업손익	743	-49	98	285	301
법인세비용차감전순손익	630	-106	12	12,695	285
법인세비용	125	0	6	2,983	94
계속사업이익	504	-106	6	9,712	191
중단사업손익	0	0	0	0	0
당기순손익	504	-106	6	9,712	191
현금흐름표					(단위:백만 원)
영업활동순현금흐름	776	923	18	1,295	-2,686
투자활동순현금흐름	-38	-785	-4,003	19,014	-9,218
재무활동순현금흐름	-380	-534	4,080	-20,361	11,974
성장성비율					(단위:%)
총자산증가율	-0.05	4.65	26.62	15.14	-5.24
매출액증가율	-5.9	-77.68	-69.35	30.53	-5.30
수익성비율					(단위:%)
총자산순이익률	4.18	-0.86	0.04	56.57	1.07
자기자본순이익률	17.7	-3.76	0.22	130.42	1.55
매출액영업이익률	12.56	-3.72	24.25	54.07	60.15
매출액순이익률	8.53	-8	1.4	1,839.47	38.17
레버리지비율					(단위:%)
부채비율	304.08	378.32	504.34	49.97	40.55
이자보상비율	10.51	-0.86	0.71	2.61	4.94
비유동비율	385.55	460.68	596.65	66.36	139.58
비유동장기적합률	157.96	154.37	99.18	52.89	99.57
유동성비율					(단위:%)
유동비율	11.58	9.81	279.57	341.19	265.78
당좌비율	11.57	9.81	279.57	341.19	265.78
현금비율	73.32	1.9	50.71	0.49	0
활동성비율					(단위:회)
총자산회전율	0.49	0.11	0.03	0.03	0.03
자기자본회전율	2.08	0.47	0.15	0.07	0.04
비유동자산회전율	0.51	0.11	0.03	0.04	0.04
재고자산회전율	7,738.11	5,075.58	0	0	0
생산성비율					(단위:%)
총자본투자효율	20.32	4.73	2.68	70.33	2.78
설비투자효율	21.3	5.21	3.86	286.14	18.14
부가가치의 구성					(단위:백만 원)
영업잉여	672	-105	-40	207	240
인건비	1,115	302	11	25	27.22
금융비용	71	56	138	79	60.79
감가상각비	374	138	118	98	81.40

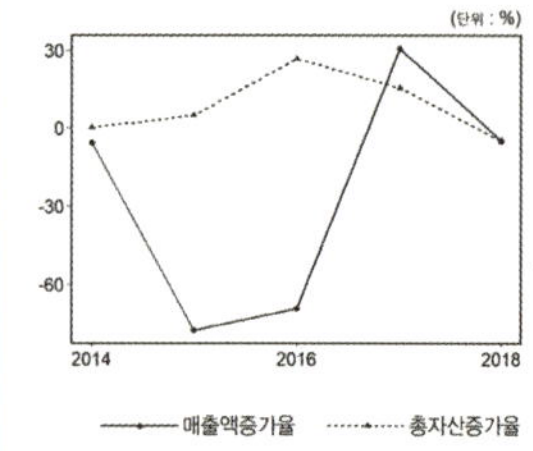

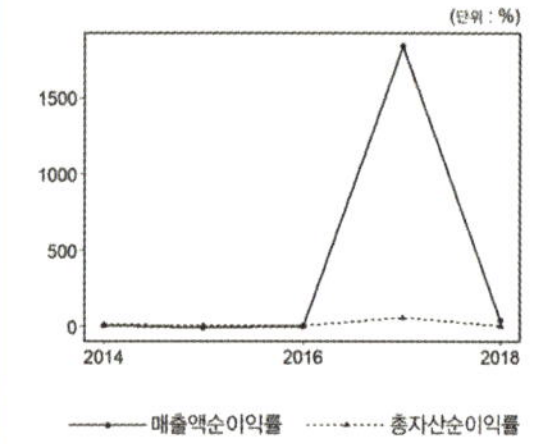

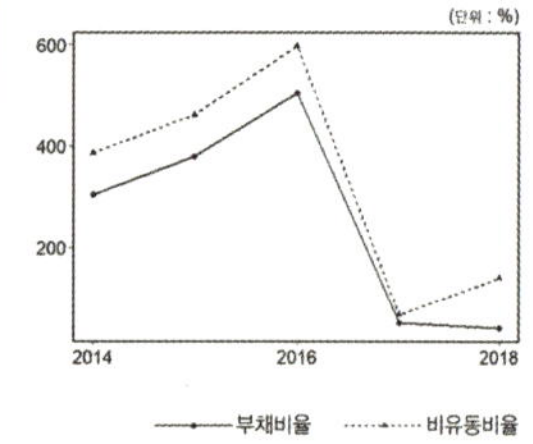

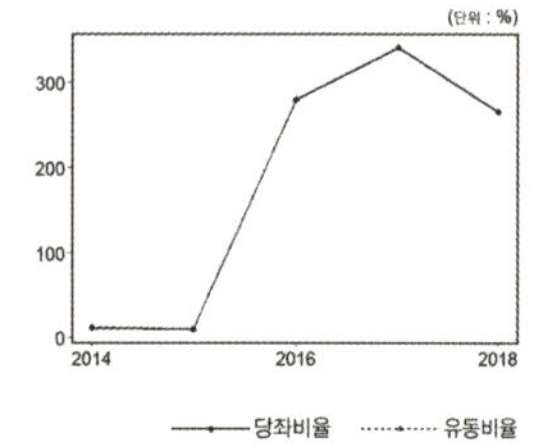

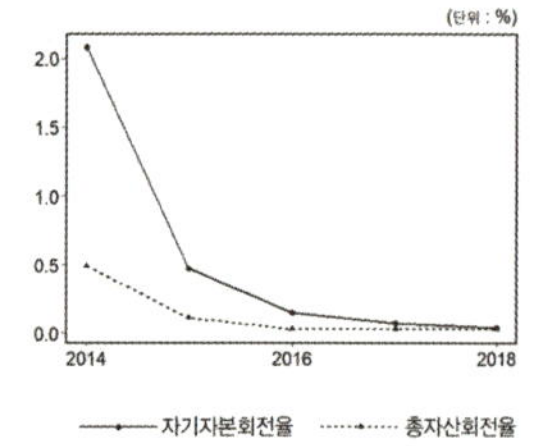

102 ㈜토다이코리아(059460) Todai Korea Ltd. 외

설립일	2008.02.19	대표이사	김한스형민, 김션동훈
업종	일식 음식점업	업종코드	56122
소재지	서울특별시 구로구 새말로	주요브랜드	토다이

	2014	2015	2016	2017	2018
재무상태표					(단위:백만 원)
유동자산	10,204	24,502	25,447	15,067	15,428
당좌자산	8,160	21,422	22,030	12,717	13,310
재고자산	2,044	3,080	3,417	2,350	2,118
비유동자산	40,605	46,468	43,551	51,981	58,693
투자자산	0	0	19	2,705	2,796
유형자산	17,367	20,615	19,211	22,713	28,372
무형자산	15,810	18,233	15,667	13,104	13,469
자산총계	50,809	70,971	68,998	67,048	74,121
유동부채	26,487	24,027	23,583	29,347	31,518
비유동부채	9,013	22,247	21,179	19,177	21,696
자본	15,309	24,696	24,237	18,524	20,907
부채 및 자본합계	50,809	70,971	68,998	67,048	74,121
손익계산서					(단위:백만 원)
매출액	65,873	74,366	75,712	79,980	81,328
매출원가	39,405	42,799	44,168	49,036	46,601
매출총손익	26,469	31,568	31,545	30,944	34,728
판매비 및 관리비	24,058	28,687	29,654	33,767	35,591
영업손익	2,411	2,881	1,890	-2,823	-864
법인세비용차감전순손익	1,236	354	-348	-5,735	-3,156
법인세비용	218	294	-46	-178	-338
계속사업이익	1,018	60	-303	-5,556	-2,818
중단사업손익	0	0	0	0	0
당기순손익	1,018	60	-303	-5,556	-2,818
현금흐름표					(단위:백만 원)
영업활동순현금흐름	8,648	7,305	6,582	6,187	6,624
투자활동순현금흐름	-19,436	-12,343	-3,735	-16,261	-7,364
재무활동순현금흐름	9,609	18,060	-2,555	639	1,123
성장성비율					(단위:%)
총자산증가율	45.69	39.68	-2.78	-2.83	10.55
매출액증가율	32.85	12.89	1.81	5.64	1.69
수익성비율					(단위:%)
총자산순이익률	2.38	0.1	-0.43	-8.17	-3.99
자기자본순이익률	6.85	0.3	-1.24	-25.99	-14.30
매출액영업이익률	3.66	3.87	2.5	-3.53	-1.06
매출액순이익률	1.55	0.08	-0.4	-6.95	-3.47
레버리지비율					(단위:%)
부채비율	231.9	187.37	184.68	261.95	254.53
이자보상비율	3.59	2.06	0.88	-1.25	-0.34
비유동비율	265.24	188.16	179.69	280.61	280.73
비유동장기적합률	166.95	98.99	95.89	137.88	137.77
유동성비율					(단위:%)
유동비율	38.52	101.98	107.91	51.34	48.95
당좌비율	30.81	89.16	93.42	43.33	42.23
현금비율	40.28	69.92	68.47	53.02	54.26
활동성비율					(단위:회)
총자산회전율	1.54	1.22	1.08	1.18	1.15
자기자본회전율	4.43	3.72	3.09	3.74	4.13
비유동자산회전율	2.04	1.71	1.68	1.67	1.47
재고자산회전율	34.5	29.03	23.31	27.74	36.41
생산성비율					(단위:%)
총자본투자효율	37.45	31.7	33.2	30.67	33.80
설비투자효율	109.56	109.14	119.24	90.52	88.29
부가가치의 구성					(단위:백만 원)
영업잉여	1,948	1,515	-38	-5,045	-3,211
인건비	7,684	8,785	9,463	11,260	10,984.56
금융비용	617	1,322	1,959	2,206	2,376.94
감가상각비	4,757	6,346	6,481	6,808	7,030.57

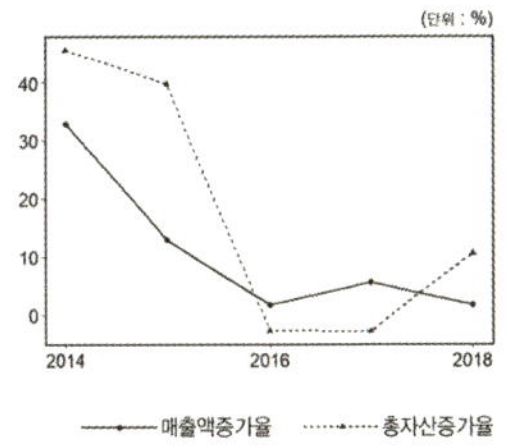

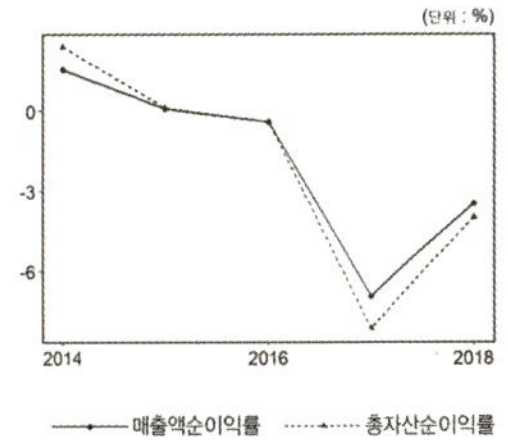

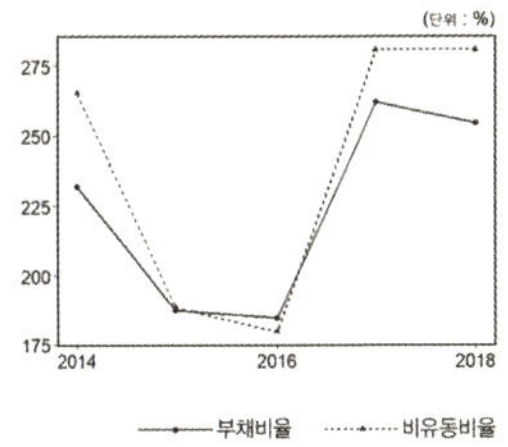

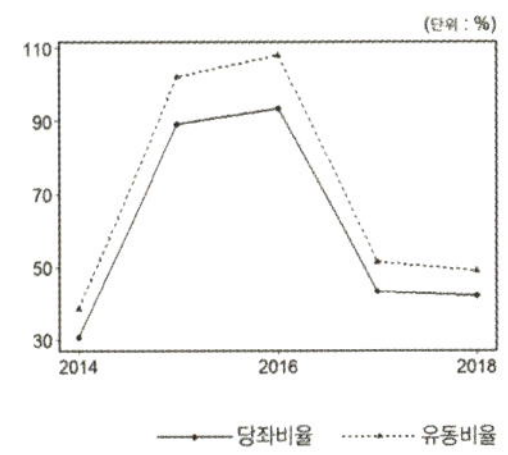

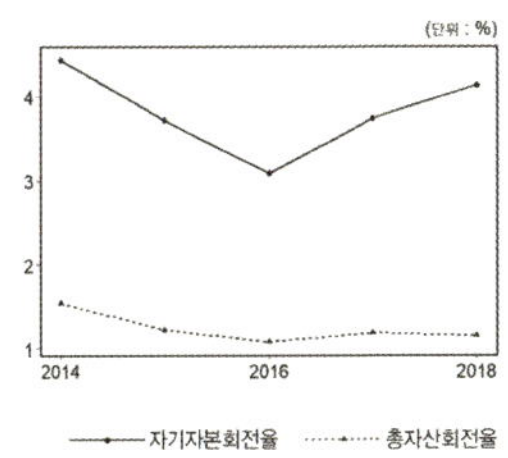

103 ㈜푸른에프앤디(014934) Pureun F&D Co., Ltd. 외

설립일	1986.06.19	대표이사	이운성
업종	일식 음식점업	업종코드	56122
소재지	충청남도 아산시 음봉면	주요브랜드	아오키카츠쿠라, 아오키교자

	2014	2015	2016	2017	2018
재무상태표					(단위:백만 원)
유동자산	4,047	3,597	3,066	3,436	3,499
당좌자산	298	569	251	720	605
재고자산	3,749	3,028	2,815	2,716	2,894
비유동자산	16,270	24,396	22,911	26,350	28,046
투자자산	7,996	14,659	13,175	16,726	18,059
유형자산	7,795	9,328	9,326	9,215	9,412
무형자산	0	0	0	0	0
자산총계	20,318	27,993	25,977	29,786	31,545
유동부채	2,281	2,340	954	750	479
비유동부채	408	510	746	630	751
자본	17,629	25,143	24,277	28,406	30,316
부채 및 자본합계	20,318	27,993	25,977	29,786	31,545
손익계산서					(단위:백만 원)
매출액	9,918	10,960	10,578	10,085	10,208
매출원가	8,938	10,010	9,665	9,220	9,562
매출총손익	980	950	913	865	646
판매비 및 관리비	536	503	541	536	614
영업손익	444	447	372	329	32
법인세비용차감전순손익	672	1,235	988	1,669	1,398
법인세비용	0	0	187	283	229
계속사업이익	672	1,235	801	1,386	1,169
중단사업손익	0	0	0	0	0
당기순손익	672	1,235	801	1,386	1,169
현금흐름표					(단위:백만 원)
영업활동순현금흐름	-180	2,008	311	1,620	1,587
투자활동순현금흐름	197	-1,824	-333	-951	-1,055
재무활동순현금흐름	0	-180	0	-360	-600
성장성비율					(단위:%)
총자산증가율	7.15	37.77	-7.2	14.66	5.91
매출액증가율	15.58	10.51	-3.48	-4.66	1.22
수익성비율					(단위:%)
총자산순이익률	3.42	5.11	2.97	4.97	3.81
자기자본순이익률	4.06	5.78	3.24	5.26	3.98
매출액영업이익률	4.47	4.08	3.51	3.26	0.31
매출액순이익률	6.78	11.27	7.57	13.74	11.45
레버리지비율					(단위:%)
부채비율	15.25	11.34	7	4.86	4.06
이자보상비율	-	-	130.83	210.74	•
비유동비율	92.29	97.03	94.37	92.76	92.51
비유동장기적합률	90.21	95.1	91.56	90.75	90.28
유동성비율					(단위:%)
유동비율	177.46	153.69	321.48	457.88	730.97
당좌비율	13.06	24.3	26.28	95.92	126.44
현금비율	3.11	3.6	3.52	12.13	9.98
활동성비율					(단위:회)
총자산회전율	0.5	0.45	0.39	0.36	0.33
자기자본회전율	0.6	0.51	0.43	0.38	0.35
비유동자산회전율	0.64	0.54	0.45	0.41	0.38
재고자산회전율	2.67	3.23	3.62	3.65	3.64
생산성비율					(단위:%)
총자본투자효율	7.46	5.51	6.84	6.27	5.58
설비투자효율	19.44	16.53	19.06	20.27	18.71
부가가치의 구성					(단위:백만 원)
영업잉여	551	1,105	817	1,442	1,318
인건비	369	413	470	480	557.67
금융비용	-2	-658	-445	-1,113	-1,286.49
감가상각비	475	550	764	832	1,091.43

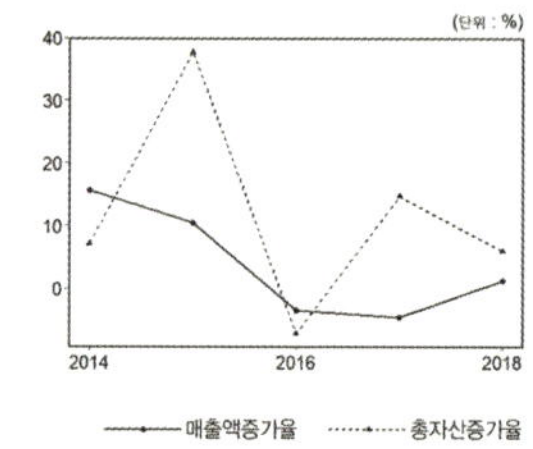

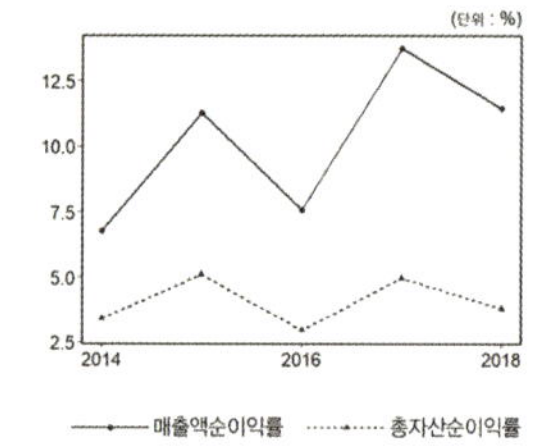

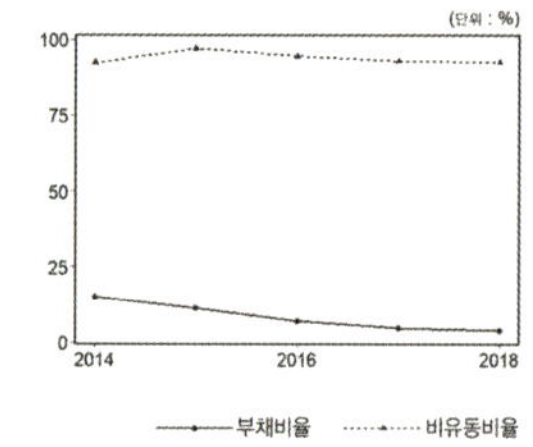

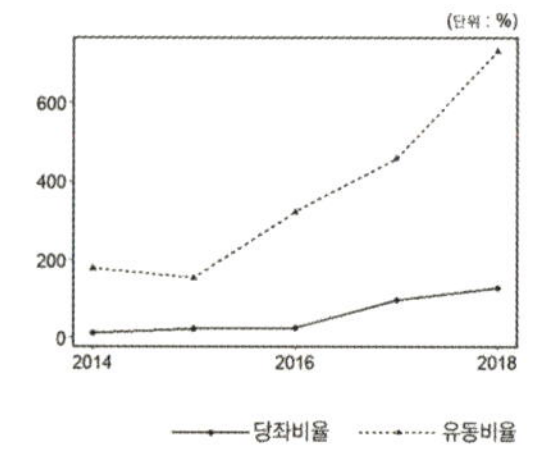

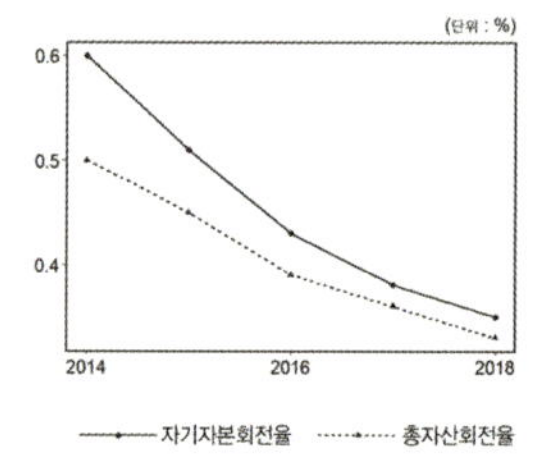

104 ㈜프랜푸드(067605) PLANFOOD CO.,LTD.			외
설립일	2007.04.02	대표이사	옥광세
업종	치킨 전문점	업종코드	56193
소재지	대구시 북구 검단북로	주요브랜드	땅땅치킨

	2014	2015	2016	2017	2018
재무상태표					(단위:백만 원)
유동자산	5,942	4,771	4,917	5,920	6,079
당좌자산	2,764	1,747	2,182	2,454	2,065
재고자산	3,178	3,024	2,735	3,466	4,013
비유동자산	12,073	12,168	12,210	12,659	13,037
투자자산	484	664	944	1,253	1,598
유형자산	11,444	11,321	11,015	11,155	11,198
무형자산	19	32	38	44	45
자산총계	18,015	16,939	17,128	18,579	19,116
유동부채	8,059	4,996	6,024	11,046	11,988
비유동부채	4,203	5,460	4,485	1,085	439
자본	5,753	6,483	6,618	6,449	6,689
부채 및 자본합계	18,015	16,939	17,128	18,579	19,116
손익계산서					(단위:백만 원)
매출액	43,150	38,160	36,049	35,965	34,640
매출원가	33,592	29,675	27,453	27,554	26,579
매출총손익	9,558	8,485	8,596	8,410	8,061
판매비 및 관리비	8,368	6,891	7,558	7,598	6,191
영업손익	1,190	1,595	1,038	813	1,870
법인세비용차감전순손익	424	1,481	763	485	1,332
법인세비용	177	251	128	154	792
계속사업이익	248	1,230	635	330	540
중단사업손익	0	0	0	0	0
당기순손익	248	1,230	635	330	540
현금흐름표					(단위:백만 원)
영업활동순현금흐름	313	1,059	1,576	547	317
투자활동순현금흐름	-2,629	-515	-853	-743	-600
재무활동순현금흐름	1,685	-1,168	-788	630	-55
성장성비율					(단위:%)
총자산증가율	16.54	-5.97	1.11	8.47	2.89
매출액증가율	-8.6	-11.56	-5.53	-0.23	-3.68
수익성비율					(단위:%)
총자산순이익률	1.48	7.04	3.73	1.85	2.87
자기자본순이익률	4.21	20.11	9.7	5.05	8.23
매출액영업이익률	2.76	4.18	2.88	2.26	5.40
매출액순이익률	0.57	3.22	1.76	0.92	1.56
레버리지비율					(단위:%)
부채비율	213.15	161.28	158.78	188.11	185.79
이자보상비율	4.66	5.51	4.28	3.24	7.20
비유동비율	209.87	187.69	184.49	196.31	194.91
비유동장기적합률	121.27	101.88	109.97	168.05	182.90
유동성비율					(단위:%)
유동비율	73.73	95.5	81.62	53.59	50.71
당좌비율	34.29	34.96	36.22	22.21	17.23
현금비율	16.85	7.91	6.36	12.61	6.72
활동성비율					(단위:회)
총자산회전율	2.58	2.18	2.12	2.01	1.84
자기자본회전율	7.34	6.24	5.5	5.5	5.27
비유동자산회전율	3.93	3.15	2.96	2.89	2.70
재고자산회전율	18.84	12.3	12.52	11.6	9.26
생산성비율					(단위:%)
총자본투자효율	17.48	25.24	20.98	18.49	21.45
설비투자효율	27.51	37.77	32.63	30.79	36.67
부가가치의 구성					(단위:백만 원)
영업잉여	1,084	1,290	670	570	1,547
인건비	1,854	1,860	2,029	2,043	1,817.35
금융비용	244	282	238	250	258.70
감가상각비	409	453	360	398	450.67

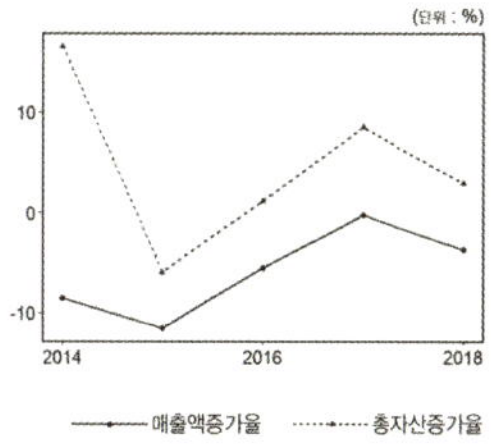

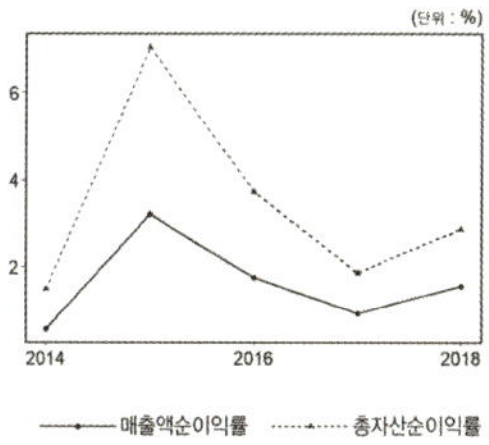

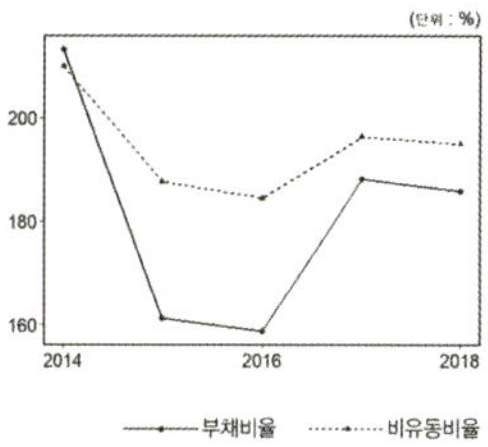

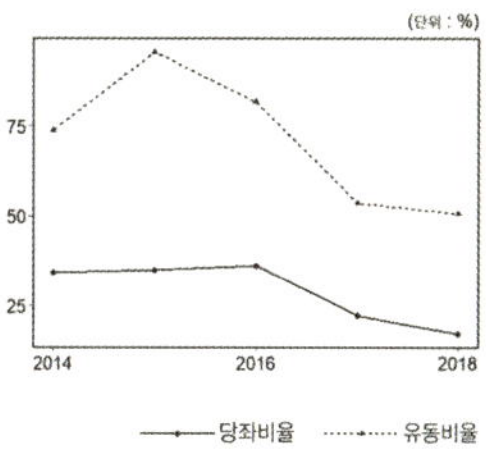

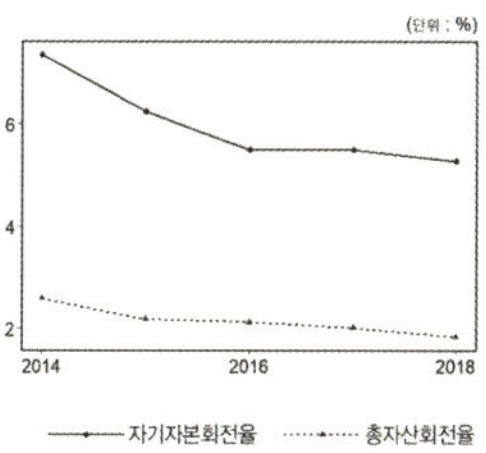

하누소

정통한식패밀리레스토랑

105 ㈜하누소(064762) HANUSO Co.,Ltd. 외

설립일	2010.05.01	대표이사	장세은
업종	한식 일반 음식점업	업종코드	56111
소재지	서울시 도봉구 노해로	주요브랜드	하누소, 하누소갈비살

	2014	2015	2016	2017	2018
재무상태표					(단위:백만 원)
유동자산	308	474	618	945	1,471
당좌자산	150	181	268	674	1,173
재고자산	159	293	350	271	298
비유동자산	13,577	13,198	13,002	12,777	12,646
투자자산	225	119	133	119	197
유형자산	12,662	12,547	12,423	12,315	12,211
무형자산	280	442	338	234	130
자산총계	13,885	13,671	13,620	13,721	14,117
유동부채	8,926	8,696	8,643	8,519	2,854
비유동부채	2,689	2,533	2,223	2,041	7,749
자본	2,271	2,442	2,754	3,162	3,514
부채 및 자본합계	13,885	13,671	13,620	13,721	14,117
손익계산서					(단위:백만 원)
매출액	7,749	7,567	8,186	7,969	7,667
매출원가	3,601	3,623	4,061	3,807	3,622
매출총손익	4,148	3,944	4,125	4,162	4,045
판매비 및 관리비	3,382	3,208	3,365	3,351	3,323
영업손익	766	736	760	811	722
법인세비용차감전순손익	170	172	312	408	352
법인세비용	2	0	0	0	0
계속사업이익	168	172	312	408	352
중단사업손익	0	0	0	0	0
당기순손익	168	172	312	408	352
현금흐름표					(단위:백만 원)
영업활동순현금흐름	-121	491	-165	461	92
투자활동순현금흐름	-259	176	-39	-381	-479
재무활동순현금흐름	386	-657	256	-62	451
성장성비율					(단위:%)
총자산증가율	0.39	-1.54	-0.38	0.75	2.88
매출액증가율	1.12	-2.35	8.18	-2.65	-3.79
수익성비율					(단위:%)
총자산순이익률	1.21	1.25	2.28	2.99	2.53
자기자본순이익률	7.69	7.29	11.99	13.8	10.53
매출액영업이익률	9.88	9.73	9.29	10.18	9.41
매출액순이익률	2.17	2.27	3.81	5.12	4.59
레버리지비율					(단위:%)
부채비율	511.53	459.79	394.57	333.91	301.76
이자보상비율	1.39	1.49	1.85	2.27	1.88
비유동비율	597.95	540.4	472.14	404.04	359.90
비유동장기적합률	273.77	265.25	261.23	245.57	112.28
유동성비율					(단위:%)
유동비율	3.45	5.45	7.15	11.09	51.54
당좌비율	1.68	2.08	3.1	7.91	41.09
현금비율	6.65	6.49	13.39	10.55	11.15
활동성비율					(단위:회)
총자산회전율	0.56	0.55	0.6	0.58	0.55
자기자본회전율	3.54	3.21	3.15	2.69	2.30
비유동자산회전율	0.57	0.57	0.62	0.62	0.60
재고자산회전율	54.09	33.53	25.49	25.68	26.95
생산성비율					(단위:%)
총자본투자효율	20.01	19.89	21.96	22.31	20.68
설비투자효율	21.94	21.68	24.07	24.86	23.91
부가가치의 구성					(단위:백만 원)
영업잉여	216	244	350	459	377
인건비	1,631	1,648	1,821	1,860	1,802.68
금융비용	550	492	410	352	345.22
감가상각비	207	196	252	239	228.49

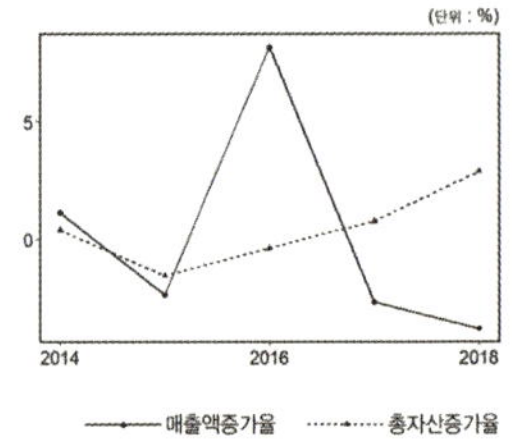

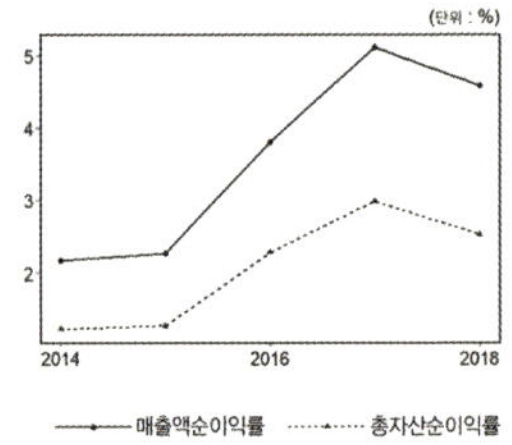

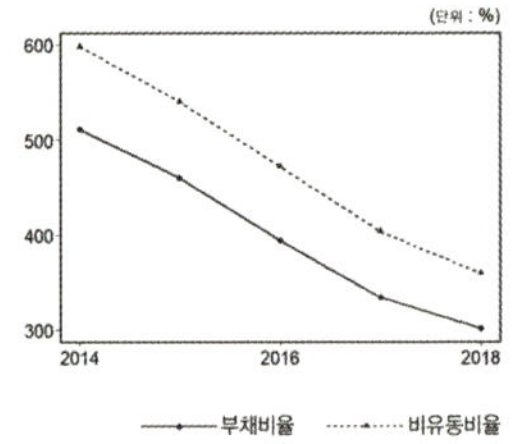

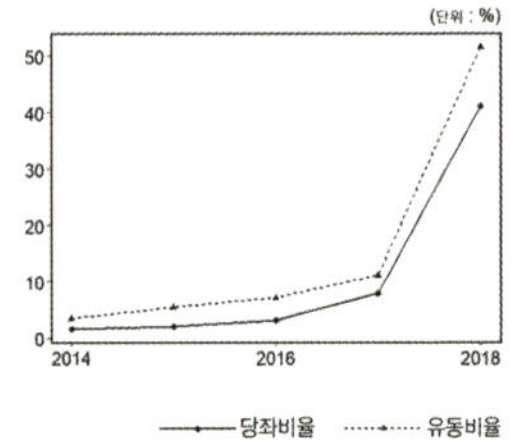

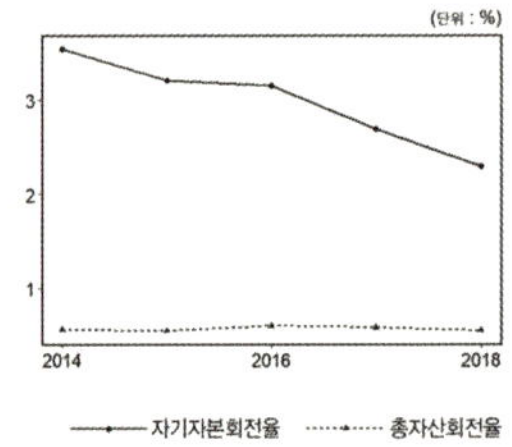

106 ㈜현성에프엔티(073198) HYUNSUNG F&T CO.,LTD. 외

설립일	2007.04.25	대표이사	곽하섭
업종	서양식 음식점업	업종코드	56123
소재지	광주광역시 서구 상무연하로	주요브랜드	톤페, 타노시미, 그리씨니비엔날레

	2014	2015	2016	2017	2018
재무상태표					(단위:백만 원)
유동자산	1,838	4,023	2,967	664	150
당좌자산	682	1,550	686	147	125
재고자산	1,155	2,473	2,281	517	26
비유동자산	5,739	8,469	9,993	9,083	8,506
투자자산	0	0	0	0	0
유형자산	4,315	7,461	9,201	8,584	8,015
무형자산	65	46	47	48	42
자산총계	7,576	12,492	12,960	9,747	8,657
유동부채	2,792	8,830	6,703	6,657	5,855
비유동부채	7,066	3,628	6,219	5,458	6,417
자본	-2,281	34	38	-2,368	-3,616
부채 및 자본합계	7,576	12,492	12,960	9,747	8,657
손익계산서					(단위:백만 원)
매출액	3,384	6,001	4,393	1,264	679
매출원가	752	1,986	1,522	2,118	0
매출총손익	2,633	4,015	2,871	-854	679
판매비 및 관리비	2,555	3,186	2,659	1,748	1,717
영업손익	78	829	212	-2,602	-1,038
법인세비용차감전순손익	-68	758	60	-2,406	-1,248
법인세비용	0	37	56	0	0
계속사업이익	-68	722	4	-2,406	-1,248
중단사업손익	0	0	0	0	0
당기순손익	-68	722	4	-2,406	-1,248
현금흐름표					(단위:백만 원)
영업활동순현금흐름	-1,122	-282	808	-102	-274
투자활동순현금흐름	-2,278	-2,295	-1,399	303	-26
재무활동순현금흐름	3,335	2,526	593	-199	293
성장성비율					(단위:%)
총자산증가율	0	64.88	3.75	-24.79	-11.19
매출액증가율	0	77.32	-26.81	-71.23	-46.29
수익성비율					(단위:%)
총자산순이익률	-1.8	7.19	0.03	-21.19	-13.56
자기자본순이익률	0	0	11.4	0	0
매출액영업이익률	2.3	13.82	4.82	-205.84	-152.92
매출액순이익률	-2.02	12.03	0.09	-190.37	-183.84
레버리지비율					(단위:%)
부채비율	0	36,633.71	33,899.71	0	0
이자보상비율	0.51	5.01	1.1	-12.17	-4.82
비유동비율	0	24,903.29	26,217.19	0	0
비유동장기적합률	0	231.25	159.71	0	0
유동성비율					(단위:%)
유동비율	65.81	45.56	44.26	9.97	2.57
당좌비율	24.44	17.56	10.24	2.2	2.13
현금비율	2.94	0.08	0.17	1.1	0.24
활동성비율					(단위:회)
총자산회전율	0.89	0.6	0.35	0.11	0.07
자기자본회전율	0	0	121.81	0	0
비유동자산회전율	1.18	0.84	0.48	0.13	0.08
재고자산회전율	5.86	3.31	1.85	0.9	2.50
생산성비율					(단위:%)
총자본투자효율	27.27	26.83	18.21	-6.89	-0.91
설비투자효율	49.75	52.71	25.65	-7.82	-0.98
부가가치의 구성					(단위:백만 원)
영업잉여	-73	672	27	-2,802	-1,249
인건비	1,368	1,699	1,363	808	332.43
금융비용	151	165	193	214	215.10
감가상각비	379	440	582	661	583.74

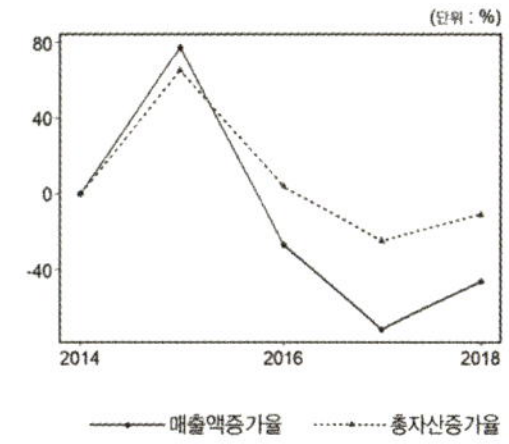

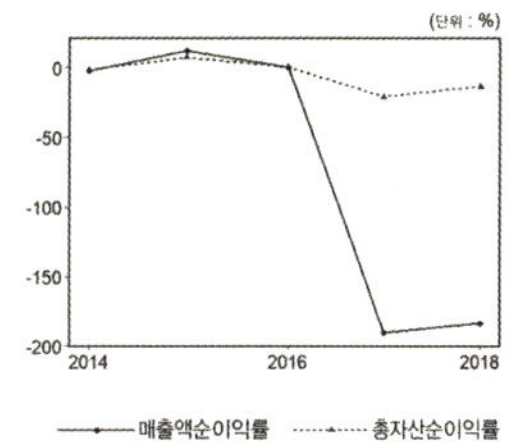

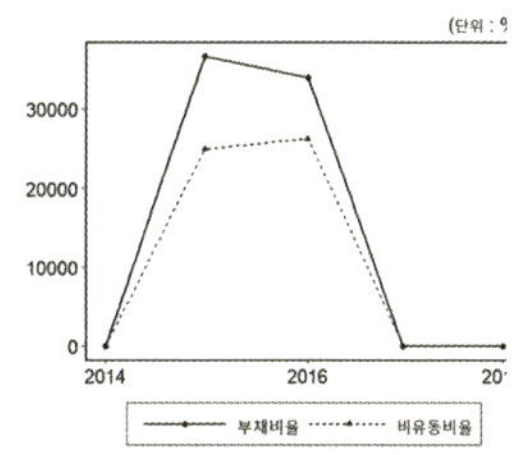

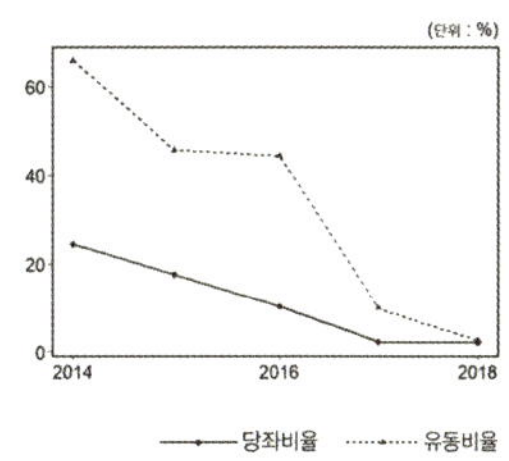

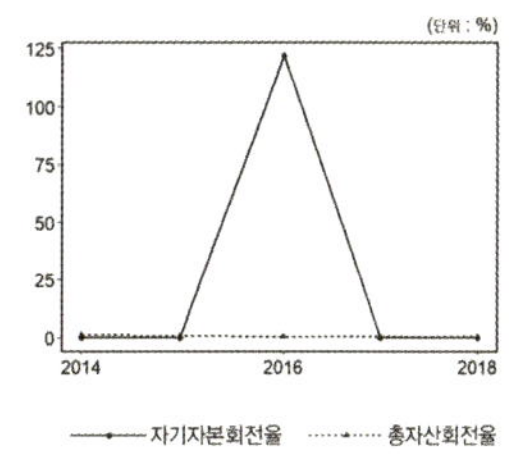

107 청오디피케이㈜(014427) DOMINO'S PIZZA KOREA 외

설립일	1989.09.29	대표이사	오광현
업종	피자, 햄버거, 샌드위치 및 유사 음식점업	업종코드	56192
소재지	서울특별시 강남구 언주로	주요브랜드	도미노피자

	2014	2015	2016	2017	2018
재무상태표					(단위:백만 원)
유동자산	40,207	55,924	56,633	54,650	63,179
당좌자산	38,275	54,242	54,679	52,737	61,207
재고자산	1,931	1,682	1,954	1,912	1,972
비유동자산	96,372	97,764	116,569	123,962	154,594
투자자산	8,835	11,545	16,155	18,621	20,538
유형자산	66,879	66,128	82,522	90,678	121,042
무형자산	9,789	8,276	6,832	4,247	1,839
자산총계	136,578	153,688	173,202	178,612	217,772
유동부채	37,045	41,298	59,879	47,408	73,779
비유동부채	27,122	21,951	6,371	13,062	11,237
자본	72,412	90,439	106,952	118,142	132,756
부채 및 자본합계	136,578	153,688	173,202	178,612	217,772
손익계산서					(단위:백만 원)
매출액	180,583	195,397	210,259	219,784	212,990
매출원가	119,330	122,670	128,247	131,240	124,640
매출총손익	61,253	72,728	82,011	88,543	88,350
판매비 및 관리비	47,998	49,959	55,862	59,018	67,436
영업손익	13,255	22,768	26,149	29,525	20,913
법인세비용차감전순손익	14,323	23,633	27,629	30,778	20,095
법인세비용	2,757	5,606	6,743	7,589	5,305
계속사업이익	11,566	18,027	20,886	23,190	14,791
중단사업손익	0	0	0	0	0
당기순손익	11,566	18,027	20,886	23,190	14,791
현금흐름표					(단위:백만 원)
영업활동순현금흐름	16,886	27,774	30,322	27,604	17,958
투자활동순현금흐름	-49,905	-8,422	-23,551	-12,767	-26,748
재무활동순현금흐름	26,990	-5,000	-5,857	-17,386	17,006
성장성비율					(단위:%)
총자산증가율	72.61	12.53	12.7	3.12	21.92
매출액증가율	13.48	8.2	7.61	4.53	-3.09
수익성비율					(단위:%)
총자산순이익률	10.72	12.42	12.78	13.18	7.46
자기자본순이익률	19.25	22.14	21.16	20.6	11.79
매출액영업이익률	7.34	11.65	12.44	13.43	9.82
매출액순이익률	6.41	9.23	9.93	10.55	6.94
레버리지비율					(단위:%)
부채비율	88.61	69.94	61.94	51.18	64.04
이자보상비율	31.73	31.75	58.92	69.79	49.27
비유동비율	133.09	108.1	108.99	104.93	116.45
비유동장기적합률	96.82	86.99	102.86	94.48	107.36
유동성비율					(단위:%)
유동비율	108.53	135.42	94.58	115.28	85.63
당좌비율	103.32	131.34	91.32	111.24	82.96
현금비율	49.78	61.45	62.3	59.89	64.81
활동성비율					(단위:회)
총자산회전율	1.67	1.35	1.29	1.25	1.07
자기자본회전율	3.01	2.4	2.13	1.95	1.70
비유동자산회전율	2.69	2.01	1.96	1.83	1.53
재고자산회전율	126.43	108.14	115.65	113.69	109.67
생산성비율					(단위:%)
총자본투자효율	30.96	36.43	36.32	38.75	28.06
설비투자효율	63.22	84.67	76.47	79.94	50.49
부가가치의 구성					(단위:백만 원)
영업잉여	13,701	22,951	26,523	29,562	20,988
인건비	22,964	25,526	29,373	32,338	34,854.37
금융비용	-453	-166	-361	-18	-79.61
감가상각비	5,069	6,540	5,671	5,680	5,697.19

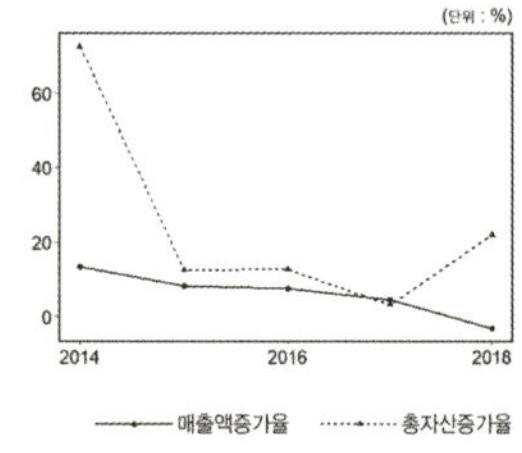

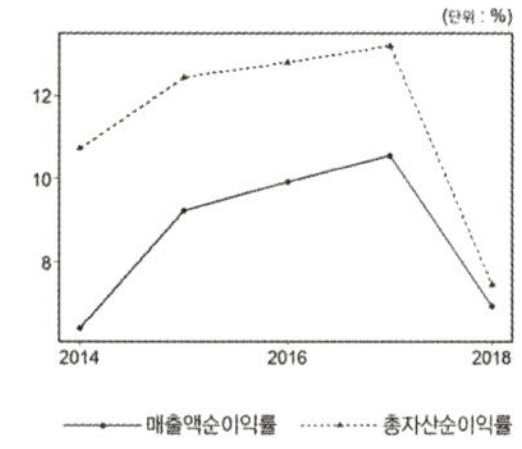

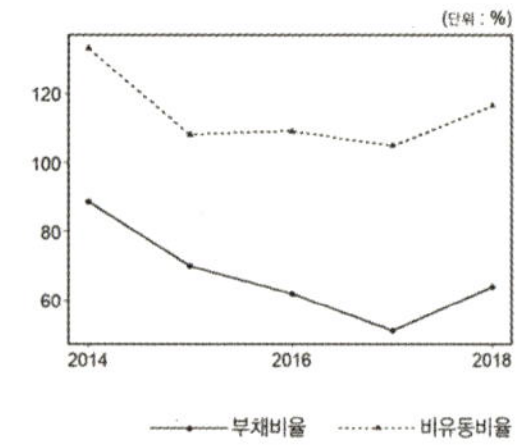

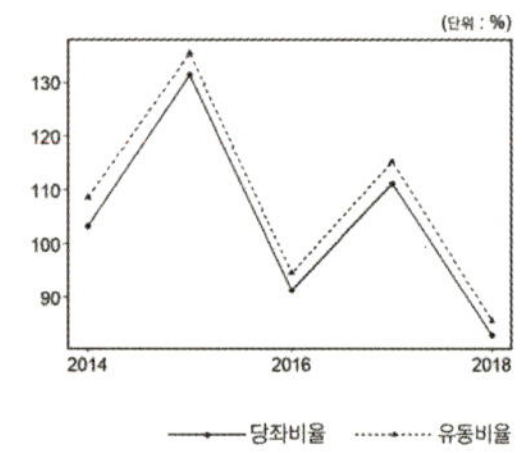

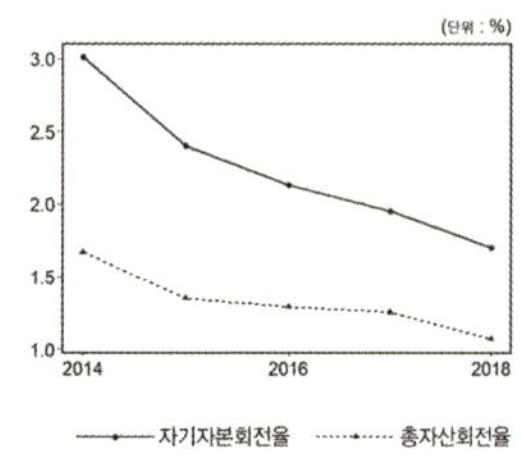

108 커피스미스에프씨㈜(81319) coffeesmith 외

설립일	2010.12.23	대표이사	손태영
업종	커피 전문점	업종코드	56221
소재지	서울특별시 강남구 테헤란로	주요브랜드	커피스미스, 커피스미스드래프트

	2014	2015	2016	2017	2018
재무상태표					(단위:백만 원)
유동자산	–	–	3,992	5,755	6,413
당좌자산	–	–	3,626	4,838	5,351
재고자산	–	–	366	917	1,063
비유동자산	–	–	6,692	6,247	6,136
투자자산	–	–	57	5	50
유형자산	–	–	1,388	657	767
무형자산	–	–	26	0	0
자산총계	–	–	10,684	12,002	12,549
유동부채	–	–	6,823	9,191	8,953
비유동부채	–	–	250	481	825
자본	–	–	3,610	2,330	2,771
부채 및 자본합계	–	–	10,684	12,002	12,549
손익계산서					(단위:백만 원)
매출액	–	–	11,960	12,581	12,961
매출원가	–	–	5,549	4,326	4,222
매출총손익	–	–	6,411	8,254	8,739
판매비 및 관리비	–	–	6,006	7,650	7,963
영업손익	–	–	405	604	776
법인세비용차감전순손익	–	–	360	495	575
법인세비용	–	–	91	102	134
계속사업이익	–	–	269	393	441
중단사업손익	–	–	0	0	0
당기순손익	–	–	269	393	441
현금흐름표					(단위:백만 원)
영업활동순현금흐름	–	–	−1,058	−143	45
투자활동순현금흐름	–	–	47	−1,253	402
재무활동순현금흐름	–	–	766	455	−1
성장성비율					(단위:%)
총자산증가율	–	–	0	12.34	4.56
매출액증가율	–	–	0	5.19	3.02
수익성비율					(단위:%)
총자산순이익률	–	–	5.04	3.46	3.59
자기자본순이익률	–	–	14.9	13.23	17.29
매출액영업이익률	–	–	3.39	4.8	5.98
매출액순이익률	–	–	2.25	3.12	3.40
레버리지비율					(단위:%)
부채비율	–	–	195.93	415.05	352.84
이자보상비율	–	–	4.1	3.93	2.65
비유동비율	–	–	185.36	268.08	221.41
비유동장기적합률	–	–	173.35	222.2	170.63
유동성비율					(단위:%)
유동비율	–	–	58.5	62.62	71.63
당좌비율	–	–	53.14	52.64	59.76
현금비율	–	–	38.83	10.6	16.46
활동성비율					(단위:회)
총자산회전율	–	–	2.24	1.11	1.06
자기자본회전율	–	–	6.63	4.24	5.08
비유동자산회전율	–	–	3.57	1.94	2.09
재고자산회전율	–	–	65.32	19.61	13.09
생산성비율					(단위:%)
총자본투자효율	–	–	43.31	53.59	57.16
설비투자효율	–	–	333.33	978.41	935.43
부가가치의 구성					(단위:백만 원)
영업잉여	–	–	328	511	615
인건비	–	–	2,240	3,142	3,360.03
금융비용	–	–	77	99	214.75
감가상각비	–	–	0	174	315.86

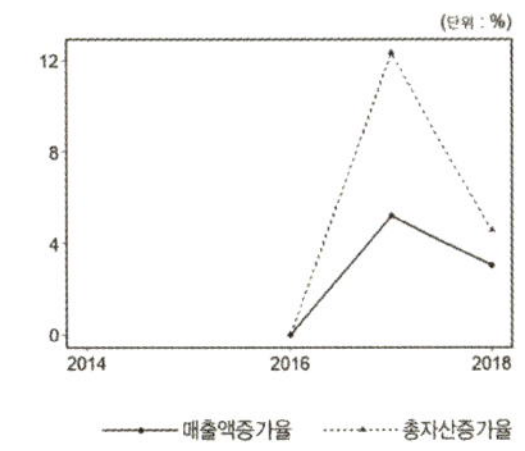

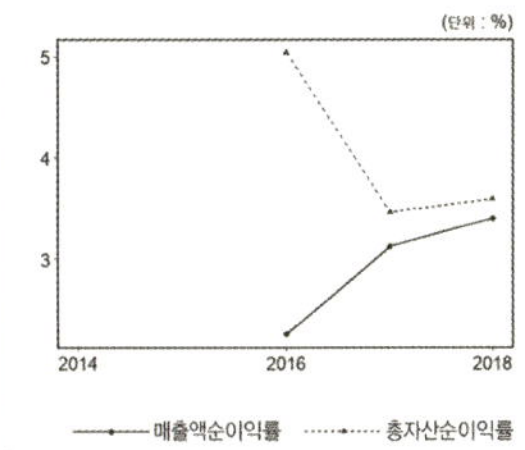

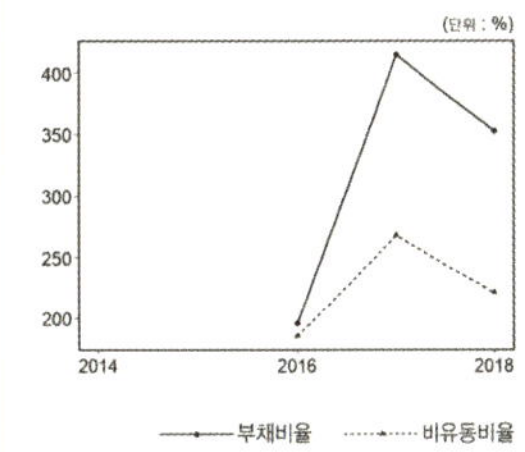

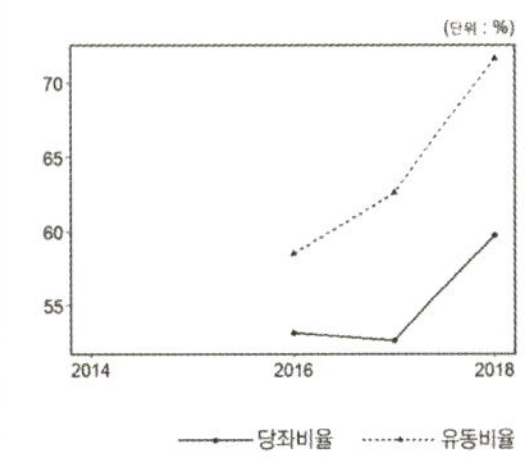

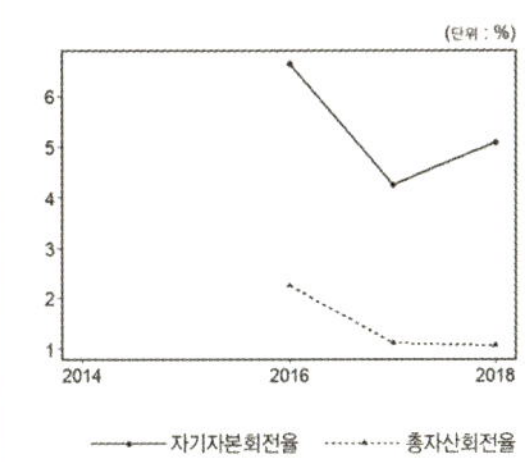

109 투썸플레이스㈜(084868) A Twosome Place Co., Ltd. 외

설립일	2018.02.01	대표이사	구창근
업종	커피 전문점	업종코드	56221
소재지	서울특별시 중구 마른내로	주요브랜드	투썸플레이스

	2014	2015	2016	2017	2018
재무상태표					(단위:백만 원)
유동자산	–	–	–	–	96,139
당좌자산	–	–	–	–	87,007
재고자산	–	–	–	–	9,132
비유동자산	–	–	–	–	80,279
투자자산	–	–	–	–	14,878
유형자산	–	–	–	–	27,470
무형자산	–	–	–	–	4,952
자산총계	–	–	–	–	176,418
유동부채	–	–	–	–	76,675
비유동부채	–	–	–	–	16,441
자본	–	–	–	–	83,302
부채 및 자본합계	–	–	–	–	176,418
손익계산서					(단위:백만 원)
매출액	–	–	–	–	268,710
매출원가	–	–	–	–	0
매출총손익	–	–	–	–	268,710
판매비 및 관리비	–	–	–	–	236,068
영업손익	–	–	–	–	32,642
법인세비용차감전순손익	–	–	–	–	28,292
법인세비용	–	–	–	–	7,170
계속사업이익	–	–	–	–	21,122
중단사업손익	–	–	–	–	0
당기순손익	–	–	–	–	21,122
현금흐름표					(단위:백만 원)
영업활동순현금흐름	–	–	–	–	80,973
투자활동순현금흐름	–	–	–	–	-35,353
재무활동순현금흐름	–	–	–	–	14,206
성장성비율					(단위:%)
총자산증가율	–	–	–	–	0
매출액증가율	–	–	–	–	0
수익성비율					(단위:%)
총자산순이익률	–	–	–	–	23.95
자기자본순이익률	–	–	–	–	50.71
매출액영업이익률	–	–	–	–	12.15
매출액순이익률	–	–	–	–	7.86
레버리지비율					(단위:%)
부채비율	–	–	–	–	111.78
이자보상비율	–	–	–	–	87.57
비유동비율	–	–	–	–	96.37
비유동장기적합률	–	–	–	–	80.49
유동성비율					(단위:%)
유동비율	–	–	–	–	125.39
당좌비율	–	–	–	–	113.48
현금비율	–	–	–	–	68.56
활동성비율					(단위:회)
총자산회전율	–	–	–	–	3.05
자기자본회전율	–	–	–	–	6.45
비유동자산회전율	–	–	–	–	6.69
재고자산회전율	–	–	–	–	58.85
생산성비율					(단위:%)
총자본투자효율	–	–	–	–	49.01
설비투자효율	–	–	–	–	327.27
부가가치의 구성					(단위:백만 원)
영업잉여	–	–	–	–	33,413
인건비	–	–	–	–	33,713.07
금융비용	–	–	–	–	-771.47
감가상각비	–	–	–	–	6,684.26

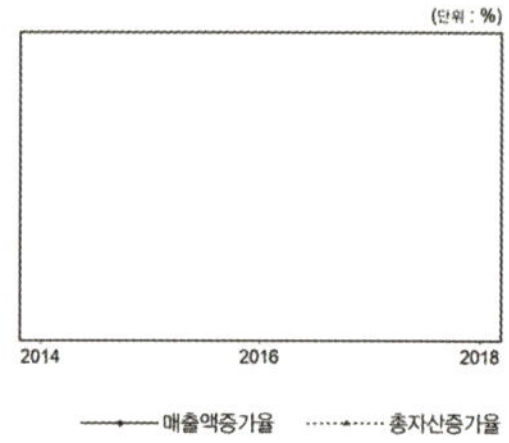

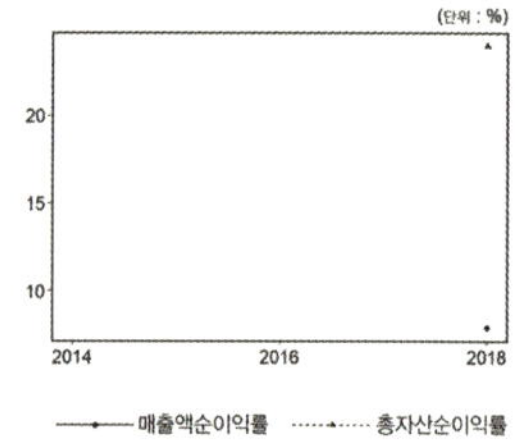

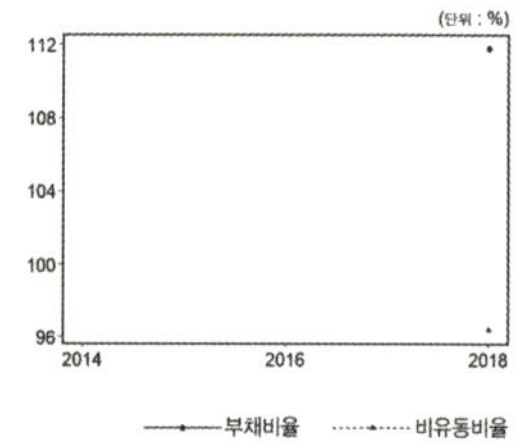

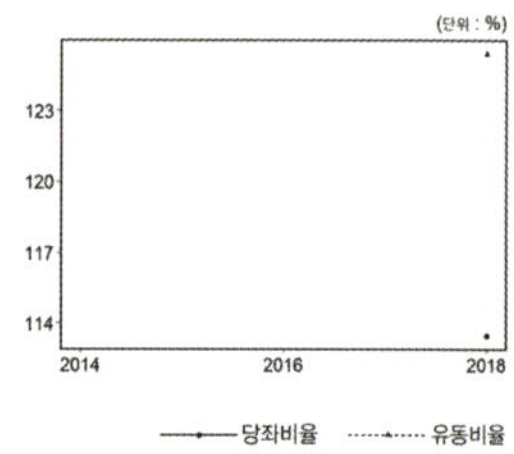

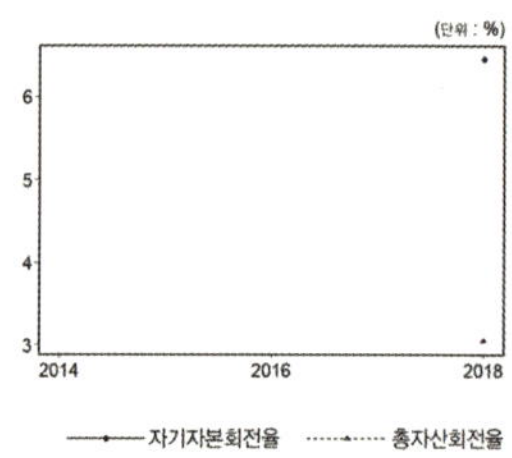

110 한국파파존스㈜(053721) pjikorea.,ltd

외

설립일	2002.12.18	대표이사	서창우
업종	피자, 햄버거, 샌드위치 및 유사 음식점업	업종코드	56192
소재지	서울특별시 강남구 신사동	주요브랜드	파파존스

	2014	2015	2016	2017	2018
재무상태표					(단위:백만 원)
유동자산	6,270	6,985	6,212	5,901	5,484
당좌자산	5,114	5,855	4,533	4,960	4,334
재고자산	1,156	1,131	1,679	941	1,149
비유동자산	3,571	3,824	4,508	4,782	10,472
투자자산	0	0	0	370	0
유형자산	2,553	2,784	3,569	3,630	9,737
무형자산	79	3	2	1	0
자산총계	9,840	10,809	10,721	10,684	15,955
유동부채	4,406	5,397	5,098	3,819	7,004
비유동부채	4,775	4,666	4,876	6,035	8,039
자본	660	746	747	830	912
부채 및 자본합계	9,840	10,809	10,721	10,684	15,955
손익계산서					(단위:백만 원)
매출액	28,753	32,710	32,864	34,912	35,999
매출원가	16,245	17,760	17,796	19,672	20,574
매출총손익	12,508	14,950	15,068	15,240	15,426
판매비 및 관리비	12,209	14,646	15,011	15,041	14,949
영업손익	299	304	57	199	476
법인세비용차감전순손익	44	86	47	54	84
법인세비용	0	0	46	-30	2
계속사업이익	44	86	1	84	82
중단사업손익	0	0	0	0	0
당기순손익	44	86	1	84	82
현금흐름표					(단위:백만 원)
영업활동순현금흐름	1,594	361	521	1,473	1,619
투자활동순현금흐름	-1,069	-1,087	-1,537	-1,436	-7,087
재무활동순현금흐름	300	510	470	-180	4,890
성장성비율					(단위:%)
총자산증가율	5.62	9.85	-0.82	-0.34	49.34
매출액증가율	3.98	13.76	0.47	6.23	3.11
수익성비율					(단위:%)
총자산순이익률	0.45	0.83	0.01	0.78	0.61
자기자본순이익률	6.83	12.26	0.12	10.61	9.38
매출액영업이익률	1.04	0.93	0.17	0.57	1.32
매출액순이익률	0.15	0.26	0	0.24	0.23
레버리지비율					(단위:%)
부채비율	1,391.98	1,349.51	1,335.87	1,186.73	1,649.40
이자보상비율	1.21	1.22	0.22	0.78	1.81
비유동비율	541.36	512.79	603.84	575.99	1,148.16
비유동장기적합률	65.7	70.66	80.19	69.67	116.98
유동성비율					(단위:%)
유동비율	142.31	129.42	121.85	154.53	78.29
당좌비율	116.08	108.48	88.91	129.89	61.89
현금비율	25.21	19.54	13.18	11.46	1.79
활동성비율					(단위:회)
총자산회전율	3	3.17	3.05	3.26	2.70
자기자본회전율	45.08	46.55	44.04	44.28	41.32
비유동자산회전율	8.65	8.85	7.89	7.52	4.72
재고자산회전율	19.27	28.61	23.39	26.65	34.45
생산성비율					(단위:%)
총자본투자효율	71.08	73.93	78.21	76.67	48.92
설비투자효율	274.02	287.05	234.91	249.01	122
부가가치의 구성					(단위:백만 원)
영업잉여	70	71	-186	-9	345
인건비	5,305	5,980	6,357	5,783	5,378.87
금융비용	229	233	243	244	249.46
감가상각비	577	833	845	1,162	1,218.57

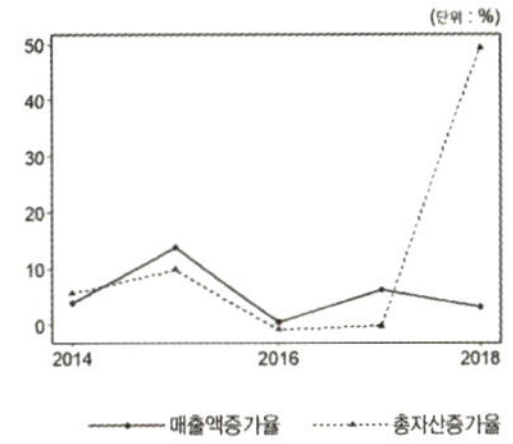

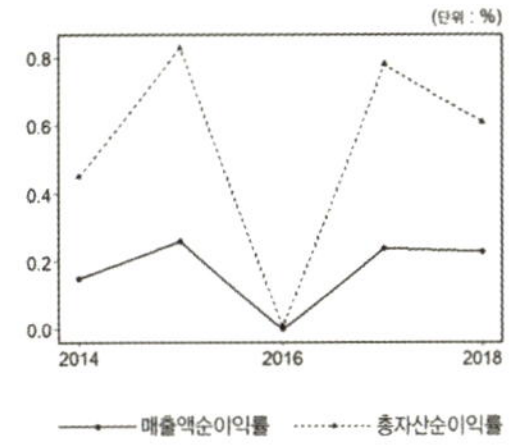

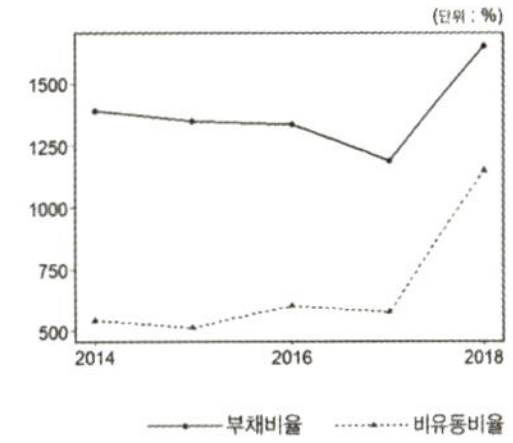

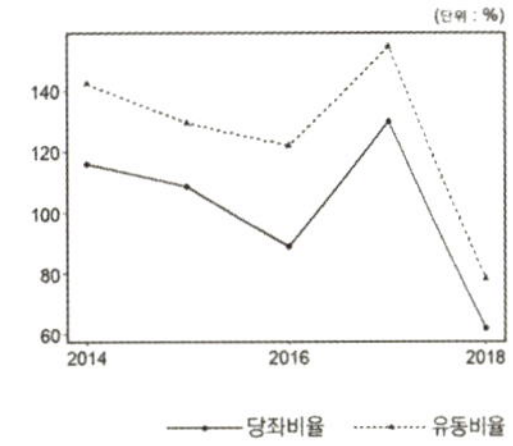

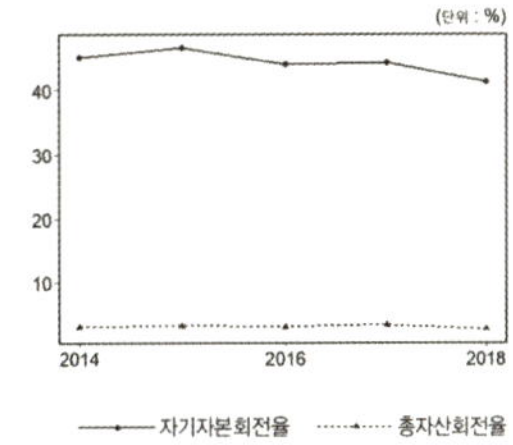

111 한서외식산업㈜(058960) hanseo restaurants & services co.,ltd 외

한우리 HANWOORI			
설립일	2009.02.16	대표이사	조의제
업종	한식 일반 음식점업	업종코드	56111
소재지	서울특별시 강남구 도산대로	주요브랜드	보다, 한우리한정식, 소나무

	2014	2015	2016	2017	2018
재무상태표					(단위:백만 원)
유동자산	9,111	9,390	9,535	7,096	7,498
당좌자산	8,997	9,278	9,435	7,039	7,436
재고자산	115	112	99	57	61
비유동자산	14,351	13,986	14,019	16,725	16,166
투자자산	644	644	644	2,766	2,766
유형자산	11,858	11,537	11,798	11,675	11,645
무형자산	0	1	1	1	0
자산총계	23,462	23,376	23,554	23,821	23,663
유동부채	1,158	1,035	1,382	1,210	1,208
비유동부채	1,131	1,388	1,394	1,530	1,787
자본	21,173	20,952	20,778	21,081	20,669
부채 및 자본합계	23,462	23,376	23,554	23,821	23,663
손익계산서					(단위:백만 원)
매출액	9,388	8,843	7,114	7,610	8,847
매출원가	2,196	2,101	1,757	1,945	2,107
매출총손익	7,191	6,743	5,357	5,665	6,740
판매비 및 관리비	7,323	6,883	5,827	6,235	6,671
영업손익	-132	-140	-470	-570	69
법인세비용차감전순손익	1,771	216	-211	-333	399
법인세비용	171	197	-37	115	812
계속사업이익	1,600	19	-174	-449	-412
중단사업손익	0	0	0	0	0
당기순손익	1,600	19	-174	-449	-412
현금흐름표					(단위:백만 원)
영업활동순현금흐름	799	718	336	189	876
투자활동순현금흐름	-408	-697	-660	15	-553
재무활동순현금흐름	23	-240	0	-240	0
성장성비율					(단위:%)
총자산증가율	2.39	-0.37	0.76	1.13	-0.66
매출액증가율	12.23	-5.8	-19.56	6.98	16.26
수익성비율					(단위:%)
총자산순이익률	6.9	0.08	-0.74	-1.89	-1.74
자기자본순이익률	7.86	0.09	-0.83	-2.14	-1.97
매출액영업이익률	-1.4	-1.58	-6.61	-7.49	0.78
매출액순이익률	17.04	0.21	-2.45	-5.9	-4.66
레버리지비율					(단위:%)
부채비율	10.81	11.57	13.36	13	14.49
이자보상비율	-18,792.14	-	-	-	•
비유동비율	67.78	66.75	67.47	79.34	78.21
비유동장기적합률	64.34	62.6	63.23	73.97	71.99
유동성비율					(단위:%)
유동비율	786.86	907.06	690.08	586.34	620.80
당좌비율	776.95	896.25	682.88	581.63	615.73
현금비율	13.72	10.98	7.42	9.48	13.27
활동성비율					(단위:회)
총자산회전율	0.4	0.38	0.3	0.32	0.37
자기자본회전율	0.46	0.42	0.34	0.36	0.42
비유동자산회전율	0.65	0.62	0.51	0.5	0.54
재고자산회전율	89.13	78.08	67.33	97.26	149.64
생산성비율					(단위:%)
총자본투자효율	28.09	24.97	18.91	19.94	24.84
설비투자효율	55.58	50.59	37.74	40.68	50.47
부가가치의 구성					(단위:백만 원)
영업잉여	1,099	10	-339	-443	305
인건비	4,284	4,057	3,544	3,762	4,162.50
금융비용	-1,230	-150	-132	-127	-235.52
감가상각비	410	363	284	335	345.34

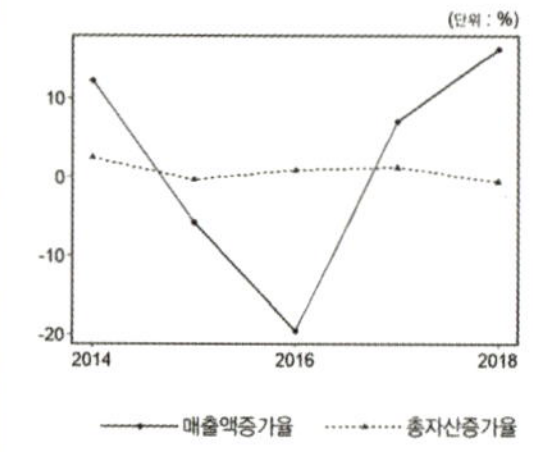

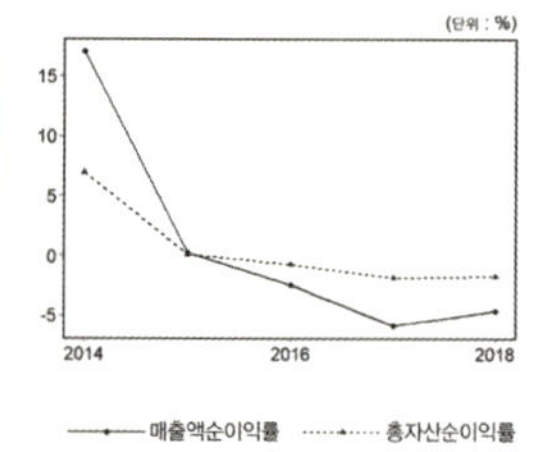

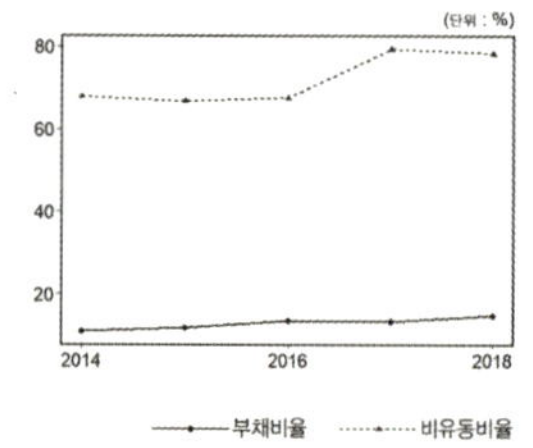

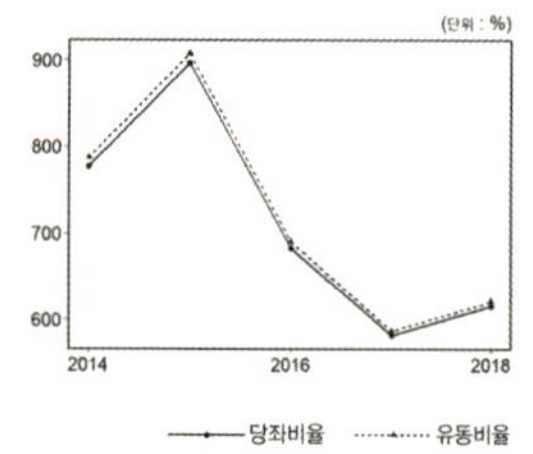

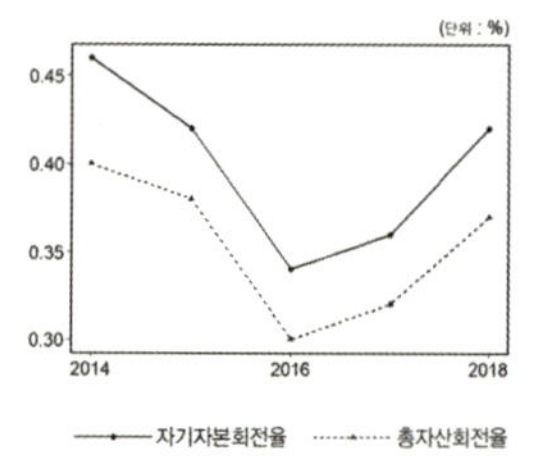

112 한우리외식산업㈜(027607) HANWOORI RESTAURANTS & SERVICES CO.,LTD 외

한우리 HANWOORI

설립일	1988.03.11	대표이사	조용훈, 조우제
업종	한식 일반 음식점업	업종코드	56111
소재지	서울특별시 강남구 논현동	주요브랜드	한우리한정식, 보다, 소나무

	2014	2015	2016	2017	2018
재무상태표					(단위:백만 원)
유동자산	5,089	5,493	6,206	7,454	8,523
당좌자산	4,935	5,284	5,996	7,277	8,323
재고자산	153	209	210	178	199
비유동자산	15,281	16,063	16,247	16,651	16,295
투자자산	0	0	0	0	0
유형자산	14,357	14,771	14,840	15,106	14,464
무형자산	4	3	23	141	232
자산총계	20,369	21,556	22,453	24,105	24,818
유동부채	1,793	1,867	1,971	2,795	2,225
비유동부채	1,503	1,905	1,552	1,279	1,720
자본	17,073	17,785	18,930	20,030	20,873
부채 및 자본합계	20,369	21,556	22,453	24,105	24,818
손익계산서					(단위:백만 원)
매출액	12,629	17,184	18,378	19,444	20,383
매출원가	2,695	4,225	4,967	5,317	5,614
매출총손익	9,933	12,959	13,411	14,128	14,769
판매비 및 관리비	8,381	11,723	11,963	12,216	13,746
영업손익	1,552	1,237	1,448	1,912	1,023
법인세비용차감전순손익	1,624	1,278	1,450	1,776	1,055
법인세비용	339	266	304	376	213
계속사업이익	1,284	1,012	1,146	1,400	842
중단사업손익	0	0	0	0	0
당기순손익	1,284	1,012	1,146	1,400	842
현금흐름표					(단위:백만 원)
영업활동순현금흐름	1,716	2,069	2,349	3,109	1,920
투자활동순현금흐름	-1,736	-1,480	-2,345	-2,438	-2,254
재무활동순현금흐름	0	-300	0	-300	0
성장성비율					(단위:%)
총자산증가율	8.85	5.83	4.16	7.36	2.96
매출액증가율	12.17	36.07	6.95	5.8	4.83
수익성비율					(단위:%)
총자산순이익률	6.57	4.83	5.21	6.01	3.44
자기자본순이익률	7.82	5.81	6.24	7.19	4.12
매출액영업이익률	12.29	7.2	7.88	9.83	5.02
매출액순이익률	10.17	5.89	6.23	7.2	4.13
레버리지비율					(단위:%)
부채비율	19.31	21.21	18.61	20.34	18.90
이자보상비율	-	-	-	-	•
비유동비율	89.51	90.32	85.83	83.13	78.07
비유동장기적합률	82.26	81.58	79.32	78.14	72.12
유동성비율					(단위:%)
유동비율	283.73	294.3	314.82	266.67	383.07
당좌비율	275.18	283.08	304.15	260.31	374.12
현금비율	19.59	23.41	20.78	22.27	15.57
활동성비율					(단위:회)
총자산회전율	0.65	0.82	0.84	0.84	0.83
자기자본회전율	0.77	0.99	1	1	1
비유동자산회전율	0.86	1.1	1.14	1.18	1.24
재고자산회전율	98.59	94.76	87.58	100.19	108.14
생산성비율					(단위:%)
총자본투자효율	41.07	51.13	51.11	49.73	51.20
설비투자효율	58.27	74.61	77.34	79.35	87.85
부가가치의 구성					(단위:백만 원)
영업잉여	1,639	1,293	1,504	1,970	1,116
인건비	5,060	6,992	7,140	7,144	8,493.92
금융비용	-87	-56	-57	-59	-92.76
감가상각비	408	852	916	861	883.41

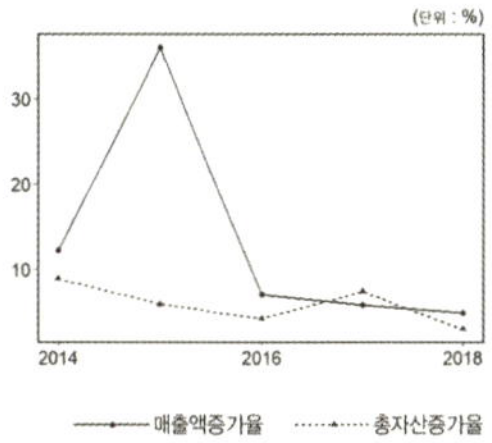

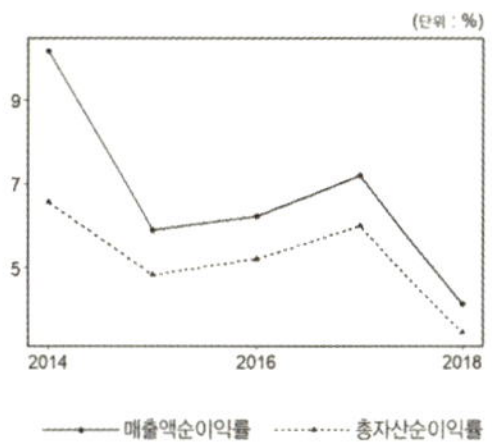

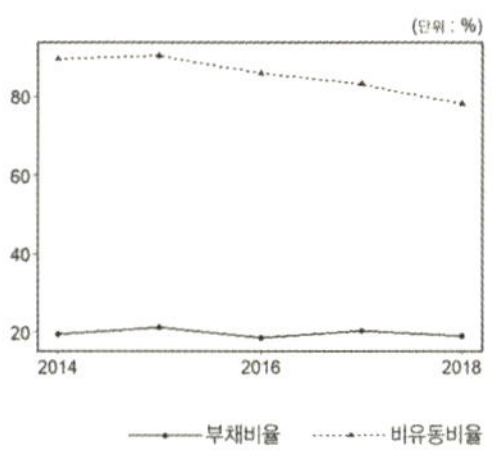

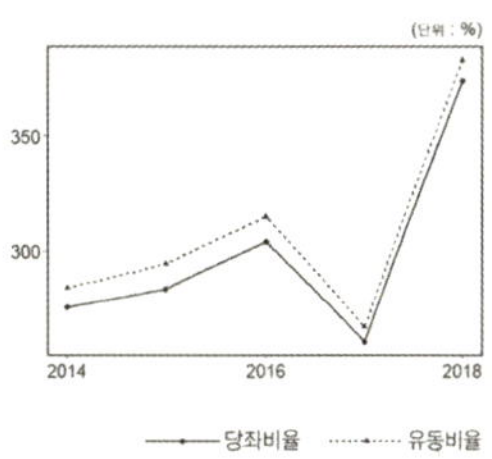

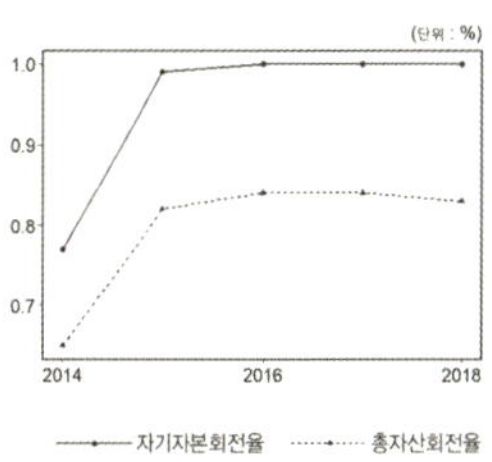

DIDIM
Global Restaurant Business Group

113 ㈜디딤(217620) Didim Inc. 외

설립일	2006.10.23	대표이사	이범택
업종	음식점업	업종코드	56113
소재지	인천광역시 남동구 논현로	주요브랜드	마포갈매기, 연안식당, 고래식당

	2014	2015	2016	2017	2018
재무상태표					(단위:백만 원)
유동자산	–	9,039	9,039	9,548	22,996
당좌자산	–	7,410	7,410	7,548	14,198
재고자산	–	1,629	1,629	2,000	8,798
비유동자산	–	32,428	32,428	33,928	40,319
투자자산	–	5,836	5,836	4,737	12,181
유형자산	–	17,963	17,963	19,789	12,841
무형자산	–	363	363	1,039	1,275
자산총계	–	41,467	41,467	43,476	63,314
유동부채	–	22,389	22,389	20,870	20,810
비유동부채	–	10,244	10,244	9,899	8,323
자본	–	8,834	8,834	12,707	3,700
부채 및 자본합계	–	41,467	41,467	43,476	63,314
손익계산서					(단위:백만 원)
매출액	–	61,916	61,916	65,752	93,392
매출원가	–	37,294	37,294	34,306	44,715
매출총손익	–	24,621	24,621	31,447	48,677
판매비 및 관리비	–	21,977	21,977	25,915	43,887
영업손익	–	2,644	2,644	5,532	4,790
법인세비용차감전순손익	–	1,526	1,526	4,576	4,424
법인세비용	–	260	260	693	1,062
계속사업이익	–	1,266	1,266	3,883	3,362
중단사업손익	–	0	0	0	0
당기순손익	–	1,266	1,266	3,883	3,362
현금흐름표					(단위:백만 원)
영업활동순현금흐름	–	4,476	4,476	6,059	2,244
투자활동순현금흐름	–	-2,598	-2,598	-4,045	-8,626
재무활동순현금흐름	–	-2,567	-2,567	-2,308	2,563
성장성비율					(단위:%)
총자산증가율	–	0	0	0	17.44
매출액증가율	–	0	0	0	41.77
수익성비율					(단위:%)
총자산순이익률	–	6.11	6.11	17.86	5.74
자기자본순이익률	–	28.66	28.66	61.11	10.21
매출액영업이익률	–	4.27	4.27	8.41	5.13
매출액순이익률	–	2.04	2.04	5.91	3.60
레버리지비율					(단위:%)
부채비율	–	369.4	369.4	242.14	85.23
이자보상비율	–	2.27	2.27	5.44	6.96
비유동비율	–	367.08	367.08	267	117.95
비유동장기적합률	–	169.97	169.97	150.09	94.86
유동성비율					(단위:%)
유동비율	–	40.37	40.37	45.75	110.51
당좌비율	–	33.1	33.1	36.16	68.23
현금비율	–	41.9	41.9	36.59	35.46
활동성비율					(단위:회)
총자산회전율	–	2.99	2.99	3.02	1.59
자기자본회전율	–	14.02	14.02	10.35	2.84
비유동자산회전율	–	3.82	3.82	3.88	2.59
재고자산회전율	–	76.03	76.03	65.75	15.44
생산성비율					(단위:%)
총자본투자효율	–	44.63	44.63	56.33	60.07
설비투자효율	–	103.04	103.04	123.76	297.35
부가가치의 구성					(단위:백만 원)
영업잉여	–	1,576	1,576	4,678	4,548
인건비	–	11,436	11,436	14,153	24,197
금융비용	–	1,033	1,033	858	282
감가상각비	–	1,924	1,924	2,015	3,060

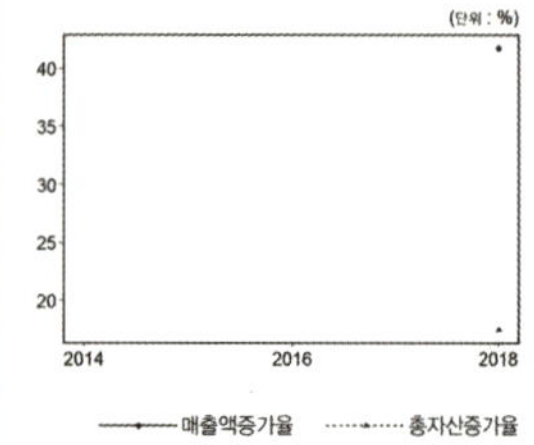

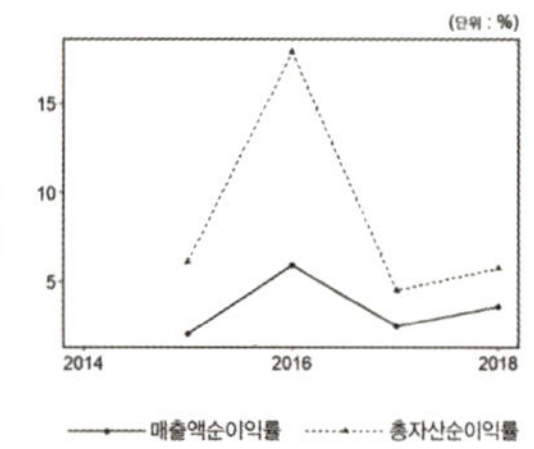

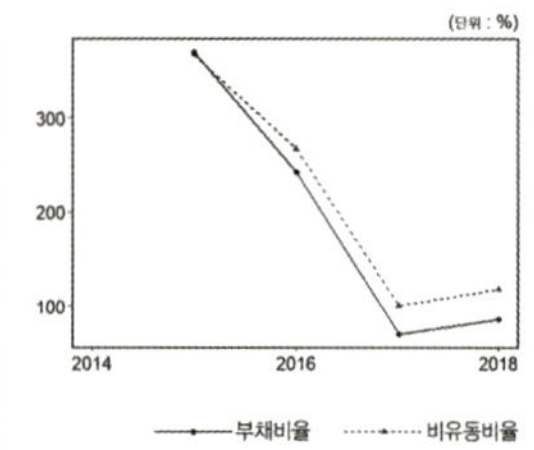

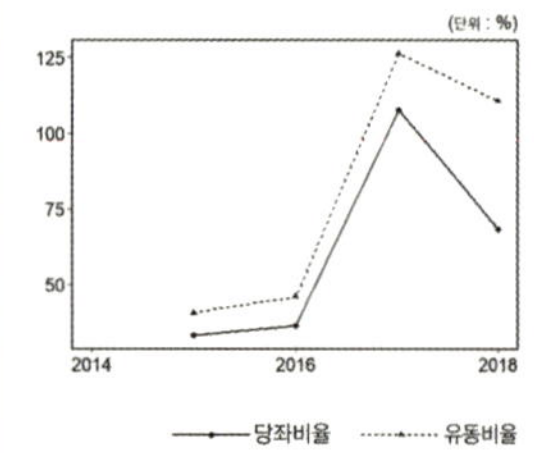

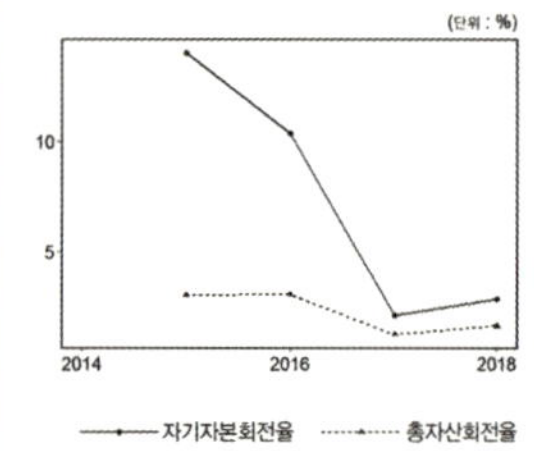

114 해마로푸드서비스㈜(220630) Haimarrow Food Service Co., Ltd. 외

해마로푸드서비스(주)

설립일	2015.05.19	대표이사	전명일
업종	치킨전문점	업종코드	56193
소재지	서울특별시 강동구 천호대로	주요브랜드	맘스터치

	2014	2015	2016	2017	2018
재무상태표					(단위:백만 원)
유동자산	–	0	40,482	50,233	51,817
당좌자산	–	0	28,477	38,328	37,919
재고자산	–	0	12,005	11,905	13,898
비유동자산	–	0	34,623	51,676	65,067
투자자산	–	0	2,960	17,056	19,244
유형자산	–	0	29,027	30,930	37,452
무형자산	–	0	932	1,668	1,594
자산총계	–	0	75,105	101,909	116,884
유동부채	–	0	24,048	19,053	42,112
비유동부채	–	0	7,653	26,415	5,705
자본	–	0	43,404	56,441	9,390
부채 및 자본합계	–	0	75,105	101,909	116,884
손익계산서					(단위:백만 원)
매출액	–	0	201,871	223,574	258,139
매출원가	–	0	149,426	161,342	182,384
매출총손익	–	0	52,445	62,233	75,755
판매비 및 관리비	–	0	35,188	47,707	52,674
영업손익	–	0	17,257	14,526	23,081
법인세비용차감전순손익	–	0	12,241	13,508	20,544
법인세비용	–	0	2,945	3,197	6,112
계속사업이익	–	0	9,296	10,310	14,432
중단사업손익	–	0	0	0	0
당기순손익	–	0	9,296	10,310	14,432
현금흐름표					(단위:백만 원)
영업활동순현금흐름	–	0	19,946	-5,801	18,712
투자활동순현금흐름	–	0	-14,471	-17,459	-18,428
재무활동순현금흐름	–	0	14,658	12,710	-2,844
성장성비율					(단위:%)
총자산증가율	–	–	0	35.69	14.69
매출액증가율	–	–	0	10.75	15.46
수익성비율					(단위:%)
총자산순이익률	–	–	12.38	11.65	13.19
자기자본순이익률	–	–	21.42	20.65	23
매출액영업이익률	–	–	8.55	6.5	8.94
매출액순이익률	–	–	4.6	4.61	5.59
레버리지비율					(단위:%)
부채비율	–	–	73.04	80.56	69.23
이자보상비율	–	–	73.85	20.99	17.75
비유동비율	–	–	79.77	91.56	94.21
비유동장기적합률	–	–	67.81	62.37	87.02
유동성비율					(단위:%)
유동비율	–	–	168.34	263.65	123.05
당좌비율	–	–	118.42	201.17	90.04
현금비율	–	–	53.97	22.41	16.79
활동성비율					(단위:회)
총자산회전율	–	–	2.69	2.53	2.36
자기자본회전율	–	–	4.65	4.48	4.11
비유동자산회전율	–	–	5.83	5.18	4.42
재고자산회전율	–	–	16.82	18.7	20.01
생산성비율					(단위:%)
총자본투자효율	–	–	27.21	30.93	34.67
설비투자효율	–	–	70.91	101.95	119.46
부가가치의 구성					(단위:백만 원)
영업잉여	–	0	17,147	14,075	22,401
인건비	–	–	8,386	13,590	14,712
금융비용	–	–	110	453	873
감가상각비	–	–	1,415	2,201	2,556

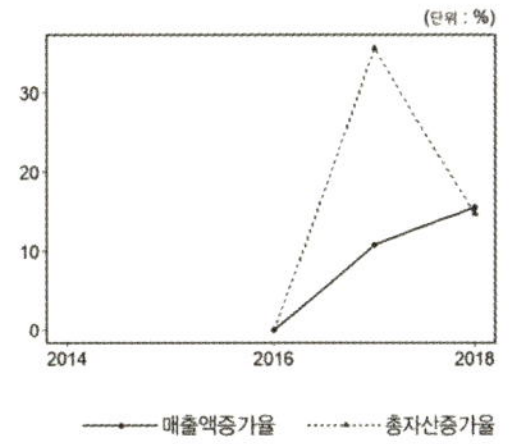

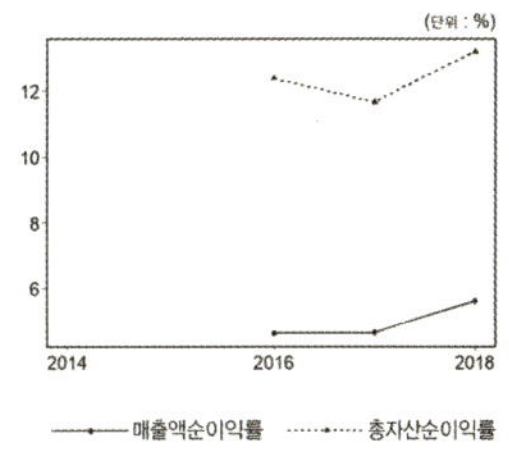

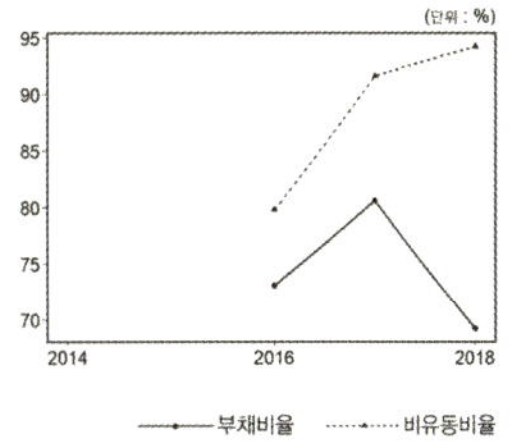

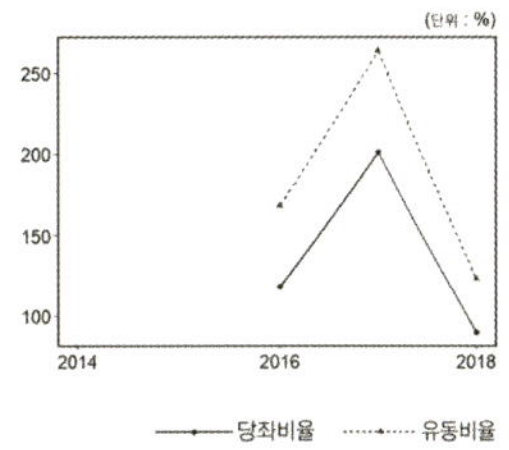

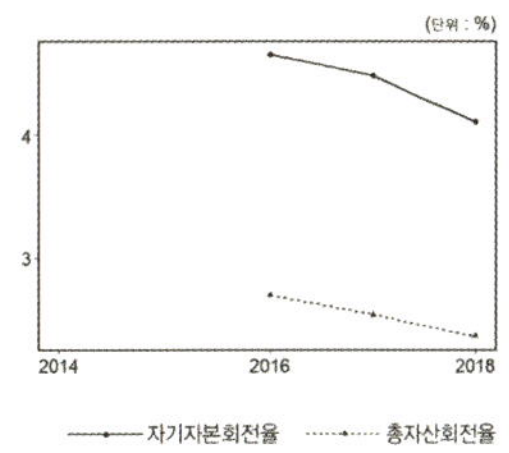

부록 II

경영분석 지표 해설

Business Analysis of Korean Food Service Company

1. 성장성에 대한 지표 Indicators Concerning Growth

기업의 자산 등 경영규모와 기업활동의 성과가 전년에 비해 얼마나 증가했는지를 나타내는 지표로, 기업의 경쟁력이나 미래의 수익창출능력을 간접적으로 나타낸다.

1.1 총자산증가율 (Growth Rate of Total Assets)

기업의 총자산이 얼마나 증가했는가를 나타내는 비율로, 기업의 전체적인 성장성을 측정하는 지표이다.

$$\text{총자산증가율} = \left(\frac{\text{당기말총자산}}{\text{전기말총자산}} \times 100\right) - 100$$

1.2 매출액증가율 (Growth Rate of Sales)

전기 매출액에 대한 당기 매출액의 증가율로 기업의 외형 신장세를 판단하는 대표적인 지표이다.

$$\text{매출액증가율} = \left(\frac{\text{당기매출액}}{\text{전기매출액}} \times 100\right) - 100$$

2. 수익성에 대한 지표 Indicators Concerning Income and Expenses

일정 기간 기업의 경영성과를 측정하는 비율로, 투자된 자본 또는 자산, 매출 수준에 상응하여 창출한 이익의 정도를 나타낸다. 참고로 저량(stock)개념의 대차대조표 항목과 유량(flow)개념의 손익계산서 항목을 동시에 고려하는 혼합비율의 경우 대차대조표 항목은 기초잔액과 기말잔액을 평균하여 사용한다.

2.1 총자산순이익률 (Net Income to Total Assets)

당기순이익의 총자산에 대한 비율로, ROA(Return on Assets)로 알려져 있다. 기업의 계획과 실적 간 차이 분석을 통한 경영활동 평가나 경영전략 수립 등에 많이 사용한다.

$$\text{총자산순이익률} = \frac{\text{당기순이익}}{\text{총자산(평균)}} \times 100$$

2.2 자기자본순이익률 (Net Income to Stockholders' Equity)

자기자본에 대한 당기순이익의 비율을 나타내는 지표로, ROE(Return on Equity)로 널리 알려져 있다. 자본 조달 특성에 따라 동일한 자산구성하에서도 서로 상이한 결과를 나타내므로 자본구성과의 관계도 동시에 고려해야 한다.

$$\text{자기자본순이익률} = \frac{\text{당기순이익}}{\text{자기자본(평균)}} \times 100$$

2.3 매출액영업이익률 (Operating Income to Sales)

기업의 주된 영업활동에 의한 성과를 판단하기 위한 지표이다. 제조 및 판매 활동과 직접 관계된 순수한 영업이익만을 매출액에 대비하며 영업수익성을 나타낸다.

$$\text{매출액영업이익률} = \frac{\text{영업이익}}{\text{매출액}} \times 100$$

2.4 매출액순이익률 (Net Income to Sales)

매출액에 대한 당기순이익의 비율을 나타내는 지표이다.

$$매출액순이익률 = \frac{당기순이익}{매출액} \times 100$$

3. 레버리지에 대한 지표 Indicators Concerning Leverage Analysis

레버리지에 대한 분석은 기업경영의 안정성, 타인자본에 대한 지불능력, 타인자본 사용에 따른 손익확대 효과, 자본의 조달 및 운용, 경영성과에 대한 파악이 가능한 지표들로 구성되어 있다.

3.1 부채비율 (Debt Ratio)

$$부채비율 = \frac{유동부채+비유동부채}{자기자본} \times 100$$

부채비율은 타인자본과 자기자본 간의 관계를 나타내는 대표적인 안정성 지표로, 이 비율이 낮을수록 재무구조가 건전하다고 할 수 있다. 타인자본은 차입금, 회사채, 매입채무, 미지급금, 부채성충당금 등의 부채를 말하며 1년 이내에 지급기일이 도래하는 부채는 유동부채, 1년 이후에 지급기일이 도래하는 부채는 비유동부채이다. 경영자 입장에서는 단기채무 상환의 압박을 받지 않고 투자수익률이 이자율을 상회하는 한 타인자본을 계속 이용하는 것이 유리하다. 그러나 채권회수의 안전성을 중시하는 채권자는 부정적일 수 있는데, 그 이유는 기업의 부채비율이 지나치게 높을 경우 추가로 부채를 조달하는 것이 어려울 뿐만 아니라 과다한 이자비용의 지급으로 수익성도 악화되어 지급불능 사태에 직면할 가능성이 높아지기 때문이다.

3.2 이자보상비율 (Interest Coverage Ratio)

이자보상비율은 이자지급에 필요한 수익을 창출할 수 있는 능력을 측정하기 위한 지표로, 이자부담능력을 판단하는 데 유용하다.

$$이자보상비율 = \frac{영업이익}{이자비용} \times 100$$

3.3 비유동비율 (Non-Current Ratio)

$$비유동비율 = \frac{비유동자산}{자기자본} \times 100$$

기업자산의 고정화 위험을 측정하는 비율로, 운용기간이 장기에 속하는 비유동자산을 어느 정도 자기자본으로 충당했는가를 나타내는 지표이다. 비유동비율은 일반적으로 100% 이하를 양호한 상태로 보고 있는데 이는 장기적으로 자금이 고착되어 있는 비유동자산에 대한 투자를 가급적 상환기간이 없는 자기자본으로 충당하는 것이 기업의 장기 안정성을 위해 바람직하다고 판단하기 때문이다.

3.4 비유동장기적합률 (Non-Current Assets to Stockholders' Equity and Non-Current Liabilities)

$$비유동장기적합률 = \frac{비유동자산}{자기자본+비유동부채} \times 100$$

자기자본 및 비유동부채가 비유동자산에 어느 정도 투입되어 운용되고 있는가를 나타내는 지표로 운용자금 조달의 적정성과 투하자본의 고정화 정도를 측정하는 데 사용된다. 일반적으로 비유동자산에 대한 투자는 자기자본의 범위 내에서 이루어지는 것이 안정적이나, 현실적으로 거액의 설비투자를 필요로 하는 산업의 경우 부족한 자금을 자기자본으로만 충당하는 데 어려움이 있다. 따라서 소요자금의 일부를 타인자본으로 충당하더라도 단기부채보다는 비교적 상환 기간이 긴 장기부채로 조달하게 되면 안정성을 유지할 수 있다고 볼 수 있으며, 그러한 의미에서 100% 이하를 표준비율로 보는 것이 일반적이다.

3.5 부채레버리지비율 (Leverage ratio)

기업의 부채에 대한 의존도를 나타내는 지표이다. 자기자본순이익률 계산 시 활용되어 기업의 부채의 존도가 자기자본순이익률 변화에 어떠한 영향을 미쳤는지 파악할 수 있다.

$$\text{부채레버리지비율} = 1+ \frac{\text{부채}}{\text{자기자본}}$$

3.6 결합레버리지도 (DCL: Degree of Combined Leverage)

기업은 일반적으로 영업활동을 영위하기 위해 영업고정비를 수반하는 자산을 보유하고, 재무고정비를 수반하는 타인자본을 사용한다. 이에 따라 발생하는 고정비가 기업의 수익성에 미치는 효과는 결합레버지도를 통해 분석할 수 있다. 결합레버리지도는 영업레버리지도와 재무레버리지도의 곱으로 측정할 수 있으며 결합레버리지 효과는 매출액이 일정한 비율로 변화할 때 주당순이익의 변화율이 확대되어 나타나는 효과를 의미한다.

$$\text{결합레버리지도} = \frac{\text{주당순이익의 변화율}}{\text{매출액의 변화율}}$$

3.7 영업레버리지도 (DOL: Degree of Operating Leverage)

매출액 변화에 대한 영업이익 변화의 크기, 즉 영업고정비에 의한 손익확대효과의 정도를 측정하는 지표이다.

$$\text{영업레버리지도} = \frac{\text{영업이익의 변화율}}{\text{매출액의 변화율}}$$

3.8 재무레버리지도 (DFL: Degree of Financial Leverage)

재무고정비로 인해 발생하는 손익확대효과의 정도를 측정하는 지표이다.

$$\text{재무레버리지도} = \frac{\text{주당순이익의 변화율}}{\text{영업이익의 변화율}}$$

4. 유동성에 대한 지표 Indicators Concerning Liquidity

4.1 유동비율 (Current Ratio)

단기채무에 충당할 수 있는 유동자산이 얼마나 되는가를 평가하여 기업의 단기지급능력을 판정하는 대표적 지표이다. 유동비율이 높을수록 단기지급능력이 양호하다고 볼 수 있으나 과다한 유동자산 보유는 자산운용 효율성을 떨어뜨려 수익성을 저해한다.

$$\text{유동비율} = \frac{\text{유동자산}}{\text{유동부채}} \times 100$$

4.2 당좌비율 (Quick Ratio)

유동부채에 대한 당좌자산의 비율로, 유동자산 중 현금화되는 속도가 늦고 현금화의 불확실성이 높은 재고자산 등을 제외시킨 당좌자산을 유동부채에 대응시킴으로써 단기채무에 대한 기업의 지급능력을 파악하는 데 사용된다. 산성시험비율(Acid test ratio)또는 신속비율이라고도 하는 이 비율은 기업의 유동성분석을 위한 보조지표로 사용되고 있다.

$$\text{당좌비율} = \frac{\text{당좌자산}}{\text{유동부채}} \times 100$$

4.3 현금비율 (Cash Ratio)

유동부채에 대한 현금 및 현금성자산의 비율로, 당좌자산 중 현금 및 현금성자산으로 유동부채를 상환할 수 있는 초단기 채무지급능력을 파악하는 지표이다. 2007년부터 회계기준이 변경되어 단기금융상품을 현금 및 현금성자산에서 단기투자자산으로 분류한다.

$$\text{현금비율} = \frac{\text{현금 및 현금성자산}}{\text{유동부채}} \times 100$$

5. 활동성비율 Indicators Concerning Activity

활동성에 대한 지표는 기업에 투하된 자산이나 자본이 얼마나 활발하게 운용되었는가를 나타낸다.

5.1 총자산회전율 (Total Assets Turnover)

총자산이 1년 동안 몇 번 회전했는가를 나타내는 비율로, 기업에 투하한 총자산의 운용효율을 총괄적으로 표시하는 지표이다.(총자산=총자본)

$$\text{총자산회전율} = \frac{\text{매출액}}{\text{총자산(평균)}}$$

5.2 자기자본회전율 (Stockholders' equity turnover)

자기자본이 1년 동안 몇 번 회전했는가를 나타내는 비율로, 자기자본 이용의 효율성을 측정하는 지표이다.

$$\text{자기자본회전율} = \frac{\text{매출액}}{\text{자기자본(평균)}}$$

5.3 비유동자산회전율 (Non-Current Assets Turnover)

비유동자산의 효율적 이용도를 나타내는 지표이다. 자본의 고정화 정도를 판단하는 수단이 되며 유동성 분석에 있어서도 유용한 보조지표로 이용될 수 있다.

$$\text{비유동자산회전율} = \frac{\text{매출액}}{\text{비유동자산(평균)}}$$

5.4 재고자산회전율 (Inventories Turnover)

재고자산의 회전속도, 즉 기업이 보유중인 재고가 매출액으로 변화하는 속도를 말한다. 일반적으로 이 비율이 높을수록 재고자산의 관리가 효율적으로 이루어지고 있음을 나타낸다. 그러나 재고를 정

$$\text{재고자산회전율} = \frac{\text{매출액}}{\text{재고자산(평균)}}$$

상적인 영업활동에 필요한 적정수준 이하로 유지하여 수요변동에 적절히 대처하지 못하는 경우에도 이 비율은 높게 나타날 수 있으므로 해석에 유의할 필요가 있다. 재고자산회전율에 대한 상대적인 차이에 대해서는 실제로 재고자산이 효율적으로 관리되었는지, 생산기간이 단축되어 재공품이 감소하였는지, 기업의 재고보유 방침이 바뀌었는지, 또한 재고자산 평가방법을 다르게 채택하고 있는지를 비교 분석하여 판단해야 할 것이다.

6. 생산성에 관한 지표 Indicators Concerning Productivity

기업활동의 성과 및 효율을 측정하고 개별 생산요소의 기여도 및 성과배분의 합리성 여부를 규명하기 위한 지표이다. 생산성에 관한 지표는 곧 경영합리화의 척도라고 할 수 있으며, 생산성 향상으로 얻은 성과에 대한 분배의 기준이 된다. 최근에는 기업경영의 성과를 부가가치 생산성이라는 개념으로 측정하는 것이 일반적이다.

6.1 노동장비율 (Property, Plant andequipment per capital)

생산과정에서 종업원 한 사람이 어느 정도의 노동장비를 이용하고 있는가를 나타내는 지표이다.

$$\text{노동장비율} = \frac{\text{[유형자산−건설 중인 자산]의 평균}}{\text{종업원수(평균)}}$$

6.2 자본집약도 (Total assets per capital)

종업원 한 사람이 어느 정도의 자본을 보유하고 있는가를 나타내는 지표로, 노동장비율의 보조지표로 이용된다.

$$\text{자본집약도} = \frac{\text{총자본(평균)}}{\text{종업원수(평균)}}$$

6.3 총자본투자효율 (Gross value-added to total assets or Productivity of capital)

자본생산성(Productivity of capital)을 측정하는 지표로, 기업에 투자된 총자본이 1년 동안 어느 정도의 부가가치를 산출했는가를 나타낸다. 이 비율이 높으면 총자본이 효율적으로 운용되었음을 의미한다.

$$\text{총자본투자효율} = \frac{\text{부가가치}}{\text{총자본(평균)}} \times 100$$

6.4 설비투자효율 (Gross value-added to property, plant and equipment)

기업에서 실제로 사용되고 있는 유형자산(유형자산−건설중인 자산)이 어느 정도의 부가가치를 생산하였는가를 나타내는 지표로, 총자본투자효율의 보조지표로 이용된다. 또한 '설비투자효율×노동장비율 = 종업원 1인당 부가가치'로 표시되므로 노동생산성의 변동요인분석에도 이용된다.

$$\text{설비투자효율} = \frac{\text{부가가치}}{\text{[유형자산−건설 중인 자산]의 평균}} \times 100$$

7. 부가가치의 구성 Composition of Gross Value-Added

부가가치(value-added)는 생산 과정에서 새로 덧붙인 가치이다. 회사의 이익을 주주에게 귀속되는 순이익(net income)에 국한하지 않고 광범위한 이해관계자(stakeholders)에게 귀속되는 모든 이익을 측정한 것이다.

7.1 영업잉여 (Operating Surplus)

영업잉여 = 영업손익+대손상각비−금융비용

영업손익에 대손상각비를 가산하고 금융비용을 차감한 잔액을 말한다. 금융비용을 차감해 이를 구분 명기한 것은 타인자본에 대한 대가를 명확히 보여주기 위한 것이다.

7.2 인건비 (Employment Costs)

판매비와 관리비 중 급여, 퇴직급여, 복리후생비 항목과 제조원가명세서 중 노무비, 복리후생비 항목의 합계액을 인건비로 한다.

7.3 금융비용 (Interest Expenses)

차입금이나 회사채발행 등에 대한 대가로 지급되는 이자비용을 말한다.

7.4 감가상각비 (Depreciation)

판매관리 부문과 제조 부문에서 발생된 감가상각비를 말한다.

8. 현금흐름분석 Indicators Concerning Cash flow

현금흐름표를 이용해 현금흐름의 내용과 변동원인, 현금창출능력 등에 대한 정보를 파악할 수 있다.

8.1 영업활동 순현금흐름 (Cash flows from Operating activities)

기업의 주요 수익창출활동인 제품 및 상품의 생산과 판매활동, 관리활동을 통해 기업의 현금흐름이 원활한지 파악하는 지표이다. 영업활동에서 발생하는 현금흐름의 금액은 기업이 외부의 재무자원에 의존하지 않고 영업을 통해 필요한 현금흐름을 창출하는지에 대한 중요한 지표가 된다.

8.2 투자활동 순현금흐름 (Cash flows from Investing activities)

장기성 자산 및 현금성자산에 속하지 않는 기타 투자자산의 취득과 처분을 통해 발생하는 현금흐름을 보여주는 지표이다.

8.3 재무활동 순현금흐름 (Cash flows from Financing activities)

차입금의 조달 및 상환, 주식발행 등 기업의 자금조달활동으로 발생하는 현금흐름을 나타내는 지표이다.

8.4 잉여현금흐름 (FCF: free cash flow)

잉여현금흐름 = 세후영업현금흐름 − 총투자액(투하자본증가액)

세후영업현금흐름에서 미래 가치창출을 위한 투자액을 차감한 현금흐름을 말한다.

부록 III

자료포락분석 방법론 설명

Business Analysis of Korean Food Service Company

1. 자료포락분석 Data Envelopment Analysis 개념

- 효율성(efficiency)에 대한 정의는 다양하지만, 일반적으로 운영관리 관점에서 정의되는 효율성이란 투입량에 대한 산출량의 비율을 의미한다. 이러한 효율성의 개념은 어떤 조직이나 생산성 측정 단위가 가진 자원들을 투입하여 산출물 또는 조직이 원하는 결과물을 어떻게 창출해내는가를 측정할 때 활용되었다. 자료포락분석(DEA)은 자료지향적(data oriented) 효율성 계산 방법의 하나로 수집된 의사결정단위(DMU : Decision Making Unit)들로부터 최적이라고 생각되는 의사결정단위(DMU)를 도출한다. 또한 최적이 아닌 즉, 비효율적인 의사결정단위(DMU)들의 비효율성의 정도를 파악 가능하게 해준다.
- 비교가 가능한 DMU들 간 상대적 효율성을 평가하기 위해 자료포락분석(DEA)은 투입과 산출의 관계를 선형으로 나타내고, 최적화 모형을 수립한 후 선형계획법(LP : Linear Programming)을 활용한다. 다시 말해, 자료포락분석(DEA)은 선형계획법(LP)의 한 적용사례라 할 수 있다. 선형계획 모형(LP)의 목적함수에 따라 '투입지향(Input-oriented) 모형' 또는 '산출지향(Output-oriented) 모형'을 정의할 수 있고, 규모 가변성(Return to scale) 제약조건에 따라 다양한 모형이 정의될 수 있다.

2. CCR 및 BCC 모형

- 자료포락분석(DEA)의 가장 초기 모형인 CCR 모형은 1978년 Charnes et al.(1978)[1]에 의해 발표되었다. CCR 모형은 투입 대비 산출의 발생이 규모에 상관없이 일정 비율로 발생한다는 불변규모수익(CRS : Constant returns to scale)을 가정하는 자료포락 모형 중 하나이다. CCR 모형은 주어진 자료로부터 구성된 생산가능집합의 생산변경선(Production Frontier Line)과 각각의 의사결정단위(DMU) 간 거리를 비효율성으로 정의한다. 즉, 생산변경선 위에 놓인 의사결정단위(DMU)가 효율적인 의사결정단위(DMU)가 되고, 그렇지 못한 의사결정단위로부터 생산변경선까지의 거리가 얼마나 되느냐에 따라 비효율성이 결정된다. 산출을 고정하고 투입을 최소화하여 효율성을 달성하고자 하는 '투입지향 CCR 모형'과 투입을 고정하고 산출을 최대화하고자 하는 '산출지향 CCR 모형'에 대한 수리적 표현은 아래와 같이 각각 나타낼 수 있다. 여기서 x_m은 M개의 투입요소, y_n은 N개의 산출요소를 나타내고, θ^k와 ϕ^k가 각 모형에서의 효율성이 된다. $\overline{OK}$는 의사결정단위 K로부터 원점까지의 거리이고, $\overline{OK_1}$는 K를 원점으로 투사했을 때, 생산변경과 만나는 점 즉, K의 생산변경점인 K_1과 원점간 거리이다.

1 Charnes, A., Cooper, W. W., & Rhodes, E. (1978). Measuring the efficiency of decision making units, *European Journal of Operational Research*, 2(6), 429–444.

– 투입지향 CCR 모형

$$\underset{\theta,\lambda}{Min}\,\theta^k = \frac{\overline{OK_1}}{\overline{OK}}$$

$$Subject\ to$$

$$\theta^k x_m^k \geq \sum_{j=1}^{J} x_m^j \lambda^j \ \ (m = 1, 2, \ldots, M)$$

$$y_n^k \leq \sum_{j=1}^{J} y_n^j \lambda^j \ \ (n = 1, 2, \ldots, N)$$

$$\lambda^j \geq 0 \ (j = 1, 2, \ldots, J)$$

– 산출지향 CCR 모형

$$\underset{\theta,\lambda}{Max}\,\phi^k = \frac{\overline{OK_1}}{\overline{OK}}$$

$$Subject\ to$$

$$x_m^k \geq \sum_{j=1}^{J} x_m^j \lambda^j \ \ (m = 1, 2, \ldots, M)$$

$$\phi^k y_n^k \leq \sum_{j=1}^{J} y_n^j \lambda^j \ \ (n = 1, 2, \ldots, N)$$

$$\lambda^j \geq 0 \ (j = 1, 2, \ldots, J)$$

- **한편, CCR 모형과 달리 투입 대비 산출의 발생이 규모에 따라 가변적으로 발생할 수 있다는 가변규모수익(VRS : Variable Returns to Scale)을 가정한 BCC 모형은 1984년 발표되었다. BCC 모형[2]에서의 생산가능집합은 항상 CCR 모형에서의 생산가능집합에 포함되고, 생산변경선이 선형이 아니라 규모에 따라 비선형으로 나타난다. 따라서, BCC 모형에서의 효율성은 항상 CCR 모형보다 크거나 같은 값을 지니게 된다. BCC 모형 하에서의 자료포락 모형의 수리적 표현은 다음과 같이 표현할 수 있다. BCC 모형은 CCR 모형에서 $\sum_{j=1}^{J}\lambda^j = 1$이라는 제약조건이 추가된 형태이다.**

2 Banker, R. D., Charnes, A., & Cooper, W. W. (1984). Some models for estimating technical and scale inefficiencies in Data Envelopment Analysis, *Management Science*, 30(9), 1078–1092.

- 투입지향 BCC 모형

$$\underset{\theta,\lambda}{Min}\,\theta^k = \frac{\overline{OK_1}}{\overline{OK}}$$

$$Subject\ to$$

$$\theta^k x_m^k \geq \sum_{j=1}^{J} x_m^j \lambda^j \quad (m = 1, 2, \ldots, M)$$

$$y_n^k \leq \sum_{j=1}^{J} y_n^j \lambda^j \quad (n = 1, 2, \ldots, N)$$

$$\sum_{j=1}^{J} \lambda^j = 1$$

$$\lambda^j \geq 0 \; (j = 1, 2, \ldots, J)$$

- 산출지향 BCC 모형

$$\underset{\theta,\lambda}{Max}\,\phi^k = \frac{\overline{OK_1}}{\overline{OK}}$$

$$Subject\ to$$

$$x_m^k \geq \sum_{j=1}^{J} x_m^j \lambda^j \quad (m = 1, 2, \ldots, M)$$

$$\phi^k y_n^k \leq \sum_{j=1}^{J} y_n^j \lambda^j \quad (n = 1, 2, \ldots, N)$$

$$\sum_{j=1}^{J} \lambda^j = 1$$

$$\lambda^j \geq 0 \; (j = 1, 2, \ldots, J)$$

3. 여유분 기반 모형 Slack Based Model

- **불변규모수익(CRS)을 가정한 CCR 모형 및 가변규모수익(VRS)을 가정한 BCC 모형 모두 비효율적인 점들이 원점 방향으로 투사했을 때, 그 거리의 정도를 가지고 효율성을 측정하는 방사형 모형(Radial model)이다. 방사형 모형의 경우, 투입요소 혹은 산출요소의 여유분(slack)은 고려하지 않아 여유분(slack)이 존재함에도 평가대상을 효율적이라고 산출하는 반면, 여유분 기반 모형(SBM : Slack Based Model)[3]은 단위 무관하게 투입 여유분(input slack)과 산출 여유분(output slack)을 고려해 효율성을 산출하는 비방사형 모형(Non-radial model)이다.**

3 Tone, K. (2001). A slacks-based measure of efficiency in data envelopment analysis. European journal of operational research, 130(3), 498-509.

- 이러한 특성으로 인해 특정 의사결정단위(DMU)보다 조금이라도 투입이 많거나, 산출이 적은 관측치는 해당 의사결정단위(DMU)보다 더 낮은 효율성 값을 가지게 된다. 투입요소나 산출요소의 비효율성에 기반하기 때문에 현실적으로 의사결정단위(DMU) 간 상대적인 비교가 용이하다는 점에서 여유분 기반 모형(SBM)은 장점을 갖는다. 규모수익의 가정에 따른 여유분 기반 모형(SBM)을 수리적으로 표현하면 다음과 같다.

– 여유분 기반 모형 SBM – 불변규모수익 CRS 가정

$$\underset{\lambda, s^+, s^-}{Min}\ \theta^k_{SBM} = \frac{1 - \frac{1}{M}\sum_{m=1}^{M} s^-_m / x^k_m}{1 + \frac{1}{N}\sum_{n=1}^{N} s^+_n / y^k_n}$$

$Subject\ to$

$$x^k_m = \sum_{j=1}^{J} x^k_m \lambda_j + s^-_m, \quad m = 1, 2, \ldots, M$$

$$y^k_n = \sum_{j=1}^{J} y^k_n \lambda_j - s^-_n, \quad n = 1, 2, \ldots, N$$

$$\lambda_j,\ s^-_i,\ s^+_n \geq 0, \quad j = 1, 2, \ldots, J,\ m = 1,2,\ldots,M,\ n = 1,2,\ldots,N$$

– 여유분 기반 모형SBM – 가변규모수익 VRS 가정

$$\underset{\lambda, s^+, s^-}{Min}\ \theta^k_{SBM} = \frac{1 - \frac{1}{M}\sum_{m=1}^{M} s^-_m / x^k_m}{1 + \frac{1}{N}\sum_{n=1}^{N} s^+_n / y^k_n}$$

$Subject\ to$

$$x^k_m = \sum_{j=1}^{J} x^k_m \lambda^j + s^-_m, \quad m = 1, 2, \ldots, M$$

$$y^k_n = \sum_{j=1}^{J} y^k_n \lambda^j - s^-_n, \quad n = 1, 2, \ldots, N$$

$$\sum_{j=1}^{J} \lambda^j = 1$$

$$\lambda^j,\ s^-_m,\ s^+_n \geq 0, \quad j = 1, 2, \ldots, J,\ m = 1,2,\ldots,M,\ n = 1,2,\ldots,N$$

최규완

경희대학교 호텔관광대학 Hospitality 경영학부 교수로 재직하고 있으며, 경희대학교 관광대학원 부원장, 국민연금기금운용위원회위원, 한국외식산업정책학회 부회장직을 맡고 있다. 삼성경제연구소(SERI) 금융증권실, 경제동향실, 국내경제실, 경영전략 T/F 등에서 연구와 기업컨설팅을 수행했고, Great Human Software Co. Ltd. 경영총괄이사, 재무담당이사 그리고 한국외식산업연구원 부원장직을 역임했다. 주요 연구 분야는 재무관리, 전략경영, 브랜드경영, 비즈니스애널리틱스(경영 분야), 창업, 프랜차이즈, Hospitality 산업분석(산업 분야) 등이다. 『OECD가입과 한국경제의 자유화』(1995), 『IMF와 기업경영』(1998)을 출간했으며, Journal of Productivity Analysis, The Service Industries Journal, International Journal of Hospitality Management, Cornell Hospitality Quarterly, Tourism Economics 등 다수의 SSCI 저널에 논문을 발표했다.

장수청

미국 퍼듀대학교 호텔관광대학 교수로 재직하고 있으며, 재무관리와 경영전략, 소비자 행동분석 등을 연구, 강의하고 있다. SSCI급 국제저널에 180여 편의 논문을 출간했으며, 'Michael Olsen 연구 업적상', 'Bradford Wiley 그해의 최우수 논문상'과 '국제학회 최우수 논문상'을 20여 회 수상했다. 2009년 『월간조선』 '해외학계를 주름잡는 한국인'으로 선정됐으며, 2011년 국제학술지 Journal of Hospitality and Tourism Research에서 호텔관광경영 연구 분야 최고 기여자로 선정됐다. 한국외식산업연구원 원장, 아시아태평양관광학회(Asia Pacific Tourism Association) 학술 부문 의장, 한국외식산업정책학회 회장을 역임했으며, 저서로 Planning Research in Hospitality and Tourism이 있다.

방도형

서울대학교 경영대학 박사수료 후 코리아애널리틱스 공동창업자 및 대표로 재직 중이다. 주요 관심 연구분야는 Business Analytics이고, 관련 분야로 연구 및 강의를 하고 있으며 현재는 기업 및 정부 프로젝트에 활발히 참여 중이다.

박효성

경희대학교 호텔관광대학 Hospitality management 석사과정에 재학 중이며, 주요 연구 분야는 수익경영, 비즈니스 애널리틱스이다.

정인혜

경희대학교 호텔관광대학 Hospitality management 석사과정에 재학 중이며, 주요 연구 분야는 비즈니스 애널리틱스, 브랜드 매니지먼트이다.

지경진

경희대학교 호텔관광대학 Hospitality management 석사과정에 재학 중이다.

외식기업 경영분석 2019

초판1쇄 인쇄 2019년 12월 20일
초판1쇄 발행 2019년 12월 20일

지은이 최규완, 장수청, 방도형, 박효성, 정인혜, 지경진
펴낸이 박영국
펴낸곳 경희대학교 출판문화원
주소 서울시 동대문구 경희대로 26
전화 02-961-0106~8
팩스 02-961-0291
설립 1960년 9월 16일 제5-8호
등록 1977년 11월 8일 제6-5호
홈페이지 www.khupress.com
전자우편 press@khu.ac.kr

ISBN 978-89-8222-014-2 (93320)

※ 책 내용 관련 문의 : 저자 방도형(bdh718@snu.ac.kr)